«Christian Cameron ist einer der besten Autoren historischer Romane weltweit.» Ben Kane

ro
ro
ro

Christian Cameron wurde 1962 in Pittsburgh, Pennsylvania, geboren. Nach dem Geschichtsstudium an der Universität von Rochester trat er in die Navy ein, wo er lange Zeit im Bereich der Aufklärung arbeitete. Seit 20 Jahren ist Christian Cameron Vollzeit-Autor und schreibt erfolgreich historische Abenteuerserien, die weltweit erscheinen. In seiner Freizeit besucht er am liebsten geschichtsträchtige Orte oder unterrichtet historischen Schwertkampf. Der Autor lebt mit seiner Familie in Toronto.

Mehr über den Autor und seine Bücher:
https://christiancameronauthor.com

Dr. Holger Hanowell, geb. 1969 in Münster, ist freier Übersetzer. Er studierte Geschichte und Anglistik in Münster sowie an der University of Sheffield, promovierte später in englischer Philologie und Buchwissenschaft. Zu Forschungszwecken lebte er in London, Oxford und Cambridge. In der Belletristik übersetzte Holger Hanowell zahlreiche Werke von Klassikern über Thriller und Fantasy bis zu Historischen Abenteuerromanen und machte so u. a. die Bücher von Ben Kane für deutschsprachige Leser zugänglich.

CHRISTIAN CAMERON

DER LANGE KRIEG

KÖNIG XERXES

Historischer Roman

Aus dem Englischen von
Holger Hanowell

Rowohlt Taschenbuch Verlag

Die Originalausgabe erschien 2014
unter dem Titel «The Great King»
bei Orion Books / The Orion Publishing Group Ltd., London.

2. Auflage April 2026
Veröffentlicht im Rowohlt Taschenbuch Verlag,
Rowohlt Verlag GmbH, Kirchenallee 19, 20099 Hamburg,
November 2020

Redaktion Rainer Delfs
Karte Copyright © Peter Palm, Berlin

Covergestaltung Hauptmann & Kompanie Werbeagentur, Zürich
Coverabbildung Stephen Mulcahey; Collaboration JS / Arcangel,
Granger / Bridgeman Images
Satz aus der Karmina
bei Pinkuin Satz und Datentechnik, Berlin
Printed in Germany
ISBN 978-3-499-00418-6

Kontaktadresse nach EU-Produktsicherheitsverordnung:
produktsicherheit@rowohlt.de

FÜR DIE PERSER

Die Route der Gesandtschaft
PONTOS EUXEINOS
Thrakien
Byzantion
PERSERREICH
Kappadokien
Troja/Ilion
Phrygien
Sardis
Hermos
Kaystros
Ephesos
Maiandros
Kilikien
Tarsos
Antiocheia
Syri
Rhodos
Zypern
Kreta
Damaskus
Tyros
ENTOS
THALASSA
Jerusalem

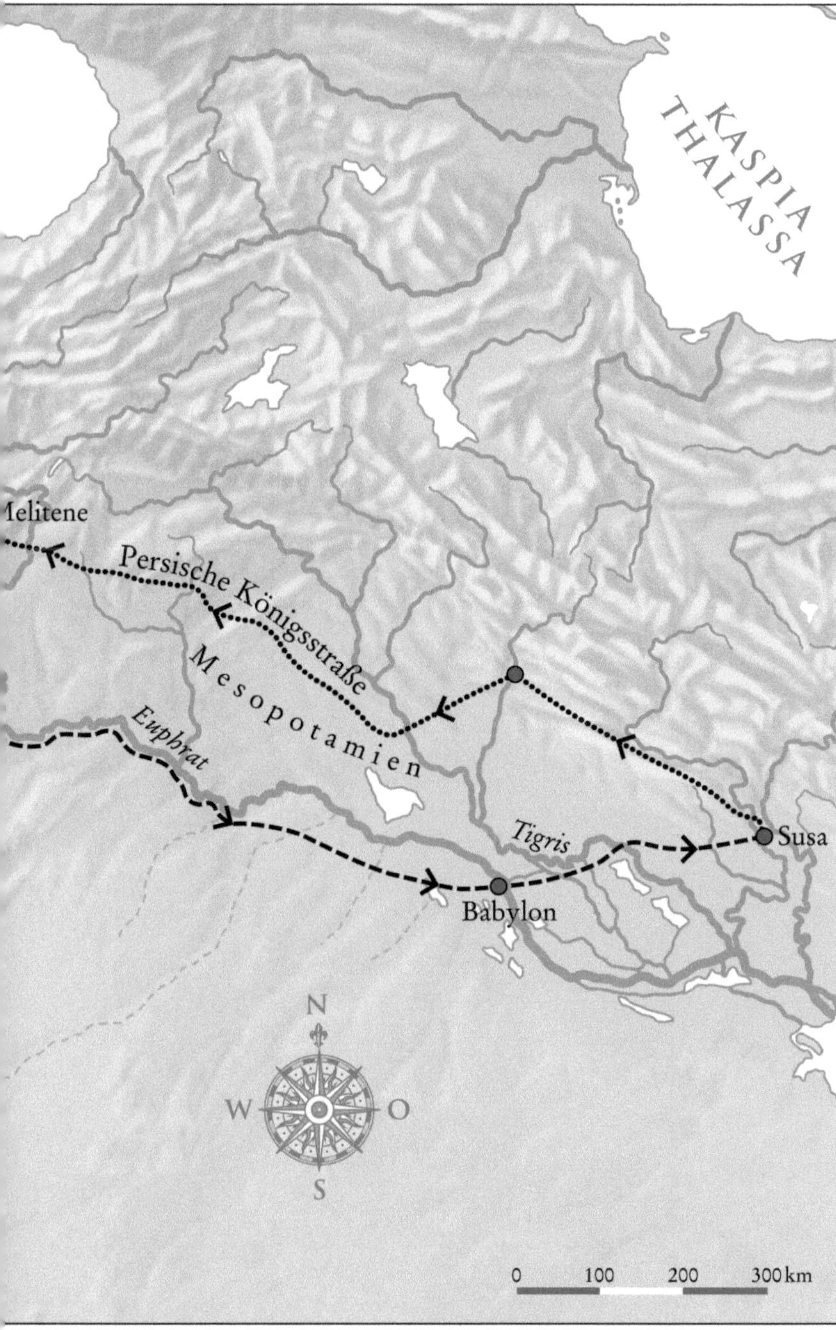

KASPIA THALASSA
Melitene
Persische Königsstraße
Mesopotamien
Euphrat
Tigris
Susa
Babylon
N
W
O
S
0
100
200
300 km

DRAMATIS PERSONAE

Die Serie «Der Lange Krieg» spielt historisch gesehen zu Beginn der sogenannten Klassischen Ära, die in den Geschichtsbüchern oft mit der Schlacht von Marathon (490 v. Chr.) einsetzt. Einige, wenn nicht gar die meisten, der berühmten Helden jener Epoche tauchen als Figuren in der Serie auf – und das ist kein Zufall. Das Athen zur Zeit der Perserkriege ist in vielerlei Hinsicht genauso mystisch wie Tolkiens Gondor, und allein eine vorläufige Auflistung der Künstler, Dichter und Krieger dieser Epoche liest sich wie ein Who's Who der westlichen Zivilisation. Der Autor führt die Figuren in den Romanen auch nicht zufällig zusammen – waren doch jene Leute fast ausnahmslos Aristokraten, Männer (und Frauen), die einander sehr wohl kannten und die sowohl Gegner als auch Freunde in der Not gewesen sein könnten. Bei den mit einem *gekennzeichneten Namen handelt es sich um historische Personen – auch der Held Arimnestos ist belegt –, und für den Leser oder Geschichtsinteressierten bieten die Einträge bei Wikipedia oder bei der Web-Edition der *Encyclopædia Britannica* einen Überblick über ihr Leben und Wirken. Wer es als Leser genauer wissen möchte, dem empfehle ich die Lektüre von Plutarch und Herodot – beiden antiken Autoren verdanke ich viel.

Womöglich war es sogar Arimnestos von Platäa, der Herodot von den Ereignissen der Perserkriege berichtete. Dem aufmerksamen Leser wird nicht entgehen, dass Herodot – ein Schreiber aus Halikarnassos – mehrmals in Erscheinung tritt ...

* **Adeimantos von Korinth** – Sohn des Okytos; Befehlshaber korinthischer Truppen.

* **Aischylos** – 525 bis 456 v. Chr.; Dichter der griechischen Tragödie (u. a. «Die Perser»).

Alexandros – Anführer der Epibatai des Arimnestos.

Antigonos – Ehemann von Penelope (Arimnestos' Schwester).

Archilogos – ein Epheser, Sohn des Dichters Hipponax; ein typischer ionischer Aristokrat, der die persische Kultur ebenso wie die griechische liebte.

* **Arimnestos** – Sohn des Chalkeotechnes und der Euthalia.

* **Aristeides von Athen** – Sohn des Lysimachos, lebte ca. 550 bis 467 v. Chr.; einflussreicher athenischer Staatsmann, bekam später den Beinamen «der Gerechte».

* **Artaphernes** – Bruder des Großkönigs Dareios I. von Persien und Satrap von Sardis. Ein persischer Statthalter des Achämenidenreichs (persischen Großreichs) mit weitreichenden Verbindungen.

Arwia – eine bedeutende Dame in Babylon.

* **Astylos von Kroton** – ein antiker Athlet und siebenfacher Olympiasieger während der Perserkriege. Später trat er bei den Spielen als Mann aus Syrakus an, was ihm viele Menschen aus seiner Heimatstadt verübelten.

* **Atossa** – (550 bis 475 v. Chr.); Hauptgemahlin des Dareios I.; Mutter von Xerxes I.

Brasidas – ein Krieger aus Sparta.

Briseis – Tochter des Hipponax, Schwester des Archilogos.

Bulis – Spartiate; Herold im Auftrag des Königs.

Dagon – ein Sklavenhändler und Menschenschinder aus Karthago.

Damaratos – König von Sparta (von ca. 515 bis 491 v. Chr.) aus dem Haus der Eurypontiden.

* **Dareios I.** – lat. Darius (549 bis 486 v. Chr.; oft Dareios der Große), früherer Großkönig des persischen Achämenidenreichs; Bruder des Artaphernes.

Dareios – einer der vier mit Arimnestos befreundeten persischen Krieger (neben Kyros, Arynam und Pharnakes).

Dareios – Epibatai und Gefährte von Arimnestos.

Datis – Feldherr der Perser; Neffe des Großkönigs Dareios.

Demetrios – ehemaliger Sklave aus Sizilien; Gefährte von Arimnestos.

Doola – ein ehemaliger Sklave aus Numidien; Gefährte von Arimnestos.

Draco – Stellmacher aus Platäa.

Empedokles – ein alter Priester aus Theben.

Euphoria – Tochter von Euphoria und Arimnestos.

* **Eurybiades** – Navarch aus Sparta; Oberbefehlshaber der vereinigten griechischen Flotte.

Gaiana – Tochter des kretischen Fischers Troas; Mutter von Arimnestos' Sohn Hipponax.

* **Gelon** – (ca. 540 bis 478 v. Chr.); Tyrann von Syrakus.

Giannis – ein ehemaliger Hirte, später ein Gefährte von Arimnestos.

* **Gorgo** – Tochter des Königs Kleomenes I. (Haus der Agiaden); Ehefrau des Königs Leonidas I. von Sparta.

Harpagos – Vetter des Stephanos von Chios; Steuermann.

Hektor – junger Hypaspist von Arimnestos.

* **Heraklit (Herakleitos) von Ephesos** – ca. 520 bis 460 v. Chr.; einer der bedeutendsten vorsokratischen Philosophen aus dem ionischen Ephesos.

Hermogenes – ehemaliger Sklave von Arimnestos, seither sein Gefährte. Später Schmied und Steuermann.

Hipponax – Sohn von Arimnestos (und Gaiana von Kreta).

* **Homer** – berühmter Dichter, Lebensdaten vermutlich zweite Hälfte 8. Jahrhundert und/oder erste Hälfte 7. Jahrhunderts v. Chr. Homers Name wird mit den klassischen Epen *Ilias* und *Odyssee* in einem Atemzug genannt.

*** Hydarnes** – persischer Feldherr; bei den Thermopylen Anführer der «Unsterblichen».

Idomeneus – ein Gefährte von Arimnestos; Priester und Hüter des Schreins des Helden Leitos.

Jocasta – Frau von Aristeides.

Ka – ein Bogenschütze aus Nubien.

*** Kalliteles** – Ringer aus Sparta; Vater des Polypeithes.

*** Kimon** – ca. 510 bis 449 v. Chr.; Sohn des Miltiades; ein professioneller Krieger und Feldherr, darüber hinaus Aristokrat und Politiker in Athen.

Kyros – ein persischer Krieger.

*** Leonidas I.** – von 490 bis 480 v. Chr. König von Sparta; er starb 480 v. Chr. bei den Thermopylen (gleichzeitig mit ihm regierte Leotychidas II. aus dem anderen spartanischen Königshaus).

Leukas – Seemann aus Albion; später Segelmeister auf der *Lydia*; Kelte aus der Sippe der Dumnonier.

*** Lykomedes** – Athener; erbeutete als Erster bei Artemision ein Schiff.

*** Mardonios** – persischer Feldherr; Vetter des Xerxes I.

Megakles – ein ehemaliger Fischer; Steuermann.

*** Miltiades** – d. Jüngere (ca. 550 bis 489 v. Chr.); Feldherr und Politiker; sein Sohn Kimon stieg in der athenischen Politik zu einem führenden Politiker auf.

Neoptolymos – ein illyrischer Adliger; später Gefährte des Arimnestos.

Nikeas – der Hypaspist von Aristeides.

Nikolas – Rudermeister unter Arimnestos.

Paramanos – ein Nubier, Steuermann und Gefährte von Arimnestos.

Penelope – oder Pen; Schwester des Arimnestos.

*** Phrynichos** – griechischer Tragiker aus Athen (gest. um 470 v. Chr.), gilt als Vorläufer des Aischylos.

Polymarchos – ehemaliger Sklave; inzwischen Schwertmeister in Syrakus.

* **Polypeithes von Sparta** – antiker Wagenlenker und olympischer Sieger in der Disziplin Tethrippon (Streitwagen mit Vierergespann).

Sallis – ein hochgestellter Diener des Großkönigs in Tarsos; Bruder von Arwia.

* **Sappho** – griechische Dichterin von der Insel Lesbos, geboren um 630 v. Chr. Sie gilt gemeinhin als berühmteste Dichterin des antiken Griechenlands.

Seckla – ein ehemaliger numidischer Sklave; Gefährte des Arimnestos.

Siberios – ein korinthischer Söldner.

* **Simonides von Keos** – berühmter griechischer Dichter.

Simonides – Vetter des Arimnestos, Sohn des Simonalkes, des Oberhaupts eines Zweiges der platäischen Korvax-Sippe.

Sittonax – keltischer Gefährte des Arimnestos.

* **Thales von Milet** – ca. 624/23 bis ca. 548/44 v. Chr.; vorsokratischer Naturphilosoph, Geometer und Astronom, dessen Schriften noch in Arimnestos' Zeit zugänglich waren.

Sparthius – Spartiate; Herold im Auftrag des Königs.

* **Themistokles** – (524 bis 459 v. Chr.); Staatsmann und Feldherr. Wegbereiter der attischen Demokratie, Archon und Strategos.

Tiraios – einst Lehrling bei Arimnestos; später Meisterschmied.

Troas – Fischer von Kreta; Vater von Gaiana.

Vasileos – Schiffsbauer und Steuermann.

* **Xerxes I.** – (519 bis 465 v. Chr.); ab 486 v. Chr. persischer Großkönig des Achämenidenreichs; Sohn des Dareios I.

PROLOG

Wenn ihr alle wirklich Abend für Abend kommt, wird meine Tochter tatsächlich das größte Hochzeitsfest in der Geschichte der Hellenen erleben. Falls mich mein Schwertarm im Stich lässt, könnte ich vielleicht am Ende meines Lebens als Rhapsode glänzen.

Ha! Die Wahrheit ist aber, es geht um die Geschichte, die erzählt wird, nicht um den Erzähler. Wer würde nicht gern der größten Geschichte des größten Krieges lauschen, der je von Menschen ausgetragen wurde? Gewiss erwartet ihr, dass ich hinzufüge «seit Troja», und ich antworte – jeder Kämpfer weiß, dass Troja nur eine Stadt war. Wir hingegen kämpften in der Welt, und wir obsiegten.

Am ersten Abend habe ich euch aus meiner Jugend erzählt und wie ich zu Kalchas kam, dem Priester am Schrein des Helden Leitos. Bei ihm sollte ich eine standesgemäße Erziehung genießen, lernte aber stattdessen, wie man mit dem Jagdspeer umgeht. Denn Kalchas war kein Schwätzer, sondern ein Menschenschlächter, der viele Male seinen Mann im Sturm aus Bronze gestanden hatte. Aus allen griechischen Landen kamen Krieger zu unserem Schrein und sprachen sich ihr Leid von der Seele, und als Kalchas sie dann ziehen ließ, waren sie bessere Menschen. Abgesehen von den Männern, die im Zeichen des Bösen standen und daher dem Helden geopfert werden mussten. Diese Männer tötete Kalchas an der Mauer des Schreins und sandte ihre schreienden Schatten zum alten Helden, auf dass sie ihm auf ewig im Hades dienten.

Aber merkt euch, meine Freunde, der alte Held Leitos war nicht irgendein Gott vergangener Zeiten, der Blutopfer einforderte, sondern Platäas Held aus dem Trojanischen Krieg. Er war ein böotischer Held wie er im Buche steht, denn er war kein großer Men-

schenschlächter, auch kein Achill, der schmollend in seinem Zelt hockt. Nein, Leitos gebührt ewiger Ruhm, da er sich auf den Weg nach Troja machte und zehn Jahre dort kämpfte. Und an jenem Tag, als der gewaltige Hektor rasend vor Zorn bei den Schiffen der Griechen wütete und Achill in seinem Zelt düsteren Gedanken nachhing, rief Leitos die einfachen Krieger zusammen und formte einen dichten Schildwall. Diesen Männern gelang es, Hektor so lange aufzuhalten, bis sich Ajax und die anderen griechischen Helden sammeln konnten.

Mag sein, dass man euch in Theben, Athen oder Sparta eine andere Geschichte erzählt. Aber dies ist die Geschichte des Helden, dem ich bereits als Kind diente. Ja, ich verbrachte viele Jahre im Schatten des Schreins und lernte den Kriegstanz, den wir Pyrrhiche nennen. Oh, ich lernte lesen und las die Schriften des alten Theognis, auch die Werke Hesiods und Homers. Aber es waren der Speer, das Schwert und der Aspis, die zu mir sangen.

Als mein Vater erfuhr, dass ich das Kriegshandwerk erlernte und kein Schriftgelehrter sein würde, kam er hinauf zum Schrein und nahm mich wieder mit nach Hause, und der alte Kalchas – nun ja, er starb. Oder besser: Er nahm sich selbst das Leben. Aber all das habe ich euch erzählt – ihr erinnert euch gewiss, wie unser kleines Platäa, unsere ländlich geprägte Siedlung in einem Winkel Böotiens, versuchte, sich von dem verfluchten Theben loszusagen und deshalb ein Bündnis mit dem fernen Athen einging. Ihr erinnert euch sicher noch, dass der gottgleiche Miltiades in unsere kleine Polis kam und meinen Vater, den Bronzeschmied – und Draco, den Stellmacher, und unseren alten Nachbarn Epiktetos –, wie einen Herrn aus Athen behandelte. Er umgarnte sie mit ausgesuchten Worten und zahlte ihnen harte Silberdrachmen für ihre Erzeugnisse. Auf diese Weise gewann Miltiades die Männer meiner Heimat für seine eigenen politischen Absichten und für die Bedürfnisse einer großen Polis wie Athen.

Als ich noch ein schlaksiger Jüngling war – ich war zwar groß für mein Alter und auch kräftig, aber eben noch zu jung, um in der Phalanx zu stehen –, ersuchte Athen das kleine Platäa um Hilfe, und so marschierten wir über das Kithairon-Gebirge, über jene uralte Bergkette, auf der wir unsere finster blickenden Gottheiten verehren, und stießen bei Oinoe zum Aufgebot aus Athen. Wir standen neben ihnen und kämpften gegen Sparta und Korinth und andere Städte der Peloponnes – und wir schlugen sie allesamt.

Nun – eigentlich besiegte Athen sie. Platäa konnte gerade so überleben, und mein älterer Bruder, der meinen Vater hätte beerben sollen, starb auf dem Schlachtfeld, durchbohrt von dem Speer eines Spartiaten.

Vier Tage später, als wir erneut zu den Waffen griffen – diesmal gegen Theben –, stand auch ich in der Phalanx. Und wieder trugen wir den Sieg davon. Von da an war ich Hoplit.

Weitere zwei Tage später, als wir uns den Männern aus Euböa entgegenstellten, wurde ich Zeuge, wie mein Vetter Simonalkes meinen Vater tötete: Er stieß ihm hinterrücks die Klinge in den Leib, genau unterhalb des Brustpanzers aus Bronze. Als ich über meinen toten Vater stolperte, bekam ich einen heftigen Schlag gegen den Kopf. Und als ich aufwachte, hatte ich zunächst keine Erinnerung mehr an den Verrat meines Vetters Simon.

Denn als ich aufwachte, war ich ein Sklave, wie ihr ja wisst. Simon hatte mich an phönizische Händler verschachert, und so gelangte ich mit vielen anderen griechischen Sklaven nach Osten.

Zehn Jahre war ich Sklave – und ehrlich gesagt, war es kein durchweg schlechtes Leben. Ich kam in ein stattliches Haus, in dem wohlhabende, kultivierte und überaus zuvorkommende Menschen lebten – der Dichter Hipponax mit seiner Gemahlin und ihren beiden Kindern. Archilogos – er war der ältere der beiden Geschwister – war fortan mein Herr, er wurde mein Freund und Vertrauter. Wir erlebten viele Abenteuer. Aber da gab es noch seine Schwester, Briseis …

Ah, Briseis! Sie war wie Helena, die wieder auf Erden wandelt.

Wir lebten damals im fernen Ephesos, in einer der schönsten und mächtigsten Städte der griechischen Welt – dabei liegt Ephesos an der Küste Asias. Griechen leben dort seit den Tagen des Trojanischen Krieges, und der Tempel der Artemis zählt zu den Weltwundern unserer Zeit. Archilogos, mein Herr, besuchte jeden Tag die Schule im Tempel der Artemis, wo der große Philosoph Heraklit seine Schule leitete. Er überhäufte uns ständig mit Fragen, die so schmerzhaft auf uns herabregneten wie die Schläge, die uns der alte Kämpfer während der Kunst beim Pankration im Gymnasion beibrachte.

Ja, Heraklit. Ich bin Männern und Frauen begegnet, die ihn als Scharlatan bezeichneten, als Träumer, als Urheber pietätloser Handlungen. Tatsächlich war Heraklit ein zutiefst frommer Mann – immerhin stellte seine Familie seit eh und je die Priester der Artemis –, aber er war der Überzeugung, das Feuer sei das einzig wahre Element. Für ihn stellte der Wandel die einzige Konstante in unserem Leben dar. Ich muss ihm in beiden Punkten recht geben.

Es war ein schönes Leben. Mir wurde die Erziehung eines reichen Herrn zuteil, ohne dass ich etwas zu bezahlen brauchte. Ich lernte, einen Wagen zu lenken, ich erhielt Reitunterricht und lernte, wie man kämpft, ich lernte aber auch, meinen Geist wie ein Schwert zu führen. All das liebte ich, aber am meisten ...

Ja, am meisten liebte ich Briseis.

Und während ich ihr in Liebe zugetan war – gut, ich hatte auch Augen für ein Dutzend anderer junger Frauen –, reifte ich zum Mann und bekam mit, wie Griechen und Perser im Haus meines Herrn Ränke schmiedeten. Und eines Abends trieben all diese Ränke und Intrigen hässliche Blüten: Die Frucht, die daraus erwuchs, hatte die Gestalt des blutroten Krieges. Das war zu jener Zeit, als sich die griechischen Städte in Ionien gegen die persische Oberherrschaft erhoben.

Da ihr heute Abend wieder Geschichten über den Krieg gegen die Perser hören werdet, möchte ich euch kurz in Erinnerung rufen, was die Ursache für diesen Konflikt war. Es waren wenig ehrenhafte Gründe, und die Griechen waren nicht viel besser als die Perser, vielleicht sogar um einiges schlimmer. Unter dem Großkönig besaßen die Ionier Geld, Macht und Freiheit – sie durften frei entscheiden, welche Gottheit sie verehrten, sie durften sich selbst verwalten – und alles, was sie dafür erbringen mussten, waren Steuern. Und sie waren nur insofern «Sklaven», als sie in allen außenpolitischen Belangen dem Großkönig gehorchen mussten. Das «Joch» der Perser war leicht und erträglich, das weiß kein Mensch besser als ich, denn als Sklave diente ich als Herold und überbrachte die Nachrichten, die mein Herr Hipponax und der mächtige Artaphernes austauschten – er war der Satrap von Phrygien. Ich kannte Artaphernes gut – ich machte Besorgungen für ihn, durfte ihn beizeiten ankleiden, und eines Nachts, als mein Herr Hipponax den Perser im Bett seiner Frau erwischte, rettete ich Artaphernes das Leben. Denn in seinem Zorn hätte Hipponax den Satrapen gewiss erschlagen. Aber ich rettete auch Hipponax das Leben, denn ich hielt ihm vier gestandene persische Krieger vom Leib – Arynam, Pharnakes, Kyros und Dareios. Ihre Namen sind mir unvergesslich, denn diese vier Männer zählten einst zu meinen Freunden.

Ihr werdet wieder von ihnen hören. Außer von Pharnakes, der am Bosporus im Kampf gegen die Karier fiel.

Wie dem auch sei, nach jener Nacht der Schwerter, des Feuers und des Hasses war mein Herr Hipponax nicht mehr länger treuer Diener Persiens, sondern verwandelte sich in einen hasserfüllten griechischen «Patrioten». Und unsere Stadt Ephesos wappnete sich für den Krieg. In all diesen Wirren verlor meine geliebte Briseis ihren Verlobten aufgrund von Gerüchten und Verleumdungen, und Archilogos und ich prügelten den Kerl für seine Unverschämtheiten ordentlich durch. Inzwischen hatte ich das Töten gelernt, ich wusste, wie man Gewalt anwendet, um das zu bekommen, was man haben will. Und als Belohnung bekam ich Briseis – genauer gesagt: Sie bekam mich. Mein Herr schenkte mir die Freiheit, ohne zu wissen, dass ich seine Tochter entjungfert hatte, und so segelte ich mit Archilogos fort, um dem Zorn der Familie jenes unglückseligen Verlobten zu entkommen.

Wir schlossen uns dem griechischen Aufstand in Lesbos an, und dort am Strand begegnete ich Aristeides – manchmal wird er «der Gerechte» genannt. Jedenfalls ist er einer der größten Helden Athens, allerdings auch Miltiades' politischer Gegner.

Nun sollte mein wahres Leben beginnen. Mein Leben als Mann des Krieges. Ich gewann meine ersten Spiele auf einem Strand auf Chios, mein Preis war meine erste Rüstung. Ich zog gegen die Perser in den Krieg.

Aber Ares, der Gott des Krieges, hatte nicht so viel Einfluss auf mein Leben wie Aphrodite, und als wir nach Ephesos zurückkehrten, um den großen Krieg zu planen, verbrachte ich jede freie Stunde mit Briseis. Und heute denke ich, dass nie in Zweifel stand, was daraus werden würde. Aber Heraklit, der große weise Mann, forderte mich auf, einen Eid vor den Göttern abzulegen, auf dass ich Archilogos und dessen Familie schütze – und diesen Eid legte ich ab. Wie die Helden in den alten Geschichten dachte ich nie darüber nach, welche Folgen ein solcher Eid zeitigen würde. So schlief ich weiterhin unbekümmert mit Briseis.

Ah, Briseis! Sie warf mir vor, feige zu sein, wenn ich mich von ihr fernhielt, und sie verschlang mich, wenn ich sie besuchte. Nacht für Nacht schlich ich mich an den Sklaven vorbei in die Gemächer der Frauen, bis wir am Ende entdeckt wurden. Natürlich musste es irgendwann dazu kommen.

Ich wurde des Hauses verwiesen und durfte nie mehr zurückkehren – und das verlangte ausgerechnet das Oberhaupt jener Familie von mir, die ich zu beschützen geschworen hatte.

Drei Tage später zog ich mit Aristeides und den Athenern tiefer ins Inland. Wir brannten Sardis nieder, aber die Perser fielen über uns her, als wir gerade dabei waren, den Markt und die Stadt zu plündern. In der Stadt selbst unterlagen wir, auch an der Brücke mussten wir uns geschlagen geben. Die Perser schlugen auf uns ein, als wären wir nichts weiter als eine hilflose Trommel – ich aber stand meinen Mann, Kampf um Kampf, und genoss bald den Ruf, ein hervorragender Speerkämpfer zu sein. An einem Pass oben in den Bergen rannte ich zusammen mit Eualkidas, dem Helden aus Euböa, gegen Artaphernes' Leibwache an – und überlebte auch das. Drei Tage später, auf der Ebene von Ephesos, versuchten wir, uns einem persischen Heer entgegenzustellen. Wir boten die ganze Schlagkraft des Ionischen Aufstands auf, doch letzten Endes knickten die Griechen ein und flohen, anstatt sich den persischen Bogenschützen und den zornigen Kämpfern aus Phrygien zu stellen. Wir hingegen, die Männer aus Athen und Euböa, hielten allein die linke Flanke und geboten den Kariern Einhalt. Unser Heer wurde aufgerieben. Der Held Eualkidas starb dort. Ich kehrte zurück, um seinen Leichnam vom Schlachtfeld zu holen, und musste feststellen, dass mein alter Herr und Gebieter Hipponax tödlich verwundet war. Ich erlöste ihn von seinen Qualen und hatte wieder nicht an den Eid gedacht, den ich geleistet hatte. So kam es, dass Archilogos, der einst wie ein Bruder für mich war, davon überzeugt war, ich hätte Hipponax aus Hass getötet, nicht aus Mitleid und Liebe. Fortan stand diese Bluttat zwischen uns und machte alle Hoffnung auf Aussöhnung zunichte. Archilogos war der Ansicht, dass ich seine Schwester vergewaltigt und seinen Vater ermordet hatte, obwohl ich vor den Göttern gelobt hatte, die Familie zu beschützen. Und genau das wird uns noch in der Geschichte beschäftigen, die ich euch an diesem Abend erzähle.

Nach der Niederlage vor Ephesos konnte ich mit den Athenern fliehen, aber auf mir lastete der Fluch des Eidbruchs, und deshalb fiel Poseidon in seinem Zorn über unser Schiff her. In jedem Hafen erschlug ich Männer, die sich mir in den Weg stellten, bis mich Agios, ein Freund aus Athen, an der Küste Kretas absetzte. Auf diese Weise lernte ich Achilles, den König von Gortyn, und dessen Sohn Nearchos kennen, den ich fortan erziehen sollte. Und in der Tat brachte ich ihm so viel bei, dass Nearchos und ich in der nächsten Schlacht des Ionischen Aufstands die Helden der griechischen Flotte wurden. Wir halfen meinem ehemaligen Freund Archilogos, im Zentrum des persischen Geschwaders durchzubrechen. Das war der erste größere Sieg der Griechen, aber das währte nicht lange, und Tage später war ich Pirat auf hoher See und befehligte zum ersten Mal mein eigenes Schiff. Die Schicksalsgöttin schien mir wohlgesinnt zu sein, vielleicht weil ich meinem Eid treu geblieben war, da ich Archilogos während der Seeschlacht beigestanden hatte. Und als wir den schlimmsten Sturm überlebten, in den ich je geraten war, schenkte Poseidon mir Paramanos, einen Nubier und sehr erfahrenen Steuermann. Mit einer guten Mannschaft und einem schweren Schiff kehrte ich nach Lesbos zurück und schloss mich Miltiades an – jenem Mann also, der zu Beginn meiner Geschichte die Männer aus Platäa mit samtenen Worten umworben hatte. Von Miltiades erfuhr ich schließlich, wer einst meinen Vater ermordet hatte, und beschloss daraufhin, in meine Heimat zurückzukehren, um Rache zu üben.

Ich erfuhr, dass Briseis unterdessen einen der Wortführer des Ionischen Aufstands geheiratet hatte, der darauf aus war, mir das Leben zu nehmen – es hieß, Briseis habe immer meinen Namen gerufen, wenn ihr Mann abends bei ihr liegen wollte. Ich hatte längst beschlossen, diesen Kerl zu töten.

Ich blieb als Pirat an Miltiades' Seite, aber nachdem die Aufständischen weitere Niederlagen gegen die Perser hatten einstecken müssen, stieß ich in der Hitze eines Gefechts auf thrakischem Boden zufällig auf Briseis' Ehemann und löschte sein Leben aus. Später machte ich mich auf den Weg zu meiner Geliebten und bat sie, fortan an meiner Seite zu leben – doch sie verschmähte mich.

So kann es einem manchmal ergehen. Ich kehrte nach Platäa

zurück, innerlich ausgehöhlt, und die Erinnyen flüsterten mir Rachegedanken ein. Ich musste feststellen, dass Simonalkes und seine Söhne sich Land und Besitz meines Vaters einverleibt hatten. Schlimmer noch: Mein Vetter Simon hatte meine Mutter geheiratet und hegte die Absicht, seinen jüngsten Sohn Simon mit meiner Schwester Penelope zu verheiraten.

An dieser Stelle möchte ich aber betonen, dass ich nicht mit Feuer und Schwert über Simon herfiel. Kalchas hatte mir etwas fürs Leben beigebracht, später lehrte mich Heraklit Dinge, die sich als wahr erweisen sollten und in meinem Leben stets von großer Bedeutung gewesen sind – und nach vier Jahren als Krieger hatte ich begriffen, dass Gerechtigkeit mehr zählt als die Macht des Schwerts. Ich brachte die Sache vor Gericht und ließ die Gesetze Plätäas sprechen. Simonalkes erhängte sich später an einem Deckenbalken in der alten Werkstatt meines Vaters, und so ließen mich die Erinnyen allein mit meiner Mutter und meiner Schwester zurück.

Das hätte an sich schon eine spannende Geschichte sein können – aber die Götter wollten noch nicht von Plätäa lassen, und im folgenden Frühjahr zogen Sturmwolken auf, die Unheil mit sich brachten. Mein Gefährte und ehemaliger Hypaspist Idomeneus – ein Kreter, an dessen Verstand ich bisweilen zweifelte und der allzu oft in meinen Geschichten vorkommt – hatte oben am Schrein des Leitos einen athenischen Aristokraten erschlagen. Ihr wisst sicher noch, dass Idomeneus inzwischen der neue Priester am Grabmal des Helden geworden war. Da ich die Sache bereinigen wollte, führte mich mein Weg über die Berge nach Athen, wo ich in die politischen Machenschaften der Polis verwickelt wurde. Davon werdet ihr heute Abend noch mehr hören. Jedenfalls überwarf ich mich mit der Sippe der Alkmaioniden und ihrem Sprössling Kleitus, denn es war sein Bruder gewesen, der im Schatten des Grabmals sein Leben ausgehaucht hatte. Außerdem hatten mir die Söhne meines feigen Vetters Simon eine Falle gestellt. Jedenfalls nahm mir Kleitus mein

Pferd und mein Sklavenmädchen weg – das ist wieder eine andere Geschichte. Kleitus hatte ich es zu verdanken, dass man mich des Mordes bezichtigte, aber Aristeides der Gerechte stand mir bei der Verhandlung bei und erwirkte mit Hilfe eines Winkelzugs meinen Freispruch. Aber während des Prozesses machte ich mich der Hybris schuldig. Ich beging das Verbrechen, einen freien Mann wie einen Sklaven zu behandeln, und tötete ihn kaltblütig. Daraufhin schickte mich Aristeides zur Läuterung zur Insel Delos, zu dem großen Tempel des Apollon.

Apollon, der ränkeschmiedende Gott, hatte indes nie die Absicht, dass ich geläutert werde, sondern warf mich zurück in Miltiades' Dienst. Allerdings konnte Miltiades seit längerer Zeit keine größeren Erfolge mehr vorweisen. Mit nur zwei Schiffen versorgte ich das belagerte Milet mit Nahrung – nicht nur einmal, wohlgemerkt – und strich dafür manch eine Münze ein. Natürlich machte ich vor allem als Pirat Gewinn. Ich bekenne, dass ich Menschen ausraubte, Frauen entführte, für Geld tötete, Schiffe kaperte und bei all diesen Taten zu wenig an die Götter dachte. Apollon hatte mich ermahnt – in seiner eigenen Stimme –, endlich Gnade walten zu lassen, aber ich versagte weiterhin zu oft, und so hinterließ ich eine Spur des Blutes auf der Ionischen See. Bald war ich einer der Befehlshaber in der größten Seeschlacht des Ionischen Aufstands: vor Lade. In jener Bucht hatte der Großkönig eine gewaltige Flotte zusammengezogen, fast sechshundert Schiffe, um die Griechen und ihre Verbündeten zu stellen. Wir selbst brachten es auf etwas mehr als dreihundertfünfzig Schiffe. Ein ungleiches Kräfteverhältnis, doch wir waren gut ausgebildet und hätten auf alles gefasst sein müssen. Ich segelte im Verband der Athener und Kreter, und wir schlugen die Phönizier in einem Abschnitt. Als wir in den Morgennebeln auftauchten, rechneten wir damit, dass unser Navarch uns loben würde, ein Mann namens Dionysios von Phokaia. Er gehörte neben Miltiades zu den größten Piraten und Schiffsführern der griechischen Welt. Aber als wir durch die Phönizier stießen, mussten wir feststellen, dass die Männer aus Samos – unsere Verbündeten, wohlgemerkt – zu den Persern übergelaufen waren. Der Großkönig triumphierte, und der Ionische Aufstand brach in sich zusammen. Die meisten meiner Freunde starben bei Lade, viele Männer aus Jugendtagen.

Briseis heiratete Artaphernes, der einst mit ihrer Mutter schlief – und wurde auf diese Weise die mächtigste Frau in Ionien, wie sie es sich immer schon gewünscht hatte.

Datis, der Garant des persischen Siegs, zog mit seinen Truppen plündernd und mordend von Lesbos nach Chios. Die männlichen Bewohner wurden erschlagen, die Frauen in die Sklaverei verkauft. Jede Verleumdung, die die Griechen zuvor in die Welt gesetzt hatten, um die Perser als Schlächter hinzustellen, wurde nun zur grausigen Wahrheit.

Milet fiel. Ich hatte die Stadt unterstützt und tat, was möglich war. Dann kehrte ich in meine Heimat zurück, mit fünfzig Familien aus Milet, die sich nach und nach den Bürgern Platäas anschlossen. Ich gab mein Geld für diese fremden Menschen aus, kaufte ihnen Land und Vieh, und dann – ja, die meisten von euch wissen, dass ich mich wieder daranmachte, Bronze zu schmieden. Ich stellte den Speer in die Ecke.

Wie die Götter gelacht haben werden!

Im Jahr darauf, als meine Schwester auszog und eine Schule besuchte, nicht zuletzt, um nicht länger im Dunstkreis unserer betrunkenen Mutter zu leben, begab ich mich wieder nach Athen, da mein Freund Phrynichos, der mit mir im Pfeilhagel bei Lade ausgeharrt hatte, ein Theaterstück aufführen ließ, das den Titel «Die Einnahme von Milet» trug. Derweil saß Miltiades in Athen in Haft, da er eine Bedrohung für den Stadtstaat darstellte – und um ehrlich zu sein, meine Freunde, er war schuldig, denn man muss wissen, dass ein Mann wie Miltiades seine eigene Mutter verkauft hätte, um die Macht in Athen an sich zu reißen.

Jedenfalls setzte ich einen Teil meines Geldes und einige Tricks ein, die ich als Sklave gelernt hatte, um sicherzustellen, dass Phrynichos' Stück auch wirklich gespielt wurde. Gleichzeitig gelang es mir, mein Sklavenmädchen aus dem Bordell zu holen, an das Kleitus sie verkauft hatte, und übte Rache an den Alkmaioniden. Im nachfolgenden Prozess schwächte ich die Stellung dieser Sippe bei den Demen – dem Großteil des Volkes – und verhalf einem neuen Mann auf die politische Bühne Athens: Themistokles, dem Redner. Er hatte zwar nicht viel für mich übrig, aber er unterstützte mich eine Weile und half mir und Aristeides, die propersische Partei zu schwächen. Gemeinsam erwirkten wir, dass Miltiades aus dem Gefängnis entlassen wurde.

Als ich wieder nach Platäa zurückkehrte, hatte ich das Gefühl, Athen einen großen Dienst erwiesen zu haben. Meine Schmiedearbeiten wurden immer besser. Während des Winters brachte ich den jüngeren Männern meiner Heimat bei, wie man in der Phalanx zu stehen hat. Das Kriegshandwerk wurde mein Zeitvertreib, wie andere Männer im Alter lernen, die Diaulos, die Doppelflöte, oder die Kithara zu spielen. Ich bildete die jungen Leute aus und schmiedete Bronze. Das Leben zeigte sich von seiner annehmlicheren Seite.

Und als meine Schwester Penelope dann beschloss – inzwischen war sie mit einem Aristokraten aus Thespeia vermählt –, ich solle die Freundin ihrer Schwägerin heiraten, stimmte ich letzten Endes zu. Zusammen mit einer Jagdgesellschaft aus Aristokraten – Männern aus Böotien und Athen – ritt ich nach Attika und gewann meine zukünftige Braut Euphoria in Spielen, für die sich auch die Helden vergangener Zeiten nicht zu schade gewesen wären. Im darauffolgenden Frühjahr heiratete ich Euphoria. Bei der Feier waren so illustre Gäste wie Themistokles, Aristeides und Miltiades anwesend – natürlich auch Harpagos und Agios und ein Dutzend anderer Freunde aus allen Schichten Athens. Ich führte meine Braut über die Berge in meine Heimat und machte mich daran, Nachkommen zu zeugen.

Doch die Sturmwolken am Horizont wurden von einem Wind getrieben, der großen Wandel in die Welt brachte. Gleich die ersten Ausläufer des Sturms bescherten uns einen Überfall aus Theben. Die Geldgeber im Hintergrund waren die Alkmaioniden aus Athen, angeführt wurde die Rotte indes von Simon, dem Sohn meines Vetters Simonalkes. Dieser eingebildete Kerl hatte all seine Söhne nach sich selbst benannt. Wie erbärmlich kann ein Mensch sein?

Aber ich schweife ab. Wir erwischten die Bastarde – meine neue Phalanx aus Platäa – und wir zerquetschten sie. Mein Freund und Gefährte Teukros, der Bogenschütze aus Milet, tötete den jungen Simonalkes. Und so waren wir gerade in unserem Kampfverband, als die Athener uns um Hilfe baten, denn die Perser, die soeben Euböa mit Feuer überzogen hatten, marschierten in Richtung Athen.

Nun, ich werde euch nicht noch einmal von Marathon erzählen. Myron, unser Archon und mein alter Freund, entsandte unser Aufgebot ohne Bedenken, und so marschierten die Platäer unter meiner Führung, und wir standen den Athenern bei an jenem großartigen Tag, den kein Grieche je vergessen wird. Wir waren Helden. Ha! Ich erzähle doch noch davon, wenn ihr nicht aufpasst. Jedenfalls besiegten wir Datis und seine Perser mit den schwarzen Schiffen. Agios ließ sein Leben auf der Heckplattform einer persischen Trireme, aber wir trugen den Sieg davon. Ich trinke auf seinen Schatten. Und auf alle Schatten der Männer, die bei Lade starben.

Aber als ich die siegreichen Platäer zurück über das Gebirge führte, erreichte mich die schreckliche Nachricht, dass meine wunderschöne Frau im Kindbett gestorben war. An jenem Schicksalstag beraubten mich die Götter meines klaren Denkvermögens. Ich trug den Leichnam meiner Frau in meine Schmiede und verbrannte ihn mit all ihren Habseligkeiten. Dann machte ich mich auf den Weg zu den südlichen Hängen des Kithairon-Gebirges, in der Absicht, meinem Leben ein Ende zu setzen.

Möget ihr nie erfahren, wie dunkel die Welt sein kann. Frauen kennen diese Dunkelheit bisweilen nach der Geburt eines Kindes, Männer nach einer Schlacht. Jeder Höhenflug des Geistes hat seinen Preis, und wenn ein Mann oder eine Frau den Göttern nahe ist, wenn auch nur kurz, zahlt er oder sie oftmals einen hohen Preis dafür. Die Strapazen von Marathon und der Verlust meiner Frau hatten mir den Verstand geraubt. Ich sprang von einem Steilhang in die Tiefe.

Ich fiel und fiel, aber ich schlug nicht auf Felsgestein, sondern auf Wasser auf. Und als ich an die Oberfläche kam, kämpfte mein Körper ums Überleben. Ich schwamm, bis ich Sand und Kies unter meinen Füßen spürte. Dort verlor ich das Bewusstsein, und als ich zu mir kam, war ich wieder ein Sklave. Abermals wurde ich von Phöniziern versklavt, diesmal aber als Erwachsener. Mein Leben war grausam und hätte ein jähes Ende gefunden, aber die Ironie daran war, dass ich mich fortan nach dem Leben sehnte.

Ich fristete ein hartes Dasein unter einem Ungeheuer mit Namen Dagon, und heute Abend werdet ihr noch einiges über ihn erfahren. Das Schlimme war, dass er darauf aus war, mich zu brechen, nicht nur körperlich, sondern auch seelisch, und fast wäre ihm das auch gelungen. Schlussendlich kreuzigte er mich an einen Mast und ließ mich zum Sterben zurück. Aber Poseidon errettete mich – er spülte mich samt Mast über die Bordwand und ließ mich am Leben. Die Gottheit verfrachtete mich an Deck eines kleinen Handelsschiffs, wo ich einige Wochen pullen musste, erneut gegen meinen Willen, auch wenn ich kein Sklave im eigentlichen Sinne war. Das Schicksal wollte es so, dass ich wieder den Phöniziern in die Hände fiel.

Die Erniedrigungen und Demütigungen gingen weiter, bis ich eines Tages in einem Gefecht auf See ein Schwert ergatterte und mir meinen Weg in die Freiheit erkämpfte. Das Schwert war mir buchstäblich vor die Füße gefallen. Die Götter spielen in das Leben jedes Menschen hinein. Nur gottlose Narren können etwas anderes behaupten.

Als Sklave schloss ich neue Freundschaften. Oder besser: neue

Bündnisse, die mir nach meiner Freiheit neue Freunde einbrachten. Es war ein wilder Haufen Gefährten, die in vielen Zungen sprachen – ein Etrusker namens Gaius, zwei Kelten, Daud und Sittonax, zwei Dunkelhäutige aus Libya, Doola und Seckla, ein Sikeler namens Demetrios und ein illyrischer Adliger, der in die Sklaverei geraten war. Er hieß Neoptolymos. Wir legten einen Schwur ab auf Poseidon, mit einem Schiff nach Albion zu segeln und Zinn zu kaufen. Und wir blieben unserem Schwur treu. Wie ich euch ja vergangene Nacht erzählt habe, segelten wir auch nach Sizilien, und während meine Freunde kleine Küstenhändler wurden, arbeitete ich wieder als Bronzeschmied, bildete einen Lehrling aus und lernte selbst einiges dazu. Ich verliebte mich in Lydia, die Tochter meines Meisters, doch ich ließ sie im Stich, und für diesen Verrat – nennen wir es beim Namen – verlor ich das Vertrauen in mich, aber ich verlor auch das Wohlwollen der Götter. Über Jahre kreuzte ich auf den Meeren, bis meine Gefährten und ich unserem Schwur treu blieben, nach Albion segelten und als reiche Männer mit Zinn zurückkehrten. Ich tat mein Bestes, um sicherzustellen, dass Lydia einen guten Mann bekam, und lernte die Tochter des Pythagoras kennen. Auf diese Weise war ich imstande, einen Einblick in die Mathematik und die Philosophie dieses großen Mannes zu erhalten. In jenen Tagen lernte ich Gelon kennen, den Tyrannen von Syrakus, lehnte es aber ab, ihm zu Diensten zu sein. Also setzte ich wieder Segel und traf an der Südspitze Italias meine Freunde Harpagos und Kimon wieder, den Sohn von Miltiades, auch etliche andere meiner Gefährten aus alten Zeiten. Wie ihr euch vielleicht erinnert, hatte ich eine Nachricht verschickt in der Hoffnung, dass meine Freunde mich erhörten. Wir segelten in nördlicher Richtung in die adriatische See, weil ich meinem Freund Neoptolymos versprochen hatte, ihm wieder auf den Thron zu verhelfen. Und das gelang uns tatsächlich, auch wenn danach wieder Blut an unseren Händen klebte. Dann verabschiedeten die Athener und ich uns von meinen Freunden aus der Zeit *in Sizilien – die Gefährten kehrten zurück nach Massalia, um die Felder zu bestellen, und ich gelobte, wieder der alte Arimnestos von Platäa zu werden. Denn Kimon wusste zu berichten, dass die Perser ein weiteres Mal heranrückten. Auch wenn ich als Mensch allzu oft versagt habe – und selbst im Alter habe ich Züge, die mich nicht ins beste Licht rücken –, so bin ich in dem Krieg der Griechen gegen die Perser dennoch das Werkzeug der Götter.*

Eines möchte ich festhalten: Viele Perser zählten zu meinen Freunden, und es waren wahrlich gute Männer – ausgezeichnete, ungemein tapfere, ungemein treue Krieger. Die Perser sind ein Volk, das viele wahrheitsliebende Helden hervorbrachte. Aber sie sind eben keine Griechen, und als der Krieg erneut ausbrach …

Wir hatten Illyrien den Rücken gekehrt und umrundeten die Westküste der Peloponnes. Doch Poseidon war noch immer nicht fertig mit mir, und bald erreichte uns ein gewaltiger Sturm vor der Küste von Libya, der unser kleines Geschwader zerstreute und mein Schiff viel zu weit in südwestlicher Richtung abtrieb. Als der Sturm dann nachließ, dümpelten wir ohne Mast auf den Wogen und entdeckten ein anderes beschädigtes Schiff leewärts. Wir sahen sofort, dass es Karthager waren. Also griffen wir an und enterten, allerdings in einem seltsamen Gefecht – denn die Rudermannschaft an Bord des Gegners hatte sich gegen ihre Peiniger, die Deckmannschaft, erhoben.

Wie sich dann herausstellte, befanden wir uns auf Artaphernes' Schiff. Er war auf dem Weg von Tyros nach Karthago, um zu erwirken, dass die Karthager einen Flottenverband entsandten. Sie sollten dem Großkönig helfen, Athen mit Krieg zu überziehen. Und ohne es zunächst zu wissen, rettete ich Artaphernes – bis dahin glaubte ich, er wäre längst tot.

Auch Briseis, seine Frau, hielt ihn für tot und warf sich in meine Arme.

Blut tropfte von meiner Klinge, und so stand ich an Deck, im Arm

die Helena meiner Tage, an Bord eines Schiffes, das ich mit Waffengewalt gekapert hatte. Und einen Moment lang hielt ich mich für den Gebieter über den ganzen Erdkreis.
Wie die Götter erneut gelacht haben werden!

TEIL 1

OLYMPIA
484 V. CHR.

Das Beste aber ist das Wasser. Aber Gold ist leuchtendes Feuer, da es herausstrahlt nachts hell aus dem männerpreisenden Reichtum. Wenn es dich aber Wettkämpfe zu rühmen drängt, mein liebes Herz, schau nur aus nach der Sonne, keinem wärmenderen am Tag durch den einsamen Himmel strahlenden Stern – und keinen Wettkampf als den zu Olympia werden wir als besseren nennen.

PINDAR, ODE FÜR HIERON 476 V. CHR.

1. KAPITEL

Artaphernes weigerte sich hartnäckig zu sterben.

Nach einer Stunde war jedem, der so viele Kämpfe wie ich durchlebt hatte, bewusst, dass der Satrap nicht tödlich verwundet war – trotz der sechs tiefen Schnittwunden an der Seite. Er hatte sich eine starke Prellung am Kopf zugezogen, da er das Heft eines Enterhakens zu spüren bekommen hatte. Und obwohl verzweifelte Männer danach auf ihn eingeschlagen hatten, war er nur bewusstlos.

Glaubt nicht, dass ich an seiner Seite blieb wie Hermes, der sich um Zeus kümmert! Denn nach dem Gefecht auf See musste unser Schiff dringend ausgebessert werden, zumal wir gefährlich nah an der Küste Libyas waren – hätte uns ein starker Wind aus Norden erfasst, wären wir zerschellt. Die Küste Libyas bedeutete natürlich, dass wir in Gewässern kreuzten, die von Karthago beherrscht wurden. Für uns eine fremde, unwirtliche Gegend. Megakles stand am Ruder. Derweil behielt Seckla den Küstenverlauf im Auge – er kannte Libya besser als jeder andere in meiner Mannschaft. Ka, mein neuer Meisterschütze aus Nubien, musste sich um zwei verwundete Bogenschützen kümmern, während Leukas, mein Segelmeister aus Albion, mit mir im Wasser war, um auf der Steuerbordseite jene Längsrisse im Rumpf notdürftig auszubessern, die der Sturm der *Lydia* beigebracht hatte.

Es war Brasidas – mein Kämpfer aus Sparta –, der die schwierige Aufgabe übernahm, das gekaperte Schiff im Auge zu behalten. Ich sage deshalb «schwierig», weil wir den Karthager streng genommen nicht gekapert, sondern gerettet hatten. Die Anwesenheit von Briseis, der Liebe meines Lebens, machte die ganze Sache nur noch komplizierter. Aber die drei Perser an Bord – meine drei Freunde Dareios, Kyros und Arynam – und natürlich Artaphernes selbst machten alles noch schwieriger. In jenem Sommer befanden wir uns nicht mit Persien im Krieg. Vergessen wir nicht, dass die Perser als Gesandtschaft unterwegs waren, und Gesandte waren allen Gottheiten heilig. Ich bin ein gottesfürchtiger Mensch – wenn ich auch bisweilen ein Narr bin –, aber selbst ich hatte die Zweige aus Efeu und Lorbeer am Bug gesehen und wäre daher niemals auf den Gedanken gekommen, gegen die Eide der Gastfreundschaft zu verstoßen. Trotzdem zerbrach ich mir den Kopf, wie ich mit den Persern verfahren sollte. Oder mit meiner Liebe Briseis.

Wäre Artaphernes doch einfach gestorben ...

Aber er sollte das Zeitige noch nicht segnen. Und als das offensichtlich wurde, tauchte ich ein ins kalte Meerwasser, um bei den Reparaturen zu helfen und um wieder einen klaren Kopf zu bekommen. Und das, obwohl ich eine Verletzung an der Hand hatte und mich mit meinem bloßen Leib den Blicken von Briseis' Begleiterinnen aussetzte.

Leukas, gepriesen sei er, widmete sich wie kein Zweiter den Ausbesserungsarbeiten, tauchte immer wieder unter das Schiff und schüttelte den Kopf, bis es uns mit insgesamt zehn Mann gelang, den gerissenen Rumpf mit dem völlig durchtränkten Bootssegel des Karthagers abzudecken. Wir konnten zwar nicht verhindern, dass weiterhin Wasser eindrang, aber das Leck war nicht mehr so groß.

Tag und Nacht schickten wir je sechs Ruderer an die hölzernen Lenzpumpen.

Der Karthager, den wir übernommen hatten, war in noch schlechterem Zustand. Der Mast hatte an Deck gelegen, als der Sturm losbrach, aber da die Befehlshaber der Deckmannschaft nicht mehr lebten, musste ich mir einen Überblick verschaffen, und meiner Ansicht nach hatte man die Taljen samt Läufer nicht richtig an Deck verstaut, sodass sich alles in der Nacht losgerissen hatte. Als dann alles im Sturm in der Dunkelheit über Bord gespült wurde, hatte offenbar allein das die Rudermannschaft um den Verstand gebracht. Die Spiere am Mast des Bootssegels hatte die Hälfte der Riemenschäfte zertrümmert und dann in eine Bordwand ein Loch gerissen. Und als die Dämmerung den Überlebenden eine etwas ruhigere See präsentierte und die Küste Libyas leewärts auszumachen war, hatte die Rudermannschaft gemeutert.

Das Schiff war hinüber. Einen Moment überlegte ich, ob es sinnvoll wäre, es im Schlepptau bis zur Küste von Libya zu ziehen, aber das war der letzte Ort, zu dem ich wollte. Vernünftig wäre es gewesen, der eigenen Rudermannschaft den Befehl zum Pullen zu geben. Aber ich war Artaphernes in Gastfreundschaft verbunden. Er hatte mir das Leben geschenkt, hatte mein Leben bewahrt, und seither hatte ich viele Jahre seinen Ring getragen.

Nachdem wir das Leck notdürftig ausgebessert hatten, kletterte ich wieder an Bord und ließ mich von der Sonne trocknen. Keine dreißig Fuß von mir entfernt lächelte mir Briseis über das Wasser hinweg zu.

Verflucht sei sie.

Und ich schob natürlich die Brust vor, straffte mich.

Warum sind Männer so einfach gestrickt? Wie?

Seckla hatte das Deck im Blick. Die beiden Ruder waren nicht im Wasser – man lässt sie erst hinab, wenn das Schiff Fahrt aufnimmt. Aber Seckla stand zwischen den beiden Rudern, an der Stelle also, von der aus man das Schiff befehligt. Zumindest handhabte ich es auf meinen Schiffen stets so. Seckla beugte sich zu mir. «Das ist also die vielgerühmte Briseis», meinte er. Er besaß die Kühnheit, dieser Bemerkung ein Lachen folgen zu lassen.

«Ja, das ist sie», hörte ich mich antworten.

Er schüttelte den Kopf. «Wirklich schön», sagte er. «Sie hat den Blick nicht von dir gewendet, während du im Wasser warst.» Er zuckte mit den Schultern.

Ich konnte Briseis einfach nicht aus den Augen lassen.

Seckla stupste mich mit dem Ellbogen an. «Bist du nun der mächtige Pirat Arimnestos oder irgendein pickliger Jüngling?»

Ich strafte ihn mit einem finsteren Blick. Einst hatte ich ihn getröstet, als er sich liebeskrank das Leben hatte nehmen wollen. Und ich dachte: *Wie kannst ausgerechnet du es wagen?*

Aber er lachte mir freimütig ins Gesicht.

Und ich fiel in das Lachen mit ein. «Ein pickliger Jüngling», pflichtete ich ihm bei. «So geht es mir immer in ihrer Gegenwart.»

Leukas trocknete sich mit seinem Chiton ab. Der Mann aus Albion schüttelte nur den Kopf, schwieg aber.

Megakles hingegen nicht. Ich habe seinen breiten italischen Akzent noch im Ohr, mit dem er seiner Bemerkung einen komischen Nachdruck verlieh. «Während wir verzückt die schöne Dame bewundern, Herr, wird uns irgendein Phönizier vor der Küste Libyas kapern. Dann werden wir alle versklavt.»

Sittonax, mein fauler gallischer Freund, rekelte sich wie ein Kater. «Zugegeben, sie ist eine Frau mit schönen Rundungen», stimmte er zu. «Aber sie ist es nicht wert, in den Tod zu gehen.» Er nickte in Richtung Megakles. «Du weißt, dass er recht hat.»

«Die Perser bilden eine Gesandtschaft», erwiderte ich. «Selbst die Karthager respektieren Gesandte.»

Ich spürte, dass meine Freunde anderer Ansicht waren. Ihre Unnachgiebigkeit machte mich wütend, und ich weiß noch, dass ich mir auf die Unterlippe biss, um meinen Zorn nicht hochkochen zu lassen. Außerdem war ich todmüde – die Nacht zuvor hatte ich am Ruder ausgeharrt, hatte ein Enterkommando angeführt, hatte mitgeholfen, den Rumpf auszubessern –, sodass ich es gerade noch schaffte, mich auf den Beinen zu halten. Verständlich, dass die neckenden Bemerkungen meiner Gefährten ihre Wirkung nicht verfehlten.

Eine Weile beobachtete ich die Rudermannschaft, die immerzu Wasser aus der Bilge pumpte, und bezweifelte, dass wir es bis in einen der Häfen der Peloponnes schaffen würden. Die Entfernung war einfach zu groß, außerdem liefen wir Gefahr, in einen weiteren Frühjahrssturm zu geraten.

Brasidas machte sich mit einer seiner typischen Gesten bemerkbar – mit einer knappen Handbewegung.

Ich beugte mich über die Reling an Backbord. «Brauchst du was?», rief ich zum anderen Deck hinüber.

«Nein», entgegnete er. «Aber die Frau will was von dir.»

Aus dem Mund jedes anderen hätte diese Bemerkung zotig geklungen, aber der Mann aus Sparta sagte eigentlich nie viel, und wenn doch, dann bediente er sich einer knappen und trockenen Ausdrucksweise. Nicht umsonst bezeichnen wir die Leute aus Sparta als lakonisch.

An jedem anderen Tag hätte ich die Rudermannschaft aufgefordert, das andere Schiff mit Enterstangen näher heranzuziehen. Aber Briseis schaute zu, und daher schnappte ich mir einen Chiton, zog ihn an, vergaß die Müdigkeit, legte einen geflochtenen Gürtel und den Schwertgurt an und sprang – ja, ich sprang! – von einer Ruderbank zur nächsten. Als ich drüben Fuß fasste, merkte ich, dass das andere Schiff tiefer im Wasser lag.

Ich sprang sogar über die Köpfe der zu Tode erschrockenen Überlebenden hinweg, über jene versklavten Ruderer also, die von meinen Epibatai streng bewacht wurden – allerdings war nach dem Gemetzel nur noch eine Rumpfmannschaft übrig geblieben, wenn man das so sagen darf. Jedenfalls versuchte ich, nach meiner Landung nicht zu stark zu schwanken, als ich achteraus zu Briseis ging.

Ich verbeugte mich vor ihr. Sie hatte sich nach Art der Matronen ein Tuch um den Kopf gewunden, sodass man nur an einem Fußknöchel und einem Handgelenk etwas von ihrer Haut erahnen konnte, aber ich kannte ihren Körper.

Ich schätze, dass Seckla recht hatte. Sobald es um Briseis ging, war ich ein pickliger Jüngling.

«Komm», sprach sie und führte mich weiter zum Heck, wo Kyros – mein bester Freund unter den Persern – auf den Planken saß, den Kopf des Artaphernes in seinem Schoß.

Der Satrap hatte die Augen nicht geschlossen. Ich kniete neben ihm, und einen kurzen Moment durchzuckte es mich, den Dolch zu ziehen und dem Perser die Klinge in beide Augen zu stechen, um seine Frau für mich allein zu haben. Ich unterscheide mich nicht groß von anderen Männern – manchmal kommen mir schreckliche Dinge in den Sinn, selbst wenn ich mich bemühe, das Richtige zu tun.

Artaphernes hob eine Hand und bedeutete mir, näher zu kommen.

Ich beugte mich zu ihm hinab, um ihn verstehen zu können.

«Arimnestos», sagte er leise.

«Herr.»

«Ein machtvoller Name», murmelte er. «Karthago», fügte er matt hinzu, ehe ihm die Augen zufielen.

Briseis legte mir eine Hand auf die Schulter, und allein diese Berührung war wie ein Blitz am Himmel, ein Vorbote des Sturms. «Er bittet dich, uns nach Karthago zu bringen», sagte sie.

Ich schaute auf, sah an ihr vorbei und fing den Blick von Kyros ein, dem Anführer von Artaphernes' Leibwache. Kyros war inzwischen die rechte Hand des Satrapen.

Ich ging in die Hocke. «Kyros», sprach ich ihn an. «Wenn – ich betone *wenn* – ich euch nach Karthago bringe, kannst du dann für meine Sicherheit garantieren? Ich habe nicht viel für Karthago übrig, und dort bin ich sicher nicht gern gesehen.»

Kyros strich sich den Bart – es war der Kyros von früher, voller Humor und mit dem Ehrgefühl eines Persers, dass ich mich plötzlich wieder fühlte, als wäre ich ein Jüngling von fünfzehn Jahren. «Wann kann man schon den Phöniziern trauen?», sinnierte er. «Sie lügen wie die Griechen.» Er setzte ein Grinsen auf. «Ich kann dir nicht versprechen, dass die Karthager dich so behandeln, als wärst du ein Teil unserer Gesandtschaft.» Er zuckte mit den Schultern. «Aber eines kann ich dir versprechen: Wenn du uns nach Karthago bringst und dort in Lebensgefahr geraten solltest, dann stehe ich dir bei und sterbe an deiner Seite.»

So spricht nur ein Perser. Und er meinte es auch so.

Wenn du selbst etwas Ehrgefühl besitzt, weißt du, ob dein Gegenüber ehrenhaft ist. Und wenn dieser Mann der Ehre eine Bitte hat – eine spezielle Bitte ...

Artaphernes hatte mein Leben bewahrt, auch das anderer Kämpfer, in jener Nacht, als ich Hipponax sterbend auf dem Schlachtfeld nördlich von Ephesos fand. Ich hatte dem Satrapen auch einmal das Leben gerettet. Kyros und ich verband eine eigenartige Freundschaft, denn wir hatten uns als Feinde gegenübergestanden und die Klingen gekreuzt, dann wiederum waren wir uns im Schutz der Gastfreundschaft begegnet und hatten geplaudert.

Und die Überzeugungen, für die du einstehst, werden nicht an sonnigen Tagen auf die Probe gestellt. Ob deine Gelübde etwas taugen, testen die Götter, wenn Sturm aufzieht. Ich verharrte in der Hocke, und wenige Herzschläge nachdem Kyros gesagt hatte, er sei bereit, an meiner Seite zu sterben, falls die Karthager über mich herfielen, wusste ich, dass ich die Gesandtschaft nach Karthago begleiten würde.

Ich erhob mich und seufzte. «Nun gut. Wir nehmen euch ins Schlepptau und steuern den nächstbesten Strand an. Dann werden wir sehen, ob dieses Schiff noch zu retten ist. Falls nicht, rudern wir euch um die Landspitze nach Karthago. Möge Poseidon mir beistehen. Möge Athene mir mit Rat zur Seite stehen.»

Kyros lächelte. «Du bist ein wahrer Mann», sprach er.

Was ist das wert?

All meine Gefährten bedachten mich mit finsteren Blicken. Aber ich ertrug ihr Missfallen und begab mich mit der Hälfte meiner

Deckmannschaft an Bord des lädierten Phöniziers. Zwei Dutzend meiner besten Ruderer begleiteten uns, natürlich auch Leukas, der immer schon ein besserer Seemann war als ich. Ich übergab das Kommando an Megakles. Ich hatte auch Hektor an meiner Seite, meinen neuen Pais. Der Junge war seekrank, seitdem wir Kroton verlassen hatten. Eigentlich war er in diesem Zustand zu nichts zu gebrauchen, aber allmählich gewöhnte er sich an die unruhige See.

Gegen Abend dümpelten wir keine zwanzig Pferdelängen von Libyas Küste entfernt im leichten Wellengang. In der schmalen Sichel des aufgehenden Mondes lag der Strand wie ein silbernes Band vor uns. Es ist untertrieben, wenn ich sage, dass meine Ruderer erschöpft waren. Vergesst nicht, dass die meisten von ihnen Sklaven waren, die sich gegen ihre Herren erhoben hatten und besiegt worden waren.

Aber keiner will freiwillig ertrinken.

Kyros war an meiner Seite. Ich stand am Ruder, während Leukas die Männer unermüdlich antrieb, das Wasser aus der Bilge zu schöpfen. Unsere Ruderer – die am Ende ihrer Kräfte waren und obendrein verzweifelt – hatten ein Schiff im Schlepptau, das aufgrund des Wassers im Kielraum ein ungeheures Gewicht aufwies.

Die *Lydia* legte zuerst an. Ich sah, wie Brasidas mit den Epibatai über die Heckreling ins seichte Wasser sprang. Eine reine Sicherheitsvorkehrung, falls uns dort jemand auflauerte.

Kyros stieß einen unwirschen Laut aus. «Deine Leute sind gut ausgebildet», stellte er fest.

Ich nickte. «Wer Pirat sein will, muss eine harte Schule durchlaufen.»

Er zog die Stirn kraus.

Nachdem auch die Rudermannschaft die *Lydia* verlassen hatte, wurde das Schiff an Land gezogen, und da der Mond kaum Licht spendete, sah es aus, als würde der feucht schimmernde dunkle Rumpf von Götterhand auf den Strand gezogen. Ein herrlicher Anblick, auch wenn ich mir Sorgen machte wegen des Schiffes, auf dem ich mich befand. Außerdem stand Briseis nur wenige Schritte von mir entfernt – so nah bei mir, dass ich glaubte, die Wärme ihres Körpers spüren zu können.

Ja, so war das.

Ich verstellte das Ruder leicht und navigierte uns einige Längen den Strand entlang. Ich wollte das arg beschädigte Schiff nämlich möglichst weit von meiner schönen *Lydia* an Land ziehen, nur für den Fall, dass es zu Unruhen kam.

Unterdessen hatte Leukas Leinen über die Bordwände geworfen, und sowie die *Lydia* sicher abgestützt am Strand lag, eilten die Ruderer zu uns. Keinen Herzschlag zu früh. Ich warf einen Blick auf Briseis, und als sich unsere Blicke trafen, lächelte sie.

Wir brauchten eine Weile, das träge Schiff mit dem Heck voraus auf den Strand zu bringen, denn wir konnten keine rasche Drehung machen, sondern dümpelten weiter vor uns hin. Aber endlich zeigte unser Heck zum Strand, sodass sich unsere überlebenden Ruderer andersherum auf die Bänke setzten.

Kyros sah mich an, seine Augen leuchteten weiß in der Dunkelheit. «Ich fürchte, die Ruderer werden noch einmal versuchen zu meutern», sagte er.

Der Perser war kein Narr. Auch nicht Arynam, der inzwischen seinen Bogen aus der Hülle genommen hatte und die Sehne spannte.

Und es stimmte, in dem Schweigen der Rudermannschaft lag eine schwelende Gefahr.

«Leukas!», rief ich, worauf er zu mir eilte. «Übernimm das Ruder!», forderte ich ihn auf.

Dann lief ich mittschiffs zu der Stelle, an der ein guter Trierarch während des Gefechts steht. Denn von dort schallt die Stimme vernehmlich über sämtliche Ruderbänke hinweg.

«Hört zu, Ruderer!», rief ich. «Wenn wir dieses Schiff auf dem

Strand haben, sorge ich dafür, dass ihr etwas zu essen bekommt. Diese Trireme hält keine drei Stunden mehr durch – haltet euch an mich, und ich bringe euch sicher an Land. Falls ihr vorhabt, euch gegen uns zu stellen, so kann ich euch nur eines versprechen: dass ihr alle sterben werdet!»

Ich spähte hinab in das Zwielicht zwischen den Ruderbänken.

«Viele dieser Männer schert es einen Dreck, ob sie leben oder sterben», rief ein Mann, der offenbar mutiger war als die anderen. Er sprach ein ionisches Griechisch.

«Ich kann nur für die Griechen an Bord sprechen», sagte ich. «Aber ich kümmere mich besser um sie, als es die Phönizier je tun würden. Oder ich töte jeden Einzelnen von ihnen und bringe das Schiff trotzdem an Land.» Ich stand über ihnen, und da ich früher lange unter Dagons Peitsche gelitten hatte, wusste ich aus eigener Erfahrung, wie dröhnend die Stimme auf der Kommandoplattform sein kann.

Ich nahm den Weg zurück über die Laufplanken, ließ mir aber Zeit, da ich so viel Selbstvertrauen wie möglich ausstrahlen wollte. Wir waren nur noch hundert Schritte vom Ufer entfernt, und ich war nicht in Gefahr, aber ich wusste nicht, ob Briseis schwimmen konnte. Außerdem glaubte ich nicht, dass Artaphernes in seinem Zustand die Strapazen überleben würde.

Ich vernahm Murren auf den Ruderbänken.

Eigentlich kein allzu schlechtes Zeichen.

Am Heck angekommen, übernahm ich wieder das Ruder, während Leukas mit seinem keltischen Akzent auf Griechisch befahl: «Pullt, Männer!»

Einige Riemenblätter blieben über Wasser. Meine Ruderer hingegen legten sich bereitwillig in die Riemen, und bald pullten genügend andere Männer, sodass wir achteraus Fahrt aufnahmen. Kurz darauf schabte der Achtersteven über den Sand. Sofort wurde der Bug von der Strömung und dem Wellengang zum Strand gedrückt –

das ist das Schlimmste, was in einem solchen Augenblick passieren kann. An einem stürmischen Tag an einer windgepeitschten Bucht muss ein guter Steuermann damit rechnen, nicht aber in einer ruhigen Nacht an einem breiten Strandgürtel.

Glücklicherweise hatten Seckla und seine Ruderer bereits die Leinen gepackt, die meine Deckmannschaft über die Reling geworfen hatte. Auf diese Weise wurden wir höher auf den Strandabschnitt gezogen, bereitwillig und mit einer Verbissenheit, die die verdrießlichen Ruderer vermissen ließen.

«Über die Bordwände, ihr Hurensöhne!», hörte ich Leukas rufen.

Einige kamen der Aufforderung nach, andere nicht. Ich konnte nicht einschätzen, ob wir es mit einer Meuterei, mit Deserteuren oder einfach nur mit absolut erschöpften Männern zu tun hatten. Daher verließ ich das Ruder – ich glaube, ich habe es eingeholt – und ging wieder über die Laufplanke. Auf meinem Weg stieß ich hier und da Männer mit meinem geborgten persischen Speer an. Ein Kerl, über dessen Stirn sich eine lange Narbe zog, verfluchte mich und kauerte wie ein knurrender Hund auf seiner schmalen Bank. Aber er hatte nicht mal mehr die Kraft, nach mir zu spucken, und als er letzten Endes einknickte, erlahmte die Widerspenstigkeit auch in all den anderen Ruderern in seiner Nähe. Die Menschen sind schon seltsam – oft sind sie schlau, stehen sich aber selbst im Weg.

Leukas und ich scheuchten die Männer hoch, und die Perser halfen uns dabei, und so kletterten sie schlussendlich über die Bordwände und gingen an Land. Ein Dutzend versuchte fortzulaufen, aber sie wurden von Brasidas und den Epibatai wie eine Schar ungehöriger Kinder zusammengetrieben. Wir konnten es uns nicht leisten, dass etliche Sklaven wegliefen und weiter landeinwärts verrieten, wo wir lagerten.

Meine drei persischen Freunde hievten ihren Herrn über die Bordwand und trugen ihn auf einer Trage aus Speeren und Leinwand zum Feuer, das Seckla am Strand entzündet hatte. Eine Stunde später kochte das Hammelfleisch. Unser Vorhaben, unser Lager geheim zu halten, war spätestens dann gescheitert, als sich uns vorsichtig zwei Hirten näherten und uns anboten, Schafe von ihnen zu kaufen.

Als der Mond hoch am Himmel stand, saß der örtliche Wortführer bei uns am Feuer, und er wusste, dass wir Griechen waren.

In jener Nacht hätte ich gern bei Briseis gelegen. Ich begehrte sie – ich beobachtete sie am Feuer, das für die Frauen gedacht war, und ich ließ ihr eine Hammelkeule zukommen, nachdem ich Poseidon eine Opfergabe dargebracht und alle anderen Gottheiten mit Trankopfern bedacht hatte – als Dank für die sichere Landung. Im Gegenzug ließ Briseis mir einen Kelch mit süßlichem Wein bringen. Natürlich wusste ich, was ich Artaphernes schuldig war, und da ich respektiere, was heilig ist, hielt ich mich von meiner Liebe fern. Stattdessen stellte ich meinen Gefährten aus Sklaventagen meine drei persischen Freunde vor.

Brasidas, mein Spartiate, wurde schnell warm mit den Persern. Krieger aus Sparta und aus Persien haben viel gemeinsam, sie bringen vielen Dingen im Leben die gleiche Wertschätzung entgegen.

Seckla indes hatte nichts übrig für die Perser, die ihn wiederum eher wie einen Sklaven behandelten – vielleicht deshalb, weil alle Dunkelhäutigen, die sie kennen, Sklaven sind. Meine persischen Freunde waren erstaunt, dass Megakles aus Gallien stammte – noch erstaunter waren sie, als sie hörten, Leukas stamme aus Hyperborea, aus jenem weit im Norden gelegenen Land.

«Er sieht wie ein gewöhnlicher Mensch aus!», stellte Dareios lachend fest. «Nun – abgesehen von den seltsamen Augen und der hellen Haut.»

«Und der langen Nase», setzte Arynam hinzu, aber Leukas konnte sich nicht beleidigt fühlen, da all das auf Persisch gesprochen wurde. Die Perser ließen Weinschläuche am Feuer herumgehen, und nach etwa einer Stunde war selbst Seckla kein Spaßverderber mehr.

Ich erinnere mich, dass ich einen Blick hinauf zum Mond warf – Artemis' Zeichen – und mich erneut fragte, warum ich dieses Wagnis einging. «Kyros, ihr reist doch nach Karthago, um Verbündete gegen die Griechen zu finden, nicht wahr?»

Kyros' Augen verengten sich. «Ja, ganz recht.» Er ließ ein Schulterzucken folgen. «Aber eigentlich ist die Sache viel komplizierter.»

«Wie das?», wollte Brasidas wissen. Er stellte selten Fragen. Für mich war es faszinierend, zu erleben, wie sehr er in Gegenwart der Perser auftaute.

Kyros machte die typische Geste der Perser für «ach, dies und das», indem er die Hand kurz auf und ab bewegte. «Ihr müsst nicht denken, dass der Großkönig die Schiffe oder die Kämpfer aus Karthago wirklich braucht», erklärte er. «Aber in Sardis geht das Gerücht, dass sich Gelon von Syrakus mit dem Gedanken trägt, mit einer Flotte gegen den Großkönig in See zu stechen.» Seine Stirn legte sich in Falten. «Vermutlich weißt du mehr davon zu berichten, oder, Arimnestos?»

Ich lächelte grimmig. «Vermutlich.» Mehr ließ ich nicht verlauten.

Brasidas lachte, als sich das Schweigen in die Länge zog. «Du wirst noch ein Spartiate», sagte er zu mir.

Kyros nickte. «Du möchtest uns also nicht erzählen, was du weißt?»

Ich schaute mich im Schein des Feuers um. Die Perser hatten sich an eine Seite der Feuerstelle gesetzt, und zwar so, dass sie sich zwischenzeitlich um ihren Herrn kümmern konnten, den sie dicht am Feuer auf der Trage abgestellt hatten. Drei Umhänge spendeten Artaphernes zusätzliche Wärme. Auf meiner Seite des Feuers saßen Seckla und Brasidas – Ka stand allein bei den Weinvorräten und sah schläfrig aus. Leukas hatte sich bereits für die

Nacht zurückgezogen und in seinen Chiton gehüllt. Megakles saß schweigend da und zeigte meinem Pais Hektor geduldig, wie man Tauwerk flocht.

«Dann wird es also zum Krieg kommen?», fragte ich. «Ich war fünf Jahre nicht in der Welt der Meder und Griechen.»

Kyros schaute zur Seite, Arynam zog die Stirn kraus. Nur Dareios suchte meinen Blick und lächelte. «Ja, kleiner Bruder», sprach er, «es gibt Krieg. Und ich schätze, dass du in diesem Syrakus warst, von dem wir in letzter Zeit so viel hören.»

Ich nickte. Perser sind bekannt dafür, die Wahrheit zu sagen, und so kann es zur Gewohnheit werden, bei der Wahrheit zu bleiben. Ich hingegen legte mir im Geiste schon ein paar Lügen zurecht. Ja, ich bin Grieche!

«Ich war ein Sklave, kein Trierarch», sagte ich. «Und seht es mir nach, Brüder, aber ich bin der Meinung, dass ich euch geentert habe und nicht ihr uns. Ihr genießt hier meine Gastfreundschaft, und unter diesen Gegebenheiten steht es mir zu, zu beschließen, nicht auf jede eurer Fragen zu antworten.»

Kyros nickte. «Auch ich verweigere womöglich eine Antwort.»

Ich deutete eine Verbeugung an, wie es die Perser oft tun. «Mein älterer Bruder, ich respektiere dein Recht zu schweigen. Aber ich bitte dich, die Sache aus meiner Warte zu betrachten – ich bin Grieche. Ich kämpfte bei Marathon gegen Datis.»

Die drei Perser lachten. «Ach, Datis», sagten sie wie aus einem Munde.

Wir wussten alle, dass Datis ein übertrieben ehrgeiziger und machthungriger Mann war.

«Ich dachte, dass Marathon den Schlusspunkt der ehrgeizigen Bestrebungen des Großkönigs auf griechischem Boden markierte», sagte ich.

«Ehrgeizige Bestrebungen!», entfuhr es Kyros. Ich denke, er war tatsächlich empört. «Mein Herr und Gebieter ist der rechtmäßige Herrscher über alle Länder unter dem Himmelszelt, und der Widerstand einiger unbedeutender Länder voller Piraten und Unruhestifter an den Rändern der bekannten Welt wird wohl kaum das Ende der *ehrgeizigen Bestrebungen* sein. Athen wiegelt die ionischen Rebellen auf. Athenische Schiffe fallen über unsere Schiffe her und stören unsere Handelswege. Krieger aus Athen brannten den Tempel der Kybele in Sardis nieder. Erst letztes Jahr unterstützten die Athener Aufständische in Ägypten, die sich gegen die Herrschaft des Großkönigs stellten. Griechische Söldner wenden sich in Babylon gegen den Großkönig! Hier geht es nicht um den Ehrgeiz meines Herrn und Gebieters, hier geht es um das dümmlich-aufrührerische Gehabe der Griechen! Eine Kultur voller Hass und Kriegstreiberei, eine Kultur, in der keiner seinen Nachbarn achtet! Und schon gar nicht den rechtmäßigen Herrscher!»

Brasidas gab ein Glucksen von sich. «In Sparta reden viele genauso schlecht über Athen», meinte er.

Aber Kyros war offenbar noch nicht fertig. «Sparta! Ein Nest gottloser Vipern, die einen heiligen Boten des Großkönigs hingerichtet haben!» Er beugte sich vor, sodass das Spiel der Flammen auf seinem Gesicht tanzte. «Als ich ein Junge war, hatte niemand in ganz Persien je von diesen beiden Städten gehört – Athen und Sparta. Doch jetzt kennt der Großkönig die Namen, und er wird diese Städte dem Erdboden gleichmachen, als hätte es sie nie gegeben!»

Ich hatte dafür nur Kopfschütteln übrig. «Kyros, Kyros. Du lässt zu, dass Zorn dein klares Denken beeinträchtigt. Der Großkönig mag seine Hand ausstrecken, aber sie reicht nicht bis nach Athen – oder Sparta. Du hast keine Vorstellung davon, wie groß der Erdkreis ist.»

Ich sagte das, weil ich jenseits der Säulen des Herakles gekreuzt war. Ich war in Albion gewesen, auf dem weiten Okeanos, den wir Griechen Atlantis thalassa nennen, das Meer des Atlas. Seit dieser

Zeit hatte ich eine gänzlich andere Vorstellung von der Spanne des Erdkreises. Ja, die Welt war riesig – nicht nur die uns bekannte.

Kyros zuckte mit den Schultern. «Es stimmt, die Unnachgiebigkeit Athens erregt meinen Zorn, was unziemlich ist.» Er zog die Stirn kraus, schaute kurz weg und lächelte dann. «Es ist unziemlich gegenüber deiner Gastfreundschaft. Ja, der Erdkreis ist groß, und ich denke, wir sollten ihn gemeinsam erobern, Griechen und Perser Seite an Seite. Aber was tun wir stattdessen? Wir vergeuden unsere Kräfte, indem wir übereinander herfallen.»

Ich brachte Zeus, dem Vater aller Götter, ein Trankopfer dar. «Kyros – es schmerzt mich zu sagen, aber wenn wir kurz vor einem Krieg zwischen Griechen und Medern stehen, dann ist es womöglich nicht die weiseste Entscheidung von mir, euch nach Karthago zu bringen.»

Dareios seufzte. «Wir sind immer noch eine Gesandtschaft, und Gesandte sind allen Gottheiten heilig», sprach er.

Brasidas nickte. «Das ist wahr. Ich stamme aus einer Familie von Herolden. Und ich sehe, dass ihr im Zeichen der Gottheit steht. Aber einmal abgesehen von unseren Meinungsverschiedenheiten, steht denn dieser Krieg so unmittelbar bevor?»

Dareios' Blick glitt zu Kyros. Arynam hingegen nahm seelenruhig einen weiteren Schluck Wein. Er redete nicht viel, es sei denn, er hatte etwas Entscheidendes zu sagen. So gesehen, wäre er bei jedem Männermahl der Lakedaimonier willkommen gewesen.

Kyros zuckte wieder mit den Schultern. «Der Großkönig hat befohlen, einen Kanal am Isthmus der Halbinsel Athos zu graben», sagte er. «Er zieht eine Flotte zusammen. Da der Aufstand in Ägypten niedergeschlagen wurde, muss Athen mit dem Schwert rechnen.»

«Wie viel Zeit bleibt uns noch?», wollte ich wissen.

«Vielleicht zwei Jahre?», lautete seine Antwort. «Babylon wird erst in einem Jahr besiegt sein. Siehst du, ich bin ehrlich zu euch.»

Ich musste lachen, meine gute Laune kehrte zurück. «Zwei Jahre?», fragte ich. «Bei Poseidon, Kyros, ich dachte, du sprichst von Wochen und Monaten. Zwei Jahre! Bitte um Nachsicht, aber in zwei Jahren können Stürme eine ganze Flotte vernichten, der Großkönig könnte das Zeitliche segnen – eine Hungersnot könnte euer Heer zusammenschrumpfen lassen. Der Wille der Götter könnte sich auf die ein oder andere Weise zeigen.»

Kyros breitete die Arme aus. «Mag sein. Aber die Tage Athens sind dennoch gezählt.» Er suchte meinen Blick. «Was kümmert es dich? Du bist kein Athener oder Spartaner. Du könntest einer von uns sein. Dein ehemaliger Herr, Archilogos, ist inzwischen einer der vertrauenswürdigsten Befehlshaber des Großkönigs. Das könntest du auch erreichen, wenn nicht sogar weitaus mehr.»

Meine Stirn legte sich in Falten. «Kyros, mein älterer Bruder», sprach ich. «Ich weiß nicht länger, was ich noch vom Leben zu erwarten habe.» Mein Blick wanderte unwillkürlich hinüber zum Feuer der Frauen, aber Briseis' schlanke, wohlgeformte Gestalt war nicht mehr zu sehen. «Aber ich weiß zumindest, dass ich dem Großkönig nicht dienen möchte. Und die kleine Polis, aus der ich stamme, ist der engste Verbündete von Athen.»

Kyros sah mich nachdenklich an. «Und ich sage, Athen ist dem Untergang geweiht.»

Am Morgen kauften wir jedes Stück Holz, das die Berber uns beschaffen konnten – Hirten und Dorfbewohner eines Fischerorts, einige Stadien weiter westlich. Nachdem wir zwei Tage damit verbracht hatten, Reparaturen mit zu wenig Holz auszuführen, gaben wir das phönizische Schiff auf und fingen an, es auszuschlachten. Das fühlte sich zunächst wie eine Niederlage an, wie Verschwendung, aber wir hatten einfach nicht genug gutes Holz, um damit die beiden großen Lecks in der Bordwand auszubessern. Dann waren da noch die Ruderer. Sie benahmen sich aufwieglerisch, und je mehr sie zu essen bekamen, desto kräftiger wurden sie. Die Gefahr einer Meuterei war bald mit Händen zu greifen.

Die guten, brauchbaren Planken fanden sofort Verwendung, um den Schaden im Rumpf meiner geliebten *Lydia* zu beheben. Mit dem gut verarbeiteten Kiefern- und Zedernholz des anderen Schiffes gelang es uns, die *Lydia* binnen eines Tages seetüchtig zu bekommen. Im Kielraum lagerte noch genügend Pech, um den Rumpf fachmännisch zu kalfatern.

Meine Ruderer waren freie Männer, dazu gut ausgebildet – sie waren Fischer, Hirten und freigelassene Sklaven, die mir seit Jahren zur Seite standen. Jeder von ihnen war bewaffnet, und daher ließ ich sie auf dem weichen Sand Aufstellung nehmen, vier Glieder tief, wie eine kleine Phalanx. Meine Epibatai bildeten die rechte Flanke, meine Bogenschützen die linke. Mit dieser Formation marschierte ich zu den aufrührerischen Ruderern, ehe sie überhaupt an Flucht oder Widerstand denken konnten. Wir verfügten über Waffen, eine gute Ausbildung und genügend Schlagkraft. Die anderen hatten nichts außer einer verbissenen Wildheit.

Menschen, die schlecht behandelt werden, hängen mitunter bald selbst bösen Gedanken nach. Misshandlungen sind wie eine Krankheit, die einen seiner Würde beraubt und gebrochen zurücklässt – die Gedemütigten sind dann wie hohle Gefäße, in die Zorn und Hass fließen, und daraus entsteht wieder nur großes Leid. So standen die fremden Ruderer uns als mürrische Rotte gegenüber, und ich gestehe, dass ich diese Kerle mit einer gewissen Abscheu musterte.

Mir war klar, dass ich sie weder mitnehmen noch zurücklassen konnte. Hätte ich sie am Strand zurückgelassen, wären sie plündernd und vergewaltigend über die örtlichen Berber hergefallen, bis irgendein Herr genügend Männer um sich geschart hätte, um die Bande zur Strecke zu bringen. Obwohl es sich bei den Einheimischen nicht um Secklas Leute handelte, hatten sie uns auf ihre

Weise unterstützt – ich durfte nicht zulassen, dass ihnen Leid widerfuhr.

Ich bin ein Pirat mit einem weichen Herzen.

Ich hätte die Männer aufs Schiff pferchen und in Karthago als Sklaven verkaufen können. Einst war ich selbst in Karthago Sklave auf einer Ruderbank gewesen. Ich lasse mich nicht von meiner Ansicht abbringen: Anders als Persien steht Karthago für das Böse. Diese Stadt lebt auf den Rücken ihrer Sklaven. Eltern wird dort befohlen, ihre Kinder zu töten.

Bah! Nähert man sich mit einem Schiff dem Hafen von Karthago, hat man schon den Gestank der gerösteten Kinder auf den besudelten Altären in der Nase. Vergesst das nicht, wenn ihr über Karthago nachdenkt – und sagt mir dann nicht, dass diese Stadt für euch genauso ist wie jede andere Polis.

Die Antwort lag auf der Hand – wir mussten die Rotte eigenhändig erschlagen. Mit dreißig Jahren hätte ich vermutlich nicht gezögert, aber ich war schon älter, und inzwischen hatte ich begriffen, was die Weisheit des Apollon bedeutet: Gnade walten zu lassen.

Ich sah mir die mürrischen Männer an, die sich am Ende des Strandgürtels zusammenrotteten.

Ich gab Brasidas ein Zeichen. «Ich werde die Götter entscheiden lassen, wer von ihnen leben und wer sterben wird», sagte ich. «Seht mir zu – aber bleibt etwas hinter mir.»

Der Spartaner nickte. Er hatte ein schmales Lächeln aufgesetzt.

Ka hatte derweil einen Pfeil auf die Sehne seines persischen Bogens gelegt.

«Alle Griechen gehen dort nach rechts!», rief ich den Meuterern zu. «Sind Phönizier unter euch?» Keiner rührte sich. «Ägypter?» Es gab ein paar, auch zwei Juden, einen Mann aus Babylon, ein Dutzend Kelten und zwei Illyrer, wie sich letzten Endes herausstellte.

Ich teilte sie entsprechend ihrer Herkunft ein, ehe ich unter den kleinen Gruppen wandelte und hier und da mit denjenigen sprach, die mich verstanden oder verstehen wollten.

Und wie ich es erwartet hatte: Während ich mich unter den Griechen tummelte und die Männer in Ionier und Dorier einteilte, fiel der knurrende Hund über mich her – ihr wisst ja, der Kerl mit der langen Narbe auf der Stirn. Natürlich hatte ich ihn aus dem Augenwinkel bemerkt. Er löste sich aus der Schar seiner Freunde, falls ein solcher Mann überhaupt Freunde hat, aber ich ließ mir nicht anmerken, dass ich ihn im Blick hatte. Allerdings war ich nicht so leichtsinnig, ihm ganz den Rücken zuzukehren.

Er hatte ein Messer und offenbar die Absicht, es zu benutzen. Und seine Freunde – oder Gefolgsleute oder Lakaien, was weiß ich – bückten sich plötzlich und klaubten Steine vom Strand auf oder holten Keulen hervor, die sie selbst angefertigt hatten. So stürzten sie sich auf mich. Die meisten von ihnen waren Griechen, wie ich leider zugeben muss.

Vier von ihnen waren mir so nah, dass sie mir tatsächlich gefährlich wurden. Aber der jüngste Grieche von ihnen, der mir schon im Nacken saß, verriet sich und die anderen mit einem eigenartigen Geräusch – der knurrende Hund stieß daraufhin eine Art Kriegsschrei aus, während der Junge mir nur einen harmlosen Schlag verpasste und sich dann ängstlich zusammenkrümmte, anstatt sich auf mich zu stürzen oder mir die Arme um die Beine zu schlingen.

Ich zog das lange Xiphos aus der Scheide und tötete den Jungen im Handumdrehen. Die Klinge riss eine hässliche Wunde in seinen bloßen Bauch und schnitt weiter oben durch den Kieferknochen, sodass die Zähne umherflogen. Dann vollführte ich eine kleine Drehung auf dem rechten Fuß und streckte den nächsten Angreifer nieder.

Unterdessen erschoss Ka einen von ihnen, der sich von hinten auf mich stürzen wollte.

Der vierte Kerl stolperte zurück, aber die Götter hatten längst über sein Schicksal befunden, daher tötete ich ihn mit einem Streich quer durchs Gesicht, gefolgt von einem gezielten Stich ins Herz.

Brasidas war rechtzeitig zur Stelle, aber er ließ es gar nicht erst auf einen Zweikampf mit dem knurrenden Hund ankommen, sondern stieß ihm ohne großen Aufwand die Spitze seines Speers durch den ungeschützten Hals.

«Tötet nur die, die bewaffnet sind oder sich widersetzen!», rief ich.

Die beiden Juden und der Babylonier, die sich untereinander zu kennen schienen, warfen sich flach auf den Boden. Die Kelten standen dicht gedrängt zusammen.

Ich gebe zu, dass mindestens ein Unschuldiger unseren Speeren zum Opfer fiel, vielleicht auch der eine oder andere, der zu unbedacht handelte, aber in sehr kurzer Zeit hatte ich mich der böswilligsten Kerle entledigt.

Während das Blut der Aufwiegler in den Sand sickerte, ließ ich die Übrigen zusammentreiben, auf Waffen untersuchen und dann nach ihrer Herkunft antreten.

«Gibt es welche unter euch, für die man Lösegeld verlangen kann?», fragte ich. Gleich mehrere Griechen behaupteten, einige Beutel voller Drachmen wert zu sein. Ich schickte sie zu Brasidas. Sollte der Mann aus Sparta ermitteln, wer von diesen Griechen tatsächlich ein Aristokrat war.

Die beiden Juden und der Babylonier betonten, sie hätten Verwandte, die Lösegeld bezahlen würden. Viele kamen mir mit ihren Geschichten – einige waren unglaubwürdig, andere erstunken und erlogen, wiederum andere hörten sich schrecklich an, entsprachen aber womöglich der Wahrheit.

Ich nahm mir eine Stunde Zeit, um mir diese Geschichten anzuhören, ehe ich die versklavten Männer geschickt unter meinen eigenen Ruderern verteilte. Sie hatten ihre gefährlichsten Leidensgenossen verloren – sogar zweimal: einmal während der Meuterei auf See, dann hier am Strand. Ungefähr vierzig Mann waren übrig geblieben, und mir fehlten gut zwanzig Mann auf den Ruderbänken. Auf diese Weise bekam ich eine vollzählige Mannschaft. Um ehrlich zu sein, mit Briseis und ihren Dienerinnen, mit Artaphernes und seinen Leibwachen und Begleitern war unsere Trireme hoffnungslos überladen. Andererseits hatten wir die volle Rudermannschaft, und da meine *Lydia* eine Triemiola und keine echte Trireme war, stand uns das Deck zur Verfügung, um alle Leute an Bord unterzubringen – ja, zur Not konnte man auf den Planken auch schlafen. Nachdem wir an einer kleinen Flussmündung Wasser an Bord genommen hatten, setzten wir einen westlichen Kurs und segelten unter der Nachmittagssonne nach Karthago.

Karthago, gegen das ich vier Jahre lang Krieg geführt hatte.

Dagons Heimat.

Die Karthager beherrschten den Zinnhandel.

Ja, lacht ruhig. Manchmal, wenn man eine Entscheidung trifft, weiß man, dass es richtig war, ehe man die Konsequenzen zu spüren bekommt.

2. KAPITEL

Karthago ist mit einem der schönsten natürlichen Häfen auf dem ganzen Rund der Welt gesegnet. Dieses naturgegebene Hafenbecken wurde von Menschenhand verbessert. Die Hafendämme sind länger und stärker als die in Syrakus, und die beiden Strände, die das Kap flankieren – wie der Handschutz am Heft eines Xiphos –, können jeweils bis zu hundert Schiffe aufnehmen. Entlang des Küstenverlaufs des Kaps sieht man überall kleinere Werften und Bootsschuppen – die Werften dort zählen zu den besten im Entos thalassa – sowie Vorräte an behauenen Steinen. Jeder Bootsschuppen beherbergt einen trockenen, gut gearbeiteten Schiffsrumpf, der sich auf die Schnelle in ein seetaugliches Schiff verwandeln kann.

Als ich zuletzt jenen Hafen sah, war ich halb tot von wochenlangen Erniedrigungen und Folterqualen, die Dagon mir zugefügt hatte, jener irrsinnige und verfluchte Steuermann. Jetzt erreichte ich den großartigen Hafen zum ersten Mal als Befehlshaber meines eigenen Schiffes, und ich sage euch, ich hatte einen besseren Blick auf die Stadt als damals unter Dagons Despotie.

Aber wie gesagt, an jenem Tag stieg mir unangenehm der Gestank von Menschenopfern in die Nase – man glaubt zunächst, irgendwo würde Schweinefleisch geröstet, aber nein: Die Karthager stellten ihre Gottheiten mit Menschenfleisch gnädig, aber in dem von Unrat gefluteten Kielraum einer von Sklaven geruderten Trireme war mir dieser spezielle Geruch nie in die Nase gestiegen.

Hört zu, meine Freunde. Von den Griechen sagt man, sie hätten Menschen geopfert. Einmal war ich Zeuge, als Themistokles es tat, und mir wurde übel beim Zusehen, auch bei manch anderen Dingen, die dieser halb wahnsinnige Demagoge getan hat. Aber diese Opferungen sind selten, auch wenn der machtbesessene Agamemnon seine eigene Tochter opferte, um günstige Winde für die Überfahrt nach Troja zu erwirken. Ich sage es noch einmal – auch Griechen tun solche Dinge, die meisten von uns jedoch halten so eine Tat für barbarisch.

Während der ganzen Fahrt nach Karthago hatte ich Briseis auf meinem Deck. Sie schritt einer Königin gleich über die Laufplanken oder nahm elegant auf der schmalen Bank am Ruder Platz. Wir unterhielten uns zwischendurch, da wir schon Jahre nicht mehr miteinander gesprochen hatten.

Wie dem auch sei, sie sog die Luft durch die Nase ein und sah mich an. «Was ist das, meiner Lieber?», fragte sie. «Schweine anstatt Schafe?»

Ich schüttelte den Kopf. «Die Verbündeten des Großkönigs opfern dem Baal kleine Kinder, um gutes Wetter und gute Segelbedingungen zu erhalten», erwiderte ich.

An ihrem Mienenspiel konnte ich den ganzen Abscheu einer Mutter ablesen.

Wann immer ich in jenen Tagen an Briseis dachte, war sie für mich an erster Stelle meine Geliebte, aber in diesem Moment erkannte ich, dass sie Kinder hatte, die sie liebte – vielleicht liebte sie sie viel mehr als Artaphernes. Oder mich.

«Wie geht es deinen Kindern?», erkundigte ich mich. «Und darf ich fragen, wie du an Bord des Phöniziers kamst?»

Sie lehnte sich zurück und lockerte das Kopftuch, sodass ich ihr Gesicht besser sehen konnte. «Meinen Kindern geht es sehr gut», antwortete sie. «Meine beiden Söhne sind groß und kräftig und werden eines Tages stattliche Männer sein.»

Ich lachte, als ich sah, dass sie mit Freuden an ihre Söhne dachte. «Hoffentlich bessere Männer als ihr Vater einst?», merkte ich an. In meinen Augen war ihr erster Gemahl ein Feigling und Tölpel gewesen – trotzdem hatte er zumindest für eine Weile zu den einflussreichsten Männern in der griechischen Welt gezählt. Es ist ja bekannt, dass ich ihn tötete.

«Ich hoffe, dass Heraklit nicht so ein Narr wie sein Vater sein wird», sprach sie. «Und dass Dionysios ein Gelehrter wird.»

«Du hast deinen Erstgeborenen nach dem großen Lehrmeister benannt?», fragte ich. «Nach meinem Lehrer?»

Ihr Blick fiel auf den großen, sichelförmigen karthagischen Hafen. «Du hast bislang nie nach seinem Namen gefragt», erwiderte sie. «Wusstest du, dass er heute vierzehn Jahre alt ist? Er geht ins Gymnasion von Sardis, zusammen mit den griechischen Jungen, und wirft seine Speere. Er möchte sich unbedingt mit den anderen Jungen im Pankration messen.» Sie hob den Blick und sah mir in die Augen. «Er sieht aus wie du.»

Das traf mich wie ein Schwertstreich – oder als hätte mir ein Gegner den Schild geradewegs ins Gesicht gerammt. Es fühlte sich an, als hätte ein fremdes Schiff das eigene gerammt, sodass man der Länge nach auf die Planken stürzt.

«Er ist – was?», brachte ich hervor.

Briseis sah mich fast ratlos an. «Warum liebe ich dich nur?», fragte sie. «Du kannst manchmal ein wahrer Tölpel sein.»

Megakles leitete die Einfahrt in den Hafen ein. Zwei Lotsenboote lösten sich vom größten Kai, zwei Kriegsschiffe wurden zu Wasser gelassen.

Jemand musste mein Schiff erkannt haben.

Seckla kam und stellte sich neben mich. Brasidas war bewaffnet, ebenso all seine Epibatai, und Ka hatte seine gesunden Bogenschützen am Bug postiert, die Pfeile griffbereit. Kyros und seine beiden Gefährten standen mittschiffs. Sie trugen verzierte persische Gewänder über Beinlingen, dazu auffallend schöne Stiefel aus rotem

Leder. Artaphernes ruhte immer noch auf seinem Lager aus weichen Umhängen. Sein Leibdiener hatte ihm den Bart gestutzt.

Seckla verbeugte sich vor Briseis und wandte sich dann mir zu. «Zeit, den Fährmann zu bezahlen», sagte er. «Oder was immer ihr Griechen sagt, wenn es ans Sterben geht. Dürfte ich anmerken ...», er deutete auf die sich nähernden Rümpfe der beiden karthagischen Kriegsschiffe, «... dass ich dich gewarnt habe? Ich wollte nur sicherstellen, dass du weißt, dass es dazu kommen würde, bevor wir hier sterben.»

Ich starrte immer noch Briseis an, staunend und mit offenem Mund. Sie zog sich einen Faltenwurf ihres Tuchs über das Gesicht.

In der Zeitspanne, in der Ruderer fünf Riemenschläge vollführen, hatte sich alles in meinem Leben geändert.

Denn ich hatte einen Sohn. Mit Briseis. Sein Name war Heraklit.

Die Lotsenboote schickten sich an, einen älteren Unterhändler an Bord meines Schiffes zu bringen. Derweil warteten die beiden Karthager in einigem Abstand. Ich sah, dass sie brennende Geschosse auf der Kampfplattform der Epibatai bereithielten. Bogenschützen sammelten sich an einer Stelle am Bug. Als der alte Mann an Bord stieg, sprach er mich an, ohne sich zu verbeugen.

«Ich bin alt und habe erwachsene Söhne», sprach er. «Niemand würde Lösegeld für mich bezahlen, und wenn ich meine rechte Hand hebe, wird dieses Schiff gerammt und mit allen an Bord versenkt. Niemand wird meinen Tod als Verlust bezeichnen. Habt Ihr das verstanden, Pirat?»

Ich nickte. «Herr, ich bin nichts weiter als ein Werkzeug der Götter. Mein Schiff trägt die Symbole einer Gesandtschaft, und an Bord befindet sich der Herr Artaphernes, der vom Großkönig von Persien entsandt wurde, um vor dem Rat von Karthago zu sprechen.»

Ich denke, der Alte sah genauso verblüfft aus wie ich, als Briseis mir eröffnete, sie habe meinen Sohn zur Welt gebracht.

Dann bedeutete ich dem Unterhändler, mich zu der Stelle zu begleiten, wo Artaphernes im Kreis seiner Begleiter lag.

«Dies ist der Herr Artaphernes, Satrap von Phrygien, Blutsverwandter des Großkönigs», sprach ich feierlich. «Und dies dort sind seine Gemahlin Briseis und die besten Männer seiner Leibwache.»

Ein gerissener Pirat hätte einem Unterhändler vermutlich etwas vorgaukeln können, aber ich denke, dass kein Mummenschanz überzeugend gewirkt hätte. Der karthagische Unterhändler verbeugte sich ehrfürchtig. «Ich bin mir sicher, dass es mit Eurer Anwesenheit hier noch eine besondere Bewandtnis haben wird», sagte er in scharfem Ton zu mir. «Aber ich werde dafür sorgen, dass Eure Symbole der Gesandtschaft respektiert werden, zumindest so lange, bis Ihr Euch wieder vom Hafen entfernt.»

Ich nickte. Ich hatte längst meinen eigenen Plan, jetzt, da ich meine Pflicht getan hatte. Ich ging zu dem Satrapen und kniete bei ihm. Auf ein Zeichen von mir kam auch Kyros an meine Seite.

«Herr», sagte ich.

Seine Augen waren geöffnet, seine Gesichtszüge wirkten wieder etwas straffer. Ich kannte manch einen Mann, der sich auf See oder in einer Wüste wieder erholt hatte, obwohl er an Land gestorben wäre. Die See hat ihre eigene reinigende Luft.

Artaphernes verzog den Mund zu einem Lächeln. «Arimnestos. Ich wusste, dass du mich hierherbringen würdest.»

Ich nickte. «Herr, die Karthager sind meine Feinde, und ich möchte ihnen keine Gelegenheit geben, die Eide gegenüber den Göttern zu missachten.»

Kyros lächelte mich an. Er legte seine Hand auf meine, die rechte Hand auf die rechte. «Du bist ein guter Mensch», sprach er. «Warum müssen wir gegeneinander kämpfen?»

«Der Wandel ist die einzige Konstante», erwiderte ich. «Eines Tages werden wir vielleicht Verbündete sein.» Ich erhob mich. «Ich sorge dafür, dass Ihr auf Eurer Trage sacht über die Bordwand gehievt werdet, Herr, aber sobald Ihr sicher unten am Kai seid, werden meine Ruderer das Kommando erhalten ‹alles streichen› – dann fliehe ich.»

Artaphernes nickte. «Mein Herz sagt mir, dass du das tun wirst, was du tun musst», gab er zu. «Das Gesicht des Unterhändlers barg viel Hass. Was hast du diesen Leuten angetan?»

Ich lächelte. «Diese Leute versklavten mich. Ich zahlte es ihnen heim.» Ich straffte die Schultern und begab mich zurück zur Position des Steuermanns. Dort nahm ich Seckla das Ruder ab und sagte: «Lass mich einen Augenblick allein.» Mit einem wissenden Lächeln verließ er das Heck.

Briseis verfolgte mein Tun.

Ich brachte mein Schiff in einem langen, seichten Bogen zu dem Pier, auf den der karthagische Hafenmeister von seinem Lotsenboot aus deutete.

Ich gab Leukas ein Zeichen, worauf die Schlagzahl erhöht wurde. Die karthagischen Kriegsschiffe hatten beigedreht, während ihr Unterhändler an Bord der *Lydia* war, und da sie träge und schwer waren, schossen wir regelrecht an ihnen vorüber.

«Ich werde deinen Gemahl jeden Moment an Land absetzen», sagte ich zu ihr.

Sie nickte.

«Du weißt, dass du immer mitkommen könntest», fügte ich hinzu. «Ich weiß natürlich, dass du das nie tun würdest, aber ich würde mich die nächsten zehn Jahre verfluchen, wenn ich dich nicht wenigstens gefragt hätte.»

Briseis erhob sich mit geschmeidigen Bewegungen. Sehr leise sagte sie zu mir: «Eines Tages werde ich als deine Frau an deiner Seite leben. Aber du willst Artaphernes sicher genauso wenig demütigen wie ich.» Sie schenkte mir ihr strahlendes Lächeln. «Ich liebe ihn nicht mit Feuer, aber ich liebe ihn dennoch, mein Achill. Er ist ein würdiger Mann.»

«Er schlief mit deiner Mutter!», sagte ich. Seht ihr, der Jüngling ist immer dicht unter der Oberfläche, und plötzlich war ich wütend.

Sie wich vor mir zurück, wandte den Blick von mir, errötete. Dann sagte sie: «Einst gelobtest du, unsere Familie zu schützen.»

Jetzt war ich es, der zur Seite schaute.

Sie nickte. «Wenn die Welt ein einfacher Ort wäre, bräuchte keiner von uns die Entscheidungen zu treffen, die darüber bestimmen, wer wir sind. Selbst wenn unsere Entscheidungen töricht und voller Hybris sind.» Sie zuckte mit den Schultern. «Und würdest du von mir verlangen, dass ich unsere Kinder zurücklasse?»

«Unsere *Kinder*?», rief ich.

Sie lachte. «Was bist du doch manchmal für ein Narr, mein Achill.» Sie stellte sich auf die Zehenspitzen und gab mir einen Kuss, zum Entsetzen aller Perser. «Es ist Krieg», sprach sie. «Und im Krieg liegt Wandel. Hat Heraklit es nicht so ausgedrückt? Nicht in diesem Sommer oder dem nächsten – aber bald.»

«Ich werde zu dir kommen», sagte ich so überstürzt wie ein Ephebe.

Sie lächelte wieder. «Gut.»

Wir waren noch etwa drei Schiffslängen vom Kai entfernt. Und wie immer hatte ich Briseis all meinen anderen Sorgen vorgezogen. Zum Glück ...

In mancherlei Hinsicht war das der edelste Moment der *Lydia*, obwohl sich noch vieles ereignen sollte.

Zunächst bewegten wir uns unter Riemenschlägen nur eine Schiffslänge vom Pier entfernt, doch plötzlich, ansatzlos und ohne Befehle, setzten sich die Ruderer an Backbord auf einen einzigen Pfiff hin andersherum, sodass der Bug schwenkte und das ganze Schiff Fahrt verlor – erst dann näherten wir uns im Schritttempo achteraus dem Kai. Ihr könnt euch das vielleicht nicht so gut vorstellen, aber das war ein herrliches Manöver, denn wenn man die

Ruderer speziell dafür ausbilden will, stellt man mitunter fest, dass sie einen ganzen Sommer brauchen, bis sie dieses Anlegemanöver im Schlaf beherrschen. Nur eine Mannschaft, die schon seit Jahren auf See kreuzt, schafft das so elegant – ohne dass sich das Schiff breitseits legt oder übermäßig krängt oder Riemenschäfte brechen.

Auf der Steuerbordseite wurden vom Heck aus die Riemen der ersten sechs Bänke eingeholt, und so berührte unser Achtersteven den steinernen Pier, als würde sich ein Kind in die sanfte Umarmung einer liebenden Mutter schmiegen.

Ehe wir anlegten, war bereits jeder Epibatai an Land. Und Briseis – gepriesen sei sie – trieb ihre Dienerinnen mit lauter Stimme an, über die Bordwand zu steigen und einen kleinen Sprung zu wagen, während die Leinen vertäut wurden. Ich umschloss Kyros' Hand mit beiden Händen, während Arynam und Dareios ihren Herrn und Gebieter auf der notdürftigen Trage anhoben und wie geübte Seeleute den Pier betraten.

Die drei Perser verabschiedeten sich von mir mit einer knapp angedeuteten, aber dennoch eleganten Verbeugung – so zollen einem nur die Perser Respekt.

Briseis bedachte mich mit ihrem schönsten Lächeln.

Ich riss mich von ihren Augen los und gab Megakles, der am Ruder stand, ein Zeichen. Die Epibatai stiegen wieder an Bord, und unmittelbar danach hörte ich Leukas mittschiffs brüllen: «Pullt, Männer!»

In der Rückschau vermag ich nicht zu sagen, ob die Karthager wirklich ihren Eid gebrochen und Männer einer Gesandtschaft überfallen hätten. Aber ich wollte es erst gar nicht darauf ankommen lassen.

Die beiden schweren Triremen lagen zwei Kabellängen an achtern und nahmen gerade etwas Fahrt auf. Derweil wurden drei weitere Triremen aus den Bootsschuppen zu Wasser gelassen, und entlang der Küste waren plötzlich etliche Leute in Bewegung. Aber meine Rudermannschaft – es saßen nur die Besten auf den Bänken – wusste, was ich von ihr erwartete.

Nach nur fünf Riemenschlägen hatten wir mächtig Fahrt aufgenommen.

Von einer der kleinen Werften gellte ein Ruf übers Wasser.

Ein sechstes Schiff wurde ins Wasser geschoben. Aber ich sah auf den ersten Blick, dass die Riemenschläge miserabel ausgeführt wurden. Das veranlasste mich, genauer hinzusehen, denn eigentlich hatten nur unbeliebte Trierarchen eine derart schlechte Rudermannschaft. Die Phönizier sind für gewöhnlich hervorragende Seeleute, aber sie haben auch wahre Narren in ihren eigenen Reihen – und mindestens einen bösartigen Wahnsinnigen, wie ich aus eigener Erfahrung wusste.

Fünfzehn weitere Riemenschläge, und meine Ruderer pullten wie die Helden auf der *Argo*. Ich sah, wie sich ihre Riemen im entscheidenden Moment durchbogen. Wir hatten beinahe Rammgeschwindigkeit erreicht und waren so schnell wie ein galoppierendes Pferd an Land.

Ich habe das schon an Abenden zuvor gesagt, aber bei einem Gefecht auf See scheint alles schneller abzulaufen, je näher man dem eigentlichen Zusammenstoß kommt. Ich weiß nicht, ob das an der Hand der Götter liegt oder an dem eisernen Willen, den die Rudermannschaft an den Tag legt, oder ob es nur eine andere Wahrnehmung im Fluss der Zeit ist. Eines weiß ich aber mit Sicherheit – manchmal legen sich die Männer richtig in die Riemen, wenn zwei Schiffe aufeinander zuhalten.

Die beiden Karthager voraus waren plötzlich fünf Schiffslängen von uns entfernt. Ich sah, wie sie wie berittene Krieger in gestrecktem Galopp zueinander aufschlossen.

Ich befehligte ein Schiff, das auf mich zugeschnitten war – seit zwei erfolgreichen Jahren hatte ich im Großen und Ganzen ein und dieselbe Mannschaft und hatte die Männer ausgebildet wie ein Schwertmeister, der eine scharfe Klinge führt. Der Hafen von Karthago ist nicht wie der offene Okeanos – er ähnelt eher einem Mühlteich. Dort ist das Wasser flach, es gibt keine unerwarteten Seitenwinde, keine bösen Überraschungen. Kaum dass ich die miserabel geruderte Trireme am Strand erblickt hatte, hoffte ich, dass es Dagons Schiff war. Wie viele Trierarchen mochte Karthago haben?

Ich hatte da so ein Gespür.

Als wir in voller Fahrt auf die beiden Kriegsschiffe zuhielten, verstellten beide leicht ihr Ruder, um auf Abstand zueinander zu gehen – verständlich, wollten sie doch verhindern, dass wir zwischen ihnen durchbrachen und die Riemenschäfte zertrümmerten.

Eine weise Entscheidung also.

Aber ich hatte an jenem Tag ohnehin nicht die Absicht, einen Karthager zu rammen. Ich war als Botschafter in den Hafen gelaufen und hatte bereits eine gute Tat vollbracht – ich hatte einen Eid befolgt und die Gepflogenheiten der Gastfreundschaft beachtet. Kimon, da war ich mir sicher, würde mich als edlen Mann preisen. Ich hatte also nicht die Absicht, all das aufs Spiel zu setzen, nur um in einem Gefecht auf See einen Moment der Befriedigung auszukosten. Sollten die Phönizier ruhig den Waffenstillstand brechen und damit den Zorn der Götter heraufbeschwören.

«Riemen einholen!», brüllte ich.

Das ist stets der letzte Befehl, wenn man darauf aus ist, die feindlichen Riemenschäfte zu zertrümmern.

Unsere Riemen wurden eingeholt – mag sein, dass meine Gegner sich fragten, warum die Riemen so früh eingeholt wurden, aber vor einem Zusammenstoß auf See hinterfragt man so etwas selten. Die feindlichen Steuermänner nahmen wahr, dass unsere Riemen eingeholt wurden, verstellten ihre Ruder noch ein Stück und gaben ebenfalls den Befehl zum Einholen der Riemen. Alle wappneten sich gegen den Zusammenprall.

Meine Epibatai und die Männer der Deckmannschaft – auch die zwanzig Ruderer, die keinen Platz mehr auf den Bänken hatten – bezogen Aufstellung an der Backbordreling. Auf mein Zeichen hin legte Megakles das Ruder hart um.

Und wir schwenkten. Aber nicht wie bei dem langsamen Anlegemanöver zuvor, bei dem wir auf der Stelle schwenkten – wir schwenkten bei voller Fahrt um die Längsachse des Schiffes, als würde man eine geometrische Figur im Wasser zeichnen.

Auf offenem Meer und höherem Wellengang hätte ich ein derartiges Manöver nicht versucht, aber in den ruhigen Gewässern des breiten Hafens vertraute ich auf die Moiren und meine Rudermannschaft.

Wir schossen am Bug des westlich gelegenen Schiffes vorbei, und zwar so dicht, dass ich das Kerngehäuse eines Apfels aufs andere Schiff hätte werfen können. Wir hatten keinen eigenen Antrieb mehr, ließen uns nur noch von dem Schwung vorwärtstreiben ...

Ka hielt einen Pfeil hoch, aber ich verneinte mit einem Kopfschütteln.

Beide feindlichen Schiffe blieben achteraus zurück und versuchten, ihre Fahrtrichtung zu ändern.

«Riemen raus!», lautete mein nächster Befehl.

Habt ihr je das Gefühl gehabt, dass ihr die Gunst der Götter tatsächlich *spürt*? Ganz so, als wärt ihr mit ihnen vereint?

Ich sah, wie das Sonnenlicht auf dem Wasser glitzerte – vergessen war der Gestank der barbarischen Menschenopfer, vor meinem inneren Auge sah ich Briseis' bezauberndes Lächeln.

Mein Blick glitt nach Westen, wo sich die vier anderen Triremen abmühten, die Rudermannschaften zu Höchstleistungen anzutreiben.

Seckla seufzte. «Du grinst ja über beide Ohren», meinte er. «Alle haben Angst, außer Brasidas, der dich einen irrsinnigen Priester nennt.»

«Ich bezweifle, dass Brasidas mehr als drei Worte sagt.» Ich sah Seckla an. Ein belustigtes Glitzern lag in seinen dunklen Augen.

«Was auch immer du vorhast, ich denke, es ist meine Pflicht zu betonen, dass wir unsere Verfolger in nur fünf Minuten los wären, wenn wir auf die offene See zuhielten.» Seckla deutete auf die breite Hafenmündung.

Ich nickte. «Gib mir fünf Minuten», meinte ich.

«Wie darf ich das verstehen?», entgegnete der Mann aus Numidien.

«Es geht um Rache», ließ ich ihn trocken wissen.

Wir hatten einen westlichen Kurs eingeschlagen, waren aber nicht mehr so schnell. Der Wind war gegen uns, und da die Triemiola einen stehenden Mast hatte, musste sich die Rudermannschaft in die Riemen legen, um die Geschwindigkeit zu halten. Inzwischen hatte Leukas überall dort, wo es nötig war, die Ruderer ersetzt, die zu erschöpft waren, da wir gut zwanzig Mann übrig hatten.

Auf mein Zeichen brachte Megakles die *Lydia* leicht vom Kurs ab, bis unser Rumpf parallel zum Uferverlauf lag – es bedurfte keines Kraftaufwands, das Ruder zu verstellen, es war nur eine kleine Kursänderung, ehe wir an Fahrt einbüßten.

Ich wollte, dass all meine Verfolger nur Augen für mich und die *Lydia* hatten. Und die Götter waren mit mir.

Als der Augenblick gekommen war – es war, als knobelte man an einer mathematischen Aufgabe. Plötzlich glaubte ich, Heraklit schaue mir über die Schulter, oder Pythagoras' Tochter Dano von Kroton mache sich mit kleinen, missbilligenden Geräuschen bemerkbar. Ich stellte mir vor, wie überrascht sie wohl gewesen wäre, zu erfahren, dass ein unbedeutender Mann wie ich die Theorie der Dreiecke ihres berühmten Vaters anwendete.

Aber mein Manöver war mehr Raten als alles andere.

Ich vermutete, dass es dauern würde, mein Schiff zu wenden, selbst bei geringer Fahrt.

«Alles bereit machen, auf Nord zu gehen!», rief ich.

«Ruderer an Steuerbord, Sitzposition ändern!», brüllte Leukas.

In das Schiff unter mir kam neues Leben, und sowie Leukas mit einem Handzeichen bedeutete, dass die Ruderer an Steuerbord andersherum saßen, riss ich meine Faust empor – die Riemenblätter an Steuerbord tauchten ins Wasser, und Megakles stemmte sich mit aller Kraft gegen das Ruder. Wir schwenkten um.

Die Gegner aus West waren langsamer. Die anderen östlich von uns – die beiden, die wir durch unser Manöver überlistet hatten – kamen indes schneller heran. Jetzt setzten wir uns vor unsere Verfolger wie die Spitze eines Pfeils.

Die Karthager gingen alle auf Rammgeschwindigkeit, im Takt ihrer Zimbeln, deren Töne über das Wasser hallten.

Die gegnerischen Schiffe waren inzwischen alle schräg hinter uns, näherten sich in spitzen Winkeln und hatten die Absicht, uns in unserer Fahrtrichtung abzufangen. Wir hatten nicht sonderlich viel Fahrt drauf – bei einem Seegefecht verliert man durch nichts so viel Fahrt wie durch eine abrupte Wende. Jeder einzelne Ruderer bewegte seinen Riemenschaft, aber kein Blatt berührte das Wasser.

Bah. Als müsste ich die Pointe eines Witzes erklären! Ich gebe zu, wären meine Verfolger nicht von den Göttern geblendet gewesen, hätten sie den Trick vermutlich durchschaut oder zumindest erkannt, dass wir gar nicht pullten.

«Das ist doch Irrsinn!», hörte ich Seckla sagen, doch dann lachte er laut.

Ich hielt die Hand hoch. «Jetzt!», brüllte ich.

Leukas' Speerschaft schlug auf den Planken auf.

Hundertachtzig Riemenblätter wurden durchs Wasser gezogen.

Ein Schlag.

Die sechs Verfolger rauschten heran wie rachsüchtige Falken. Es gab keinen Zweifel, sie wollten uns rammen, versenken, wer weiß? Ja, ich bin davon überzeugt, dass sie uns in Poseidons Reich schicken wollten. Vier Schiffe näherten sich schräg aus West, die beiden anderen aus Ost, und unter den vieren war Dagons Trireme, die sich wie ein Raubtier in unser Kielwasser verbiss. Ich konnte den Bastard mitschiffs sehen – er hielt eine Peitsche in der Pranke. Er hatte sein Schiff anmalen lassen: Am Rumpf zog sich ein roter Streifen über die Köpfe der mittleren Ruderbänke, knapp oberhalb der Wasserlinie ein weißer Streifen. Das Weiß wies unansehnliche bräunliche und schwarze Flecken auf – ein hässliches Schiff, sage ich euch.

Zwei Riemenschläge. Wir waren etwas schneller als Schrittgeschwindigkeit, und das in Führung liegende Schiff aus West nahm eine kleine Kurskorrektur vor, um den Rammsporn weiterhin auf uns auszurichten.

Megakles brauchte gar keine Anweisung von mir, er wusste, was ich beabsichtigte, und ging ein kleines Stück weiter auf westlichen Kurs. Derweil ließ ich das miserabel geruderte Schiff nicht aus den Augen. Da war er also, der Bastard!

Ihr wisst doch, wie das ist, wenn man die Person, die man liebte, plötzlich vor sich in einer übervollen Straße erblickt, oder? Der Hüftschwung, die Kopfhaltung, das markante Profil, die Art und Weise, wie jemand die Schultern bewegt …

Es gab keinen Zweifel, dort stand Dagon.

Ich erkannte ihn.

Und ich lachte.

Es gibt Narren, die nicht an die Götter glauben, aber ich habe die Götter wirken sehen. Und an jenem Tag, im Hafen von Karthago, spürte ich Athene an meiner Seite, als wäre ich der wiedererstandene Odysseus.

Der dritte Riemenschlag. Wir hatten in etwa das Tempo eines Mannes, der rennt.

Ich riss die Faust in die Höhe und drohte Dagon damit.

Der vierte Riemenschlag. Wir flohen vor den Rammspornen der Karthager, wie die Beute, die gerade noch dem Raubvogel entkommt, sodass die Klauen ins Leere greifen.

Allerdings saßen uns sechs Greifvögel im Nacken, und ihre Fahrtrichtungen liefen alle auf einen bestimmten Punkt zu.

Ich beobachtete Dagon. Plötzlich gewahrte er die beiden Triremen aus Ost, die zuvor von unserem Rumpf verdeckt gewesen waren. Und ich sah die Gier und den Irrsinn in seinen Augen.

Alle sechs Schiffe versuchten, einen Kurswechsel einzuleiten, um nicht untereinander zu kollidieren.

Einer Trireme gelang das auch, doch die anderen fünf krachten ineinander – unsere beiden Verfolger aus Ost kollidierten mit Dagon und den beiden Schwesterschiffen, die knapp nördlich und südlich von Dagon fuhren. Sie rauschten ineinander, verkanteten sich – Riemenschäfte barsten, Männer ließen ihr Leben.

Wir verließen die Hafeneinfahrt, hatten ein letztes Mal den Geruch ihrer barbarischen Menschenopfer in der Nase und hörten die Schreie der Rudermannschaften – die Riemenreihen brachen, die zersplitternden Schäfte flogen durch die Luft, insbesondere die Männer auf den unteren Bänken brachen sich alle Knochen.

Brasidas kam zum Heck und schenkte mir ein kleines Lächeln.

Seckla stand da und schüttelte den Kopf. «Hast du das alles wirklich so geplant?», rief er.

Ich zuckte mit den Schultern. «Ich habe es den Göttern ermöglicht, im richtigen Augenblick einzugreifen», lautete meine Antwort.

Der Spartaner nickte ernst.

3. KAPITEL

Ich wollte nicht zurück nach Sybaris, Kroton oder Syrakus. Daher legten wir in Lampedusa und erneut in Melite an und gönnten unseren Ruderern etwas Ruhe. Ich hatte vor, nach Athen zu segeln, aber auf Melite fragte Brasidas mich, ob ich ihn nach Hause bringen könne – er tat das mit ausgesuchter Höflichkeit.

Und dort am Strand stand ein Mann, der fast außer sich war vor Wut. Er war ein Grieche aus Italia, dazu ein echter Athlet. Ich kannte ihn sogar – ja, in jenen Tagen kannte ihn so gut wie jeder. Er hieß Astylos von Kroton. Er hatte in Olympia den Stadion- und den Doppellauf gewonnen, den begehrten Diaulos. In seiner Heimatstadt Kroton hatte man ihm zu Ehren eine Statue errichtet, und einst hatte Dano, die Tochter des Pythagoras, mir den Sportler gezeigt.

Er kam zur *Lydia*, als wir anlegten, ja, er rang die Hände wie ein Bittsteller und flehte mich an, ihn als Passagier an Bord zu nehmen. In jenem Unwetter, das meine *Lydia* den Mast gekostet hatte, war sein Schiff an der felsigen Küste von Melite zerschellt. Und nun war er verzweifelt, denn es war wieder ein olympisches Jahr, und er sollte an den Spielen teilnehmen. Die Veranstalter der Spiele verlangen von den Athleten, dass sie sich einen ganzen Monat vor dem ersten Opfer vor Ort einzufinden haben – auf diese Weise sollen sie beweisen, dass sie des Wettstreits würdig sind. Astylos war aber schon eine Woche zu spät.

Sein Lehrer und Sportmeister war niemand anders als Polymarchos. Erinnert ihr euch noch an ihn? Er war ein Freigelassener, der mich einst in Syrakus ausbildete. Ich sage nicht, dass er der beste Schwertmeister war, der mir je begegnet ist – diese Ehre gebührt Istes, dem Bruder des Histiaios von Milet. Aber er brachte einem die Kunst des Schwertkampfes näher wie kein Zweiter, außerdem beherrschte er das Pankration. Er stand einem auch mit Rat und Tat beim Wettlauf zur Seite, und so traf ich ihn wieder am Strand von Melite.

Er sah mich unter den buschigen Augenbrauen an, wie Herakles, der auf Erden wandelt – ich kenne nur wenige Männer mit so klugen, wachen Augen.

«Du hast Lydia ruiniert», sagte er rundheraus. «Die Tochter des Nikephoros, der dich einst wie einen Sohn in sein Haus aufnahm – aber du hast sie ruiniert.» Er suchte meinen Blick. «Komm», sagte er dann zu seinem Athleten. «Lieber verpasse ich die Spiele, als auf diesem Schiff mitzufahren.»

Ich merkte, dass der Athlet das etwas anders sah. Da Polymarchos sich bereits zum Gehen gewandt hatte, schloss ich zu ihm auf und stellte mich ihm in den Weg, die Daumen in den Gürtel gehakt. «Ich habe schlimme Dinge getan», räumte ich unumwunden ein. «Aber ich habe mich bemüht, mich mit den Göttern auszusöhnen. Werdet Ihr mich anhören?»

Er schaute zur Seite. Ich sah, wie er die Hände dehnte und wieder schloss, wie er sein Gewicht fast unmerklich von einem Bein aufs andere verlagerte. Er hatte sich innerlich auf einen Zweikampf eingestellt.

Ich wusste, wie schnell und kraftvoll er kämpfen konnte. Daher wich ich einen halben Schritt zurück und legte meine Hand auf den Griff meines Schwerts.

«Nur zu, sprich», forderte er mich auf.

«Lydia hat Anaxsikles den Schmied geheiratet, und sie wollten ihr Leben in Kroton verbringen.» Ich zog die Stirn kraus. «Ich habe Anarchos geholfen, alles einzuleiten. Ihr müsst die beiden verpasst haben. Ich stellte ihnen sogar ein Schiff und Geld zur Verfügung. Polymarchos, es war nie meine Absicht, dass dem Mädchen ein Unheil widerfährt. Aber ich muss mich damit abfinden, dass sie aufgrund meines Verhaltens Kummer und Leid erfuhr.» Ich zuckte mit den Schultern. «Mehr habe ich dazu nicht zu sagen», fügte ich hinzu und klang für meine Begriffe ziemlich jung und unerfahren. Es ist nicht leicht, mit jemandem zu sprechen, der den Blick von dir wendet.

«Nikephoros war ein Narr, als er sie vor die Tür setzte», sagte mein alter Schwertmeister. «Und sie war so töricht, dich anzuhimmeln, nur um von dir versetzt zu werden. Und dir werfe ich vor, dass du es besser hättest wissen müssen, als dich auf so ein junges Ding einzulassen!» Erst jetzt sah er mir in die Augen. «Es gibt viele Narren auf der Welt, und ich bin einer von ihnen. Tut es dir wenigstens leid, bereust du es?»

Zorn wallte in mir hoch – ich war wütend auf mich, auf mein törichtes Benehmen. Ich meine mich zu erinnern, dass meine Sicht einen kurzen Moment verschwamm, dass ich die Hände zu Fäusten ballte – ja, ich bin mir sicher, dass ich die Fäuste wieder ganz bewusst öffnete. «Ich bereue es zutiefst. Damals ist etwas in mir abgestorben.»

Er strich sich den Bart. «Nun – ich habe dich nie für einen verlogenen Verräter gehalten, sondern habe immer den geschickten Schwertkämpfer in dir gesehen.» Er sah seinen Athleten an. Der junge Mann warf ihm einen fast flehenden Blick zu. «Der Junge hier wird dir sehr zu Dank verpflichtet sein, wenn du uns bis zur Küste von Elis bringst.»

Wieder musterte er mich mit einem prüfenden Blick unter buschigen Brauen.

«Ich habe einem meiner Gefährten versprochen, einen Hafen anzulaufen, damit er nach Sparta zurückkehren kann.» Ich deutete auf Brasidas. Der Spartaner kam vom Feuer zu uns. Er hatte bewundernde Blicke für den jungen Athleten.

«Brasidas, dies ist Polymarchos, ein Meister der Hoplomachia und Pankration, ein Ringer – alles in allem ein herausragender

Lehrmeister. Polymarchos, dies ist Brasidas – er war zuletzt Anführer meiner Epibatai. Ein Lakedaimonier.»

Der Mann aus Sparta nickte nüchtern zum Gruß. Polymarchos tat es ihm gleich. Dann wandte er sich mir zu. «Ganz gleich, wie schnell dein Schiff ist – ich muss dich bitten, zunächst an der Küste von Elis anzulegen, besser noch im Delta des Alpheios. Die Spiele finden schon in einer Woche statt.»

Als ich Brasidas ansah, lächelte er. Er suchte meinen Blick und gab nickend seine Zustimmung.

«Wir bringen euch dort an Land», sprach ich.

Brasidas legte mir eine Hand auf den Arm – eine ungewohnte Geste für einen Spartiaten. «Ich möchte gern einmal die Spiele zu Olympia sehen», sagte er, und ein Satz dieser Länge ist für einen Mann wie ihn schon eine Rede.

Keine zehn Minuten besprach ich mich mit meinen Gefährten auf den Stränden von Melite, dann war klar, dass es keinen Mann meiner Besatzung gab, der nicht liebend gern bei den Spielen zugeschaut hätte.

Oh, wie angenehm, wenn man reich und mächtig genug ist, mit einem Kriegsschiff in der Absicht in See zu stechen, die größten Spiele anzuschauen, die auf griechischem Boden abgehalten werden! Aber denkt nicht, dass ich ein Narr war. Denn ich sorgte dafür, dass noch auf Melite siebzig Amphoren des besten Weins aus Chios verladen wurden. Ich war bis dahin nie selbst bei den Spielen zu Olympia gewesen, aber es gab eine Menge Leute aus Platäa, die die Reise unternommen hatten – darunter etwa der alte Epiktetos. Und alle beklagten sich einhellig über die miese Qualität des Weins dort und über die Menschenansammlungen.

Ich erinnere mich gut an diese Fahrt – weniger als dreitausend Stadien, bei mäßigem Wind –, denn sie verlief angenehmer als manch andere in meinem Leben. Wir luden Weinamphoren in den Kielraum und schlossen die Lücken im Frachtraum mit Wasservorräten, Pökelfleisch und Schiffsbrot. Und dann taten wir das, was sonst eigentlich nur die Phönizier tun – wir segelten über das weite, blaue Meer, in einer geraden Linie von Sizilien bis nach Elis. Es ist immer schwer, Entfernungen auf offener See abzuschätzen, aber meine Schätzung war (und ist), dass es von den Stränden von Melite bis nach Elis dreitausend Stadien sind. Und sobald man Sizilien hinter sich lässt, gibt es keinen Felsen und keine kleine Flussmündung mehr, an der man frisches Wasser aufnehmen oder der Besatzung Ruhe gönnen könnte. Am Bug legten wir eine Fläche mit Backsteinen aus und streuten Sand darüber, um Kohlenbecken entzünden zu können, aber natürlich kann man auf einer Trireme oder Triemiola nicht für zweihundert Mann kochen, geschweige denn ausreichend Proviant für eine ganze Woche mitnehmen.

Dennoch, auf unserer Fahrt auf dem weiten Okeanos hatten wir ein paar Tricks gelernt, wie man auf offener See überlebt. So wussten wir zum Beispiel, dass wir notfalls zwei Tage ohne Proviant auskamen.

Wie dem auch sei, Seckla, Megakles und ich, wir einigten uns nach einigem Hin und Her auf einen Kurs, und wir machten ein paar Kerben in die Reling beim Steuermann, an denen man ablesen konnte, wo die Sonne morgens, mittags und gegen Abend zu sein hatte. Danach orientierten wir uns an unserem geraden Kielwasser und der Position der Sterne, da wir bald nachts keinen Strand mehr anlaufen konnten.

Doch am ersten Abend machten wir zunächst Halt in Sizilien – wir legten an der sogenannten karthagischen Küste südlich von Syrakus an. Polymarchos ließ seinen jungen Athleten den Strand hinunterrennen, und ein Dutzend unserer Männer machte mit – Brasidas natürlich, Alexandros von den Epibatai, der junge Giannis und ich. Wir liefen in Sichtweite des Ätna und sahen einige

Rauchfäden, die aus den Tiefen des Berges stiegen. Ich weiß nicht, was für eine Strecke wir zurücklegten, aber der junge Athlet rannte uns allen davon, sogar Brasidas. Es war schön, ihm beim Laufen zuzusehen, er hatte eine tadellose Haltung, doch irgendwie wirkte er die ganze Zeit unzufrieden auf mich.

«Warum ist er so verdrießlich?», fragte ich Polymarchos später.

Der alte Schwertmeister zuckte mit den Schultern. «Wir sind weiter vom olympischen Tempel des Zeus entfernt als vor fünfzig Tagen, als wir ablegten», erklärte er. «Er ist spät dran. Könnte sein, dass man ihn vom Wettkampf ausschließt.»

Es sollte die längste Fahrt werden, die ich je auf dem Entos thalassa unternahm – damit meine ich die längste beabsichtigte Fahrt, ohne Sturm und Unwetter, die mich abtrieben, wie es Poseidon gerade gefiel. Am Strand von Sizilien opferte ich sechs Schafe – nicht weit von jener Stelle entfernt, wo ich einst auf dem Marktplatz mit Demetrios und Herakles Tierhäute feilgeboten hatte. Jedenfalls konnten sich meine Ruderer noch einmal tüchtig vollstopfen mit Fleisch, gutem Brot, Oliven und ordentlichem Rotwein.

Mit der Dämmerung legten wir ab. Unser Kurs wies genau nach Osten, der aufgehenden Sonne entgegen, und wir hatten guten Wind. Gegen Mittag war der Ätna fast hinter uns verschwunden, und als es dunkel wurde, fuhren wir auf dem weiten Meer, ohne irgendwo Land zu sehen. Die neu dazugestoßenen Ruderer waren sichtlich verängstigt, und so gaben wir Wein, Brot und Datteln aus.

Die alten Seeleute – die Rudermannschaft, die mit mir jenseits der Säulen gewesen war – machten sich über die verzagten Kameraden lustig.

«Ihr habt doch noch gar nix von der Welt gesehen, ihr kleinen Fische», meinte ein alter Seebär. «Eine ruhige Nacht auf der Großen Grünen? Ist doch wie zu Hause in deinem Bett, oder nicht?»

Selbst Polymarchos, Herr und Meister über Waffen, sah ziemlich grün im Gesicht aus. Er saß auf der Bank beim Steuermann – genau dort, wo Briseis Tage zuvor gesessen hatte – und stöhnte. «Habe ja gehört, als du gesagt hast, wir fahren aufs offene Meer», meinte er. «Aber ich habe nicht groß nachgedacht. Weißt du eigentlich, wo wir gerade sind?»

Ich musste lachen. «Ja», erwiderte ich und deutete hinauf zum Himmel. «Seht Ihr die Sterne? Wusstet Ihr, dass sie sich bewegen?»

Er nickte und schien erfreut zu sein, die Gedanken von den dunklen, weiten Wassern lösen zu können.

Ich deutete auf den Nordstern, den «Phönizischen», wie man oft hört. «Wisst Ihr, dass das Himmelsgewölbe einen Dreh- und Angelpunkt hat, ähnlich wie ein Rad am Wagen?»

Nachdem er eine Weile starr nach oben geschaut hatte, meinte er, das könne stimmen, und ich dachte bei mir, wie seltsam es doch ist, dass die Stadtmenschen so wenig über die natürlichen Abläufe wissen. Vielleicht muss man als Mensch bei allen Wetterbedingungen Zeit im Freien verbringen, um wirklich die Rolle der Götter zu erkennen. Und um zu verstehen, wie die Welt beschaffen ist.

Jedenfalls stimmte mir mein alter Schwertmeister nach etwa einer Stunde zu, dass sich der Nordstern nicht bewegte.

Also ließ ich ihn ein wenig an dem Wissen teilhaben, das ich in einer meiner härtesten Schulen gelernt hatte, nämlich als Sklave auf Dagons Schiff. Damals lauschte ich den phönizischen Navigatoren und erfuhr, wie sie die Sterne lesen. Ich zeigte ihm, wie man über die Länge eines Speerschafts peilt und einen Gradstock benutzt.

Letzten Endes lachte er nervös auf – ausgerechnet der Mann, der mich nach drei Schwertstreichen zu Boden schicken konnte.

«Also, ich bin so schlau wie zuvor», räumte er ein. «Aber jetzt bin ich jedenfalls davon überzeugt, dass du weißt, was du tust.»

«Fangt Ihr nicht auch so an, wenn Ihr einen Athleten ausbildet?», fragte ich.

Falten zeigten sich auf seiner Stirn. «Das dauert für gewöhnlich ein Jahr», antwortete er. «Erst dann geben die meisten jungen Burschen in ihren Narrenköpfen zu, dass ich ihnen überlegen bin – dass sie hören müssen, was ich ihnen noch beibringen kann.»

Wir mussten beide lachen. Dann legte er mir eine Hand auf mein Knie. «Hör zu – du bist ein guter Mann. Warum hast du so etwas Dummes getan? Damals mit Lydia, meine ich. Und dann nennst du auch noch dein Schiff nach ihr! Was soll man davon halten? Was soll das bedeuten?»

Ich machte mich einen Moment am Ruder zu schaffen. «Das bedeutet, dass ich mich weigere, die Sache zu vergessen», sagte ich. «Ich habe mir in Bezug auf Lydia viele Lügen aufgetischt. Ich wollte zwei Sachen erreichen. Ich wollte nach Albion segeln, und ich wollte das Mädchen. Aber jetzt weiß ich, dass sie etwas anderes verkörperte, was ich wollte – ein Leben als Handwerker.»

Polymarchos grinste, seine Zähne leuchteten in der Dunkelheit. «Ich hatte dich nie für einen wirklichen Bronzeschmied gehalten. Nein, stimmt auch wieder nicht ganz. Ich wusste, dass du das kannst. Ich dachte nur, dass das eine Art Zeitvertreib für dich sei. Du hast etwas Aristokratisches an dir – das sieht man an deinem Körperbau. Wer den Blick dafür hat, sieht, dass du dein ganzes Leben im Gymnasion verbracht hast.»

Jetzt war ich wieder an der Reihe zu lachen. «Polymarchos, zwischen meinem fünfzehnten und zwanzigsten Lebensjahr war ich Sklave, dann in der Zeit, ehe Ihr mich kennenlerntet.»

Er nickte. «Sicher. Viele Männer fristen ihr Dasein als Sklaven. Einige zeichnet es für immer, andere lehrt es Demut. Gelon ist jemand, dem es guttun würde, einige Monate als Sklave zu leben.»

Ich zog fragend eine Braue hoch. «Ihr habt Syrakus verlassen?»

Wieder nickte er. «Gelon ist ein schillernder Tyrann, und er führt Syrakus zu wahrer Größe. Aber er hat mich meines Standes als Bürger beraubt. Verflucht sei er. Ich habe mein halbes Leben versucht, den Sklaven in mir hinter mir zu lassen, zu dem mich eine

Schar Piraten degradiert hatte, und dann kommt so ein reicher Bastard und stößt mich wieder vom Sockel.» Er blickte finster auf die dunklen Wasser und hinauf zu den Sternen. «Jetzt begleite ich den jungen Athleten aus Italia nach Olympia, und wir werden siegen. Und dann soll Gelon erfahren, was er davon hatte, als er mich davonjagte. Ich hätte für Syrakus gewinnen können.»

Der nächste Morgen bescherte uns wieder einen klaren, schönen Tag unter geblähten Segeln – der Wind kam von achtern, das Großsegel spannte sich perfekt, der Bug durchschnitt die Wogen. Ich fand es schwierig, unsere Geschwindigkeit zu ermitteln – das ist immer schwer, wenn man auf offener See ist. Hat man keinen Anhaltspunkt an Land, ist es komplizierter, die zurückgelegte Strecke zu ermitteln.

Leukas kam zum Heck, um das Ruder zu übernehmen. Sowie er seine Position eingenommen hatte, nahm ich ein Stück Holzkohle und fing an, an Deck eine geometrische Zeichnung anzudeuten. Ich wollte die unbekannte Strecke von der Ostküste Siziliens bis nach Elis und Olympia ins Verhältnis setzen zur Strecke von Melite bis Sybaris – diese Strecke war bekannt, ich kannte sie von vielen Fahrten. Also musste ich noch die Strecke von Sybaris bis Elis überschlagen. Wenn, wie ich vermutete, die beiden Seiten einen rechten Winkel bildeten, dann müsste es laut Pythagoras ...

Nun, nach meinen Berechnungen kam ich auf eine Strecke von etwa zweieinhalbtausend Stadien. Ich rechnete eine Stunde herum, und während ich mich mit der Berechnung herumschlug, bezog ich Leukas mit ein, der allmählich das griechische Alphabet lernte. Ich versuchte, auch Megakles für die Sache zu begeistern, aber er konnte überhaupt nicht lesen und zeigte keinerlei Interesse. Leukas hatte noch nie in seinem Leben irgendetwas ausgerechnet, Seckla hingegen schon, und er beteiligte sich kurz darauf an den Berechnungen. Bald setzten wir den Gradstock ein, um den Höhenwinkel der Sonne über dem nautischen Horizont zu messen. Auf diese Weise vertrieben wir uns die Zeit und ließen die Rudermannschaft in dem Glauben, wir wüssten genau, was wir taten.

Wir ließen Holzstücke am Bug ins Wasser fallen, um festzustellen, in welcher Zeit sie am Heck vorbeitrieben. Unser junger Athlet versuchte, mit den Holzstücken Schritt zu halten, indem er vom Bug bis zum Heck rannte.

Astylos rannte den ganzen Tag, sogar in der prallen Sonne. Auf einer Triemiola – das war die *Lydia* ja streng genommen: eine Trireme mit flachem Deckverlauf und stehendem Mast – hat man sehr viel mehr Platz an Deck als auf einer klassischen Trireme, aber die Baureihe ist auch nur hundertzehn Fuß lang. Ein Stadion misst etwa sechshundert Fuß, deshalb musste der Athlet dauernd kehrtmachen – und nebenbei der Deckmannschaft und den Ruderern ausweichen, die gerade Pause hatten.

Wie dem auch sei, Astylos' Darbietungen – oder besser sein Wettlauf mit den schwimmenden Holzstücken – ließen in mir die Vermutung reifen, dass wir ungefähr dreißig Stadien in der Stunde schafften. Das waren mehr als siebenhundert Stadien pro Tag, von einem Sonnenaufgang zum nächsten.

Nun, Poseidons Reich ist riesig. Das war mir bewusst, bevor ich Berechnungen anstellte.

Aber von jenem Tag an war das Segeln und Rudern für mich ein Teil von etwas Größerem, und das hatte wiederum mancherlei Auswirkungen. Erstens brachte ich Seckla und Leukas alles bei, was ich wusste. Leukas war von Natur aus ein sehr viel besserer Seemann als ich – seine Schätzungen, was Geschwindigkeiten auf dem Wasser betraf, waren weitaus besser als meine, darüber hinaus konnte er die Strömungsverhältnisse besser abschätzen. Er hatte ein besonderes Gespür für das Wetter, aber er konnte nicht so gut erklären. Trotzdem versuchte er es. Seckla kannte die Südküste der Inneren See, und wir überlegten, inwieweit es möglich wäre, den gesamten Verlauf zu erforschen. Griechen kennen ihre griechischen Gewässer. Bei allen anderen Gewässern sind wir auf das Wissen angewiesen, das die Phönizier uns überlassen. Jedenfalls war das früher so.

Heute ist das anders.

Ich fing an, genauer darüber nachzudenken, wie es sich bewerkstelligen ließe, die Innere See zu überqueren, ohne abends irgendwo anzulegen. Wir hatten oft ein kleines, rundliches Schiff benutzt – eines, das sich mit vier oder sechs Mann bedienen ließ, ein Vorratsschiff, ein Nachschubschiff, wenn man so will. Ich beschloss, mir ein Schiff dieser Bauart zu besorgen. Und ich fing an, darüber nachzudenken, was ein erneuter Krieg gegen Persien bedeuten mochte. Als die Griechen zuletzt versuchten, sich den Persern auf See entgegenzustellen, waren die Perser uns allein zahlenmäßig überlegen gewesen – sie hatten eine Flotte von sechshundert Schiffen aufgeboten. Gut, sie hatten heimlich die Männer aus Samos auf ihre Seite gezogen, diese elenden Verräter. Aber die Perser hatten die Seeschlacht von Lade überlegen für sich entschieden.

Und seither standen sämtliche Städte der ionischen Griechen unter ihrer Aufsicht. Das bedeutete, dass sie inzwischen bis zu tausend Schiffe aufboten. Meine Freunde – meine *athenischen* Freunde, die, so hoffte ich, knapp hinter dem Horizont auf dem Weg nach Athen waren – also, meine athenischen Freunde hatten mir erzählt, dass Themistokles während meiner Abwesenheit die Silberminen unter seine Kontrolle gebracht hatte und seither mit öffentlichen Geldern eine Flotte für Athen bauen ließ – von etwa hundert Schiffen. Hundert Schiffe waren ein enormer Flottenverband für eine griechische Polis. Gerüchten zufolge verfügte Ägina über weitere achtzig Schiffe.

Womöglich steuerte Korinth weitere achtzig bei.

Sparta besaß – kein einziges Schiff.

Selbst wenn sich die drei stärksten Seemächte der verbliebenen freien griechischen Städte zusammenschlossen, würden sie es nur auf etwa zweihundertfünfzig Schiffe bringen.

Ich schaute hinaus auf die endlose See und erschauerte. Zu meinen Lebzeiten hatten sich Athen, Korinth und Ägina noch nie zusammengetan – es war zu keinem einzigen Bündnis gekommen.

Beim zweiten Sonnenuntergang erspähte ich zwei Seevögel. Das stellte mich zufrieden. Als ich Leukas darauf aufmerksam machte, nickte er.

Trotzdem blieb ich die ganze Nacht über an Deck. Nachts hat man oft Zeit zum Nachdenken, und ich hatte acht Stunden Dunkelheit, um den Wind zu riechen und über Briseis nachzudenken. Ich glaubte, den Duft ihres Haars im Wind wahrzunehmen, ich konnte ihre Lippen auf meinen spüren, und ich fragte mich natürlich, warum ich in jener Nacht am Strand nicht zu ihr gegangen war. Unzählige widerstreitende Gedanken kamen mir in den Sinn.

Plötzlich fiel mir ein, dass sie zu mir gesagt hatte, eines Tages würden wir als Mann und Frau zusammenleben.

Um mich abzulenken, nahm ich meinen phönizischen Gradstock und peilte die Sterne an. Dann verweilte mein Blick auf dem Kielwasser, das sich im Licht der Sterne geisterhaft in der Ferne verlor.

Ich weiß noch gut, dass ich in dieser oder der folgenden Nacht Verdruss verspürte, als mir klarwurde, dass ich vor Apollon gelobt hatte, die Kithara oder die Lyra zu lernen. Daraus hatte ich bislang nicht viel gemacht. Ich besaß nicht einmal eine Lyra, um darauf zu üben. Die Darmsaiten eignen sich nicht für die Seefahrt – oder besser gesagt: Die salzige Seeluft ist nicht gerade günstig für Holzinstrumente mit Darmsaiten.

Ich dachte über Polymarchos nach, aber vor allem über jenen jungen Sklaven, den ich mit meinem ersten Schwertstreich an der

Küste von Libya niedergestreckt hatte. Er hatte es nicht verdient zu sterben. Er war, wie man so sagt, zur falschen Zeit am falschen Ort gewesen.

Er dürfte in dem Alter gewesen sein wie mein Sohn, den Briseis mir geschenkt hatte. Einmal hatte ich den Jungen zu Gesicht bekommen, damals in Thrakien. Eine Amme trug ihn, doch ich hatte nicht viel Zeit, sondern tötete den Mann, den ich damals für den Vater des Kindes gehalten hatte.

Ich hatte einen Sohn.

Der Bug pflügte weiter durch die Wellen, und ich musste an Heraklit den Philosophen denken, der sagte, man könne den Zeh nicht zweimal in dasselbe Wasser tauchen. Und so flogen wir in der Dunkelheit dahin.

Der nächste Tag zog sich in die Länge. Wir lagen bereits tief im Wasser, und das Pökelfleisch war aufgebraucht, auch das meiste vom Dattel- und Brotvorrat.

Meine Veteranen hatten eine solche Situation schon einmal durchgestanden.

Die Neuen indes, die ehemaligen Sklaven, waren erschrocken. Ich machte mir Sorgen, sie könnten erneut meutern. Nicht, dass sie eine Chance gehabt hätten, aber ich weiß, dass aufrührerische Gedanken zur Gewohnheit werden können.

Doch eine Stunde vor Anbruch der Dämmerung konnte ich Land riechen. Ja, ich hatte den Geruch eines Holzkohlenfeuers in der Nase, und beim ersten grauen Licht tauchte der Küstenverlauf vor uns auf. Wir blieben parallel zur Küste, bis die Sonne aufging, und bald war ich mir sicher, dass wir vor Zakynthos waren. Vor nicht ganz drei Wochen war ich an dieser Insel vorbeigekommen. Die Ruderer flehten uns schon an, endlich anzulegen, als ich am Festland von Elis den Tempel des Poseidon bei Hyrmine gewahrte. Das Dach leuchtete uns entgegen. Brasidas bestätigte meine Vermutung, und die neuen Ruderer sahen so erleichtert aus, als hätten sie von den Göttern ein zweites Leben geschenkt bekommen.

Seckla klopfte mir auf den Rücken. «Das war ein Lehrstück an Navigation.» Er grinste.

Doch ich zuckte nur mit den Schultern. «Vasileos hätte den Bug geradewegs in die Mündung des Alpheios navigiert», meinte ich.

Megakles lächelte breit und blieb auf seine Weise genauso lakonisch wie Brasidas. Aber sein Lächeln war als großes Lob gemeint. Und ich war zufrieden mit mir und meiner Leistung.

Ehe die Männer zu sehr vom Hunger geplagt wurden, legten wir an einem offenen Strand an, kauften Schafe, brachten Poseidon ein Trankopfer mit unserem Wein dar und opferten einige Tiere. Danach veranstalteten wir ein Festmahl am Strand, und ich sah, wie die «grünen» Ruderer den Sand küssten, worauf sie von den Älteren aus meiner Mannschaft geneckt wurden.

Wir waren noch gut gesättigt, als wir die Landspitze umrundeten und in die Mündung des Alpheios einbogen. Auf dem schmalen Kieselstrand lagen ein Dutzend Handelsschiffe und fast vierzig Triremen. Olympia ist von Bergen umgeben, und ein Höhenzug erstreckt sich bis zur Küste – wie das Kithairon-Gebirge in meiner Heimat. Die Strände fallen oft steil ab, sind schmal und trügerisch.

Doch wie erfreut war ich, als ich unter all den Schiffen Kimons *Ajax*, Paramanos' *Rabenschwinge* und Harpagos' *Sturmbezwingerin* entdeckte, darüber hinaus all die anderen Schiffe, die wir in jenem Sturm aus den Augen verloren hatten.

Ich wartete, bis uns die Leute aus Elis einen Platz zum Anlegen zuwiesen, und nahm mit Freuden wahr, was für Änderungen man am Strand vorgenommen hatte. Mit Menschenhand lässt sich fast alles erreichen. In jenem Jahr fanden die fünfundsiebzigsten Spiele in Olympia statt, und die Menschen aus Elis hatten an die dreihundert Jahre Zeit gehabt, die Anlegeplätze so angenehm wie möglich zu gestalten. Zu den Spielen strömen die Griechen aus Ionien, Italia, Sizilien und Magna Graecia zusammen. Schiffsrouten führen von Massalia im Westen und von Ephesos und Sardis im Osten bis nach Elis, des Weiteren von Thrakien, aus Chalkedon und aus ganz Böotien, Attika und der Peloponnes. Und während ich dastand und meinen Blick über die festgemachten Schiffe, die Zelte und Stände schweifen ließ, musste ich an meinen Sohn denken – meinen Sohn, der fernab in Sardis seine Stadien lief und den Speer warf.

Doch dann wurden meine Gedanken von zwei Männern aus Elis zunichtegemacht, die von mir eine unverschämte Hafengebühr verlangten. Mag sein, dass man der Spiele wegen Krieg und Streitigkeiten ruhen lässt, aber die Gier der Menschen bleibt immer gleich, das kann ich bestätigen. Von der Küste sind es fünfzig Stadien hinauf bis nach Olympia, und ich überlegte, ein Pferd zu mieten, aber ich musste meine Drachmen zählen – die Preise waren übertrieben hoch, und ich musste zweihundert Mann Besatzung ernähren.

Meine Mutter konnte eine echte Xanthippe sein, eine Harpyie, eine alte Trinkerin. Aber sie besaß die Seele einer Aristokratin, und so hat sie mir eine wertvolle aristokratische Weisheit mit auf den Weg gegeben – es gibt Zeiten, da muss man jeden Obolus zählen, aber es kommen auch Zeiten, in denen man das Gold mit vollen Händen ausgeben darf. Man kann sich glücklich schätzen, wenn man es einmal im Leben schafft, den Olympischen Spielen beizuwohnen. Ich spreche hier nicht von Leuten aus Sparta oder Argos – sie können den Weg jedes Jahr zurücklegen, wenn es gerade passt. Aber für jemanden aus Böotien ist die Fahrt dorthin weit – so eine Gelegenheit ergibt sich meist nur einmal im Leben. Wie dem auch sei, ich war unten am Strand und wollte mich von nichts und niemandem davon abbringen lassen, die Spiele zu erleben.

Andererseits – ich befehligte zweihundert Mann, die sehr gut ausgebildet waren und voll im Saft standen, wie man so sagt. Daher sah ich keinen Grund, der dagegen spräche, die körperliche Kondition der Männer zu nutzen. Also ließen wir das Schiff zurück, schnürten Bündel und nahmen den steilen Weg hinauf ins Inland in Angriff – die Weinamphoren und Ausrüstungsgegenstände hatten wir größtenteils auf Maultiere verladen. Die Beute aus Illyrien gab ich freigebig aus, aber meistens lagerten wir im Freien und mieden Unterkünfte, die schon aus einiger Entfernung floh- und wanzenverseucht aussahen. Als wir dann die Ebene von Olympia unterhalb des Tempelkomplexes erreichten, kamen zwei Priester aus der Siedlung zu uns und führten uns zu einer Stelle, wo wir unser Lager aufschlagen konnten. Ich erkundigte mich nach Kimon, und der Priester lächelte und nickte – ein insgesamt angenehmer Zeitgenosse.

«Der Herr Kimon ist hier. Die Athener sind auf der anderen Seite der Tempelanlage. Und Eure Leute aus Böotien sind dort drüben bei dem Bachlauf.» Er deutete auf den ziemlich ausgetrockneten Fluss.

«Und sind auch Leute aus Theben hier?», wollte ich wissen.

Er nickte. «Sicher.»

Ich musste mich zurückhalten, nicht verächtlich auszuspeien. «Ihr müsst wissen», erklärte ich, «ich bin ein Mann aus Platäa, und ich würde einen Umweg von einem Dutzend Stadien in Kauf nehmen, nur um einem Kerl aus Theben nicht zu begegnen.»

Der Priester lachte. «Erstaunlich, dass es die Griechen überhaupt gemeinsam in all den Landschaften aushalten. Aber kommt – jeder, der zweihundert Mann mit zu den Spielen bringt, hat meine Aufmerksamkeit. Und Ihr seid der Mann, der bei Marathon kämpfte?»

Ich nickte.

Er schenkte mir ein Lächeln. «Dachte ich mir. Ich schicke einen Laufburschen, um dem Herrn Kimon mitzuteilen, dass Ihr hier seid.»

Wir hatten den Rand des Tals erreicht.

Noch nie in meinem Leben hatte ich so viele Menschen auf einem Haufen gesehen. Wohin ich auch blickte, ich sah Leute aus

Kyrene und Italia, aus Athen und Messenien und Korinth – und natürlich aus Sparta. Mehr Spartaner, als einem lieb sein kann, wenn man so will. Und sie hatten ihre Frauen mitgebracht – große, oft blonde Frauen mit wohlgestalteten Armen und Beinen, wie man es von den Frauen aus Sparta kennt.

An den Haupttagen durften die Frauen nicht an den Wettkämpfen bei Olympia teilnehmen. Sie veranstalteten ihr eigenes Fest später im Jahr, aber in einem olympischen Jahr waren die Spiele das große von Männern dominierte Ereignis. Heutzutage überlegen manche, ob es nicht besser wäre, den Frauen zu verbieten, bei den Wettkämpfen zuzuschauen, aber damals durften die Frauen in die geheiligten Stätten und jubelten den Athleten zu – ich rede hier nicht nur von Jungfrauen und Huren, sondern auch von verheirateten Frauen und Matronen. Ich denke, das liegt daran, weil es die Männer und Frauen aus Sparta gewohnt waren, die nackten Leiber während der Wettkämpfe zu sehen, und für die Mädchen war es nicht ungewöhnlich, unbekleidete Männer zu sehen. In Athen ist man sehr viel prüder. Die Leute aus Elis waren immer schon alte Verbündete der Spartaner und Mitglieder des Peloponnesischen Bundes und haben vieles gemeinsam. Wie dem auch sei, in jenem Jahr hielten sich fast genauso viele Frauen wie Männer in den Zelten, Unterständen oder in der Siedlung auf.

Jedes Haus in der Siedlung bei den Spielstätten wies eine Veranda für zehn oder zwölf Schlafmöglichkeiten auf. Manchmal konnte man auch eine Schlafstatt im Innern bekommen, die drei oder vier Drachmen pro Tag kostete – dafür bekam man lediglich zwei freie Dielenbretter und etwas altes Stroh. Andernorts ist das der Tageslohn für einen athenischen Hopliten oder einen gut ausgebildeten Ruderer! Viele geschäftstüchtige Leute aus Elis und der umliegenden Region stellten große Zelte auf und boten Schlafgelegenheiten zu ähnlichen Preisen an. Man errichtete sogar Gebäude nur für die Dauer der Spiele, und jeder Zapfen und jeder Holzbalken wurde nummeriert, damit man die Häuser immer wieder auf- und abbauen konnte – etwa so wie bei den hölzernen Sitzreihen des Dionysos-Theaters in Athen. Es gab eine größere Taverne, in der ein Zimmer zwanzig Drachmen die Nacht kostete, aber da waren nur bedeutende Männer wie Aristeides willkommen.

Die befreiten Sklaven aus unserer Rudermannschaft verdienten sich etwas dazu, indem sie die großen Amphoren mit dem Wein aus Chios hinter sich herzogen, und als wir unseren Lagerplatz erreicht hatten, errichteten meine zweihundert Mann Unterstände aus dem Großsegel und den beiden Bootssegeln der *Lydia*. Wir brachten es auf vier weitere Zelte, die wir eigens für Ausflüge an Land mitführten, ehe wir größere Steine heranschafften, auf denen die Männer sitzen konnten. Danach schenkten wir Wein aus, ehe wir die Unterkünfte für die Deckmannschaft in Angriff nahmen. Damit beim Weinausschank auch alles gesittet zuging, hatte ich zwei Epibatai antreten lassen, allerdings nicht in voller Rüstung, denn das wäre bei den heiligen Spielstätten ein Frevel gewesen – jedenfalls überwachten Alexandros und Giannis die Verteilung der Weinrationen.

Ich kümmerte mich selbst um unsere Zelte – und musste zwei Silbereulen für Pflöcke ausgeben, da wir unsere Pflöcke auf dem Schiff vergessen hatten, wir Esel. Die Ebene liegt zwar recht hoch, dennoch brannte die Sonne, und daher war ich froh, dass auch Polymarchos und sein junger Athlet mit anpackten. Sie hielten die Zeltstangen, trieben die Pflöcke in den Boden, bis die Arbeit getan war.

Ich legte meinem alten Schwertmeister eine Hand auf die Schulter. «Kommt und trinkt einen Becher guten Weins mit mir», bot ich an.

Er lächelte. «Später, Arimnestos von Platäa. Denn jetzt muss ich den jungen Mann zum Tempel des Zeus begleiten, damit er sich offiziell für die Wettkämpfe eintragen kann, sonst platzt er noch vor Wut und Ungeduld.» Er zuckte mit den Schultern. «Falls man nachhakt, warum wir so spät kommen – würdest du vor den Schiedsrichtern bezeugen, dass wir in einen Sturm gerieten?»

Ich nickte.

Ich nahm die Hand des jungen Mannes. «Du hast gut mitgeholfen», sagte ich zu ihm. «Wir wissen es zu schätzen, wenn einer mit anpacken kann. Einen Menschen sollte man nicht nur nach seinem Aussehen, sondern auch nach seinen Taten beurteilen», gab ich ihm mit auf den Weg. Tatsächlich war er ein hübscher Bursche, und die Reize dieses Jünglings ließen manchen Ruderer oder Epibatai nicht kalt. Ich grinste ihn an. «Jetzt hast du schon Taue bedient und Zelte errichtet – es war mir ein Vergnügen, dich an Bord zu haben. Wenn du magst, kannst du dein Nachtlager bei uns aufschlagen. Dann hast du zweihundert begeisterte Anhänger, wenn du am Wettlauf teilnimmst.»

Polymarchos nickte. «Ein Angebot, das man nicht ausschlagen sollte, Junge. Athleten aus Italia haben selten jemanden, der ihnen zujubelt.»

Der junge Mann verbeugte sich. «Ich fühle mich geehrt.»

Dann machten sie sich auf den Weg zum Tempelheiligtum. Ich rechnete es dem Jungen hoch an, dass er zunächst das Lager mit uns errichtet hatte, ehe er sich dem Urteil der Kampfrichter aussetzte.

Gemeinsam mit Brasidas wollte ich mir einen Becher Wein holen, doch stellten wir erschrocken fest, dass sich in unserer behelfsmäßigen Taverne aus Leinwand eine lange Schlange gebildet hatte. Die Männer drängelten, jeder versuchte, einen besseren Platz zu ergattern.

Es gibt mehrere Gründe, warum diese Olympischen Spiele so maßlos überlaufen waren – ich erkläre euch das, wenn ihr lange genug bleibt.

So kam es, dass der Weinvorrat bereits knapp wurde, obwohl der erste Wettkampf erst in drei Tagen stattfinden sollte und die Priester am Tempel noch nicht einmal die einleitenden Opferungen vorgenommen hatten. Wir hatten sechzig bauchige Amphoren mitgeschleppt, sechs weitere waren mit Olivenöl gefüllt. Und so eröffneten wir unsere «Taverne» und verlangten, wie ich finde, einen angemessenen Preis pro Becher, was uns Gewinn einbringen sollte. Von anderen Lagerplätzen strömten Leute herbei, sodass die Schlange immer länger wurde. In der Spanne, in der ich das hier erzähle, hatten sich schon fünfzehn andere Leute hinter Brasidas und mir angestellt.

Einige Längen hinter mir stand ein hübscher junger Bursche mit dunkler Haut und mandelförmigen Augen. Derart geschnittene Augen waren nicht alltäglich im Entos thalassa, und ich erkannte den Jüngling wieder. Ich lächelte. «Ganymed zum Leben erwacht!», rief ich. Andere drehten sich um und glotzten, und der Junge errötete, sofern man es bei seiner Hautfarbe sehen konnte. Er war Kimons bester Hypaspist – aber kein Sklave mehr. Früher war er irgendwo auf der Chersones-Halbinsel Sklave gewesen.

Er verbeugte sich. «Herr Arimnestos», grüßte er.

Ich zuckte mit den Schultern. «Du bist kein Pais mehr und brauchst andere Männer nicht mit Herr anzureden», sprach ich. «Wie geht es deinem Herrn? Ist er wohlauf?»

«Es wird ihn freuen, wenn er erfährt, dass Ihr den Sturm überstanden habt und am Leben seid», antwortete er. «Ich würde es ihm jetzt schon gern erzählen, aber mein Herr möchte einen Becher Wein. Es gibt kaum Wein, abgesehen von dem ziemlich sauren Zeug hier aus der Gegend.» Er sah auf fast tragische Weise zerknirscht aus, wie junge Burschen eben aussehen, wenn sie für ihre Herren Erledigungen machen müssen.

Ich lachte. «Richte Kimon aus, dass ich für Wein sorgen werde, wenn er dann zu mir kommt, um einen Becher mit mir zu trinken. Lauf nur – ich erwarte ihn.»

Der Junge lief davon.

Ich wandte mich wieder Brasidas zu. «Denkst du, die machtvolle Aufgabe ist Alexandros zu Kopfe gestiegen, sodass er uns nicht mehr als einen Becher pro Mann zugesteht?» Es sollte ein Scherz sein; ich fand ihn nicht schlecht.

Brasidas verzog den Mund zu einem Lächeln. Aber bei diesem Lächeln blieb es auch.

Wir warteten in der Schlange, und zwar ungefähr so lange, wie es dauert, bis ein Mann seine Anklageschrift in einer Verhandlung verlesen hat – angenehm war hingegen, dass die Sonne langsam hinter dem Bergmassiv verschwand. Irgendwann waren wir an der Reihe.

Einer von Kas Bogenschützen – der Verwundete, Artax mit Namen – saß mit verschränkten Beinen hinter einem niedrigen Tisch. Er nickte, ohne zu uns aufzuschauen. «Eine Drachme pro Becher – oh, bei den Göttern, es ist der Trierarch!», entfuhr es ihm dann. Er sprang erschrocken auf, als er mich gewahrte.

Brasidas lächelte in sich hinein.

Ich beugte mich über den niedrigen Tisch. «Habe ich richtig gehört?», fragte ich. «Wir verlangen *eine Drachme pro Becher*?»

Alexandros von den Epibatai grinste über beide Ohren. «Ja, Herr!» Sein Lächeln wurde jedoch etwas unsicher. «Wir machen ein Vermögen, Herr.»

Ich hatte dafür nur Kopfschütteln übrig. «Freunde, wir sollten nicht so gierig sein. Halbiert den Preis. Und hebt sechs Amphoren für uns auf.»

Die Leute hinter mir in der Schlange jubelten.

«Oder verdoppelt den Preis, auf dass wir den Krieg gegen die Meder finanzieren können», sagte jemand unmittelbar hinter mir. Es war Kimon. «Ich bin ein wohlhabender Mann und gehöre zu den Eupatriden. Und trotzdem hatte ich bis vorhin überlegt, den Tempelbezirk zu verlassen, um entlang der Küste nach gutem Wein zu suchen. Selbst wenn ein solches Benehmen angesichts der heiligen

Stätten ziemlich würdelos ist.» Er lächelte meinem Pais zu, Hektor, der stets an meiner Seite war. «Hübscher Bursche. Ein Sklave? Ich erinnere mich, dass er bei dir am Strand war.»

Ich verneinte mit einem Kopfschütteln. «Er ist frei. Der Sohn eines Freundes. Eines Bürgers aus Syrakus.»

Kimon neigte den Kopf leicht zur Seite. «Vergib mir, dich mit Pais angeredet zu haben, junger Mann.»

Mein Hypaspist Hektor war seit dem Tod seines Vaters sehr schweigsam gewesen, und das Leben an Bord des Schiffes – ihr wisst ja, er war meistens seekrank und schlecht zuwege – hatte ihm auch nicht gerade die Zunge gelöst, aber der Berg Olympos schien den Jungen zu neuem Leben zu erwecken. Er errötete und verbeugte sich. «Herr», sagte er.

Ich drückte Kimon einen Becher Wein in die Hand – er hatte die Schlange umgangen mit dem natürlichen Verlangen eines großen Herren –, reichte einen weiteren Brasidas und einen dem Hypaspisten. Der letzte Becher ging an mich, und so hatte ich meine Gefährten alle selbst bedient wie ein guter Gastgeber. Ja, meine Mutter hatte mir Anstand beigebracht.

«Wenn Alexandros Wein für eine Drachme pro Becher verkauft, dann hat er ein Geschäft entdeckt, das einträglicher als die Piraterie ist», meinte ich, als wir im herrlichen, rotgoldenen Licht der untergehenden Sonne zurückschlenderten.

Kimon lachte – wie sein Vater, der große Miltiades. «Als ehrbare Piraten wissen wir, dass es kein besseres Leben gibt», sagte er. «Mein Besuch hier bei den Olympischen Spielen wird von deinem illyrischen Kleinkönig bezahlt.»

«Ist Paramanos etwa hier? Und Dareios?» Ich schaute zurück zur Schlange am Weinausschank. Paramanos stammte aus Kyrene und war inzwischen Bürger Athens. Und Dareios war einer meiner Befehlshaber und sollte zum Bürger von Platäa ernannt werden.

Kimon nickte. «Sie lagern bei mir. Die Preise sind exorbitant!

Und dein Freund Harpagos hat einen jungen Vetter, der das Pankration beherrscht. Und Aischylos' junger Schützling ...»

Der hatte mir gerade noch gefehlt, dachte ich. Wir hatten Aristeides den Jüngeren an unserer Seite gehabt, als wir den Vorstoß in Illyrien unternahmen, und ich muss gestehen, es gab keinen in unseren Reihen, der ihn nicht ermüdend gefunden hatte. Aber es war wie in einer großen Stadt oder in einer Dorfgemeinschaft – ich fühlte mich wie zu Hause, sogar auf einer Ebene im Schatten des Olympos.

Giannis, mein junger Freund aus Massalia, war entzückt. Er machte mit Alexandros nicht nur ein Vermögen beim Weinausschank, er sah auch all die großen Männer aus griechischen Landen. Und ich glaube, einen Moment wähnte er sich auf dem Olymp, bei den Göttern, und nicht am Fuße der Berge in einer behelfsmäßigen Taverne.

Kimon trank von dem Wein. Ich spürte, dass er etwas sagen wollte und dass all das Plaudern nur seine Art war – die griechische Art, um genau zu sein –, um einen Bogen zum eigentlichen Thema zu schlagen. Brasidas warf mir einen Blick zu, den ich dahingehend deutete, dass er bereit war, uns allein zu lassen. Doch ich gab nur ein Schulterzucken von mir.

«Was hast du nach den Spielen vor?», fragte Kimon dann wie beiläufig.

«Ich kehre zurück nach Platäa», erwiderte ich. «Aber ob ich noch in Korinth haltmache oder über Athen reise, hängt von vielerlei Dingen ab.»

Er nickte und schaute zur Seite. Mit dem Blick verfolgte er zwei Adler, die hoch am Himmel kreisten, über dem ersten Bergkamm. Es gibt kaum bessere Vorzeichen.

«Diese Adler sagen mir, dass Ihr ruhig die Frage stellen könnt, die Euch beschäftigt», sagte ich so leichthin wie möglich.

Er nagte am Winkel der Unterlippe. «Themistokles ist auch hier», sprach er.

Ich nickte, wie Männer nicken, wenn sie eigentlich keinen Schimmer haben, was dem Gegenüber durch den Kopf geht. «Ich erinnere mich gut an ihn», sagte ich etwas zögerlich.

«Du warst lange fort. Themistokles hat verlauten lassen, er wünsche, dass all die großen Männer des Landes an diesen Spielen teilnehmen. Damit man gemeinsam über den Großkönig reden kann.»

Ich musste lachen. «Und ich bin nicht eingeladen? Das hättet Ihr mir ruhig sagen können – ich habe das Verlangen hinter mir gelassen, ein großer Mann zu sein, Kimon. Euer Vater hat dies stets besser vollbracht, als ich es je tun werde.»

Aber seine Miene blieb unverändert ernst. «Nein, ich bin mir sicher, dass Themistokles dich dabeihaben möchte.» Er sah mich nicht direkt an. «Arimnestos, du bist kein Athener. Und dennoch bist du einer von uns. Du führtest uns bei Marathon.»

«Kommt bitte endlich zur Sache!», bedrängte ich ihn.

«Themistokles setzt sich vehement dafür ein, Aristeides ins Exil zu verbannen», sagte er. «Und ich weiß, dass Aristeides stets dein Freund und Gönner war.»

Ich schlug das Zeichen, das die böotischen Bauern und Bronzeschmiede schlagen, um sich vor Hexenkünsten zu schützen. «Aristeides war stets mein Freund – aber nie Euer Freund oder der Freund Eures Vaters.» Ich versuchte, einen leichten Ton anzuschlagen. «Kimon, wir sind zu Gast bei den Spielen zu Olympia. Können wir die athenische Innenpolitik nicht für eine Weile vergessen?»

Kimon hielt meinem Blick stand. «Arimnestos, ich habe zu oft den Mund gehalten, entlang der illyrischen Küste und auf einem Dutzend Stränden», sagte er mit Nachdruck. «Aber ich hatte nicht damit gerechnet, im selben Lager wie Themistokles zu sein, während er nach Aristeides' Blut verlangt.»

Ich weiß noch, dass ich angewidert den Kopf schüttelte. Athener sind feine Männer – tapfer, edelmütig, sie haben ein ausgeprägtes Gespür für Ethik und sind begabte Redner. Aber die meisten von ihnen würden ihre Mütter in die Sklaverei verkaufen, nur um politisch an Einfluss zu gewinnen.

«Kimon – Aristeides brachte deinen Vater vor Gericht. Das Einzige, was die beiden je gemeinsam unternahmen, war die Schlacht von Marathon, die wir für uns entscheiden konnten. Das und das gemeinsame Vorgehen gegen die Alkmaioniden.» Ich breitete meine Hände aus.

Er blieb weiterhin ernst. «Aristeides ist einer von uns», beharrte er. «Ein wahrer Herr. Themistokles aber ist erpicht darauf, die Demokratie auf den Kopf zu stellen und auch den untersten Schichten Macht zuzugestehen. Wir werden mit leeren Händen dastehen – das sage ich dir.»

Ich nagte auf der Unterlippe. Von außerhalb betrachtet – etwa von Platäa aus –, wirkten diese athenischen Politiker fast schon komisch, mit all ihrer Selbstverliebtheit und ihrem Machthunger, den sie als rechtschaffene politische Moral verkaufen wollten – wie gesagt, das alles hätte komisch gewirkt, wenn das kleine Platäa nicht auf das Bündnis mit Athen angewiesen gewesen wäre. Es gab damals einen Spruch: Wenn Athen sich eine Erkältung zuzieht, hustet Platäa.

Und all diese Männer zählten zu meinen Freunden – Themistokles zwar weniger als Kimon und Aristeides, aber wir standen alle Schulter an Schulter bei Marathon. Und wir rangen die Alkmaioniden nieder – oder wiesen sie zumindest in ihre Schranken.

Als ich an jene Ereignisse zurückdachte – die damals sechs Jahre zurücklagen –, regte sich ein bestimmter Verdacht in mir. «Ist Aristeides der Wortführer Eurer Partei?», fragte ich.

Kimon nickte stumm.

«Und Eure Partei ist die aristokratische Partei?», hakte ich weiter nach.

Kimon ließ sich einen Moment mit der Antwort Zeit. «Ja», sagte er dann.

«Gehört etwa auch Kleitus Eurer Partei an? Und die Alkmaioniden?», bohrte ich weiter.

Kimon antwortete zunächst mit einem Schulterzucken. «Ja», räumte er dann ein. «Aber hör zu, Arimnestos! Die Zeiten haben sich geändert!»

Ich denke, ich habe ihn überrascht, denn ich achtete nicht weiter auf seine Beteuerungen, sondern trat vor und umarmte ihn. «Kimon – in Euch habe ich immer den Gefährten meiner Jugendjahre gesehen. Ich werde stets an Eurer Seite stehen, in jedem Abenteuer – und das Gleiche gilt für Aristeides. Mein Schwert und mein Geldbeutel stehen Euch zur Verfügung.» Ich grinste ihn an, und er erwiderte das Grinsen.

«Aber zieht mich bitte nicht in diesen Mist hinein, den Ihr Politik nennt. Und bringt mich nicht in Schwertnähe eines Mannes wie Kleitus.» Diesen letzten Satz verabreichte ich ihm mit der Schärfe eines Schwertstreichs. Und ich meinte es so, wie ich es sagte.

«Wenn du begreifen würdest, was alles auf dem Spiel steht, würdest du uns zur Seite stehen!», sagte er eindringlich.

«Vielleicht wird er ja *uns* zur Seite stehen», hörte ich eine Stimme hinter uns. Es war niemand anders als Themistokles, der keine zehn Schritte von uns entfernt stand und einen meiner Weinbecher aus Horn in der Hand hielt. «Wenn man bedenkt, dass er ein Freund der Theten ist und früher Sklave war. Und er ist kein Freund der Perser und der Meder.»

Kimon starrte finster zu Boden, ehe er aufschaute. «Und wenn Ihr noch so gestelzt daherredet, selbst Ihr könnt nicht behaupten, dass irgendjemand aus meiner Familie ein Freund der Meder wäre», spie er.

Themistokles wich keinen Deut zurück. «Ihr mögt Eure Stammlinie von Helden auf Ajax zurückführen», sprach er. «Aber Eure Partei dient dem Großkönig und nimmt nur zu gern dessen Bestechungssummen an.»

«Ihr lügt!», hielt Kimon vehement dagegen. «Sosehr Ihr auch Eure Lügen verbreitet, die Wahrheit steht unverrückbar fest – und sie lautet: Athen kann nicht allein gegen die Übermacht des Großkönigs bestehen.»

Ich gab meinem Hypaspisten ein Zeichen. Er begriff sogleich und eilte unbemerkt davon.

«Doch, können wir, solange wir Verbündete haben», sagte Themistokles.

«Verbündete wie Ägina oder Korinth? Unsere Todfeinde?» Kimon redete sich in Rage.

«Sie sind auch Griechen, wie wir. Kimon, Ihr habt Euer ganzes Leben gegen die Meder gekämpft. Jetzt schlagt Ihr vor, eine ‹Vereinbarung› mit ihnen zu treffen.» Themistokles bediente sich des Tonfalls und der Redeweise eines geschulten Redners – wenn er sprach, hörte es sich wie der Inbegriff der Vernunft an. Kimon dagegen klang oftmals arrogant und überheblich.

«Der Großkönig weilt in Persepolis, einen halben Erdkreis entfernt, und er raubt mir nicht den Schlaf. Ihr aber gedenkt die ganze Welt in Aufruhr zu versetzen, damit Ihr eine große Flotte bauen könnt, nur weil Ihr dem Großkönig ebenbürtig sein wollt. Und letzten Endes soll Athen, wie Ihr es Euch ausmalt, das Zentrum eines See-Imperiums werden, in dem Ruderer mit Hopliten gleichgestellt werden und Hopliten nichts anderes mehr sind als Epibatai. Ihr strebt die Tyrannei der untersten Schichten an aus dem einfachen Grund, damit die Männer in Eurer Flotte auf den Ruderbänken sitzen!» Er legte so viel Nachdruck in seine Worte, dass ihm Speichelfetzen um die Mundwinkel flogen.

Im Eifer des Streits vergessen manche Leute bisweilen alles um sich herum. In diesem Fall sprach Kimon nicht nur zu Themistokles oder zu mir, sondern zu einer ganzen Schar von Ruderern, die entweder in der Schlange anstanden oder in «unserer Taverne» aushalfen.

Die Männer begannen zu murren.

In diesem Augenblick kehrte Hektor mit einer kleineren, wunderschönen Amphore aus Lesbos zurück, randvoll mit Wein aus Chios.

Ich trat entschlossen vor. «Meine Herren», begann ich, «ich bin hier der Gastgeber, und ich erkläre hiermit, dass jeder von Euch noch einen Becher Wein braucht.»

Es sagt einiges über – nun, über uns Menschen aus, dass ich Themistokles fast in allen Belangen zustimmte, ihn aber dennoch für einen schmierigen Politiker hielt. Andererseits, als Nichtaristokrat hätte ich mich bei fast jedem Wort von Kimon beleidigt fühlen können, hielt ihn aber trotzdem für den ehrbareren der beiden Herren. Wenn das Leben immer so einfach wäre, würden wir nicht so viel Zeit mit Streitigkeiten vergeuden, nicht wahr?

Mein Hypaspist füllte die Becher der Herren, und Themistokles deutete eine Verbeugung an. «Arimnestos, du bist der Inbegriff eines Gastgebers. Ich hoffe doch stark, dass du zu uns und unserer Ratsversammlung am Feuer stößt, während wir über die Forderungen des Großkönigs debattieren.»

Ich zog eine Braue hoch. «Wen habt Ihr aus Theben eingeladen?», wollte ich wissen.

Er zuckte mit den Schultern. «Einen ihrer angesehensten Priester und ein Dutzend ihrer ehrbaren Männer.» Sein Blick ging zu Kimon. «Bei den Olympischen Spielen findet man selten Mitglieder der Theten, auf die wir allenthalben bauen. Aber dafür stößt man häufig auf eine stattliche Anzahl eingefleischter Aristokraten.»

«So soll es ja auch sein», merkte Kimon an. «Das Beste sei den besten Leuten vorbehalten.»

«Ach, wirklich?», hörte ich Themistokles fragen. «Ihr würdet also nicht wollen, dass Vortrefflichkeit für alle gilt? Aber war es nicht das, was Kleisthenes einst wollte?»

«Kleisthenes wollte den trefflichsten Männern der mittleren Schicht zugestehen, zu den Söhnen der Götter gezählt zu werden», entgegnete Kimon zurückhaltender, und ich merkte, dass er nachdenklich geworden war. Ich denke, Themistokles' Worte hatten ihre Wirkung nicht verfehlt.

«Denkt Ihr nicht, dass Vortrefflichkeit auch wieder Vortrefflichkeit hervorbringen wird? Und dass es ein erhabenes Gefühl für jeden ist, wenn man den besten Athleten der griechischen Welt bei Wettkämpfen zuschaut?» So etwas in der Art sagte Themistokles. Ich kann jetzt nicht genau seine elegante Wortwahl wiedergeben, aber ich pflichtete ihm bei.

Und sagte das auch offen.

«Kimon – Ihr könnt Menschen nicht nach ihrer Herkunft vorverurteilen. Schaut Euch zum Beispiel unsere Steuermänner an. Die Abstammung macht aus einem noch keinen guten Steuermann. Nur die Zeit und die Übung und die Jahre auf See befähigen einen letzten Endes, den Platz am Ruder einzunehmen – oder etwa nicht?» Ich lächelte versöhnlich.

Er presste die Lippen aufeinander. «Arimnestos – Allegorien gehen immer in dieselbe Richtung. Die Herrschaft über eine Stadt ist nicht zu vergleichen mit der Handhabung eines Schiffes. Selbst wenn es so wäre – bist du so gut im Navigieren wie Harpagos? Oder wie jener Mann aus Albion mit der milchweißen Haut? Diese Männer sind für die See geboren.»

Ich kratzte mir den Bart. «In diesem Punkt gebe ich Euch recht», räumte ich ein. «Aber selbst wenn ich nicht so gut bin – ich bin dennoch imstande, mein Schiff in gerader Linie über das offene Meer zu navigieren.»

«Du bist nur ein Aristokrat, der vorgibt, Bronzeschmied zu sein», sagte Kimon.

Themistokles hatte tiefe Furchen auf der Stirn, vermutlich Zornesfalten. «Ihr Bastarde sagt das von jedem, der nicht in Eure engstirnige Vorstellung von Vortrefflichkeit passt. Ihr macht aus Arimnestos einen Aristokraten, weil es Euch gerade in den Kram passt!»

Die Sonne ging unter. Kimons Gesicht war gerötet, aber ich dachte, es läge am Licht der untergehenden Sonne. Wie auch immer, ich hatte nicht den Eindruck, dass diese Auseinandersetzung zu etwas führte. Ich gab ein Zeichen, auf dass die Becher der Männer nachgefüllt wurden. Die Schlange an unserer Taverne zog sich inzwischen bis zum heiligen Bezirk des Tempels.

«Es ist keine Woche her, dass ich Artaphernes bei mir an Bord hatte», warf ich ein.

Damit hatte ich mir ihre Aufmerksamkeit gesichert.

Themistokles funkelte mich wütend an. «Den Satrapen von Phrygien?»

Ich nickte. «Genau den. Sein Schiff hatte im Sturm schweren Schaden genommen, die Rudermannschaft geriet in Panik.»

Kimon konnte sich ein Grinsen nicht verkneifen. «Und du hast den Satrapen von Phrygien *gekapert*?», fragte er.

Ich verneinte mit einem Kopfschütteln. «Nein, wir wahrten die Gesetze der Gastfreundschaft.»

Kimon nickte. «Gewiss, das war mir bekannt. Mein Vater erwähnte es einst – dass der Satrap mit deiner – nun, mit deiner Freundin verheiratet ist. Mit Briseis von Ephesos.» Er hüstelte.

Themistokles' Zorn brach sich Bahn. «Bei Poseidon! Seid ihr jetzt alle Freunde der Meder geworden? Auch du, Arimnestos, der vielgerühmte Krieger, der Held von Marathon?»

Ich konnte nicht anders, ich musste lachen. Es fiel einem nicht schwer, einen Mann wie Themistokles nicht zu mögen. Kimon hatte wie ein wahrer Mann der Ehre sofort anerkannt, dass die Gesetze der Gastfreundschaft über dem Gedanken an Lösegeldforderungen standen. Themistokles hingegen sah nur den Vorteil, den uns die Gefangennahme eines hochrangigen Mitglieds des persischen Herrschaftshauses gebracht hätte.

Ich zuckte mit den Schultern. «Ihr wisst sicher, dass ich einst Sklave in Ephesos war, richtig?» Ich lächelte. «Artaphernes hatte keinen kleinen Anteil daran, dass ich meine Freiheit erhielt», formulierte ich es vorsichtig. Es war ja nicht gelogen – die Wahrheit wurde nur ein wenig anders betont. «Später rettete er mir das Leben. Und das Leben von vielen anderen Menschen in meinem Umfeld.»

Themistokles schüttelte den Kopf. «Du hast auf vielen Schlachtfeldern gegen die Meder gekämpft», sagte er.

Ich lächelte. «Und dennoch zähle ich viele von ihnen zu meinen Freunden, Themistokles. Ich habe fast so viele Freunde aus Persien wie aus Athen, wenn ich genauer drüber nachdenke. Und wenn ich vergleichen müsste, würde ich sagen, dass die Perser die ehrbareren Menschen sind.»

«Und bei all deinen ausgesuchten Worten wirst du die Aristokraten unterstützen», stellte er fest.

Ich sah die beiden Herren nacheinander an. Mit Athenern über Politik zu reden ist in etwa so, als würde man eine Trireme am Ruder durch schweren Seegang bringen. «Nein», antwortete ich Themistokles. «Ich glaube, das werde ich nicht tun. Aber ich bin auch nicht an einem Krieg interessiert, in dem Athen zu einer Seemacht aufsteigen will, Themistokles. Ich sage es klar und deutlich. Der Großkönig ist fest entschlossen, Krieg zu führen. Er lässt Flotten bauen und Truppen ausheben, und seine Ziele sind Athen und Sparta.»

Kimon widersprach heftig. «Nein! Wenn wir klar erkennen lassen, dass wir bereit sind, uns zu unterwerfen – wenn wir kleinere Tribute in Aussicht stellen ...»

Ich musste einen Schritt zurückweichen, damit er mich besser wahrnahm. «Nein, Kimon. Ihr erliegt der Selbsttäuschung. Der Großkönig wird kommen. Noch nicht im nächsten Jahr – aber in absehbarer Zeit. Vielleicht in zwei Jahren, wie meine Freunde sagten. Wusstet Ihr, dass er einen Kanal am Isthmus der Halbinsel Athos bauen lässt? Ist Euch bewusst, dass er eine Flotte von den ionischen Städten bauen lässt? Wusstet Ihr, dass er Europa an zwei Satrapen übergeben will? Ein Satrap soll Mardonios sein, wie mir zu Ohren gekommen ist.» Ich schüttelte den Kopf. «Kimon – Ihr wisst doch, was man bei einer Reise auf See alles bedenken muss. Ihr wisst, wie lange es dauert, bis man die richtigen Ruderer gefunden hat. Dann braucht man Ballast für den Kielraum, Amphoren, gefüllt mit Wein und Wasser. Man braucht Vorräte, Oliven und Pökelfleisch bestenfalls, man nimmt Kohlenbecken mit an Bord, man muss genug Holzvorräte haben, um Ausbesserungen vornehmen und geborstene Riemenschäfte ersetzen zu können ...»

Er bedeutete mir mit erhobener Hand, dass ich keine weiteren Beispiele mehr anzuführen oder meine rhetorischen Künste nicht mehr anzuwenden brauchte, wenn ihr so wollt.

«Stellt Euch eine Flotte von tausend Schiffen vor, dazu an die zweihundertfünfzigtausend Ruderer und Epibatai. Stellt Euch ein Heer von einer halben Million Kriegern vor. Wie lange dauert es, Proviant für ein solches Heer und Geschwader zu besorgen, wie lange dauert es, die Wege an Land und die Seerouten auszukundschaften? Und wenn man einmal mit Vorbereitungen dieser Größenordnung begonnen hat – wenn man einmal das Geld mit vollen Händen ausgegeben hat und den Vertrauten gesagt hat, dass es losgeht ...» Ich hielt kurz inne, um wieder zu Atem zu kommen. «Denkt Ihr, der Großkönig wird all das einfach abbrechen, nur weil Ihr ihm Tribute in Aussicht stellt?»

Kimon holte hörbar Luft. «Und du hast persönlich mit dem Satrapen gesprochen?», fragte er.

Ich nickte.

«Und natürlich mit Briseis», sagte er wie zu sich selbst, als müsse er sich noch einmal vergegenwärtigen, dass ich wusste, wovon ich sprach.

«Sie konnte es bestätigen. Und sie muss es wissen.» Ich ließ ein Schulterzucken folgen.

Themistokles musterte mich fast argwöhnisch. «Du kannst unmöglich die Eupatriden in nur einem Satz überzeugen», sagte er. «Du machst dich über mich lustig.»

Kimon zog die Stirn kraus. «Themistokles – haltet Ihr es für möglich, dass ehrbare Männer auch einmal anderer Meinung sein können?»

Themistokles dachte ungewöhnlich lange darüber nach, als vermutete er eine Falle. «Ja», sagte er dann.

«Ich bin nicht von den Dingen erfreut, die der Platäer hier zu berichten weiß», fuhr Kimon fort. «Aber ich muss wohl glauben, was er sagt. Ich habe nicht viel für Eure ... *Demokratie* übrig, Themistokles. Aber wenn Athen ums Überleben kämpfen muss», er presste die Lippen aufeinander, «wenn keine Hoffnung auf Aussöhnung mit Persien besteht ...»

«Euer Vater war an den Vorbereitungen für diesen Langen Krieg immer beteiligt», stellte Themistokles fest.

Kimon nickte. «Das stimmt. Und da ich weiß, dass es wahr ist, weiß ich auch, dass es sich zum Guten wenden lässt.»

Themistokles sah mich ernst an. «Welche Seite wirst du wählen, Platäer?», fragte er mich.

Ich muss gestehen, dass ich wieder lachte. «Natürlich die Seite von Platäa», lautete meine Antwort.

Themistokles schritt kurz darauf davon. Obwohl ich spürte, dass Kimon allmählich seine Auffassung überdachte, war Themistokles so ein dominanter Bastard, dass er Kimons absolute Zustimmung einforderte – ja, einen geradezu sklavischen Gehorsam verlangte.

Meiner Auffassung nach sind Demagogen die strengsten Tyrannen. Und ihr werdet noch sehen, wie das ausging, wenn ihr lange genug zuhört.

Ich mochte Themistokles nie. Er war zu machtversessen und ließ uns gegenüber allzu deutlich durchblicken, dass er sich für klüger hielt. Kurzum, nach seinem Dafürhalten sollten wir ihn einfach in Ruhe lassen, damit er über unsere Zukunft entscheiden konnte – zu unserem Besten. Ich bin wirklich davon überzeugt, dass er das in seinem Herzen dachte.

4. KAPITEL

Ich will dir gegenüber etwas eingestehen, meine Tochter. In gewisser Hinsicht war Themistokles klüger als die meisten von uns. Er allein hatte sämtliche Aspekte im Blick, die für den Bau einer mächtigen Flotte für Athen sprachen, und er blieb seinen Vorsätzen treu. Andere Männer stellten Kompromissbereitschaft in Aussicht – Themistokles aber stand über solchen Dingen. Doch in der Welt der Sterblichen gibt es nun einmal keine absoluten Antworten, und als Themistokles daher zum Erretter der griechischen Lande wurde, hatte er damit gleichzeitig die Saat ausgebracht, aus der Verrat erwachsen sollte.

Ha! Aischylos sollte ein Stück darüber schreiben. Genug Stoff hätte er, wie?

Es muss an der Laune der Götter liegen, dass man bei einem geschichtsträchtigen Augenblick anwesend ist, über das Schicksal der griechischen Lande diskutiert oder über Aspekte der Ethik und der Philosophie nachsinnt, sich dann aber plötzlich mit alltäglichen Dingen herumschlagen muss – mit einem widerspenstigen Kind, mit Bauchgrimmen oder mit kleinlichen Forderungen von Amtspersonen. Manchmal kommt auch alles zusammen. Gerade wenn man sich den Göttern am nächsten wähnt, kommt jemand und ruft dir in Erinnerung, dass du eigentlich in einer Komödie von Kratinos lebst und nicht in einem Stück von Aischylos.

Der Abend begann vielversprechend. Paramanos, Harpagos und Dareios und einige andere Freunde und frühere Gefährten aus Piratentagen kamen zu uns, um Wein mit uns zu trinken. Es war erst einige Wochen her, dass wir unter Waffen durch Illyrien gestreift waren, und wir alle hatten Beute gemacht, waren wohlhabend und von uns und unserem Tun überzeugt. All das sind gute Voraussetzungen für ein Symposion, das könnt ihr mir glauben. Wir legten Stroh so zurecht, als wären es Klinen, und die Sklaven und meine Ruderer machten ein hübsches Lagerfeuer und trugen Holz von den Hängen des Gebirges zusammen – ich weiß noch, wie Leukas sich beschwerte, dass die Männer unendlich weit gehen mussten, um Holz zu finden. Stimmt, bei zwanzigtausend Menschen auf der Ebene von Olympia war es schwierig, auf die Schnelle Holz zu finden.

Und wie es dort stank, habe ich das schon erwähnt? Menschen sind nicht gerade die reinlichsten Bewohner des Erdkreises. Ich hatte Megakles aufgetragen, in gebührendem Abstand zu unserem Lager Latrinengräben zu ziehen. Die meisten Leute taten das nicht. Dann könnt ihr euch ja in etwa vorstellen, was ich meine ...

Wie dem auch sei, ich hatte mich gerade liegend auf dem Ellbogen abgestützt und ließ mir von Hektor Wein mit Wasser reichen, in der Mischung drei zu eins, während Harpagos von unseren Heldentaten bei Lade berichtete. Es mochten an die fünfzig Männer an unserem Feuer gewesen sein, darunter auch einige Frauen – nicht mein berühmter Name zog die Leute an, sondern in erster Linie der Wein, den wir freigebig ausschenkten.

Aus dem Licht des Sonnenuntergangs gesellte sich Polymarchos zu uns, wie ein sprichwörtlicher Geist beim Brautmahl.

Er kauerte sich neben mein Lager, wie ein Sklave, der sich um seinen Gönner kümmert. Ich merkte, dass es ihm missfiel, derart unterwürfig zu sein, und daher ahnte ich, dass er etwas auf dem Herzen hatte.

Ich sage euch, Macht hat manch einen schwierigen Aspekt.

«Entspannt Euch», sprach ich. «Was bedrückt Euch?»

Er zögerte zunächst. «Sie drohen mir, meinen Athleten zu disqualifizieren. Du weißt ja, dass er spät dran ist.»

Ich nickte. Als Grieche wusste ich, dass Athleten dreißig Tage vor den Spielen vor Ort zu sein hatten, um zu üben – sehr hart sogar. Tatsächlich sollten sie unter Beweis stellen, dass sie ein Anrecht darauf hatten, sich den Wettkämpfen zu stellen. Der junge Astylos war erst vier Tage vor Beginn der Spiele eingetroffen. Ich zuckte mit den Schultern. «Sein Schiff war zerschellt», sagte ich.

Polymarchos hockte mit hängendem Kopf da. «Könntest du dir vorstellen – mit den Kampfrichtern zu sprechen?»

Ich hatte es missverstanden. «Gewiss, ich kann bestätigen, dass es einen Sturm gab.»

Er suchte meinen Blick. «Ich habe den Verdacht, dass die Richter bestochen wurden.» Er schaute sich um. «Es gibt hier noch andere, die zu spät kamen, und in den letzten Jahren durften sich immer Nachzügler in die Listen eintragen.»

Kimon, der sich neben mir ausgestreckt hatte, beugte sich herüber. «Bestechung ist so ein starkes Wort», sagte er mit einem Lächeln. «Ihr meint, da gibt es jemanden, der ein Interesse daran hat – vielleicht sogar ein politisches –, streng nach den Regularien zu entscheiden?» Er zog eine Braue hoch. «Um welche Veranstaltungen geht es?»

Es schien Polymarchos zu missfallen, unterbrochen zu werden, aber er ließ sich so gut wie nichts anmerken. «Stadion und Diaulos», erwiderte er.

Kimon nickte. «Athener in beiden Läufen», sagte er.

Lasst mich erklären, wie es in der Welt zugeht.

In diesem einen Satz wollte Kimon zum Ausdruck bringen, dass er – er, einer der einflussreichsten Männer Athens – ein Interesse an den beiden Laufveranstaltungen hatte. Das verrieten der leicht verzogene Mund, das Leuchten seiner Augen.

Und folgende Frage hing in der Luft: Ist all das wichtig für meinen Freund Arimnestos?

Ich war einer von ihnen geworden. Ich begriff, was es mit Macht und all ihren Schattierungen auf sich hatte. Man fragte mich also – höflich, wohlgemerkt, von einem aristokratischen Piraten zum anderen –, ob ich bereit sei, für Polymarchos und seinen Läufer als Mäzen aufzutreten.

Nein, nicht so schnell, Freunde, denkt erst darüber nach. Ihr müsst das begreifen, denn sonst werdet ihr nie verstehen, was während der Jahre des Langen Krieges geschah, als wir gegen die Meder kämpften. Griechen liegen ständig miteinander im Wettstreit, bei jedem Anlass.

Unbedeutendere Leute veranstalten Schildkrötenrennen, einflussreichere Herren und Frauen verfolgen Wagenrennen, und all die anderen dazwischen wetteifern aus verschiedenen Gründen. Hier war also Kimon – ein Freund aus Jugendtagen, ein Mann, dem ich wahrlich vertraute – und ließ anklingen, dass er mir nicht unter die Arme greifen würde, falls ich vorhatte, Polymarchos zu unterstützen – es sei denn, es würde sich aus seiner Sicht für ihn lohnen. Dabei war gar nichts Großes gesagt worden.

Wir Griechen sind untereinander keine Verbündeten. Mehr will ich gar nicht sagen. Wir sind bei geschäftlichen wie bei politischen Dingen Rivalen, ein jeder hat den eigenen Vorteil im Blick. In der Politik, im Geschäftlichen, auf See oder bei den Spielen.

Ich sah ihm in die Augen. «Ich möchte, dass dieser junge Mann an den Läufen teilnimmt», sagte ich.

Kimon lächelte. Er sagte nichts Bedeutungsvolles wie «Und was wäre dir das wert?», aber mit einem Mal musste ich an Anarchos denken, an den umtriebigen Schutzherrn aus Syrakus. Es gab da durchaus Parallelen.

Kimon kam mit der Geschmeidigkeit eines geübten Mannes auf die Beine. «Komm, gehen wir und sprechen mit den Richtern», meinte er. «Auch ich geriet in den Sturm. Vielleicht brauchen sie meine Aussage.» Er warf mir ein Lächeln zu, bei dem seine Zähne aufblitzten, und ich wusste, dass ich ihm etwas schuldig war. Er war bereit, mir zu helfen, «meinen» Läufer ins Rennen zu schicken, trotz der Tatsache, dass die Athener längst einen Athleten bestimmt hatten.

Natürlich war ich auch Polymarchos etwas schuldig. Schwer zu sagen, warum und in welcher Form. Ich denke, ich schuldete den Göttern noch etwas, nicht zuletzt weil ich Lydia so schlecht behandelt hatte.

Damals hatte mein Name bereits Gewicht, aber nicht in der Weise wie heute. Dasselbe kann ich von Kimon sagen. Obwohl wir beide noch keine wirklich berühmten Männer waren, brauchten wir fast eine Stunde, um das Lager zu durchqueren und zum Tempelbezirk zu gelangen, weil wir dauernd aufgehalten wurden. Die Nacht senkte sich herab – an vielen Stellen in der Ebene brannten Feuer. Der Geruch von schwelendem Holz, der Gestank von Unrat – von Menschen und Tieren –, all die Essensgerüche wie Zwiebeln und Fleisch und die Körperausdünstungen von zwanzigtausend meist ungewaschenen und nicht eingeölten Leibern stiegen hinauf zu den Göttern. Überall spendeten Öllämpchen Licht und funkelten im Zwielicht wie Tausende kleine Sterne. Es war ein wundervoller Abend, von den Gerüchen einmal abgesehen.

Polymarchos war ungeduldig – er war wirklich davon überzeugt, dass sich die Verantwortlichen der Spiele längst zurückgezogen hatten. Und er hätte recht haben können, aber ich hatte Hektor als Herold quer durchs Lager geschickt. So bahnten wir uns unseren Weg, und die Leute grüßten uns, boten uns Wein an, priesen uns und stellten uns nutzlose Fragen, auf die wir jedoch höflichkeitshalber eingehen mussten. Viele fragten uns auch um Rat oder wollten unsere Einschätzungen zu bestimmten Themen hören, über die wir indes herzlich wenig wussten. So ist das, wenn man berühmt ist.

Schließlich gelangten wir zum Tempel, und Polymarchos musste an sich halten, als wir uns den breiten Stufen näherten. Aber die Wettkampfrichter und Veranstalter saßen immer noch an ihren fünf Tischen beisammen, auf denen hübsche Lampen aus Silber und Bronze brannten, und als wir den Raum betraten, erhoben sich die meisten Richter und verbeugten sich.

Wir hatten irgendeine wichtige Sitzung unterbrochen, so viel war mir sofort klar. Da gab es einen Mann, der mir gleich auffiel – ein gutaussehender älterer Mann, der das lange, geölte Haar nach Art der Aristokraten aus Sparta trug – und eine Frau, ich vermutete, dass es die Gemahlin des älteren Mannes war. Sie war nicht gerade hübsch, aber dennoch eine eindrucksvolle Erscheinung. Ihre Armmuskeln waren so ausgeprägt wie bei einem Ruderer, und ihr Haar, dicht und schwarz wie die Nacht, türmte sich atemberaubend auf ihrem Haupt auf. Sie hatte ganz eigenartige Augen – eines saß irgendwie höher als das andere, und beide Augen waren ein wenig verengt, wie man es bei den Saken oder Menschen aus Äthiopien sieht.

Ich weiß, dass ich diesen beiden Leuten mit meiner Beschreibung nicht gerecht werde. Der Mann trug ein dunkelrotes schlichtes Gewand, das von einer goldenen Fibel gehalten wurde, die Frau stellte ein Vermögen an Schmuck zur Schau – aber der eindrucksvollste Aspekt an diesem Paar war die erstaunliche körperliche Verfassung. Sie sahen wie Götter aus.

Aber sie sahen auch zornig aus. Sehr zornig sogar.

Im Übrigen auch die anderen Richter. Einige von ihnen wirkten zudem leicht verängstigt.

Kimon nickte dem Paar aus Sparta höflich zu, worauf der Mann ebenfalls zum Gruß nickte, wenn auch zurückhaltend – ich schätzte ihn damals auf fünfzig oder älter, und selten habe ich in meinem Leben Menschen gesehen, die so viel Würde ausstrahlten. Schließlich sagte er: «Unter anderen Umständen würde ich mich sehr gern mit Euch unterhalten, Kimon.» Zwar nickte er nur ernst, was nicht ganz zu seinen Worten zu passen schien, aber er meinte es so, wie er es sagte.

Anwesend waren zwei weitere Aristokraten aus Sparta, die hinter dem Paar standen, ein Mann mittleren Alters in hervorragender körperlicher Verfassung und ein sehr betagter Mann, der den Bart eines Philosophen hatte, aber den Leib eines Athleten. Als sich die Frau aus Sparta von den Richtern abwandte, mit einem Blick, bei dem so gut wie jeder zu Stein erstarrt wäre, folgten die beiden anderen Männer ihr stumm. Sie trugen ihre Abneigung sehr viel offener zur Schau.

Kimon legte mir eine Hand auf den Arm, und wir blieben stehen. Dann neigte er, der sich eigentlich vor niemandem verbeugte, das Haupt – als verbeugte er sich vor den Göttern – und der Mann und die Frau verharrten beide auf den Stufen über uns und erwiderten die Ehrbezeugung. Ich meine, dass ich nicht einfach stehen blieb und starrte, aber seien wir ehrlich, dieses Paar – es fällt mir schwer, das zu beschreiben. Sie waren wie Briseis. Größer als die bloß Sterblichen.

Dann rauschten sie an uns vorbei. Kimon versuchte gar nicht erst, sie anzusprechen – es war klar, dass es den beiden nicht gelungen war, die Richter von ihrem Anliegen zu überzeugen. Wir konnten nicht wissen, um was es gegangen war, aber vermutlich wirkte sich das auch auf uns nachteilig aus.

Ich wusste nicht genau, wer diese Leute waren, aber ich hatte die Vermutung, dass ich einen der beiden Könige von Sparta gesehen hatte – Leonidas und dessen skandalumwitterte Gemahlin Gorgo. Vom Alter her passte es bei dem Mann, und bei der Frau war ich mir ziemlich sicher, da ihre ungleichen Augen nur diesen einen Schluss zuließen. Es ging das Gerücht, dass man Gorgo, wäre sie nicht die Tochter eines Königs gewesen, als Kind zum Sterben ausgesetzt hätte, da ihr Gesicht missgestaltet war. Es hieß auch, sie besitze

Hexenkünste, sei sexuell auf Abwegen und ein von Lust getriebener, machthungriger Zankteufel.

Nun ja, die Menschen erzählen sich allen möglichen Mist, wenn sie sich langweilen, und meistens reden sie über Frauen. Man erzählte sich auch, Leonidas sei ein Usurpator, der sich unrechtmäßig des Thrones bemächtigt habe. Niemand hätte damit gerechnet, dass er König sein würde – das ist eine lange, verworrene Geschichte aus Sparta, aber da er nicht unmittelbar in der Thronfolge stand, musste er die Agoge durchlaufen, die ungemein harte Schule für alle männlichen Staatsbürger, die so bezeichnend für die Spartaner ist. Lasst mich hinzufügen, dass sich der junge Leonidas in der Agoge hervortat, und später war er ein gefürchteter Krieger, der in allen griechischen Landen einen bedeutenden Ruf genoss. An jenem Tag, als sich die schlecht ausgebildeten Platäer unter der Führung meines Vaters auf der Ebene von Oinoe die Spartiaten für eine Weile vom Leib halten konnten, müsste Leonidas in vorderster Reihe gestanden haben. Ich bin davon überzeugt, dass mein Vater und er die Speere gekreuzt haben.

Ich muss ein wenig ausholen, denn auch wenn man als Lakedaimonier geboren sein muss, um die verfluchten Spartaner zu verstehen, sollten wir kurz einen Blick auf ihr Verständnis von Politik und ihre Lebensauffassung werfen, ehe ich euch meine Geschichte weitererzähle. Als mein Vater jung war, hatten Sparta und ihr Verbündeter Ägina – die Insel vor der Küste Attikas – größtenteils die athenische Politik bestimmt, unterstützt vom Peloponnesischen Bund. Aber die Art und Weise dieser Einflussnahme war kompliziert. Ich glaube, ich habe euch das schon irgendwann erzählt, aber es soll genügen, wenn ich sage, dass keine zwanzig Jahre bevor ich Gorgos Ausschnitt bewunderte – der atemberaubend war –, Athen im Grunde in jeder Hinsicht ein tributpflichtiger Verbündeter von Sparta gewesen war.

Ihr wisst vielleicht, dass Sparta immer schon zwei Könige hatte. In der spartanischen Politik ist alles auf Ausgewogenheit ausgerichtet, und so behaupten die Spartaner, ihr großer Gesetzgeber Lykurgos habe in jeder Ausprägung der Herrschaft Ausgewogenheit verankert. Zwei Könige sollten sich gegenseitig kontrollieren; ein Rat, bestehend aus alten Männern – die Ephoren –, sollte die Könige im Auge behalten; eine Versammlung aus Freien verfolgte das Tun der Ephoren, und die Masse der Sklaven – die Heloten – musste die ganze Arbeit tun. Sparta herrscht über ein Gebiet, das einst aus drei getrennten Staaten bestand, und hatte zwei griechische Bevölkerungsgruppen versklavt. Für viele Griechen kam das unbeschreiblicher Hybris gleich.

Andere sahen darin die ideale Herrschaftsform.

Wie dem auch sei – bitte gut zuhören, das ist wichtig –, die beiden Könige meiner Jungendjahre waren nicht bloß Rivalen, sie waren Todfeinde – Kleomenes, der Vater von Gorgo, und Damaratos, der in unserer Geschichte noch mehrfach in Erscheinung treten wird. Bei der Rivalität ging es zumeist um die Beziehungen zu Athen und Ägina. Nun, und um viele andere Dinge natürlich. Aber die lasse ich jetzt besser außen vor.

Kurz vor Marathon schickte Persien Gesandte durch die griechischen Lande mit der Forderung, jeder Stadtstaat habe Erde und Wasser vorzuweisen – als Zeichen der Unterwerfung unter den Großkönig. Das spielte sich ungefähr zu der Zeit ab, als ich heiratete. Ägina erklärte sich bereit, diese Zeichen zu erbringen. Doch Athen und Sparta führten heftige innenpolitische Auseinandersetzungen und konnten sich auf keine gemeinsame Vorgehensweise einigen. In Sparta – so wurde berichtet – ließ König Kleomenes, dessen druckvolle und militärisch ausgerichtete Politik Sparta seit fünfundzwanzig Jahren prägte, die persischen Gesandten in einen Brunnen werfen und sagte, sie könnten Erde und Wasser bekommen, sofern es ihnen gelänge, wieder herauszusteigen. Mit dieser Tat hatte er natürlich einen großen Frevel begangen – denn der

Mord an einem Gesandten ist eine Beleidigung der Götter –, aber der König hatte dadurch verdeutlicht, dass Sparta nichts anderes konnte als kämpfen.

In Athen benahmen sich die persischen Abgesandten ungemein arrogant. Damals war das auf meiner Hochzeit das Gesprächsthema. Ich möchte hinzufügen, dass dieses Verhalten eigentlich gar nicht die feine persische Art war, und ich vermute, dass man in Susa oder Sardis einfach die falschen Leute ausgewählt und entsandt hatte. Wie dem auch sei, es kam zu einer Vergewaltigung – und Perser wurden getötet. Ich habe eine Menge Rechtfertigungen von Leuten gehört, die selbst anwesend waren. Der Mord an Gesandten ist immer ein Verbrechen gegenüber den Göttern, ganz gleich, wie man die Geschichte wiedergibt.

Miltiades hat mir einmal bei einem Becher Wein erzählt, Athen habe sich damals deshalb so verhalten wie Sparta, damit auch Athen sozusagen gezwungen war, auf Kampf zu setzen.

Es sei dahingestellt – es war der Winter, bevor Datis und die Meder heranrückten, und die Leute aus Ägina drohten damit, den Persern die Häfen zu öffnen, um Athen zu erobern. Kleomenes von Sparta verbot Ägina diesen Schritt und nahm führende Persönlichkeiten von Ägina als Geiseln. Damaratos, der zweite König, war indes der Ansicht, Kleomenes habe aus Hybris gehandelt und sich über die Gesetze gestellt.

Er hatte vermutlich recht, und jeder Spartaner, der etwas auf sich hält, wird dem zustimmen. Aber Kleomenes hatte nun einmal eine klare Vorstellung davon – ob das nun richtig oder falsch war –, wie Griechenland zu sein hatte, und er war fest entschlossen, sich Persien zu widersetzen. Und nachdem er dieses Ziel ins Auge gefasst hatte, war er wie ein Streitwagen, der außer Kontrolle geraten ist.

Als sich der Staub, der aufgewirbelt worden war, wieder legte, musste sich Damaratos, der rechtmäßige König Spartas, den Vorwurf gefallen lassen, er sei illegitim und habe kein Recht, König zu sein. Das war eine Intrige gegen ihn – damals ein Skandal –, aber er ging ins Exil. Ja, er floh ins persische Reich, wo er zur Rechten des Großkönigs saß. Etliche Männer aus Sparta verließen mit ihm die Heimat. Es kam zu einem großen Zerwürfnis.

Sein jüngerer Bruder war Leonidas, der über Nacht zum Nachfolger ernannt wurde. Nach aufwendigen politischen Machenschaften heiratete er eine Frau, die nicht einmal halb so alt war wie er – das war Gorgo, die schiefgesichtige Tochter des überheblichen, der Hybris verfallenen Kleomenes.

Könnt ihr mir noch folgen? Das hört sich wie ein ziemlich anstößiges Stück über die Umtriebigkeiten der Götter an, oder nicht? Aber das ist Alltag in Sparta. Mord, Skandale, Rufmord, aber alles gehüllt in fromme Absichten und hohe moralische Ansprüche – garniert mit rücksichtslosen Leibesübungen.

Also, ich bin kein Liebhaber dieser Vorgänge. Die Könige Spartas sterben meist nicht im Bett, auch nicht auf dem Schlachtfeld. Sie sterben im Exil.

Wie die athenischen Aristokraten, wenn man genauer drüber nachdenkt.

Griechen. Machtbesessene Narren ohne Verstand.

Wo war ich noch gleich? Ja, die Spartaner rauschten also an uns vorbei und verschwanden in der vom Feuerschein ausgeleuchteten Düsternis. Und ich stand da und dachte bei mir – nun, genau das, was ich eben versucht habe zu erklären.

Hektor tauchte neben mir auf. Er verbeugte sich, und Kimon hielt inne. Also hielt auch ich inne.

Kimon schenkte dem Jungen ein Lächeln. Er war wie sein Vater, er hatte auch dann noch ein Lächeln für jemanden übrig, wenn er über sie herrschte. «Sprich, Junge. Um was ging es hier gerade, ehe wir kamen?»

Hektors Blick glitt zur mir, mein Hypaspist wollte sich bei mir absichern. Es war irgendwie bizarr – wir standen auf den Stufen des großen Tempels des Zeus, und die Kampfrichter und Veranstalter der Spiele standen über uns in dem von Öllampen erleuchteten Raum des großen Steingebäudes und sahen aus wie übernatürliche Amtsinhaber. Kimon hatte beschlossen, sie warten zu lassen.

Er war viel mehr Aristokrat als ich.

Ich nickte Hektor aufmunternd zu.

«Der König von Sparta», begann der Junge zögerlich und hielt inne. «Nein, eigentlich der Freund des Königs. Aber der König ...»

«Einer der Könige», verbesserte Kimon ihn. «Sparta ist gleich mit zweien gesegnet.»

Hektor nickte eifrig. «Ja, Herr. Einer der Könige und seine Frau wollten den Wagen ihres Freundes in die Listen eintragen lassen. Nachträglich. Offenbar wollten sie die Pferde nicht hier zu Übungsläufen antreten lassen, sondern zogen es vor, sie in Lakedaimonien auszubilden. Um ehrlich zu sein, meine Herren, ich hatte Schwierigkeiten, dem Streit zu folgen.» Er zuckte mit den Schultern, wie Jungs es tun, selbst wenn sie höflich sein müssen. «Der König beharrte darauf, die Erlaubnis zu erhalten, und die Richter verwehrten ihm die Anmeldung – und dem Freund natürlich.»

«Weil er zu spät war?», hakte Kimon nach.

Hektor blickte zu Boden. «So habe ich das zumindest verstanden.»

Kimon runzelte die Stirn. «Arimnestos, warum hast du dich bloß mit derlei Dingen herumzuärgern? Das ist eine Staatsangelegenheit. Hier geht es nicht mehr darum, dass ein paar Leute ihre Athleten durchsetzen wollen. Verstehst du?»

Ich verstand, was er meinte. Polymarchos und seinen Athleten abzuweisen – das mochte eine kleinere Sache sein. Kimon und ich waren darauf vorbereitet gewesen, etwas Druck auf die Richter auszuüben. Das machte die Angelegenheit schon etwas größer, aber im Grunde war das immer noch nebensächlich.

Aber den König von Sparta abzuweisen?

Das war nun wirklich eine große Angelegenheit.

Und Bürokraten hassen es, nachgeben zu müssen.

Wir erklommen die restlichen Stufen zum Saal. Der junge Astylos stand untröstlich am Ende einer Tafel. Es waren zwölf Richter anwesend, die alle hinter ihren Tischen standen – einige hielten Schriftrollen, andere Holztäfelchen in Händen. Der Archon stand für sich.

Ein Herold erkannte Kimon. Gewiss hatte er bereits mit Hektor gesprochen, daher hob er seinen Stab in die Höhe und kündete uns offiziell an.

Der Archon unter den Richtern nickte ernst. «Welche Angelegenheit bringt Euch vor das Tribunal von Elis?», verlangte er barsch zu wissen.

Polymarchos verbeugte sich. «Herr, dies sind die Herren, die bezeugen werden, dass wir in einem Sturm an der Küste von Sizilien strandeten. Dies hier ist Arimnestos von Platäa, der uns rettete, und dies ist Kimon, der Sohn des Miltiades, des Siegers von Marathon ...»

«Ich weiß, wer die Herren sind», gab der Richter unfreundlich zurück. Er sah aus wie ein Mann, der einen langen, schwierigen Tag hinter sich hatte. Sein strenger Blick fiel auf mich.

«Herr», sprach ich. «Es war einer der schwersten Stürme, die ich je erlebt habe. Mich hat es bis vor die Küste Libyas verschlagen. Ich segelte jenseits der Säulen des Herakles, der mein Ahnherr ist.» So bin ich, immer schön dick auftragen, wenn es sein muss. «Ich wiederhole, das war ein ganz schrecklicher Sturm, der über uns hereinbrach.»

Kimon nickte zustimmend. «Ich kann bestätigen, was er sagt. Einerseits der Sturm an sich, andererseits muss die Küste von Sizilien noch ein sehr viel schlimmerer Ort für einen Sturm gewesen sein als unsere Position in der Illyrischen See.» Er lächelte, vielleicht wegen seiner kleinen rhetorischen Figur – seiner kleinen «Einerseits-andererseits»-Konstruktion.

Der Richter sah ihn aus verengten Augen an. «Mir scheint, dass Poseidon einen derart heftigen Sturm entfesselt hat, weil er nicht möchte, dass ein bestimmter Athlet an den Spielen teilnimmt.»

Kimon nickte. «Die Götter mögen da unterschiedlicher Ansicht sein. Aber Zeus ist die Gottheit der Richter, genau wie Poseidon die Gottheit des Meeres ist, und es liegt in Zeus' Hand ...»

«Wollt Ihr mir erklären, wie Zeus' Wille aussieht? Oder mich gar an meine Pflichten als Kampfrichter erinnern?», entgegnete der Mann weiterhin in scharfem Ton.

Bei den Göttern, kurzzeitig flammte ein Bild vor meinem inneren Auge auf: Wie die Schneide meines Schwerts in den Hals dieses Mannes glitt. Warum müssen sich kleine Männer, sobald sie etwas Macht erhalten, wie miese Tyrannen gerieren? Für die Dauer von wenigen Tagen besaß dieser Ältere aus Elis, einer ansonsten unbedeutenden Polis, Macht über Männer wie Leonidas von Sparta und Kimon von Athen. Anstatt sich also als ehrbar und bescheiden zu präsentieren ...

Pah! Ich malte mir aus, wie es aussähe, wenn sein Haupt unter meiner Klinge zu Boden fiele. So wütend machte der Kerl mich!

Ich befürchtete schon, Polymarchos würde in Tränen ausbrechen. All die Übungseinheiten: für nichts – alles wegen des Sturms, einiger habgieriger Sizilianer und Narren von der Peloponnes.

Astylos hatte es längst aufgegeben. Ich weiß, wie das ist – wenn die Moiren sich gegen einen verschworen haben und man weiß, dass man nicht dagegen ankommt. Dennoch brachte der Läufer ein schmales, bescheidenes Lächeln zustande.

Ich beschloss, dem kleinen Tyrannen die Stirn zu bieten. «Ich könnte ein Dutzend Athleten namentlich nennen, die sich noch spät in die Listen eintragen durften – sogar noch an diesem Abend», sagte ich. Um ehrlich zu sein, ich kannte nicht einen Namen, aber ich setzte darauf, dass Kimon mir beispringen könnte. «Sofern Ihr kein persönliches Interesse daran habt, den jungen Mann auszuschließen, Herr, solltet Ihr Euch besser erklären.» Ich warf ihm das mit meiner besten Kommandanten-Stimme auf See an den Kopf.

Kimon hatte die Brauen hochgezogen, ließ mich dieses Spielchen aber spielen.

«Ein persönliches Interesse?» Sein Speichel sprühte sogar bis zu meiner Schulter. «Wollt Ihr mir vorwerfen, ich – handele dem Willen der Götter zuwider?» Er schüttelte empört den Kopf. «Ich bin der Archon dieser Spiele! Vor Euch muss ich mich nicht erklären!» Er machte eine fast abfällige Geste.

«Doch, das müsst Ihr», beharrte ich. «Oder ich kehre mit Themistokles zurück.» Das war eine seltsame Drohung – ich wusste aber, dass er viele berühmte Leute eingeladen hatte, um über die Sache mit den Persern zu sprechen. Und ich glaubte, Themistokles hätte mehr Macht über diese Richter als Kimon.

Derweil hatte sich Kimon ein wenig vorgebeugt und flüsterte dem Athleten aus Italia etwas ins Ohr. Dann nickte er mir kaum merklich zu und machte auf dem Absatz kehrt.

«Wie könnt Ihr es wagen!», entfuhr es dem Archon. «Haltet diesen Mann auf!»

Aber da war es schon zu spät. Jeder hatte sehen können, wie sich Verachtung in Kimons Züge geschlichen hatte, ehe er sich von dem Richter abgewandt hatte – den meisten dürfte indes entgangen sein, dass sich Astylos im selben Moment durch die Säulenreihe in das Innere des Tempels geschlichen hatte. Er hatte das Heiligtum erreicht – und von diesem Ort konnte er nicht mit Gewalt vertrieben werden.

Kimons Stimme klang kalt wie Eisen. «Er wird so lange im Heiligtum bleiben, bis man uns angehört hat. In einer Stunde wird jeder Grieche auf der Ebene von Elis wissen, dass Ihr Athleten von den Läufen ausschließt, um dadurch Einfluss auf die Spiele zu nehmen.»

«Ich komme mit Themistokles zurück!», drohte ich erneut dramatisch.

Schon stiegen wir die Stufen wieder nach unten. Hinter uns hob ein erregtes Stimmengewirr an – aber die Rufe galten nicht uns, auch nicht Astylos. Die Veranstalter der Spiele fielen verbal übereinander her.

«Ich bin davon überzeugt, dass es um das Wagenrennen geht», sagte Kimon zu mir, sobald wir den Tempelbezirk verlassen hatten. «Es kann nicht anders sein. In letzter Zeit geht es um nichts anderes mehr. Die Spartaner haben ihren Wagenrenner offenbar bis zuletzt geheim gehalten. Ich vermute, dass der Lenker ein sehr bedeutender Mann sein wird. Aber der Vorwand, Sparta zu disqualifizieren, ist die Sache mit dem Zuspätkommen – dessen bin ich sicher. Dein junger Freund ist einfach zur falschen Zeit am falschen Ort.»

«Ja, leider dreißig Tage zu spät», rief ich mir selbst in Erinnerung.

Polymarchos, der uns gefolgt war, besaß den Anstand, beschämt dreinzublicken. «Meine Herren – ich bedauere, Euch in diese Sache verwickelt zu haben.»

Ich versuchte, ihn zu beruhigen. «Es geht im Grunde nicht um Euch, Polymarchos. Ich suche Themistokles auf. Und Ihr?», wandte ich mich an Kimon.

Miltiades' Sohn hatte eine wirklich seltsame Miene aufgesetzt. «Ich werde bei dem König von Sparta vorsprechen», sagte er.

An jenem Abend gab es also noch eine Menge zu tun.

Die Athleten mussten sich vor dem Festumzug eintragen, der vor den Opferhandlungen der Eröffnung stattfinden sollte. Das verschaffte uns zwei weitere Tage, aber ehe sich Kimon auf den Weg machte, meinte er, wir müssten unsere Sache vor Sonnenaufgang vorbringen.

Deshalb ging ich sofort zu Themistokles. Manchmal blicken die Götter lächelnd auf die Angelegenheiten der Menschen herab – ich hatte ein wenig Mühe, das Zelt des Atheners zu finden, ehe man mir dort sagte, der Herr trinke Wein mit Arimnestos dem Platäer. Was blieb mir anderes übrig, als zu meinem eigenen Zelt zurückzukehren? Mir taten schon die Füße weh. Glaubt mir, als Seemann verliert man mitunter ziemlich schnell die Lust, eine längere Strecke an Land zu gehen. Als ich mich unserem Lagerplatz näherte, hörte ich Themistokles singen – sehr gut, wie ich hinzufügen möchte –, und zwar inmitten des Festmahls, das ich einige Stunden zuvor verlassen hatte.

Ich wartete höflich, bis er fertig war und seinen ihm zustehenden Applaus genossen hatte, ehe ich ihn ansprach.

«Vorhin war ich etwas ungehalten», sagte er sofort entschuldigend. «Daher kam ich zurück, um bei dir um Nachsicht zu bitten, musste aber feststellen, dass du fort warst. Aber dein Mann Harpagos sagte mir ...»

«Er gehört nicht mehr zu meinen Männern», unterbrach ich ihn. «Er ist jetzt sein eigener Herr.» Ich konnte nicht anders, ich musste es sagen.

Aber Themistokles, der Demokrat, hatte dafür nur Lob übrig. «Ganz recht – dies sind törichte Vorstellungen von Mäzenatentum, von denen wir uns trennen sollten. Gut ausgedrückt also. *Er ist sein eigener Herr.* Exakt. Aber wie dem auch sei, Harpagos bestand darauf, dass ich willkommen sei – dass jeder Mann aus Marathon willkommen sei.» Er lächelte breit, vielleicht wegen des Weins. «Und daraufhin habe ich mich bemüht, meinen Teil zum Symposion beizutragen.»

Ich musste lachen. Selbst im Weinrausch war Themistokles immer noch ein aufgeblasener Arsch, aber in mancherlei Hinsicht ein besserer, verträglicherer Mensch. Er sah geradezu lächerlich aus, da er sich einen Kranz aus Efeu aufs Haupt gesetzt hatte und einen großen bronzenen Becher Wein in der Hand hielt – ein böotischer Kantharos, um genau zu sein –, nur noch halb voll. Mein Wein, wohlgemerkt.

«Ich muss Euch um einen Gefallen bitten», kam ich zur Sache. «Aber ich vermute, dass ich Euch sogar einen Gefallen tue, indem ich Euch dieses Anliegen vorbringe.»

Er nickte aufmunternd. Und lächelte wieder breit. Wir Griechen lieben wahrscheinlich die etwas verrückte Logik.

«Zählt Leonidas von Sparta zu Euren Verbündeten?», fragte ich.

Er zupfte an seinem Bart herum. «Ja», räumte er ein.

«Er ist hier und wollte jemanden noch sehr spät in die Listen eintragen lassen – einen Wagenlenker im Vier-Pferde-Rennen», fügte ich hinzu. «Im Tethrippon.»

Themistokles war schlagartig nüchtern. Er straffte die Schultern, sodass der Efeukranz etwas verrutschte, und verengte die Augen. «Lass mich raten, die Kampfrichter haben seinem Wagen die Teilnahme verweigert», sprach er.

Ich hatte vielleicht nicht viel für den Mann übrig, aber er war brillant. Er sah es auf den ersten Blick.

«Syrakus oder Ägina – oder beide. Beide Poleis entsenden Lenker für das Vier-Pferde-Rennen. Und beide hassen sie Sparta.» Er sah mir in die Augen. «Zumindest im Moment.» Dann kam ein spöttischer Ausdruck in seine Augen. «Auch aus anderen Gründen», fügte er rätselhaft hinzu.

«Ein Freund von mir versucht, sich für den Wettlauf eintragen zu lassen, aber er wird nicht zugelassen, vermutlich aus denselben Gründen», sagte ich.

Themistokles nahm den Efeukranz vom Haupt und legte ihn vorsichtig auf den Boden. «Nun also», ließ er sich vernehmen. «Du hast recht, Platäer. Du hast mir tatsächlich einen Gefallen getan. Mit etwas Umsicht werde ich meinen Einfluss – und meine Freunde – nutzen, um das richtigzustellen. Auf diese Weise werde ich

Sparta und Leonidas einen Gefallen tun.» Wieder suchte er meinen Blick. «Das werde ich dir nicht vergessen, Arimnestos.»

Ich atmete erleichtert auf. «Themistokles, ich erbitte nur, dass unser Mann Astylos zum Lauf zugelassen wird. Ich kenne den Jungen zwar nicht gut, aber ich bin seinem Ausbilder etwas schuldig.»

Themistokles hatte sich erhoben und straffte die Schultern. Er strahlte bei weitem nicht diese Würde aus wie Leonidas, aber er sah kraftvoll aus – viel jünger, als er tatsächlich war.

Er verschwand in der Dunkelheit. Ich wandte mich Polymarchos zu. «Wir haben getan, was wir tun konnten», meinte ich. «Trinken wir einen Becher Wein.»

Bei Anbruch der Dämmerung präsentierten wir uns alle in unserer besten Kleidung – ich trug meinen rot gefärbten Umhang aus Tyros, der mit Raben verziert war. Kimon hatte sich in ein Gewand gehüllt, das so stark gefärbt war, dass es schillerte und zwischen Blau und Tiefrot changierte. Themistokles hatte sich bewusst für ein schlichteres Gewand entschieden, für den Chlamys aus weicher weißer Wolle – um die Konturen seines Leibes zu betonen, wie ich vermutete. Aber Leonidas von Sparta stellte uns alle in den Schatten, nicht in erster Linie mit der Wahl seiner Kleidung, sondern mit seinem ganzen Auftreten, mit seiner tadellosen Haltung.

Wir warteten, auf dass das Ritual der Dämmerung im Heiligtum vonstattenging. Genau dort hatte unser junger Athlet die ganze Nacht in wachem Zustand eine kalte Säule umklammert, nicht gerade die beste Übungseinheit für einen Athleten seiner Klasse. Kimon stellte mich dem König von Sparta vor und legte meine Hand in seine.

«Leonidas», sprach er feierlich. «Dies ist Arimnestos von Platäa, der Sohn des Chalkeotechnes, des Familienoberhaupts der Korvax-Sippe. Arimnestos hier führte die Platäer auf das Schlachtfeld von Marathon ...»

Der König von Sparta umschloss meinen Unterarm mit beiden Händen. «Es ist mir eine Freude, Euch persönlich kennenzulernen», sagte er. «Wie ich hörte, seid auch Ihr ein Nachfahre des Herakles.»

Ich war sprachlos. Der König des berühmten Sparta wusste von mir? Ich glaube, ich stand einen Moment da, auf der Suche nach den passenden Worten, die mir nicht über die Lippen kommen wollten.

Aber Leonidas war zu sehr Aristokrat und verkürzte mein peinliches Schweigen. «Ihr seid womöglich der berühmteste Kämpfer gegen die Meder in allen griechischen Landen», sagte er und schenkte dann Kimon ein Lächeln. «Einmal abgesehen von Eurem verehrten Vater natürlich.»

Ich vermag nicht richtig wiederzugeben, wie er diese Sätze vorbrachte – kraftvoll, mit ausgewogener Satzmelodie. Niemand hätte diese Worte als bloße Schmeichelei abgetan. Nein, er sprach wie ein Richter bei einer Verhandlung – dennoch, ich meinte ein durchtriebenes Glimmen in seinen Augen wahrzunehmen, ganz so, als habe er noch einen Scherz auf Lager. Vielleicht fand er sich selbst einfach nur lustig, ich weiß es nicht. Immerhin behauptete er oft, er habe nie König werden wollen, und ich denke, das entspricht der Wahrheit. Vielleicht fand er es ja tatsächlich seltsam, ja, komisch, König zu sein.

Endlich hatte ich meine Fassung wiedererlangt. «Oh, mein Herr, ich bin nichts anderes als ein weiterer Speerkämpfer», sagte ich, oder irgendetwas in der Art. «Der wahre Held der Platäer ist weder Ajax noch Achill, sondern Leitos, der unbedeutende Männer um sich scharte, um sich dem Ansturm des mächtigen Hektor entgegenzustellen.»

Der König nickte. «Ich erinnere mich an die Platäer», sprach er ruhig. Er lächelte immer noch freundlich, ehe er den kraftvollen rechten Arm ausstreckte, um die Narbe auf seinem Oberarmmuskel zu zeigen. «Das hat mir ein Speerkämpfer aus Platäa beigebracht», sagte er mit reumütigem Lachen. «Während der Zeit der Agoge hieß es immer, dass Jungen am besten durch den Schmerz lernen.»

Das war eine ziemlich lange Rede seinerseits.

Wir stiegen gemeinsam die Stufen hinauf, aber der Handel war längst beschlossen. Unter großen Demutsbekundungen gestatteten die Richter dem Wagenlenker aus Sparta die Teilnahme am Vier-Pferde-Wettrennen. Daraufhin brachten alle Anwesenden Opfer für die Götter dar.

Das alles nahm eine Stunde in Anspruch, und die Sonne war eine rote Scheibe über dem Horizont. Allerdings war noch kein Wort zu meinem Athleten gefallen.

Themistokles ersparte es mir, die Bitte vorzutragen. Er nickte dem Archon entspannt zu. «Mir scheint, es gibt da noch einen Athleten, der die ganze Nacht durchwacht hat in der Hoffnung auf Eure Milde, Archon», sagte er.

Der Älteste aus Elis zögerte für den Bruchteil eines Herzschlags – so lange, dass mir aufging, dass dieser eitle Alte doch tatsächlich in Erwägung zog, den armen Astylos aus purem Trotz von den Spielen auszuschließen.

Themistokles zog eine Braue hoch. «Glaubt mir, ich würde es bedauern, all diese Leute noch einmal einberufen zu müssen», fuhr er fort. Sein Blick war hart wie Stein – ja, ich entdeckte in seinen Augen jene Härte, die man bei einem Krieger antrifft, der sich durch die Reihen der längst unterlegenen Feinde kämpft. In diesem Blick lag keine Milde, keine Nachsicht.

Der Archon zögerte weiterhin – ein klares Zeichen, dass er gewillt war, den Widerstand aufrechtzuerhalten.

«Aber wenn es sein muss, lasse ich den Rat noch einmal zusammenkommen», sagte Themistokles in milderem Ton. In jenem Moment erkannte ich, wer er wirklich war – ein Mann, der es liebte, seine Macht auszuspielen. Um der Macht willen. Ich habe Männer kennengelernt, auch Frauen übrigens, die dafür lebten, die Freuden der körperlichen Vereinigung oder die Klänge rauschhafter Musik auszuleben – oder Kämpfer, die für den Moment leben, der Speerspitze des Gegners auszuweichen und gleichzeitig zuzustoßen – ja, all das kannte ich und konnte es mir vorstellen.

Aber wie gesagt, in jenem Moment sah ich, dass Themistokles nur für die Macht lebte.

Der Archon zuckte zusammen. «Gewiss darf der Junge aus Italia an den Läufen teilnehmen», sagte er wie selbstverständlich. «Wenn er wach bleibt.»

Themistokles schenkte mir ein Lächeln, als wolle er zum Ausdruck bringen: Jetzt bist du mir etwas schuldig.

Versteht ihr? So sind wir Griechen bei den Spielen zu Ehren der Götter. Es geht stets gerecht und ehrlich zu ...

5. KAPITEL

Ich will ehrlich sein. Im Alter schwindet das Erinnerungsvermögen. Es waren herrliche Tage damals, nachdem ich mich an die Gerüche gewöhnt hatte. Und falls es noch ein besseres Leben gibt, als in der Sonne zu liegen – auf dem Kopf einen Strohhut, neben einem die Freunde, die zuschauen, wie sich andere junge Kerle die Lunge aus dem Leib rennen –, dann weiß ich nicht, wie dieses Leben aussehen soll. Nachdem wir unsere Sache bei den Kampfrichtern von Elis durchgesetzt hatten, war ich in Hochstimmung. Das ist schwer zu beschreiben, aber ich war freigebig und ließ einen Teil meines Geldes auf dem Markt. Dann raffte ich mich auf und rannte selbst los, weil ich einen Überschuss an Kraft und Geistesstärke verspürte. Ich lief eine beträchtliche Distanz – immerhin dreißig Stadien, die Berge hinauf und wieder hinunter. Dann kehrte ich zum Markt zurück, holte meine Statue der Athene aus Elfenbein und die beiden teuren goldenen Broschen ab, die ein sehr erfreuter Händler für mich zurückgelegt hatte. Später begab ich mich zu meinem Zelt, um mich mit dem Strigil zu pflegen und meine Haut einzuölen. Ich kam mir wie ein Gott vor.

Die meisten Leute wachten gerade erst auf.

Wie dem auch sei, meine gute Laune hielt fast den ganzen Tag. Ich lag auf der Böschung beim Stadion, wo die Polis von Elis heutzutage hohe, grasbewachsene Wälle für die Zuschauer bereithält – das war viel bequemer als hölzerne Tribünen oder Bänke aus Stein. Ich sah einigen jungen Kerlen beim Ringkampf zu, und dann machten mich Harpagos und Seckla aufmerksam auf eine stattliche Anzahl Pferde. Also überließen wir unsere Plätze einigen Leuten aus Korinth, die dankbar waren, und begaben uns hinunter zum Hippodrom, wo die ersten Pferde langsam im Kreis trabten. Die Ausbilder beäugten einander, und keines der Pferde zeigte sein ganzes Können, alle trabten nur. Bei den Athleten war es auch nicht viel anders – sie ließen einander nicht aus den Augen und beschleunigten ihr Tempo nur dann, wenn sie sich unbeobachtet wähnten.

Zwei Tage vor den offiziellen Opferriten zur Eröffnung der Spiele kannten sich alle Athleten untereinander wie rivalisierende Brüder. Ein jeder meinte zu wissen, wer der schnellste, der kräftigste oder der gefährlichste Mann sein würde. Beim Pankration etwa kommt es oft vor, dass die meisten Teilnehmer nach und nach aussteigen, sodass am Ende nur noch drei oder vier Athleten übrig bleiben. Klar, warum sollte man sich auch die Schulter auskugeln lassen, wenn man doch genau weiß, dass man den großen Schläger aus Megara nicht überwinden kann?

Einige Faustkämpfer testeten ihr Können halb spielerisch, ebenso ein paar der Ringer, wie ich schon sagte. Aber die meisten der Männer und Jünglinge hoben zunächst Gewichte, zogen Bogensehnen zurück oder liefen. Keiner wollte sich vor dem eigentlichen Wettkampf auf einen echten Schlagabtausch oder ein Kräftemessen einlassen.

Am Nachmittag, als es etwas kühler wurde, erblickte ich die Wagenlenker mit ihren Wagen.

Wer von euch gut zugehört hat, weiß ja, dass ich gelernt habe, wie man einen klassischen Streitwagen lenkt. Ich habe das nie besonders gut beherrscht – ich sage immer, es liegt daran, dass ich zu groß dafür bin, aber im Grunde habe ich nichts für Pferde übrig. Aber damals, als junger Sklave in Ephesos, wurde ich von einem hervorragenden Ausbilder angelernt, den Zwei- wie auch den Vierspänner zu lenken.

Ich gebe zu, ich war nie so gut, um ein Rennen zu gewinnen, aber ich weiß zumindest so viel über diese Sportart, dass ich die Wagen-

lenker einschätzen kann. Und die ersten Lenker, die ich an jenem Tag mit ihren Pferden sah, waren wirklich ausgezeichnet.

In jenem Jahr, von dem ich erzähle, traten sechs Gespanne gegeneinander an. Das Vierergespann aus Ägina erschien als Erstes und wurde bejubelt. Die Pferde waren weiß, und die Mähnen der Tiere standen aufrecht wie der Busch aus Rosshaar auf den klassischen Helmen. Die Tiere sahen aus wie Apollons Pferde, und ich denke, dass das alle Zuschauer gedacht haben werden. Ich war nie ein begeisterter Anhänger von Ägina, aber auch ich jubelte den Pferden zu.

Als Nächstes kam der Lenker meines Freundes Gelon von Syrakus. Seine Pferde waren schwarz, um sich deutlich von der Konkurrenz aus Ägina abzusetzen, und ich muss sagen, das waren die größten Pferde, die mir bis dahin untergekommen waren. Später erfuhr ich, dass die Tiere aus Persien stammten. Ein Gesandter hatte sie erworben, und der Widerrist der Tiere war eine Faust höher als bei den anderen Pferden. Und schwarz waren sie, tiefschwarz wie die Abgründe des Hades. Sowie mein Blick auf dieses Gespann fiel, dachte ich, dass dies die teuersten Rosse waren, die ich je gesehen hatte.

Das dritte Gespann stellte Athen. Ebenfalls edle Pferde, aber diesmal gemischt – ein kastanienbraunes Tier mit schwarzer Mähne und dunklem Schweif und drei mit brauner Fellfarbe. Die athenischen Pferde waren die unauffälligsten Tiere bei dem Rennen. Im Vergleich zu Gelons Gespann sahen sie fast schon schäbig aus.

Aber der Lorbeerkranz wird ja schließlich nicht dem Gespann verliehen, das am besten aussieht …

Das Gespann aus Korinth wurde von einem Dunkelhäutigen gelenkt, was allein schon erwähnenswert ist, und die Tiere waren braun mit sorgsam rot gefärbten Mähnen. Besonders in Erinnerung geblieben ist mir, dass der Lenker aus Libya die Tiere einfach laufen ließ – und sie liefen wie ein Sommersturm. Er nahm die erste Markierung …

Habt ihr eigentlich schon einmal ein Wagenrennen mit eigenen Augen verfolgt?

Die Pferde laufen dieselbe Distanz wie die Athleten. Die Strecke im Stadion wird von zwei Pfosten oder Wendemarken begrenzt. Man fährt also mit dem Wagen die Wegstrecke hinunter, wendet an dem Pfosten und kehrt auf der anderen Spur zurück. Aber es handelt sich eben nicht um eine runde Rennbahn – nein, das wäre zu einfach. Es ist auch kein Oval. Die Wagen fahren auf einer geraden Strecke, dann müssen sie die schwierige Wende nehmen und auf der anderen geraden Spur zurückkommen – und das siebenundzwanzig Mal. Also bei weitem kein Rennen von kurzer Dauer. Tatsächlich bildet das Wagenrennen mit Vierergespann das längste Rennen bei den Olympischen Spielen, und es sind auch schon Pferde auf der Rennbahn gestorben.

Wie dem auch sei, der Dunkelhäutige nahm die Wendemarkierung auf nur einem Rad, sodass der zur Seite geneigte Aufbau ganz kurz den Pfosten streifte, aber der Schwarze schaute nicht einmal hin. Er war verflucht gut.

Der Korinther wirkte selbstbewusst. In diesem Gespann entdeckte ich diese gesunde Mischung aus Zurschaustellung und Kompetenz – oftmals der Schlüssel zum Erfolg.

Das fünfte Gespann, das aus dem Pferch trabte, stammte von Rhodos, und ehrlich gesagt: Die Tiere sahen etwas zu klein geraten aus. Mir kam unwillkürlich der Gedanke, dass sie zu wenig zu fressen kriegten. Nicht ohne Grund, denn Seereisen können Pferden ganz schön zusetzen, und ich meine immer noch, dass diese Tiere bessere Tage erlebt hatten. Sie waren schwarz-weiß gescheckt und eben auffallend kleiner als die Konkurrenz.

Schlussendlich, als ich mich reckte und über einen mit Wasser versetzten Becher Wein nachsann, erschien das Gespann aus Sparta.

Es waren stattliche Rosse – mit wuchtigen Köpfen und breiter Brust, alles in allem sehr kräftige Pferde. Ich weiß noch, wie ich zu Harpagos neben mir sagte, sie sähen aus wie Spartiaten – muskulös und in rote Umhänge gehüllt.

Das Gespann sorgte sogleich für Aufsehen. Zunächst dachte ich, das habe mit all den bürokratischen Hindernissen zu tun, die Sparta ja hatte nehmen müssen, aber falsch: Die allgemeine Aufregung rührte daher, dass der Lenker des Wagens gleichzeitig der Besitzer des Gespanns war: Polypeithes, ein Vollbürger aus Sparta. So etwas kam höchst selten vor. Wagenlenker sind meistens Experten – Freigelassene oder eben Sklaven. Ein Wagenlenker galt bei den Spielen nicht als der eigentliche Wettbewerber – es waren die Besitzer der Gespanne, die im Wettbewerb miteinander stehen. Doch den meisten Besitzern, also den extrem Reichen, würde es nie in den Sinn kommen, den Staub auf der Rennbahn zu schlucken. Sie schickten lieber ihre ausgesuchten Lenker ins Rennen.

Offenbar dachte der Aristokrat aus Sparta anders darüber. Er lenkte seinen eigenen Wagen, und das tat er äußerst geschickt.

Ich wandte mich wieder Harpagos zu und zeigte auf die Streitwagen.

Er reagierte mit einem Schulterzucken und reichte mir den Wein.

«Sieh dir den Lenker aus Libya an», sagte ich zu ihm.

Harpagos nickte und stupste Dareios an, der bei uns war. Auch er nickte.

Der Schwarze hatte nur Augen für den Lenker aus Sparta. Und als der spartanische Aristokrat auf der anderen Spur die Hälfte der Strecke hinter sich gebracht hatte, ließ der Dunkelhäutige seine kleine Handpeitsche knallen, und seine vier Rosse machten wahrlich einen Satz nach vorn und gingen aus dem Trab in einen Galopp über. Mit hohem Tempo raste der Wagen auf der gegenläufigen Spur durch den Staub.

Der Spartaner hatte seine Pferde gerade erst ins Rennen geschickt, und sie waren in vollem Galopp, als das korinthische Gespann schräg gegenüber in die entgegengesetzte Richtung donnerte.

Ich hatte den Eindruck, dass der Mann aus Libya auf seine subtile Weise versucht hatte, die Geschwindigkeit des Spartaners einzuschätzen.

Die beiden Gespanne jagten gegenläufig aneinander vorbei, nur ein Wagenrad voneinander getrennt. Der Spartaner hob seine Peitsche zum Gruß, und der Schwarze tat es ihm gleich.

Wir jubelten aus vollem Halse. Ich denke, es waren an die dreitausend Zuschauer auf den Böschungen, und wir hatten wahrlich eine erstklassige Darbietung gesehen. Es hatte nur einen Wimpernschlag gedauert, aber es war großartig gewesen.

Das Gespann aus Sparta donnerte auf die Wendemarke zu, ebenso der Korinther.

Der Schwarze fuhr erneut so rasant, dass sich der ganze Streitwagen zur Seite neigte und einen Moment lang auf einem Rad lief, und dann ging er so scharf in die Wende, dass man glaubte, die vier Pferde würden seitlich ausbrechen. Als Zuschauer musste man immer wieder den Kopf von links nach rechts drehen, um beide Wendemarken im Auge behalten zu können – der Spartaner war nicht so dicht am Pfosten, seine Pferde liefen nicht so geneigt. Das Gespann aus Korinth hatte die Wende geschafft, während der Spartaner immer noch so viel Tempo rausnahm, um den Wagen um den Pfosten zu lenken. Daraufhin zügelte der Dunkelhäutige seine Rosse und schonte sie einen Moment. Offenbar hatte er in Erfahrung gebracht, was er wissen musste.

Der Spartaner schaffte die Wende und ließ seine Rosse ebenfalls langsamer laufen, aber ihm war klar, dass er den langsameren Wagen hatte. Doch er ließ sich äußerlich nichts anmerken. Er zügelte seine Pferde, grüßte in die Menge der Zuschauer und ließ den Wagen noch eine Weile in gemäßigtem Trab laufen.

Ich entdeckte Leonidas unter den Zuschauern. Er saß in einer Gruppe von etwa hundert Spartanern. Sie saßen aufgereiht und gestaffelt wie in einer Phalanx, das war das Erste, was mir in den Sinn kam. Ich entdeckte auch Gorgo, die beide Hände um die Knie gelegt hatte, während ein Helot einen Schirm über sie hielt, damit die Dame nicht der prallen Sonne ausgesetzt war.

Polypeithes grüßte in Leonidas' Richtung, ehe er auf der Längsbahn genau auf Höhe von Gorgo anhielt. Sie saß nicht weit entfernt von der Rennbahn, auch wenn sich das für Frauen eigentlich nicht ziemte.

Dann erhob sie sich, ging gemessenen Schrittes zu dem Streitwagen, wobei ihr Helot Mühe hatte, den Sonnenschirm in Position zu halten, und plauderte kurz mit Polypeithes. Der Wagenlenker verbeugte sich und ließ daraufhin die Pferde wieder lostraben. Gorgo zuckte mit den Schultern und machte eine Bemerkung in Richtung ihres Sklaven, der lachte.

Ich mochte die Dame auf Anhieb. Jeder Mann oder jede Frau, deren Sklaven lachen, ist vermutlich Günstling der Götter.

Glaub mir, Thygater, ich war einst selbst Sklave.

An jenem Abend hatten wir ein weiteres schönes Fest. Unsere Vorräte gingen allmählich zur Neige, und ich erfuhr, dass es im Umkreis von zehn Meilen nichts zu jagen gab, also gab ich mein mit Blut erbeutetes illyrisches Gold für Hammelfleisch und Ziegen aus. Ich schätze, dass die Leute in der Ebene von Elis die wohlhabendsten Hirten auf dem Aspis der Welt waren – zumindest für die Dauer der Spiele.

Aber darum geht es in meiner Geschichte eigentlich nicht. Alte Männer beklagen sich eben gern.

Wie dem auch sei, ich war der Gastgeber und hatte an jenem Abend etliche berühmte Griechen an meinem Lagerfeuer, und es war mir eine Freude – Polypeithes, der Besitzer und Lenker seines Streitwagens, plauderte mit Brasidas, und Narses, der dunkelhäutige Lenker aus Korinth, unterhielt sich mit Ka.

Einige Ringer, die auch die Kunst des Pankration beherrschten, hatten begeisterte Zuhörer um sich geschart, die den Athleten förmlich an den Lippen klebten. Und für die Dauer einer Stunde trugen zwei der begabtesten Dichter zu den Klängen von Zupfinstrumenten komische Elegien auf nicht existierende Athleten vor. Simonides von Keos, dessen Verse ich immer schon bewundert hatte, trat mit meinem Freund Aischylos von Athen in einen freundschaftlichen Wettstreit, und so zogen sich die beiden Dichter gegenseitig auf – und auch etliche der Zuhörer. Die ganze Zeit floss der Wein in Strömen.

Es war ein wundervoller Abend.

Irgendwann schlief ich ein, und als ich erwachte, begann die rosenfingrige Dämmerung den Horizont im fernen Osten zu färben. Ich weiß noch – und vielleicht dreht sich die ganze Geschichte des Langen Krieges um diesen einen Moment – ich weiß noch, dass ich das überstarke Verlangen hatte zu pissen. Daher fluchte ich in der kalten Dämmerung, schlug den Umhang zurück, der mir als Decke diente, erhob mich von meinem angenehm warmen Lager, verließ das kleine Zelt ohne Sandalen und machte mich auf den Weg zur Latrine.

Dazu muss man wissen, dass man einmal quer durch unser Lager musste, um die Latrinen zu erreichen. Einen Moment war ich in Versuchung, mich irgendwo zu erleichtern. Aber ich wollte kein schlechtes Beispiel abgeben, da noch andere Männer so früh aufstanden. Natürlich wollte ich nicht dabei erwischt werden, meine eigenen Regeln zu brechen.

Ich benutzte also den sorgsam gezogenen Graben, richtete meine Kleidung und stapfte wieder quer durchs Lager in der Hoffnung, noch etwas Restwärme in den Falten meines Umhangs zu finden, als ich sah – nun, ich erspare euch die Details, aber ich sah, dass Geaeta und Seckla das taten, was Frauen und Männer bisweilen frühmorgens tun – ihr erinnert euch doch noch an Geaeta, die Tänzerin, die wir an Bord genommen hatten?

Das bedeutete für mich das Ende der Nachtruhe. Oder vielleicht war es auch der Wille der Götter, dass ich das Lager verließ. Der Anblick der Liebenden, die ihre Lust stillten – der Ausdruck auf Geaetas Gesicht –, da fühlte ich mich plötzlich einsam und verlassen. Nicht, dass ich Geaeta begehrte.

Ich wollte nur einfach nicht allein sein.

Ich fürchte, dass ich aufgestöhnt habe, wie eine gequälte Seele bei Homer. Und dann eilte ich davon, aus Angst, die beiden könnten mich gehört haben.

Als ich einmal damit angefangen hatte zu laufen, erschien mir eine ansehnliche Distanz in der Dämmerung ein geeigneter Zeitvertreib zu sein. Ich glaube, ich beschloss, meine Sorgen im Laufen loszuwerden und den Tag mit guten Übungen einzuleiten. Noch am Zelteingang hatte ich mich meines Chitons entledigt, rannte dann zunächst hinunter zum Fluss und weiter in östlicher Richtung der aufgehenden Sonne entgegen. So folgte ich eine Weile dem Verlauf des Alpheios. Der Fluss führte nicht sonderlich viel Wasser, sodass ich gut am flachen Ufergürtel laufen konnte. Es war angenehm, in der Kühle des anbrechenden Tages zu laufen.

Ich war übrigens nicht der Einzige, der diesen Einfall hatte. Als ich bereits ganz schön außer Atem war und mich stärker auf meine Schritte konzentrieren musste – ich hatte etwa sechs Stadien hinter mir –, vernahm ich Hufschlag hinter mir. Und so lange, wie es dauert, hundert Verse von Homer zu rezitieren, kamen zwei Reiter an mir vorbei – sie waren nackt, hatten sich aber mit breitkrempigen Strohhüten gegen die Sonne geschützt. Sie winkten mir zu und ritten weiter – beide nahmen an den Pferdewettkämpfen teil, wie ich später erfuhr.

Nachdem sie auf ihrem Rückweg erneut grüßend an mir vorbeigezogen waren, hatte ich das schmale Flusstal für mich allein. So lief ich dahin, wich hier und da Ziegen aus, legte weitere zehn Stadien zurück und fühlte mich schon besser. Als ich einen Hügel umrundete, der mich von der Form her an eine weibliche Brust erinnerte, fühlte ich mich so gut, dass ich beschloss, zurück zum Lager zu laufen und mir eine Porne zu suchen.

Ihr wisst schon, eine «Flötenspielerin».

Ich lief in westlicher Richtung am Ufer des Alpheios – befestigtes Ufer konnte man es nicht nennen, denn während des Hekatombaion, des ersten Monats des attischen Jahres, gibt es so gut wie keinen nennenswerten Wasserlauf. Ich vermute, dass ich ein breites Lächeln im Gesicht hatte.

Wieder Hufschlag.

Ich hatte Zeit, darüber nachzudenken, dass derjenige, der dort herankam, ein Narr sein musste, wenn er sein Pferd so knapp vor den Spielen zu vollem Galopp antrieb. Dann erst entdeckte ich in der niedrigen Staubwolke am Ufer des Flussbetts einen Vierspänner, der keinen Lenker mehr hatte.

Ich glaube, ich lief noch sechs oder sieben weitere Schritte, ehe mir klarwurde, dass der Lenker noch im Wagen war. Die Götter hatten offenbar beschlossen, dass er nicht sterben sollte – er lag zusammengerollt im Wagen, aber sein Kopf hing gefährlich über der flachen hinteren Brüstung.

Streitwagen sind sehr leicht. Der Boden eines guten Streitwagens besteht aus einer geflochtenen Matte, die dem Lenker einen federnden Boden bietet. Dazu muss man wissen, dass der Lenker, sofern er so ausgebildet wurde wie ich einst, mit den Zehen auf dem Zugpfosten steht, mit den Fersen aber die nachfedernde geflochtene Matte berührt.

Irgendetwas war bei diesem Wagenlenker schiefgelaufen. Und die Pferde waren in Panik geraten – ihre Augen waren weit aufgerissen, der Speichel flog ihnen um die Mäuler, ihr Fell glänzte schweißnass.

Dann sah ich, dass es der Wagen aus Sparta war.

Damals, als ich in jungen Jahren auf dem Gehöft von Hipponax arbeitete, gehörten Pferde, die mitsamt dem Wagen durchgingen, zum alltäglichen Anblick. Wir übten sogar, auf einen vorbeijagenden Wagen aufzuspringen, um die Pferde wieder zu beruhigen. Das kam tatsächlich gar nicht so selten vor. Man brauchte nur einen Moment unaufmerksam zu sein – ich habe es schon oft gesagt, aber Pferde können die dümmsten Geschöpfe im Tierreich sein –, und schon stürzt man hinterrücks aus dem Wagen und landet im Dreck. Und dein Gespann entflieht am fernen Horizont.

Daher änderte ich meine Laufrichtung und rannte nach Süden, fort vom Fluss – dann schlug ich sozusagen einen Haken und lief wieder in östlicher Richtung, in die aufgehende Sonne, parallel zum Flussbett, aber zehn Pferdelängen entfernt davon. Das Gespann galoppierte unmittelbar am Ufergürtel – Pferde tun so etwas –, und während das Führungstier zu wissen schien, dass ich da war, hatten die drei gehetzten Kameraden Angst vor ihren eigenen Schatten.

Während der Streitwagen noch hinter mir war, wechselte ich die Seiten und kreuzte sozusagen einmal vor dem Wagen. Gut bemessen, wie sich herausstellte – bei Zeus, wie oft hatte ich früher die Pferde auf diese Weise verlangsamt? Außerdem waren die Tiere allmählich erschöpft. Ich streckte eine Hand aus, vergrub sie in einer Pferdemähne, bekam das lederne Zaumzeug zu fassen und wagte meinen Sprung. Einen Herzschlag später saß ich rittlings auf dem mürrischen Bastard – ich meine, auf dem Pferd.

Zwanzig Pferdelängen später trabten sie nur noch. Allerdings machte ich mir Sorgen um den Lenker – bislang hatte ich noch nie gesehen, dass jemand im Wagen in sich zusammensackt. Sorgen machten mir natürlich auch die Tiere. Ich lenkte den Wagen langsam auf die Ebene – und änderte damit die Laufrichtung des Führungstiers. Die Pferde waren genauso froh wie ich, als sie endlich zum Stehen kamen. Ich brauchte einen Moment, um Zügel und Zaumzeug zu entwirren und die Pferde entsprechend zu beruhigen. Dann erst hatte ich Gelegenheit, nach dem armen Wagenlenker zu schauen, der natürlich niemand anders als der junge Polypeithes war, der Spartaner.

Auf der Stirn hatte er eine Beule von der Größe eines Hühnereis, und sein Atem ging unregelmäßig. Dann sah ich, dass er seine Zunge verschluckt hatte. Ich zog sie wieder aus seinem Schlund – die Griffe hatte ich mir schon früher abgeguckt –, ehe ich ihn vom Wagen hob und am Fluss auf die grasbewachsene Böschung legte. Ich eilte zum spärlichen Wasserlauf, schöpfte Wasser mit den bloßen Händen und benetzte den Spartaner damit – mit dem Ergebnis, dass ich ihn nass machte, mehr aber auch nicht.

Kurz darauf hob ich ihn vorsichtig hoch – ich dachte immer noch, er habe sich etwas gebrochen, schlimmstenfalls den Rücken – und bettete ihn auf die geflochtene Matte des Wagens. Dann nahm ich die Zügel und lenkte den Wagen langsam zurück zum Lager.

Ich gelangte an die Stelle, an der das Tal breiter wird, genau östlich von dem Hippodrom. Von dort aus konnte ich bereits das Lager sehen – und riechen – und inzwischen sah es aus, als hätte jemand gegen einen Ameisenhügel getreten. Die gesamte Delegation der Lakedaimonier war auf den Beinen – einige zu Pferd, die anderen rannten oder gingen in die Anhöhen oder folgten dem Verlauf des Flusses, wie ich zuvor.

Als Erste entdeckte mich Gorgo. Sie saß wie ein Mann auf einem Pferd – wie eine Skythin, dachte ich – und lenkte das Tier in eleganter Gangart um die Biegung des Flussbetts, als sie mich entdeckte. Eine halbe Pferdelänge vor mir brachte sie ihr Tier zum Stehen.

Sie hatte sich in den Chlamys eines Mannes gehüllt, der auf einer Schulter mit einer Fibel gehalten wurde – ich vermute, dass sie sonst nichts am Leib trug. Dazu muss man wissen, dass die Frauen aus Sparta anders leben als die athenischen Frauen, außerdem machen sie ihre Übungen im Freien und denken sich nichts weiter bei ihrer Blöße.

Die Ephoren hatten richtig entschieden, Gorgo nicht als Kleinkind dem Tod auszusetzen. Ihr Leib war – bemerkenswert. Ich weiß nicht, ob ich je eine Frau gesehen habe, die sich so anmutig bewegte und gleichzeitig so kraftvoll aussah. Und sie konnte sehr gut reiten.

Ich hatte Mühe, ihr in die Augen zu sehen. An ihrer ganzen Erscheinung konnte man sich kaum sattsehen.

«Wie geht es ihm?», erkundigte sie sich, sowie sie sah, dass ich den jungen Wagenlenker zurückbrachte.

«Er hat eine hässliche Beule an der Stirn», antwortete ich. «Er ist bewusstlos.»

Sie stieg ab, warf die Zügel locker über den Hals des Pferds, kniete hinten am Einstieg des Wagens und betrachtete den bewusstlosen Mann. Mit lakonischer Geübtheit schob sie die Augenlider hoch und nickte.

«Wir brauchen einen Arzt», sagte sie dann. Schon sprang sie wieder auf den Rücken des Pferdes. «Folgt mir.» Dann zögerte sie. «Denkt Ihr, in diesem Aufzug sorge ich für Unruhe?», fragte sie.

«Ja, ich denke schon», lautete meine Antwort. «Ich kenne einen Arzt.»

«Sehr gut. Sagt mir, wo ich ihn finde.» Sie hielt inne. «Bitte.»

Also, wer hier nicht die komische Seite des Augenblicks erkennt, der liegt schon im Grab.

Wie dem auch sei, ich lenkte das Gespann mit ruhiger Hand geradewegs vor das Zelt, in dem sich Dionysos von Keos gerade das Haar trocknete – er gehörte zu den Gästen, die am Abend zuvor meinen Wein genossen hatten. Dann warf er sein Tuch einem Sklaven zu, eilte herbei und ging am Einstieg des Wagens auf die Knie. Auch er schob die Lider des jungen Mannes hoch und nickte mir zu.

«Ich glaube, gebrochen hat er sich nichts», meinte ich.

Dionysos tastete den Rand der Beule behutsam mit beiden Daumen ab, ehe er den ganzen Schädel auf dieselbe Weise untersuchte. Wieder nickte er. «Bringt ihn aus der Sonne», sprach er. Sein Blick glitt zu mir.

Ich spürte Argwohn und sagte daher sofort: «Ich habe ihn vorhin so gefunden, und den Wagen.» Ich zeigte auf die Beule, die noch größer geworden zu sein schien. «Eine Schleuder?», mutmaßte ich.

Der Arzt nickte. «Ah, Ihr seid der berühmte Kämpfer. Daher Eure Vermutung. Ja, schon möglich. Ein Stein aus einer Schleuder oder so etwas in der Art. Vielleicht auch ein Steinwurf, aber es muss etwas Rundes gewesen sein.» Er zupfte sich den Bart. «Wer ist der junge Mann? Nimmt er am Rennen teil?»

«Er ist der Besitzer des Gespanns und gleichzeitig der Wagenlenker», antwortete ich. «Aus Sparta. Ich habe ihn erst gestern kennengelernt. Er heißt Polypeithes.»

Dionysos besaß den Anstand, beeindruckt zu sein. «Sein Vater war ein gefeierter Ringer. Ich habe ihn einige Male zusammengeflickt.» Inzwischen hatten seine Sklaven kaltes Wasser gebracht und verbanden den Kopf des bewusstlosen Mannes. Zu viert – zwei Sklaven, der Arzt und ich – trugen wir ihn zu einer Schlafstatt im Zelt des Arztes und machten es ihm so bequem wie möglich.

Dem Arzt fiel meine alte Beinverletzung auf. «Andenken aus dem Krieg?», fragte er.

Ich nickte.

Er wiegte den Kopf hin und her. «Das entzieht sich meinen Kenntnissen», sinnierte er. «Wenn wir doch Sehnen so nähen könnten wie Fleischwunden!»

Ich grinste. «Ich kann trotzdem noch laufen. Nicht mehr schnell, aber lange.»

Er nickte und widmete sich wieder seinem Patienten. «Ihr habt ganz recht, vertraut einem Krieger. Hier hat er eine hässliche Prellung am Hüftknochen. Muss vom Sturz kommen.» Er sah mich an. «Seid Ihr sein Freund? Sein – Partner?»

Ich verneinte mit einem Kopfschütteln. «Ich habe ihn ja erst gestern kennengelernt. Aber ich sage den Spartanern Bescheid. Ich habe es der Königin versprochen, dass ich mich um alles kümmere.»

«Der Königin?», fragte er sofort. «Ihr meint Gorgo? Verflucht, was für eine Frau!» Ein Grinsen trat auf seine Züge. «Wie eine Anatomievorlesung am lebendigen Beispiel.» Er lachte.

«Dann kennt Ihr sie?», wollte ich wissen.

«Jeder bei den Spielen kennt sie. Sie ist eine der gefragtesten Mäzene hier. Die Lakedaimonier unterstützen viele Bereiche bei den Spielen, nicht zuletzt uns Ärzte und unser Wissen. Wenn sich Sparta nicht so stark für die Spiele einsetzen würde, könnte eine Polis wie Elis wohl kaum die Kosten tragen.»

Er betrachtete den jungen Mann zu seinen Füßen. «Wir überlassen ihn den Göttern, aber wenn ich mit meiner Einschätzung richtigliege, wacht er in einer Stunde auf und hat nur einen Brummschädel. Vermutlich wird er sich zunächst nicht an die zurückliegenden Ereignisse erinnern.»

Wir verabschiedeten uns, und ich fuhr weiter – hatte ich gesagt, dass ich nackt war? –, einmal um das Stadion herum bis zu unserem Lagerplatz. Meine Gefährten dort schreckten nicht davor zurück, mich gehörig aufzuziehen, weil ich nackt einen Streitwagen lenkte.

«Ares ist zu uns herabgestiegen!», rief Megakles und lachte.

«Oder hoffst du, ein junges Mädchen kommt vorbei, um Persephone in deinem Hades zu spielen?»

Die Umstehenden schlugen das Zeichen zur Abwehr des Bösen, weil Megakles den Namen Hades in den Mund nahm, aber das tat er im Grunde mehrmals täglich.

Ka bewunderte unterdessen die Pferde im Gespann. «Das nenne ich *Pferde*!», rief er aus. Dann grinste er mich an. «Ich könnte dir beibringen, wie man richtig lenkt.»

Ich musste lachen. «Das könnte wahrscheinlich jeder. Hektor», rief ich dem Jungen zu, «bring mir einen Chiton und einen Chlamys, damit ich nicht wie ein Bettler vor dem König von Sparta stehe!» Ich deutete auf Brasidas, der unbekleidet seine Leibesübungen machte. «Komm mit. Du könntest mir das Schweigen deiner Landsleute übersetzen», zog ich ihn auf.

Der Spartaner hatte dafür nur ein Schulterzucken übrig. Auf ein Fingerschnippen hin eilte sein Pais los, um die entsprechende Kleidung für seinen Herrn zu holen.

Brasidas stieg zu mir auf den Wagen. Seine Miene war gleichgültig-gelassen – so sehen die meisten Spartaner aus, wenn ihr mich fragt –, aber trotzdem merkte ich ihm an, dass er angespannt war. «Ich bin nicht der geeignete Mann, um dich zum König zu begleiten», sprach er.

Mir fiel ein – nicht zum ersten Mal übrigens –, dass sich Brasidas bislang immer nur äußerst knapp zu seinem unfreiwilligen Exil geäußert hatte, lakonisch knapp, wie man sagen könnte. Doch ich vermutete, dass noch mehr dahintersteckte.

Ich fuhr vorsichtig los. Ka hatte die Tiere getränkt, aber ich merkte, dass sie erschöpft waren. Sie hatten schon Mühe, die Köpfe hochzuhalten. Panik wirkt sich auf Pferde so stark aus wie auf Menschen, und nichts lähmt einen Mann so sehr wie das blanke Entsetzen. Manchmal denke ich, Furcht und Erschöpfung sind dasselbe Geschöpf.

Daher fuhren wir im Schritttempo, und Ka lief neben uns her und redete mit den Pferden. Ich dachte darüber nach, ob Ka Pferde den Menschen vorzog, jedenfalls haben wir auf Außenstehende bestimmt einen merkwürdigen Eindruck gemacht. Andererseits waren es nur noch drei Tage bis zur offiziellen Eröffnungsfeier der Spiele, und auf der Ebene von Elis lagerten an die vierzigtausend Männer, Frauen und Kinder. Genug Leute also, um für Gesprächsstoff zu sorgen, denn wir Griechen sind dafür bekannt, dass wir die Eigenheiten – um nicht zu sagen *die Schrullen* – unserer jeweiligen Landschaft ausleben. So gesehen fielen wir drei mit unserem Wagen auch nicht mehr auf als andere.

Dennoch gaben wir ein besonderes Dreiergespann ab, ich spreche hier von uns Menschen: ein Spartiate, ein Platäer in stattlichem Gewand und Ka, ein Nubier, ein Abbild von Anmut und Eleganz.

Wir fuhren quer über die Ebene zum Lager der Lakedaimonier. Im Vergleich zu allen anderen Lagerplätzen waren die Unterkünfte dort sauber und ordentlich – fast vierhundert kleinere Zelte und eine Reihe schlichter Unterstände aus Sonnensegeln. Ich entdeckte auch mehrere größere Zelte. Daher vermutete ich, dass die kleinen Zelte dem «durchschnittlichen» Spartiaten vorbehalten waren, die größeren indes den – wie sagt man es? –, den königlichen oder «edlen» Abgesandten Spartas?

Ich bin ehrlich, wie die meisten Griechen wusste auch ich herzlich wenig über Sparta oder die Lebensweise der Menschen dort.

Aber als unser Wagen auf dem kleinen Platz zwischen den größeren Zelten zum Stillstand kam, fiel mir ein, wo ich diese Anlage des Lagers schon einmal gesehen hatte.

Auf Kreta.

Ein gutes Jahr lang hatte ich dort einst Nearchos ausgebildet – möge sein hell umkränzter Schatten in die elysischen Gefilde eingehen! Er und sein Vater, der alte Achill, waren typische kretische Herren – sie waren wohlhabend, lebten aber eher bescheiden, in

Gruppen von zehn Aristokraten. Und sie taten im Grunde nichts anderes, als Krieg zu führen oder auf die Jagd zu gehen. So ist das Leben auf Kreta.

Auf dem zentralen Platz jeder Siedlung auf Kreta sieht man die Unterkünfte der Aristokraten. Die meisten dieser Herren gehen so gut wie nie nach Hause – ihre Frauen leben mit den Sklaven zusammen, kümmern sich um die Kinder und das Geld, und die Männer? Nun, wie gesagt, sie jagen und führen Krieg.

All dies ging mir durch den Kopf, während die Speichenräder zum Stehen kamen und sich zwei Heloten aus dem Schatten unter einem Sonnensegel lösten und mir die Zügel abnahmen. Beide Männer vollführten eine höfliche Verbeugung, obwohl sie eher verdrießlich dreinblickten.

Als einer der Heloten meinen Gefährten Ka geradezu anknurrte, hörte der Nubier einfach über diese Dreistigkeit hinweg und gesellte sich zu mir.

«Ich kehre besser in unser Lager zurück», war alles, was mein schwarzer Gefährte sagte. Ich nickte, und er lief den Weg zurück.

Als ich mich wieder den beiden Heloten zuwandte, standen Gorgo und Leonidas vor uns, ebenso Polypeithes' Vater, ein Mann namens Kalliteles. Er war ein großer, breitschultriger Mann mit einer ausgeprägten Stirnpartie und einer auffallend großen Nase. Vielleicht einer der wenigen hässlichen Spartaner, die mir in meinem Leben begegnet sind. Gewiss, er hatte bei den Spielen im Ringkampf gewonnen – bei den Nemeischen Spielen, wohlgemerkt.

Brasidas stieg vom Wagen. Er sagte kein Wort, er erbleichte auch nicht, seine Hände zitterten nicht – trotzdem wurde ich das Gefühl nicht los, dass es ihm lieber gewesen wäre, gemeinsam mit Ka zurück zum Lager zu laufen.

Gorgo legte mir eine Hand auf den Arm, als würden wir uns schon lange kennen. Das ist wieder ein Grund, warum die Frauen aus Sparta bei den griechischen Männern oft Verwirrung auslösen.

Ich weiß nämlich nicht, ob mir schon einmal eine hochgestellte griechische Frau oder Matrone so vertraulich eine Hand auf den Arm gelegt hat. Jocasta, die Gemahlin von Aristeides, zähle ich durchaus zu meinen Freunden, und ich saß oft bei ihr in der Exedra oder bei den Küchenräumen und habe irgendwelche Geschichten erzählt. Einmal habe ich ihr die Wolle gehalten, während sie am Webrahmen arbeitete, aber ich kann mich nicht erinnern, dass Jocasta mich je auch nur berührt hätte!

Ich kannte Gorgo kaum einen Tag, und schon legte sie mir mit betörender Wärme eine Hand auf den Arm. Ich glaube, dass die Nicht-Spartaner die Frauen aus Sparta aus genau diesem Grund für wollüstig halten. Das sind sie natürlich nicht – sie lassen eben nur jenes Verhalten vermissen, das man für gewöhnlich «die Zurückhaltung der Frau» nennt.

Vielleicht schweife ich wieder ab, aber ich wollte nur verdeutlichen, welche Wirkung die Lakedaimonier auf mich ausübten. Ich tat oft so, als würde ich sie verachten – nein, im Grunde verachtete ich sie tatsächlich. Aber sobald ich mich bei ihnen aufhielt, fühlte ich mich wie jemand, der unter den Göttern wandelt. Ist das widersinnig? Bestimmt. In einer Gruppe von fünfzig Spartanern sieht man keinen Mann mit Bauchansatz, keine Frau mit hängenden Brüsten. Die Arme der Spartaner sind kraftvoll und wohlgeformt von vielen Übungen. Ausnahmslos. Die Haut dieser Menschen sieht strahlend und gesund aus, was nicht zuletzt auf den Gebrauch kostspieliger Öle zurückzuführen ist. Spartaner tragen ihr Haar für gewöhnlich lang und pflegen es mit Duftölen. Oftmals erscheint einem die Haartracht unpraktisch, so wie Gorgos aufgetürmtes Haar. Bislang hatte ich Brasidas rein äußerlich für einen außergewöhnlichen Mann gehalten. Hier stand er nun unter seinesgleichen – und ich erkannte, dass er «nur» wie ein typischer Spartaner aussah.

Das dazu.

Gorgo legte mir also eine Hand auf den Arm, und Leonidas lächelte. «Willkommen, Platäer!», begrüßte er mich. Er bot mir seine Hand dar, worauf wir einander die Hände umschlossen. Kalliteles stand so dicht vor mir, dass er mit seinem bulligen Körper die Sonne verdeckte. Aber in jenem Moment erblickte Gorgo Brasidas. Der König merkte, dass seine Gemahlin den Kopf bewegte, nahm wahr, dass ihre Mundwinkel unter einer Gefühlsregung zuckten. So glitt auch Leonidas' Blick zu Brasidas, aber seiner Miene war so gut wie keine Regung zu entnehmen.

Vor mich stellte sich indes der Berg mit Namen Kalliteles und umschloss meine Hand mit beiden Händen zum Gruß.

«Ich darf vermuten, dass mein Sohn Euch sein Leben verdankt?», fragte er. Sein Tonfall war unauffällig, sein Blick blieb nahezu ausdruckslos.

Der Druck seiner Hände auf meinen erzählte mir indes eine andere Geschichte. Da ich kein Lakedaimonier war, lächelte ich und zuckte mit den Schultern. «Ich denke, sein Wagen wäre irgendwann stehen geblieben», erwiderte ich. «Er muss in der Gunst der Götter gestanden haben, denn er stürzte nur auf den Boden des Wagens und nicht über die Brüstung.»

Gorgo sah mich an und zog eine Braue hoch. Ich will nur schnell anmerken, dass sie inzwischen so tadellos gekleidet war wie jede Matrone in Athen – sie trug einen fein gesponnenen Chiton aus Wolle, und zwar nach Art der Dorer. Der Chiton war reich verziert, vor allem an der Schulter, wo der Peplos mit einer Fibel gehalten wird. Den rechten Arm zierte ein Reif mit Löwenhaupt, im Haar trug sie ein schlichtes weißes Band.

Ich interpretierte die hochgezogene Braue als Frage und nickte daher. «Der Arzt – ein Bewunderer von Euch beiden, Herrin und Herr – meinte, dass der junge Mann bald zu sich kommen wird und bis dahin in der Hand der Götter ist. Mehr können wir im Augenblick nicht tun.»

Kalliteles nickte, seine Gesichtszüge blieben unverändert. «Ich danke Euch, Fremder», sagte er.

Ich blickte mich um. Etwa zwanzig Spartaner hatten sich auf dem kleinen Platz eingefunden, blieben aber auf Distanz – in Hörweite waren daher nur Brasidas, der König und die Königin, Kalliteles und zwei Heloten. Mein Blick galt den Heloten.

«Spannt die Pferde aus und versorgt sie», sagte Gorgo, wobei sie die Sklaven nur eines kurzen Blickes würdigte.

Mit knarrenden Rädern fuhr der Wagen an, und die müden Pferde hatten gerade noch die Kraft, die Fliegen mit ihrem Schweif zu vertreiben.

«Er wurde von einem Stein aus einer Schleuder getroffen», sagte ich. Meine Worte wären fast ganz in den Geräuschen des anfahrenden Wagens untergegangen, aber Gorgo und Leonidas hatten mich verstanden. Der König zog erstaunt eine Braue hoch. Gorgo hingegen lächelte rätselhaft.

Ich empfand diese Reaktion als seltsam.

Das Schweigen zog sich in die Länge. Im sozialen Miteinander können die Lakedaimonier bisweilen unbequeme «Freunde» sein. Sie reden einfach zu wenig, und im Umgang mit Brasidas hatte ich gelernt, dass man viel Geduld braucht, um eine wirkliche Unterhaltung zu führen.

Daher versuchte ich, gelassen zu warten.

«Wie ich hörte, seid Ihr des Persischen mächtig», sagte der König.

Das kam wahrlich unerwartet. «Ja», erwiderte ich.

«Ich danke Euch», kam es von dem König, der seinen Kopf kaum merklich neigte.

Ich nickte. Die Lakedaimonier einschätzen zu wollen ist ein schwieriges Unterfangen. Man kann bestenfalls Mutmaßungen anstellen. Aber wenn sie nun einmal nicht redseliger sein wollten – ich war ja nicht auf sie angewiesen. Und euch wird aufgefallen sein, dass sie kein Wort mit Brasidas gewechselt und ihn zudem nicht förmlich begrüßt hatten. Das ärgerte mich.

Ich schätze, dass ich mir meinen Unmut anmerken ließ. Immerhin bin ich ein Böotier aus Platäa, und mir wurde im Leben nicht eingetrichtert, ja keine Gefühlsregung im Mienenspiel erkennen zu lassen.

Im Gegenteil.

Als ich mich abwenden wollte, machte der König eine beschwichtigende Geste mit der flachen Hand – vielleicht hatte er Gesten dieser Art gleichsam verinnerlicht. Ich wartete ab.

«Wieso bringt ihr diesen Mann mit in mein Lager?», fragte er mich.

«Er ist mein Freund. Und Lakedaimonier. Da erschien es mir nur plausibel, ihn mitzubringen.» Mir war klar, dass ich kurz davor war, den König zu beleidigen. Aber ich war, wie gesagt, verärgert.

Der Blick des Königs ruhte unverwandt auf mir. «Mag sein, dass dieser Mann in Lakedaimon geboren wurde», sagte er sehr ernst. «Aber er hat beschlossen, kein Spartaner zu sein.»

Diese verfluchten Spartaner!

«Tut mir leid, dass ich dich gefragt habe, ob du mitkommst», sagte ich zu Brasidas.

Er lächelte dünn. «Ist vielleicht besser, wenn du mich von jetzt an nicht mehr mitnimmst», meinte er.

«Darf ich daraus schließen, dass ich weiterhin das Vergnügen haben werde, dich an meiner Seite und an der Spitze meiner Epibatai zu haben?», fragte ich.

«Du warst wohl immer schon ein Freund vieler Worte», lautete seine Antwort. Nach einem Schulterzucken sagte er: «Ja.»

Astylos schlief lange, und dann lief er. Er rannte schnell auf kurze Distanzen, ehe er die längeren Strecken in Angriff nahm. Danach dehnte er sich, wobei Polymarchos Anweisungen gab. Nach kurzer Pause wiederholte er diese Durchgänge. Ich sah dem jungen Mann zu und lernte eine Menge über Dehnübungen.

Als die Sonne etwas an Hitze eingebüßt hatte, unterhielt sich Polymarchos kurz mit Ka, der sich daraufhin bis auf ein Lendentuch auszog. Die Nubier scheinen nichts dagegen zu haben, sich fast nackt zu zeigen. Schon rannte Ka gemeinsam mit Astylos um die Wette. Der Grieche war schneller, aber der Nubier blieb stets erstaunlich dicht an dem Athleten dran, ganz gleich, um welche Distanz es ging. Ich merkte, dass Astylos Mühe hatte, dem Schwarzen mehr als zwei Schritte voraus zu sein.

Polymarchos stand neben mir. «Wirklich, es ist schade, dass wir aus Ka keinen glaubwürdigen Griechen machen können», meinte er.

Eine der wenigen Voraussetzungen, um an den Olympischen Spielen teilnehmen zu können, ist, dass man ein Freigeborener sein muss und dazu Grieche. Die Frage, wann man sich als Grieche bezeichnen darf, wurde manchmal sehr locker, dann wiederum sehr streng ausgelegt – so etwas unterliegt ständig Veränderungen. Es wurde aber zumindest erwartet, dass der Teilnehmer fließend Griechisch sprach. Die Hautfarbe des Athleten war indes nicht von großer Bedeutung.

Ka brachte nur mit Mühe griechische Sätze mit mehr als fünf Wörtern zustande, so gesehen wäre er nirgendwo wirklich willkommen gewesen – abgesehen von den Syssitien vielleicht, den Männermahlen in Sparta.

Am Abend versammelte Themistokles etwa hundert Männer um sein Lagerfeuer. Kimon war anwesend, auch Aristeides. Ich umarmte den Mann, den die meisten Athener – selbst wenn sie ihn hassen – den «Gerechten» nannten. Manchmal musterte er Themistokles mit unverhohlener Abscheu – aber er war der Einladung trotzdem gefolgt.

Ebenso Leonidas von Sparta. Ein Dutzend Korinther war gekommen, des Weiteren Leute aus Megara, zwei Aristokraten aus Ägina und einige Männer aus Theben. Während ich das Verlangen unterdrücken musste, offen auszuspeien, erhob sich der Älteste unter ihnen von dem Hocker, auf dem er gesessen hatte. Er war ein gebeugt gehender alter Mann ohne ein einziges Haar auf dem Kopf, und ich brauchte einen Moment, ehe ich ihn erkannte. Doch dann eilte ich ihm entgegen und drückte ihn an meine Brust – obwohl ich Theben, wie ihr wisst, nicht ausstehen kann.

«Empedokles!», rief ich – so laut, dass der König von Sparta den Kopf zu uns drehte. Ich schätze, Leonidas hielt mich für einen Possenreißer.

Empedokles lachte geräuschvoll. «Du bist hier, mein Junge? Du lebst?» Er betrachtete mich kopfschüttelnd. «In Platäa gibt es ein paar sehr enttäuschte Leute, mein Sohn.»

Bei seinen Worten fröstelte mich in der warmen Sommerluft. «Enttäuscht? Wie meint Ihr das?»

«Der jüngere Spross deines Vetters hat deinen Hof übernommen», sagte Empedokles. «Aber hier sind Männer, die dir das genauer erzählen können, denke ich. Mir soll es genügen, dir die Hand schütteln zu können. Ich fühle mich gleich zehn Jahre jünger, ach was, zwanzig!»

Hinter dem alten Priester erkannte ich im Schein des Feuers ein Dutzend Böotier, die ich gut kannte. Einer der Männer war niemand anderer als mein Schwager Antigonos. Er hatte sich erhoben, gab sich aber ziemlich zugeknöpft, wie mir schien. Er musterte mich stumm.

Ich ging geradewegs auf ihn zu und umarmte ihn wie einen Bruder. Ihm blieb nichts anderes übrig, als diese Begrüßung zu erwidern.

Kimon war an meiner Seite und raunte mir zu: «Ich habe es dir ja gesagt!»

Antigonos hatte nur Kopfschütteln für mich übrig, ehe er mich an seine Brust zog. «Wir alle dachten, du wärst tot», sagte er. «Bei allen Göttern, Arimnestos – wo bist du all die Jahre gewesen, beim Hades? Deine Schwester hat ein ganzes Jahr um dich getrauert!»

Ich spürte, dass er immer noch zwischen Zorn und Zuneigung schwankte – wie eine Mutter, deren Kind an einem Sommertag fortläuft und erst Stunden später zurückkommt.

«Die Karthager hatten mich versklavt», lautete meine Erklärung.

«Und dann segelte er am Rande des Erdkreises auf dem Weg zurück nach Platäa», sagte Kimon, der immer schon gut darin war, Öl ins Feuer zu gießen.

Antigonos schaute zur Seite. Als er mich dann wieder ansah, hatte er Tränen in den Augen. «Du *Bastard*», sagte er, aber dann zog er mich wieder an seine Brust.

Dann musste ich die ganze Begrüßungszeremonie noch einmal mit Lykon von Korinth durchspielen. Er war einst Gast auf meiner Hochzeitsfeier gewesen – damals hatte ich wirklich gedacht, Euphoria würde sich für Lykon und nicht für mich entscheiden. Lykon war immer schon der hübscheste Jüngling seiner Altersklasse gewesen, groß, blond und gut gebaut. Er war ein guter Athlet und Krieger, hatte aber eine vornehme, sanfte Art. Er besaß so viele gute Eigenschaften, dass man ihn leicht hassen konnte – sofern man um dieselbe Frau buhlt, will ich damit sagen.

Nun war er um einige Jahre älter, wirkte gesetzter und war gewiss auch verlässlicher, wie man es von hübschen jungen Burschen vielleicht noch nicht erwarten kann. Ich meine mich zu erinnern, dass auch Lykon mich einen Bastard schimpfte.

Zu guter Letzt traf ich den alten Draco wieder – ich schätze, dass er der älteste Zuschauer bei den Spielen war, aber unser alter Wagenbauer aus Platäa sah immer noch rüstig aus. Er ging nicht einmal nach vorn gebeugt.

«Wenn du nicht so ein gefürchteter Menschenschlächter wärst, junger Mann», sagte er mir offen ins Gesicht, «würde ich dir einen Schlag auf die Nase verpassen. Immer fort und fern der Heimat! Lässt den eigenen Hof verkommen! Wer soll jetzt unsere Phalanx ausbilden? Und überhaupt: Inzwischen gibt es keinen gescheiten Bronzeschmied mehr zwischen Thespeia und Theben!» Er hatte gesagt, was er sagen wollte, und funkelte mich an.

Tja, an jenem Lagerfeuer war ich der große Arimnestos – der Held von Marathon, der eingefleischte Pirat und wahrscheinlich so bekannt wie die meisten Krieger meiner Generation. Draco war ein Wagenbauer in einer unbekannten kleinen Polis, von der man in weiten Teilen der griechischen Lande noch nie etwas gehört hatte.

Aber unter seinem anklagenden Blick wand ich mich wie ein neunjähriger Junge, den man beim Äpfelstehlen erwischt hat.

Als Draco einen Schritt auf mich zukam, wich ich allein durch die moralische Autorität des alten Mannes zurück. «Wann hörst du endlich auf, dich wie ein streunender Junge zu benehmen, und kommst nach Hause und machst dich an die Arbeit?», fuhr er mich in grollendem Ton an.

Ich würde gern erzählen, dass ich all das mit einem überlegenen Lachen abtat, aber das tat ich nicht. Ich duckte mich fast, als rechnete ich mit Schlägen.

Für manche Leute ist man immer ein Kind. «Sobald die Spiele gelaufen sind, komme ich nach Hause», hörte ich mich sagen wie ein artiger Schuljunge.

Draco gab einen unwirschen Laut von sich. «Besser spät als nie», grummelte er in seinen Bart.

Es gab noch einen Platäer am Feuer, und zwar Styges, meinen alten Lehrling. Seine Begrüßung fiel um einiges herzlicher aus. Er umarmte mich, aber auch er schüttelte den Kopf. «Wir wussten, dass du noch lebst», sagte er. «Aber ich konnte es erst glauben, als ich dich sah.»

So viel also zu diesem Wiedersehen, das mich ganz schön in

Verlegenheit und Erklärungsnot brachte. Ich musste aufs Neue erzählen, wie ich versklavt wurde, wie ich fliehen konnte, wie ich mit unserem Schiff bis nach Albion segelte und über den Landweg durch Gallien zurück zur Inneren See gelangte. Ihr wisst ja, dass ich gern Geschichten erzähle, aber nicht unter den strengen Blicken des Königs von Sparta und im Beisein so vieler großer Männer aus Athen.

Trotzdem ist und bleibt es eine gute Geschichte, und als ich damit fertig war, schüttelte Draco den Kopf – in seiner Miene entdeckte ich Unglauben, wenn nicht gar Zweifel. Der alte Mann war offenbar davon überzeugt, ich hätte mir das alles ausgedacht, als Ausrede.

Doch Empedokles legte mir eine Hand auf die Schulter. «Du bist ein Günstling der Götter», sprach der alte Priester.

Ich blickte verlegen drein. «In Sizilien habe ich einige schöne Dinge geschmiedet», sagte ich. Empedokles hatte einst meine Schmiede gesegnet, hatte mich später in den Rang eines Meisterschmieds erhoben, auf dass ich dem Gott der Schmiedekunst diente.

Er strahlte über das ganze Gesicht. «So hast du dich also nicht von Hephaistos abgewandt, um nur noch Ares zu dienen?», fragte er.

«Nie!», rief ich. «Ich bin kein Sprössling der Gottheit mit den blutroten Händen.»

Empedokles nickte erneut. «Wirst du wirklich nach Platäa zurückkehren?», fragte er. Unterdessen hatte sich eine kleine Menschentraube um uns herum gebildet, und der König von Sparta stand nur wenige Schritte von mir entfernt.

«Ja», hörte ich mich sagen.

«Darf ich dann noch einmal zu dir kommen und deine Schmiede segnen?», lautete seine nächste Frage. «Du sprachst eben von Sizilien. Wollen doch mal sehen, ob deine Schmiedekünste für Böotien ausreichen», fügte er in neckendem Ton hinzu.

Ich verbeugte mich. Wir Griechen verbeugen uns nicht oft – höchstens vor den Göttern. Manchmal neigt man das Haupt vor großen Athleten oder vor einem sehr schönen Menschen, einem Mann oder einer Frau. Aber nie vor Befehlshabern und selten vor Königen.

Aber Empedokles war ein berühmter Priester. Und plötzlich, wie aus dem Nichts, erfasste mich das Verlangen, wieder etwas mit den Händen herzustellen – etwas zu schmieden.

«Es wäre mir eine Ehre», antwortete ich.

Rechts von mir stand der König von Sparta, links von mir mein Schwager Antigonos. Ich musste grinsen. Es kommt nicht jeden Tag vor, dass man den eigenen Schwager mit bedeutenden Aristokraten bekannt machen kann.

«Antigonos», begann ich förmlich, «darf ich dir Leonidas aus dem Hause der Agiaden vorstellen, den König von Sparta? Leonidas, darf ich Euch bekannt machen mit meinem Schwager Antigonos von Thespeia?» Es kommt nicht jeden Tag vor, dass man dem König von Sparta die eigenen Freunde vorstellen kann.

Die beiden Männer umfassten einander an den Unterarmen. Der Abend hielt kein klassisches Symposion für uns bereit – Mücken schwirrten über unseren Köpfen, das Feuer war zu heiß, der Wein schmeckte scheußlich, und trotzdem war uns allen bewusst, *warum* Themistokles uns eingeladen hatte.

Es dauerte nicht lange, und Antigonos plauderte mit dem König von Sparta über Pferde. Wie sich herausstellte, konnte man Leonidas sehr wohl zum Reden bringen, aber ich wusste einfach zu wenig über jene Themen, die ihn am meisten interessierten.

Nun – abgesehen von einem Thema, wie sich zeigen sollte.

Wie dem auch sei, ich wandte mich gerade Styges zu, um mir von ihm erzählen zu lassen, wie und warum der Sohn meines Vetters meinen Hof an sich gerissen hatte, als Themistokles in den Schein des Feuers trat. Alle Gespräche verstummten.

«Meine Herren», sprach er, «ich habe Euch zu mir gebeten, um Griechenland zu retten.»

Wir redeten über Stunden, fassten aber keine Beschlüsse.

Ich glaube, damals ließen sich die am Feuer versammelten Männer in vier Fraktionen einteilen. Einige Leute machten keinen Hehl daraus, dass sie nichts gegen die Perser hatten. Diese Ansicht vertraten zumeist ältere Aristokraten, die den persischen Großkönig entlang des Erdkreises als den «Ersten unter Gleichen» akzeptierten.

Die zweite Fraktion bestand aus Leuten, die überhaupt keine Krise erkennen konnten. Sie weigerten sich einfach zu begreifen, dass die Meder und Perser auf dem Marsch waren – sie wollten oder konnten nicht sehen, dass der Krieg längst begonnen hatte. Da Menschen nun einmal Menschen sind, hatte diese Fraktion die meisten Anhänger – damals am Lagerfeuer auf der Ebene von Elis, aber auch in den griechischen Landen.

Die dritte Fraktion hatte für den Großkönig und dessen Bestrebungen nur Missfallen übrig und war davon überzeugt, dass eine Invasion bevorstand. Doch diese Männer sagten, es käme Hybris gleich, überhaupt den Versuch zu unternehmen, sich Persien zu widersetzen. Daher sprachen sie sich dafür aus, sich öffentlich zu unterwerfen, sobald dies politisch geboten sei. Stadtstaaten wie Athen und Sparta, die sich nicht unterordnen konnten, wünschten sie alles Gute.

Schlussendlich gab es die vierte Fraktion, die die Absicht hegte, dem Großkönig Widerstand zu leisten. Für diese Männer stand es außer Frage, dass die Perser längst auf dem Weg waren, um Krieg zu führen. Männer mit dieser Ansicht hatten sich an jenem Abend am Feuer eingefunden. Leonidas von Sparta war ihr Sprecher – er vertrat sozusagen die politische Haltung seines irrsinnigen Halbbruders Kleomenes, der einst aggressiv gegen die Meder vorgegangen war. Aber als Führer der Konservativen im konservativsten Stadtstaat der griechischen Lande war Leonidas natürlich ein seltsamer Verbündeter des Themistokles.

Ungeachtet dessen bildete Themistokles den zweiten Pfeiler des Widerstands gegen Persien – er war der Wortführer der populären Fraktion in Athen, galt als überzeugendster Redner seiner Zeit und als erbitterter Gegner der Aristokratie. Ich glaube immer noch, dass keiner der beiden – Leonidas und Themistokles – ohne den anderen erfolgreich gewesen wäre.

Insgesamt neigten die Männer am Lagerfeuer eher dazu, Widerstand zu leisten. Wir konnten uns nur nicht darauf einigen, wann und wie wir uns den Persern entgegenstellen sollten. Ein Beispiel vielleicht, obwohl ich euch die Einzelheiten ersparen möchte: Kimon und ich sprachen beide abwechselnd auf dem notdürftig errichteten Rednerpult und betonten die Vorteile einer konsequent geführten Seestrategie, um die Flotte des Großkönigs noch in den Häfen entlang der syrischen Küste in Brand zu setzen.

Damals waren wir davon überzeugt, dass die Perser ausschließlich über das Meer kommen würden, wie sie es im Jahr von Marathon getan hatten.

Ich denke immer noch, dass wir unsere Ansichten verständlich vorbrachten, aber wir ernteten viel Spott.

«Der Großkönig befehligt an die tausend Schiffe – das habt Ihr selbst gesagt!», wandte ein Korinther ein. «Und trotzdem sagt Ihr, es sei möglich, mit nur hundert Schiffen seine gewaltige Flotte zu vernichten?»

Kimons Miene verfinsterte sich. «Ja, es ist möglich», sagte er.

«Und wir werden mit reicher Beute zurückkehren», fügte ich hinzu, was womöglich nicht die klügste Bemerkung des Abends war.

Weitaus mehr Männer sprachen sich dafür aus, einen großen Bund ins Leben zu rufen und bis nach Thessalien zu marschieren, um dort gegen die Perser zu kämpfen.

«Wenn sie kommen, dann kommen sie über Land», beharrte ein

korinthischer Aristokrat. «Ein Heer von der Größe des Großkönigs kann nicht über das Meer gebracht werden.»

«Man kann so viele Krieger aber auch nicht an Land versorgen», gab Kimon zu bedenken.

Leonidas verfolgte all das schweigend, sah mal diesen, mal jenen Mann an, als würde er bei einem athletischen Wettkampf zuschauen, bot indes selbst nichts an.

Schließlich erhob sich wieder der Korinther – Adeimantos, Sohn des Okytos. «Ich bin auch der Meinung, dass wir Widerstand leisten sollten», sprach er. «Aber dies sind athenische Taktiken – Taktiken unbedeutender Leute. In Korinth werden wir die unteren Schichten, die nicht besser als Sklaven sind, nicht erhöhen, nur um mehr Ruderer auf unseren Schiffen zu haben. Wir werden nicht zulassen, dass *Schiffe* das Schicksal Griechenlands bestimmen.»

Die meisten Männer grummelten verstimmt oder brachten lautstark ihren Beifall zum Ausdruck. So viel also zu unserem Plan einer zielgerichteten Seestrategie.

«Aber», fuhr er fort, «woher wissen wir denn, dass die Meder wirklich kommen?» Er gestikulierte. «Das persische Reich ist riesig, gewiss. Aber die Perser haben ihre eigenen Probleme, müssen Aufstände in ihrem eigenen Land niederschlagen. Wer kann also sicher sagen, dass sie tatsächlich kommen werden? Und falls es so ist – würde dann nicht jeder Anwesende hier wissen wollen, wie viel Zeit uns noch bleibt?»

Themistokles warf mir einen Blick zu. Er stand nicht weit von mir entfernt – bestimmt wollte er mich in dem Vorhaben unterstützen, die Entscheidung auf See herbeizuführen. «Arimnestos von Platäa kann Euch mehr dazu sagen als ich», meldete er sich zu Wort. «Vor einem Monat hatte er Artaphernes als Gast an Bord seines Schiffes.»

Lasst es mich so beschreiben: Es war, als hätte jemand gegen ein Hornissennest getreten.

Aber es stimmte ja. Und ehe ich zu einer Erklärung anhob, fing ich zufällig den Blick des Königs von Sparta ein – und plötzlich verstand ich, warum Leonidas mich gefragt hatte, ob ich des Persischen mächtig sei. Denn er hatte längst von diesem Zwischenfall gehört.

Also beschrieb ich noch einmal, wie mein Schiff in einen Sturm geriet und dass wir später auf Artaphernes' stark beschädigte Trireme stießen, auf der sich eine Meuterei abspielte. Ich erzählte, dass wir den Satrapen nach Karthago brachten und wieder in See stachen – alle weiteren Verwicklungen ließ ich aus.

Ich sah, wie Männer die Stirn runzelten.

«Ein Herr wie Artaphernes hätte sicher eine wertvolle Geisel abgegeben», sagte Adeimantos. «Oder seid Ihr insgeheim ein Geliebter eines Persers?»

Es gibt Beleidigungen, die müssen mit Blut gerächt werden – aber je älter ich werde, desto weniger Beleidigungen gibt es –, und dann gibt es Beleidigungen, die so widersinnig und obendrein komisch sind, dass man sie nur mit einem Lachen abtun kann. Daher lachte ich.

«Ich liebe das Gold der Perser», sagte ich. «Aber ich knöpfe es den Persern lieber ab, anstatt sie mit gebeugtem Knie darum zu bitten.»

Kimon gab einen Laut von sich, der wie ein Knurren klang.

«Das sagt Ihr!», gab Adeimantos zurück.

«Wärt Ihr bei Marathon dabei gewesen …», rief ich, beließ es dann aber dabei.

Der König von Sparta schaute mich mit einem Lächeln im Gesicht an. «Ich habe die Toten gesehen», sagte er. «Bei Marathon.» Eine wie gewohnt kurze Rede, und doch vermittelte Leonidas mit diesen Worten alles, was nötig war. Dann zog er eine Braue hoch, genau wie seine Gemahlin zuvor. «Aber sagt – warum?»

Ich zuckte mit den Schultern. «Artaphernes war mit einer Gesandtschaft unterwegs, und eine Gesandtschaft ist den Göttern heilig. Außerdem verdanke ich ihm mein Leben.»

Leonidas nickte ernst. «Verstehe.»

«Und er hat Euch tatsächlich gesagt, dass eine Invasion unmittelbar bevorsteht?», hakte der Korinther nach. Mir entging nicht, dass Lykon den älteren Mann mit einem abschätzigen Blick bedachte.

«Ja», antwortete ich. «Er selbst sagte es mir, seine Frau sagte es, ebenso der Anführer seiner Leibwache – übrigens ein alter Freund von mir, ein Gastfreund. Er warnte mich sogar ausdrücklich.»

Die Männer am Feuer steckten die Köpfe zusammen und sprachen leise miteinander.

Ich erhob meine Stimme. «Der Großkönig hat die Absicht, einen Kanal am Isthmus der Halbinsel Athos zu bauen. Und er plant eine Brücke über den Hellespont.» Ich ließ ein Schulterzucken folgen. «So sagt es zumindest der Satrap von Phrygien.»

Adeimantos machte keinen Hehl aus seiner Verachtung. «Eine Brücke über den Hellespont!» Er lachte. «Ich denke, Ihr versucht, uns mit Wundertaten in Angst und Schrecken zu versetzen, Böotier.»

Selbst Kimon wirkte nachdenklich. «Das ist ein bisschen dick aufgetragen», raunte er mir zu. «Eine Brücke über den Hellespont!»

Leonidas hingegen sah mich äußerst interessiert an. «Das wäre – großartig», sagte er. Sein Blick glitt in eine unbestimmte Ferne. Dann huschten seine Augen wieder zu mir. Er wirkte noch eine Handbreit größer als sonst. «Und Ihr haltet das für glaubwürdig? Nehmt es mir nicht übel. Manche Männer bedienen sich gewichtiger Worte, um andere zu beeinflussen.»

Da gab ich ihm recht. «Ein Mann, dem ich voll und ganz vertraue, erzählte es mir. Und ich glaube ihm», bekräftigte ich.

Der König von Sparta nickte knapp. «Dann bedeutet es, dass er ein Heer in Bewegung setzen wird. Er will es auf einen wahren

Wettstreit ankommen lassen.» Sein Blick glitt zu Themistokles. Den Worten war zu entnehmen, dass ein Gefecht auf See offenbar kein wirkliches Kräftemessen darstellte.

Gewiss, aus Sicht Spartas war das nun einmal so. Denn auf See war man auf die Rudermannschaften und Steuermänner angewiesen, nicht auf die ruhmreichen Hopliten.

Später, als die Weinkelche geleert waren und sich die meisten Männer zum Schlafen hingelegt hatten – ich spreche hier von den dürftigen, mit Flöhen bevölkerten Lagern aus Stroh –, saß ich noch in der milden Nachtluft am Feuer, ohne lästige Fliegen und Mücken, die noch beim Sonnenuntergang wie ein Fluch in Scharen über uns hergefallen waren und uns arg zugesetzt hatten. Aristeides saß neben mir – und Styges, Lykon von Korinth, Kimon, Empedokles aus Theben, auch der Spartaner Kalliteles und ein Dutzend weiterer Männer. Auch Brasidas hatte sich dieser kleinen Runde angeschlossen, ignorierte Kalliteles jedoch hartnäckig, aber das beruhte auf Gegenseitigkeit.

Der König hatte mich wütend gemacht. Das merkte ich erst, nachdem er das Lagerfeuer mit rot gebauschtem Umhang verlassen hatte. Allein dieser hochtrabende Umhang! Rührte mein Unmut von Leonidas' Gehabe? Ich bewunderte ihn als Menschen – dennoch, die Art und Weise, wie er in Erscheinung trat und einfach wieder ging: ganz so, als wäre er nicht nur der König von Sparta, sondern der Herrscher aller Griechen ...

Die Formulierung «es auf einen wahren Wettstreit ankommen lassen» schwärte in mir wie ein Stachel in meinem Fleisch.

Ich streckte mich auf meinem Mantel aus und ließ mich von meiner Abneigung übermannen, obwohl ich mich für reifer hielt und glaubte, ruhiger und distanzierter als früher zu sein.

Schließlich wandte ich mich Brasidas zu und ging nicht auf die Frage ein, die Styges mir gerade gestellt hatte. «Warum bezeichnet dein König einen Kampf an Land als ‹wahren Wettstreit›?», wollte ich von ihm wissen. Denn «Wettstreit» war ja im engeren Sinne der Begriff für die olympischen Disziplinen. «Du bist doch Spartaner und hast schon ein Gefecht auf See erlebt.»

Brasidas starrte so lange in die Dunkelheit, dass ich schon glaubte, er würde gar nicht mehr antworten. Warum sollte er auch? Es war eine in Wut ausgesprochene rhetorische Frage.

Er hüstelte und richtete sich auf. «Als ich jung war und die Agoge durchlaufen hatte», sagte er, «zogen wir in den Krieg gegen Argos. Eigentlich kein richtiger Krieg. Wir wussten, dass wir gewinnen würden, und das wussten auch die Männer aus Argos – es sind gute Kämpfer, aber sie waren uns nicht gewachsen. Außerdem boten wir mehr Hopliten auf.» Er wandte sich mir zu, um sich zu vergewissern, dass er meine Aufmerksamkeit hatte. Sein Blick haftete auf der Glut. «Kleomenes war König. Er war bemüht, dem Peloponnesischen Bund neues Leben einzuhauchen. Seiner Ansicht nach sollten die einzelnen Verbündeten mehr Mitspracherechte haben. Einer der Bündnispartner unterbreitete einen Vorschlag für das weitere taktische Vorgehen.» Er sah mich an. «Und Kleomenes ließ zu, dass die Verbündeten diesem Mann folgten – obwohl sein Halbbruder Leonidas den Vorschlag als ungriechisch und wertlos verspottet hatte. So kam es, dass die Verbündeten links von uns marschierten, ehe sie auf einen Befehl sehr schnell vorwärtsdrängten – ungefähr so.» Mit der rechten Hand stellte er die spartanische Phalanx dar, die sich in Bewegung setzt, weder langsam noch schnell, sondern unerbittlich.

Ich hatte das mit eigenen Augen gesehen. Einst stand ich den Spartiaten im Feld gegenüber. Nichts hat man auf dem Rund des Erdkreises mehr zu fürchten als einen Angriff der Spartiaten.

Nun schwenkte er mit der linken Hand nach links und deutete das Vorrücken auf der Flanke an.

Um mich herum war es totenstill geworden. Brasidas hatte noch nie etwas erzählt – selbst diejenigen, die ihn gar nicht kannten, unterbrachen ihre Unterhaltungen und lauschten seinen Worten. Ich sah, dass Kalliteles nickte, als wolle er sagen: «Ja, genauso war es.»

«Sowie die Kämpfer aus Argos erkannten, dass sie auf der Flanke überrannt wurden, löste sich ihre Formation auf, und sie flohen», erzählte er weiter.

Viele nickten zustimmend. Kimon sah aus wie ein Junge, der die Pointe des Witzes schon kennt.

«Tja», meinte ich, «in der Unterzahl, dann noch gegen Spartiaten, auf der Flanke überrannt?» Ich schaute mich in der kleinen Runde um. «Da hätte ich auch die Beine in die Hand genommen.»

Brasidas stimmte mir zu. «Sie rannten die Strecke eines Stadions – entzogen sich der Umklammerung. Dann blieben sie stehen. Und formierten sich wieder in der Phalanx.»

Seine Augen huschten zu Kalliteles, der älter war. Kalliteles hatte einst als Ringer bei den Spielen gesiegt, und das bedeutete höchstwahrscheinlich, dass er den Hippeis angehörte – in Sparta bilden die Hippeis die königliche Leibgarde.

Er machte eine Pause und zog eine Braue hoch. «Dann begannen sie, uns zu verspotten.»

Wieder nickte Kalliteles ernst.

«Schließlich entsandten sie einen Herold. Und ließen uns wissen: ‹Oh, Ihr Spartiaten, die Ihr so stark im Krieg seid – haben Eure Arme ihre Kraft eingebüßt, dass Ihr Euch auf einen Trick wie diesen einlasst? Kämpft Brust gegen Brust und Schild gegen Schild mit uns, in einem wahren Wettstreit, oder geht nach Hause und seid verflucht!›»

Brasidas ließ ein schmales Lächeln erkennen. «Wir sagten den Verbündeten, dass sie ausscheren sollten. Danach marschierten nur wir Spartiaten los, und die Männer aus Argos stemmten sich gegen uns und kämpften.» Er schien ganz in seinen Erinnerungen zu sein. «Natürlich besiegten wir sie. Sie schickten erneut Herolde, die verkündeten, Argos werde sich unterwerfen. Sie baten um Erlaubnis, ihre Toten bestatten zu dürfen. Das schlugen wir ihnen natürlich nicht ab.» Er blickte gewichtig in die Runde.

Kalliteles holte hörbar Luft.

«Ich habe die Geschichte schon mehrmals gehört», warf Kimon ein. «Einmal war ich zu Gast bei einem Festmahl bei Leonidas und Gorgo, als einer der Ephoren von diesem Tag erzählte. Ich meine mich zu erinnern, dass die peloponnesischen Verbündeten den Zangenangriff zunichtemachten, weil sie zu langsam vorrückten. Als ich das sagte, sah Gorgo mich an – ungefähr so, wie eine Ehefrau dich ansieht, wenn du etwas Törichtes im Tempel sagst.» Er schob leicht die Unterlippe vor und machte eine hilflose Geste wie ein Pantomime auf der Bühne.

Brasidas schaute zu Boden.

Kalliteles indes blickte hinauf zu den Sternen.

Styges war unter Idomeneus' Anleitung zum Mann gereift. Er begriff sofort – wie ich auch, den Göttern sei Dank. Ich hatte eine Weile unter Kretern gelebt. Styges beugte sich vor, blieb aber zögerlich, da er es als junger Mann nicht gewohnt war, rasch seine Meinung kundzutun. Doch dann sagte er: «Ich verstehe.»

Brasidas musterte ihn. «Ja, wirklich?» Er klang müde, als hätten die vielen Worte ihn ermüdet.

«Ein Sieg bedeutet mehr, als Boden auf dem Schlachtfeld gutzumachen», sagte Styges. «Mein – Ausbilder Idomeneus sagt immer, dass sich Sieg und Niederlage im Kopf der Streiter abspielen. Einige sterben, doch besiegt sind sie nicht. Andere töten, aber letzten Endes beschleicht sie das Gefühl, besiegt zu sein.» Mit seinen dunklen Augen blickte er ins Feuer – dann wanderte sein Blick zu mir, zu Kimon, zuletzt zu Brasidas. «Ich habe das auch schon erlebt.»

Wir pflichteten ihm bei. «Mit diesem Trick auf dem Schlachtfeld sind die Männer aus Argos im Grunde unbesiegt geblieben», fuhr Styges fort. «Sie haben keine Schmach auf sich geladen. Sie hatten es Mann gegen Mann mit den Spartiaten aufgenommen, hatten keine Zeit mit irgendwelchen taktischen Manövern verschwendet.»

Endlich verstand ich, worum es wirklich ging. «Leonidas möchte, dass sich die Griechen Speer gegen Speer und Stoßlanze gegen Stoßlanze mit den Medern messen. Mann gegen Mann. So wie einst die Männer aus Argos.»

Brasidas nickte. «Er spricht nicht von den Griechen», sagte er. «Vielleicht schon. Aber im Grunde meint er die Männer aus Lakedaimon.»

Kalliteles hatte sich bis dahin große Mühe gegeben, nicht den Anschein zu erwecken, als spreche er mit Brasidas, doch jetzt konnte er sich offenbar nicht zurückhalten. Ich sah ein Funkeln in seinen Augen, als er die rechte Faust in die linke Handfläche klatschen ließ. «Um zu sehen, wer der Bessere ist», lautete seine knappe Feststellung.

Ich legte mich schlafen und träumte von Herakles. Ich erinnere mich gut an diesen Traum. Herakles streifte durch die Lande, die Keule auf der Schulter, und gelangte nach Olympia, um an den Wettkämpfen teilzunehmen. Es war ein schöner Traum, dem weitere Traumbilder folgten, mit Gorgo, die nackt auf einem Pferd saß.

Ich brauche keinen Priester, der mir diese Träume deutet.

Ich wachte auf und machte mich wieder auf den Weg zur Latrine, und wieder durchlebte ich angesichts des frühen Morgens im Lager zunächst Unmut und dann Freude. Ich hatte mich an die Geruchsnote gewöhnt. Von See her strich eine sanfte Brise das Tal hinauf, und so ließ ich meinen Chiton fallen und lief los. Meine alte Wunde schmerzte – immerhin lief ich den dritten Tag in Folge –, aber ich war voller Tatendrang und lief den Fluss entlang.

Nach etwa sechs Stadien begann mein rechter Fußknöchel zu pochen. Nach zehn Stadien wurde der Schmerz fast unerträglich.

Es ist etwas anderes, ob man Schmerz erduldet oder ob man eine echte Verletzung fürchtet. Die meisten Menschen können großen Schmerz aushalten, wenn sie wissen, wie es ausgeht. Aber was einen zum Feigling macht, ist die Angst – die Angst vor einer Verletzung, die von Dauer ist, die Angst vor einer Lähmung, einem Bruch, dem Verlust von Gliedmaßen.

Mein Knöchel sah nicht schlecht aus, aber ich entfernte mich vom Flussbett, hinein in die Wiese, wo der Boden weicher war.

Der Schmerz wurde schlimmer.

Gorgo kam in das Tal geritten, trieb ihr Pferd in einen gestreckten Galopp. Ich erkannte sie sofort, denn es war eine Frau auf einem Pferd, die nichts am Leib trug. Und so viele Frauen, die in dieses Bild passen, konnte es nicht geben. Nicht einmal bei den Olympischen Spielen.

Ich vergaß den Schmerz im Fußknöchel. So einfach gestrickt ist der Mann. Ich vergaß meinen Knöchel und lief davon.

Nun ja, zumindest dachte ich, ich könnte davonlaufen.

Sie zügelte ihr Pferd auf meiner Höhe. «Arimnestos, wenn ich nicht wüsste, dass Ihr Euch bei Lade diese Verletzung im Kampf gegen die Perser zugezogen habt, würde ich sagen, dass Ihr der schlechteste Läufer seid, der mir seit Jahren untergekommen ist.»

Ich grinste, plötzlich erfreut, eine Ausrede zu haben, stehen zu bleiben.

«Wie ich sehe, sind die Spartaner zumindest in einer Hinsicht genau wie andere Griechen», sagte ich.

Gorgo zog am Zügel, sodass das Pferd einen halben Schritt zurückmachte. «Und in welcher Hinsicht?», fragte sie.

«Die Frauen sind redseliger als die Männer», lautete meine Antwort.

Sie lachte. «Soll ich Euch dann lieber zurück ins Lager humpeln lassen, Platäer? Bislang hatte ich Euch nicht zu den Männern gezählt, die es vorziehen, so zu tun, als hätten Frauen keinen Geist.»

Ich blieb stehen und lachte ebenfalls. «Nein. Aber kein Mann mag hören, dass er humpelt, wenn er in jungen Jahren schnell und leichtfüßig war. Achill humpelte nie.» Ich hielt eine Hand hoch, wie ein Pankrationist, der aufgibt. «Verschont mich, Königin! Ich gehe neben Euch her und ertrage Eure Scherze. Ganz recht, mein Knöchel bringt mich noch um.»

Falls sie mir Mitleid entgegenbrachte, so merkte ich es nicht. «Ihr sprecht Persisch.» Es war eine Feststellung.

«Ja, das stimmt.» Unwillkürlich kam mir in den Sinn, welche Worte persische Krieger für die Brüste einer Frau in den Mund nehmen – rasch wendete ich den Kopf zur Seite, um mein Lächeln zu verbergen.

«Und Ihr habt manch einen Freund innerhalb der Grenzen des persischen Reichs?»

«Und auch den ein oder anderen Feind», räumte ich ein. Einem Mann fällt es wirklich schwer, im Beisein einer attraktiven Frau nicht die Schultern zu straffen und die Brust rauszuschieben. Glücklicherweise thronte Gorgo über mir auf ihrem Pferd.

Eine Weile setzten wir unseren Weg in einvernehmlichem Schweigen fort.

«Wenn ich meinen Gemahl richtig verstanden habe, darf ich Euch in unserem Bund willkommen heißen», sagte sie unvermittelt.

«In welchem Bund?»

«In der Verschwörung, um Griechenland zu retten», erwiderte sie.

Ich blieb stehen und verbeugte mich wie vor einer Priesterin. Für mich war Gorgo wie eine Priesterin Griechenlands, ganz so, als wäre Griechenland eine Gottheit. Es ist schwer, das zu erklären.

«Ich frage mich, ob Ihr darüber nachdenken würdet ...», begann sie, ehe sie die Brauen zusammenzog.

Das tat sie absichtlich, mit Bedacht. Ich wusste es gleich, weil ich die Frauen kenne, glaubt mir. Gut, nicht alle Frauen natürlich, aber eine Frau wie Gorgo. Außerdem kannte ich Briseis. Hier hatte ich es mit einer Frau zu tun, die von wichtigen Männern stets das bekam, was sie wollte – nicht indem sie ihre körperlichen Reize zur Schau trägt, sondern indem sie ihre geistige Stärke einsetzt. Der Körper sollte zwar bewundert werden, aber er diente nur als Köder.

Ich konnte mir nicht vorstellen, dass die Frau des Königs von Sparta – zügellos war. In Gegenwart von Briseis war ich bisweilen wie ein neunzehnjähriger Jüngling, aber ich bin nicht ganz auf den Kopf gefallen. Gorgo wollte etwas Bestimmtes.

Es gefiel mir, den Spartaner zu spielen, während ich neben ihrem Pferd herging und so tat, als hätte ich die Worte nicht vernommen.

Das Lager kam in Sichtweite.

«Wie kam es, dass Brasidas einer Eurer Freunde wurde?», fragte sie.

Ich vermutete, dass diese Frage als Ablenkung gedacht war, aber mir gefiel das Thema. Denn immerhin hatte Gorgo den Namen ausgesprochen und somit den Mann nicht länger ignoriert.

«Wir begegneten uns am Kai in Syrakus», sagte ich. «Ich brauchte noch einen guten Anführer für meine Epibatai.» Was nicht ganz stimmte, da ich bestens mit Alexandros zufrieden war. Brasidas war eher wie eine Naturgewalt.

Sie lächelte. «Mein Gemahl hasst ihn», sagte sie. «Obwohl man dazu sagen muss, dass Brasidas meinen Gemahl in gleichem Maße hasst.»

Sie schenkte mir ihr rätselhaftes Lächeln, das ich als Aufforderung interpretierte, nach den Details zu fragen.

Es fiel mir schwer, das Alter dieser Frau zu erraten. Aber wenn Leonidas fünfzig war, war sie dreißig – mit dem Körper einer Zwanzigjährigen. Und dem Geist einer Ephorin – immer berechnend. Viel später erfuhr ich, dass sie ein Netzwerk von Spähern und Spitzeln befehligte, das in den griechischen Landen recht einflussreich war. Und als sie und Kimon dann Verbündete wurden, verfügten sie gemeinsam über das beste Nachrichtennetzwerk überhaupt – vergleichbar mit dem des Großkönigs oder dem Tempel und Orakel bei Delphi.

Aber ich wollte nicht genauer nachfragen. Als Befehlshaber lernt man schnell, dass man nicht alles wissen will. Wenn die Leute dir etwas anvertrauen, gut. Tun sie es nicht – auch gut. Manchmal spart man dadurch Zeit.

Sie reckte das Kinn leicht vor. «Wie ich sehe, seid Ihr immun gegen meine Reize.»

Ich schaute lächelnd zu ihr auf. «Ich glaube nicht, dass Eure Reize im Angebot sind, Königin von Sparta. Oder darf ich mich für den neuen Paris halten – der Euch packt und zu meinen Schiffen trägt?»

Sie lachte wieder und machte ein Gesicht, das Angst zum Ausdruck bringen sollte – ein sehr attraktives Gesicht. «Klingt aufregend», sagte sie.

«Ihr wisst ja, wie es für Paris und Helena ausging», merkte ich an.

Wieder ihr klares Lachen. Es klang fast wie Leonidas' Stimme – scharf, schneidend. Milde und Nachsicht durfte man nicht erwarten. «Und doch seid Ihr, wie ich höre, ein Bewunderer der Frauen?», fragte sie. «Ich sagte zu meinem Gemahl, ich sei mühelos imstande, Euch um den kleinen Finger zu wickeln.»

«Oh, wirklich?», entfuhr es mir – ich fühlte mich in gewisser Weise geschmeichelt.

«In meiner Gegenwart schmelzen die griechischen Männer für gewöhnlich dahin.» Wieder eine Feststellung, ohne unanständig zu klingen.

«Ich schmelze ja auch dahin», erwiderte ich. «Wenn mein Knöchel nicht so schmerzen würde, dann …»

Unsere Blicke trafen sich. Doch in ihren Augen entdeckte ich kein belustigtes Glitzern, sondern den Ernst und das Kalkül einer

Herrscherin. Mir war sofort klar, dass das geistreiche Tändeln falsch gewesen war.

«Es tut mir leid», murmelte ich vor mich hin. «Ich habe mich im Tonfall vergriffen. Kann ich Euch oder dem König in irgendeiner Weise dienlich sein?»

Wir legten ein weiteres Stadion auf unserem Weg zurück.

«Ich frage mich, ob Ihr in Erwägung ziehen würdet», brachte sie vorsichtig vor, «zwei spartanische Herolde bis zum Großkönig zu begleiten?»

«Nach Persien?», entfuhr es mir ungewöhnlich scharf. Ich gebe zu, ich war geradezu erschrocken.

Sie seufzte. «Das habe ich wohl nicht richtig gehandhabt.»

6. KAPITEL

Du siehst aus, als hättest du ein Gespenst gesehen, mein Bruder», sagte Kimon, als ich in unser Lager hinkte. Mein Knöchel war inzwischen angeschwollen. «Hast du dich mit Gorgo unterhalten?»

Das riss mich aus meinen schmerzüberlagerten Gedanken. «Wie viel wisst Ihr?», wollte ich wissen.

Er gab sich unbeteiligt. «Nun, nicht wenig», gab er zu.

«Bei Poseidon, Kimon, wenn die Spartaner Herolde bis nach Persien schicken, dann ist Athen dem Untergang geweiht.» Ich konnte nicht anders, ich musste es so klar und deutlich sagen.

Kimon sah mich in gespieltem Erstaunen an. «Arimnestos, manchmal hörst du dich wie ein Hinterwäldler vom Lande an und nicht wie ein weltgewandter Mann. Leonidas ist der Erbe von Kleomenes und dessen aggressiver Außenpolitik. Es ist höchst unwahrscheinlich, dass er sich Persien unterwirft.» Er schenkte mir ein Lächeln. «Oder doch?»

Ich musste zugeben, dass er nicht ganz unrecht hatte – und ich hatte inzwischen so viel Erfahrung, um zu wissen, dass der gerissene Sohn des schlauen Miltiades bestimmt mehr wusste als ich. «Gorgo hat mich soeben gefragt, ob ich die spartanischen Herolde bis nach Susa begleiten würde», erklärte ich. «Ich soll meine Beziehungen zum Satrapen von Phrygien in die Waagschale werfen, damit die Herolde gut behandelt werden.»

Kimon kratzte sich am Kinn. «Gut. Nun ja, du sprichst ja Persisch.» Sein Blick glitt zur Seite, dann wieder zu mir. «Vertraust du mir?»

Ich lächelte. Ich weiß noch, dass ich in jenem Moment an all die

Dinge dachte, die ich an Miltiades gehasst hatte, aber auch an all das, was ich stets an ihm liebte. «Sagen wir es so, ich wäre in Eurem Beisein sehr viel vorsichtiger, wenn es hier nur um innerathenische Politik ginge. Aber abgesehen davon – ja, ich vertraue Euch.»

Kimon grinste mich an. «Nichts für ungut, Platäer. Also – könntest du dich für den Augenblick damit anfreunden, dass auch ich zur Fraktion gehöre, die den Krieg befürwortet?»

Ich denke, ich habe ein bisschen verwundert dreingeblickt. Da Kimon für die Konservativen stand, die sich für den Krieg gegen Persien ausgesprochen hatten, kam mir die Frage ein wenig seltsam vor. «Gewiss.»

Er stützte sich auf den Ellbogen ab und streckte die langen Beine dem Feuer entgegen. «Du weißt schon, was es bedeutet, wenn der Großkönig tatsächlich sein Heer in Bewegung setzt – oder?»

Kann sein, dass ich die Stirn runzelte. «Ja. Hunderttausende Krieger marschieren durch die griechischen Lande. Wir werden zehn Jahre brauchen, um sie zurückzuwerfen.» Ich sah ihm in die Augen. «Das wird furchtbar.»

«Es wird das Ende des Landes sein, das wir als Griechenland kennen», sagte er leise. Dann deutete er in Richtung des Stadions und des Hippodroms. «Die Perser werden unsere Tempel einreißen und unsere Städte niederbrennen, unsere Olivenbäume fällen – sie werden eine ganze Generation Landbauern auslöschen und so lange plündern, bis wir ärmer dastehen als je zuvor.» Er machte eine Pause. «Und so wird es auch kommen, falls wir siegen sollten.»

«Wenn es ein Krieg an Land wird», sagte ich.

«Die Brücke über den Hellespont, von der du sprachst – diese Vorstellung macht mir Angst, weil ich glaube, dass es stimmt. Zunächst wollte ich dir nicht glauben. Aber jetzt weiß ich, was auf dem Spiel steht. Ein Weg aus Planken und Bohlen über sechzig oder siebzig Triremen hinweg.»

«Eher zweihundert», sagte ich. «Ich würde zweihundert Triremen nehmen, um den Hellespont zu überbrücken.» Ich musste lachen. «Sehen wir es so: Zweihundert Schiffe weniger, gegen die wir kämpfen müssten!»

«Keiner der Männer am Feuer wäre bereit, den Kampf nach Art der Piraten auszutragen und die Perser vor der syrischen Küste anzugreifen», sagte Kimon ernst. «Und wenn wir den Vorschlag machen, sieht man in uns nur zwei Männer, die Beute machen wollen ...»

«Ich habe mein Vermögen längst gemacht», sagte ich.

«Wie ich auch. Aber ...» Er brach ab.

Ich wartete.

Ich erinnere mich, dass Hektor in diesem Moment kam und uns Wein nachschenkte. Kimon verstummte und wartete, bis der Junge uns bedient hatte. Allein das verriet mir schon eine Menge.

Schließlich schürzte er die Lippen und blickte grimmiger drein als zuvor. «Die einzige erfolgversprechende Strategie wäre, sich auf direktem Weg zum Großkönig zu begeben – um zu ermitteln, ob sich etwas erreichen ließe, das nicht Krieg heißt.»

Ich gebe zu, mir blieb fast die Luft weg. «Wir unterwerfen uns?»

Kimon sah mich an, als wäre ich ein Narr. Es war ein langer Tag gewesen, ich hatte zu viel Wein genossen, und vielleicht war ich ja auch ein Narr.

Ich weiß eine Menge über den Krieg, Thygater, und eines weiß ich mit Sicherheit: Krieg ist immer schlecht. Er mag gut sein für Narren und Piraten, vielleicht auch für gutaussehende Männer, die Angst davor haben, als Feiglinge bezeichnet zu werden. Aber er ist schrecklich für Frauen und Kinder und für alle anderen auch.

Es gibt eine unumstößliche Erkenntnis im Leben. Die Dinge, die man in jungen Jahren wertschätzt und für wichtig erachtet – Rache, Ehre, Vergeltungsmaßnahmen, Tapferkeit und Heldentum –, kommen einem im zunehmenden Alter immer unbedeutender vor. Rachegelüste? Das ist etwas für die Schwachen. Starke Menschen können ihre Zeit mit besseren Dingen verbringen – das Leben genießen zum Beispiel, die Felder bestellen, Nachkommen zeugen, die Götter ehren. Was ist Arete? Hat man sich im Leben bewiesen, wenn das Blut eines anderen Menschen an der eigenen Klinge klebt?

Ich denke, nein. Und ich muss es wissen, denn ich habe mehr Menschen getötet als manch anderer.

Kimon entwarf an jenem Abend ein blutiges Szenario, während der Große Bär über unsere Häupter zog – er malte ein Bild, das unsere Welt in Flammen sah. Und all das, was uns auszeichnet, all das, was wir Griechen erreicht haben – als Seeleute, Bronzeschmiede, Athleten, auch als Krieger –, drohte in diesem heißen Feuer zu verglühen. Die Flammen würden alles verzehren, bis uns nur noch die Fähigkeit bliebe, zum Kampf anzutreten – nicht wie Griechen, sondern wie verzweifelte Sklaven.

Schließlich sagte er: «Wenn sie kommen, dann werde ich mit meinem Vermögen und mit meinen Händen kämpfen. Aber besser wäre es, sie kämen nicht.»

Ich stimmte ihm zu. «Wie können wir sie aufhalten?», fragte ich dann.

«Wir bereiten uns auf den Krieg vor. Und präsentieren uns so kraftvoll und voller Eintracht wie irgend möglich. Der Großkönig wird vielleicht nur dann innehalten und sein Vorgehen überdenken, wenn wir eine starke Formation bilden und ein wirklicher Kampf droht. Wir brauchen aber auch ein gutes Angebot.»

Ich verfiel ins Grübeln. «Der neue Großkönig Xerxes ist noch sehr jung. Wie man hört, ist er ziemlich – emotional.»

Kimon sah mich an. Ich schwieg zunächst. Artaphernes und Kyros hatten Xerxes nicht einmal namentlich erwähnt. Mein Eindruck war, dass sie keine großen Stücke auf ihn hielten und vielleicht sogar einen anderen Thronprätendenten unterstützt hatten. Niemand bestieg den Thron der Achämeniden ohne Blut an den Händen: Xerxes hatte seine Brüder getötet, um auf den Thron zu gelangen – nichts Ungewöhnliches im Osten. Aus unserer Sicht natürlich verachtenswert.

«Sind die Perser überhaupt religiös?», fragte Kimon mich.

Ich runzelte die Stirn. «Gewiss. Warum fragt Ihr? Ihr kennt doch genauso viele Perser wie ich!»

«Ich wünschte, es wäre so. Ich bin nicht bei oder mit ihnen aufgewachsen, und die Perser, die an den Hof meines Vaters flohen, waren anders als die Männer, die du beschreibst. Abtrünnige sind selten die wahren Repräsentanten ihrer Kultur, wie?»

Ich nippte an dem Wein und betrachtete das Spiel der Flammen. «Wirklich, Kimon, ihre besten Leute unterscheiden sich nicht groß von unseren. Abgesehen von den komischen Beinlingen.»

Kimon nickte. «Bald bricht die Dämmerung an. Ich werde versuchen, meine Ansicht kundzutun. Ebenso Gorgos Ansicht. Weißt du noch, in welchem Jahr Marathon war?»

Ich lachte. «Was soll die Frage?»

«Ich meinte es eher als rhetorische Frage. Erinnerst du dich an die persischen Gesandten?» Er sah mich an, und ich zuckte zusammen.

«Nein», antwortete ich. «Aber ich habe gehört, dass sie getötet wurden – in Athen und in Sparta.»

Kimon gab mir recht. «Kleomenes befahl, die Männer in einen Brunnen zu werfen. Die Geschichte kennst du ja bestimmt.»

In der Tat.

«Die meisten Spartiaten sind davon überzeugt, dass der König eine große Pietätlosigkeit beging und dass die Götter seither sehr zornig auf Sparta sind. Es gibt einige Dinge, die Sparta seither erdulden musste – vier Missernten, etliche Versäumnisse, ein Erdbeben ...» Ich war im Begriff, etwas einzuwenden, aber er bedeutete mir, weiter zuzuhören. «Spartaner sind sehr religiös, Arimnestos. Daran solltest du nie zweifeln. Ich habe oft an ihren Syssitien teilgenommen. Es gibt nichts über Aberglaube und die Befolgung religiöser Sitten, an die ein Spartaner nicht glaubt.»

Mir kam natürlich Brasidas in den Sinn. Wie immer, wenn es um Sparta ging. Sein Exil erschien plötzlich in einem anderen Licht – und gewiss, er war abgeschnitten von allen religiösen Verpflichtungen seiner Heimat. Als ich eine Weile darüber nachdachte, hatte ich fast vergessen, was Kimon sagte.

«Wie dem auch sei», meinte er, «die Spartaner sind davon überzeugt, dass auf ihnen ein Fluch lastet, weil die Herolde ermordet wurden. Einer der größten Hinweise auf das Missfallen der Götter ist der Umstand, dass Sparta seit der Ermordung der Herolde keinen einzigen athletischen Wettkampf mehr gewonnen hat – nicht bei den Isthmischen Spielen, nicht bei den Nemeischen Spielen und auch nicht hier. Daher wird Leonidas bei der großen Opferhandlung morgen einen Eid leisten, die eigenen Herolde zum Großkönig zu schicken – auf dass Xerxes mit diesen Männern verfährt, wie es ihm beliebt. Kleomenes ist tot, aber Leonidas könnte anbieten, dem Großkönig jene Männer auszuliefern, die die Herolde auf dem Gewissen haben. Das weiß ich aber nicht mit Sicherheit.»

«Ein symbolischer Akt der Unterwerfung», sagte ich. «Keine Erde und kein Wasser, aber ...»

«Und es wäre ein Akt der Ehrbezeugung gegenüber Zeus. Auf diese Weise würde der König zeigen, dass Sparta bereit ist, Buße zu tun für den Schandfleck. Denn was ist schlimmer als ein Mord an Herolden, die sowohl Hermes als auch Zeus heilig sind?» Kimon sah mich an.

«Ich sollte mich schlafen legen», sagte ich. «Es gibt zu viele Geheimnisse, und jemand schleudert Steine auf Polypeithes!» Ich erhob mich.

Kimon begriff sofort. «Polypeithes' Verletzung rührt von einem

Unbekannten her?», fragte er. «Was für ein Hurensohn!» Er schaute über die Flammen hinweg. «Mit dem Streitwagen haben die Spartaner die beste Aussicht, den Lorbeerkranz zu erlangen. Und wir brauchen den Sieg der Spartaner, Arimnestos. Wir brauchen die alten, konservativen Spartiaten, auf dass sie Leonidas unterstützen. Denn auch in Sparta gibt es eine Fraktion, die Persien zugeneigt ist ...»

Ich denke, ich sah ihn mit großen Augen an. «Sicher! Am persischen Hof lebt doch ein König von Sparta!» Endlich setzte sich das Bild zusammen. Wenn man es als Handlungsgefüge eines Dramas sah, war es sogar ausgesprochen «griechisch». Plötzlich war mir, als hätte Aischylos unser aller Verhängnis niedergeschrieben. Sparta stellte die größte militärische Streitmacht in ganz Griechenland. Wir waren auf die Spartiaten angewiesen. Aber durch ihr Königshaus ging ein tiefer Graben – bei Hades, Kleomenes hatte die persischen Boten nur deshalb umbringen lassen, um seinem Rivalen Damaratos Steine in den Weg zu legen, damit Damaratos keinen Frieden mit Persien schließen konnte!

So kam eins zum anderen. Mehrere ineinander verschachtelte Handlungsstränge. Keine Tat bleibt ohne Folgen.

Ungefähr so erging es uns vor Lade, als die Perser uns niederrangen und ein Drittel unserer Flotte zur anderen Seite überwechselte.

Ich spie in die Flammen. «Wir sind ein verabscheuungswürdiger Haufen», schimpfte ich. «Nicht bloß die verfluchten Spartaner. Wir kämpfen untereinander und schmieden Ränke, die unser eigenes Verderben bedeuten, und dann fallen die Perser über uns her und verschlingen uns.»

Auch Kimon hatte sich erhoben. «Vielleicht, mein Bruder, vielleicht aber auch nicht. Aber heute Abend, bei den Opferhandlungen, wird Leonidas geloben, seine Herolde zu entsenden. So wurde es ihm in Delphi geraten. Und nun haben sie dich gebeten, die Boten zu begleiten – den ganzen Weg bis nach Susa.» Er ließ ein Schulterzucken folgen. «Sobald einer der Athleten aus Sparta einen Wettkampf für sich entscheidet, sollten wir uns auf den Weg machen.»

«Aber irgendjemand hier versucht das zu verhindern», sagte ich.

«Nicht irgendjemand. So gut wie jeder.»

Zu wenig Schlaf und zu viel Wein. Dazu der pochende Knöchel, sodass ich nicht mehr meine Distanzen laufen konnte. Ich brauchte Übung, daher streifte ich kurz nach Anbruch der Dämmerung durch das Lager. Sklaven und ärmere Leute bereiteten Essen zu, die Wohlhabenden indes reckten sich verschlafen oder blieben entspannt auf ihren Nachtlagern liegen.

Der große Tag war gekommen, der Tag der Eröffnungsfeier der Spiele. Wir alle würden an den größten Opferhandlungen innerhalb der griechischen Welt teilnehmen – über hundert Ochsen sollten gleichzeitig an den breiten Altären geopfert werden. Ich konnte die Tiere hören, vor allem aber riechen.

Einfach so zu Fuß zu gehen wirkt sich auf das Wohlbefinden nicht so gut aus wie das Laufen, außerdem wird der Daimon in einem nicht richtig angeregt – damit meine ich: Man wird nicht auf eine höhere geistige Ebene gehoben. Ich wollte laufen, wollte rennen wie früher. Stattdessen humpelte ich vor mich hin.

Außerdem sah ich Gorgo nirgends, obwohl ich zugebe, dass ich mich immer weiter dem gut organisierten Lager der Lakedaimonier näherte. Ich vermute, dass es dafür einen Grund gab ...

Am Rande des Lagers erblickte ich zwanzig Spartiaten in der Dämmerung, völlig nackt. Sie hatten sich ihre Schwertgurte umgeschnallt. Über den linken Arm trug jeder Kämpfer einen Chlamys. Sie standen wie Statuen da, bis einer von ihnen – einen Anführer konnte ich nicht ausmachen – eine einzige Silbe brüllte. In meinen Ohren klang das höchst seltsam – es konnte sich nicht um irgendein griechisches Wort handeln.

Zwanzig Hände glitten zu den Schwertscheiden. Die Schwerter

– die kurzen spartanischen Stichwaffen – tauchten wie durch Zauber in ihren Händen auf, und als sie die Waffen zogen, vollführten sie bereits einen Überhandschlag. Die Klingen sausten am linken Ohr jedes Mannes vorbei und stießen vor wie die Zungen von Vipern. Gleichzeitig machte jeder Spartiate auf dem ebenen Boden mit dem rechten Fuß einen halben Schritt nach vorn.

Bei Brasidas hatte ich dieselben Abläufe beobachtet. Tatsächlich hatte ich mich selbst schon daran versucht. Ich hatte es aber noch nie bei zwanzig Spartiaten gesehen.

«He!», stieß der Wortführer hervor.

Der Schlag nach unten ging zunächst in eine kreisende Handbewegung über – begleitet vom Aufstampfen des rechten Fußes –, dann in zwanzig synchron ausgeführte Stöße, die Spitzen der Klingen zeigten nach vorn.

«He!»

Jeder Kämpfer vollführte eine Hüftdrehung und stieß den Aspis nach vorn – in diesem Fall den Chlamys über dem linken Arm, der den Schild ersetzte. Ich kannte die Wucht, die hinter diesem Angriff steckte. Während ein kräftiger Mann den linken Fuß nach vorn bringt, rammt er den Gegner mit dem Rand des Schilds, als wäre es ein zweiter Stoß mit dem Schwert. Mit dem Rand eines Aspis kann man dem Gegner den Arm oder das Bein brechen oder gar den Schädel einschlagen.

Mit dem Vorstoß des Aspis verdeckten die Kämpfer den nächsten Stoß der kurzen Schwerter, die nun in einem Halbkreis über das Haupt jedes Mannes fuhren ...

«He!»

Die Schwerter rauschten wieder nach unten, diesmal von rechts nach links – genau entgegengesetzt zum Aufwärtsschlag. Im Kampf hätte die Klinge einen Gegner von der Augenbraue bis zum Hüftknochen erwischen können. Jede Klinge erzeugte ein Zischen in der Luft.

Versucht es selbst mal, meine Freunde. Nehmt euch ein Schwert der Lakedaimonier und versucht, ein Zischen in der Luft zu erzeugen. Dann wisst ihr, wie viel Kraft und Körperbeherrschung das erfordert.

«He!»

Jeder Spartiate ließ die Klinge nach oben schnellen, in den Oberschenkel oder das Gemächt des Gegners, und zwar so geschickt und schnell, dass sie unter die überlappenden Schilde gefahren wäre.

«He!», stieß der Spartiate ein letztes Mal hervor, und zwanzig Hände schoben die Klingen zurück in die Schwertscheiden. Keiner der Kämpfer sah hin, keiner mühte sich ab, keiner musste die linke Hand zu Hilfe nehmen – was man ja ohnehin nicht könnte, wenn man den schweren Aspis am linken Arm hat.

Ich schaffe das. Weil ich ein Leben lang geübt habe. Als professioneller Krieger kann ich das, ob in dunkler Nacht oder mit geschlossenen Augen: Ich stecke mein Schwert zurück in die Scheide, ohne mich in irgendeiner Weise selbst zu verletzen oder ungeschickt herumzufingern.

Aber jeder Spartiate beherrscht das – selbst der junge Mann von zwanzig Jahren, der gegen Astylos im Laufen antrat.

Als die Männer aus Sparta fertig waren, blieben sie alle einen Moment still stehen, erst dann fiel die Anspannung von ihren Körpern ab, und sie wirkten wieder menschlich – ein Mann reckte den Arm hoch und lachte, ein anderer sagte etwas, das die drei Umstehenden zum Lächeln brachte.

Ein Spartiate mittleren Alters sah in meine Richtung, zog die Stirn kraus und wendete den Blick wieder von mir. Dann schnippte er mit den Fingern, worauf sein Helot gelaufen kam. Der Kämpfer zeigte auf mich.

Der Helot eilte zu mir. «Herr – geht einfach weiter. Bitte. Wir wollen keine Schwierigkeiten, Herr – aber die Herren dort wollen keine Zuschauer.»

Ich lächelte den Heloten an. «Dann sollten sie vielleicht nicht bei den Olympischen Spielen in aller Öffentlichkeit üben.»

Der Helot holte nicht einmal richtig Luft. Er trat vor und legte mir eine Hand auf die Schulter.

Und ich warf ihn zu Boden.

Er rollte sich ab, kam behände auf die Beine und nickte mir zu. Fast kameradschaftlich. Er war nicht zornig. Er schien mir eher mitteilen zu wollen: «Nichts für ungut, es geht nicht gegen Euch persönlich.»

Er griff erneut an, diesmal federnd auf den Fußballen.

Meine Hände fuhren nach Art des Pankration nach oben, und er packte sie – blitzschnell, möchte ich betonen.

Nun gut.

Ich tauchte unter seinen Armen hindurch – schlang ihm den Arm einmal um den Nacken, setzte zur Hebeltechnik an und fegte ihm die Beine weg. Er war zwar geübt, aber dann auch wieder kein sehr geübter Mann.

Doch ich will ehrlich sein, er war der am besten ausgebildete Sklave, der mir außerhalb von Italia begegnet war.

Ich hatte seine Arme, drückte ihm mein Knie in die Achselhöhle, sodass er sich nicht mehr rühren konnte. Er war gezwungen, nach unten zu schauen, und sein linker Arm war überdehnt.

«Und?», spöttelte ich. «Bereit, ein paar Schritte zu gehen?»

«Nein!», rief er und versuchte, sich meinem Griff zu entwinden. Das muss ziemlich weh getan haben. Er schrie vor Wut und Schmerz, war aber nicht imstande, eine andere Position einzunehmen.

«Wenn du so weitermachst, renkst du dir noch die Schulter aus», sagte ich. Ich dankte Polymarchos im Stillen, da er mir einst diesen Haltegriff gezeigt hatte. Ich hatte damit gerechnet, betrunkene Freunde mit diesem Griff zu bändigen oder nach Hause zu bringen, aber im Grunde war der Helot der passende Gegner zum Üben.

Er schrie noch einmal auf. Einen Augenblick sah es so aus, als könnte er mit der Hüfte eine Hebelwirkung vollbringen, und ich dachte schon, er würde sich aus der Klammerung winden – aber dann gab seine Schulter nach.

«Er muss es weiter versuchen», sagte jemand leise in unmittelbarer Nähe. Ich wusste, dass zwei der Spartiaten die Gruppe der Kämpfer verlassen hatten. Ich spürte ihre Nähe, vor meinem inneren Auge sah ich die Schwerter.

«Er weiß, dass er sterben muss, sobald er Angst erkennen lässt oder aufgibt», sagte der andere Mann wie im Plauderton.

«Warum sagt Ihr ihm dann nicht, dass er aufhören soll?», fragte ich.

«Warum sollten wir?», lautete die Antwort.

Ich richtete mich ruckartig auf, löste mich sauber von dem Heloten. Obwohl er stark verletzt war, versuchte er noch, mich am Bein zu packen, doch da hatte ich mich bereits den beiden nackten Spartiaten zugewandt.

«Warum scherst du dich nicht fort, wenn du nicht willkommen bist?», fragte mich der Mann, der näher an mir dran war.

«Ich lasse mir nicht gern Befehle erteilen – schon gar nicht von Sklaven. Auch nicht von rüden Männern, die die Herren dieser Sklaven sind.» Ich klopfte mir den Staub vom Chiton. «Ich war an Eurem Pyrrhiche interessiert.»

«Lass ihn, Bulis», sagte der Größere der beiden zu dem Spartiaten, der besser aussah. «Ist einer derjenigen, die ständig Ärger machen müssen.»

Bulis – wenn ich den Namen richtig verstanden hatte – trat so dicht vor mich, dass ich mich in meiner Komfortzone bedroht sah. Versteht ihr? Ich spreche von dem Kreis um mich herum, in dem mich jemand töten kann.

Ich hob meine linke Hand ein wenig an, um den Mann abzulenken, und hatte damit Erfolg. Ich hatte nämlich die Absicht, ihm mit der rechten Hand das Schwert aus der Scheide zu ziehen. Allerdings hätte er mich dann mit voller Wucht mit der rechten Faust erwischt.

Es wäre für keinen von uns beiden gut ausgegangen.

«Arimnestos!», hörte ich eine Frau rufen. «Zum Hades, Bulis, bist du ein vollkommener Arsch?!»

Der Spartiate hielt inne und erstarrte.

Sowie er einen halben Schritt zurückmachte, tat ich es ihm gleich.

Meine Hände zitterten.

Aber auch die Hände des Spartiaten.

Für die Dauer mehrerer Herzschläge war ich nicht imstande, klar zu denken. Ich war so kurz davor gewesen ...

Er offenbar auch.

«Ihr kennt die Königin?», fragte er.

«Und den König», erwiderte ich.

Bulis holte tief Luft.

Gorgo – angemessen bekleidet, möchte ich betonen – war zu uns getreten. «Bulis?», fragte sie noch einmal.

Bulis atmete lange aus. «Ich dachte, er wäre so ein arroganter Scheißkerl von einem Xenos, aber ich vermute, er ist einer Eurer Freunde», sagte er.

«Das ist Arimnestos von Platäa», sagte der größere Kämpfer. Er lächelte. Er war etwas älter als ich – bestimmt schon vierzig. Seine Augen standen ungewöhnlich weit auseinander, in beiden Zahnreihen klafften Lücken. Aufgrund der Zahnlücke im Oberkiefer klang mein Name fremdartig, wenn nicht komisch.

Bulis hatte ein Lächeln aufgesetzt, eine Reaktion, mit der ich nicht gerechnet hatte. Er blickte einmal hinauf zu den Göttern und streckte auch die Hände gen Himmel. «Bei den Eiern von Ares! Bitte um Entschuldigung, Herr.»

Unterdessen schaute der Helot nur zu und versuchte, nicht zu wimmern.

Der Mann mit den Zahnlücken kniete neben dem Sklaven, tastete das Schultergelenk ab, ehe er dem Heloten – ohne zu zögern und schnell wie eine Natter – die Kehle durchschnitt. Der Schnitt glitt einmal quer über den Hals wie bei einer Opferhandlung, und binnen weniger Herzschläge war der Mann tot.

«Er war tapfer», sagte er, während er seine Klinge am Chiton des Toten abwischte. Dann träufelte er Öl aus dem Aryballos an seinem Gürtel auf die Klinge, säuberte sie erneut und verteilte das Waffenöl.

Spartaner eben.

Gorgo legte mir eine Hand auf den Arm. Ich denke, dass sie als Frau die Nicht-Spartaner verstand, im Gegensatz zu ihren männlichen Landsleuten. Denn da sie Leonidas oft durch die Lande begleitete, hatte sie eine Vorstellung davon, was der Rest Griechenlands über Sparta dachte.

«Er war schwer verletzt», sagte sie ruhig, «und hätte vielleicht nie wieder richtig arbeiten können.»

«Und Ihr erklärt ihnen in jedem Frühjahr den Krieg», merkte ich an. Ihr seht, ein paar Dinge wusste ich schon über Sparta. Jedes Frühjahr erinnerten die Ephoren die Spartaner daran, ihre Schnurrbärte zu scheren – und eine Kriegserklärung gegen die Heloten auszusprechen. Die Spartaner haben nämlich eine geheime militärische Organisation – wie unsere religiösen Körperschaften –, um all die Heloten aufzuspüren und umzubringen, die verdächtigt werden, sich gegen die Polis aufzulehnen. So gingen Mitglieder der Krypteia immer wieder gegen Heloten vor und töteten sie. Nachts, heimlich.

«Jeder liegt mit seinem Sklaven im Krieg», erklärte sie. «In Sparta verheimlichen wir diese Wahrheit nicht.»

«Das verstehe ich, Despoina.»

Sie schenkte mir ein Lächeln. «Dies ist Bulis, Sohn des Nikolaos. Und dieser Hüne ohne Zähne heißt Sparthius, Sohn des Aneristos.

Beides Kämpfer in vorderster Reihe.» Sie bedeutete den beiden Männern vorzutreten. «Spartiaten, dies ist Arimnestos von Platäa. Er ist der Mann, den wir baten, euch zum Großkönig zu begleiten.»

Sparthius ließ ein leises Seufzen vernehmen und schaute zur Seite. Bulis hingegen lächelte wieder. In seinen Augen lag ein irrsinniges Schillern. Er erinnerte mich in mancherlei Hinsicht an meinen alten Gefährten Idomeneus.

«Jetzt, da die beiden versucht haben, mir zu drohen, könnten wir alle Freunde werden.» Ich schenkte Bulis ein Lächeln.

Er rührte sich nicht. «Ich drohe niemandem», sagte er. «Drohungen sind was für Schwächlinge. Es gibt nur den Kampf und die Pause bis zum nächsten Kampf.»

So sah es also aus.

Gorgo seufzte. «Mich wundert es, dass die Frauen sich bereit erklären, bei dir zu liegen», sagte sie zu ihm. «Bulis ...»

Er verbeugte sich ehrerbietig. Und machte drei Schritte zurück. «Ich denke, bei zu viel Nähe wird dem Platäer unbehaglich», meinte er kühl. «Also spreche ich ihn aus sicherer Distanz an.»

«Tut mir leid», entgegnete ich. «Ich kann dich nicht verstehen, was sagst du?»

Sparthius lachte. Es war ein volltönendes Lachen. «Wir sollen es zusammen auf einem Schiff aushalten? Was für ein Spaß! Da werde ich noch manches lernen, wie? Bulis – bei Fuß, mein Junge!» Er machte eine Handbewegung, als hielte er einen Hund an der Leine.

Aber Bulis schüttelte den Kopf. «Nein.»

«Nein?», hakte Sparthius nach.

Er griff mich aus der Distanz von drei Schritten an – was für einen Zweikampf schon beträchtlich ist. Er war nackt, hatte aber das Schwert am Gurt. Ich trug meinen Chiton, war jedoch unbewaffnet. Ich vermute, dass er mich verachtete, mir überhaupt nichts zutraute und mir daher die drei Schritte Bewegungsraum ließ.

Aber ich war bereit. Ich weiß, wie Zweikämpfe ablaufen. Und da

Bulis bislang nicht hatte erkennen lassen, dass er den Kampf beendet hatte, war mir klar, dass ich ihn nicht aus den Augen lassen durfte.

Für gewöhnlich setze ich keine Tritte ein, aber dieser Kerl hatte lange Arme wie ein Affe aus Libya, und ich wollte mich nicht auf einen Ringkampf einlassen. Zumindest nicht sofort. Ich trat nach seinem Schienbein und vollführte eine Drehung, während er mit beiden Händen auf mich losging.

Ich erwischte ihn teilweise am Schienbein, jedenfalls hart genug, um ihn etwas aus dem Gleichgewicht zu bringen. Er bekam mich dennoch am Chiton zu fassen – an der Fibel –, aber er musste sich stabilisieren, und deshalb konnte ich zuschlagen, doch er wehrte den Faustschlag ab. Schon lösten wir uns voneinander, umkreisten einander wie Raubtiere. Er hatte mir fast den Chiton vom Leib gerissen.

Ich hörte Sparthius fluchen.

Gorgo hatte sich ein Stück weit in Sicherheit gebracht. Ich sah sie zwar nicht, aber ich vermute, dass sie so dreinblickte, wie Frauen eben dreinblicken, wenn sich die Männer wieder einmal wie Kinder gebärden.

Mir war klar, dass die anderen Spartiaten inzwischen zuschauten.

Bulis hatte verflucht lange Arme und ließ sich nur zu gern auf den Faustkampf ein. Daher versuchte er eine Kombination, doch ich wich aus. Erneut flogen seine Fäuste. Ich wandte mich halb ab, ließ weitere Hiebe zu ...

Dann versuchte ich, seine linke Faust zu fassen zu bekommen – seinen letzten Schlag der Serie. Ich verfehlte sie, aber mein Gleichgewicht drohte zu kippen. Schon hatten wir uns wie zwei Ringer verhakt. Sofort suchte er mit seinen Fingern meine Augen.

Das tun die in Sparta.

Ich bekam seine Hand zu fassen und stieß seinen rechten Ellbogen hoch, um zum Wurf anzusetzen, doch Bulis entwand sich mit halber Drehung – beim Hades, er war schnell. Gleichzeitig versuchte er, mir einen Arm um die Hüfte zu schlingen. Ich hob das Knie, als wolle ich ihm zwischen die Beine treten, verpasste ihm dann aber mit der rechten Hand einen Schlag gegen die Nase. Endlich war ich wieder frei.

Sein Lächeln war wie gefroren. Doch er machte keinen Schritt zurück. Blut schoss aus seiner Nase.

Ich täuschte einen Faustschlag an und trat erneut zu. Wieder erwischte ich ihn am Schienbein, sodass er zurückweichen musste. Sofort vollführte ich meine Drehung aus der Hüfte, kam vorwärts und trat hart zu – er war gezwungen, einen weiteren Schritt zurückzuweichen. Und dann ...

Dann ging ich richtig auf ihn los. Es war meine beste Schlagabfolge – Schlag, Schlag, Tritt. Der Tritt war ein offensiver Angriff, den ich von Polymarchos gelernt hatte, und nur ein Hüne von einem Mann weicht bei dieser Taktik nicht zurück.

Er wich ein Stück weiter zurück ...

... und stolperte über den toten Heloten.

Das war meine Absicht gewesen. Sowie er also rücklings zu Boden ging, sprang ich ihn wie ein Raubtier an und war auf ihm. Seinen Versuch, das Knie zwischen meine Beine zu rammen, konnte ich nicht ganz vereiteln – der Schlag gegen mein Gemächt raubte mir kurzzeitig den Atem, aber ich drückte ihm mit dem Unterarm die Luft ab, außerdem hatte ich sein rechtes Handgelenk umklammert.

Natürlich schlug er mit der Linken zu. Ich hatte das Gefühl, von einer Axt getroffen zu werden.

Ich habe schon einmal eine Axt zu spüren bekommen.

Mit dem rechten Daumen presste ich ihm weiter die Luft ab.

Doch wie zuvor der Helot ergab auch Bulis sich nicht. Er schlug wieder mit der Linken zu – mehrfach.

Ich sah schon tanzende Punkte vor meinen Augen.

Ich wollte ihn wirklich nicht töten. Das erschien mir – unklug.

Aber mir blieb keine andere Wahl, und ich konnte keinen weiteren Schlag gegen meine Schläfe verkraften. Daher drückte ich noch fester mit dem Daumen zu.

Sein Körper erschlaffte.

Ich wartete vielleicht noch zehn Herzschläge, ehe ich mich aufrappelte und schwankend auf die Beine kam.

Mir schwindelte. Ich sackte auf die Knie. Die Welt um mich herum verschwamm.

Bulis konnte verflucht hart zuschlagen – und das war nur seine Linke gewesen.

Niemand spendete Beifall, aber glücklicherweise spießte mich auch keiner auf, während ich am Boden kniete und versuchte, meinen Atem zu beruhigen. Mein Chiton war hin – ich hatte ihn während des Kampfes verloren, und nun lag er halb zerfetzt am Boden. Mühsam griff ich nach dem Stoff und begann, mir Schweiß und Dreck vom Leib zu wischen.

Bulis regte sich.

Ich hatte gehofft, dass er nur bewusstlos war. Den Druckpunkt mit dem Daumen an der Kehle hatte ich bislang noch nie angewendet – dafür hatte ich über die Jahre hinweg viele andere Tricks eingesetzt, die mir mein Lehrer beigebracht hatte.

Der Spartiate rollte sich auf die Seite, hustete und übergab sich.

Alle Spartiaten brachen in Lachen aus.

Während die Männer um uns herum lachten, versuchte ich, auf die Beine zu gelangen. Und tatsächlich schaffte ich es. Mein Kopf schmerzte, aber nicht mit jenem fiebrigen Pochen, das mit einer Gehirnerschütterung einhergeht.

«Ein guter Kampf», hörte ich Gorgos Stimme.

«Er gehört nicht zu unseren Besten», sagte Sparthius. «Aber Bulis ist auch nicht übel. Ich denke, du warst ihm gewachsen.»

«Ein ausgeglichener Kampf», sagte Kalliteles. Er löste sich aus der Menge der Schaulustigen, die aus Spartiaten und Heloten bestand. «Ebenbürtig an Geschicklichkeit, aber nicht an Gerissenheit.» Er sah die versammelten Spartiaten nacheinander an. «Wie oft habe ich euch schon gesagt, dass ein Kampf ist, wie er ist? Es gibt keinen unfairen Kampf. Arimnestos hatte den Toten mit einkalkuliert und den Vorteil zu seinen Gunsten ausgenutzt. Bulis hätte wissen müssen, dass der Tote hinter ihm lag.»

Er hatte an den Olympischen Spielen teilgenommen, er gehörte zu den besten Ringern des Erdkreises. Ich denke, dass er die Männer ausbildete.

Gorgo sah mich aus verengten Augen an. «Ihr wusstet, dass er Euch angreifen würde», stellte sie fest.

«Ja.»

«Ihr hättet versuchen können, ihm davon abzuraten.»

Ich hob eine Braue. «Ich soll einem Spartiaten davon abraten, Gewalt anzuwenden?», fragte ich.

«Wir sind keine irrsinnigen Gefolgsleute des Ares», sagte sie. «Wir sind ein Volk von Kriegern, kein Volk von Mördern. Ihr hättet ja – lächeln können.»

«Oder einen oder zwei Schritte zurückweichen?», fragte ich. «Vielleicht hätte ich ihm zwei Herolde schicken sollen.»

Sie seufzte.

Ich verbeugte mich höflich vor ihr und vor Kalliteles. «Wenn ihr mich entschuldigen würdet, Männer aus Sparta – ich danke euch für diese Leibesübungen am frühen Morgen.»

Ein Helot holte einen Strigil hervor, danach ein Fläschchen Öl.

Nun, eine Geste ist eine Geste. Und Spartaner lieben Gesten. Also benutzte ich den Strigil, um mir all den Schmutz und Dreck und Schweiß vom Leib zu streichen, wobei ich mir Zeit ließ. Dann ölte ich mich ein, während Bulis weiterhin am Boden lag und kaum die Lippen bewegen konnte. Ich reichte dem Sklaven Strigil und Öl und bedankte mich mit einem Lächeln.

Zwischendurch kehrte das Schwindelgefühl zurück – kurzzeitig verschwamm die Welt um mich herum vor meinen Augen, dann hatte ich plötzlich wieder einen klaren Kopf. Als ich mir an die Schläfe fasste, merkte ich, dass ich geblutet hatte.

Der Chiton war ruiniert, daher tupfte ich auch das geronnene Blut ab.

«Ich fühle mich wie neugeboren», sagte ich, was natürlich glatt gelogen war. «Will es sonst noch jemand mit mir aufnehmen?»

Gorgos Hand schnellte in meinem Blickfeld in die Höhe. Einen Moment fürchtete ich, sie würde mir einen Schlag verpassen. «Das hat er nicht so gemeint!», wiegelte sie vor den Umstehenden ab, da bereits die ersten Spartiaten vortraten. «Er fordert euch nicht heraus. Er kennt unsere Gepflogenheiten nicht.»

Die Männer blickten enttäuscht drein.

Bei Zeus, es muss schon etwas heißen, wenn man die Agoge durchlaufen hat!

7. KAPITEL

Kurz nach Mittag fanden sich alle Männer in dem geheiligten Bezirk ein – alle Freien, möchte ich betonen. Ich trug mein vorzeigbares Himation, denn der Anlass war feierlich. Ich führte meine Rudermannschaft zum Tempelheiligtum, alles freie Männer inzwischen. Und da Draco mir die Erlaubnis gegeben hatte, stand ich auch allen Bürgern aus Platäa vor. Noch ein Grund mehr, an den Feierlichkeiten teilnehmen zu dürfen. Mein Schädel brummte immer noch.

Die meisten meiner Ruderer besaßen kein Manteltuch, einige aber schon, daher stellte ich diese Männer nach vorn. Und so bildeten wir unsere kleine Abteilung. Draco und Styges schlossen sich uns an, auch zwei weitere Platäer, die übrigens auch bei den Wettkämpfen antraten: Antimenides, Sohn des Alkaios von Milet, der bei Marathon fiel, und Teukros, Sohn des Teukros von Milet, der ebenfalls bei Marathon sein Leben ließ. Gemeinsam mit zwanzigtausend anderen Männern machten wir uns zunächst auf den Weg ins Stadion, ehe wir zum Tempelbezirk hinaufstiegen.

Beim Tempel sah ich einen alten Priester, der neben Empedokles stand. Empedokles zeigte auf mich, worauf sich der Priester des Zeus einen Weg durch die Menge bis zu mir bahnte. Er gehörte zu den Männern aus Elis – alt, aber körperlich immer noch kräftig. Die goldene Kette, die er sich als Gürtel um das Gewand gewunden hatte, verriet mir, dass dieser Mann wohlhabend sein musste.

«Arimnestos von Platäa?», fragte er mich.

«Der bin ich, Herr.»

Der Alte nickte bedächtig. «Empedokles von Theben sagt, du bist ein Diener des Hephaistos, ein Meisterschmied gar.»

Ich deutete eine Verbeugung an. «Diese Ehre wurde mir zuteil», bestätigte ich.

«Empedokles meint, du wärst der geeignete Mann, das Opfer für Hephaistos darzubringen. Wir haben hier sechs Stiere für den Gott der Schmieden, und nur drei Männer, die den Schnitt ausführen können.»

Inzwischen war auch Empedokles bei uns angekommen – er war in einem Alter, bei dem die Leute bereitwillig Platz machten.

«Ich bin ein wenig zu alt, um die Klinge anzusetzen», bekannte er. «Aber ich werde die Worte sprechen. Und du vollführst den Schnitt.» Er sah mir in die Augen, und ich entdeckte das durchtriebene Funkeln in seinen. «Es gibt nicht so viele Eingeweihte des Hephaistos, die eine Klinge führen können, wie?», fragte er.

«Nein, Herr. Unsereins fertigt sie meist nur an.»

Beide Priester lachten.

Ich wandte mich Hektor zu. «Lauf und hol mir die Rabenklaue», sagte ich zu ihm. Es war eine meiner ersten Waffen – ein schweres Kopis, nicht besonders lang, aber mit gebogener Klinge, wie der Schnabel eines Raben, darüber hinaus extrem scharf.

Der Junge musste den ganzen Weg zum Lager gerannt sein. Als er zurückkam, war er puterrot im Gesicht und kaum noch imstande zu atmen. Das gefiel mir – schwer zu sagen, warum.

Ich nahm ihm das Schwert ab und hängte es mir an dem Gurt über die Schulter. Dann folgte ich den Priestern und durfte mit an die Spitze der feierlichen Prozession. An die hundert Männer, die für die Opferhandlungen verantwortlich waren, schritten in prächtiger Kleidung zu den Altären. Es war einer von wenigen Anlässen, bei denen ein Mann in aller Öffentlichkeit ein Schwert und ein Himation tragen durfte.

Ich muss gestehen, ich war froh, dass ich ein so würdevolles Gewand wie das Himation trug. Ich stand nämlich ganz in der Nähe des Königs von Sparta, und er lächelte und zwinkerte mir sogar zu, als man mich bei zwei anderen Abgesandten aus Böotien einreihte. Die Männer um mich herum waren zumeist Priester, aber hier und da sah man Aristokraten und andere einflussreiche Leute. So stand zum Beispiel Adeimantos von Korinth unmittelbar neben Leonidas.

Es ist eine große Ehre für einen Mann, eine Opferhandlung bei Olympia durchführen zu dürfen.

Einen Moment dachte ich an meine verstorbene Frau Euphoria, die die Tochter eines attischen Aristokraten gewesen war. Sie wäre gewiss sehr erfreut gewesen, dass ihr Ehemann – ein einfacher Bronzeschmied – gemeinsam mit Aristeides von Athen ein Tier opfern würde, ganz zu schweigen vom König von Sparta aus dem Geschlecht der Agiaden.

Seit Jahren hatte ich nur selten an Euphoria gedacht, meine Trauer schien einer anderen Zeit anzugehören. Bei dem Gedanken, dass meine Opferhandlung sie erfreuen würde, fühlte ich mich – stärker. Es war wie ein Geschenk von Aphrodite. Ich hatte keine Angst. Ich war der Ehemann der edlen Euphoria, und somit hatte ich das Recht, in aller Öffentlichkeit als Priester des Hephaistos eine Opferhandlung vorzunehmen.

Und etwas in mir fand Heilung.

Zu den Klängen der Flöten und Hörner gingen wir gemessenen Schrittes die Stufen hinauf.

Freunde, ich frage euch, was ist das Leben, was macht das Leben aus?

Nicht die Schneide des Schwerts.

Nicht die verbotene Liebe und die Piraterie.

An jenem Abend, als wir in feierlicher Prozession die Stufen des großen Tempel des Zeus bei Olympia erklommen, zu meiner Rechten Leonidas von Sparta, zu meiner Linken Aristeides von Athen – gemeinsam mit Themistokles und Lykon von Korinth und Hunderten von Leuten, die ich nicht so gut kannte – in einem wahren Fackelzug, der quer über die Ebene bis zum Stadion und zum

Lager reichte – die Gedanken bereits gerichtet auf die Opferhandlungen vor den Augen der unsterblichen Götter ...

... war ich ein Teil von Griechenland.

Freunde, das ist schwer zu erklären. Eines Tages werde ich sterben. Jeder, der dort war, wird sterben. Die meisten sind schon lange tot. All unsere Kinder, unsere Frauen, unsere Sklaven müssen sterben – auch ihr.

Aber dies darf nie vergehen.

Warum kämpften wir gegen die Perser?

Damit nicht nur ein Mann allein in den Tempel geht, um für sein Volk den Göttern Opfer darzubringen – wie der Großkönig ...

Nein, damit alle in ihre Tempel gehen und ihren Göttern Opfer darbringen. Gemeinsam. Und auch wenn wir insgeheim stritten, wer nun den Vortritt vor wem hatte, oder uns während des ganzen Weges über die Mückenplage beschwerten.

Das war Griechenland.

Ich war in Hochstimmung, doch meine Hände zitterten.

Stiere sind enorm groß.

Leonidas von Sparta opferte das erste Tier. Von seiner Königswürde her stellte er unter den Anwesenden den ranghöchsten Priester des Zeus dar. Er hob seine Hände, kein Schwert war zu sehen, und sprach das lange Gebet für Zeus.

Und dann, in Gegenwart von zwanzigtausend Griechen, gelobte er, zwei Herolde zum Großkönig zu entsenden. Er schwor es beim großen Altar von Olympia. Er schwor es, um Spartas Pietätlosigkeit wiedergutzumachen.

Laute des Erstaunens wogten durch die Menge, als Leonidas begann, seine Gebete aufzusagen. Er bat den großen Zeus um Vergebung, den Gott der Könige und Königswürde, auch Hermes rief er an, den Gott der Herolde und Boten.

Zufällig fiel mein Blick in diesem Moment auf Adeimantos von Korinth. Ich hielt ihn für jemanden, der den Medern zugeneigt war – verdächtigte ihn also des Medismos. Er starrte den spartanischen König mit unverhohlenem Hass an.

Ich weiß nicht, ob Leonidas diesen Blick spürte, anmerken ließ er sich jedenfalls nichts. Da sozusagen ganz Griechenland zusah, schritt der König von Sparta aus dem Haus der Agiaden zu dem ersten Opfertier – das weiß war und ihm bis zur Schulter reichte – und legte dem Tier die linke Hand aufs Fell. Sofort hörte es auf, nach den anderen Tieren zu rufen. Es hob leicht den Kopf an ...

Das Schwert kam mit der Geschmeidigkeit fließenden Wassers in Leonidas' Hand. Er ließ den Stier die Klinge nicht sehen – das Schwert stieg in die Höhe und sank herab, aber es waren nicht zwei Bewegungen, sondern ein einziger Schnitt, und der Stier, jetzt ohne Kopf, sackte auf die Vorderbeine.

Zwanzigtausend Männer brüllten im Angesicht des Zeus.

Nicht jeder tötete so sauber wie der König von Sparta, doch jeder tötete sein Opfertier. Aristeides – mein Freund, der selbstgefällige Mann der Gerechtigkeit – war der Einzige, dem es gelang, seinen Stier so elegant wie Leonidas zu opfern. Er war etwa im selben Alter wie der spartanische Herrscher, und als athenischer Aristokrat hatte er eine ebenso harte Ausbildung genossen. Sein Schlag ergoss sich wie das Wasser eines gebrochenen Damms, plötzlich und dennoch glatt wie flachgestanzte Bronze.

Schließlich war ich an der Reihe. Vierzigtausend Augen waren auf mich gerichtet.

Ich unternahm gar nicht erst den Versuch, denselben Schlag zu vollführen wie der König. Das Kopis hielt ich locker in der Hand. Dann holte ich einmal schwungvoll aus, blieb geschmeidig in den Hüften und trennte den Kopf vom Rumpf. Als auch dieses Opfertier nach vorn sackte, hob ein Brüllen an – es klang schön in meinen Ohren.

Empedokles schlug mir erstaunlich kräftig auf die Schulter. «Sehr schön, Junge! Aber jetzt folge mir.»

Ich war nicht mehr ganz von dieser Welt. Versucht euch vorzustellen, wie es ist, wenn zwanzigtausend Griechen lautstark ihre Gebete für die Götter kundtun. Wer kann da noch innerlich ungerührt bleiben?

Der alte Priester führte mich an Aristeides vorbei, der kurz meine Hand drückte, auch vorbei an Lykon, der noch sein Opfertier töten musste und mich gar nicht wahrnahm. So schritten wir an den Männern vorbei.

Zu einem anderen Stier.

Ich denke, ich habe einen Laut des Unmuts von mir gegeben. Der Schlag hatte mir einiges abverlangt – nicht nur meinem Körper, sondern auch meinem Herzen.

«Noch einer?», fragte ich und sah Empedokles an. «Gibt es denn keinen anderen Mann, der an dieser Ehre teilhaben möchte?»

«Für Apollon haben wir fünfzig Kandidaten für jeden Stier. Selbst für Ares sind es fünf. Aber für den armen Hephaistos ...» Er rang sich ein Lächeln ab. «Ich denke, die Aristokraten haben das Gefühl, die Gottheit ist irgendwie nicht rein genug. Er ähnelt zu sehr dem Arbeiter.»

Dafür hatte ich nur Kopfschütteln übrig.

Das Tier nahm das Blut an meiner Klinge wahr. Es fing an, unruhig zu werden. Der Stier war mit einer Kette angebunden, dennoch konnte er sich bewegen. Es ist immer besser, wenn man bei Opferhandlungen unter den Ersten ist, die zuschlagen. Je später man an der Reihe ist, desto ängstlicher werden die Tiere.

Empedokles beugte sich zu mir. «Noch acht von hier an. Keiner hat bislang versagt.»

Bei so vielen Opferungen unterläuft irgendwann jemandem ein Fehler. Der Schlag ist schlecht ausgeführt oder zu schwach, das Tier wird nicht sauber getötet. Das sind schlechte Vorzeichen. Keine wirklich erschreckenden Vorzeichen – das kommt eben immer wieder vor.

Aber in einem großen Jahr versagt keiner. Ein wunderbares Omen für die vier kommenden Jahre …

Ich hatte zwölf getötet. Bis dahin hatte niemand versagt. Inzwischen waren an die siebzig Tiere geopfert worden – ich kam mit dem Zählen kaum hinterher, und außerdem, keine sechs Plätze weiter sackte ein Tier auf dem großen Altar nach vorn, der Kopf hing nur noch am seidenen Faden. Blut schoss über die Steine.

Die Menge brüllte ein Gebet.

Spontan hatten etliche Leute, vielleicht an die tausend, begonnen, den Paian anzustimmen, den alle Griechen singen, wenn sie zusammenfinden. Diese Klänge, die ich zuletzt bewusst bei Marathon gehört hatte, jagen dir einen Schauer über den Rücken, den man manchmal als wohlig bezeichnen mag. Jedenfalls sind dies die Klänge, die ein Krieger hört, bevor er sich ins Gefecht stürzt und sein Leben aufs Spiel setzt.

Dennoch ist es der Klang, der uns Griechen eint.

Euphoria und Aphrodite – Hephaistos' Frau, auch wenn sie treulos war – begleiteten mich bei dem ersten Stier. Der Paian schwoll an, und so schwoll auch mir die Brust vor Stolz.

Der unruhige Stier wich aus …

… und fiel. Der Kopf war sauber abgetrennt, und das Blut spritzte aus der Hauptschlagader des noch pochenden Herzens.

Ich kann mich an keine Einzelheiten erinnern, aber ich schwöre, dass Hephaistos für die Dauer der Handlungen in mich fuhr.

Der Paian wurde weiterhin von Tausenden angestimmt.

Ich schaute nach links. Es waren nur noch sechs Stiere auf meiner Flanke – und sechs Männer. Während ich hinsah, vollführte mein unmittelbarer Nachbar seinen Schlag sauber, und der Stier fiel nach vorn, längst tot. Und in der Miene des Mannes nahm ich dieselbe Hochstimmung wahr, die auch ich verspürt hatte.

Am Ende der Reihe stand ein dünner Mann, der Letzte auf meiner Seite. Ein Gerüst aus Haut und Knochen. Ich merkte, dass er Angst hatte. Man sah es ihm an, an der Haltung der Schultern, am Mahlen der Kieferknochen.

Ich konnte nichts unternehmen.

Der Drittletzte schlug zu, und sein Tier ging zu Boden wie von einer Axt getroffen.

Überall der Geruch von warmem Blut, dazu zwanzigtausend Griechen, deren Stimmgewalt wie die Wogen bei stürmischer See über die Altäre hinwegging. Plötzlich zuckten die Flammen auf den Altären auf, als wären die Gottheiten hineingefahren, dabei war nur der auffrischende Wind in den Tempel gefegt.

Der Nächste schlug zu. Ich dachte, er würde versagen. Und tatsächlich enthauptete er sein Tier nicht, im Gegenteil, der Stier schien dem Mann noch einmal seinen Kopf in kämpferischer Haltung zuzuwenden, doch dann fiel auch er nach vorn und schlug auf den Steinplatten auf. Und wieder hob der Gesang an.

Übrig blieb der Mann, dessen Arme zu dünn aussahen, um eine solche Opferhandlung auszuführen.

Als er ausholte, wollte ich ihm auf die Distanz die Hand führen, wollte meine Kraft in den Hieb legen. Er führte eine schwere Klinge. Und offenbar wusste er, wie man sie handhabte.

Die Klinge sauste wie ein herabstoßender Adler heran, und das Tier fiel.

Weit rechts außen brandete erneut Jubel auf – die Rufe von beiden Flügeln schienen sich in der Mitte der Tempelanlage gegenseitig zu verstärken.

Bis dahin hatte ich den Paian für laut gehalten, aber nach der Opferung von hundert Stieren – und kein Mann hatte versagt – glich das Brüllen der Menge einem Orkan.

Tempeldiener brachten uns Wasser, das mit duftenden Essenzen versetzt war. Wir wuschen das Blut von unseren Händen und von den Klingen. Ein Sklave reichte mir ein Stück Schafsfell, das mit Olivenöl getränkt war. Damit ölte ich die Klinge sorgfältig ein, ehe ich sie in die Scheide zurückschob. Offenbar hatte ich mich lange mit meiner Waffe beschäftigt, denn Themistokles war zu mir getreten und klopfte mir anerkennend auf die Schulter.

«So viele Opferhandlungen an einem Ereignis. Du musst von den Göttern gesegnet sein», sprach er und raunte mir zu: «Manche Leute zahlen tausend Drachmen, um nur einen einzigen Schlag am Altar vollführen zu können.»

«Das ist wohl nur der Fall bei allseits beliebten Gottheiten», ließ sich Empedokles vernehmen.

Themistokles bedachte den alten Mann mit einem Lächeln. «Mir gefällt Euer geistreicher Witz, Herr. Euer Akzent – seid Ihr aus Theben?»

«Nicht nur vom Akzent her», erwiderte Empedokles und reichte dem Athener die Hand.

Aristeides gesellte sich zu uns, und wir umarmten einander. «Zwei Opferungen!» Er lächelte und sah mich staunend an. Dann, zu meinem grenzenlosen Erstaunen, umarmte er Themistokles, der die Umarmung erwiderte, als wären die beiden immer schon die besten Freunde gewesen.

Offenbar glotzte ich wie ein Bauerntölpel, denn Aristeides lachte. «Ich hasse nur seine törichte Politik», sagte er.

Themistokles schnitt eine Grimasse. «Aha – etwas, worauf wir uns einigen können!»

Nach und nach strömten die Athleten in den Tempel. Sie kamen entsprechend den Disziplinen, aber nicht alle. Einige berühmte Leute traten zuerst ein, begleitet vom frenetischen Jubel der Menge. Dann kamen die jüngeren Athleten – die jungen, aufstrebenden Faustkämpfer und Meister im Pankration, auch die Läufer. Sie sollten als Erste antreten.

Nach den jungen Athleten, die nicht nur ihres guten Aussehens wegen bejubelt wurden – denn darauf achtete man –, sondern auch ihres kommenden Ruhmes wegen, zogen die Wagenlenker ein. Sie trugen die langen Chitons, die Wagenlenker schon seit zweihundert Jahren tragen, und der Schwarze aus Kyrene glänzte wie polierter Marmor, aber auch der Spartaner Polypeithes wirkte stabil und belastbar, was mich insgeheim erfreute.

Nach den Wagenlenkern kamen all die, die am Pferderennen teilnahmen, gefolgt von den Athleten, die in diesem Jahr am Pentathlon teilnehmen würden. Fragt man die Leute, so finden sie bestimmte Disziplinen bedeutender als andere. So halten die meisten Aristokraten das Wagenrennen für das zentrale Ereignis. Das liegt an dem alten Pelops und der Geschichte mit dem Streitwagen – dem legendären Sieger beim Wagenrennen. Die meisten Hopliten finden die Läufe am spannendsten, wiederum andere Pankration. Der noch junge Lauf in Rüstung – dies sollte erst zum fünften Mal überhaupt stattfinden – erfreute sich bei den noch aktiven Kriegern immer größerer Beliebtheit.

Aber der Pentathlon ist die beste Disziplin. Denn die Athleten beherrschen nicht nur eine Sportart, sondern eben gleich fünf an der Zahl: Laufen, Diskuswerfen, Speerwerfen, Ringen und Weitsprung. Jede Disziplin ist für sich betrachtet schwierig. Daher ist derjenige ein großer Athlet, der alle fünf beherrscht.

Früher, vor meiner Beinverletzung, konnte ich schnell laufen. Und ich war immer gut im Ringkampf. Mein Speerwurf ist bestenfalls Durchschnitt. Den Diskus konnte ich recht gut werfen, so weit zumindest, dass ich dicht an die Besten herankam. Aber im Weitsprung war ich nie sonderlich gut. Ich habe es probiert, mit und ohne Gewichte, auf Sand …

Genug davon. Ich schaue mir das gerne an, und ich denke, die Männer, die siegen, sind ganz großartige Athleten.

Nach dem Einzug der Fünfkämpfer kamen die Läufer der einzelnen Disziplinen: Der Lauf auf die Distanz von einem Stadion, dann der Lauf über die doppelte Strecke, der Diaulos, auch der lange, sehr ermüdende Dolichos, der Langstreckenlauf. Hinter den Läufern kamen die Kämpfer in den Disziplinen Faustkampf, Ringen und Pankration. Auch diese Männer wurden begeistert und lautstark empfangen. Die letzte Gruppe der Kämpfer bildeten die Krieger, die am vierten Tag antreten würden, beim Lauf in voller Rüstung, dem Hoplitodromos.

Zuletzt traten drei Priester ein. Diese Männer würden die Schlussfeierlichkeiten einleiten und diejenigen benennen, die in der Ebene von Elis die Tempelanlage und die Polis für die nächsten Olympischen Spiele herrichten würden.

Der Hohepriester und die Männer von Elis nahmen den Athleten die Eide ab, die auf die Gottheiten abgelegt wurden – man schwor bei Zeus, sämtliche Regeln zu beachten. Man gelobte, gerecht im Geiste und gegenüber dem Gesetz zu bleiben, man gelobte des Weiteren, sich stets so zu verhalten, auf dass es den Göttern ein Wohlgefallen war.

Viele von uns sprachen die Eide der Athleten mit.

Und so stiegen die Flammen in den Abendhimmel, und die ersten Opfer wurden den großen Flammen übergeben. Die Olympischen Spiele hatten offiziell begonnen.

Bei Anbruch der Dämmerung des zweiten Tages fingen die Disziplinen der jungen Athleten an. Es war ein guter Tag – jedoch für einige voller Enttäuschungen, zum Beispiel für den Jungen aus Kreta, der sich in seinem überbordenden Elan den Arm brach und somit den Ringkampf verpasste. Aber eben auch voller Dramatik und Spannung, als Epikradios von Mantineia im Faustkampf gegen viel größere Gegner siegte, was für viele unfassbar war. Er war flink wie eine ägyptische Katze und unglaublich schnell, und in jedem Kampf wich er aus, verdrehte sich, taktierte – doch plötzlich schossen seine Fäuste vor, und wieder war er einen Schritt näher am Sieg. Als man ihm später den Lorbeerkranz aufs Haupt setzte, brach der Junge in Tränen aus.

Simonides verfasste ein Gedicht auf ihn, das er an jenem Abend am Feuer zum Besten gab. Wir aßen Rindfleisch, verständlich, da nach den geopferten Stieren jede Menge Fleisch zu haben war. Aischylos schrieb ein Epigramm zu Ehren des jungen Faustkämpfers, und Epikradios ging zusammen mit seinem Vater und seinem Ausbilder von Feuer zu Feuer und ließ sich feiern. Er war der Held des Tages, und jeder wollte ihm Beifall zollen.

Ich saß bei Megakles, Leukas, Seckla, Aristeides und Kimon – eine seltsame Versammlung unterschiedlicher Volksgruppen und Klassen, aber so ist es bei den Spielen. Wir tranken ein Dutzend Mal auf den Jungen, und schließlich wandte ich mich Aristeides zu, nachdem der gerühmte Athlet mein Feuer wieder verlassen hatte. «Wie ich hörte, drohte man Euch mit dem Exil.» Ich hatte ein Lächeln aufgesetzt, um der Tragweite der Worte den Stachel zu nehmen.

Er tat dies mit einem Schulterzucken ab. «Weißt du, ich stand immer schon mit einem Bein im Exil, schon seit ich meine Stimme in der Versammlung erhob.»

«Die Leute nennen Euch Aristeides den Gerechten. Warum versucht Themistokles, Euch ins Exil zu verbannen? Warum sind viele andere so töricht, ihre Stimme dafür zu geben?»

Er nahm einen Schluck Wein. Und lächelte. «Vielleicht ersehnt sich Jocasta eine Ruhepause von all den ermüdenden Gästen, die schier endlos über Politik reden», sagte er im Scherzton.

Kimon ergriff das Wort. «Letztes Jahr hat Themistokles es zur Wahl gestellt – man sollte abstimmen, ob Aristeides mit Ostrakismos belegt werden sollte. Und er besaß die Dreistigkeit, es anzuleiern, während Aristeides vor der Bule sprach – er stand da und zählte die Stimmen. Dann kommt so ein Arsch aus der unteren Schicht und bittet Aristeides, ihm zu helfen, einen Namen auf das

Ostrakon zu schreiben – ich spreche von den Tonscherben, die wir nutzen, um unsere Stimmen abzugeben. Weißt du, wovon ich spreche, Platäer?»

«Auch wir geben unsere Stimmen ab, selbst im bäuerlichen Platäa», erwiderte ich. Niemand lässt sich gern bevormunden, auch nicht von bedeutenden Männern.

«Du verbringst zu viel Zeit mit den Spartanern. Jedenfalls, dieser Kerl kann nicht schreiben, ist vielleicht Töpfer oder Vasenmaler oder so etwas, und der sagt zu Aristeides: ‹Helft mir, Aristeides auf die Scherbe zu schreiben.›»

Wir lachten alle.

Aristeides blickte ins Feuer, wie Männer es tun, wenn sie verstimmt sind.

«Und», fuhr Kimon fort und musste so sehr lachen, dass ihm der Speichel um den Mund flog, «und der alte Aristeides hier kratzt seinen eigenen Namen auf die Scherbe, so tief und lesbar, als hätte es Themistokles geschrieben, wie?» Er bog sich schon vor Lachen. «Und als er fertig ist, sagt er zu dem Kerl: ‹Was habt Ihr gegen Aristeides?›, denn der Mann hat keinen Schimmer, wer eigentlich vor ihm steht.»

Ihr könnt euch sicher vorstellen, dass wir inzwischen vor Lachen brüllten.

«Und der Mann schüttelt den Kopf und meint: ‹Ich weiß nicht, wer das ist, beim Hades, aber alle nennen ihn den Gerechten, und das gibt mir das Gefühl, ich wäre ungerecht. Und deshalb hasse ich ihn!›»

Ich prustete und verschüttete Wein. Nicht Kimons Geschichte war lustig – doch, eigentlich schon, aber inzwischen ist sie ja recht bekannt –, sondern die Art und Weise, wie er sie zum Besten gab. Und dann dieser gequälte Gesichtsausdruck bei Aristeides! Ja, Aristeides hasste es, wenn über ihn geredet wurde, während seinem Gegner Themistokles das nichts ausmachte.

Hektor ging von einem zum anderen und schenkte Wein nach, und Aristeides zog eine Braue hoch, als wolle er sagen, *wenn ihr dann jetzt fertig seid,* und nahm einen Schluck. «Was ich sagen wollte …», begann er.

Es musste an seiner selbstgerechten Art und seinem aristokratischen Gehabe gelegen haben, jedenfalls brachen wir alle wieder in schallendes Gelächter aus.

Ich liebte diesen Mann, wirklich, aber er konnte auch ein Arsch sein.

Wie dem auch sei, als wir uns wieder im Griff hatten, wandte er sich mir zu. «Wie Kimon glaube auch ich, dass es möglich sein müsste, auf dem Seeweg eine Lösung unserer Probleme zu finden. Aber in einem Punkt widerspreche ich Kimon und Themistokles. Denn ich denke, dass der Seeweg in einem Desaster für Griechenland enden wird. Wir müssen uns den Medern in einem fairen Kampf entgegenstellen, Mann gegen Mann. Nur so erweisen wir uns als würdig, der Herausforderung gewachsen zu sein. Und nur auf diese Weise bewahren wir unsere politischen Vorrechte. Wenn die Ruderer den Sieg davontragen, dann werden sie die neuen Hopliten sein, oder etwa nicht?»

Megakles schaute mit einem Lächeln zur Seite. Leukas verstand Aristeides' Griechisch nicht so gut, und Seckla beschäftigte sich eingehend mit dem Saum seines Chlamys.

Aber ich hatte zugehört. Und richtete mich auf. Hektor reichte mir ein Stück Brot mit Olivenpaste und Anchovis – ein typisches Opson in unseren Landen. Ich kaute genüsslich, ehe ich mich zu Wort meldete. «Kleisthenes haben die Athener es zu verdanken, dass ein jeder seine Vorfahren auf Helden der Vorzeit zurückführen konnte, war es nicht so? Wenn also die Schiffe die Perser besiegen, dann werden sich all die Theten der Gaben würdig erweisen, die ihnen von den Göttern gegeben sind, nicht wahr?»

Ich rechnete damit, dass Aristeides etwas Unwirsches von sich geben würde, da er so verstimmt dreinblickte. Kimon musste grinsen. «Gut formuliert, Platäer», sagte Miltiades' Sohn. «Verflucht, ich sollte dich zum Bürger unserer Polis ernennen, nur damit ich zuhören kann, wie du mit Aristeides diskutierst.»

Aristeides runzelte die Stirn. «Ich muss mich schon mit fünfzig anderen herumärgern, besten Dank also.»

«Außerdem ist Aristeides reich», fuhr Kimon fort, «und stammt aus einem alten Geschlecht, und Themistokles ist auch reich, stammt aber nicht aus dem alten Geburtsadel. Verständlich, dass die beiden aneinandergeraten. Nach außen hin vertreten sie unterschiedliche Interessen, beinahe in jeder Hinsicht.»

Mein Blick ging zu Aristeides. «Als uns Marathon noch bevorstand, wart Ihr ein Gegner jeglicher Fraktionen.»

Kimon schwieg und schaute zur Seite.

Doch Aristeides stimmte mir zu. «Ich spüre, dass das Staatswesen in seinem Innersten bedroht ist. Aber ich will nicht ungerecht sein, denn das sieht auch Themistokles so. Wir sind uns in vielerlei Hinsicht einig – aber wir stimmen überhaupt nicht überein, wie wir die Probleme angehen wollen.» Er sah mich an. «Einer von uns beiden muss das Feld räumen. Und ich bin mir sicher, dass ich es sein werde. Ich sage offen, dass uns harte Zeiten und ein hartes Stück Arbeit bevorstehen, doch Themistokles verspricht allen, dass es Silbermünzen regnen wird. Er spricht von einem Reich jenseits des Meeres.» Er rang sich ein schmales Lächeln ab. «Nun, Arimnestos, welchen der beiden würdest du ins Exil schicken?»

«Euch», antwortete ich sofort und lachte.

Kimon nickte. «Andererseits ...» Er blickte sich in der kleinen Runde um. «Seckla kenne ich. Kann ich den anderen trauen?»

«Ich vertraue ihnen mein Geld und mein Leben an», erwiderte ich. «Bei anderen Aspekten müsstet Ihr vielleicht vorsichtig sein.» Ich schmunzelte.

Kimon nahm das zur Kenntnis und fuhr fort: «Wenn wir Aristeides ins Exil schicken ...», setzte er erneut an, doch da legte ihm Aristeides eine Hand auf den Arm und bedeutete Kimon, den Satz abzubrechen.

«Nicht jetzt», sagte er eindringlich, «nicht hier. Nicht einmal in Arimnestos' Beisein.»

Eine halbe Stunde versuchte ich, den beiden zu entlocken, was es da für ein Geheimnis gab. Aber ich hatte keinen Erfolg.

Schließlich legten wir uns alle schlafen.

8. KAPITEL

Am nächsten Tag hatten wir einen klaren Himmel und wussten, dass es heiß werden würde. Ich lief wieder eine kürzere Strecke, mein Bein schmerzte nicht so wie sonst, der Knöchel war belastbarer. Gorgo sah ich nirgends. Und ja, ich gebe es zu, ich war enttäuscht deswegen.

Ich lief wieder am Lager der Lakedaimonier entlang. Und Sparthius winkte mir zu, ließ den Chiton fallen und schloss sich mir im Laufschritt an. Zwar fehlten ihm die vorderen Zähne, trotzdem erzählte er erstaunlich viel und war in ausgezeichneter Verfassung. Wir liefen am Fluss entlang. In dieser kurzen Zeit erzählte Sparthius mehr, als Brasidas auf allen langen Überfahrten auf See je von sich gegeben hatte. Sparthius' Lieblingsthema war das Wagenrennen.

Später ließ ich ihn am Lager zurück, ehe die Sonne richtig brannte, und badete in dem flachen, sauberen Wasser flussaufwärts, also oberhalb des Tempelkomplexes und des Lagers. Danach begab ich mich wieder zu meinem Zelt und legte einen sauberen Chiton an. Endlich machte ich mich auf den Weg, um die Wettkämpfe zu verfolgen.

In gewisser Hinsicht ist der dritte Wettkampftag der Tag, der ganz ausgelastet ist. Der Pentathlon zum Beispiel wird komplett an diesem Tag ausgetragen. Und ich sah dabei zu – ich verschlang die Wettkämpfe mit meinen Augen. Ich weiß nicht, ob ich das je richtig erklären könnte, aber ich suchte mir ständig andere Plätze im Stadion, um ja nichts zu verpassen: Der Speerwurf etwa fesselte mich eine ganze Weile, obwohl ich bei dieser Disziplin nie besonders gut war. Auch die Läufe waren großartig, und beim Weitsprung waren sich viele Zuschauer einig, dass die Durchgänge die besten seit zwanzig Jahren waren.

Kein Spartaner schloss besser ab als auf dem fünften Platz.

Die Spartaner sitzen oder stehen zusammen in einem Zuschauerblock, und sie bewegen sich gleichzeitig auf dieselbe Weise – tatsächlich wie die Taxeis der Fußtruppen. Das kann eindrucksvoll sein, bis man begreift, dass die Spartaner das Gefühl haben, anders zu sein als andere. Sie sind oft scheu, was den Kontakt mit Außenstehenden anbelangt. Sparthius hingegen ließ keine Zurückhaltung erkennen, zumal wir ja gemeinsam gelaufen waren – er grinste, als sich unsere Blicke trafen, kam näher und ergriff meine Hand. Dann stellte er mich vier anderen Mitgliedern des Männermahls vor, und mein Eindruck war, dass dies eine ganz sympathische, wenn auch schweigsame Gruppe war.

Keiner der Spartiaten wechselte ein Wort mit Brasidas, aber es griff ihn auch keiner an, verbal oder physisch.

Am Abend kehrte ich zu meinem Lagerfeuer zurück und musste feststellen, dass wir keinen Wein mehr hatten. Außerdem hatte ich mir einen Sonnenbrand geholt, obwohl ich einen breitkrempigen Strohhut getragen hatte. Ich merkte aber auch, dass ich immer noch nicht genug hatte von den Spielen. Ich war ganz vernarrt in die Veranstaltung als solche. Ich kann mich nicht entsinnen, jemals wieder so viele Männer gesehen zu haben, die sich auf vielerlei Weise in Arete hervortaten. Und ich kann sagen: Nie war ich so stolz, ein Grieche zu sein!

Themistokles konnte das am selben Abend natürlich besser in Worte kleiden als ich. Aristeides gab ein Festmahl. Dazu will ich sagen, dass ich durchaus imstande war, Wein auf meine Kosten unter die Leute zu bringen, aber ein Mann wie Aristeides konnte einfach so zweihundert Männer zum Festmahl einladen. Und als Themistokles am Feuer das Wort ergriff, sprach er über das Gefühl, ein Grieche zu sein. Er sagte viele lustige Dinge – ja, ich bin immer noch davon überzeugt, dass wir Griechen manchmal wahre Komiker sein können –, doch vieles war auch abgedroschen oder gar borniert. Aber schlussendlich brachte er es auf den Punkt: «Schaut euch um, meine Brüder! Wo sonst findet man so etwas – den Wettkampf Mann gegen Mann, für nichts Größeres als die Ehre, beurteilt nicht von Königen, sondern von Leuten wie uns. Hier sind wir versammelt, bei dem Schrein der Götter, und das, was wir hier veranstalten – das zeigt uns und allen, was wir im Herzen sind!»

Ich meine, dass er ein bisschen angetrunken war, aber ich fand, dass er es angemessen und ansprechend formulierte.

Dennoch – ich vermute, dass die Perser bei Wettkämpfen dasselbe sagen, wenn sie ihre Pferde antreiben und ihre Pfeile abschießen.

So ruhten wir alle auf geliehenen Klinen, die Dunkelheit nur stellenweise erleuchtet von kleinen Öllampen, verscheuchten die lästigen, blutsaugenden Insekten und beklagten uns über die schlechte Qualität des Weins. Ich weiß noch, dass ich neben Kimons Kline lag. Wir unterhielten uns erneut darüber, ob es klug wäre, Themistokles noch einmal unsere Pläne auf See schmackhaft zu machen, als ein Luftzug die Flammen zum Flackern brachte. Eine Gruppe Spartaner gesellte sich zu uns. Ich war erfreut, als ich sah, dass der junge Mann, der mich zu sprechen wünschte, Polypeithes war. Er hatte sich von dem Unfall erholt.

«Ich verdanke Euch mein Leben», sprach er. «Das nehmen wir in Lakedaimon sehr ernst.»

Es gehört wohl zu den Eigenarten der Spartaner, dass sie den meisten Äußerungen eine kleine Spitze beimengen, die bei anderen Leuten Unmut hervorrufen kann. So war ich nämlich versucht, ihm zu sagen, dass wir so etwas in Platäa auch ernst nehmen, aber er war noch jung und offenherzig. Daher drückte ich ihm einfach die Hand zum Gruß.

«Werdet Ihr morgen starten, oder habt Ihr einen anderen Wagenlenker bestimmt?», wollte ich wissen.

Er lächelte. «Herr, lieber komme ich als Sechster ins Ziel, anstatt den Lorbeer als Besitzer des Wagens zu erringen. Ich möchte nicht, dass jemand anders die Zügel in Händen hält.»

Kimon spendete Beifall. «Das nenne ich Kämpfergeist», sagte er. «Wenn Ihr so weitermacht, werde ich für Euch jubeln müssen und nicht für Athen.»

Als er bei mir auf der Kline saß, nutzte ich die Gelegenheit. «Habt Ihr irgendeinen Verdacht, wer Euch mit der Schleuder verletzt haben könnte?»

Spartaner sind miserable Lügner. Er schaute zur Seite und sagte sofort: «Nein!» Aber ich sah, dass er den Kopf hängen ließ.

«Habt Ihr schon mit der Königin gesprochen?»

Er nickte. «Das ist eine spartanische Angelegenheit», sagte er steif und erhob sich wieder.

Ich verabschiedete mich von ihm und ließ ihn gehen. Seine Freunde verbeugten sich respektvoll und zogen sich zurück – oh, was für eine Freude es ist, ein berühmter Mann zu sein!

Später, am eigenen Lagerfeuer, bat ich Ka, ein paar Erkundigungen einzuholen, und dann besprach ich die ganze Sache mit Dareios, Harpagos und Paramanos. Sie stimmten mir zu. Ich betonte in ihrem Beisein, dass es in unserem Interesse sei, herauszufinden, wer den Stein auf Polypeithes geschleudert hatte.

Zum ersten Mal fiel mir auf, dass sich etliche weiße Strähnen in Paramanos' Bart geschlichen hatten. Er sah alt und weise aus. Er lehnte sich behaglich zurück, ließ sich Wein von seinem Pais nachschenken und suchte meinen Blick. «Zwanzigtausend Verdächtige», meinte er.

«Dann wohl eher fünfzigtausend», sagte ich. «Sklaven können auch mit einer Schleuder umgehen. Sogar Mädchen.»

Meine Gefährten schüttelten die Köpfe wie der Chor in der Tragödie.

«Ich denke, wer auch immer das getan hat, ist nicht weiter von uns entfernt als eine halbe Meile», sagte ich. «Immerhin haben wir ein paar Anhaltspunkte. Der Täter war früh auf den Beinen und machte sich entlang des Flusses auf den Weg. Allein dadurch können wir die Gruppe der Verdächtigen eingrenzen. Ich schätze, der Unbekannte wurde dafür von Leuten bezahlt, die wollen, dass Persien letzten Endes obsiegt – oder dass sich Sparta doch noch unterwirft.»

Harpagos grinste wie die Fischer von Chios, zu denen er ja gehörte. «Oder jemand will, dass Athen besiegt wird.»

Dareios lachte. «Das könnte ja jeder hier sein.»

Ich hatte da schon so meine Vermutung, wer es gewesen sein könnte. Aber ich wollte die Bemühungen meiner Gefährten nicht im Keim ersticken – wusste ich doch, dass sich keiner meiner Befehlshaber einer solchen Herausforderung verschließen würde. Zumal ich wusste, dass jeder von ihnen über Beziehungen zu Freunden und Geschäftspartnern verfügte, ganz zu schweigen von Beziehungen in andere Länder.

Ehe ich mich in meinen Mantel rollte – wieder einmal allein, verflucht –, unterhielt ich mich im Flüsterton mit Seckla, Brasidas und Alexandros. Wir schmiedeten einen Plan, um Polypeithes zu beschützen. Eigentlich seltsam und lustig, dass wir vier in Erwägung zogen, heimlich einen Spartaner zu beschützen. Aber etwas gab Anlass zu der Vermutung, dass in diesem Punkt nicht alle Spartaner an einem Strang zogen.

Am Morgen schnappte ich mir einen Stab und unternahm einen langen Spaziergang. Ich stieg in die Anhöhen hinauf, redete auf ein paar Schafe ein und kam auf anderen Pfaden wieder hinunter in die Ebene in der Hoffnung, die Königin von Sparta auf ihrem morgendlichen Ausritt abzupassen. Ich bin nicht groß anders als andere Männer, was das betrifft, und ich leugne nicht, dass ich die schöne Frau gern wiedersehen wollte, aber ich hatte auch etwas Geschäftliches im Sinn.

Tatsächlich erspähte ich sie bald in der Ferne. Sie war bereits auf dem Rückweg, und ich passte es gerade so ab, als hätten wir uns rein zufällig getroffen. Als ich ihr zuwinkte, lenkte sie ihr Pferd in meine Richtung.

«Wünsche einen guten Morgen», grüßte ich. «Ihr seht aus wie – eine der reitenden Göttinnen.» Ich lächelte ziemlich breit, doch Gorgo zog die Stirn in Falten.

«Wäre es nicht ein besseres Kompliment, wenn Ihr eine Göttin mit Namen nennen würdet?», fragte sie.

«Nein, denn dann hättet Ihr Gelegenheit, das Kompliment und den Absender des Kompliments von Euch zu weisen, Despoina. Sollte ich Aphrodite sagen? Nein. Hera etwa? Das wäre zu anmaßend. Athene? Unüblich für Sparta. Artemis?» Ich sah sie ratlos an. «Ihr erinnert mich nicht an Artemis, wenn ich ehrlich bin.»

Gorgo lachte. «Ihr seid wirklich anders als die meisten griechischen Männer.»

«Tja, ich reise viel. Aber hört mich an, Königin. Habt Ihr eine Ahnung, wer versucht haben könnte, Polypeithes zu töten?»

«Ja», antwortete sie.

«Wird dieser Jemand es erneut versuchen?»

Sie zuckte mit den Schultern.

«Ist es Euch gleich?», fragte ich.

«Ich darf mir nicht anmerken lassen, ob es mir gleich ist oder nicht», sprach sie. «Aus bestimmten, sehr komplexen Gründen, die hier nichts weiter zur Sache tun.»

Ich nickte, obwohl ich in Wahrheit nichts verstand. «Adeimantos von Korinth?», wagte ich mich vor.

Eine tiefe Röte zog sich über ihre Wangen.

«Warum er?», wollte ich wissen.

«Wie seid Ihr auf ihn gekommen?», lautete die Gegenfrage.

«Ich war mir nicht sicher, aber mir ist der Blick nicht entgangen, mit dem er neulich den Wagenlenker aus Sparta bedachte. Als ich dann sah, dass sich sein Wagenlenker mit meinem Gefährten Ka unterhielt, bat ich Ka, ein paar Erkundigungen einzuholen. Und ich sah, wie böse Adeimantos Euren Gemahl anfunkelte.»

«Oh, er hasst Themistokles zehnmal mehr als meinen Gemahl», stieß sie verstimmt hervor. «Er will, dass sein Wagen gewinnt, um jeden Preis, außerdem hat er eine ansehnliche Bestechungssumme von den Medern angenommen.»

Ich verstand nun einiges besser. «Meine zweite Frage ist rein persönlich. Warum möchtet Ihr, dass ausgerechnet ich Eure Herolde bis nach Susa begleite?»

Sie sah mich an, als zweifelte sie an meinem Verstand. «Damit die Männer nicht getötet werden natürlich», sagte sie. Dann lächelte sie. Die Veränderung in ihrem Mienenspiel war wie immer ganz erstaunlich – der Ausdruck gelassener Selbstbeherrschung wich einem nymphenähnlichen Liebreiz. «Glaubt Ihr wirklich, dass zwei Herren aus Sparta, die bereits dadurch Unmut auf sich ziehen, dass sie sich auf den Weg machen, begeistert am Hofe des Großkönigs empfangen werden? Sie sind meine Freunde und meine Vettern. Und sie sind die Freunde meines Gemahls. Sie bringen ein tapferes Opfer für unsere Polis. Daher möchte ich sie vor großem Schaden bewahren.»

Als ich mich in diesen nymphenähnlichen Augen verlor, war ich nicht mehr imstande, nein zu sagen.

Als Gorgo und ich das eigentliche Tal erreichten, war unübersehbar, dass etwas am Rande des Lagers vorgefallen war. Gorgo sprengte davon, in Richtung der spartanischen Zelte. Ich lief, so schnell ich konnte, hinterdrein.

Wie sich herausstellte, bildeten die Männer, die sich dort im Licht des Morgens eingefunden hatten, einen Kreis um einen Toten. Ein schwarzer Pfeilschaft ragte aus dem Kopf des Opfers. Sein Leben war ausgelöscht. Zwei olympische Priester stimmten bereits ein Wehklagen an und machten keinen Hehl daraus, dass das Blut den Frieden der Spiele bedrohte und Schande über die ganze Veranstaltung brachte. Kurz nachdem ich bei der Gruppe eingetroffen war, kamen weitere Priester gelaufen, auch einige der Kampfrichter. Sie waren erzürnt, aber auch verängstigt.

Ein Mord bei den Olympischen Spielen war kein kleines Vergehen. Es war ein Sakrileg. Die ersten Stimmen wurden laut, dass die Spiele abgebrochen werden müssten.

Niemand wusste zunächst, wer der Tote war, bis einer der Ausbilder aus Argos den Mann als Stallburschen der Korinther identifizierte.

Ich hielt mich wohlweislich zurück und verließ die Gruppe der Schaulustigen, da im Schädel des Toten ein schwerer Pfeil nach Machart des südlichen Ägyptens steckte. Es konnte eigentlich nur ein Pfeil aus Kas Köcher sein. Ich eilte zurück zu unserem Lager, verfluchte den Knöchel und traf auf Seckla, der gerade dabei war, Anweisungen für den Tag zu geben.

«Ich habe gerade die letzten beiden Amphoren Wein freigegeben», erklärte er. «Ich habe Ka zur Küste geschickt, damit er mehr einkauft.»

Ich begriff sofort – Ka war nicht im Lager und konnte daher nicht befragt werden.

«Ich habe ihm ein Pferd organisiert», fuhr Seckla gelassen fort.

Während Seckla sprach, fiel mir auf, dass Leukas ein Schwert unter dem Chlamys trug, ein langes keltisches. Auch einige andere Gefährten hatten sich unauffällig bewaffnet. Sittonax etwa stützte sich entspannt auf einem Speer ab, eine Hand und die linke Kniekehle hatte er um den langen Schaft gelegt. Damals benutzten manche Leute noch Speere als Stäbe zum Wandern. Sittonax nutzte diese Situation aus.

«Was geht hier vor?», fragte ich leise. Dann nahm ich Seckla beiseite und zog ihn hinter das Zelt, in dem wir Wein ausschenkten.

Betont laut sagte er: «Das ist doch töricht, zwei Amphoren zurückzuhalten. Wir können eine Drachme am Tag verdienen.» Dann senkte er die Stimme zu einem Flüstern. «Der Mann hatte eine Schleuder, und damit hat er ohne Zweifel auf den Wagenlenker aus Sparta gezielt. Mehr weiß ich nicht. Ka hat die Entscheidung getroffen und ihn getötet.»

Das war eine große Pietätlosigkeit – ein Angriff auf olympischem Boden, dazu noch während der vereinbarten Friedenszeit. Andererseits hatte Ka, soweit ich unterrichtet war, noch nie an unsere Götter geglaubt. Daher ließen ihn unsere Gepflogenheiten vermutlich kalt. Aber wenn man den tödlichen Schuss nun bis in mein Lager zurückverfolgte ...?

Es ist nicht immer einfach mit Leuten, die einem dienen. Ich hatte meinen Gefährten die Anweisung gegeben, Polypeithes zu beschützen. Das haben sie zweifellos getan. Ka hat nach bestem Wissen und Gewissen gehandelt, aber jetzt hatten wir eine Leiche und ein paar sehr erboste Priester aus Elis.

«Was geschehen ist, ist geschehen», hörte ich mich sagen, während mir Gedanken durch den Kopf schossen. «Wie geht es dem Spartaner?»

«Ich schätze, er weiß gar nicht, was geschehen ist», erwiderte Seckla. «Leukas folgte ihm bis zum Lager der Lakedaimonier, verkleidet als Sklave. Er meinte, die Spartaner haben Wachen rund ums Lager aufgestellt, seitdem der Wagen zurückkehrte.»

Ich schenkte mir selbst von unserem guten Wein ein und setzte mich auf einen mit Leder bezogenen Schemel. Dann bedeutete ich Sittonax, Harpagos und Leukas, zu mir zu kommen, da sie in Sichtweite waren. So versammelten wir uns in dem kleinen Bereich hinter dem Weinzelt.

Doch um Gewissheit zu haben, ging ich einmal außen um das Zelt herum, weil ich nachsehen wollte, ob wir auch wirklich allein waren. Ich bekam Hektor zu fassen. Er schleppte gerade einen Korb Brote für Geaeta. Ich schärfte dem Jungen ein, das Zelt aus einiger Distanz im Auge zu behalten, damit uns niemand belauschte. Dann entband ich Alexandros von seiner Pflicht, unser Lager gegen Diebe zu sichern, und platzierte ihn am Eingang des Weinzelts. Zu guter Letzt holte ich Brasidas zu unserer verschworenen kleinen Gemeinschaft hinzu. Unterdessen redeten Seckla und Leukas viel zu laut und viel zu auffällig über die Preise, die wir pro Becher Wein verlangen könnten.

Ein Sakrileg dieser Größenordnung bei den Olympischen Spielen zu begehen barg enorme Gefahren. Plötzlich war es eine Angelegenheit auf Leben und Tod.

«Meine Herren», sagte ich, als ich zu den Gefährten zurückkehrte, «das ist eine Familienangelegenheit. Oikia, in Ordnung? Nicht für Kimons Ohren, auch nicht für Paramanos' Ohren.» Ich sah meine Gefährten einen nach dem anderen an, und alle nickten. «Wenn sie Ka schnappen, wird er gefoltert und hingerichtet.»

Meine Gefährten wirkten unruhig. Das saß. Der Nubier war ein sehr beliebter Mann.

«Seckla, das war klug von dir, dass du Ka aus der Schusslinie genommen hast. Wie sieht unser nächster Schritt aus? Noch fünf Stunden bis zum Beginn der Wagenrennen.» Ich deutete vage in Richtung des Lagers der Lakedaimonier.

Brasidas meldete sich zu Wort. «Wir beschatten die Korinther. Genug Männer dafür haben wir.»

Ich hatte die ganze Zeit vorgehabt, Polypeithes zu beschützen. Jetzt musste ich angesichts der typisch spartanischen Denkweise lächeln. Ich wollte bloß verteidigen, Brasidas ließ keinen Zweifel daran, dass er zum Angriff übergehen würde.

«Gut, wir behalten sie im Auge, aber was können wir sonst noch tun? Was, wenn zwei ihrer Sklaven das Lager verlassen?» Ich sah die anderen an.

Seckla hatte ein Lächeln aufgesetzt. «Wer auch immer ihr Lager verlässt, wird von uns beschattet. Müssen wir überhaupt im Verborgenen bleiben? Warum zeigen wir uns nicht offen? Es sind weniger als hundert Korinther hier.»

Ich kratzte mich am Bart. «Es könnte auf einen Kleinkrieg zwischen Korinth und Platäa hinauslaufen», gab ich zu bedenken.

Brasidas war offenbar anderer Ansicht. «Hört zu. Warum schicken wir nicht ein paar Mann unter meiner Führung in Sichtweite des Lagers von Korinth. Dazu einige Jungen, die als Laufburschen dienen. Und dasselbe machen wir mit dem Lager der Lakedaimonier. Sobald der Wagen das Lager verlässt, handeln wir.» Er schenkte mir ein durchtriebenes Lächeln. «Ich bezweifle, dass die Korinther noch einen Versuch wagen werden, aber falls sie es versuchen, müssen wir sie vorher abfangen.»

Draußen war Hektors hohe Stimme zu hören. «Der Herr Aristeides!» Ich sprang auf, ein falsches Lächeln auf den Lippen, und trat ins Freie.

Aristeides sah so wütend aus wie ein empörter Ehemann. «Ich sage es ungern, aber wenn tatsächlich ...», begann er, und erst da sah ich, dass sich fast die Hälfte der athenischen Aristokraten in meinem Lager eingefunden hatte. Ich trug Hektor auf, auf die Schnelle für Hocker und andere Sitzgelegenheiten zu sorgen, und natürlich für Wein. Kimon wirkte ungeduldig und gab mir zu verstehen, dass ich den Mund aufmachen sollte.

Doch Aristeides kam mir zuvor. «Im Lager heißt es, die Spartaner haben den Pferdeknecht der Korinther getötet. Andere meinen, es sei ein Platäer gewesen. Dann geht das Gerücht, es sei ein Mann aus Libya gewesen. Dieses Sakrileg muss geahndet werden.»

Das Problem mit Aristeides war immer, dass er stets zutiefst ehrlich und aufrichtig war. Daher waren die meisten Angelegenheiten für ihn klar umrissen.

«Ich habe den Toten gesehen», sagte ich. «Ein schwerer Pfeil. Nicht hier aus der Gegend.» Ich gab mich unbeteiligt. «Vielleicht aus Kreta oder Zypern, wer weiß?»

Kimons Blick war zu entnehmen, dass ihm meine Lügen wie gerufen kamen. «Die Kreter benutzen dicke Schäfte wie diesen», betonte er. «Das hatte ich fast schon vergessen.»

Andere meldeten sich zu Wort. Und plötzlich schien ich von Kennern umgeben zu sein, wie es oft vorkommt, wenn die Leute Wissen kundtun, das sie eigentlich gar nicht haben. Mit einem Mal gab es ein Dutzend Experten, die sich mit kretischen Pfeilen auskannten.

Aristeides hatte nicht Platz genommen. Er legte mir eine Hand auf die Schulter und sagte: «Ich spüre, dass du in diese Sache verwickelt bist.» Er sagte dies unerwartet ruhig. «Ich habe vorhin gesehen, dass du den Toten betrachtet hast. Sag mir bitte schnell, was du weißt.»

Ich musste ablehnen. «Verzeiht, aber ich kann Euch nur sagen, dass die Korinther versucht haben, den Spartanern zu schaden.»

Aristeides schien zu begreifen. Seine Augen verengten sich.

«Ich kümmere mich um die Sache», stellte ich ihm bereitwillig in Aussicht. Um ehrlich zu sein, es fiel mir immer schwer, in seiner Gegenwart zu lügen, daher musste ich innerlich ganz schön kämpfen. Aber da so viel auf dem Spiel stand, hatte ich mich unter Kontrolle.

Ich wandte mich an Kimon. «Jemand sollte ein Auge auf die Korinther haben, auch auf das Lager der Spartaner. Damit sie nicht aneinandergeraten. Das ist das Mindeste, was wir tun können.»

«Du denkst also, die Spartaner haben den Pferdeknecht getötet?», forschte Aristeides nach.

«Ihr wisst, dass jemand einen Stein auf Polypeithes geschleudert hat, auf den Wagenlenker?»

«Ah, verstehe», sinnierte er. Seine Miene wurde unergründlich.

Kimon berührte ihn am Arm. «Ein Sklave ist tot, kein Grieche», sagte er. «Hängen wir die Sache nicht zu hoch.»

Er leerte seinen Becher und zog Aristeides langsam mit sich, sodass ich bei Themistokles stand. Der begabte Redner schaute zum Lager der Spartaner hinüber. «Du hast also – Maßnahmen ergriffen?», fragte er vorsichtig.

«Keine Ahnung, wovon Ihr sprecht», erwiderte ich. «Aber ich habe mich bereit erklärt, die Botschafter aus Sparta zu begleiten.»

«Die Herolde», verbesserte Themistokles mich. «Es sind keine Botschafter.»

9. KAPITEL

So verbrachten wir den Morgen und den Nachmittag damit, die Korinther nicht aus den Augen zu lassen. Unterstützt wurden wir von einem Dutzend Athenern, aber wir verbargen uns nicht wirklich. Kimon und ich sahen keinen Grund, uns zu verstecken, auch Themistokles nicht. Schließlich kam Adeimantos aus dem Lager der Korinther, gehüllt in seinen Mantel.

«Wir kümmern uns um unsere eigenen Sachen», sagte er. «Wir brauchen keine Athener hier, die sich in unsere Vorbereitungen mischen.»

Themistokles gab sich unbeteiligt. «Das hier ist eine gute Stelle, um die Spiele zu verfolgen. Und frei für jeden, denke ich.»

Adeimantos sah aus, als würde er jeden Moment die Beherrschung verlieren.

«Herr», wandte ich mich an ihn. «Seid auch Ihr der Besitzer eines Wagens bei den heutigen Rennen? Gehört Euch das Vierergespann mit dem Lenker aus Libya?»

Ein knappes Nicken war die Antwort.

Ich setzte ein Lächeln auf. «Ah, verstehe», sagte ich. Und so meinte ich es auch. Ich hatte begriffen. Gorgo hatte die Dinge richtig eingeschätzt. «Möge das beste Gespann gewinnen», fügte ich hinzu.

«Ich wiederhole – man braucht Euch hier nicht. Wir können uns schon selbst schützen», sagte Adeimantos.

«Vielleicht sind wir ja gar nicht hier, um Euch zu beschützen», merkte Themistokles trocken an.

Daraufhin machte der Korinther auf dem Absatz kehrt und ging zurück zu seinen Zelten. Einige Männer zeigten auf uns.

Ich fragte mich, ob Adeimantos so töricht war, es auf einen Konflikt ankommen zu lassen. Während der Spiele!

Leider verpassten wir an jenem Tag Astylos' Sieg beim Laufen, was mich zutiefst ärgerte. Wir hörten den Jubel aus dem Stadion, als der junge Mann auf seiner Distanz siegte, und später eilte Hektor zu uns, um uns von dem Sieg zu erzählen. Die meisten meiner Ruderer saßen auf den südlichen Böschungen des Stadions und brüllten sich die Seele aus dem Leib.

Zwei Stunden später war die Aufregung sogar aus einer Entfernung von drei Stadien zu spüren. Hektor kam wieder zu uns gelaufen und sagte, Astylos habe auch den ersten Durchgang beim Diaulos gewonnen. Kimon und ich fluchten, weil wir einen hehren Moment verpasst hatten. Themistokles entfernte sich unter irgendeinem Vorwand und ließ uns auf unserem Posten zurück. Er liebte nun einmal die Wettläufe, außerdem provozierte er die Korinther dauernd, wenn nicht mit Worten, dann mit Blicken. Es war unübersehbar, dass er und Adeimantos sich nicht ausstehen konnten.

Es brach mir schier das Herz, beim Schlussdurchgang nicht zuschauen zu können. Umso mehr, da auch zwei Platäer dabei waren.

Aber immerhin erreichten wir das, was wir uns vorgenommen hatten. Denn zwei Pferdeknechte verließen das korinthische Lager, gerade in dem Moment, als drüben im Stadion spät am Nachmittag grenzenloser Jubel aufbrandete. Die beiden Knechte versuchten unbemerkt zu bleiben, da sie sich hinter ihren Zelten davonstahlen und so lange über den Boden krochen, bis sie das Lager hinter sich gelassen hatten. Danach blieben sie südlich des Flusses im Schutz einiger Bäume und näherten sich auf dem höher gelegenen Terrain dem Lager der Spartaner. Ich muss gestehen, ich hatte die beiden nicht bemerkt.

Aber Brasidas und Leukas. Die beiden hatten sich als Sklaven gekleidet: Leukas pries Wein an, der Spartaner schenkte aus. Leukas' Tätowierungen und sein barbarischer Akzent passten gut zu der

Rolle, die sie spielten. Sie schickten ihren Laufburschen zu uns, einen kleinen Ägypter. Daraufhin trug ich Alexandros auf, sich unverzüglich mit einigen Epibatai zu Brasidas zu begeben, aber unbewaffnet.

Leukas sollte seine Rolle weiterspielen, diesmal unterstützt von Sittonax und Harpagos. Denn es war durchaus denkbar, dass die beiden Pferdeknechte nur als Ablenkung gedacht waren.

Nachdem ich alles geregelt hatte, schlenderte ich zum Stadion und schloss Astylos in die Arme, der so außer sich vor Freude war, dass er sich bei den Göttern wähnte. Er hatte zwei olympische Disziplinen an einem Tag gewonnen. Das mochte bereits vorgekommen sein, aber keiner konnte sich erinnern, wann. Und so war Astylos an jenem Abend der berühmteste Mann in der griechischen Welt. Übrigens auch noch etliche Jahre danach.

Irgendwo nördlich vom Heiligtum erwischte Brasidas die beiden Knechte in einem Waldstück. Sie widersetzten sich nicht. Er fesselte sie an Bäume und befragte sie, ehe Alexandros sie zum spartanischen Lager brachte. Ich wäre gern dabei gewesen, als sie übergeben wurden, aber all das ging eher unauffällig vonstatten. Außerdem wollte ich nicht, dass man mich mit diesem Vorfall in Verbindung brachte.

Wir tranken und aßen etwas. Der Wein war zur Neige gegangen. Sie Sonne ging unter. Wir wechselten die Wachen beim korinthischen Lager. Brasidas versicherte mir, dass die Athener das Lager der Lakedaimonier im Blick hatten.

Ich ging zu meinem Umhang, um mich schlafen zu legen. Ich war zu müde, um noch mit Astylos und Polymarchos am Feuer zu sitzen und den Sieg auszukosten. Der junge Athlet schien aus sich heraus zu glühen, und mein alter Schwertmeister und Ausbilder sah zehn Jahre jünger aus.

Irgendwann schlief ich ein, war aber bei Anbruch der Dämmerung wieder auf den Beinen. Der letzte Tag der Wettkämpfe nahm seinen Lauf. Die verbliebenen Disziplinen waren Pankration, Ringen, Faustkampf und natürlich die Wagenrennen.

Ich hatte nicht vor, auch noch den Pankration-Wettkampf zu verpassen. Daher traf ich alle nötigen Vorkehrungen und überließ Kimon die Aufsicht. Doch Kimon wälzte die Verantwortung sogleich auf Themistokles ab, der ja, wenn ihr euch erinnert, einfach losgezogen war, um sich die Wettläufe anzuschauen. Vielleicht wäre dieser Wachwechsel der perfekte Augenblick für Adeimantos gewesen, um einen Meuchelmörder zu entsenden, aber so reibungslos verläuft es oft nicht im Leben. Denn schließlich konnte Adeimantos nicht wissen, ob seine Knechte erfolgreich gewesen waren oder nicht. Ihre Befehle hatten gelautet, die Pferde für das Rennen untauglich zu machen – das war es, was Brasidas von den beiden Knechten erfahren hatte. Dazu muss man wissen, dass er bei seiner Befragungstechnik nicht gerade zimperlich vorgegangen war (aber ich erspare euch die Einzelheiten). Sie hatten Schleudern, einen Bogen und Messer dabeigehabt.

Genug davon. Ich will damit nur sagen, dass der Feind auch nicht immer über alles unterrichtet ist. In unserem Fall hatte ich das Gefühl, dass wir Adeimantos überlistet hatten. Aber im Grunde war er nur ein arroganter reicher Mann, der es mit einem Dutzend arroganten reichen Männern zu tun bekam.

Wie dem auch sei, das Pankration war fabelhaft. Agias von Pharsalos setzte sich in nur vier Runden durch. Sechs Männer waren überhaupt bereit, es mit ihm aufzunehmen, und zwei schieden früh aus – ziemlich stark verletzt. Agias war groß und schwer, hatte beachtliche Muskeln und war obendrein schnell. Er griff immerzu an, und all seine Bewegungen waren fließend und voller Eleganz. Das sieht man nicht oft bei Kämpfern seiner Statur.

Ich hatte mich lang auf der grasbewachsenen Böschung des Stadions ausgestreckt, neben mir meine Gefährten, auch Polymarchos und Astylos – er trug seinen Lorbeerkranz zur Schau und genoss die bewundernden Blicke in der Menge, das kann ich euch sagen. Aber dann machte mich Polymarchos auf die Leute aus Pharsalos aufmerksam.

«Rhadamanthius von Pharsalos ist ihr Ausbilder», sagte er. «Die Leute meinen, er ist der größte Krieger. Er ist ein Freigelassener, ein ehemaliger Sklave. Man sieht immer sofort, wer von ihm ausgebildet wurde. Man sieht es an der Art, wie sie sich bewegen. Sieh dir diesen schwerfälligen Bastard dahinten an – der wird die Runde kaum überstehen.»

Und tatsächlich, in diesem Moment bekam Agias seinen Gegner am linken Handgelenk zu fassen und riss dessen Arm ein Stück weit hoch, sodass sich der Mann in der Hüfte verdrehte. Schon war Agias gleichsam unter ihm weggetaucht, war auf ein Knie gegangen und riss den klobigen Gegner zu Boden. Der Mann konnte nicht anders, er verlor das Gleichgewicht und stürzte über Agias' Knie. Sofort war Agias über ihm und presste ihm mit dem Arm die Luft ab. Der Gegner war tapfer und stark und widersetzte sich lange, bis er das Bewusstsein verlor.

Leider war das auch schon der letzte Kampf von Agias, den man sich anschauen konnte. Denn danach gab es niemanden mehr, der ihm gewachsen war. Einen Gegner schickte er mit einem einzigen, gut platzierten Schlag in den Sand, einen anderen hatte er sofort im Klammergriff und warf ihn dann über die Schulter. Auch das sah leichtfüßig und elegant aus.

Den Ringkampf entschied ebenfalls ein Mann aus Pharsalos für sich. Die beiden Schwerathleten genossen unseren Beifall, und als sie das Stadion verließen, jubelten ihnen die Leute zu und überhäuften sie mit Blumen, Kränzen und kleinen Statuen. Euthymos von Lokroi gewann den Faustkampf. Was für ein Kämpfer! Er setzte sich gegen drei Männer durch, die durchaus seine Klasse hatten, sich aber letzten Endes doch geschlagen geben mussten. Immerhin gab es bei den Faustkämpfen viel mehr Dramatik als bei den Kämpfen der Athleten aus Pharsalos. Denn bei Euthymos sah es zu Beginn immer so aus, als würde er unterliegen, doch letzten Endes setzte er sich durch und bekam den Lorbeerkranz. Von einem wie ihm konnte man sich einiges abschauen, was Taktik anbelangt.

Dann wurde es Zeit, sich auf den Weg zum Hippodrom zu machen, um die Wagenrennen zu verfolgen.

Die Disziplinen müssen nicht in dieser strengen Reihenfolge abgehalten werden. Ich weiß, dass bei anderen Spielen die Wagenrennen an anderen Tagen veranstaltet wurden. Der alte Pelops gilt als der Gründer der Spiele, und das Wagenrennen gewinnt in manchen Jahren an Bedeutung, gerät aber zwischendurch wieder in den Hintergrund. Andere Disziplinen erregen dann Interesse, etwa der Hoplitodromos. Genauso gut kann es sein, dass die Kampfrichter auf einen ganz bestimmten Athleten aufmerksam werden, und das kann Auswirkungen auf die Abfolge der Disziplinen bei den nächsten Spielen haben. In jenem Jahr indes, von dem ich berichte, als das Schicksal Griechenlands noch unentschieden war, stellte das Wagenrennen mit vier Pferden die letzte Disziplin dar.

Die anderen Pferderennen hatten wir schon hinter uns. Es wurden nämlich auch Rennen mit Eseln veranstaltet, darüber hinaus mit noch sehr jungen Pferden, auch mit Zweispännern. Ja, wir Griechen schauen praktisch jeder Art von Rennen zu ...

Aber wie ich schon andeutete, das Wagenrennen mit Vierergespannen gilt als heiliges Ereignis. Man muss unglaublich reich sein, wenn man ein Gespann zu den Spielen schickt – man braucht vier Pferde, die zueinander passen, aber um eine Auswahl treffen zu können, braucht man eine eigene Pferdezucht mit mindestens fünfzig Tieren. So wurde es mir zumindest erklärt. Ein erfolgreiches Vierergespann ist so viel wert wie ein kleines Geschwader auf See oder eine kleine Polis.

Die wirklich guten Wagenlenker stammen meist aus Italia oder von den Küsten Libyas, denn in diesen entlegenen Gebieten wurden noch Streitwagen im Kampf eingesetzt, zumindest aber bei öffentlichen Anlässen. Dort gab es einfach die besseren Wagenlenker. Selbst Asia hatte bessere Wagenlenker als Griechenland – immerhin war auch ich einer von ihnen, wenn auch nur kurz.

An jenem Wettkampftag traten nur sechs Vierergespanne gegeneinander an. Daher sollte es nur einen Durchgang geben, und die Wagenlenker mussten auslosen, wer auf welcher Spur startete. Es gab keine Staffelung, deshalb waren die Wagen außen beim Start im Nachteil – sie mussten die längere Strecke bis zur Wendemarke zurücklegen. Auf der äußeren Bahn konnte man nur schwer die Marke ganz innen umrunden, und wenn auch alles andere gleichwertig war, so blieben die äußeren Wagen zunächst einige Längen zurück.

Und vergesst nicht, auf jeder Runde musste der Wagen das Hippodrom auf gerader Bahn fahren, am Pfosten wenden und auf der anderen Seite in gerader Linie zurückfahren, um wieder zu wenden – es war keine ovale Rennbahn. Ich habe oft darüber nachgedacht, warum sich die Leute so gern Wagenrennen anschauen. Vermutlich weil es oft vorkommt, dass Wagen auf der Strecke bleiben, auch weil Pferde sterben. Ein herber Verlust, denn wo gibt es schon Pferdefleisch, das einen so großen Wert hat? Es konnte also passieren, dass ein reicher Wagenbesitzer mit leeren Händen dastand. Und das gefällt manch einem, der nicht so viel besitzt.

Gut, das ist ein ziemlich zynischer Grund. Ein anderer Grund, warum die Rennen so beliebt sind, ist, dass schon ein einziges Vierergespann den Erdboden erzittern lässt. Ein prächtiger Wagen sieht aus wie von den Göttern gesandt. Die Pferde lassen mit ihren Hufen Erdklumpen fliegen, sie schnauben und werfen ihre herrlichen Köpfe hin und her – schon glaubt man, Apollon oder Zeus an den Zügeln zu sehen. Und wenn gleich sechs Vierergespanne nebeneinander über die Bahn preschen, klingt es wie die Donnerkeile des Zeus oder wie das tosende Rauschen der See.

Die Auslosung wurde bekanntgegeben, während Kimon und ich gemeinsam mit unseren Gefährten an der Stelle der Böschung Platz nahmen, die uns seit dem Morgen einige Ruderer freigehalten hatten. Ganz innen, auf der besten Spur, wartete das Gespann aus Rhodos. Wie gesagt, es waren scheckige Pferde, die eine Handspanne kleiner als die anderen waren, doch die Position innen machte das allemal wett. Der Lenker trug einen langen weißen Chiton, der am Saum tiefrot eingefärbt war wie in Tyros üblich.

Als zweites Gespann brachten sich die Korinther in Position, und sie boten einen grandiosen Anblick. Die Rosse und der Wagenlenker tiefschwarz, Fell und Haut glänzten – ein Gespann wie aus Heldenerzählungen. Der Schwarze an den Zügeln grüßte einmal, und das allein reichte, um einen Beifallssturm auszulösen. Der Jubel wollte gar nicht aufhören. Seine Pferde waren ruhig, während die kleineren Tiere aus Rhodos nervös wirkten und die Köpfe von einer Seite auf die andere warfen. Der Korinther trug eine rote Tunika.

Als drittes Gespann tauchte das von Gelon von Syrakus auf – schwarz wie das Herz des Tyrannen, wie ich hinzufügen möchte. Es waren herrliche Pferde, vielleicht die prächtigsten, und die Leute jubelten ihnen erneut zu. Der Lenker präsentierte sich in einem leuchtend weißen Chiton und sah aus wie Apollon auf Erden.

Vier Spuren vom Wendepfosten entfernt wartete das Gespann aus Ägina. Ein weißes Pferd glich dem anderen, und man hatte ihnen das Fell gebürstet, sodass ihre Leiber schillerten wie flüssiges Metall. Der Lenker trug einen dunkelblauen Chiton.

Das fünfte Gespann war das der Athener. Auch diese Pferde waren schön anzusehen, aber auf den ersten Blick passten sie nicht recht zusammen. Es war wie ein Drama über die athenische Demokratie – ein zusammengewürfelter Haufen. Der Lenker aus Athen trug einen weißen Chiton mit langen Ärmeln, der Saum war blau abgesetzt. Einen Chiton, wie man ihn von früher kannte, aber diese Art von Kleidung war lange in Athen beliebt. Ich spreche aus Erfahrung, wenn ich euch sage, dass bei einem Sturz lange Ärmel Schutz bieten vor schlimmen Schürfwunden.

Zuletzt, auf der ungünstigsten Spur, erschienen die Spartaner. Die Augen der Zuschauer huschten zu der Stelle, an der sich sämtliche Spartaner eingefunden hatten.

Doch die Lakedaimonier achteten nicht weiter darauf und jubelten ihrem Gespann zu. Übrigens auch etliche andere – all meine Leute, aber auch viele Athener. Das brachte manch einem böse Blicke ein.

Die sechs Gespanne hatten sorgsam Aufstellung bezogen, und die Kampfrichter begutachteten jeden Wagen. Das zog sich so lange hin, dass viele im Hippodrom schon um ihre Favoriten und die Tiere besorgt waren. Ich wurde selbst allmählich hungrig und durstig, ehe die Richter endlich fortgingen. Der Kampfrichter des Tages erklomm das Podest, in der Rechten einen langen Stab, den er anhob. Die Spannung im Hippodrom stieg ins Unermessliche – ich musste an die Anspannung bei zwei Phalangen denken, die sich auf dem Schlachtfeld gegenüberstehen.

Und dann sank der Stab, und die Wagen fuhren an.

Der Beginn des Rennens hielt einige Überraschungen bereit, wie bei einem athenischen Geburtstagskuchen. Das Gespann aus Rhodos legte einen perfekten Start hin – nach nur sechs oder sieben Längen hatte der Lenker die Pferde in gestreckten Galopp versetzt. Eine großartige Leistung.

Der Lenker aus Korinth hatte gewiss damit gerechnet, das Gespann aus Rhodos gleich auf der Startlinie hinter sich zu lassen, um die heißbegehrte innere Spur zu besetzen, allerdings vermochte sein Gespann nicht die Konkurrenz aus Rhodos auf der Geraden zu schlagen. Es war erstaunlich, die vier kleineren Pferde galoppieren zu sehen. Sie schienen über der sandigen Rennbahn zu schweben, mit einer tänzerischen Eleganz, die mich wieder an die

Schwerathleten aus Pharsalos erinnerte. Unter normalen Umständen konnten sie die größeren korinthischen Pferde nicht schlagen, aber die Korinther konnten nicht recht zu dem ionischen Gespann aufschließen, und als sich die beiden der ersten Wendemarke näherten, wurde offensichtlich, dass der Lenker aus Korinth nicht die innere Spur für sich in Anspruch nehmen konnte.

Er ließ sich eine halbe Wagenlänge zurückfallen und umrundete den Pfosten als zweiter. Ich konnte mich in den Schwarzen hineinversetzen, hatte er doch noch dreiundfünfzig weitere Gelegenheiten, an dem ärgsten Konkurrenten vorbeizuziehen.

Die beiden Gespanne aus Ägina und Syrakus lieferten eine ähnliche Darbietung ab. Vermutlich hatte Ägina das schlechtere Gespann, aber die Pferde waren feurig, sodass Syrakus nicht innen vorbeiziehen konnte. Ihr dürft nicht vergessen, dass alle Wagen scharf nach links gingen, sowie der Kampfrichter den Stab gesenkt hatte, daher wurde es ungeheuer eng auf der Rennbahn.

Sparta und Athen verließen die Startlinie eher langsam. Sie schienen nur zu traben, während die anderen vier bereits in Galopp übergingen.

Als ehemaliger Wagenlenker wusste ich, was dahintersteckte. Die Lenker aus Sparta und Athen rechneten mit Schwierigkeiten, mit Kollisionen, und daher hatten sie beschlossen, in der ersten Runde einen weiten Bogen zu fahren, auch wenn das Zeit kostete. Auf den äußeren Spuren ist man auf die Hilfe der Götter angewiesen. Ich hörte, wie einige Zuschauer zischende Laute von sich gaben, aber aus meiner Sicht war die Taktik nachvollziehbar.

Insbesondere da sich der Wagen aus Syrakus weigerte, dem Korinther Platz zu machen. Das Vierergespann donnerte in die erste Wende, zwei weitere Wagen mussten auf Abstand bleiben. Es ist schon schwer, die Wende eng zu nehmen – es kann noch schwerer sein, weiter außen zu wenden.

Als die ersten vier Gespanne die Wende hinter sich hatten, verloren die außen fahrenden Wagen Geschwindigkeit. Die Pferde aus Syrakus verhedderten sich um ein Haar mit dem korinthischen Wagen, und ein Raunen ging durch die Zuschauer, doch der Korinther ließ die Peitsche knallen und setzte sich gegen Syrakus durch. Gelons Pferde gerieten kurzzeitig aus dem Rhythmus, der Wagen fiel zurück.

Die Athener waren auf der Innenspur, dichtauf gefolgt von Sparta.

Syrakus fiel auf den sechsten Platz zurück. Alle hatten die erste Wende genommen und donnerten auf der entgegengesetzten Bahn zurück – Rhodos, Korinth, Ägina, Athen, Sparta, ein Stück weit zurück der Lenker aus Syrakus, der seine Pferde wieder ins richtige Lauftempo zu bringen versuchte. Nach der zweiten Wende blieben die Wagen unverändert, eine Runde war geschafft.

Ich hatte das Gefühl, dass sowohl Rhodos als auch Korinth zu viel Tempo machte. Sie fuhren viel zu schnell, und der Lenker aus Ägina versuchte, es ihnen gleichzutun. Aber der athenische Lenker gab sich gelassener, fuhr zwar auch schnell, aber nicht so übertrieben rasant wie die Konkurrenz. Er würde den anderen keine ganze Runde Vorsprung lassen, aber er schonte die Pferde, wie mir schien.

Der Spartaner Polypeithes sah großartig aus, seine Haltung war tadellos: Er federte leicht in den Knien, hielt sich aufrecht, hatte die Zügel locker in ruhigen Händen. Er hielt sich an den Athener. Aus meiner Sicht eine kluge Wahl.

Weiter voraus hatte es der Korinther auf die Ionier aus Rhodos abgesehen, die in die vierte Runde einbogen. Als er aus der Wende herauskam, ließ er die Peitsche knallen und trieb die Pferde in vollen Galopp. Sie gehorchten ihm. Wir hörten, wie er sie mit Worten antrieb, und sie reagierten sofort.

Der Wagenlenker aus Rhodos hob leicht die Hand, und seine kleineren Pferde legten sich ins Zeug – und behaupteten ihre Position. Kurz vor der Wende musste sich der Korinther erneut zurückfallen lassen.

Also donnerte er in größerem Bogen um den Pfosten und hatte Wagen und Pferde eindrucksvoll unter Kontrolle. Aber er fiel immer weiter zurück, sodass sich Ägina auf den zweiten Platz vorschob.

Der Korinther blieb weiter außen und hielt das Tempo, und noch vor der Wende in die fünfte Runde hatte er das Gespann aus Ägina überholt und versuchte dann, möglichst dicht am Pfosten zu wenden. Der Schwarze gab alles – er verlagerte sein Gewicht, sodass sich der Wagen neigte, doch die Pferde konnten nicht mehr herausholen.

Der Schwarze aus Korinth setzte alles daran, sich zu behaupten.

Er schnitt dem Gespann aus Rhodos den Weg ab, und später hieß es, er habe mit der Peitsche nach dem anderen Lenker geschlagen. Mag sein. Jedenfalls schreckten die kleineren Pferde aus Rhodos zurück, sodass der Korinther vorbeischoss. Rhodos büßte Geschwindigkeit ein und geriet leicht ins Schlingern. Dann prallte der Wagen auch noch an den Wendepfosten, sodass das Gespann noch mehr Tempo verlor. Das nutzte Athen aus und beschleunigte. Das Gespann aus Ägina sah sich indes gezwungen, hinter Rhodos zu bleiben, konnte nicht überholen und kam beinahe zum Stehen, als zuerst Athen, dann Sparta und zuletzt Syrakus außen vorbeizogen. Wie durch ein Wunder war niemand zu Schaden gekommen, kein Pferd strauchelte, keine Deichsel brach. Aber als der Lenker aus Rhodos wieder Fahrt aufnahm, lag er zusammen mit dem Wagen aus Ägina eine ganze Streckenlänge des Hippodroms zurück.

Nach diesem unerwarteten Eingreifen von Tyche, der Göttin des Schicksals – denn viele sahen es so –, lag Korinth mit einer Wagenlänge in Führung, Athen war dahinter, gefolgt von Sparta. Syrakus lag an vierter Position, aber Rhodos und Ägina waren hoffnungslos zurückgefallen. Doch es waren erst fünf Runden gefahren, das Rennen war noch lang.

Vier Runden veränderte sich nichts an den Positionen der Wagen, und inzwischen gab der Korinther, der die ersehnte Spitzenposition eingenommen hatte, ein gnadenloses Tempo vor. Er verlangsamte den Galopp so gut wie nie und nahm die Runden so schnell, dass seine Gegner kaum noch zu hoffen wagten. Offenbar hatte Athen geplant, ein langsameres Rennen zu fahren, um am Ende noch einmal alles zu geben. Aber darauf wollte sich Korinth nicht einlassen.

Nach der zehnten Runde behielten Athen, Sparta und Syrakus das Tempo bei. Aber auf der gegenläufigen Bahn von Runde zehn verfiel das Gespann von Athen, das noch an zweiter Position war, aus dem gestreckten Galopp in ein langsameres Tempo.

Der Korinther baute seinen Vorsprung aus.

Sparta blieb auf Höhe von Athen, und im Verlauf der nächsten beiden Runden unternahm Syrakus wiederholt den Versuch vorbeizuziehen, doch das wollte dem Lenker nicht gelingen. Unterdessen lagen sowohl Rhodos als auch Ägina weit abgeschlagen zurück. Sie konnten nicht mehr gewinnen, es sei denn, eine Gottheit griff ein und wirkte Wunder. Aber ich sah, dass die Pferde aus Rhodos müde waren.

In Runde dreizehn tauchte Korinth hinter dem letzten Wagen auf und setzte zum Überholen an. Schließlich ließ er den Wagen aus Rhodos nach kurzem Gerangel, finsteren Blicken und einigen Beleidigungen hinter sich und hängte auch den Wagen aus Ägina ab, nachdem beide Wagen für die Dauer einer Runde auf gleicher Höhe gewesen waren. In der fünfzehnten Runde überholte der Korinther sogar Syrakus und demonstrierte der Menge damit, dass der Lenker aus Syrakus doch nicht gut genug war, um an einem Rennen dieser Klasse teilzunehmen.

Nach sechzehn Runden von siebenundzwanzig lag der Wagen aus Korinth unangefochten an der Spitze, aber Athen und Sparta saßen ihm dennoch im Nacken.

Kurz vor der Wende in Runde siebzehn strebte der Wagen aus Athen unzweideutig zum Wendepfosten, um die Führung zu erlangen, und gerade als das Gespann aus Korinth die Wende in einem machbaren Bogen nehmen wollte, schnellte auch Spartas Wagen vor – der bislang nur zugeschaut hatte, was an der Spitze geschah – und kam dem Korinther in die Quere. Der Schwarze aus Korinth musste ein wenig Platz machen, trieb die Pferde aber wieder unbarmherzig an und war im Begriff, den Wagen aus Sparta abzuhängen.

Der Lenker aus Sparta donnerte auf die Wendemarke zu, ging aber nicht wie erwartet in die eigentliche Wende. Tatsächlich lenkte er die vier Pferde etwas nach außen und beschleunigte. Dieses Manöver war entweder tolldreist oder perfekt geplant – jedenfalls musste der Korinther reagieren, da er aber nicht genügend Raum hatte, hob der Wagen mit einem Rad vom Boden ab.

Dann nahm der Spartaner plötzlich Tempo raus und wendete scharf – das war wirklich eine unglaubliche Wende, obendrein halsbrecherisch gefährlich! Beinahe hätte sich der Wagen überschlagen und musste den Gesetzen der Fliehkraft gehorchen, aber er raste weiter – und hatte Korinth eine Wagenlänge von der innersten Spur abgedrängt.

Der Schwarze aus Korinth hatte so viel an Tempo eingebüßt, dass nach und nach Syrakus, Ägina und Rhodos vorbeipreschten, die aber längst überrundet waren. Danach brauchte der Korinther ganze zwei Runden, um wieder zur alten Geschwindigkeit zurückzufinden. Aber inzwischen liefen seine Pferde nicht mehr so gut. Der Athener hatte die Geschwindigkeit gehalten, der Spartaner klebte weniger als eine halbe Länge dahinter, und als der Kampfrichter die zwanzigste Runde andeutete, grüßte der athenische Lenker in die Menge, beugte sich vor – und gab seinen Pferden irgendein geheimes Zeichen, entweder mit Worten oder mit Gesten, und fort war er.

Die Pferde griffen aus und jagten dahin, nicht wie der Wind, sondern wie ein Sturm. Sie verkleinerten den Abstand zu dem korinthischen Wagen und überholten ihn an der Wende in die einundzwanzigste Runde. Eine grandiose Darbietung des athenischen Wagenlenkers, der seine Klasse unter Beweis stellte – er hatte im passenden Moment beschleunigt, hatte die Pferde im Griff, setzte seine Stimme perfekt ein, um die Tiere anzutreiben. Er hatte den Korinther ganz am Ende der Wende überholt, aber als sein Wagen dann in die innerste Spur lenkte ...

... nahm er plötzlich Tempo raus.

Wieder sah sich der Korinther gezwungen, einen Schlenker zu machen, aber wo sollte er hin? Gleichzeitig tauchte der Spartaner weiter außen auf. Man sah dem Schwarzen aus Korinth an, wie zornig er war – bis er absichtlich versuchte, die spartanischen Pferde mit seinem Wagen zu rammen, doch der Athener an der Spitze wurde langsamer. Dem Korinther blieb keine Wahl: Da er keine Kollision in Kauf nehmen durfte, die tödlich hätte ausgehen können, musste er die Zügel zurückreißen, was er auch tat, doch er fluchte so laut, dass die meisten Zuschauer ihn hören konnten.

Alle Athener waren aufgesprungen. Viele hielten sich vor Schreck und Anspannung eine Hand vor den Mund und verfolgten schweigend, wie der athenische Lenker dem Spartaner das Feld überließ.

Kimon stand direkt neben mir. Er hatte Tränen in den Augen und klopfte mir auf den Rücken.

Polypeithes brachte sein Gespann in gestreckten Galopp und schoss an dem Athener vorbei, unmittelbar vor der Wendemarke. Einen Moment lang befürchtete ich, dass der Spartaner bei der Wende zu viel Schwung hatte, doch er streifte den Pfosten nur leicht und kam wieder aus der Wende heraus. Der Wagen jedoch hüpfte einmal und scherte hinter den Pferden leicht aus, wie ein Schlitten zum Steintransport, den übereifrige Jungen zu schnell über eine Marmorfläche ziehen.

Der Korinther wollte sich noch nicht geschlagen geben.

Er tauchte neben dem athenischen Gespann auf, voller Zorn und Siegeswillen, und ließ die Peitsche über seinen Tieren knallen. Noch einmal zogen sie an, mit erhobenen Köpfen und willens, das Letzte aus sich herauszuholen. Sie jagten die Längsbahn der zweiundzwanzigsten Runde dahin, hängten den Athener ab, und es schien möglich, dass sie noch Reserven hatten. Auf der gegenläufigen Bahn drosch der Korinther weiter auf seine Pferde ein, ehe er nach den spartanischen Pferden schlug.

Manchmal schmieden die Menschen Pläne. Allen im Publikum war klargeworden, dass die Athener bereit waren, die Spartaner zu unterstützen.

Aber manchmal greifen die Götter ein.

Am letzten Pfosten der zweiundzwanzigsten Runde geriet das Gespann aus Rhodos ins Straucheln. Die Pferde waren erschöpft, und der Lenker hatte sichtlich Mühe, die Spur zu halten, geschweige denn die Geschwindigkeit. Er nahm die Wende – für ihn war es ja erst die neunzehnte Runde – nicht so eng wie gedacht. Tatsächlich war er bis zu zehn Fuß vom Pfosten entfernt, und sein Wagen verfiel in einen Trab.

Polypeithes reagierte instinktiv und lenkte auf die Innenseite des Gespanns aus Rhodos. Das muss man sich vorstellen! Er hatte vor, praktisch in rechtem Winkel von außen in die Wende zu gehen – das ist ungefähr so, als versucht man, im Dunkeln einen Faden durchs Nadelöhr zu ziehen.

Und wieder führte er das komplizierte Manöver aus, das er bereits zuvor demonstriert hatte – er wurde langsamer und verlagerte das Gewicht auf das linke Wagenrad, sodass die Pferde gezwungen waren, einen scharfen Bogen zu laufen.

Das Manöver dauerte vielleicht nur drei Herzschläge, aber in dieser Zeitspanne waren wirklich alle Zuschauer auf den Böschungen aufgesprungen.

Der Korinther musste reagieren, um eine Kollision zu vermeiden – Rhodos kam auf die Innenbahn, war aber nicht mehr schneller als ein schneller Trab – die Athener überholten die Korinther auf der Innenbahn, ehe sie das Gespann aus Rhodos außen überholten – ein großartiges Doppelüberholmanöver – und dann fuhren der Spartaner und der Athener frei davon.

Und vielleicht hatten die Athener das Rennen doch nicht Sparta überlassen, denn die Pferde aus Sparta waren wirklich schnell. Sie jagten dahin, und die scheinbar ungleichen athenischen Pferde – sie rannten und rannten, und die Athener holten eine ganze Wagenlänge auf. Als die beiden Konkurrenten also über die Ziellinie donnerten und die Herolde ihre Stäbe in die Höhe reckten, waren die athenischen Pferdeköpfe auf Polypeithes' Höhe.

Mehr aber auch nicht.

Und Sparta sicherte sich den Sieg.

Kimon brüllte neben mir, und selbst Aristeides klopfte mir auf den Rücken – meine athenischen Freunde, die zweifellos das «Wagenbündnis» für König Leonidas ausgehandelt hatten.

Vielleicht habe ich diesen Teil meiner langen Geschichte nicht gut genug erzählt. Aber als sich das spartanische Gespann den Sieg sicherte und der Spartiate das Recht zugesprochen bekam, den Lorbeerkranz zu tragen – darüber hinaus gehörte er auf Lebenszeit zur Leibwache des Königs –, in jenem Augenblick also war die Friedensfraktion aus Sparta mundtot gemacht. Und somit war das Bündnis zwischen Athen und Sparta besiegelt – ihr wisst, es waren nie die besten Freunde. Es wurde besiegelt, weil Athen ein olympisches Wagenrennen opferte und weil, wie immer, einige Platäer die Drecksarbeit machten.

TEIL 2

SUSA
483 V. CHR.

Tod im Blicke, gleich einem
Wilden, blutdürstenden Drachen,
Lenkt er, gebietend
Tausend gerüsteten Armen
Und einer meerverhüllenden Flotte,
Den syrischen Wagen,
Und führt gegen die Lanzenbewaffneten
Den bogenspannenden Ares.
Wer vermag zu widerstehen
Diesem reißenden Kriegerstrome,
Wer durch Dammes Gewalt
Dieses unbezwungene Meer bezähmen?
Nichts hält der Perser Macht,
Vorwärts dringt ihr muthiges Heer!

AISCHYLOS, DIE PERSER

10. KAPITEL

Ich begab mich nicht sofort nach Susa. Auch habe ich vergessen zu erwähnen, dass unser Styges im Schlusslauf des Diaulos als Dritter ins Ziel kam, eine Manneslänge hinter dem Sieger. Am letzten Lauf nahm sogar noch ein anderer Platäer teil. Dies sollte auf viele Jahre die beste Darbietung von Platäern sein, und nur die Bemühungen, Polypeithes' Leben zu schützen und dafür zu sorgen, dass seinen Pferden nichts geschah, verhinderten, dass wir uns in einer ausgelassenen Feier verloren. Aber wir waren ja ohnehin nicht mehr mit Wein gesegnet.

Nach einem großen Ereignis hat man oft das Gefühl, in ein tiefes Loch zu fallen oder am Boden zerschmettert zu sein. Das fühlte sich nach dem Ende der Olympischen Spiele nicht anders an. Jeder Tag war großartig gewesen, jeden Abend hatten wir an unserem Feuer gesessen, hatten so viele gute Gespräche mit Freunden gehabt, hatten die Kameradschaft genossen – als wir dann das Lager abbrechen mussten, alles zusammenpackten und mit den Massen wieder hinab zur Küste stiegen, glaubten wir, geradewegs in den Hades hinabzusteigen. Der Eifer und der Geist der Spiele waren verflogen, sodass viele in düsterer Stimmung waren. Aber ich hatte verlauten lassen, dass ich mit Kimon nach Athen segeln würde, und so nahmen wir eine Menge Freunde mit nach Hause.

Aristeides hatte seine eigenen Angelegenheiten zu regeln, aber bei uns blieben Themistokles und die Platäer. Ich vermute, dass Draco nur deshalb mitkam, um dafür zu sorgen, dass ich endlich nach Hause fuhr. Mein geliebter Schwager zog mich an seine Brust und verlangte, ich solle mitkommen und sein Gast sein, ehe er fortging und mir einen sonderbaren Blick zuwarf. Er hatte geschäftlich in Argos zu tun und wollte später nach Hause reiten. Seiner Gruppe schloss sich Empedokles an, der mich zum Abschied in den Arm nahm und versprach, mich in Platäa zu besuchen.

Wir segelten in südlicher Richtung, genau in jene Gewässer, die einen Monat zuvor so sturmgepeitscht gewesen waren, aber jetzt war Frühsommer, und das Meer war voller Schiffe – Händler aus Italia und den Städten der Westgriechen, illyrische Zinnhändler, korinthische Kauffahrer und Kriegsschiffe und natürlich Athener. Athenische Schiffe waren überall zu sehen.

Entlang der Küste der Peloponnes lagerten wir nachts an Stränden, und tagsüber pullten die Männer unter der sommerlichen Sonne. Leider hatten wir mit widrigen Winden zu kämpfen, und meine Ruderer, die sich während der Spiele die Bäuche vollgeschlagen und wie hohe Herren dem Wein zugesprochen hatten, entwickelten einen Hang zum Grummeln.

Doch wir umrundeten die Landzungen und bogen ostwärts in den Lakonischen Golf, und der Wind drehte. Plötzlich hatte unsere Reise etwas von einer Urlaubsfahrt auf See. Wir lagerten auf der Insel Kythera, genossen etwas zu fettiges Hammelfleisch, tranken den widerlichen Wein von dort und hatten bei der Abfahrt vielleicht für einen kleinen Bevölkerungszuwachs auf der Insel gesorgt, schwer zu sagen. Von Kythera aus segelten wir über die blaue See, unsere Ruderriemen blieben trocken, und erreichten Hermione. Die Nacht verbrachten wir unter Kiefern beim Tempelheiligtum und lauschten zwei Musikern, die dort ihre Ausbildung genossen – sehr schön, sage ich euch. Zwei meiner Ruderer – Nikolas und Giorgios, die seit Iberia zu meiner Mannschaft gehörten – verließen das Schiff, um dem Pilgerweg bis nach Epidauros zu folgen. Ich wünschte ihnen alles Gute und bot ihnen an, in Athen wieder zu uns zu stoßen, falls ihnen der Sinn danach stand.

Wir blieben auf östlichem Kurs, steuerten Athen an und hatten eine ruhige Überfahrt bei gutem Wetter. Nur einen Tag und eine

Nacht durchschnitt unser Bug die blauen Wellen, bis wir im Licht der aufgehenden Sonne Piräus vor uns sahen.

Eine Woche dauerte also meine Fahrt auf See in die Heimat, vier weitere Tage brauchte ich, um die Bergkette zu überwinden – Zeit genug also für Draco und Styges und all die anderen Platäer, mir Ratschläge zu geben, wie ich fortan mit meiner Familie verfahren sollte.

Um es möglichst kurz zusammenzufassen: Mein Vetter Simonalkes – an den erinnert ihr euch bestimmt noch, denn er ermordete meinen Vater und verkaufte mich in die Sklaverei – hatte unseren Hof samt Schmiede übernommen. Als ich nach der Plünderung von Sardis zurückkehrte, erhängte sich der alte Simon, anstatt sich dem gerechten Gerichtsurteil zu stellen. Im Jahr von Marathon verbündete sich der älteste Sohn des Simonalkes mit meinen athenischen Feinden – streng genommen waren es nicht *meine* Feinde, sondern die Feinde von Miltiades. Jedenfalls fielen sie in einer Rotte über unseren Hof her, legten Feuer und ermordeten meine Mutter. Simon, der Sohn des Verräters Simonalkes, starb mit einem Pfeil im Auge, den Teukros abgeschossen hatte. Danach mähten wir die gedungenen Schergen wie reifes Korn nieder, und ich glaubte, die Sache ein für alle Mal aus der Welt geschafft zu haben. Aber Simonalkes der Verräter hatte noch andere Söhne – drei an der Zahl, und Simonides, sein Zweitgeborener, war mit seinen Brüdern Achill und Ajax angerückt und hatte meinen Hof in Beschlag genommen. Sie setzten ihre Ansprüche mit Gewalt, aber auch mit Geld durch, und Myron, unser Archon, verweigerte ihnen zunächst das Bürgerrecht unserer kleinen Polis. Doch meine unliebsamen Verwandten zahlten Bußgelder und besuchten reumütig die Schreine, sodass ihnen ihre Untaten und ihre Anmaßungen nach und nach vergeben wurden.

Denn ihr dürft nicht vergessen, dass mich so gut wie alle in meiner alten Heimat für tot hielten.

Styges, ein geborener Kreter, bedrängte mich, nach Hause zurückzukehren. Dort sollte ich seiner Ansicht nach einige meiner Männer und seinen alten Herrn Idomeneus um mich scharen, um meine Verwandten zu verjagen und auf sie einzuschlagen wie auf ein Hornissennest in einem Weinberg.

Draco war da anderer Meinung. Ich glaube, wir waren in Attika angekommen, in der Nähe des Anwesens meines Schwiegervaters bei Oinoe. Wir lagerten in einem Schafpferch – das Schiff hatten wir in Piräus zurückgelassen, mit Megakles, Leukas und Seckla an Bord. Sie sollten Frachtgüter bis nach Korinth transportieren und wieder in Piräus festmachen. Ich brauchte einen ganzen Tag, um die erforderlichen Dokumente auszufüllen, damit etliche meiner Männer – darunter Seckla und Megakles – als Metöken in Athen anerkannt waren. Alexandros und ein Dutzend Ruderer überquerten dann gemeinsam mit mir das Kithairon-Gebirge. Wir hatten auch Brasidas und Sittonax bei uns, der seinen Spaß hatte, den griechischen Mädchen nachzustellen. Genauso hatte er es früher auf die gallischen Mädchen abgesehen. Giannis hatte sich Kimon angeschlossen. Ich hatte ein großes Herz, aber ich konnte wirklich nicht jeden jungen Mann in meiner Gefolgschaft belassen. Außerdem war Giannis auf neue Abenteuer aus, zumal Kimon Kurs setzte in Richtung Thrakien.

Draco saß also auf einem Klappstuhl und schüttelte den Kopf. «Du bist ja ein richtiger Herr geworden», sagte er. Er lächelte zwar, seine Stimme klang jedoch traurig. «Lauter Bewaffnete im Schlepptau, dann die Schiffe und die Fracht. Wie ein kleiner Miltiades. Und was für hohe Herren du kennst – Kimon und Aristeides und Themistokles und sogar den König von Sparta!» Er nahm einen Schluck von dem guten attischen Wein und runzelte die Stirn. «Ich weiß nicht, ob es richtig war, dir zu sagen, dass du nach Hause kommen sollst. Was kann dir unser kleines Platäa schon groß bieten?»

Um ehrlich zu sein, mit meinen Gedanken war ich bei meinem

früheren Sklavenmädchen – bei Apollonasia, wenn das ihr richtiger Name war. Denn ich hatte sie auf genau dem flachen Stein genommen, auf dem ich mich gerade niedergelassen hatte. Und hatte ich damals nicht in den Augen des Mädchens ein Glühen entdeckt wie bei einem der Raben, die sich in großer Zahl bei uns einfanden, als ich Apollonasias Reize genoss? Ich dachte überhaupt nicht an die politischen Vorgänge in Platäa, aber ich löste mich aus Apollonasias imaginären Armen, um dem alten Draco zuzuhören. Und als er fragte, was mir das kleine Platäa bieten könne, antwortete ich: «Ein Zuhause?» Oder so etwas in der Art.

Ich war gar nicht so überrascht von den Dingen, die man mir aus meiner alten Heimat erzählte. Wenn ich einigen der jüngeren Leute zuhörte, hatte ich den Eindruck, dass meine Vettern keineswegs von allen gehasst wurden und vermutlich keine wirklich schlechten Menschen waren. Das entnahm ich jedenfalls Antimenides' Worten, der am Schlusslauf des Diaulos teilgenommen hatte und dessen Speer wie ein Falke durch die Luft geflogen war. Auch Teukros, Sohn des Teukros aus Milet, erzählte mir ähnliche Dinge. Unwillkürlich musste ich lächeln, denn je länger ich all den Platäern lauschte, desto deutlicher stand mir vor Augen, dass ich tatsächlich eine lange Zeit in fernen Gegenden des Erdkreises verbracht hatte. Platäer können manchmal richtige Hinterwäldler sein, und der junge Teukros zuckte jedes Mal zusammen, wenn er Männer sah, die sich umarmten. Seckla verdrehte nur die Augen.

Aber als wir am nächsten Tag die Flanke des Kithairon hinter uns ließen und durch die schmalen Straßen von Eleutherai ritten, hatte das alles keine Bedeutung mehr, denn ich war zu Hause. In der Heimat sehen alle Felder und Äcker gut aus, das Gras duftet angenehm und dann erst die Mädchen ...

Für einen bereits älteren Mann von fünfunddreißig Jahren kreisten meine Gedanken ziemlich häufig um das andere Geschlecht. Und um Höfe und Felder.

Böotien ist schön. Die Landschaft erfreut mit einer anderen Schönheit als Attika, Italia oder Sizilien.

Wir überwanden den letzten Ausläufer des Kithairon. Oben am alten Altar hatte ich nicht haltgemacht. Vielleicht hätte ich es tun sollen, aber ich wollte nicht wie damals die schwarzen Überreste von Opferhandlungen meiner Vettern vorfinden. Doch allmählich reifte in mir die Idee, mich mit ihnen auszusöhnen.

Da staunt ihr, was? Aber seht es so: Ich war mein ganzes Leben Krieger und habe viele Menschen getötet, aber nachdem ich von Sizilien und der langen Reise nach Albion zurückgekehrt war, war ich des Blutvergießens überdrüssig.

Ich hatte Simonalkes den Verräter und dessen Sohn Simon getötet – gut, den einen hatte ich in den Tod getrieben, da er sich selbst gerichtet hatte. Ein Vetter für den Tod von Pater, einer für den Tod von Mater, die bei der Verteidigung unseres Gehöfts ihr Leben gelassen hatte. Unser kleines Platäa, eine Polis mit etwa fünftausend Bürgern, ist einfach nicht groß genug für eine Blutfehde. Aus meiner Sicht hatte ich zwei Möglichkeiten.

Ich hätte Idomeneus oben vom Schrein kommen lassen können, um gemeinsam mit ihm meine Verwandten zu erschlagen – die Männer und die Kinder, auch die Frauen. Damit wäre es vollbracht gewesen. Auf diese Weise würde kein Nachkomme zum Mann heranreifen, zurückkehren und Vergeltung üben. Ich zweifelte nicht daran, dass ich das durchziehen könnte – ich war in der geistigen und vor allem in der körperlichen Verfassung, blutige Rache zu nehmen.

So bin ich eben, Thygater. Aber wenn ihr alle gut zugehört habt, dann wisst ihr ja, dass ich seit Jahren versucht hatte, weniger Blut zu vergießen. Die Fahrt nach Delos und das Erlebnis am Altar der Gottheit hatten mich nachhaltig verändert.

Wir kamen über die kleine Anhöhe und ließen die Senke links liegen, wo ich einst dem Diebesgesindel das Handwerk gelegt hatte. Schon bald tauchte das gedrungene Grabmal des alten Leitos vor uns auf, das von der Form her einem Bienenstock glich. Styges lief los, um uns bei seinem ehemaligen Herrn Idomeneus anzukündigen, dessen Geliebter er einst gewesen war – früher, auf Kreta, war Idomeneus selbst ein Lustknabe mit dunkel geschminkten Augen gewesen, doch inzwischen gehörte er zu den gefährlichsten und gefürchtetsten Kämpfern der griechischen Lande. Oder des Erdkreises. Der junge Teukros hielt Idomeneus für einen bedeutenden Mann …

Ja, da verdrehe auch ich die Augen, ehrlich gesagt.

Draco verabschiedete sich und folgte dem Weg hinunter ins Tal, aber all die jungen Männer blieben mit mir über Nacht beim Schrein. Und später am Nachmittag stießen weitere Männer zu uns, die sich von der Stadt auf den Weg zum Schrein gemacht hatten – zum Beispiel Ajax, der einst gegen uns in Asia gekämpft, später dann zwischenzeitlich am Schrein gedient hatte und jetzt zu meinen Freunden zählte. Dann begrüßte ich Bellerophon, der mit uns bei Marathon kämpfte, und auch Lysios von Platäa, einen Veteranen, der unsere Stadtmauern gesichert hatte, während wir bei Marathon zu Ruhm gelangten. Idomeneus drückte mich so fest an sich, dass meine Rippen schmerzten, und wollte dann meine ganze Geschichte hören.

Ehe ich erzählen konnte, dass ich mich vom Felsen in die See gestürzt hatte, hob er die Hand. «Wir haben nie geglaubt, dass Ihr tot wart, Herr», sagte er. «Es mag zwei Jahre her sein, da tauchte ein Mann hier auf und stellte einige Fragen. Dabei ging es um Euch. Ich ließ ihn am Leben. Er meinte, sein Herr kenne Euch.»

Ich sah ihn ratlos an. «Und hatte dieser Herr auch einen Namen?», fragte ich.

In Idomeneus' Augen lag wieder dieses irrsinnige Glitzern. «Wer könnte einen Namen wie Anarchos je vergessen?», sprach er. Da wusste ich Bescheid. Anarchos hatte einen Sklaven entsandt, um mehr über mich in Erfahrung zu bringen. Und all die Informationen waren offenbar bis zu dem Tyrannen von Syrakus vorgedrungen.

Ehe ich weiter von meinen Erlebnissen berichten konnte, hörten wir Hufschlag. Und tatsächlich – ein Reiter kam den Weg zum Grabmal hinauf, die Hufe erzeugten ein Klacken auf den breiten Steinplatten. Ich hatte das Gefühl, einen Geist zu sehen – es war Gelon.

Also jetzt nicht Gelon der Tyrann, sondern jener Gelon, der einst zu meinen Gefangenen gehört hatte.

«Du hier?», entfuhr es mir.

Er lachte. «Nun, Ihr habt mich zu einem Bürger gemacht.» Gelon war früher von meinem Vetter Simon angeheuert worden. Ich hatte ihn versklavt, dann aber vor der Schlacht von Marathon freigelassen. Er stammte aus Sizilien. Später lachte er, als er hörte, dass ich Sklave und Söldner gewesen war – in meiner Zeit auf Sizilien.

«Ich bin Bauer geworden», sagte er. «Ich habe Hilarions Tochter geheiratet.» Hilarion war ein Bauer aus unserer Gegend, wisst ihr noch?

Dann erzählte ich weiter von meinen Abenteuern. Als Geschichtenerzähler wurde ich allmählich immer besser, aber als ich begann, von Lydia zu erzählen, konnte ich nicht verheimlichen, dass ich ihr übel mitgespielt hatte. Einige meiner Zuhörer wirkten betreten und schauten weg. Von Helden erwartet man, dass sie sich besser benehmen. Ich ließ bewusst einige Einzelheiten aus, doch schließlich berichtete ich wahrheitsgemäß von meiner letzten Begegnung mit Briseis und den Medern auf hoher See. Die meisten Männer, die am Feuer zuhörten, kannten mich schon viele Jahre, daher hatten sie es verdient, die ganze Geschichte zu hören.

Es war spät geworden – wir kamen immer wieder vom Thema

ab. Letzten Endes war es nicht Idomeneus, sondern Gelon, der die Frage stellte. «Was habt Ihr mit Euren Vettern vor?»

Ich zuckte mit den Schultern. «Was sollte ich deiner Meinung nach tun?», fragte ich.

Idomeneus spie aus. «Tötet sie alle. Noch vor Anbruch der Dämmerung. Jeder hier wird sich mit einem Schwert bewaffnen.» Das irre Grinsen kam in sein Gesicht, seine Zähne leuchteten im Schein des Feuers auf. «Hört zu, Herr, wir haben die Ausbildung hier nie schleifen lassen, nur weil Ihr – fort wart. Wir gehen immer noch in den Bergen auf die Jagd. Am Grabmal haben wir Trankopfer für Euch dargebracht – und jeder Mann hier ist einer von uns. Wir stellen die Epilektoi.»

«Ich sehe, du hast dich nicht verändert», sagte ich zu meinem alten Gefährten und lächelte, nur für den Fall, dass der irre Bastard das als Beleidigung auffasste.

Er wiegte den Kopf hin und her. «Gibt es keine andere Antwort?»

Mein Blick ging zu Gelon. Doch der wich meinem Blick aus. «Ihr könntet versuchen, mit ihnen zu reden», tastete er sich vor.

Idomeneus knurrte wie ein Hund und spie verächtlich in die Flammen.

«Würden sie mit sich reden lassen?», fragte ich.

«Das sind keine schlechten Menschen, und sie haben Geld mitgebracht und bieten Arbeit an», sagte Gelon.

Ich sah, wie Lysios nickte. «Die sind nicht wie Simonalkes», sagte er. «Und sie können anpacken.»

«Inzwischen wissen auch sie, dass Ihr lebt und hier seid», meldete sich wieder Idomeneus zu Wort. «Schlagt jetzt zu, ehe es zu spät ist. In Platäa macht man sich Gedanken über Politik. Myron ist nicht mehr wie früher. Schlagt zu und ruft all diesen Bauern in Erinnerung, was Ihr seid – und wer Ihr seid. Ihr steht über dem Gesetz. Ihr seid ein Herr.»

Bellerophon zuckte zusammen. «Herr, ich stehe Euch zur Seite», sagte er. «Aber ...» Er spürte Idomeneus' Blick und sah dem Kreter mutig in die Augen. «Da könnt Ihr mich anstarren, wie Ihr wollt, Priester!»

Alle Blicke ruhten auf mir – sogar Hektor sah mich mit großen Augen an.

Ich weiß noch, dass mir klar vor Augen stand, was ich zu tun hatte. «Morgen mache ich mich auf den Weg und statte meinem Schwager einen Besuch drüben in Thespeia ab. Ihr geht am besten alle nach Hause.» Ich bedachte Idomeneus mit einem Lächeln. «Es ist schön, dich wiederzusehen, du irrer Bastard», zog ich ihn auf. «Aber ich richte kein Blutbad an, nur damit du aus deiner Langeweile entfliehen kannst. Fahr mit mir zur See, wenn es dich nach Blut verlangt – da gibt es kübelweise Blut. Nein, ich habe vor, das Gespräch zu suchen. Wenn ich damit nicht weiterkomme – nun, dann töte ich sie. Alle. Aber vorerst nicht.»

Fast alle nickten. Idomeneus stand einfach auf, griff nach seinem Speer und verschwand in der Dunkelheit. Ich merkte ihm an, dass ich ihn enttäuscht hatte. Er blieb stehen. «Die See lässt Euch verweichlichen», meinte er. «Diese Männer haben Euch beleidigt, und dafür müsst Ihr sie vernichten. Oder damit leben, dass man Euch für weichherzig hält.»

Ich erinnere mich gut an diesen Moment. Ich blieb gelassen. «Nur ein Narr hält mich für weichherzig und schwach», sagte ich. Das war kein Prahlen. Es war die Wahrheit.

Niemand stand im grauen Licht der Dämmerung auf. Wir hatten einfach zu lange am Feuer gesessen, und manch einem brummte der Schädel. Ich blickte mich auf der Lichtung um – inzwischen gab es dort ein ansehnliches Haus und einen Acker, der sich hinter dem Grabmal erstreckte. Mit meinen Gedanken war ich wieder in meiner Kindheit, bei Kalchas und der einfachen Hütte, bei der dunklen Brühe, die er uns oft gekocht hatte. All die Übungen fielen mir wieder ein, zu denen er mich einst antrieb. Ich ging hinüber zu der kleineren Lichtung bei den hohen Eichen, wo Kalchas mir damals den Kampf mit dem Speer beibrachte. Bei den ersten Strahlen der Sonne stemmte ich Gewichte, ehe ich das Schwert so aus der Scheide zog, wie ich es bei den Spartiaten auf der Ebene von Elis gesehen hatte. Ich beherrschte das, aber die Vorstellung, dies so lange zu üben, bis einem das Ziehen, der Hieb und das Zurückgleiten in die Schwertscheide in Fleisch und Blut übergehen – das war eine wahrhaft spartanische Vorstellung. Und dennoch gefiel sie mir.

Als endlich alle aufgestanden waren, ritten wir nach Westen, überquerten den Asopos und umgingen die Stadt. Ich erblickte unser altes Gehöft. Es war ein merkwürdiger Anblick ohne den turmartigen Anbau. Ein neues Haus aus Stein leuchtete weiß in der Morgensonne. Ein recht ansehnliches Haus, das eine Laube mit Trauben aufwies.

Meine Vettern hatten sich Mühe gegeben, und sie wohnten schon etliche Jahre dort auf dem Hof auf der kleinen Anhöhe.

Wir folgten dem Verlauf der Straße, zunächst nach Norden, dann nach Westen, insgesamt siebzig Stadien bis nach Thespeia. Am späten Nachmittag erreichten wir das Haus meines Schwagers, und ich sah, dass meine Schwester Penelope unten im Hof wartete, die Hände in die Seiten gestemmt.

Kaum hatten wir das Tor passiert, als sie mir auf den Kopf zusagte, was sie von meiner fünfjährigen Abwesenheit hielt. Dann brach sie in Tränen aus und schlang die Arme um mich, und ich bekenne, dass auch ich weinte.

«Tu das nie wieder!», rief sie. Sie sagte noch eine Menge anderer Dinge, die sich komisch anhören würden, wenn ich sie wiederholte, aber zu jenem Zeitpunkt trafen mich ihre Vorwürfe hart.

Meine Ruderer und Brasidas besaßen genug Anstand und verdrückten sich. Antigonos, der die Spartaner bei den Spielen gesehen hatte, war über den Landweg nach Hause zurückgekehrt – er war sogar einen Tag früher als wir eingetroffen. Nun führte er mich und meine engsten Begleiter über seinen prächtigen Innenhof, während er unsere Pferde bewunderte und nach Wein verlangte. Antigonos hatte sich immer schon wie ein aristokratischer Herr benommen, was sich auch jetzt wieder an der Art und Weise zeigte, wie er seine Gäste empfing. Allerdings nahm ich es ihm kurzzeitig übel, dass er nicht früher eingeschritten war, als meine Schwester all ihren aufgestauten Zorn an mir ausließ – aber vielleicht hatte ich es auch nicht anders verdient.

Pen blieb noch eine Weile in dem Fahrwasser ihres Zorns und beschrieb mir, was sie von einem Mann hielt, der versuchte, sich das Leben zu nehmen – schließlich meinte sie, dass die Sklavenzeit an einem phönizischen Riemen sogar besser gewesen sei als das, was ich eigentlich verdient hätte. Ich stand betreten und mit hängendem Kopf da und schämte mich.

Doch dann umarmte sie mich wieder und pries die Götter. «Du fragst nicht mal nach deiner Tochter!», lautete ihr nächster Vorwurf.

«Meine Tochter?», wiederholte ich ziemlich dümmlich. Ich dachte nämlich wieder an Apollonasia, an mein Sklavenmädchen.

«Meine Nichte!», sagte sie in tadelndem Ton. Dann schlug sie sich eine Hand vor den Mund.

Ich hatte sie offenbar vollkommen entgeistert angesehen.

Und dann – dann kam alles heraus.

Euphoria war im Kindbett gestorben. Das wusste ich. Was ich indes nicht wusste – in der Schwärze nach Marathon, in dem seelenaufzehrenden Entsetzen, das mich befiel, als ich meine tote Frau in Armen hielt – was ich also nicht wusste, war, dass sie eine gesunde Tochter zur Welt gebracht hatte. Allerdings hatte es zunächst nicht danach ausgesehen, dass das Kind gesund zur Welt kommen würde, da sich die Nabelschnur um den Hals geschlungen hatte. Um ein Haar wäre das Kind zusammen mit seiner armen Mutter gestorben.

Und sie hatten der Kleinen den Namen Euphoria gegeben. Das tun wir oft in Böotien, wenn das Kind den Platz der Mutter einnimmt – wenn man es so ausdrücken darf.

Plötzlich begannen meine Hände zu zittern.

Ich hatte ein Kind?

Ich kann mich gar nicht daran erinnern, aber ich folgte Penelope ins Haus und in den Bereich der Frauen – dort stand ein schönes junges Mädchen neben einem Tisch aus Kiefernholz und verbeugte sich, und Pen sagte: «Das ist dein Vater, Kind.»

Meine kleine blonde Tochter lächelte wie ein kleiner Waldgeist, umfasste meine ausgestreckten Hände und ließ sich von mir anstandslos auf den Arm nehmen.

«Oh!», rief sie. «Ich hab mir immer schon einen Vater gewünscht!»

Das dazu.

Nennt mich einen Narren, wenn ihr wollt, aber für mich waren Euphoria und ihre rückhaltlose kindliche Liebe ein Geschenk der Götter, und zwar dafür, dass ich mir überlegt hatte, meine Vettern zu verschonen. So sah ich es jedenfalls damals, und seither hat sich an dieser Ansicht auch nichts geändert, wenn ich drüber nachdenke.

Hätte ich meine Verwandten noch in der Nacht erschlagen, ich schwöre euch, vor mir hätte ein kaltes und abweisendes Kind gestanden! Ach, glaubt, was ihr wollt!

Ich weiß nicht, ob ich jemals so glücklich war wie an jenem Tag. Ich hatte meine Tochter die ganze Zeit auf dem Arm, ging mit ihr treppauf, treppab durchs Haus, drückte sie an mich und plauderte mit ihr. Sie lachte und plapperte wie ein Wasserfall, und so erfuhr ich, dass sie zwei Puppen hatte, dass sie schon lesen und schreiben konnte, dass sie dabei war, Verse aus der *Ilias* und der *Odyssee* auswendig zu lernen, und dass sie hoffte, bald ein Gefäß auf der Töpferscheibe in Thespeia zu formen und ...

Plötzlich sah sie mich an. «Darf ich nach Brauron, Pater?», fragte sie mich.

Niemand hatte je Pater zu mir gesagt.

Ich schluckte.

Meine Schwester sprang mir bei. «Dein Vater muss sich um einige Freunde kümmern, Kind», sagte ich. «Los, lauf zurück in die Exedra, ja?»

«Nein, Pen», sagte ich, «lass sie ruhig hier.» Ich lächelte sie an. Brauron war der große Tempel der Artemis in der Nähe von Athen. Die jungen Mädchen zwischen sechs und zwölf Jahren gehen dorthin und lernen die heiligen Tänze. Dort schießen sie auch mit Pfeil und Bogen, reiten aus und kichern vermutlich den ganzen Tag über, wie Mädchen es eben tun. Meine Schwester war nicht wohlhabend genug und verfügte auch nicht über die nötigen Beziehungen. Doch Pens Schwägerin Leda war einst eine «kleine Bärin» gewesen, so wurden die Mädchen genannt, die nach Brauron kamen. Man muss dazu wissen, dass im Grunde nur Aristokraten ihre Töchter dorthin schickten, da die Aufnahme mit enormen Spenden in Form von Stoffen und Silbermünzen verbunden war.

Freunde in Athen zu haben war auch nicht von Nachteil. Phrynichos der Stückeschreiber – seine Verwandten waren Priester in Brauron. Ich lehnte mich auf meinem Stuhl zurück – Frauen haben viel bequemere Räumlichkeiten als Männer. «Ja», sagte ich.

Wieder blitzte dieses durchtriebene Lächeln bei Euphoria auf. «Wirklich?», quiekte sie.

Pen funkelte mich an. «Falls du vorhast, sie über Gebühr zu verwöhnen, so tu es, wenn ich es nicht mitkriege!», sagte sie scharf, aber ihre Schwägerin Leda legte ihr eine Hand auf die Schulter und nickte mir aufmunternd zu.

«Eine gute Entscheidung», sagte Leda. «Sie ist ein hübsches Mädchen und aus guter Familie. Ihr Großvater, also Euphorias Vater, könnte sie in Attika bei sich aufnehmen. Außerdem habe ich Freunde in Athen.»

Schon am nächsten Tag lieh ich mir eins von Antigonos' besseren Pferden und hob meine Tochter auf meinen Schoß. Gemeinsam mit Brasidas, Alexandros, Lysios, Bellerophon und Ajax ritt ich los, auch mein Schwager schloss sich uns an. Wir trugen edle Umhänge, weiße Chitons und Goldschmuck – gut, nicht Brasidas, aber die anderen, auch Bellerophon – und wir ritten gemächlich, um nicht zu viel Staub aufzuwirbeln. Wir überquerten wieder den Asopos und nahmen eine gute Mahlzeit beim Tempel der Hera ein, im Schatten der hohen Bäume dort beim Heiligtum. Wir sorgten für Aufsehen bei unseren Platäern, und so kam es, dass ich mich kurz mit unserem alten Archon Myron traf, der wirklich äußerst eifrig seiner Tätigkeit nachkam. Er war hocherfreut, als er hörte, was ich vorhatte. Ich hatte eine Schriftrolle dabei, die er unterzeichnete.

Danach ritten wir über die kleine Anhöhe zu dem Hof meines Vaters. Ich schickte Hektor voraus, ohne Waffen. Er sollte uns ankündigen.

Bald trabte er wieder in unsere Richtung, ehe wir die Weggabelung erreichten. «Euer Vetter Simonides erwartet Euch, Herr», sagte er.

Meine kleine Tochter machte mir wirklich Freude. Sie plapperte unentwegt und konnte sich in ihrer kindlichen Welt natürlich nicht vorstellen, dass ein Verwandter von mir – von uns – uns womöglich mit einem Pfeilhagel empfangen würde. Ich hingegen war von einer großen Unruhe erfüllt. Zweimal sprang meine Kleine vom Pferd, um ihrer Neugier nachzugehen – einmal musste sie unbedingt ein Kätzchen am Wegesrand streicheln, dann pflückte sie Blumen.

Das alte Tor am Gehöft meines Vaters war erneuert worden. Ich betätigte die kleine bronzene Glocke. Sie stammte aus unserer alten Schmiede.

Ein Sklave öffnete das Tor.

Ich kannte die Söhne von Simon eigentlich gar nicht – ich hatte sie zwar ein paarmal bei öffentlichen Anlässen gesehen, aber nie lange genug, dass sie einen Eindruck bei mir hinterlassen hätten. Dennoch vermutete ich stark, dass es sich bei den drei kräftigen Männern, die im Innenhof standen, um meine Vettern handelte. Ich stieg vom Pferd – nichts wirkt aggressiver als ein Mann hoch zu Ross. Meine Gefährten taten es mir gleich und tränkten die Pferde bei der Tränke, bei der früher Draco, Diocles, Hilarion oder der alte Epiktetos gesessen und Wein getrunken hatten.

Meine Vettern schwiegen beharrlich und boten uns nichts an.

Ich hatte mir ein paar Worte zurechtgelegt, aber nun fielen sie mir nicht ein. Aber als ich meine Tochter vom Rücken des Pferds hob, kam mir ein Gedanke. Ich hielt sie einen Moment sichtbar für alle und jeden in der Luft.

«Dies ist meine Tochter Euphoria», sagte ich fast feierlich. «Ich bringe sie mit, um euch zu zeigen, dass ich in Frieden komme.»

Simonides – er stand in der Mitte und war offenkundig der Älteste – reckte das Kinn ein wenig vor. «Dann sei willkommen, Vetter.»

Ich trat vor, meine Tochter auf dem linken Arm. «Ihr habt euch sehr gut um den Hof gekümmert», sagte ich.

«Hier lag alles in Trümmern», antwortete er.

Achill, der zweite Bruder, blickte finster drein. «Haben alles wir gemacht.»

Ajax, der Jüngste, gab sich nicht so unfreundlich. Er war ein sehr gutaussehender junger Mann. «Alle sagten, du wärst tot.» Dann lächelte er – als Einziger von den Brüdern. «Nur der irre Kerl oben in den Bergen wusste, dass du lebst.» Er hatte sich einen Schwertgurt umgelegt, seine rechte Hand war nicht weit vom Griff der Waffe entfernt.

Ich setzte meine kleine Tochter ab.

«Du bringst eine Menge Männer mit», sagte Simonides. «Heißt das, wir sind enteignet?»

Achill blickte sich um und schien abzuzählen. Sein älterer Bruder raunte ihm etwas zu, worauf Achill einen halben Schritt zurücktrat.

Sie waren bereit zu kämpfen.

«Ich bin in friedlicher Absicht hier», wiederholte ich. «Ich will euch den Hof nicht wegnehmen.» Plötzlich merkte ich, wie überdrüssig ich der ganzen Sache war. «Meine Mutter habe ich hier bestattet, und ich werde diesen Ort immer in meinem Herzen bewahren. Darf ich offen sprechen, Vettern? Ich könnte erwirken, dass ihr ziehen müsst, und ich denke, der Rat der Polis würde mir recht geben. Ich könnte euch den Hof auch abkaufen – und zehn weitere Höfe dieser Größe, wenn mir der Sinn danach stünde.»

«Ist nicht zu verkaufen», bellte Ajax.

«Wirst du dein Maul halten?», fuhr Simonides ihn an. «Das hat er doch sowieso nicht vor.»

Ich betrachtete die drei genauer. Achill sah gefährlich aus – aber er wirkte auch ziemlich dumm auf mich. Der hübsche Ajax fühlte sich nicht recht wohl in seiner Haut und trat von einem Bein aufs andere, doch ich rief mir in Erinnerung, dass ich keinen der drei mögen musste, Verwandtschaft hin oder her. Verblüffend war jedoch, dass Simonides das Ebenbild meines Vaters als junger Mann war.

Und wir alle gehörten der Korvax-Sippe an – wir mit unserem dunklen, schwarzen Haar. Manchmal ist Blut etwas dicker als Hass.

«Ich kann einen anderen Hof kaufen», sagte ich. «Aber eigentlich will ich gar keinen Hof und Land. Ich bin Krieger. Und ich besitze Schiffe.»

«Was willst du uns damit sagen?», fuhr mich Achill an. «Spuck's aus und verschwinde.»

In diesem Moment trat mein Schwager Antigonos vor – vergesst nicht, er war ein angesehener Herr hier in der Gegend. «Simonides, Ihr habt seit Eurer Ankunft einen guten Eindruck in Platäa gemacht», sprach er. «Aber Euer Vetter hier führte uns bei Marathon, und sein Wort hat Gewicht in jeder Ratsversammlung. Höflichkeit wäre die weiseste Entscheidung.»

Simonides packte seinen aufbrausenden Bruder am Arm. «Halt jetzt endlich den Mund!», zischte er. Dann trat er vor. «Ich gebe dir recht, Vetter, dass dies dein Hof ist, da du am Leben bist.» Er verschränkte die Arme vor der Brust. «Aber ich möchte, dass du anerkennst, dass wir die ganze Arbeit geleistet haben beim Wiederaufbau.»

«Ich habe eine bessere Idee», sagte ich und holte die kleine Schriftrolle hervor. «Hier. Jetzt gehört euch der Hof von Rechts wegen.»

Einen Moment beschäftigte mich die Frage, ob Pater mir jetzt die Erinnyen auf den Hals hetzen würde. Aber es stimmte doch: Ich hatte schon genug Feinde, außerdem brauchte ich keinen eigenen Hof.

Erst dann entsann sich Simonides der Gepflogenheiten der Gastfreundschaft und schickte einen Sklaven los, der Wein holte.

11. KAPITEL

Den Rest des Tages verbrachten wir in Platäa. Ich begegnete zahllosen Leuten, die ich herzlich begrüßte – insbesondere meinen ersten wahren Freund Hermogenes. Zusammen mit Tiraios hatte er ein Stück Land gekauft und eine kleine Bronzeschmiede ins Leben gerufen, genau gegenüber von Heron, dem Eisenschmied. Hermogenes und Tiraios hatten sich bislang tapfer geschlagen, aber immer nur kleinere Gegenstände hergestellt: Riemenzungen, kleine Glocken, Gürtelschnallen, Messer. Sie waren nicht wohlhabend, zumal das Grundstück teuer gewesen war.

Die kleine Schmiede taugte in meinen Augen nicht und war obendrein miserabel konstruiert. Noch ein Grund mehr, dass man den beiden kaum etwas zutraute. Sie erhielten gar nicht erst die Aufträge, die sie gebraucht hätten, um etwas Profit zu machen. Männer wie Draco transportierten die kleineren Erzeugnisse aus der Schmiede nach Theben und Thespeia. Styges arbeitete auch in einer Schmiede, aber viel zu weit entfernt, wie er selbst zugab. Er stellte Rüstungsteile her in einer niedrigen Schmiede beim Asopos, fast bei Eleutherai. Ich sagte ihm, dass er sich Hermogenes anschließen solle.

Nachdem wir die Zeichen unserer Schmiedezunft ausgetauscht und ich erzählt hatte, dass ich in Sizilien als Meisterschmied gearbeitet hatte, ging ich nach nebenan und bot dort der Witwe eines Weinhändlers vierhundert Drachmen in Form von Dareikoi aus Gold für ihr Haus. Danach verfuhr ich auf der anderen Seite genauso.

Es macht Spaß, wenn man imstande ist, den großen Herrn zu spielen. Einige Tage gab ich Geld im Überfluss aus, und während meine kleine Tochter in der Schmiede spielte, heuerte ich Arbeitskräfte an und war wirklich herrisch und streng. Als Erstes befahl ich, den windschiefen Schmiedeschuppen abzureißen. Dann setzte ich fest, dass ein Haus gebaut werden sollte, Stein auf Stein. In diesem Zuge sollten auch die neu erworbenen Grundstücke nebenan mit einbezogen werden. Das Haus des verstorbenen Weinhändlers diente als Anbau des neuen Hauses, das andere Gebäude auf dem Nachbargrundstück ließ ich abreißen – es hatte schon länger niemand dort gewohnt. Auch dort sollte ein neues Haus entstehen. Als Nächstes bestellte ich die erforderliche Grundausstattung für eine ordentliche Schmiede: Ambosse und Blasebälge. Einen örtlichen Zimmermann beauftragte ich, Werkbänke und Werkzeugkästen herzustellen. Und nach jedem arbeitsamen Tag ritt ich zurück zum Haus meines Schwagers, damit meine kleine Tochter wieder in ihrem eigenen Bett schlafen konnte. Ich hielt Brasidas' kalte, fast verächtliche Blicke aus – er meinte, ich verrichte niedere Arbeiten, als wäre ich ein Helot. Auch mein Schwager nahm mich beiseite und riet mir, stattdessen Höfe und Land zu kaufen. Wie ein Aristokrat.

Aber ich war es zufrieden und genoss die Tage.

Einmal fragte mich unser Archon Myron, ob ich auf Dauer bleiben wolle.

Ich lehnte ab. «Nein. Aber ich mag die Vorstellung, hier ein Haus zu haben. Mein Pater arbeitete sowohl in der Schmiede als auch auf seinem Land. Aber ich habe nicht viel übrig für das Bestellen von Feldern. Bei mir ist es eher so, dass ich zur See fahre, aber wenn ich an Land bin, möchte ich in einer Schmiede am Amboss stehen.» Ich sah Myron an. «Ich würde mich freuen, wenn Ihr mir helfen würdet, ein passendes Haus zu finden.»

Der Archon war nicht abgeneigt. «Du bist immer noch unser Polemarch, Arimnestos. Es wäre schön, wenn du bliebest. Es gibt neue Leute in unserer Polis. Und wann immer Athen niest, ziehen wir uns hier eine Erkältung zu. Wir leben in schwierigen Zeiten.»

«Was für neue Leute?», fragte ich.

Myron wich meinem Blick aus.

«Wir haben Männer in Marathon verloren, aber auch schon vorher», erklärte er. «Einige der Sklaven, die uns Athen überließ, sind tüchtige Leute, andere nicht. Und viele Männer aus Theben haben hier Land gekauft. Einige von ihnen sind verträgliche Leute, andere nicht – Thebaner eben.»

Ich holte Styges zur neuen Baustelle. Er und Hermogenes hatten sich nicht immer verstanden – die eigenen Freunde müssen sich untereinander nicht unbedingt verstehen –, aber ich sorgte dafür, dass sie sich aussöhnten, und betonte, dass es mein Geld sei, das in die neue Schmiede floss. Der Werkzeugschuppen war fast so groß wie eine Scheune und war den Gebäuden nachempfunden, die ich in Sizilien und Korinth gesehen hatte. Die Essen und Blasebälge sollten in der Mitte stehen, von oben und seitlich fiel ausreichend Licht herein, um vernünftig arbeiten zu können.

In der zweiten Woche kamen die neuen Blasebälge über die Berge aus Athen – wenn man ausreichend Silbermünzen zahlt, gehen manche Dinge erstaunlich schnell vonstatten. Die neuen Werkbänke wurden aufgestellt entlang der rückwärtigen Wand, in die neue Fenster samt Fensterläden eingebaut wurden. Die ganze Werkstatt roch nach frischem Kiefern- und Eichenholz. Die Fensterläden ließ ich von außen rot streichen, auch die Türen zur Werkstatt. Unmittelbar über der breiten Eingangstür prangte fortan der Rabe der Korvax-Sippe: geschmiedet aus dunklem Eisen.

Heron der Schmied war begeistert. «Eine Werkstatt dieser Größe wird Kunden aus Thespeia und Theben anlocken», rief er. Fortan begann er, die eigene Schmiede auszubauen. Eisenschmiede und Bronzeschmiede machen sich eigentlich untereinander keine Konkurrenz, höchstens bei Messern. Daher passte es aus meiner Sicht, dass unsere Werkstätten benachbart waren.

Der alte Tiraios lachte und sah interessiert zu, wie die neue

Werkstatt nach und nach entstand. «Jetzt hast du mich ein zweites Mal gerettet», sagte er zu mir. «Ich kann Bronze bearbeiten, aber bislang konnte ich damit kein Geld verdienen.»

Hermogenes war, um ehrlich zu sein, auch nicht sonderlich erfolgreich gewesen. Er war zwar ein guter Schmied und konnte mit dem Hammer umgehen, es fehlte ihm aber an Gespür, welche Dinge sich verkaufen ließen. Ihm fehlte der Geschäftssinn, wenn man es so sagen darf. Er hatte bislang niemanden ausfindig gemacht, der die Kupfer- oder Bronzebarren aufbewahrte, es mangelte auch an Lehrjungen, die bestimmte Arbeiten übernahmen: Bronzebleche flachstanzen zum Beispiel.

Styges war anders veranlagt. Sowohl auf dem Schlachtfeld als auch in der Werkstatt arbeitete er mit dem Kopf. Während also die neuen Fensterläden angebracht wurden und der Stuck draußen trocknete und die beiden Zimmerleute aus Athen die großen Blasebälge bei den Essen einbauten, lud ich meine «Geschäftspartner» zum Essen ein, allerdings ohne Brasidas. Ich wollte mir nicht schon wieder anhören, auf das Niveau von Heloten herabgesunken zu sein. So saßen wir beisammen, tranken Wein aus Platäa und aßen Brot, das wir in das Olivenöl unserer Heimat tauchten. Alles in allem benahmen wir uns wie früher: wie die böotischen Bauernlümmel, die wir immer schon gewesen waren.

Ich überließ Styges die Verantwortung über die Schmiede, obwohl er der Jüngste war. Die beiden älteren Handwerker zogen die Stirn kraus. Aber letzten Endes war es mein Geld, doch die beiden fügten sich nur ungern in die neue Vereinbarung – da konnte ich noch so viel Wein und Anchovis anbieten.

So ist der Mensch eben. Man kann einem Meisterschmied nicht sagen, dass er fortan für einen jüngeren Mann arbeiten soll – auch wenn Tiraios selbst einräumte, er könne nicht richtig mit Geld umgehen.

Gegen Ende der zweiten Woche waren die Gebäude fertig – vollständig umgebaut. In einem Flügel sollten Hermogenes und seine Frau wohnen, im anderen Bereich Tiraios und Styges, zumindest so lange, bis einer der beiden eine Partnerin fand. Ich erstand vier Sklaven für den neuen Hausstand, später verbrachten wir alle einen ganzen Tag in der großen Werkstatt und probierten die Blasebälge aus.

Ungefähr um diese Zeit sandte ich einen Boten zu Empedokles, und als ich abends zurück nach Thespeia ritt, traf ich unterwegs einen Silberschmied. Er kehrte gerade von einer Pilgerfahrt nach Delphi zurück. Ich kannte ihn nicht, aber er war ein Vetter von Diocles, ein sehr junger Mann.

Am nächsten Morgen schaute er bei der neuen Schmiede vorbei, und noch am selben Tag breitete er seine Werkzeuge auf einer der Bänke aus, holte seinen Vorrat an Silber hervor und fertigte kleine Amulette für die Pilger, die den Tempel der Hera besuchten – meistens waren es Frauen, die ohnehin Sinn für Schmuck hatten. Styges war hocherfreut, dass der junge Schmied gekommen war, denn von da an hatte er jemanden, der Silber verarbeiten konnte, und das bedeutete, dass Styges aufwendigere Rüstungen herstellen konnte.

Myrons Freund Timaios zeigte mir fünf Grundstücke, von denen ich mir eins für mein eigenes Haus aussuchen sollte. So kam es, dass ich das Haus genau gegenüber von Myron kaufte. Das Geld dafür hatte ich noch vom Zinnhandel – die gesamte Einrichtung kaufte ich neu, dazu Sklaven, Statuen und kleine Schreine für die Schutzgötter des Haushalts. Fortan hatte ich zwei Dinge, die es nur in wenigen Häusern in Platäa gab – einen Stall für bis zu vier Pferde und einen Wassertrog, der von fließendem Wasser gespeist wurde.

Das Haus war groß und geräumig – eigentlich zu groß für einen Mann und seine kleine Tochter, ganz gleich, wie wohlhabend dieser Mann war. Aber ich ließ die Innenwände von Künstlern gestalten und gab eine Menge Geld für Pferde, Silbergeschirr und gute Töpferarbeiten aus, auch für einen Kornspeicher und zuletzt für Getreide.

Ich gab also vor, es wäre eine komplette Familie in dieses Haus eingezogen.

Ihr dürft aber nicht denken, dass ich in jener Zeit nur damit beschäftigt war, Häuser zu bauen oder umzubauen. Daneben blieb mir noch viel Zeit, um mit meiner Tochter zu spielen und sie besser kennenzulernen. Ich schrieb Briefe an Jocasta und Kimon, auch an Phrynichos, mit der Bitte, mich in meinen Bemühungen zu unterstützen, die Kleine nach Brauron schicken zu können. Und ehe die Spätblüher ihre Blütenblätter verloren und die erste Gerstenernte eingefahren wurde, hielt ich einen Brief von Jocasta, der Frau von Aristeides, in Händen. Sie teilte mir zwei Dinge mit: Meine Tochter habe einen Platz als «Kleine Bärin» im Tempelheiligtum von Brauron, und Jocastas Gemahl müsse sich einem Gerichtsverfahren stellen.

Er ist zu stolz, Euch um Hilfe zu bitten, schrieb sie, aber ich habe nicht vergessen, was Ihr einst für Miltiades getan habt. Themistokles wird nichts unversucht lassen, meinen Gemahl ins Exil zu verbannen, und diesen Gedanken kann ich nicht ertragen.
Arimnestos, bringt Eure Tochter zum Tempel und versucht herauszufinden, was noch für Aristeides getan werden kann.
Ich werde für immer in Eurer Schuld stehen.
Jocasta

Anders als bei Gorgo oder anderen spartanischen Frauen, die sich in aller Öffentlichkeit einbrachten, war es für eine Frau aus Athen nahezu unmöglich, einem Mann einen Brief zu schreiben – aber Jocasta war nun einmal eine kluge Frau, und so hatte sie mein schriftliches Anliegen bezüglich meiner Tochter zum Anlass genommen, um ihrerseits eine Bitte vorzutragen.

Ich ahnte, dass die Lage äußerst verzweifelt sein musste.

Kimons Antwort traf am nächsten Tag ein, und auch aus seinen Zeilen sprach die schiere Verzweiflung.

Gewiss lässt es sich einrichten, dass deine Tochter in Brauron aufgenommen wird. Falls es dir möglich ist, sie zum Heiligtum zu begleiten, könnte es sein, dass man dich bittet, ein Wunder zu vollbringen, da Aristeides der Ostrakismos droht.

Ich kam mir inzwischen weise vor, da ich Frieden mit den Söhnen des Simonalkes geschlossen und einen Teil meines Wohlstands in Platäa investiert hatte. Drei Wochen nach meiner Ankunft arbeitete so gut wie jeder Steinmetz für mich, die Zimmerleute und Dachdecker arbeiteten von morgens bis abends an der Dachkonstruktion, und ganze Karawanen mit Eseln brachten Güter aus Athen und Korinth, sogar aus dem verhassten Theben. In der neuen Schmiede erklang die altvertraute Melodie, die der Hammer auf dem Amboss erzeugt. Meine Ruderer – auch Brasidas und Alexandros – waren inzwischen auf mein Betreiben formell als Bürger anerkannt worden. Ich unterstützte Brasidas beim Kauf eines Hofes, darüber hinaus brauchte er Sklaven. Denn ich hatte nie einen Mann gesehen, der weniger Interesse am Bestellen der Felder oder der Viehzucht erkennen ließ.

Ich hielt es für töricht von Themistokles, den alten Streit mit Aristeides auf die Spitze zu treiben – zumal wir beide Herren für den Krieg gegen Persien brauchten. Ich war in guter Stimmung und bereitete meine kleine Tochter auf die Reise über das Gebirge nach Attika vor, während ich bereits im Geiste die Reden durchging, die ich in Athen zu halten gedachte, um dadurch zur Aussöhnung beizutragen.

Beim Sommerfest zu Ehren des Herakles kam der alte Empedokles und segnete mein neues Haus und die neue Schmiede. Er schloss auch den Silberschmied in die Gebete mit ein und entzündete dann feierlich das Feuer in unseren Essen. Bei ihm war ein junger Geselle aus Theben, der alles, was er sah und lernte, mit großem Eifer verfolgte und über beide Ohren strahlte, als er dem alten Priester bei den heiligen Riten behilflich sein durfte.

Dann fertigte ich einen Becher. Vor zwei Jahren hatte ich zuletzt am Amboss gestanden, und dennoch strömte die Kraft der Gottheit durch meinen Leib, sodass ich ein schönes Trinkgefäß herstellte – es hatte einen flachen Boden, war ansonsten bauchig und wies am Henkel silberne Nieten auf. Die feinen Stanzarbeiten zeigten einen Priester, der einen Amboss segnet. Als Empedokles die Arbeit sah, lachte er zunächst, doch dann stimmte er ein Wehklagen an und meinte, er sei ein alter Mann. Wir tranken alle eine Menge Wein. Doch ich stellte einen zweiten Becher her, den ich meiner Tochter schenkte. Sie sah mich mit großen Kinderaugen an.

«Onkel Antigonos kann so was nicht», sagte sie.

«Er ist ja auch ein Aristokrat», erwiderte ich.

Am nächsten Tag, während meine neuen Sklaven die Esel im Innenhof meines neuen Hauses beluden, traf ein weiterer Bote ein, vom König von Sparta aus dem Haus der Agiaden.

Ihr wollt die Wahrheit hören? Ich freute mich schon darauf, die Herolde bis nach Susa zu begleiten.

Ihr müsst wissen, dass ich bis dahin nie dort war. Aber ich war in Sardis gewesen und konnte genug Persisch, um mich verständlich zu machen, wenn es um mein Leibeswohl ging. Außerdem kannte ich einige persische Aristokraten, sodass ich davon ausgehen konnte, einige Freunde am Hofe des Großkönigs vorzufinden.

Doch ehe ich nach Athen aufbrach, nahm ich mir ausreichend Zeit, um mich gebührend zu verabschieden – von Hermogenes und Styges und Tiraios, auch von Myron und Draco – aber in erster Linie natürlich von meiner Schwester und ihrem Mann. Ich traf Vorkehrungen, auf dass meine Tochter nach ihrer Zeit im Tempel der Artemis abgeholt würde. Und ich versprach zurückzukommen.

«Wie lange willst du jetzt schon wieder fort?», fragte Pen. «Du bist doch gerade erst angekommen!»

Mein Blick ging aus dem Fenster in eine unbestimmte Ferne. «Wartet auf mich im Frühjahr», sagte ich.

«Ein ganzes Jahr!», klagte meine Schwester.

Meine Tochter klammerte sich an mich.

Als ich meinen Schwager flehentlich ansah, er möge mir beispringen, hatte er offenbar das Gefühl, dass ich genug hatte erdulden müssen.

«Meine Lieben», sagte er, «vergesst nicht, dass der König von Sparta einen Boten schickte!»

«Und wenn Hera oder Zeus nach ihm geschickt hätten, es wäre mir egal!», entgegnete meine Schwester, doch dann lenkte sie ein und bat um Vergebung für diese Blasphemie. Sie gab mir ihren Segen für die Reise mit auf den Weg.

Ich denke, ich hätte mir Gedanken machen müssen, dass Idomeneus nicht kam, um mir Lebewohl zu sagen. Ich begab mich sogar hinauf zum Grabmal des Leitos, aber Bellerophon sagte mir, der irre Kreter sei auf der Jagd.

Meine sechsjährige Tochter würde zum Tempel der Artemis gehen, mein Weg sollte indes hundertmal so lang sein, bis zum Hof des Großkönigs. Aber während ich nur ein Maultier für mich hatte, trotteten sechs hinter Euphoria her, alle schwer beladen.

Wir machten auch halt am Altar hoch oben im Gebirge, und ich sah, dass jemand schwarze Opfergaben hinterlassen hatte. Ich brauchte nicht lange zu überlegen, wer von meinen drei Vettern noch nicht mit der alten Blutfehde abgeschlossen hatte. Aber dank meiner neu gewonnenen Weisheit war ich immun gegen derart kleinliche Angelegenheiten. Ich fegte die Überreste schwarzer Wolle beiseite und überließ es meiner kleinen Tochter, ein Feuer auf dem Altar zu entfachen, zusammen mit ihrem neuen Helden Brasidas – wer würde im Alter von sechs Jahren nicht einen Spartaner verehren?

Alexandros und ich folgten den schmalen Pfaden weiter den

Berg hinauf, bis wir ein Reh zur Strecke brachten. Keine Spur von Idomeneus. Wir schleppten das tote Tier zurück zur Kultstätte der Korvax-Sippe, weideten es aus und verbrannten das Fett und die Oberschenkelknochen im Feuer meiner Tochter. Sie hatte noch nie dort oben Opfer dargebracht, daher war es ein großes Abenteuer für sie. Später saßen wir zusammen und aßen Wildbret.

Am nächsten Morgen stiegen wir auf der anderen Seite des Gebirges hinab nach Attika, und die Welt stand uns offen.

Ich brachte Euphoria zunächst zu ihrem Großvater. Sie war sehr aufgeregt, dass es nach Brauron ging, und klagte über jeden Tag, den wir anderweitig zubrachten. Sie war der Ansicht, alle anderen Mädchen hätten sich schon kennengelernt, und sie verpasse den ganzen Spaß. Aber ihr Großvater – der Vater meiner Frau – war ein wahrer Herr und mir immer noch gutgesinnt. Kein einziges Mal fragte er, wo ich die letzten sechs Jahre gewesen sei, und ich hatte ihn spätestens dann ganz für mich gewonnen, als ich ihm erzählte, dass ich bei den Opferriten bei Olympia neben dem König von Sparta gestanden hatte. Und er war wirklich ganz vernarrt in seine Enkeltochter. Sie wurde mit Geschenken überhäuft – sie machte wieder große Augen und ließ durchblicken, dass es mit den Geschenken ruhig immer so weitergehen könne ...

Wir blieben zwei Tage bei meinem Schwiegervater, und er versprach, seine Enkelin von Brauron abzuholen und bei sich aufzunehmen, bis Leda oder Penelope sie zurück nach Platäa brachten.

Am zweiten Abend trank ich zu viel und klagte lautstark über den Verlust meiner Frau, die ich wirklich geliebt hatte. Ihr Vater war besorgt, aber gewiss auch ein bisschen verunsichert angesichts meiner neu aufbrechenden Trauer.

Aber Trauer und Kummer sind immer noch besser als Zorn oder ein Gefühl der Leere im Herzen.

Ach, Thygater! Du hast ja selbst die heiligen Tänze in den Hainen und Anhöhen von Brauron gelernt, aber einige deiner Gäste kennen die Stätte vielleicht gar nicht, wie?

Brauron liegt nur wenige Stadien südlich von Marathon, an derselben Küste. Ihr könnt euch sicher vorstellen, dass sich beim Anblick des Küstenstreifens Erinnerungen bei mir einstellten. Unterwegs trafen wir Phrynichos und seine Frau, die auf Maultieren saßen – das war westlich der Stadt, aber wir ritten gemeinsam weiter, weil ich befürchtete, dass wir bei einem Halt in Athen viel zu schnell in die politischen Angelegenheiten dort verstrickt worden wären. Außerdem hatte ich Feinde in der Stadt, in den Kreisen der Alkmaioniden. Es war gewiss die reichste Familie, die ich kannte. Aber es war ein großes Vergnügen, die Tage unseres Heldentums gemeinsam neu zu entdecken.

Wie sehr es die Menschen doch lieben, über gemeinsam erlebte Abenteuer zu sprechen, meine Tochter! Wir logen und logen in einem fort – wie ich es in eurem Beisein tue.

Ha! Eure Gesichter müsstet ihr sehen!

Wie dem auch sei, wir überquerten die Berge und ritten weiter über die große Ebene von Attika. Die Nacht verbrachten wir in einem edlen Haus, das einem gemeinsamen Freund von meinem Schwiegervater und Kimon gehörte. Phrynichos hatte diesen Mann nie gemocht. Unser Gastgeber war ein Aristokrat vom Lande, der mir versicherte, er sei sein ganzes Leben noch nie in Athen gewesen. Er gehörte dem Reiterstand an und machte keinen Hehl daraus, dass er die Stadt für korrupt und verdorben hielt. Mir fiel auf, dass er überaus an Brasidas interessiert war, ja, er scharwenzelte förmlich um den Spartaner herum, fragte ihn bei fast allen Dingen um Rat, angefangen beim Speerkampf bis zu der Frage, wie er am besten die Erziehung seines Sohnes begleiten könne. Unser Gastgeber – er hieß übrigens Peisander – hatte eine siebenjährige Tochter, die auch nach Brauron geschickt werden sollte, so hatte es Kimon arrangiert. Daher brachen wir am folgenden Tag alle gemeinsam auf und ritten los – Phrynichos begleitete uns weiterhin, aber ich kann euch sagen, dass er sich ständig verkneifen musste, etwas zum politischen Alltagsgeschehen in Athen zu sagen.

Das ist jetzt vielleicht nicht so wichtig für meine Geschichte, und daher langweile ich euch sicher ein bisschen. Aber ich möchte euch begreiflich machen, wie die Griechen tatsächlich mit der bedrohlichen Aussicht umgingen, dass die Perser heranrückten. Peisander hatte bei Marathon in der vordersten Reihe seiner Phyle gestanden. Er hatte bewiesen, dass er im Sturm aus Bronze standhielt – er war tapfer und patriotisch eingestellt.

Darüber hinaus verehrte er einen Mann wie Aristeides.

Dennoch, als wir die letzte Anhöhe nahmen und bereits die See erblickten, wandte er sich mir zu und schüttelte den Kopf. «Ihr seid weitaus wohlhabender als ich – und dazu ein Freund des Königs von Sparta. Trotzdem entnehme ich Eurem Schweigen, dass Ihr dieses törichte Unterfangen unterstützt – diesen Krieg gegen den Großkönig. Wie sollen wir denn überhaupt hoffen, aus diesem Konflikt als Sieger hervorzugehen?»

Ich setzte ein gewinnendes Lächeln auf, so hoffte ich zumindest. «Wir gehen alles so an, wie wir es an jenem Tag taten, als wir Marathon für uns entschieden», sagte ich. «Mit Mut und der Liebe zu den Göttern.»

Er nickte. «Wohl gesprochen. Frömmigkeit wie die Eure ist ein seltenes Gut in diesen gottlosen Zeiten, mein Freund. Aber damals war es eher ein Überfall, ein Raubzug oder eine Strafexpedition, wenn Ihr so wollt. Aber wenn der Großkönig wirklich kommt, bietet er bis zu einer Million Krieger auf, so sagen jedenfalls die Leute. Athen kann bestenfalls fünfzehntausend Hopliten stellen.»

«Sparta könnte zweimal so viele Krieger aufbieten, zusammen mit seinen Verbündeten. Theben bringt es auf dieselbe Anzahl, Korinth und Argos könnten ebenfalls gemeinsam fünfzehntausend Mann stellen. Mit Athen als Bündnispartner bieten wir allem Einhalt, was Persien entsendet.» Ich machte eine abfällige Handbewegung. «Die griechischen Lande sind nicht mit Persien zu vergleichen. Die Perser werden ernsthafte Schwierigkeiten bekommen, ein derart gewaltiges Heer mit allem Nötigen zu versorgen.»

Peisander betrachtete unsere beiden Töchter, die nebeneinanderritten. «Mag sein. Vielleicht wird man im zunehmenden Alter wieder feige, ich weiß es nicht. Aber hört mich an, Herr. Wieso schickten wir dem Großkönig nicht Erde und Wasser, als Zeichen der Unterwerfung? Wir unterwerfen uns. Persien setzt einen Satrapen ein. Na und? Auf diese Weise werden keine Jungfrauen vergewaltigt.» Er sah mir in die Augen. «Keine jungen Männer sterben in den Spitzen der persischen Stoßlanzen.» Dann errötete er, und ich schaute mich um und sah Brasidas, der gewiss alles mit angehört hatte. «Ich fürchte, in Euren Ohren höre ich mich wie ein elender Feigling an.»

Brasidas gab sich verständnisvoll. «Keiner, der bei Marathon aushielt, ist in meinen Augen ein Feigling, Herr. Aber ich bin sogar Eurer Meinung, Peisander.» Brasidas hielt meinem Blick stand und ließ ein sprödes Lächeln erahnen. «Ich frage mich auch, warum wir kämpfen müssen. Die Unterwerfung wäre ein bloßes Lippenbekenntnis, mehr nicht.»

«Und das von einem Spartaner!», rief unser neuer Freund und schlug sich auf den Schenkel.

Brasidas zog eine Braue hoch. «Ich bin jetzt Platäer.»

«Das kann ich bestätigen», meinte ich. «Du redest mehr.»

Die Priesterinnen von Brauron waren ganz anders als die griechischen Frauen, die ich kannte. Dazu muss ich sagen, sie waren weder hübsch noch hässlich. Um bei der Wahrheit zu bleiben, die Priesterinnen, die ich zu Gesicht bekam, wiesen die ganze Bandbreite weiblicher Vorzüge auf, aber sie ließen keinen Zweifel daran, dass sie das Sagen hatten. Da ich eine Weile bei den Kelten zugebracht und deren Frauen kennengelernt hatte, sah ich sofort, dass diese Frauen frei und ungebunden waren. Sie sahen in mir weder einen Ehemann noch einen Vater, noch einen Herrn. Sie begegneten mir auf Augenhöhe. Vielleicht sahen sie auch insgeheim auf mich herab, wer weiß. Jedenfalls eine interessante Erfahrung für mich.

Sittonax meinte, die Priesterinnen seien die interessantesten Frauen, die er bislang in Griechenland gesehen habe, und eine der älteren Priesterinnen lud ihn zum Essen ein. Mich indes nicht – womit ich leben konnte. Ich sah mir die Unterkunft meiner Tochter an und musste feststellen, dass die Unterbringung sehr an ein militärisches Lager für Jungen auf Kreta erinnerte – mir entging nicht, dass Brasidas sich erstaunt umblickte. Später meinte er, der Ort sei eine etwas abgeschwächte Version der Agoge für Mädchen. Und das war auch mein Eindruck.

Euphoria hatte zwei Vorteile – sie besaß ein offenes Wesen, sodass sie schnell Freundschaften schließen würde. Und sie kannte Peisanders Tochter Hermione. Ich hatte das Gefühl, dass meine Kleine dort in guten Händen war. Aber am Abend, als ich zu der Taverne ritt, die für die Eltern der Mädchen vorgesehen war, hatte ich das Gefühl, mich soeben von Briseis verabschiedet zu haben. Ich hatte das Gefühl, dass man mir ein Loch ins Herz gerissen hatte. Die Gegenwart meiner Tochter hatte ich nur etwas mehr als einen Monat genießen können.

Falls ihr erwartet, dass ich euch erzähle, wie ich Aristeides vor dem Ostrakismos bewahrte, so muss ich euch leider enttäuschen, denn ich tat es nicht. Phrynichos und Peisander hatten politisch gesehen nur eine einzige Gemeinsamkeit – sie verabscheuten beide den

Ostrakismos. Während des ganzen Wegs zurück über die Ebene von Attika kam ich immer wieder auf dieses Thema zu sprechen, aber mir wurde zusehends klar, dass mein Freund verloren war.

Obwohl Aristeides sich insgesamt für den Krieg gegen Persien aussprach, sträubte er sich mit Händen und Füßen gegen eine große, schlagkräftige athenische Flotte, und so sprach er oft in der Ratsversammlung, um altehrwürdige Familien und Aristokraten gegen Themistokles aufzuwiegeln. Die Leute sagten, er hege die Absicht, die Tyrannei anzustreben, um den Demokraten Einhalt zu gebieten.

Männer wie Peisander hielten das für eine gute Idee.

Wir verbrachten eine weitere Nacht bei dem Aristokraten vom Lande, und dann ritten Phrynichos, seine bezaubernde Frau und ich langsam in Richtung See und überquerten die Anhöhen, bis wir die großartige Akropolis in der Ferne sehen konnten. So nahmen wir den Weg hinab in die Polis.

«Themistokles hat vor, Mauern bauen zu lassen», sagte Phrynichos.

Seine Frau verdrehte die Augen.

«Er war immer ein guter Freund von uns!», betonte Phrynichos.

«Solange du Lobschriften auf ihn verfasst», lautete ihr Kommentar. Sie schenkte mir ein Lächeln. «Er sitzt in der Zwickmühle, müsst Ihr wissen. Als junger Mann war er nämlich mit beiden hohen Herren befreundet.»

«Wusstet Ihr, dass Themistokles als Junge nicht in das große Gymnasion durfte, weil seine Mutter keine Athenerin war?», fragte Phrynichos. «Deshalb übte er auf einer kleinen Palästra außerhalb der alten Mauern bei der Statue des Herakles. Nach und nach gingen immer mehr von uns dorthin, bis sich herausstellte, dass wir fast alle Schüler aus dem alten Gymnasion weggelockt hatten.» Phrynichos setzte ein sprödes Lächeln auf. «Ich denke, dass wir es waren, die ihm einst ein Gefühl von Macht gaben.»

«Und Aristeides war einer der Jungen, die dafür sorgten, dass Themistokles aus dem aristokratischen Gymnasion ausgeschlossen wurde?», wollte ich wissen.

Phrynichos rümpfte die Nase. «Könntet Ihr Euch vorstellen, dass Aristeides der Gerechte so etwas tun würde? Andererseits waren sie immer schon Rivalen. Sie buhlten um dieselben Mädchen, manchmal auch um Jungen, sie stritten sich, wer das Sagen hat. Aristeides ist der weitaus bessere Krieger. Dafür ist Themistokles der bessere Redner, und wenn Ihr mich fragt, hat er auch den größeren Weitblick. Aristeides ist gewiss ehrenwerter. Themistokles ist dagegen jemand, der auch einmal harte Entscheidungen fällt. Aristeides kann dafür besser verhandeln.» Während dieser Litanei zu den jeweiligen Vorzügen der Herren drehte er seine rechte Hand vor und zurück.

«Ihr wollt damit sagen, dass sie zusammengenommen den perfekten Mann abgeben würden?», fragte ich.

Phrynichos' Frau gab ein schnaubendes Geräusch von sich.

Ich stattete Paramanos einen Besuch ab. Er war inzwischen sehr wohlhabend und besaß ein schönes Haus in Piräus mit sechzehn Zimmern in zwei Stockwerken – drei Hausflügel rahmten einen gefliesten Innenhof ein, alles sehr elegant. Paramanos hatte ein Dutzend Sklaven und brauchte sich um nichts mehr zu kümmern. Zu jener Zeit war mir nicht bewusst, dass Hermogenes und ich nicht länger enge Freunde waren. Irgendwie stand etwas zwischen uns wie eine unsichtbare Wand – ich schob es auf meinen Reichtum und Ruhm.

Die Freundschaft zwischen Paramanos und mir hingegen war wie immer, was umso merkwürdiger ist, als wir uns zu Beginn überhaupt nicht verstanden hatten. Wenn man es genau betrachtet, waren wir eine Weile eher wie Verbündete, aber keine wirklichen Freunde. Er hatte anfangs zu meinen Sklaven gehört, dann war er ein Freigelassener – er wurde Steuermann auf meinem Schiff, später Befehlshaber. Miltiades hatte dafür gesorgt, dass Paramanos und seine Töchter aus Kyrene als Bürger in Athen akzeptiert wurden – inzwischen gehörte mein alter Gefährte zu den wohlhabenden athenischen Kaufleuten, und so gesehen waren wir auf Augenhöhe.

Paramanos hatte inzwischen eine schöne junge Hetäre an seiner Seite – sie hatte sich verpflichtet, fünf Jahre bei ihm zu bleiben. Unter vier Augen vertraute er mir an, dass er ihr vermutlich einen Heiratsantrag machen würde. Sie war, wie gesagt, noch jung und genau wie Gorgo und die Priesterinnen aus Brauron sehr offenherzig. Sie saß in einem Lehnstuhl, während wir zu Abend aßen, machte leicht anzügliche und kluge Scherze und spielte die Kithara. Nebenbei ließ sie Paramanos wissen, wann er zu viel getrunken hatte, und schlug ihm vor, was er noch alles tun könne, um seinen Töchtern bei ihren Hochzeitsvorbereitungen zu helfen.

Ich mochte diese Frau. Wir tändelten ein wenig, sprachen über Philosophie, und als ich ihr erzählte, dass ich Heraklit persönlich kannte, wollte sie gar nicht mehr von meiner Seite weichen. Für eine Frau war sie sehr belesen – ehrlich gesagt, hatte sie eine bessere Bildung genossen als manch ein Athener.

Aber ich schweife wieder ab.

Ich musste nach Sparta segeln, um die beiden Herolde abzuholen, und ich wollte das gute Wetter für die Überfahrt nutzen. Doch keines meiner Schiffe war verfügbar, da sie alle in meinem Auftrag unterwegs waren. Die *Sturmbezwingerin* und die *Lydia* waren beide mit kleineren Ladungen in See gestochen. Paramanos' *Rabenschwinge* hatte früher mir gehört, aber jetzt gehörte sie dem Nubier. Er lieferte regelmäßig Silber zu den ionischen Städten und brachte auf dem Rückweg gefärbte Wolle mit – eine ausgezeichnete Handelsfahrt für ein schnelles, gut bewaffnetes Schiff dieses Bautyps.

Da ich also einige Tage warten musste, betätigte ich mich politisch für Aristeides. Von Piräus aus machte ich mich auf den Weg in die Stadt und stattete der Ratsversammlung einen Besuch ab. Habe ich gesagt, dass ich längst Bürger Athens war? Ich weiß nicht, ob ich das erzählt habe, aber nach Marathon machte mich die Polis zu einem ihrer Bürger – ein Dutzend anderer Platäer erhielt ebenfalls das Bürgerrecht, darunter auch mein Schwager Antigonos. Was mich immer ganz besonders freute, war, dass die Priesterinnen der Athene Nike seither jeden Morgen für die «Stadt Platäa» beteten. Ich weiß das, denn als ich davon hörte, war ich so von Stolz erfüllt, dass ich am folgenden Morgen noch im Dunkeln aufstand und in die Stadt ging. Zu dieser frühen Stunde war ich der einzige Verehrer im Tempel, doch nach einer Weile kam ein Akolyth und nahm meine Spende entgegen.

«Ihr seid nicht zufällig Platäer?», fragte er mich, worauf ich grinste und nickte. Er zeigte sich erfreut.

Als ich den kleinen Tempel verließ, merkte ich, dass man mir folgte. Ich kümmerte mich nicht weiter darum und begab mich auf die andere Seite der Akropolis, vorbei an der Stätte für die Feste, und gelangte in den Teil der Stadt, in dem die Reichen ihre Häuser haben. Meine beiden Verfolger stahlen sich von Hausecke zu Hausecke. Wären sie einfach nur durch die Straßen geschlendert, wären sie mir nicht sogleich aufgefallen.

Ich war allein unterwegs – was damals eigentlich selten vorkam, aber ich wollte weder Brasidas noch Alexandros neben mir im Tempel haben. Daher tat ich so, als bemerkte ich meine Verfolger nicht, und begab mich zu Aristeides' Haus.

Wir umarmten einander, und Jocasta drückte fest meine Hand – was sich von dieser echten aristokratischen Dame wie eine Umarmung anfühlte. Auf diese Weise hörte ich die ganze Geschichte noch einmal, aber Aristeides hatte sich offenbar längst in sein Schicksal gefügt und setzte alles daran, seine Frau von seiner Ansicht zu überzeugen. Noch nie hatte ich erlebt, dass diese beiden

Menschen uneins waren, doch Jocasta nahm sich in meinem Beisein heraus, ihrem Mann offen zu widersprechen. Aristeides sah verletzt aus.

Ich tat so, als wäre ich Luft.

Schließlich entfernte sich Jocasta, um sich um einen verletzten Bediensteten zu kümmern. Aristeides wartete, bis die Schritte seiner Frau nicht mehr auf dem Marmorboden der Eingangshalle zu hören waren, und trat näher zu mir. «Ich muss das jetzt sagen, mein Freund. Themistokles und ich sind wahrlich keine Freunde, aber ich habe dieses Exil akzeptiert. Ich werde dich zum Großkönig begleiten. Athen darf offiziell keinen Botschafter entsenden. Aber ein Mann im Exil – obendrein ein Konservativer?» Er senkte seinen Blick in meine Augen.

Und ich begriff.

Mir war es immer schon eigenartig vorgekommen, dass sich diese beiden Führer der Widerstandspartei, einmal abgesehen von ihren Meinungsunterschieden, in die Haare geraten waren. Zwar hatte ich gemerkt, dass etwas nicht stimmte, aber ich hatte einfach nicht die richtigen Schlüsse daraus gezogen.

«Ihr solltet es Jocasta sagen», riet ich ihm. «Sie kennt auch all Eure anderen Geheimnisse.»

Ich sagte dies absolut ernst, und Aristeides, der immer schon ein selbstgefälliger Kerl gewesen war, fand das nicht komisch. Ich hingegen schon.

Später verabschiedete ich mich, da ich mich nicht zum Abendessen aufdrängen wollte. Ich hatte drei Becher Wein getrunken und trug keine Waffe, daher nahm ich einen von Aristeides' robusten Stöcken bei der Tür und wedelte damit herum. «Ihr müsst mir einen borgen.»

«Er nimmt nie einen mit, wenn er das Haus verlässt», sagte Jocasta. «Aber jedes Mal, wenn er unsere Höfe außerhalb der Stadt aufsucht, kommt er mit einem neuen zurück.»

«Ich mag sie eben!», meldete sich Aristeides zu Wort, halb zerknirscht.

Man könnte jetzt denken, dass sich Aristeides als reicher Mann so viele Spazierstöcke leisten könnte, wie er wollte – aber wer das denkt, war nie verheiratet.

Sie lauerten in der Dämmerung, nördlich von Aristeides' Haus, und sie hatten Messer dabei.

Ich schlüpfte so leise wie ein Dieb aus dem Haus und verließ das Grundstück durch das hintere Tor, das Jocasta für mich aufhielt und mich dabei ansah, als zweifele sie an meinem Geisteszustand.

Ich goss noch etwas Öl ins Feuer, indem ich sagte: «Euer Gemahl hat Euch noch etwas zu sagen.» Schon war ich zum Tor hinaus und ging durch eine Seitengasse, die tagsüber nur von Sklaven und Händlern benutzt wurde. Zu beiden Seiten mannshohe Mauern. Es war fast dunkel.

An der Ecke legte ich mich flach auf den Bauch und schaute mich aus dieser Perspektive um. Auf diese Weise brachte ich in Erfahrung, dass es vier Verfolger waren, alle gut bewaffnet. Die Vermutung lag nahe, dass der verfluchte Kleitus die Kerle geschickt hatte, gehörte er doch zu den einflussreichen Alkmaioniden. Ich hatte keine Lust, es mit so vielen Gegnern aufzunehmen.

Ich stahl mich quer durch die Gasse und verschwand in dem geheiligten Bezirk des noch unfertigen Tempels des Zeus. Die Peisistratiden hatten den Bau in Auftrag gegeben, und seither lagen die Trommeln der Säulenschäfte herum wie Spielzeug von Kindern. Junge Paare suchten diesen Ort auf, um – nun ja, um die Säulen zu nutzen. Während ich diese Stätte durchquerte, drang mehr als einmal der beschleunigte Atem von Liebespaaren an meine Ohren. Schließlich gelangte ich an die Ostseite der Akropolis, die ich in weitem Bogen umging. Zweimal machte ich in den vollen Straßen unvermittelt kehrt, um meine Verfolger weiter zu verwirren, und wartete zwischendurch in aller Ruhe in einem der Brunnenhäuser. Was man als Sklave gelernt hat, vergisst man sein ganzes Leben nicht mehr.

Am selben Abend aß ich mit Paramanos und meinen Leuten – und mit Giorgios und Nikolas, die von ihrer Pilgerreise nach Epidauros zurück waren. Am nächsten Tag nahm ich an der athenischen Versammlung teil und stimmte gegen den Ostrakismos gegen Aristeides.

Wir verloren. Aristeides musste für die Dauer von zehn Jahren ins Exil.

Das Exil ging nicht einher mit dem Einziehen von Besitz – seine Frau durfte weiterhin am östlichen Hang der Akropolis wohnen, seine Verwalter konnten weiterhin seine Höfe versorgen. Gemessen an athenischen Standards war diese Strafe noch milde, einmal abgesehen von der niederschmetternden Ungerechtigkeit der Sache an sich. Das Problem war, dass Männer wie Aristeides die Angewohnheit hatten, sich auf unabsehbare Zeit zu Tyrannen zu ernennen, sobald sie die Gelegenheit dazu bekamen. Aristeides hatte alles – Geld, das Aussehen, Erfolg im Krieg und rednerisches Talent. Ich vermute, dass er sowieso hätte gehen müssen, auch wenn er nicht zum geheimen Unterhändler ernannt worden wäre. So gesehen war die geheime Mission zum Großkönig ein Mittel der Beschwichtigung.

Offen gestanden hat mich die athenische Politik immer schon abgestoßen. Sie bestrafen ihre besten Leute und begünstigen Narren.

Ich möchte betonen, dass ich in derselben Versammlung *dafür* stimmte, dass die Überschüsse aus den Silberminen in den Bau der neuen Flotte flossen – darüber wurde zum zweiten oder dritten Mal abgestimmt. Ich vermute, dass ich einer der wenigen war, die so abstimmten – gegen den Ostrakismos, zugunsten des Flottenbaus. Für die meisten Athener widersprachen sich beide Themen, aber vermutlich nur deshalb, weil die Athener so in ihre Politik verstrickt waren, dass sie die Angelegenheiten nicht neutral aus gebührendem Abstand betrachten konnten.

Das dazu.

Später am Nachmittag lief die *Lydia* in Piräus in den Hafen, im Laderaum Häute und Wein aus Ionien, und am nächsten Morgen ließ ich weiß gegerbtes athenisches Leder unter Deck bringen, des Weiteren edle Bronze und Töpferwaren. Nachdem ich gemeinsam mit Phrynichos ein Abschiedsessen arrangiert hatte, segelte ich in Richtung Westen nach Sparta.

Von der Überfahrt weiß ich so gut wie nichts mehr. Ich vermute, dass wir mit den üblichen Gefahren zu kämpfen hatten, wahrscheinlich gab es wie immer grummelnde Ruderer, dafür bestimmt eine Menge wunderschöne Delfine, die sich bei einer Fahrt in der Ägäis meist am Bug tummeln. An was ich mich erinnere, ist Sparta.

Die meisten Leute denken bei Sparta bestimmt, dass die Stadt nicht schön ist. Gemeinhin gilt Athen als schön, denn dort überragt die Akropolis die Stadt, außerdem wird die athenische Architektur immer schon bewundert. Platäa ist schön, weil das Kithairon-Gebirge so eindrucksvoll aufragt und die grünen Felder sich bis zum Horizont erstrecken – die sichtbaren Zeichen, dass Demeter uns Menschen dort zugeneigt ist und Hera dem grünen Platäa ihren Segen bringt.

Aber auch Sparta ist schön. Kam hier nicht Helena zur Welt? Und sind die Frauen der Lakedaimonier nicht Helenas Töchter? An den östlichen Ausläufern des Gebirges gelegen, umgeben von Bergen, mit zahllosen Olivenhainen, die sich einem Teppich gleich weit ins Tal hinab erstrecken – Sparta übt eine eigenartige Faszination auf den Betrachter aus.

Aber die Heloten kann ich nicht ausstehen. Die Spartaner eigentlich auch nicht. Überall in Sparta trifft man auf Heloten, und es geht ihnen schlechter als Sklaven in Athen oder Platäa. Mag sein, dass das ein Vorurteil ist, aber nur wenige Heloten erlangen je die Freiheit, und Sklave ist man der Herkunft wegen, man wird nicht zufällig oder nach einer Schlacht versklavt. Viele von ihnen sind seit Generationen Sklaven, sodass sie glauben, dieser Zustand sei normal – so sehen es ihre Herren und Gebieter natürlich auch. Ich bewundere Sparta in mancherlei Hinsicht, aber die Versklavung und Unterdrückung der Heloten wirft einen Schatten auf die Polis, und dieser Schatten ist aus meiner Sicht der Kern dessen, was Sparta ausmacht.

Ich ließ Brasidas und Seckla auf dem Schiff zurück. Was die Hautfarbe betrifft, sind Spartaner weniger nachsichtig als andere Griechen – sie hätten Seckla für einen Sklaven gehalten. Daher nahm ich nur Alexandros und Hektor mit. Wir erstanden Pferde unten am Strand bei Gytheion, wo die *Lydia* gerade ihre Waren losschlug. Als wir mit dem Heck zuerst am Kai anlegten, erblickte ich am Strand zwei karthagische Triremen, zwei weitere lagen drüben bei Migonion, beim heiligen Bezirk der Aphrodite. Aber die Karthager waren nur an unseren Waren interessiert, und von Dagon keine Spur. Ich ritt nördlich nach Sparta und hatte mich nur darauf eingestellt, meine Begleiter abzuholen und eilig in See zu stechen, ehe die Herbststürme kamen.

Wir gelangten über die breite Hauptstraße in die Stadt, die genauso prächtige Steinfliesen aufwies wie die Straße der panathenischen Festtage, und ritten am Tempel der Dioskuren vorbei, der sich in seiner Eleganz nicht groß von den heiligen Bauten in Athen unterschied – die Steine aus den örtlichen Steinbrüchen wiesen eine bemerkenswerte Qualität auf und leuchteten in der warmen Sonne der Peloponnes. Es war Hochsommer und kurz vor der Mittagszeit, wenn sich die meisten Spartaner im Schatten ausruhen und selbst die Sklaven von einem schattigen Ort zum nächsten eilen. Meine beiden Gefährten und ich trugen Strohhüte mit so breiten Krempen, dass man das Gefühl hatte, unter einem aufgespannten Zelt zu wandeln.

Auf der Agora herrschte reges Treiben wie in anderen griechischen Städten – die Waren, die unten am Strand von Gytheion an Land gebracht worden waren, standen bereits zum Verkauf. Auf dem weiten Platz ignorierte man die Mittagssonne, Hunderte Männer und Frauen liefen umher, zwischenzeitlich in den Schatten der breiten Sonnensegel. Und genau dort erschloss sich mir der große Unterschied zwischen Sparta und Athen. Sparta hat großartige Tempel, aber zu wenig Schatten, und Spartaner sind zu stolz zuzugeben, dass sie eine Stoa brauchen. Tatsächlich saßen zumeist Heloten im Schatten der alten Eichen, die die Agora umstanden. Die Bürger jedoch harrten stolz in der Sonne aus, als wollten sie Helios zum Äußersten herausfordern.

Ich trug demonstrativ meinen breiten Hut.

Wir stiegen am Rand der Agora von den Pferden, und zum ersten Mal bekam ich einen Eindruck vom Leben eines Heloten. Ein heranwachsender Spartiate – vermutlich hatte er die Agoge beinahe durchlaufen – verlangte Wasser von einer Helotenfrau, und als er es nicht schnell genug bekam, sagte er: «Gehorche mir, Weibsstück!», und schlug sie.

Anstatt um Hilfe zu rufen, krümmte sich die Frau unterwürfig und holte dem Mann Wasser.

Vielleicht war das kein typischer Vorfall, vielleicht urteile ich auch zu schnell über Sparta.

Jedenfalls erkundigten wir uns nach dem Weg.

Man hätte einen Palast für zwei Könige erwarten können, aber so war es nicht. Die Könige wohnen exquisit – sie haben Bedienstete, wie man es bei den wohlhabendsten Athenern antrifft. Aber sie leben in Privathäusern, und Leonidas besaß ein wirklich ansehnliches Haus mit zwei Seitenflügeln, die einen Innenhof einfassten. Dort stand ein alter Olivenbaum neben einer natürlichen

Quelle. Der Innenhof war an drei Seiten von Arkaden gesäumt, die Schatten spendeten. Die vierte Seite bestand aus einer halbhohen Mauer, schlichten Sklavenunterkünften und einem kleinen Lagerraum.

Wir wurden von einem Heloten hereingebeten und betraten kurz darauf den Innenhof. Als Erstes reichte man uns köstliches Wasser, das aus einem sprudelnden, Göttern geweihten Quell geschöpft wurde. Die Heloten bedienten Hektor genauso beflissen wie Alexandros und mich.

Alexandros bedachte den jungen Hektor mit einem Lächeln. «Ich denke, das werden angenehme Tage für dich, Junge.»

Ich musste lachen. «Bin ich denn so ein strenger Herr? Wir könnten ihn zur Agoge schicken.»

Ein weiterer Helot näherte sich uns. «Meine Herren, die Dame des Hauses, Gorgo, wünscht Euch mitzuteilen, dass sie jeden Moment für Euch da sein wird.»

Tatsächlich brauchten wir nicht lange zu warten, denn Gorgo erschien kurz darauf im Innenhof. Sie war schlicht gekleidet und trug einen langen gelben Chiton, der nach dorischer Art von einer Fibel gehalten wurde. Ihr Gürtel leuchtete golden und wies einen Herakles-Knoten auf, im Haar trug sie ein schmales Diadem.

«Ah, Helena!», rief ich und wollte unverfänglich klingen.

Ihr Blick glich dem eines Mannes, der kurz davor ist, die Waffe zu ziehen.

«In Sparta wird keine Frau je mit Helena verglichen», beschied sie mir. Dann nickte sie zum Gruß. «Verzeiht. Eure Worte erschreckten mich einen Moment, dabei sollte ich Euch mit Lobpreisungen empfangen. Der König ertüchtigt sich noch und wird bald zu uns stoßen, wie auch einige Eurer anderen Freunde.» Sie nickte Alexandros und dem jungen Hektor freundlich zu.

Ich ergriff die Gelegenheit, um meine Begleiter vorzustellen. «Despoina, dies ist Alexandros, der Befehlshaber meiner Epibatai, ein Herr aus Platäa, und dies ist mein Hypaspist Hektor, Sohn des Anarchos. Auch Hektor ist inzwischen Bürger Platäas.»

«Ah, das grüne Platäa. Ich hege die Absicht, im Frühling eine Pilgerfahrt zum dortigen Tempel der Hera zu unternehmen.» Gorgo lächelte. «Ich liebe es zu reisen. Aber ich dachte, Ihr hättet einen anderen Befehlshaber für Eure Epibatai?»

Ich war ein wenig erschrocken, dass sie auf ihn zu sprechen kam. «Ihr müsst wissen, dass ich mehrere Schiffe habe», wich ich aus.

Inzwischen reichten uns Sklaven Nüsse, in Honig getränkte Mandeln und Wein. Gorgo ging voraus und führte uns wie in einer kleinen Prozession über den Innenhof zu einem der Seitenflügel des Hauses. Durch einen Portikus betraten wir einen gefliesten Alkoven, und ich musste gleich an die athenischen Palästren denken, als ich die Steinbänke entlang der Wände sah. Es gab zwei dieser Bänke, die ausreichend Platz für mehrere Personen boten, sodass man ungezwungen beisammen sein und plaudern konnte.

So saßen wir also in dem Alkoven und kauten Nüsse.

«Wir müssen noch über die Bezahlung sprechen», sagte Gorgo dann unvermittelt, allerdings in einem Ton, als würde sie mit einem Arzt über eine widerwärtige Erkrankung sprechen. «Mir ist bewusst, dass ein Schiffseigner nicht umsonst die Innere See überquert.»

Ich hatte darüber schon in Athen mit Kimon und Aristeides gesprochen – auch mit Jocasta, die mehr Interesse an dem Leben der spartanischen Königin bekundete als an allen anderen Geschichten, die ich zu erzählen wusste. Wir waren übereingekommen, dass wir von den Spartanern kein Geld annehmen würden.

So geht Politik. Freigebigkeit gibt den Ausschlag. Tatsächlich war es aber so, dass ich es mir eigentlich nicht leisten konnte, mehrere Monate unterwegs zu sein, ohne Profit zu machen, aber mit etwas «Hilfe» von reichen Athenern konnten wir – wir Athener in diesem Fall – großzügig auftreten.

«Ich habe auf beiden Strecken Frachtgut an Bord», sagte ich leichthin. Ich fing ihren Blick ein – für mich als Mann war es seltsam, einer Frau die ganze Zeit in die Augen zu sehen, wenn man sprach. Ich denke, dass Gorgo mich deshalb so sehr an Briseis erinnerte. «Ich habe nicht die Absicht, Geld von Euch zu verlangen, wenn wir Eure Herolde bis nach Susa begleiten. Seht es als Platäas kleinen Beitrag zur Verteidigung unserer griechischen Lande.»

Dies schien Gorgo zufriedenzustellen, und sie nahm meine Hand und drückte sie.

Als Leonidas von seinen Leibesübungen zurückkehrte, trug er nur einen Chlamys, als wäre er ein athenischer Ephebe. Sein Körper war nahezu vollkommen, auch wenn seine Unterschenkel und die Schienbeine von hässlichen Prellungen verunstaltet waren.

Ich ergriff seine Hand. «Pankration?», fragte ich.

Der König von Sparta lachte. «Woher wisst Ihr das? Wird sich morgen noch schlimmer anfühlen.» Er hob kurz die Brauen, wie jemand, der sich selbst und anderen nichts vormachen will. «In meinem Alter wird es zunehmend schwerer, so zu tun, als wäre man ein Held von fünfundzwanzig Jahren.» Tatsächlich war der Herrscher aus dem Geschlecht der Agiaden dichter an der Sechzig als an der Fünfzig.

Ich pflichtete ihm halb wehmütig bei.

«Aber Ihr solltet auch teilnehmen!», rief Leonidas. «Hier gibt es viele Männer, die sich gern mit Euch messen würden.»

Ich lachte. «Ich schätze, die prügeln mich grün und blau.»

«Besser Euch als mich», entgegnete er gut gelaunt.

Auch Leonidas stellte ich meine beiden Begleiter vor, und vor allem Hektor staunte mit offenem Mund, dass er im selben Raum wie der König von Sparta stand. Ich muss zugeben, dass auch ich ein klein wenig ehrfürchtig zum König aufschaute.

Er wandte sich mir zu und setzte sich auf die Bank, auf der Gorgo Platz genommen hatte. «Ihr wisst, dass ich letztes Jahr eine

Delegation nach Delphi schickte?», fragte er. «Ich wollte beim Orakel erfahren, was auf uns zukommen würde, wenn wir Widerstand leisteten. Und wisst Ihr, was das Orakel sagte?»

«Nein», antwortete ich ehrlich.

«Gut, dass Ihr es nicht wisst, denn sonst gäbe es eine undichte Stelle in meinem engsten Beraterstab.» Der König lächelte wehmütig. Man musste ihn einfach gernhaben – er versprühte einen hinreißenden Charme, gepaart mit Humor, der sehr ansprechend war. Er senkte die Stimme. «Die Priesterin sagte, wenn Griechenland frei sein würde, dann würden wir diese Freiheit dem grünen Platäa verdanken. Und sie fügte hinzu: ‹*Die Kraft von Stieren und Löwen vermag den Feind nicht aufzuhalten. Nein, der Feind wird sich nicht abhalten lassen, sage ich, bis er die Stadt oder den König in Stücke reißt.*›»

Ich zuckte innerlich zusammen. «Das ist nicht die Prophezeiung, die ich gern gehört hätte», sagte ich.

Leonidas hob schwer die Schultern. «Die Götter verfahren mit uns, wie es ihnen beliebt. Aber als ich hörte, dass Ihr Persisch sprecht und Schiffe besitzt, fragte ich mich natürlich gleich, ob Ihr das Werkzeug seid, mit dem das grüne Platäa unserem Land dienen könnte.»

Ich vermute, dass ich den Mund zu einem Grinsen verzog. «Ich werde mein Bestes tun, o König», sagte ich und ließ eine Verbeugung folgen.

12. KAPITEL

Ich hatte eigentlich damit gerechnet, die beiden Herolde an Bord zu nehmen und abzulegen, aber wir vertrödelten eine Woche in Sparta, und ich wäre sogar noch länger geblieben. Es gibt dort viel Schönes zu sehen, denn als Mann, der den Frauen zugetan ist, muss ich deutlich sagen, dass man in Sparta viel mehr schöne Frauen bewundern kann als anderswo. Zunächst war es für mich allerdings befremdlich, dass die Frauen offen den Blick erwidern, wenn man sie ansieht. Da gab es eine Frau, die vielleicht um die dreißig war. Sie hatte sich körperlich betätigt und trug über ihren Rundungen nichts als einen Chiton aus Leinen, und als sie meinen Blick einfing, erschrak ich, denn sie kam quer über die Agora auf mich zu und fragte mich nach meinem Namen.

In Athen würde das einem Mann niemals passieren.

«Arimnestos von Platäa», sagte ich.

«Ich schätze, Euch gefällt, was Ihr seht», meinte sie und lachte. «In meinem Alter ist es immer eine Freude, die Blicke eines ansehnlichen Mannes auf sich zu ziehen.»

Und sie hatte wahrlich meine Blicke auf sich gezogen. Sie wandte sich wieder zum Gehen, doch der Blickkontakt wurde erst unterbrochen, als sie den Kopf wegdrehte.

Ich wäre ihr beinahe nachgegangen.

Männer – also die Spartiaten – leben meist in Unterkünften zusammen, wie es auch bei den Aristokraten auf Kreta üblich ist. Ihre Frauen kümmern sich um das Haus (eigentlich tun das die Heloten) und um die Kinder (eigentlich tun das ebenfalls die Sklaven) und verwalten die Güter, denn mit den Einnahmen bezahlen die Spartiaten die Syssitien – auf diese Weise begleichen sie alle Ausgaben, die bei den Männermahlen anfallen. Einem Fremden kommen diese Vereinbarungen seltsam vor, aber der Alltag läuft genauso gut wie anderswo auch. Als Platäer hatte ich den Eindruck, dass jede spartanische Frau der Inbegriff athletischer Schönheit war, und Hektor sprach uns allen aus dem Herzen, als er sagte: «Wenn ich Spartiate wäre, würde ich es keinen Moment in den Unterkünften aushalten.» Dazu muss man wissen, dass der Junge der Frau nachsah, die mich zuvor angesprochen hatte und die sich nun mit verführerischem Hüftschwung entfernte.

Ich denke, dass meine Begleiter und ich geseufzt haben, wenn auch nur innerlich.

Leider war es uns nicht möglich herauszufinden, ob diese bemerkenswerten Frauen noch zu haben waren. In Athen oder Platäa hätte man diese freizügigen und selbstbewusst auftretenden Frauen vermutlich für Pornen gehalten. In diesem Zusammenhang fiel mir wieder ein, dass mir Platäer nach einer Pilgerfahrt nach Sparta von ihren lusterfüllten Abenteuern dort erzählt hatten, aber all die Frauen, die mir begegneten, schienen nicht zu diesem Typ Frau zu gehören. Sie waren zwar direkt und sinnlich und eben auch athletisch, aber leider erwies sich keine von ihnen als zügellos.

Wie bei wohlhabenden Athenern der oberen Klasse üblich, standen die spartanischen Männer zumeist im Wettstreit um einen hübschen Jungen, und manch einer vergaß, dass er eine Ehefrau hatte, aber bei diesen Geschichten ist es immer schwer zu sagen, ob das nun in erster Linie Wetteifer und männliches Gehabe oder ob wirklich Liebe im Spiel war. Wenn man überhaupt von wahrer Liebe sprechen kann bei all dem Drill in den Unterkünften oder der Agoge.

So oder so, an meinem zweiten Tag in Sparta nahm der König mich mit zu seiner Syssitia, seiner Mahlgemeinschaft, und lud mich zum Essen ein. Wie ich später erfuhr, bedeutete das für einen Nicht-Spartaner eine hohe Ehre. Ich hatte nichts gegen diesen

Ehrenerweis einzuwenden, wenn nicht das Essen so furchtbar gewesen wäre. Ich denke schon, dass sich die Mahlgemeinschaften richtig Mühe geben, sobald ein Fremder geladen ist. Aber die schwarze Brühe, die sie einem vorsetzen, schmeckte so, als hätte man Schweinekot mit verarbeitet. Selbst zu meiner Sklavenzeit hatte ich nie derart altes Brot erhalten. Und sogar die Phönizier teilen ihren Ruderern besseren Proviant zu.

Aber ich schweife wieder einmal ab.

Ich wurde auch zu dem Übungsgelände eingeladen, das ein wenig schlechter ausgestattet war als die besseren athenischen Gymnasien, aber man darf nicht vergessen, dass die athenische Oberschicht gern die spartanische Aristokratie nachahmt. So gesehen unterschieden sich die Gymnasien Spartas doch nicht groß von den vergleichbaren athenischen Institutionen. Die Sonne brennt heißer in Sparta, aber man kann nicht die Seeluft einatmen.

Ich übte mich ein bisschen im Faustkampf mit dem König. Auch das war eine hohe Ehre – trotz der sichtbaren Prellungen maß er sich nicht mit jedem im Übungskampf. Und da er mich zum Gegner erkoren hatte, bedeutete er den anderen, dass ich allen gleichgestellt war, und so kam es, dass die anderen Männer Schlange standen, um gegen mich antreten zu können. Einer der älteren Spartiaten – er gehörte der königlichen Leibwache an – überraschte mich mit einer wirklich verblüffenden Finte und brach mir die Nase, und zwar gleich zu Beginn des Kampfes. Sofort war er sehr darum bemüht, die Blutung zum Stillstand zu bringen. Aber nicht nur das, denn er murmelte etwas vor sich hin, griff einmal fest zu und richtete meine Nase wieder.

Und dann ging er wie selbstverständlich davon aus, dass wir unseren Kampf fortsetzen würden.

Spartaner eben.

Ich tauchte einmal im Kaltwasserbecken unter, um den Schmerz zu lindern – ich vermute, dass ich bei meinem Gegner keinen bleibenden Eindruck hinterlassen habe. Das kurze Bad nutzte ich auch, um meine schmerzenden Muskeln zu entlasten, doch dann kehrte ich zur Palästra zurück, ließ mich von Heloten abtrocknen und wählte mir einen jüngeren Gegner für das Pankration. Ich wusste, dass ich mich nicht davor drücken konnte, denn in Sparta kann man Pankration nicht aus dem Weg gehen. Und sofern ich vorhatte, mich erhobenen Hauptes unter den Spartiaten zu bewegen, musste ich das nun einmal aushalten.

Natürlich greifen die Spartaner beim Pankration zu Mitteln, die andernorts verboten oder zumindest nicht gern gesehen sind. Sie beißen oder pressen einem die Daumen auf die Augen. Mein junger Gegner war von kräftiger Statur und hatte gerade die Agoge durchlaufen. Ich bin mir ziemlich sicher, dass er mich für leichte Beute hielt, da meine Nase geschwollen war. Außerdem hatten so gut wie alle mitbekommen, wie schnell mein erster Gegner mit mir fertiggeworden war. Aber der junge Mann war dennoch sehr höflich.

Ich ließ zu, dass er meine Arme zu fassen bekam, ging dann in eine Drehung, die ich bei Polymarchos gelernt hatte, und warf ihn über die Hüfte.

Doch er sprang sofort wieder auf. Ich erntete Beifall von den anderen Männern, die uns zusahen.

Als ich einige Schritte zurückwich, setzte mein Gegner mir nach.

Jetzt, da ich ihm gezeigt hatte, dass es unklug war, meine Hände zu packen, hob ich sie an, und als er den Köder nicht annahm, bearbeitete ich ihn mit einigen schnell aufeinander folgenden Schlägen. Ich erwischte ihn sogar zweimal, sodass er einen kurzen Moment benommen war, und das nutzte ich aus, umklammerte seinen rechten Arm mit meinem linken und stieß ihm meine linke Hand unter den Ellbogen.

Erneut ging er zu Boden. Er versuchte, Widerstand zu leisten, holte sich bei diesem Versuch aber eine ordentliche Zerrung. Ich hätte ihm die Schulter ausrenken oder ihn mit dem Kopf auf den Boden rammen können, aber ich war Gast.

Trotzdem versuchte er, mich bei den Hoden zu packen.

Ich war gewarnt worden – mehrfach sogar –, und ich hatte ja schon bei Olympia gegen den Heloten gekämpft. Ich hätte es also wissen müssen. Er verpasste mir einen ordentlichen Schlag zwischen die Beine, doch ich verschob mich in der Hüfte und setzte mein Knie ein – und die ganze Zeit riss ich an seinem Schultergelenk, was ihm große Schmerzen bereitet haben musste.

Mit einer Armdrehung drückte ich ihn weiter nach unten und versetzte ihm mit der linken Hand einen Schlag gegen das Ohr – auch ein ziemlich mieser Schlag, wie ich zugeben muss –, ehe ich ihn mit dem Gesicht zuerst in den Sand schickte. Sofort presste ich ihm das Knie in den unteren Rücken.

Und immer noch wehrte er sich – er versuchte, nach mir zu treten.

Mein Blick ging zum König. Ich hatte meinen Gegner im Haltegriff – und mit den verzweifelten Tritten ruinierte er sich die Schulter.

«Wie kann ich ihm beibringen, dass er aufhören soll?», rief ich und keuchte.

Einige Männer lachten.

Einer der älteren Männer trat vor, nickte mir höflich zu und tippte den Kämpfer mit seinem Stab an. Augenblicklich gab mein Gegner nach und rührte sich nicht mehr.

Ich richtete mich auf.

Er wollte wieder leichtfüßig auf die Beine kommen, aber sein rechter Arm gehorchte ihm nicht mehr richtig. Dennoch hielt er beide Hände wieder so, als erwarte er die nächste Runde in diesem Kampf.

Ich suchte den Blick des Mannes mit dem Stab. Aus den Augenwinkeln sah ich einen Sklaven mit einem Krug Wasser. Ich hielt eine Hand hoch, ging zum Rand der Sandfläche und nahm einen Schluck Wasser.

Der König deutete vage in Richtung Himmel, als würde er eine vergnügliche Bemerkung über das Wetter machen. «Ihr müsst in eine weitere Runde einwilligen, sonst demütigt ihr ihn.»

Ich denke, tapfere und törichte junge Männer gibt es überall. Vor allem in Lakedaimon.

Ich betrat wieder die Sandfläche, nickte meinem Gegner aufmunternd zu, und wir umkreisten einander abwartend. Ich hatte mir vorgenommen, nicht überhastet vorzugehen – ich wollte ihn nicht in seinem Selbstwertgefühl treffen, außerdem hatte ich den Verdacht, dass die Spartiaten übten, Verletzungen im Kampf wegzustecken.

Und tatsächlich, als ich ihn kommen ließ, hob er die rechte Hand an und bot sie mir förmlich dar, auch wenn ihm das Schmerzen bereitet haben dürfte – dann setzte er die linke Flanke ein, um mich mit einem Wurf auszuschalten. Er hatte also die eigene Verletzung geschickt als Köder eingesetzt.

Ich ließ den Fuß vorschnellen und trat ihm gegen das linke Knie. Gleichzeitig schlug ich ihm mit der linken Faust gegen den rechten Oberarm und drehte mich halb weg, damit er meiner Bewegung folgte. Für einen verletzten Mann kämpfte er ausgezeichnet und war reaktionsschnell, aber rechts hatte er nicht mehr viel Kraft, und inzwischen sah er ein bisschen blass um die Nase aus.

Ich erwischte ihn, als er noch in der Drehung war, und wehrte seine rechte Hand tief mit meiner Linken ab – die Umklammerung des Handgelenks. Ich wollte ihm weitere Verletzungen auf der rechten Seite ersparen. Ja, ich kann auch freundlich sein!

Mit der rechten Hand versuchte ich, seine Linke zu fassen zu bekommen, aber er war zu schnell, daher schlug ich zu und streifte seine linke Schulter, während ich meinen rechten Fuß hinter sein Standbein hakte. Schon warf ich ihn rücklings zu Boden, unterstützt von einem gezielten Stoß der Rechten. Ich setzte nach, drückte seine linke Hand mit meinem Knie in den Sand und schlang ihm meine Rechte um den Hals.

Er versuchte noch, mir mit der rechten Hand einen Schlag zu verpassen.

Ich konnte es nicht glauben. Dabei war er doch mit der Rechten kaum noch imstande, Kraft aufzubauen! Dennoch widersetzte er sich.

Ich glaube, dass ich insgesamt fünfzig Tage mit Polymarchos geübt hatte. Und wahrscheinlich wäre ich sonst nie so gut gewesen.

Wie dem auch sei, der Ephore mit dem Stab trat wieder vor und stieß den Kämpfer an. Erneut erschlaffte sein Körper, aber dann sprang der Spartiate auf und nahm meine Hand. Mir entging nicht, wie die anderen Männer ihn ansahen, als er wegging. Er entfernte sich tatsächlich von der Palästra.

Offenbar hatte er eine bestimmte Prüfung bestanden. Bei den Spartanern geht es nicht immer ums Gewinnen. Für sie steht der Wettkampf an sich im Mittelpunkt. Als sich abzeichnete, dass er mich nicht besiegen konnte, erhielt der Wettkampf eine andere Note, und in den Augen der Spartiaten hatte der junge Mann gesiegt. Und zwar über den eigenen Schmerz.

Das war Sparta.

Ich ließ mich noch auf einen kleinen Ringkampf mit Kalliteles ein. Er bahnte sich seinen Weg durch die Menge und sagte: «Bislang habt Ihr es noch nicht mit unseren Besten zu tun bekommen. Ich bin ein alter Mann, aber ich würde gern noch den einen oder anderen Wurf versuchen.»

Er war wirklich ein Hüne – seine Reichweite mit den Armen war enorm, außerdem wog er deutlich mehr als ich. Ich achtete auf jede noch so kleine Bewegung, während wir einander umkreisten, und im Stillen pries ich Polymarchos für all die Übungen, die ich unter seiner Anleitung hatte machen dürfen.

Wir umkreisten einander lange.

Zweimal schnellte er vor, um mich zu packen, zweimal wich ich ihm aus. Dies war ein Ringkampf, daher konnte ich meinen Gegner nicht mit Tritten oder Schlägen auf Distanz halten, und beim dritten seiner Vorstöße sah ich eine Lücke und griff an.

Ich hätte es wissen müssen! Einen Herzschlag später fand ich mich mit dem Gesicht nach unten im Sand wieder und spürte das Gewicht von Kalliteles in meinem Rücken. Doch er brach mir zum Glück nicht den Arm, zog mich auf die Beine und klopfte mir auf die Schulter. Ich ging noch einmal in eine abwartende Haltung, bereit für die nächste Runde, doch der Hüne schüttelte den Kopf. «Eine Runde am Tag, mehr schaffen meine alten Knie nicht», meinte er.

«Meine auch nicht», sagte ich mit einer gewissen Wehmut.

Und dann schob sich Bulis durch die Gruppe der Zuschauer. Er schien es eilig zu haben und stellte sich so hin, dass der König ihn auf jeden Fall wahrnahm.

«Ich hätte nichts gegen eine Runde», sagte er. «Es sei denn, Ihr seid zu müde.»

Ich war tatsächlich müde. Die gebrochene Nase pochte und machte mir zu schaffen, darüber hinaus war der junge Pankrationist kräftig gewesen. Und ich musste befürchten, dass Bulis mir schaden wollte.

«Gewiss doch», hörte ich mich sagen. Plötzlich fiel mir ein, dass ich das kommende halbe Jahr anders verbringen könnte und diesen Mann nicht nach Sardis oder Susa zu begleiten brauchte, wenn er mir jetzt den Arm brach oder mich anderweitig verletzte. Zugegeben, ein selbstsüchtiger Gedanke, auf den ich nicht sonderlich stolz bin.

Es fiel mir schwer, mich in Bulis hineinzuversetzen. Äußerlich ließ er mit keiner noch so kleinen Geste erkennen, ob er es auf eine ernste, gefährliche Auseinandersetzung würde ankommen lassen.

Auch seine Miene blieb ausdruckslos, als er kurz das Haupt neigte. Ich wusste nicht, wie ich seinen Auftritt deuten sollte. Verbarg er seinen Zorn geschickt hinter diesem maskenartigen Gesicht?

«Für was entscheidet Ihr Euch?», bot er mir an.

«Für Pankration», antwortete ich. Ich bin kein großer Faustkämpfer, wie die gebrochene Nase beweist.

Bulis holte ansatzlos zum Schlag aus und zielte natürlich auf meine Nase.

Ich versuchte, seine Hand abzuwehren.

Keiner von uns erreichte sein Ziel. Er federte auf den Fußballen und ließ die Linke vorschnellen, doch ich trat ihm gegen das linke Knie. Schon hatten wir uns beide halb voneinander abgewandt und verharrten in einer Art Lauerstellung – ehe wir ein wenig zurückwichen.

Dann versuchte er beim nächsten Vorstoß, mir die Luft abzudrücken.

Auch ich wollte ihn an der Gurgel packen, und so rangen wir beide einige Herzschläge miteinander, ein jeder auf der Suche nach dem besseren Ansatz.

Er drehte sich halb weg – eine Finte, und zum Glück erkannte ich noch rechtzeitig, dass es eine Finte war, konnte mein Bein anheben und den Tritt zwischen die Beine abwehren. Polymarchos hatte mir einmal einen hervorragenden Trick beigebracht, eine Kombination aus Tritt und Umklammerung. Und da ich ohnehin das linke Bein angehoben hatte, trat ich nach seinen Hoden, ehe ich versuchte, sein linkes Bein mit meinem rechten zu umschlingen. Aber diesen Angriff hatte ich nicht genügend geübt, daher gelang mir die eigentliche Umklammerung nicht. Wir hatten beide unsere Ziele nicht erreicht, und als er mir einen halbherzigen Schlag in die Magengrube verpasste, hielt ich stand.

Tatsächlich waren wir ziemlich gleichwertige Gegner.

Ich kannte ein paar Tricks, die meiner Ansicht nach nicht in

Sparta vermittelt wurden, und daher war es an der Zeit, einige davon anzuwenden. Aber dafür hätte ich eine weitere Umklammerung oder eine schnelle Folge von Faustschlägen gebraucht, und natürlich bekam ich das auf die Schnelle nicht hin. Beide beschrieben wir wieder einen Halbkreis, tauschten ein paar Tritte aus und umkreisten einander.

Ich ging zum Angriff über. Zum ersten Mal ergriff ich die Initiative, aber Bulis war bereit – vielleicht ein wenig zu übereifrig. So verleitete ich ihn zu einem Schlag mit der Rechten, dem ich aber auswich und ihm stattdessen einen heftigen Schlag gegen die linke Schulter verpasste. Gleichzeitig setzte ich meinen linken Fuß energisch vor und wollte ihn mit links in einen Haltegriff nehmen, doch Bulis entwand sich mir und donnerte mir seine Linke gegen die Schläfe.

Jetzt war ich an der Reihe, mich durch den Schmerz zu kämpfen. Ich bekam meinen Spann um seine rechte Ferse, brachte meinen linken Arm hinter seinen Kopf, doch mein Faustschlag verfehlte sein Ziel, da Bulis sich im entscheidenden Moment wegduckte. Dann drehte ich mich geschickt auf den Fußballen, brachte mein linkes Knie hinter seine rechte Kniekehle und warf ihn auf diese Weise zu Boden. Schon umfasste ich seinen linken Arm, während Bulis noch versuchte, seine Körperspannung wiederzuerlangen.

Er wollte sich aus dem Haltegriff winden und mich werfen, aber dieser Griff ist unerbittlich, und ich hatte Bulis mit dem Gesicht nach unten im Sand.

Er gab mit einem kurzen Handzeichen zu erkennen, dass er aufgab. Wie andere Kämpfer es auch im Wettkampf tun.

Später erfuhr ich, dass die Spartiaten – also die gestandenen Spartiaten, die sich in der Schlacht behauptet hatten – klopfen durften, ja, sogar dazu ermuntert wurden, während die jungen Männer gezwungen sind, so lange zu kämpfen, bis sie unübersehbar besiegt oder bewusstlos geschlagen werden. Ich glaube, ich kann das nachvollziehen, obwohl Sparta auf diese harte Weise einige vielversprechende junge Männer verliert.

Er rappelte sich auf und warf mir ein Lächeln zu.

Ich muss sagen, ich war selten so erstaunt. Es war nämlich kein kaltes «Jetzt-bringe-ich-dich-um»-Lächeln, sondern ein Lächeln, mit dem man einem Gegenüber Anerkennung zollt.

Doch dann griff er mich unbarmherzig an.

Für die Dauer von zehn Herzschlägen lieferten wir uns einen wahren Schlagabtausch, bestehend aus Fausthieben, Tritten und einer raschen Folge von heftigen Rangeleien, bei denen jeder den anderen zu packen versuchte. Schließlich gelang es ihm, mich über die Hüfte zu werfen, und ich fügte mich, anstatt mich zu widersetzen, aber dann war er nicht schnell genug und konnte mich nicht am Boden in den Haltegriff nehmen, weil ich mich im Fallen wegrollte.

Ich erntete Beifall, was mir zum Nachteil gereichte. Ich mag Beifall nun einmal, und so wurde ich langsam – und musste einen harten Schlag einstecken.

Ich ging zu Boden. Natürlich war Bulis unmittelbar hinter mir, als ich mich von meinem Abrollen aufrichten wollte. Er umklammerte meine Schultern von hinten, da ich einen Moment zu lange zögerte, und warf mich – ich landete hart auf dem Rücken, und Bulis fiel quer über mich.

Ich lachte.

Er auch.

Ich wollte mich befreien, bekam ein Knie gegen den Oberschenkel und versuchte dann, dieselbe Nahkampftechnik anzuwenden, die ich schon probiert hatte – diesmal von vorn –, und so drückte ich mit dem Schienbein sein Schienbein zurück. Er taumelte leicht zurück, verhinderte aber, dass ich einen Vorteil erringen konnte. Ich schlug mit der Rechten zu, erwischte ihn am Kinn, doch er hatte ebenfalls zum Faustschlag angesetzt – ich wehrte ihn ab, packte

Bulis' rechten Arm. Doch dann misslangen uns beiden unsere Haltegriffe, wir gerieten ins Straucheln und landeten plötzlich beide im Sand und rangelten wie zwei Jungen.

Die Spartaner kennen alle Kniffe im Bodenkampf, aber sie haben dafür nichts übrig, weil das auf dem Schlachtfeld den Tod bedeuten kann. Und in Sparta geht es bei allen Kampfsportarten immer auch um den Kampf in der Schlacht, nicht in erster Linie um den Wettkampf wie in Olympia. Mag sein, dass ich einen leichten Vorteil herausgeholt hatte, aber mein Gegner erwischte mich mit dem Ellbogen an der gebrochenen Nase. Von da an sah ich nur noch verschwommen durch einen rotschlierigen Schleier aus Zorn und Schmerz.

Ich weiß nicht, wie lange das Ganze noch ging.

Aber irgendwann trennten uns die Ephoren. Mir tippte jemand auf die Schulter, aber ich ordnete das Zeichen falsch ein, sodass ich kurz darauf einen Schlag auf die Wade bekam.

Erst da hörte ich auf, mich zu wehren, und merkte, dass mein Gegner sich gar nicht mehr bewegte.

Glücklicherweise haben mir die Götter einen wachen Geist und eine Prise Humor mit auf den Lebensweg gegeben – daher kam ich mühsam auf die Beine und umarmte Bulis freundschaftlich, ehe er irgendetwas sagen konnte.

Wieder lächelte er. «Guter Kampf», sagte er.

Ich trat nicht erneut im Gymnasion des Königs an. Ich brauchte zwei Tage, um mich von den Kämpfen zu erholen, meine Nase war sogar erst nach zwei Wochen verheilt. Aber von dem Tag an grüßten mich die Leute auf der Agora und in den Straßen und riefen mir meist zu: «Chairete, Xenos!» – «Seid gegrüßt, Fremder!»

Bulis lud mich zum Essen in seine Mahlgemeinschaft ein.

Auch in Sparta gibt es Geplauder, Klatsch, Lieder oder Kameradschaft. Ich durfte mich in dieser ziemlich gewöhnlichen Syssitia auf einer Kline ausstrecken und bekam eine Mahlzeit, die einfach nur schlecht schmeckte, aber nicht scheußlich. Währenddessen sorgte Sparthius für Unterhaltung. Bulis' Gefährte war ein wirklich lustiger Kerl. Dazu muss ich sagen, dass Sparthius respektlos und gemein sein konnte. So machte er sich etwa über Gorgos schief stehende Augen oder über mein leichtes Humpeln lustig. Einmal meinte er, alle Frauen würden mich betrügen, da ich als hinkender Schmied wie Hephaistos sei. Dann erzählte er den Witz von dem Trunkenbold, der edlen Wein kauft und am Grab des verstorbenen Freundes als Trankopfer darbringen will, dann aber auf den Gedanken verfällt, den ganzen Wein selbst zu trinken und in anderer Form auf dem frischen Grab zu verteilen. Kein schlechter Witz übrigens. Jedenfalls spottete Sparthius über Sparta und über Athen.

Aber viel schwerwiegender war, dass er sich auch ständig über die Götter lustig machen musste. Und er kannte jede Menge Lieder – zotige Lieder, schmutzige Lieder, Marschlieder ...

Wir tranken alle ziemlich viel, aber auf diese Weise lernte ich die anderen Männer in der Syssitia kennen. Es waren keine gewöhnlichen Männer, denn sie gehörten alle dem Stand der Hippeis an. Alle sahen gut aus, alle waren über dreißig und verheiratet. Dennoch hatte ich den Eindruck, dass sie jung geblieben waren. Die meisten waren so alt wie ich, aber durch die spartanische Lebensweise strahlte ein jungenhaftes, fast flegelhaftes Benehmen durch, das ich vermutlich abgelegt hatte, als ich noch Sklave war. Sie lachten, wenn einer furzte. Sie machten sich über einen Heloten lustig, dessen Glied deformiert war, aber es war kein ausgesprochen grausames Benehmen, zumal sie dem Unglückseligen rieten, nach Korinth zu reisen, um den Penis im Tempel der Aphrodite «behandeln» zu lassen. Sie tranken maßlos wie Jungen und mischten den Wein immer nur eins zu eins mit Wasser. Je mehr Wein strömte, desto lauter wurde Sparthius in all seinen Äußerungen, aber ich muss ihm zugestehen, dass er auch lustiger wurde.

So kniete er ziemlich angetrunken auf dem gekachelten Boden und flehte Helios (in der Rolle eines Makedoniers) an, fernzubleiben und ihn zu verschonen. «Oh, wie das brennt!», kreischte er, und alle bogen sich vor Lachen.

Dazu muss man wissen, dass die Makedonier aus einem Landstrich kommen, wo es immer viel regnet und der Himmel bedeckt ist, sodass die blasse Haut in der Sonne schnell verbrennt.

Bulis wandte sich mir zu. «Meine Frau findet dich sehr anziehend. Ihr hat deine kleine Tändelei gefallen.»

Ich musste schlucken. Und hoffe noch heute, dass ich ein Lächeln zustande brachte. «Oh, die Frau neulich auf der Agora war deine Frau?»

Er nickte. «Wir haben jung geheiratet. Unsere Väter haben die Ehe vereinbart – eigentlich schon, als wir geboren waren. Unsere Väter waren – du weißt schon. Erastes und Eromenos.» Er nahm wieder einen Schluck Wein, sein Blick ging auf unendlich.

Das war das. Als mir später ein Helot den Umhang an der Tür reichte, zog Bulis mich an seine Brust. «Wir sollten bald wieder kämpfen», sagte er. «Meine Frau hat dich schon ganz richtig eingeschätzt!»

Leonidas lud die beiden Herolde zu mehreren Unterredungen ein, und ich vermute, dass er Bulis und Sparthius genau einschärfte, wie er, der König, zu bestimmten Themen eingestellt war. Ich wurde zu diesen Gesprächen nicht eingeladen, und um ehrlich zu sein, ich wüsste nicht, warum ich hätte zuhören sollen. Stattdessen nutzte ich die Zeit und ritt mit Gorgo aus, vielleicht das einzige Mal, dass ich Pferden zugeneigt war. Dann nahm ich dreimal mit den Gefährten aus Bulis' Männermahlgemeinschaft an Übungen teil. Der Pyrrhiche in Sparta ist ganz anders als bei uns – die Klänge sind anders, auch der ganze Ablauf, die Schrittfolge. Ich war verblüfft, als ich erfuhr, dass Sparta sieben verschiedene Ausprägungen des klassischen Pyrrhiche kennt, während wir in Platäa nur einen einzigen, ziemlich komplizierten Tanz haben. Einen der spartanischen Tänze prägte ich mir so gut ein, dass ich ihn mit Bulis und Sparthius an Bord des Schiffes üben konnte.

Ich versuchte mich auch in dem Schwertziehen der Spartiaten. Auf einer ihrer Übungsflächen stehen blankpolierte Schilde in einer Reihe, sodass die Männer sich bei den Übungen selbst beobachten können. Ich nutzte diese Art Spiegel ebenfalls und kämpfte gegen einen Pfahl. Mehrmals traten Spartiaten zu mir und verbesserten entweder meine Beinarbeit oder meine Haltung. Ich fand es eigenartig, dass in Sparta die Übungseinheiten selten von nur einem Mann beaufsichtigt werden. Wie ihr vielleicht wisst, heuert in Athen jede Taxis einen ausgebildeten Lehrmeister an, der die Männer dann drillt und im Speerkampf unterweist. In Sparta hingegen ist jeder Mann, der über Schlachterfahrung verfügt, befugt, andere Männer zu korrigieren, insbesondere natürlich die jungen Männer. Ich muss sagen, dass praktisch alle älteren Hopliten sehr fähige Männer waren, und so streiften sie alle abwechselnd über die Übungsfläche und betätigten sich als Lehrmeister – nicht nur einer oder zwei. Solange ich mich auf ihrem Übungsgelände blickenließ, unterwiesen sie mich bereitwillig in ihrer Kriegskunst.

Auf der Agora hörte ich bessere Philosophie als in Athen. Zumindest bevor Anaxagoras in Erscheinung trat, aber das ist wieder eine andere Geschichte. Aber da die Heloten ja im Grunde die ganze Arbeit verrichten, hatten die Männer Spartas kaum etwas zu tun und machten daher ihre Leibes- oder Schwertübungen. Und in Sparta wurde eben nicht nur der Körper geschult, sondern auch der Geist.

Ich denke, Briseis hätte in Sparta zur Welt kommen müssen.

13. KAPITEL

Am Ende der Woche wurde ich Leotychidas vorgestellt, dem anderen König, dem König aus dem Geschlecht der Eurypontiden. Ein sehr nüchterner, sehr ernster Mann – er war fast sechzig Jahre alt, aber immer noch stark wie eine Eiche. Er besaß nicht Leonidas' Charme, aber er strahlte Würde aus, und ich spürte, dass Polypeithes, der mich dem König freundlicherweise vorstellte, ihn verehrte.

«Ah», machte er, «Ihr seid der Fremde, an dem Gorgo Gefallen findet.» Er runzelte die Stirn. «Diese Frau bekommt immer, was sie will.»

Ich verbeugte mich, da ich auf diese Bemerkung keine Antwort wusste.

«Ihr sprecht Persisch?», erkundigte er sich.

Ich bejahte es.

Er presste die Lippen aufeinander. «Ich denke, einer muss es tun. Glaubt Ihr, dass Xerxes mit einem Heer in Griechenland einfallen wird?»

«Ja», erwiderte ich.

Er nickte ernst. «Das denke ich auch. Allerdings glaube ich nicht, dass es zu etwas führen wird, wenn sich zwei meiner besten Männer auf den Weg in den sicheren Tod machen.» Er zuckte mit den Schultern. «Könnt Ihr dafür sorgen, dass sie am Leben bleiben? Seid Ihr ein Freund des Großkönigs?»

Das musste ich schleunigst richtigstellen. «Nein, Herr, das bin ich nicht. Aber ich kannte den Bruder seines Vaters. Und ein paar seiner besten Krieger.»

Er wiegte den Kopf hin und her, als wolle er mich aus unterschiedlichen Blickwinkeln mustern.

«Hm», sagte er. «Nun, wenn Ihr ein paar meiner Spartiaten kennen würdet, dazu noch den Bruder meines Vaters, dann würde ich auf jeden Fall Euch Gehör schenken. Das ist die beste Neuigkeit heute. Aber was werdet Ihr zu unseren Gunsten sagen?»

Ich hätte mich beinahe an meiner Zunge verschluckt. «Verzeiht, Herr?»

Er musterte mich, als wäre ich ein nicht besonders cleverer Junge. «Falls Euch der Großkönig Gehör schenkt, ehe meine beiden Spartiaten vorgelassen werden, was werdet Ihr ihm dann sagen? Ich sage Euch, mir wäre es lieber, sie würden nicht getötet.»

Ich dachte mehrere Herzschläge darüber nach. Neben mir atmete Polypeithes vor Anspannung etwas schneller. «Es tut mir leid, Herr, ich kann nichts zugunsten von Sparta sagen. Ich bin kein Spartaner.»

Die Augen des Königs aus dem Haus der Eurypontiden ruhten auf mir. «Wäret Ihr erschrocken, wenn ich Euch sagte, dass Ihr meine Erlaubnis habt, alles zu sagen? Seid mein Gast, Xenos. Sprecht aus, wonach Euch der Sinn steht, und behauptet, die Worte stammen von mir. Wenn Ihr der Ansicht seid, dass Ihr mit diesen Worten den Frieden erkaufen oder das Leben der beiden jungen Männer retten könnt. Alles, nur nicht meine Unterwerfung.»

Er sagte noch andere Dinge, aber das war der Kern seiner Aussage, und als ich ein letztes Essen mit Polypeithes, Leonidas und meinen beiden Passagieren genoss, äußerte sich der Herrscher aus dem Haus der Agiaden ähnlich. Nach dem Abendessen, als im Kreise der Männermahlgemeinschaft die Becher feierlich erhoben wurden, erhielt ich eine Einladung in das Haus von Leonidas und sah, dass Gorgo im Innenhof wartete, im kühlen Licht der Sterne.

Fast unsichtbare Heloten brachten Wein und Nüsse.

Ich möchte diesen Punkt nicht überstrapazieren, aber wenn eine athenische Matrone mich in ihr Haus eingeladen und mich im Garten in einem Chiton empfangen hätte, der an den Seiten nicht geschlossen war, und Wein getrunken und in Honig getränkte Mandeln genossen hätte, dann wäre ich davon ausgegangen, dass ich zu mehr willkommen wäre als zu Wein und Nüssen.

Aber Gorgo gehörte nicht zu diesen Frauen. Also saß ich auf einer Bank und erzählte ein paar der athenischen Witze, doch schließlich kam sie auf den Punkt. «Was haben die Könige Euch gesagt? Über den Großkönig?»

Ich versuchte auszuweichen. «Ich bin kein Spartaner, Despoina. Ich bin nicht Euer Botschafter.»

Gorgo ließ sich nicht abwimmeln. «Aber Ihr sprecht Persisch.» Sie zog eine Augenbraue hoch – und sah hinreißend aus, wenn man bedenkt, dass sich ihre Augen in ihrem Gesicht nicht auf derselben Höhe befanden. Es ist schwer, das zu beschreiben, wenn man sie nicht gesehen hat. «Wisst Ihr, dass es da einen spartanischen König gibt, der am Hofe des Großkönigs lebt?», fragte sie.

«Ja», antwortete ich. «Damaratos.»

Sie wendete den Blick von mir – nicht, weil sie meinem Blick ausweichen wollte, sondern weil sie Ereignisse sah, die vor ihrem inneren Auge abliefen. «Ihm wurde der Königstitel vorenthalten – auf unrechtmäßige Weise», fügte sie ernst hinzu. «Aber es musste wohl so sein. Andererseits ist er wahrlich kein schlechter Mensch. Ich frage mich, ob Ihr es einrichten könntet, ihm eine Nachricht von mir zu überbringen.»

Wie, bei den Göttern, war ich nur in diese Geschichte hineingeraten?

«Aber gewiss doch!», bot ich an.

Sie reichte mir eine Wachstafel. Sie war unbeschrieben. Ein Lächeln deutete sich um Gorgos Mundwinkel an.

Ich wollte es nicht genauer wissen, ließ Hektor kommen und übergab ihm die Tafel.

Danach saßen wir noch eine Weile beisammen, und schließlich hatte Gorgo auf ihrer Bank die Beine an die Brust gezogen und hörte mir zu, während ich von Sizilien erzählte. Irgendwie kamen wir auch auf Athen zu sprechen.

«Wie sehr man uns dort hasst», hörte ich sie sagen.

Ich seufzte. «Athen und Sparta sind sich gar nicht so unähnlich, aber wie bei zwei zornigen Brüdern, die sich gegenüberstehen, fallen ihnen nur die Fehler beim jeweils anderen auf.»

Sie grinste. «Habt Ihr Euch das selbst ausgedacht?»

Ich hatte die spartanischen Männer als jungenhaft beschrieben. Gorgo kam mir manchmal sehr «mädchenhaft» vor. Sie konnte spontan, aber auch sprunghaft sein, und nicht immer konnte ich ihren Gedankengängen folgen. Aber ich erwiderte das Lächeln. «In diesem Fall ja, ausnahmsweise.»

Sie nickte mir zu. «Mir gefällt es. Ich sollte nach und nach all die Orte aufsuchen, an denen Ihr wart. Sizilien. Athen. Vielleicht am ehesten Athen.»

Ich lachte. «Mein Freund Aristeides – erinnert Ihr Euch an ihn?»

«Ein feiner Mann», meinte sie. «Mein Gemahl bewundert ihn.»

«Ich auch.» *Wenn er nicht ein so unerträglich selbstgerechter Kerl wäre.* «Seine Frau würde Euch so gern kennenlernen.»

«Oh, wirklich?» Sie kicherte – wie ein Mädchen, ich sagte es ja. Aber ich glaube, sie fühlte sich wirklich geschmeichelt. «Ihr solltet sie fragen, ob sie bereit wäre, mich in Platäa zu treffen. Im Frühjahr werde ich dorthin aufbrechen, zum Tempel der Hera. Sollte sich Platäa als der Erretter Griechenlands erweisen, dann möchte ich wissen, warum.» Sie zuckte mit den Schultern. «Ich habe einen Sohn, aber ich hätte gern noch ein Kind.» Unsere Blicke trafen sich.

Ich kam nicht so schnell mit. Ich verstehe es bis heute nicht. Sollte das eine Aufforderung sein? Ich vermochte es nicht zu ergründen. Aber ich kam ans Nachdenken ...

«Ihr erwähnt Brasidas nicht», sagte sie unvermittelt.

Zum zweiten Mal kam sie auf ihn zu sprechen.

«Er ist mein Freund, aber mir scheint, dass es eher nicht erwünscht ist, ihn zu erwähnen.»

Sie nickte und lehnte sich zurück. Es war längst dunkel geworden, und die Luft war mild und erfüllt von den Düften des Sommers.

Meine Hand zitterte ein wenig. Ich war im Begriff, die Königin von Sparta zu küssen.

«Ich werde alle nötigen Vorkehrungen treffen, um den Bann aufzuheben», sagte sie.

«Das wird ihn ohne Zweifel erfreuen», sagte ich, aber ich war verstimmt.

«Er wird zweifellos das Angebot meines Gemahls ausschlagen, halsstarriger Hund, der er ist», sagte sie in einem leisen, angenehmen Tonfall. «Aber wir schulden Euch ja schon eine Menge.»

Unsere Nasen berührten sich beinahe. Ich konnte ihren warmen Atem auf meiner Wange spüren.

Plötzlich legte sich mir eine Hand auf die Schulter.

«Herr?» Es war Hektor. «Alexandros ist sehr betrunken.»

Ich stand auf und umschloss die Hand der Königin mit beiden Händen. Von jetzt auf gleich hatte ich für mich erkannt, dass Hektor genau im richtigen Zeitpunkt erschienen war. Es konnte nicht anders sein, die Götter hatten ihn geschickt.

Sie lachte in die Sommernacht. «Ihr seid ein guter Mann, Arimnestos.»

Am nächsten Morgen ritten wir in südlicher Richtung los. Ehe sich die Dunkelheit herabsenkte, erreichten wir den Strand und aßen Hummer und frischen Fisch mit den Ruderern, die sich die Woche über die Bäuche vollgeschlagen hatten und inzwischen kein Geld mehr hatten und total verkatert waren.

Wir brauchten weitere fünf Tage zurück nach Athen, da wir jeden Abend an Land anlegen mussten, um Nahrung und Wasser an

Bord zu nehmen. Zudem war der Wind gegen uns. Seckla hatte unterdessen auf den Märkten einige Waren der Phönizier erstanden, und da nicht allzu viele athenische Schiffe in Sparta haltmachten, hoffte ich, meine Waren als Erster auf der Agora von Athen anbieten zu können.

Allerdings schaffte ich es mit meinen Waren gar nicht bis zur athenischen Agora, worüber ich aber nicht enttäuscht war. Denn zwei Mittelsmänner, Freunde von Paramanos, kauften mir meine Waren ab, und da mein Profit immer noch beträchtlich ausfiel, kam ich zu dem Schluss, dass man doch nicht Pirat sein musste, um auf See Gewinn zu machen.

Meine beiden Spartaner erwiesen sich als angenehme Passagiere. Sie wechselten sich an den Riemen ab, sobald sie sahen, dass allgemein gewechselt wurde, und Brasidas gegenüber benahmen sie sich höflich. Tatsächlich war er derjenige, der sich schroff gab – er benahm sich den beiden gegenüber äußerst reserviert, was er mit den anderen nicht tat. Trotzdem blieb Sparthius weiterhin der Spaßvogel, während Bulis schweigsam war. Wenn er sich zu Wort meldete, dann mit Fragen aller Art. Da er noch nie zur See gefahren war, wollte er alles ganz genau wissen.

Nachdem wir unser Frachtgut verkauft hatten, sorgte ich dafür, dass die spartanischen Herolde bei Kimon untergebracht werden sollten, und dann kaufte ich ein kleines, bauchiges Handelsschiff. Auf unseren langen Fahrten im westlichen Entos thalassa und im Meer des Atlas hatten wir gelernt, wie günstig es war, ein bauchiges Schiff zu haben, das ausreichend Wasser und Proviant transportieren konnte. Diese Lektion hatten wir erneut auf der Fahrt nach Sparta und zurück über den Golf von Korinth verstanden, weil wir Tage damit vergeudeten, Proviant aufzunehmen. Ich überließ Megakles das Kommando und stellte ihm Giorgios und Nikolas von den Ruderern zur Seite, des Weiteren einige Männer meiner Deckmannschaft aus Syrakus. Schließlich statteten wir das Handelsschiff mit einer Ladung athenischer Luxuswaren aus – Töpferarbeiten zumeist – und einer Ladung Wasseramphoren. Ich erstand gepökeltes Fleisch und getrockneten Fisch und Getreide und ließ all das übereinanderstapeln in irdenen Gefäßen, die oben mit Wachs versiegelt wurden.

Als Dareios und Harpagos mit ihren Schiffen eintrafen, beschaffte ich ihnen neue Ladungen, doch inzwischen musste ich mir Geld leihen – Kimons Geld. Ich hatte keine Mittel mehr.

Danach überquerte ich die Berge und ritt nach Brauron, um meiner Tochter Lebewohl zu sagen. Sie war sonnengebräunt und sehnig, wie es nur kleine Mädchen sein können, und obwohl sie sich freute, mich zu sehen, wollte sie doch liebend gern wieder zurück zu ihren Spielgefährtinnen.

Ich wusste damals nicht genug über Kinder und war ein wenig gekränkt, aber ich ließ Euphoria ziehen. Die Nacht verbrachte ich in Peisanders Haus, und auf dem Rückweg blieb ich bei Jocasta und Aristeides, der in zehn Tagen aufbrechen wollte, um ins Exil zu gehen. Er wirkte gelöst auf mich. Seine Frau hingegen nicht.

Wann immer ich Aristeides einen Besuch abstattete, ergab es sich wie auf eine geheime Absprache hin, dass ich eine Weile in der Spätnachmittagssonne im Bereich der Frauen saß und Jocasta mit der Wolle half. Bei diesen Gelegenheiten tauschten wir uns aus – oder besser: Für gewöhnlich gab sie mir Ratschläge für ihren Mann mit auf den Weg.

«Die Königin von Sparta würde Euch gern kennenlernen», sagte ich.

Sie lachte. «Das ist ja herrlich!», jauchzte sie.

«Königin Gorgo bat mich, Euch zu sagen, dass Euer Gemahl ein feiner Mann ist. Ihr Gemahl ist ein großer Bewunderer von Aristeides, und sie würde sich freuen, Euch kommendes Frühjahr beim Tempel der Hera in Platäa zu treffen, nach dem Fest der Demeter.»

Sie klatschte vor Freude in die Hände. «Ich bin mir sicher – oh!», unterbrach sie sich. «Dann könnte ich ja auch Aristeides sehen!»

Ich nickte. «Ich habe während der Überfahrt darüber nachgedacht. Kommt und bleibt bei uns – bei meiner Tochter und mir. Ihr könntet auch bei meiner Schwester Penelope und ihrem Mann Antigonos wohnen.»

«Aristeides hat von ihnen erzählt. Ließe sich das wirklich einrichten?», fragte sie.

Ich grinste. «Ich werde Euch persönlich abholen.»

Sie freute sich sichtlich. «Mir gefällt die Vorstellung, ihn wiedersehen zu können. Er ist sehr zugeknöpft, aber an mir prallt das nicht so ab.» Dann beugte sie sich zu mir. «Ihr wisst, dass er Euch nach Susa begleiten wird, oder?»

Piräus im Licht der Dämmerung.

Meine Schiffe hatten auf der Insel Keos Fracht an Bord genommen. Über Nacht blieben die Kiele am Strand. Da meine Ruderer schwerbeladene Schiffe pullen mussten, sollten die Rümpfe am nächsten Morgen trocken sein.

Bulis und Sparthius waren neugierig wie zwei Kater, gingen zwischen den mit Gütern beladenen Netzen auf und ab, entrollten das kleinere Bootssegel und begutachteten die Ausrüstung meiner Epibatai. Ich hatte acht Kämpfer pro Schiff, dazu jeweils zwei erfahrene Bogenschützen. Ich selbst hatte Ka und dessen sechs Schützen – sehr gut ausgebildete Männer, die sich auch als Deckmannschaft eigneten.

Aristeides besaß natürlich eigene Schiffe – nicht eine, sondern gleich zwei große, lange und schlanke Triremen, schnell wie Haie. Die heute unbestrittene hohe Kunst des athenischen Schiffsbaus zeichnete sich bereits zu jener Zeit ab, sechs Jahre nach Marathon. Aristeides hatte eigene Ruderer und treue Männer, die ihm als Epibatai dienten. Sie waren so prächtig ausgestattet, dass meine Männer dagegen verblassten. Allerdings hatte Brasidas dafür gesorgt, dass meine Epibatai rostrote Umhänge und Helme mit rot, schwarz und weiß gefärbtem Rosshaar trugen. Spartaner legen immer viel Wert auf einheitliche Ausrüstung.

Natürlich drängte sich mir die Frage auf, ob Aristeides den Männern in der Ratsversammlung, die ihn ins Exil geschickt hatten, etwas vermitteln wollte – man bedenke, dass er zwei prächtige Kriegsschiffe zur Schau stellte, und nur die wirklich reichen Leute besaßen Kriegsschiffe. Aristeides' Ruderer waren freie Bürger, denen er Sold zahlte. Und seine Epibatai waren auch nicht irgendwer, sondern gestandene «Herren» aus der athenischen Oberschicht.

Ich möchte an dieser Stelle kurz in meiner Geschichte innehalten. Ich selbst besaß drei Kriegsschiffe und ein Handelsschiff. Diejenigen von euch, die gut zugehört haben, wissen, dass ich nur für das Handelsschiff in die eigene Tasche greifen musste. Andere Herren zahlten für meine Kriegsschiffe. Wenn ich Männer versklavte, setzte ich sie ein halbes oder ein Jahr ein. Nach dieser Zeitspanne hatten sie sich dann mit ihrer Arbeit ihre Freiheit erkauft. Ich war viele Jahre als Pirat unterwegs gewesen, aber ich war ein Pirat, dessen Fahrten und Taten von Athen oder anderen Stadtstaaten gebilligt wurden. Im Gegensatz dazu war Aristeides ein waschechter Aristokrat, der sein Vermögen zum Wohle der Polis einsetzte, athletische Wettkämpfe finanzierte, Geld für Tempelbauten spendete, den Chor bei den Dionysien bezahlte und eben Kriegsschiffe bauen ließ.

Themistokles ließ sich nicht am Hafen blicken. Phrynichos schon, und er gehörte zu den engsten Freunden des Redners. Er kam zu uns an den Strand und umarmte mich, und er überreichte Aristeides einen Brief. Die beiden unterhielten sich eine Weile, schließlich umarmten sie sich.

Ich versuchte, nicht zu auffällig hinzusehen, aber was ich sah, bestätigte mich in meiner Vermutung, dass Aristeides' Exil gewissermaßen arrangiert worden war.

Harpagos und Dareios ernannte ich zu Trierarchen, Megakles übernahm das Kommando über das Handelsschiff, das wir *Schwan* tauften. Aristeides hatte Herakleides an Bord, der einst zu meinen Leuten gehörte. Auch er wurde in den Rang eines Trierarchen erhoben.

Mit insgesamt fünf Triremen und einem Handelsschiff stellten wir in jenem Sommer das vielleicht stärkste Geschwader in der Ägäis. Leider hatten wir keinen anderen Auftrag als den, die Gesandtschaft zum Großkönig zu bringen – also kein Gewinn mit Kaperfahrten. Aber es war wohl auch besser so, denn ich hatte die starke Vermutung, dass man uns nicht besonders herzlich in Susa empfangen würde, wenn wir auf der langen Fahrt ägyptische Kriegsschiffe überfallen oder Händler aus Karthago oder Tyros ausgeraubt hätten.

Aber während wir entlang der Küste von Euböa segelten und im milden, von Zephyr gesandten Westwind ostwärts auf Skyros zuhielten, sahen wir auf See überall Schiffe, die wir früher als Prisen genommen hätten. Ich spürte die Blicke meiner Ruderer, als ich mittschiffs an der Reling stand – und so blickten wir fast wehmütig zwei karthagischen Triremen hinterher, die in Richtung Hellespont unterwegs waren. Uns entging auch nicht das Handelsschiff aus Tyros, das in der seichten Brise dümpelte – es wäre leichte Beute gewesen.

Als die ersten Männer zu grummeln begannen, lenkte ich ihre Aufmerksamkeit auf den Olivenzweig, der unseren Bug zierte.

Für die Fahrt nach Tarsos hatte ich mir vorgenommen, mich etwas umzuschauen. Alle Männer, die navigieren konnten, kratzten sich am Kopf. Um nach Tarsos zu gelangen, muss man nämlich südlich an Rhodos und später an Zypern vorbei.

Am Strand von Skyros, unterhalb des Tempels auf dem Felsvorsprung – ich habe den Namen dieses Heiligtums nie gehört –, erläuterten Aristeides und ich unseren Befehlshabern unsere Pläne.

«Zunächst wollen wir erkunden, ob Xerxes wirklich einen Kanal am Isthmus der Halbinsel Athos graben lässt», erklärte Aristeides. «Zweitens wollen wir wissen, ob er den Hellespont mit Brücken überwinden will.»

Bulis' Miene blieb ausdruckslos, doch Sparthius lachte. «Dann sind wir also plötzlich Hopliten in einem athenischen Unterfangen auf See?», fragte er.

Aristeides kam mit meinen beiden Passagieren gut zurecht – zweifellos. Denn er bewunderte ihre Lebensweise. «Nein, nichts dergleichen», entgegnete er. «Wir verfolgen zwei Ziele. Zum einen bringen wir in Erfahrung, wie weit fortgeschritten die Pläne des Großkönigs sind. Zum anderen werfen wir einen Blick auf seine Verteidigungsmaßnahmen. Die Segelsaison hat gerade erst begonnen. Uns bleibt über einen Monat Zeit, um Tarsos zu erreichen und von dort aus die Reise über Land fortzusetzen.»

Dazu muss ich sagen: Ehe ich wusste, dass Aristeides mitkommen würde, sah mein Plan bereits vor, dass wir über Tarsos nach Susa oder Persepolis reisen würden. Dafür gab es mehrere Gründe, aber der wichtigste war schlichtweg die Entfernung. Es ist viel einfacher, auf See als an Land zu reisen. Die meisten Griechen, die den Großkönig aufsuchten, steuerten zunächst Tarsos an, denn dann hatte man fast zwei Drittel der Strecke nach Persien geschafft, zumindest bis Babylon.

Ich hatte bereits Briefe losgeschickt – an Artaphernes, an Briseis und an meinen Freund Kyros – und bat um Passierscheine, die eine sichere Reise gewährleisten sollten. Außerdem bat ich um Erlaubnis, die Botenstationen entlang der persischen Königsstraße nutzen zu dürfen.

Als Aristeides dann durchblicken ließ, er werde uns begleiten, weihte ich ihn in meine Pläne ein, und er stimmte zu.

«Über die Sicherheit auf der Reise hatte ich mir bislang keine Gedanken gemacht», sagte er.

So viel dazu.

Das Wetter war perfekt zum Segeln. Dafür gestaltete es sich schwieriger, meine Männer bei Laune zu halten. Auf der Fahrt würde sich keine Gelegenheit ergeben, großen Profit zu machen, aber nachdem bis zu den untersten Ruderbänken durchgesickert war, dass wir einen Blick auf die Kriegsvorbereitungen des Großkönigs werfen würden, war jedem in der Mannschaft klar, dass wir ein hohes Risiko eingingen.

Nachdem wir an jenem Abend auf Skyros die Befehlshaber instruiert hatten, scharte ich die Ruderer um mich – und zwar alle – und hielt eine Rede. Ich kann den Wortlaut jetzt nicht im Einzelnen wiedergeben, aber ich sagte ihnen die Wahrheit. Ich hob hervor, wir seien die ersten Schiffe einer freien griechischen Flotte, und betonte, dass wir nur taten, was getan werden musste, und dass wir das für die Freiheit jedes Mannes und jeder Frau in allen griechischen Landen taten. Zuletzt schärfte ich ihnen ein, dass es wichtig sei, nicht nur in den Häfen von Asia ein gutes Benehmen an den Tag zu legen, sondern auch ordentlich zu pullen, solange wir in Sichtweite der thrakischen Küste waren.

Als ich geendet hatte, jubelte niemand, und alle verschwanden in gedrückter Stimmung in der Dunkelheit.

Aristeides hatte dafür nur Kopfschütteln übrig. «Du könntest ein guter Redner werden», meinte er. «Deine Stimme ist eher hoch, aber man hört dir zu.»

Bulis lag neben meinem Feuer lang ausgestreckt im Sand und hatte den Kopf in die Hände gestützt. «Glaubst du das?», fragte er mich.

«Ja», erwiderte ich.

«Du glaubst also, dass wir den Großkönig besiegen können?»

«Ja.»

«Gut, ich auch. Übrigens auch alle Spartaner. Es sind die anderen Griechen, um die ich mir Sorgen mache.»

Die folgende Nacht verbrachten wir auf See. Wir hatten ja das Handelsschiff bei uns, und dort befand sich eine Herdstelle aus Backsteinen an Bord. Natürlich ist es schwierig, sechshundert Mann mit nur einem Ofen mit Nahrung zu versorgen, aber da wir kaltes Fleisch und Brot an Bord hatten, bekamen wir alle mehr oder weniger satt.

Schließlich drehten wir so lange bei, bis wir uns ausgeruht und das Essen verdrückt hatten. Aber die ganze Zeit schaute ich voller Sorge hinüber zur *Schwan*, da dort das Feuer in der Herdstelle brannte. Auf See ist offenes Feuer niemandes Freund.

Später schlugen wir einen nördlichen Kurs ein. Ich konnte mich an den Sternen orientieren, aber die Gewässer waren mir nicht sonderlich vertraut. Harpagos und Dareios hingegen schon. Sie waren in den Jahren meiner Abwesenheit oft nach Thrakien gesegelt, um dort mit Sklaven und Tierhäuten Handel zu treiben. Ich folgte «dem Phönizier» am Sternenhimmel, wie ich es bei den Karthagern gelernt hatte, und als die Dämmerung anbrach, klopfte mir Seckla anerkennend auf die Schulter und nannte mich den König der Navigatoren. Bald schien vor uns der Berg Athos gleichsam aus der See zu ragen – nördlich von uns.

Unsere Kriegsschiffe blieben am Horizont zurück, damit sie nicht entdeckt werden konnten, und vermutlich hätte man sie nur vom Gipfel des Athos ausmachen können. Aber die Götter sahen natürlich alles. Wie dem auch sei, die bauchige *Schwan* setzte ihren Kurs fort, als wolle sie bis zur Chersones-Halbinsel segeln. Wir segelten nebeneinander und ein wenig weiter von der Küste entfernt – ein alter Piratentrick, wenn man in Ruhe eine potenziell ergiebige Küste auskundschaftet.

Wir brauchten gar nicht bis zur Halbinsel Athos, um die Vorbereitungen der Perser zu sehen. Megakles fuhr ein Stück weiter, aber er ist auch ein exzellenter Seefahrer und sehr wagemutig. Doch bevor das Festland größer als ein Fleck am Horizont war, sahen wir den regen Schiffsbetrieb entlang der gesamten Küste – kleinere Boote, bauchige Schiffe und Galeeren.

Vielleicht fünfzig Segel waren zu erkennen. Angesichts der wilden Landstriche Thrakiens war das einfach unglaublich.

Wir hielten bei günstigem Wind auf Thasos zu, und spätestens dort hatte ich große Befürchtungen, was die persische Invasion anbelangte.

Und ich fragte mich natürlich, ob diese Invasion nicht vielleicht doch schon unmittelbar bevorstand.

Außerdem hielt ich unsere fünf Schiffe nicht mehr länger für das stärkste Geschwader in der Ägäis.

Sowie wir Kriegsschiffe erblickten, holten wir die Segel ein und pullten mit leeren Masten – sehr zum Verdruss der Rudermannschaft. Aristeides hatte eine andere Takelage, löste die Masten aus der Verankerung und legte sie an Deck.

Nichts ärgert Ruderer mehr, als pullen zu müssen, obwohl der Wind günstig fürs Segeln ist.

Ich hatte wirklich Bedenken, dass die persische Flotte Schiffe entsenden würde, um uns aufzubringen. Allerdings waren wir so weit von ihnen entfernt, dass man nicht genau sagen konnte, um was für Schiffe es sich handelte, aber ich musste davon ausgehen, dass es zumeist Phönizier waren.

Den ganzen Nachmittag über navigierte ich uns weiter nordöstlich und versuchte, mich so gut wie unsichtbar zu machen, während unsere kleine, unauffällige *Schwan* den alten Kurs hielt und seelenruhig auf die feindlichen Schiffe zuhielt. Am späten Nachmittag legten wie auf Thasos an und kauften Schafe bei Hirten, die einen derart barbarischen Dialekt hatten, dass wir deren Griechisch nicht verstanden. All unsere Epibatai trugen Rüstungen, und Aristeides – ein alter, erfahrener Stratege – brachte mir einen neuen Trick bei. Denn wir errichteten einen kleinen Turm auf der Landspitze beim Strand, damit die Wache uns rechtzeitig vor einem Angriff warnen konnte.

Aber wir wurden nicht in unserem Schlaf gestört, und als am Morgen die Sonne aufging und unsere Schiffsrümpfe trocknete, schleppten wir all unsere Waren auf den Strand – und warteten auf Megakles.

Das Warten zog sich in die Länge.

Um die Mittagszeit zogen sich die Ruderer für ein Nickerchen zurück, die Spartaner jedoch liefen den Strand rauf und runter. Meine Epibatai machten keine Übungen – sie waren streng genommen noch im Dienst und wechselten sich bei der Wache ab. Als Bulis an der felsigen Landzunge kehrtmachte – lange vor Sparthius –, blieb er plötzlich stehen.

Er sagte irgendetwas zu Brasidas, der sich ebenfalls körperlich ertüchtigte.

Brasidas zuckte mit den Schultern und setzte seinen Weg zum Turm fort – ihr dürft euch keinen wirklichen Turm vorstellen: Wir hatten überzählige Masten so vertäut und oben einen Boden aus Ästen eingezogen, dass ein Mann auf Höhe von Baumwipfeln Wache halten konnte.

Dann eilte Bulis am Strand zurück, aber in der Zeit, als er sich mit Brasidas ausgetauscht hatte, war Sparthius an ihm vorbeigezogen. Jetzt rannten sie beide um die Wette und hielten auf die Lagerfeuer und die aufgebockten Schiffe zu. Die Männer wachten nach und nach aus ihrem Mittagsschlaf auf und jubelten den beiden Spartanern zu, die wahrlich wie Götter aussahen.

Das war der Auslöser für eine ganze Reihe von Wettkämpfen. Die Männer maßen sich im Ring- und Faustkampf, einige fochten mit Ruderriemen – unter Ruderern ein sehr beliebter, aber auch sehr gefährlicher Zeitvertreib.

Ich stand jedoch am Strand und machte mir Sorgen.

Noch hatte ich nicht richtig verarbeitet, was ich am Vortag gesehen hatte.

Nach der Mittagsstunde gesellte sich Aristeides mit einigen

seiner jungen Leute zu mir. Er setzte sich auf einen Felsen und ließ sich von seinem Hypaspisten Wein aus einem Schlauch einschenken.

«Du machst dir unnötig Sorgen», sagte er zu mir, aber er hatte ebenfalls Schatten unter den Augen wie ich.

Ich zuckte mit den Schultern. Ich weiß noch, dass ich mir seine Freunde ansah – die meisten kannte ich nicht, aber ich kannte seinen Neffen, natürlich auch Aischylos' jüngeren Bruder und Herakleides. «Gestern habe ich eine Menge persische Schiffe gesehen», sagte ich.

Aristeides rieb sich die Nase – das tun übrigens viele Leute in der athenischen Ratsversammlung, es ist fast eine Angewohnheit. «Es ist etwas anderes, ob man davon hört oder es mit eigenen Augen gesehen hat», antwortete er.

Wir teilten uns den Wein, und ich erfuhr, dass Aischylos' jüngerer Bruder in die Politik wollte. Der jüngste Gefährte von Aristeides war zu meinem Erstaunen der jüngere Bruder meines Widersachers Kleitus. Er hieß Alkibiades und war ein gutaussehender Tunichtgut, und er hatte diesen Blick, in dem nicht nur Hochmut lag, sondern auch eine unübersehbare Geringschätzung gegenüber der Meinung anderer. Das zeichnet manche junge, aufstrebende Männer nun einmal aus, und deshalb werden sie oft zur Zielscheibe von Hass und Missgunst. Jedenfalls gehörten Alkibiades und sein älterer Bruder Kleinias zu Aristeides' Gefolgsleuten. Beide waren so wohlhabend und einflussreich, dass sie schon eigene Schiffe besaßen, und sie begleiteten uns, um einen Eindruck davon zu bekommen, wie es so lief auf hoher See. Ja, damals legten sich die athenischen Aristokraten noch richtig ins Zeug.

Die beiden Alkmaioniden beobachteten mich wie Falken, aber in ihren Blicken entdeckte ich auch Respekt. Ich weiß nicht, ob sich Aristeides dazu herabließ, ein Auge auf die beiden Brüder zu haben, aber ich glaube, er beachtete sie nicht.

Und während mir all diese Gedanken durch den Kopf gingen und ich mich zum ersten Mal seit Stunden von meiner Grübelei ablenken ließ, kroch Megakles mit der kleinen *Schwan* über den Horizont.

«Elaious ist voller Schiffe!», rief Megakles, ehe er über die Bordwand ins Wasser sprang und wie ein Fischer an Land schwamm.

Nackt und tropfnass entstieg er Poseidon gleich dem Wasser. «Fünfzig Kriegsschiffe liegen in der Bucht von Elaious, weitere sechs oder sieben patrouillieren. Alles Phönizier. Nikolas entdeckte zwei Schiffe, die er zu kennen glaubte – Griechen von Samos.»

«Könnte schlimmer sein», sagte ich. Athen verfügte über ebenso viele Schiffe. Aristeides und ich wechselten Blicke, und dann stapften wir los, riefen unsere athletischen Ruderer zusammen, rissen den Wachturm ab und legten ab – wie Piraten.

Von Thasos aus segelten wir mit dem Wind nach Samothrake, wobei wir uns vom nördlichen Küstenverlauf fernhielten. Zweimal sahen wir Fischerboote, aber keine Kriegsschiffe mehr, und an der Südküste von Samothrake schlugen wir unser nächstes Lager auf, wieder mit dem erprobten Wachturm und Wachen. Sobald das Essen zubereitet war, löschten wir die Feuer.

Und bei Anbruch der Dämmerung stachen wir erneut in See. Es war kalt, der Himmel grau verhangen, Regen setzte ein. Diesmal hielten wir unter vollen Segeln auf die Mündung des Hellesponts zu. Falls die Meder uns bemerkten – nun, das ließ sich kaum verhindern. Man kann sich nicht in Gewässern verbergen, die nicht breiter als sechs Meilen sind.

Der Nachmittag ging schon fast in den Abend über, als wir Troja erreichten. Obwohl wir uns bemühten, unentdeckt zu bleiben, war es fortan unmöglich, unsere Anwesenheit zu verbergen. Fischerboote aus den Dörfern am Bosporus tummelten sich in unserer

Nähe, wir sahen aber auch ein Dutzend Triremen von ionischen Griechen, die in den Wassern der unruhigen See südlich von Troja patrouillierten.

Ich behielt die Schiffe im Auge. Während wir die Mündung des Hellesponts erreichten, suchte ich nach Anzeichen, ob dort auf einer der Triremen Archilogos war, einst mein Herr, dann mein Freund, inzwischen jedoch mein ärgster Widersacher. Es ist schwer zu erklären, woher wir wussten, dass dies griechische Schiffe waren und keine Phönizier, Karthager oder Ägypter, aber Seckla wusste es genauso gut wie ich oder Aristeides. Wir hielten mit voller Rudermannschaft und all unseren Epibatai in Rüstung auf sie zu.

Doch man schenkte uns keinerlei Beachtung, und daher zogen die Männer weiterhin die Riemen durchs Wasser, bis wir auf entgegengesetzten Halsen weiter nördlich in den Hauptkanal segelten. Ich kann nur vermuten, dass die ionischen Griechen glaubten, wir seien ein Teil des persischen Geschwaders. Warum sollten sie auch etwas anderes denken?

Wer rechnete in diesen Gewässern schon mit athenischen Schiffen? Kimon und Miltiades hatte man bereits vor sechs Jahren von der Chersones-Halbinsel vertrieben.

Wir behielten den nördlichen Kurs bei, aber auch hier ahnten wir schon, was uns erwartete.

Doch die Wirklichkeit jagte uns einen weitaus größeren Schreck ein als in den Gewässern beim Berg Athos.

An der schmalsten Stelle war der Hellespont unübersehbar mit Schiffen verstopft. Ich versuchte, sie alle zu zählen, hörte aber auf, als ich bei hundert ankam – Kriegsschiffe, Handelsschiffe, Fischerboote. Da man über den Hellespont Zugang zum Pontos Euxeinos hat, waren diese Gewässer immer schon dicht befahren. Ich war früher selbst in dieser Gegend gekreuzt und kannte die Gepflogenheiten, aber der Anblick all dieser Schiffe war beängstigend.

Wir waren etwa fünfzig Stadien nördlich von Troja und stießen auf die größte Ansammlung von Schiffen, seitdem wir nach dem Desaster bei Lade vor der persischen Flotte geflohen waren.

Ich wandte mich Leukas zu, der am Ruder stand, und gab ihm ein Zeichen.

«Klar zum Wenden!», brüllte Leukas. Die Epibatai an Deck legten sich vorsichtshalber flach auf die Planken, um nicht über Bord zu gehen – viele Triremen haben gar keine Bordwände –, und die Männer der Deckmannschaft tummelten sich wie Ameisen in einem aufgewühlten Haufen und bemühten sich, möglichst schnell das Großsegel zu reffen.

Die Ruderer an Backbord setzten sich mit ihren Kissen andersherum, und Hektor gab Harpagos, der in unserem Kielwasser fuhr, hektisch Zeichen.

Bei Abydos an der Küste von Asia lagen an die zweihundert Kriegsschiffe. Mehr brauchte ich nicht zu wissen.

Xerxes war im Anmarsch.

14. KAPITEL

Zwei Tage später saßen wir im Palast von Methymna auf Lesbos. Meine Hände zitterten nicht mehr, aber die Bedrohung war real. Wir hatten dreihundert Kriegsschiffe gesehen. Beim Berg Athos hatten wir uns noch vorstellen können, dass eine athenische Flotte womöglich imstande war, das Geschwader des Großkönigs aufzuhalten, aber da jetzt schon dreihundert Kriegsschiffe an der Küste lagen – und die waren nur die Vorboten ...

«Es tut nichts zur Sache, ob er mit Hilfe von Schiffen Brücken baut oder sein Heer Taxis für Taxis auf die andere Seite bringt», sagte ich zu Aristeides. Die Athener unterhielten sich unentwegt. Tatsächlich diskutierten sie untereinander, was das große Geschwader zu bedeuten habe und ob Xerxes tatsächlich kühn genug sei, den Hellespont zu überbrücken.

Bulis strich sich den Bart. «Ich denke, wir sollten die Könige hiervon unterrichten», sagte er.

Also beschlossen wir, dass Dareios mit der *Sturmbezwingerin* und einer Ladung Wein aus Lesbos, Olivenöl, etwas Wein von Chios und Pistazien nach Hause segeln sollte. Unterwegs sollte er in Athen haltmachen, aber dort nur mit Kimon sprechen, ehe es weiter nach Sparta gehen sollte. Bulis schrieb eigens einen Brief auf Papyrus.

Aristeides war erschüttert. «Hat es überhaupt noch Zweck, nach Susa zu reisen, wenn dem Großkönig der Sinn nach Krieg steht?», fragte er. «Ich möchte mir nicht am Hofe des Großkönigs die Beine in den Bauch stehen, während seine Truppen meine Heimatstadt belagern.»

Die Spartaner dachten ähnlich, aber die Herren von Methymna

hatten wichtige Neuigkeiten. Lesbos stand inzwischen unter persischer Verwaltung – die Insel war erobert worden, die Bevölkerung hatte gelitten. Aber Methymna hatte keine persische Festung, weil sich Mytilene so lange widersetzt hatte. In Ionien selbst waren im Augenblick kaum persische Krieger, daher konnten wir ziemlich beruhigt in Methymna bleiben. Und wir waren willkommen. Ich hatte Freunde auf Lesbos, und der Sohn von Epaphroditos, Axiochos, kam mit einem Fischerboot von Mytilene, als er hörte, dass ich gekommen war.

Auf Lesbos teilten sie uns alles mit, was sie über den Feind wussten. Und das, was wir hörten, beruhigte uns ein wenig. Denn die Schiffe der Ionier sollten erst in der nächsten Segelsaison bereit sein. Desgleichen sollte der Angriff auf Athen auch erst im nächsten Jahr stattfinden.

Wir gönnten unseren Ruderern noch einen Tag Ruhe, und Seckla verkaufte das meiste unserer Ladung am Strand – nicht die Luxusgüter, aber all die schweren Waren. Wir erzielten einen guten Gewinn, der wiederum größtenteils in den Sold der Ruderer floss.

Wir legten ab und erreichten Chios, wo Harpagos seine Base Melaina besuchte. Ich begleitete ihn. Auf Chios hatten die Perser eine schlimmere Spur der Verwüstung als auf Lesbos hinterlassen, und wir mussten auf der Hut sein. Die meisten Leute aus Chios, die ich kannte, waren tot, aber als wir uns in der Bevölkerung umhörten, teilte man uns auch dort mit, dass sich die Männer erst für das nächste Frühjahr bereithalten sollten. Harpagos besorgte uns eine Abschrift des Briefes aus der Feder des Satrapen.

Lasst mich hinzufügen, dass nichts von alledem geheim gehalten wurde. Aber einige Nachrichten verbreiteten sich schnell, während andere überhaupt nicht übermittelt wurden. Aus Gerüchten zu erfahren, dass ein Krieg bevorsteht, ist etwas anderes, als den Brief des Satrapen in Händen zu halten. Unterzeichnet von Artaphernes.

Ich möchte noch ein wenig auf Harpagos' Base eingehen. Einst hatte ich ihr versprochen, sie mit nach Platäa zu nehmen. Sie und ich, wir waren kurz ein Liebespaar gewesen – sie war eines Nachts zu mir gekommen, und ich hatte versucht, sie über den Tod ihres Bruders Stephanos hinwegzutrösten, der auch mein Freund gewesen war. Sie war ein wunderbares, fröhliches und freizügiges Mädchen gewesen – Tochter eines Fischers und eine feine junge Kore. Jetzt war aus ihr eine schweigsame, verbitterte Frau geworden, die vor ihrer Zeit gealtert war. Wenn sie etwas sagte, so schlich sich immer ein Fluch in ihre unwirschen Worte.

Ich habe schon einmal gesagt, dass die Perser auch Menschen wie wir sind und in mancherlei Hinsicht mehr Ehre im Leib haben. Aber als ich in Melainas traurige Augen sah, entdeckte ich dort Schmerz und Erniedrigung – und so stellte ich mir die Zukunft Griechenlands vor, falls Persien über den Erdkreis herrschte.

Südlich von Chios waren wir besonders auf der Hut. Einstmals hatten diese Gewässer uns Griechen gehört. Inzwischen war all dies Teil des persischen Reichs.

Tarsos ist eine der ältesten Städte der bekannten Welt. Dort verehren sie den gehörnten Löwengreif, den sie Sandon nennen, und überhaupt ist Kilikien eine sehr reiche Provinz des persischen Reichs.

Ich hatte bislang noch keinen Grund gehabt, in Tarsos anzulegen, und unser Geschwader näherte sich nur vorsichtig. Während meine Begleitschiffe alle weitab an Backbord blieben, pullten wir mit der *Lydia* mit voller Rudermannschaft weiter in Richtung Küste. Aber sobald die inzwischen welken Olivenzweige zu erkennen waren, löste sich ein Lotsenboot aus dem Hafen, an Bord ein höherer Befehlshaber aus Hydarnes' Haushalt – Hydarnes war der Satrap von Tarsos und von ganz Kilikien und Gerüchten zufolge einer von Xerxes' Günstlingen. Von meinen persischen Freunden wusste ich, dass er aus einem altehrwürdigen Adelsgeschlecht stammte und dass sein Vater einst Dareios auf den Thron geholfen hatte.

Sein Verwalter verbeugte sich höflich auf meiner Kommandoplattform. «Herr, durch ihn, dessen ergebenster Diener ich bin, bin ich befugt, Euch diese Passierscheine zu überreichen, ausgestellt von unserem Großkönig und versehen mit kaiserlichen Siegeln. Mit diesen Schreiben habt Ihr mit Euren Gefolgsleuten die Erlaubnis, die königliche Straße zu nutzen und an den Stationen der Meldereiter einzukehren. Überdies möchte ich Euch diesen Brief übergeben, verfasst vom Satrapen Artaphernes, der Euch in seiner Umsicht und Güte eine Eskorte seiner edelsten Reiter an die Seite stellt, die Euch bis nach Susa begleiten werden.»

Hektor trat vor und nahm all die Schriftrollen und Täfelchen entgegen.

Der Verwalter vollführte erneut eine elegante Verbeugung.

Ich erwiderte die Verbeugung nach persischer Manier. Verbeugt man sich vor dem Diener eines hohen Mannes, verbeugt man sich stellvertretend vor ihm – die Perser werfen sich nur vor dem Großkönig persönlich lang auf den Boden, aber einem bedeutenden Bediensteten erweisen sie dieselbe Ehre wie dessen Gebieter.

«Ich danke Euch für Eure Dienste. Darf ich anmerken, dass ich Fracht an Bord habe?»

Der Verwalter, ein Babylonier, wenn ich die olivfarbene Haut und das gute Aussehen richtig deutete, lächelte. Ich nahm an, dass er bereits mit Griechen Handel getrieben hatte. Aus dem Gürtel zog er eine sehr kleine Schriftrolle. «Mein Gebieter hat bestimmt, dass Eure Fracht weder inspiziert noch mit Zöllen belegt werden wird, da Ihr einer Gesandtschaft vorsteht.» Er reichte mir die Rolle. «Es ist ein Anlegeplatz für Euer Schiff vorgesehen.»

«Ich habe fünf Schiffe», sagte ich leichthin, um zu sehen, wie weit ich gehen durfte, da ich befürchtete, wir könnten Hydarnes' Gastfreundschaft überstrapazieren.

«Oh, so viele?», fragte er sichtlich überrascht. Er schaute hinaus aufs Meer.

«Die ionische See ist voller Piraten», sagte ich. Ich unterdrückte ein Grinsen.

Er war ein junger, athletischer Mann, auch wenn seine Beinkleider und der parfümierte Bart seltsam anmuteten, und er trug ein Schwert als Zeichen seines Ranges. Als er meinem Blick begegnete, lächelte er feinsinnig. «Wie man immer wieder hört», antwortete er, wobei er einen vielsagenden Blick auf meine Rudermannschaft warf.

Doch, ich mochte diesen Mann.

An Land, auf einer offenen, mit Marmorplatten ausgelegten Fläche, die zu den Anlegeplätzen der Kriegsschiffe im Hafen leicht abfiel, wartete eine Eskorte aus zwanzig Männern in Rüstung. Die Krieger trugen hohe, konisch zulaufende Helme, die in einer Spitze mündeten, die Rüstungen bestanden aus bronzenen Schuppen. Der Befehlshaber trug einen Panzer mit blau glasierten Schuppen aus ägyptischer Herstellung. Er hatte einen eindrucksvollen gezwirbelten Bart, und als er mich kommen sah, stieg er vom Pferd und zog mich an seine Brust. Es war weniger als ein Jahr her, dass ich Kyros zuletzt gesehen hatte – aber wir begrüßten uns wie Brüder, die einander lange nicht gesehen hatten, zumindest wie Vettern.

«Lass dich ansehen», sagte er. «Du siehst wie ein König aus oder wie ein Prinz.»

Ich hatte insgeheim gehofft, dass Artaphernes mir eine Eskorte zur Seite stellen würde. Perser beziffern Macht auf vielerlei Weise, aber oft hat Einfluss oder Macht schlichtweg damit zu tun, in wessen Gunst man steht – es kommt also darauf an, wie einflussreich die Personen sind, die du kennst. Indem Artaphernes mir also Männer seiner berittenen Leibgarde überließ, nahm er mich «unter seinen Schild», wie wir in Griechenland sagen. Ehrlich gesagt, hatte ich nicht damit gerechnet, Kyros persönlich zu treffen, aber ich hatte es mir gewünscht. Er würde mir helfen, auf dem Weg nach Susa törichte Missgeschicke zu vermeiden. Noch schwieriger würde es, wenn ich zum Großkönig vorgelassen würde – auch da könnte Kyros mich vorher beraten, auf was ich unbedingt zu achten hatte. Ich hob meine Hände und betete auf der Agora am Hafen zu Zeus und Hermes, und danach begann ich, Kyros meine Begleiter vorzustellen.

Bulis gab sich verschlossen wie eine Truhe. Inzwischen kannte ich ihn etwas besser, daher wusste ich, dass er einfach nur vorsichtig war, aber würdevoll auftrat. Er wollte nichts von sich preisgeben, das der Gegner gegen ihn hätte verwenden können. Sparthius indes war offener, fast überschwänglich und redselig. Er und Kyros umschlossen einander die Unterarme.

«Mein erster echter Perser, dem ich begegne!», sagte er. «Ist das dein Freund?» Die Frage war an mich gerichtet.

«Freund und Gastfreund», sagte ich auf Griechisch, ehe ich es ins Persische übersetzte.

Aristeides verhielt sich beinahe so abwartend wie Bulis, aber er legte ein höflicheres Benehmen an den Tag, er war sich überdies nicht zu schade, sich nach Art der Perser zu verbeugen. Keiner der Spartaner beugte das Haupt auch nur einen Zoll. Sallis, der Verwalter, wurde uns namentlich vorgestellt und stattete beide Seiten mit Dolmetschern aus. Beide Männer waren ionische Griechen, aber Sklaven.

Eine subtile Botschaft, die jeder für sich interpretieren konnte ...

Wir stiegen die Stufen zur Unterstadt hinauf, und Sallis zeigte uns einige der Sehenswürdigkeiten. Der Tempel des Sandon war großartig, wenngleich ein bisschen überladen, selbst nach böotischen Standards.

«Das zentrale Heiligtum ist mehr als tausend Jahre alt», ließ uns Sallis wissen. Ich denke, dass wir große Augen machten oder die

Hälse wie Bauerntölpel reckten, denn unser Führer lachte plötzlich. «Wenn Ihr an Babylon vorbeikommt, könnt ihr zum Tempel des Marduk hinaufsteigen. Der ist mehr als dreitausend Jahre alt.»

Etwas veränderte sich in Bulis' Gesichtsausdruck. Sein Blick glitt zu mir.

Ich ging eine Weile neben ihm.

«Es ist anders, als ich gedacht hätte», sagte er leise. «Ich war in Mykene, und dort mag es eine Mauer geben, die tausend Jahre alt ist.»

Ich weiß noch gut, dass ich nickte. «Diese Völker hier blicken auf viele tausend Jahre zurück. Nicht aber die Perser. Sie sind so jung wie wir Griechen oder jünger sogar. Manche sind der Ansicht, dass unsere Völker verwandt sind.»

Ich hörte Sparthius hinter uns lachen. «Also, wenn ihr mich fragt, in einer Blutfehde ist nichts schlimmer als nahe Verwandte.»

Hydarnes scheute keine Mühen, uns willkommen zu heißen. Wir wurden im Palast des Satrapen untergebracht. Hektor legte einen frischen Chiton aus Leinen bereit – in Kilikien war es heißer als an jedem anderen Ort, an dem ich gewesen war. Die Feuchtigkeit in der Luft war enorm, und alles schien in der flirrenden Hitze zu erschlaffen. Ein Sklave führte mich zu einem Bad, und ein Musiker erschien und begann für mich zu spielen.

Im Badhaus.

In unseren Landen spielen Musiker bisweilen in öffentlichen Bädern. Aber noch nie hatte ich einen Musiker ganz für mich allein, und er spielte fast ausnahmslos Melodien, die ich kannte. Auch er war Grieche.

Zwei Frauen erschienen. Sie sahen wirklich gut aus, hatten volle Brüste und schmale Taillen, kräftige Schenkel – wirklich, sie hatten meine Aufmerksamkeit. Zumal sie nackt waren, und es bestand kein Zweifel, zu welchem Zweck sie geschickt worden waren.

Es waren beides äolische Griechinnen. Sowie sie merkten, dass ich ebenfalls Grieche war, warfen sie sich mir zu Füßen und flehten mich an, sie zu retten. Vermutlich hatte es für mich damals kaum einen Moment gegeben, der erniedrigender hätte sein können. Denn ich habe mich stets für einen Mann gehalten, der die Schwachen rettet und sie nicht weiter unterdrückt.

Später erfuhr Hektor etwas über das Schicksal der beiden Frauen. Sie waren Töchter eines Aristokraten von Chios, und seit nunmehr vier Jahren «dienten» sie im Palast des Satrapen.

Während wir uns im Palast bewegten und unser Gepäck abstellten, wurde uns klar, dass jeder niedrige Sklave aus griechischen Landen stammte.

Vor dem Abendessen führte man uns zu Hydarnes. Er hatte ein Festessen auffahren lassen – gekühlten Wein, Rehbraten, Antilopenfleisch, das Haupt eines Löwen. Es gab ganze, gesottene Schafe in einem Mantel aus Safran und Rosinen und ein Dutzend weitere Gänge. Ein Festmahl für insgesamt sechshundert Personen – darunter auch Frauen.

Wir hatten die Düfte des Mahls bereits in der Nase, und Hydarnes saß auf einem niedrigen Thron, flankiert von zwei goldenen Statuen, die die örtliche Gottheit darstellten. Ich trat als Erster vor und verbeugte mich knapp – als Gleicher vor einem Gleichgestellten.

Er machte eine flüchtige Handbewegung, als wolle er meine Anmaßung als jungenhafte Frechheit abtun. «Wie ich hörte, seid Ihr ein Gastfreund des Artaphernes», sprach er. Dann beugte er sich vor. «Ich hörte aber auch, dass Ihr einst Sklave wart.» Das sagte er offenbar nur, um mich in die Schranken zu weisen.

Ich deutete erneut eine Verbeugung an. «Vor zwei Jahren war ich Sklave eines karthagischen Zinnhändlers», sagte ich. «Die Götter befinden über das Schicksal der Menschen.» Ein Jahr lang hatte ich mir die Bigotterie der Sizilianer angehört, daher war ich immun gegen derartige Sticheleien oder Provokationen.

Er sah meine Freunde an. «Es ist interessant, so viele freie Griechen zu treffen. Ich kenne Eure Landsleute nur als Sklaven. Griechen geben ausgezeichnete Sklaven ab.»

Ich nickte. «Wie auch Perser», entgegnete ich. So viel zum diplomatischen Vorgehen.

Aber der Satrap warf den Kopf in den Nacken und lachte. «Ha! Trefflich für Euch. Ja – ich vermute, wenn ich gefangen genommen würde, würde ich auch einen guten Sklaven abgeben. Ich weiß, wie man Befehle gibt und wie man sie entgegennimmt. Darauf beruht die Macht unseres Reichs.»

Nach mir wurde ihm Aristeides vorgestellt. Der Satrap lächelte, erhob sich dann von seinem Thron und trat vor Aristeides, um dessen Hand zu nehmen. «Man trug mir zu, Ihr befindet Euch im Exil», sagte er. «Mein König bietet Euch seine Hand in Freundschaft.»

Aristeides umschloss die dargebotene Hand. «Für mich gesprochen, wäre mir nichts lieber, als der Freund des Königs zu sein», erwiderte er. «Aber ich bin und bleibe Athener.»

Hydarnes nickte. «So wenige Eurer Landsleute empfinden so wie Ihr. Sie kommen zu uns und verraten ihre Heimat für ein paar Silbermünzen. Aber Ihr, Ihr seid ein Edelmann.»

Aristeides zog die Stirn in Falten, doch Hydarnes stand bereits vor den Spartanern. «Und Ihr – Männer aus Lakedaimon! Werdet Ihr Freunde des Großkönigs sein? Seid Ihr ebenfalls im Exil?»

Bulis suchte meinen Blick. Wir hatten im Vorfeld einige Antworten auf Fragen wie diese besprochen. «Wir kommen als Herolde der Könige von Sparta und überbringen eine Botschaft für den Großkönig.»

«Eine Botschaft der Freundschaft?», forschte Hydarnes weiter. «Von den Königen Spartas?»

Bulis' Miene wurde kalt wie Eis. «Die Botschaft», sagte er langsam, «ist für Euren Gebieter den König bestimmt, nicht für Eure Ohren.»

Hydarnes runzelte die Stirn.

Kurz darauf geleitete man uns in den festlichen Saal, in dem das Mahl stattfinden sollte. Wir lagen auf Ruhebänken nach griechischer Art, die Frauen jedoch saßen auf Stühlen. Ich sah mindestens ein Dutzend persische, medische und babylonische Frauen. Nicht viele bei insgesamt sechshundert Gästen, aber genug, um die Griechen zu Kommentaren zu verleiten.

Aristeides teilte sich die Ruhebank mit mir; Hektor und Aristeides' Hypaspist Nikeas bedienten uns.

Ich habe gut in Erinnerung, dass der Wein seltsam schmeckte. Erstens war er zu sauer, dann wiederum zu süß.

«Weißt du, wem das gefallen würde?», fragte mich Aristeides und tunkte ein Stück Brot in die Safransoße vom Hammelfleisch. Dann kaute er genüsslich und kicherte fast wie ein Junge.

«Kimon?», fragte ich. «Oder Miltiades?»

«Jocasta», erwiderte er mit vollem Mund. «Sie liebt Reisen und Abenteuer. Für sie wäre dies wie – Odysseus zu begegnen.» Er brachte seinen Mund etwas näher an mein Ohr, während Hektor Wein nachschenkte und uns für einen Moment vor neugierigen Blicken abschirmte. «Denkst du, all die griechischen Sklaven sind wie eine Botschaft für uns?»

«Ja, ich denke schon.»

«Dann bete ich zu Zeus, dass du dich irrst. Und zu Hermes, dem Gott der Herolde und Botschafter.» Er lehnte sich wieder zurück. «Du glaubst demnach nicht, dass es sich noch aufhalten ließe.» Es war eine Feststellung.

«Das habe ich nie geglaubt, spätestens dann nicht, als Artaphernes uns wissen ließ, der König sei fest entschlossen, Krieg zu führen. Er hat das Geld dafür bereits ausgegeben. Könnt Ihr Euch vorstellen, wie viel es kosten muss, dreihundert Triremen auf See zu unterhalten, und das ein Jahr *vor* dem eigentlichen Angriff?»

Die griechischen Sklaven mieden unsere Blicke, während sie uns bedienten, damit wir ihre Mienen nicht deuten konnten. Aber ich sah trotzdem, dass einigen Tränen über die Wangen liefen.

Ein Junge brach zusammen, während er Bulis bediente. Der Spartaner legte ihm beruhigend eine Hand auf den Kopf und wisperte ihm etwas ins Ohr.

Hydarnes beobachtete den Spartaner von der Empore aus. «Kommt, mein Freund», sprach er. «Unterhaltet Euch mit uns und nicht mit Sklaven. Erklärt uns allen hier, warum Ihr Männer aus Lakedaimon Euch weigert, uns zu sagen, ob Ihr die Freundschaft des Großkönigs sucht. Dabei braucht Ihr nur mich und meinen Reichtum anzusehen, um zu erkennen, dass der König sehr genau weiß, wie er gute Dienste entlohnt. So würden auch Euch, wenn Ihr Euch nur dem Großkönig unterwerfen würdet, großartige Geschenke zuteil. Ihr würdet Land erhalten, als sichtbaren Beweis, dass er Euch als würdige Männer erachtet.»

Bulis erhob sich. «Hydarnes», sagte er, «Ihr begreift nicht einmal die Hälfte des Ganzen. Ihr lasst mich wissen, man werde mich entlohnen, wenn ich mich unterwerfe und meine Freiheit opfere und zu einem guten, gehorsamen Sklaven werde. Und das sagt Ihr vermutlich nur aus eigener Erfahrung.»

Ich hatte Bulis noch nie so gut reden hören. Aber Spartaner stecken eben immer wieder voller Überraschungen. Bulis' Übersetzer geriet ins Stolpern, als er zu der beleidigenden Stelle am Ende kam – den Stachel am Schwanz, wie wir Griechen sagen. Er verstummte einfach und übersetzte die letzten Worte nicht.

Daher stand ich auf und brachte Bulis' Wortlaut auf Persisch zu Ende.

Bulis erhob die Stimme, als er fortfuhr. «Ich bin bloß Bürger Spartas, und vielleicht verstehe ich es auch falsch. Aber mir will scheinen, dass Ihr schon Euer ganzes Leben ein Sklave des Königs seid, und da Ihr nie wirklich frei wart, habt Ihr auch keine Vorstellung von der Süße der Freiheit. Denn hättet Ihr von dieser Süße gekostet», sprach er weiter und lächelte dem Jungen zu, der in Tränen ausgebrochen war, «dann hättet Ihr, da Ihr ein Mann seid, nicht nur mit dem Speer für Eure Freiheit gekämpft, sondern auch mit Äxten und Messern und sogar mit den bloßen Fingernägeln.»

Das war die Antwort, die er Hydarnes gab. Während ich übersetzte, hatte ich bestimmt dasselbe Lächeln im Gesicht, das ich auch oft im Kampf zur Schau getragen habe.

Hydarnes war sichtlich verstimmt, versuchte natürlich, sich nichts anmerken zu lassen. Doch gegen Ende des Festmahls erhob er sich und machte eine Geste in meine Richtung, die man eigentlich nur als beleidigend empfinden konnte.

«Morgen werde ich Löwen jagen», verkündete er. «Ein großer Menschenfresser lauert meinen Sklaven auf. Kommt und reitet mit mir, dann sehen wir, wer ein Mann und wer ein Sklave ist.»

Er hatte diese Einladung nicht den Spartanern zugedacht. Und das ergab Sinn – als Herolde waren sie von allen Herausforderungen und Wettkämpfen ausgenommen. Sie galten als heilig.

Bei mir war das anders. Und so erhob ich mich und deutete eine Verbeugung an. «Es wäre mir eine Freude.»

Später am Abend lag ich wach in meinem Bett und bekam mit, wie griechische Sklaven draußen im Hof mit Stöcken geschlagen wurden. Ich war mir sicher, dass sie den Jungen verprügelten – er hatte laut gelacht, als Bulis seine kurze Ansprache hielt, und auch Hektor mochte ihn.

Aber man kann die eigenen Erfolge auf mancherlei Weise beziffern. Am nächsten Tag ging ich mit Kyros und Hydarnes auf die Jagd. Ich spürte, dass die beiden Perser sich nicht mochten – am Abend zuvor war mir nämlich nicht entgangen, dass Kyros grinste, als Bulis' Beleidigung an Hydarnes' Ohren drang, und so begriff ich, dass wir hier etwas Spielraum hatten. Aber ich war entschlossen, dass ich etwas – oder *jemanden* – aus Tarsos mitnehmen würde.

Meine Waren – also die athenischen Waren – hatten unten am Kai erstaunlich hohe Preise erzielt. Seckla berichtete mir am frühen Morgen davon, als wir uns auf den Jagdausritt vorbereiteten, und daher wusste ich, dass ich wieder flüssig war. Als unsere Spürhunde den Löwen aufstöberten und in einem lichten Waldstück in die Ecke trieben – fremdartige Bäume mit gelben Blüten, die ich noch nie gesehen hatte – und die Jäger ihre Waffen zurechtlegten, wandte ich mich an Sallis, der die meiste Zeit über an meiner Seite war. «Angenommen, ich wollte ein paar der griechischen Sklaven kaufen, die mir gefallen haben, was dann?», fragte ich ihn.

Ich beschrieb ihm den Jungen und erwähnte auch die beiden äolischen Frauen – die übrigens Sappho und Lysistrata hießen.

Sallis zuckte mit den Schultern. «Aber Ihr habt bei keiner der beiden gelegen.»

Ich wusste nicht recht, was ich von Sallis halten sollte. War er verständnisvoller als Hydarnes, und konnte ich ihn besser durchschauen? Lag es daran, dass auch er unter dem Joch Persiens lebte? Oder sah ich in ihm einen Mann, der Sinn für Humor hatte? Vielleicht war es eine Mischung aus allem.

«Die beiden sind Töchter eines Mannes, der einst mein Freund war», sagte ich. Das war zwar bei den Haaren herbeigezogen, aber dennoch kein schlechtes Argument.

Er zeigte sich verständig. «Ah! Wenn Ihr diese Bitte vor Hydarnes bringt, wird er Euch die Frauen vielleicht überlassen.»

«Ich würde es vorziehen, sie zu kaufen.»

«Ihr wollt meinem Herrn nichts schuldig sein, wie?», fragte er und blickte an mir vorbei zu einem von Hydarnes' Wachen, der Jagdspeere verteilte. «Für einen Griechen seid Ihr weise.» Er begegnete meinem Blick nur kurz, schaute dann wieder weg. «Letztes Jahr erhob sich Babylon, und einer meiner Vettern wurde in den Palast des Großkönigs gebracht. Wir sehen darin nichts Unehrenhaftes.»

Ein Leibwächter, der sich das Gesicht gegen den Staub mit einem Tuch abgedeckt hatte und die lächerlichsten Beinlinge trug, die ich je gesehen hatte – und ich hatte schon die gallischen Adligen kennengelernt –, reichte mir einen Speer, der so vollkommen gearbeitet war, dass ich für einen Moment den Gesprächsfaden verlor. Die Spitze bestand aus Stahl, sorgsam schwarzgebrannt zwischen glühenden Kohlen, und war mit Gold ausgelegt, und der Sauroter war aus solidem Silber gefertigt. Es handelte sich um einen Longche, der sieben Fuß lang war, und die Spitze war so scharf, das sie wie ein gutes Schwert schnitt.

«Mein Herr bittet Euch, diesen Speer zu wählen und ihn beim Todesstoß zu begleiten», sagte der Leibwächter zu mir.

Ich stieg vom Pferd. Plötzlich musste Sallis sein Pferd beruhigen.

Es war die Panik, die Sallis' Stute erfasste, die mir den klaren Blick verschaffte. Nur so konnte ich überleben.

Ich muss diese Geschichte von hinten aufzäumen. Der Löwe, den die Hunde in jenem Waldstück in die Enge getrieben hatten, war ein alter, gerissener Jäger, und tatsächlich hatte er zwei der Hunde getötet und war dann der Meute entkommen. Aber anstatt ganz in der kleineren Schlucht hinter dem Waldstück zu verschwinden – diese Schlucht hatten wir bis dahin gar nicht gesehen –, kehrte er auf leisen Pfoten zurück und lauerte uns auf, Menschentöter, der er war.

Er kam also durch jene Klamm zurück, und bei seinem Geruch gerieten alle Pferde in Panik. Männer verloren den Halt und stürzten zu Boden, als sich die Tiere in ihrer Angst aufbäumten. Die besseren Reiter wie Sallis hatten alle Mühe, die Pferde zu bändigen.

In Persien tötet man den Löwen für gewöhnlich mit einem Speerwurf, entweder vom Rücken eines Pferds aus oder zu Fuß – meist nachdem die Hunde das Tier so lange gehetzt hatten, dass es müde war.

Ich sah das Biest aus den Augenwinkeln. Der Löwe schlich durch das halbhohe Gras, mit dem Selbstbewusstsein eines Totschlägers, in den Augen das irre Flackern eines Wahnsinnigen. Er schlich in geduckter Haltung, den Kopf leicht gesenkt, aber im Grunde achtete er nicht sonderlich darauf, unentdeckt zu bleiben. Denn er hatte sich seine Beute bereits ausgeguckt, und all seine Sinne waren auf das Töten ausgerichtet.

Und seine Beute hieß Hektor.

Mein Hypaspist hatte den Löwen auch bemerkt. Doch er stand wie angewurzelt da und konnte sich nicht rühren.

Einem Löwen hatte ich bislang noch nicht gegenübergestanden, daher machte ich fast alles verkehrt. Ich hatte nämlich nicht damit gerechnet, dass dieses Tier so schnell sein würde, und ich hatte eher gedacht – ich weiß auch nicht, was ich dachte. Vielleicht, dass er zögern oder sich kurz sammeln würde, ehe er zum Angriff überging.

Stattdessen ging der Löwe zwei Pferdelängen von Hektor entfernt vom Anschleichen ansatzlos zum Sprung über. Er war also in der Luft.

In Wirklichkeit haben Kalchas und Polymarchos Hektor das Leben gerettet. Es war die lebenslange Ausbildung, sonst nichts. Ich kann mich an keine Einzelheit mehr erinnern, nur noch an den heißen, stinkenden Atem – und im nächsten Moment lag die Wildkatze tot im Gras. Ich hatte ihr den Longche so tief in den Hals gerammt, dass die Spitze an der anderen Seite wieder heraustrat. Im selben Moment musste ich mich in einer eher unwürdigen Haltung zurückziehen, um den tödlichen Pranken zu entkommen, aber der Löwe erwischte mich trotzdem noch am Bein.

Siehst du diese Narben hier am Oberschenkel, Thygater? Vier parallele Striche.

Diese Verletzung machte mir drei Tage zu schaffen, und die Entzündung, die Apollon mir in den Oberschenkel sandte, währte zwei

Wochen und löste seltsame Träume in mir aus. Für eine Weile wurde das Reiten für mich zur Qual. Aber ich greife voraus. In jenem Moment stand ich im kniehohen Gras, vor mir den toten Löwen, und als ich mich halb umdrehte, stand Hydarnes hinter mir, mit leeren Händen, denn als die Pferde in Panik gerieten, hatte er sich auf die Schnelle keinen Speer sichern können.

Zu jenem Zeitpunkt hatte ich schon eine Weile die Spartaner um mich gehabt. Und ich war sehr stolz auf das, was dann kam. Denn ich wandte mich meinem Gastgeber ganz zu und verbeugte mich, zu meinen Füßen die tote Bestie, und die ganze Zeit lief mir das Blut aus der Wunde am Oberschenkel.

Doch ich sagte nur lakonisch: «Ein guter Speer.»

15. KAPITEL

Am selben Abend wurde ich wie ein Gott gefeiert. Die Wunde machte mir noch nicht sonderlich zu schaffen. Und als das Festmahl vorüber war und Hektor meine Geschenke weggeräumt hatte – ein Vermögen in Gestalt von prächtig verzierten Trinkgefäßen, dazu auch den Speer, den ich benutzt hatte –, begab ich mich in meine Gemächer und sah, dass Sallis an der Tür auf mich wartete.

Er überreichte mir drei Tontäfelchen. «Ich habe alles eingeleitet, damit die drei an Euch verkauft werden können. Mein Herr hat Euer Angebot von drei Minen Silber ohne zu zögern akzeptiert, und Euer Sklave Seckla hat bereits alles beglichen.»

Seckla war natürlich niemandes Sklave, aber er hatte seine Rolle perfekt gespielt.

Ich reichte dem Babylonier meine Hand. «Darf ich Euch meine Gastfreundschaft anbieten? Bei uns Griechen ist das eine heilige Angelegenheit.»

Er wirkte verblüfft. Aber er ergriff meine Hand. «Habt Dank, Herr. Aber ich bin nur ein Diener ...»

«Ihr seid ein guter Mann», sagte ich. «Kommt und speist mit mir in meiner Heimat, wenn all das vorüber ist.»

Sallis verbeugte sich. «Herr, das werde ich.» Er nickte. «Und ich – wenn Ihr nach Babylon kommt, so lasst mich Euch einen Brief an meine Schwester mitgeben.»

So kam es, dass Sallis mein Freund wurde. Als ich meine Gemächer betrat, fand ich dort zwei schöne Frauen und einen elfjährigen Jungen vor, die allesamt weinten. Sie hatten auch bereits Hektor zum Weinen gebracht.

Alle drei – nur Hektor nicht – krochen mir auf den Knien entgegen, dankten mir überschwänglich und priesen meinen Namen. Jeder möchte bei anderen gern in hohem Ansehen stehen, ob man es nun zugibt oder nicht, aber bei diesen dreien – es war mir einfach zu viel, ich fühlte mich überfordert.

Ich glaube, ich war ziemlich schroff und schickte sie fort.

Kurz darauf kam Hektor zu mir. Die Wunde fing an, mir Schmerzen zu bereiten. Hektor wartete geduldig, bis ich ihm das Wort erteilte, was ich mit einer Handbewegung tat.

«Ich könnte den Jungen übernehmen», meinte er, «könnte seine Hilfe gebrauchen. Ihr seid ein Herr, der viel verlangt.» Er sprach ernst, fast feierlich.

Es stimmt, dass Hektor mein Leibdiener war und meine Rüstung schleppte, aber er war noch vieles mehr. Ich brauchte ihn, um Befehle weiterzugeben, auf See mit fest vereinbarten Zeichen. Manchmal war er auch mein Schreiber, und ich diktierte ihm etwas. Und wie es viele Leute mit Sklaven und Dienern tun, so hatte ich ihm die Freiheit geschenkt und ihn mit mancherlei Vorrechten ausgestattet, aber bislang hatte ich noch nicht darüber nachgedacht, wie viel er eigentlich für mich erledigte.

«Der Junge ist frei. Ich denke, er ist adliger Herkunft. Vielleicht möchte er nicht der Hypaspist für jemanden sein, der selbst Hypaspist ist.» Ich zwinkerte ihm zu.

«Er sagt, er möchte Krieger werden», sagte Hektor.

«Er ist zur rechten Zeit geboren.»

Hektor runzelte die Stirn und blickte zu Boden. «Ich auch», meinte er. «Aber dieser Löwe – ich war ...» Er drehte den Kopf weg und brachte den Satz nur unter Schluchzen zu Ende. «Ich hatte Angst», stammelte er.

Ich musste trotzdem lachen. Ich gebe es zu, das war vermutlich falsch, aber wirklich – heranwachsende Jünglinge und deren Vorstellungen. Fast so schlimm wie bei Mädchen. Eigentlich genauso absonderlich wie bei Mädchen, wenn ich drüber nachdenke. Wer verleitet sie nur zu diesen Vorstellungen?

Homer wahrscheinlich. Heldengeschichten.

Er zuckte zusammen, und ich packte ihn bei den Schultern. Es war tatsächlich das erste Mal, dass ich ihn an mich zog. Ich weiß, das klingt eigenartig, aber er war ein sehr ernster Junge, und er hatte seinen Vater verloren. Seine Zurückhaltung war – sehr erwachsen.

Aber ich schnappte ihn mir und nahm ihn in den Arm, während er in wütende, demütigende Tränen ausbrach. Ich sagte ihm all das, was ältere Männer in solchen Momenten zu Jungen sagen, über Tapferkeit, und er hörte kaum richtig zu – wie alle Jungen.

Lysistrata und ihre Schwester erschienen mit ihren Decken fürs Nachtlager. Doch sie zogen die falschen Schlüsse und entfernten sich gleich wieder, aber als Hektor sich wieder fing, kehrte Lysistrata mit einer Schale und einem Tuch zurück. Sie wartete an der Tür und begegnete meinem Blick. Sie war eine feine Frau – klug und empfindsam und zäh genug, um in einem Harem zu überleben.

Hektor suchte das Weite.

Lysistrata kam herein und machte die Art von Verbeugung, die Frauen bei religiösen Anlässen vor Vätern oder Ehemännern machen – zumindest in Platäa. Ich stimme zu, dass es in Ionien manchmal mehr und manchmal weniger formell zugeht.

«Ich kenne mich ein wenig mit der Heilkunst aus, Herr», sprach sie. «Und die Wunde an Eurem Oberschenkel ist tückischer, als Ihr denkt.»

Ich nahm ihr die Schale mit Wasser ab und fing an, selbst meinen Oberschenkel zu säubern. Gleichzeitig überlegte ich, wie ich diese schöne Frau in mein Bett bekommen könnte, ohne meine Machtposition schamlos auszunutzen. Natürlich kennen wir alle die Antwort darauf. Aber ich bin nun mal wie die meisten Männer, und in jenem Augenblick war ich nicht an ihrer Heilkunst interessiert. Oder besser: Ich wollte, dass sie mich von dem Blick des Löwen heilte, denn in seinen Augen hatte ich meinen eigenen Tod gesehen.

Sie missdeutete mein Zögern. «Ich möchte Euch nicht belästigen, Herr, aber – wie wurde diese Verletzung bislang behandelt?»

Ich presste die Lippen aufeinander, peinlich berührt von meinem körperlichen Verlangen. «Ich habe sie mit Gras gesäubert.»

Sie schüttelte den Kopf, wie es erfahrene Frauen tun, um ihr Missfallen kundzutun. «Löwenpranken übertragen alle möglichen Krankheiten», erklärte sie. Sie bat mich, mich auf dem Bett auszustrecken, und dann begann sie – unterstützt von Hektor und ihrer Schwester – die Wunde zu reinigen, bis ich fast in die Bettdecke beißen musste, um nicht laut aufzuschreien. Nachdem sie die einzelnen Verletzungen mit Wein gesäubert hatte, schmierte sie Honig darauf.

Ich vermute heute noch, dass diese Frau mir das Leben rettete.

Als die beiden anderen fort waren, war der Gedanke an die körperliche Vereinigung in weite Ferne gerückt. Ich litt Schmerzen. Sie strich mir eine Weile beruhigend über den Rücken. «Meine Schwester und ich, wir würden gern in Euren Gemächern schlafen, Herr», sagte sie dann fast verträumt.

Ich willigte ein. Die beiden wollten natürlich den Gemächern des Harems entfliehen.

Am folgenden Tag verschlug mir das Fieber schier die Sprache. Dieses Fieber wütete drei Tage in meinem Körper, und als es von mir abließ, war ich so schwach und matt wie ein Kind. Dennoch, unsere Gruppe war bereit, nach Susa und Babylon zu reiten – eine Strecke von dreitausend Stadien.

Ich ordnete an, die Frauen auf mein Schiff zu bringen. Dann verabschiedete ich mich von Seckla und trug ihm auf, am Ende des Winters in Ephesos auf mich zu warten. Ich gab ihm einen Brief an Artaphernes und einen weiteren an Briseis mit und wünschte ihm und auch Megakles und Harpagos alles Gute. Schließlich bat ich nur Brasidas, an meiner Seite zu bleiben, und schickte den Rest meiner Epibatai zurück in die Heimat.

Sollte es zum Kampf kommen, so würden wir uns wohl kaum den Weg aus Persien freikämpfen können.

Ich versammelte meine drei Spartiaten um mich, auf der geflies-ten Veranda meines prächtigen Gemachs im Palast des Satrapen. Mein Oberschenkel fühlte sich mal heiß, dann wieder kalt an, und zweimal erschien mir mein Ahnherr Herakles im Traum, dann starrte ich wieder in die Augen des Löwen. Aber ich war nicht tot, und ich brauchte diese Männer. Aufgrund der Wunde machte ich nicht viele Worte und kam direkt zur Sache.

«Ich möchte, dass ihr drei euch untereinander versteht. Hier geht es nicht nur um Sparta, sondern um ganz Griechenland. Bulis, ich bitte dich, Brasidas respektvoll zu begegnen.»

Bulis' Gesicht war so frei von Gefühlsregungen wie das Gesicht des Löwen. «Keine Sorge, ich werde ihn achten», sagte er mit dieser nüchternen Note in der Stimme, die ich manchmal als etwas unheilvoll empfand.

Als ich Sparthius ansah, lächelte er zunächst, ehe er in das Lachen eines Spaßmachers ausbrach. «Mich brauchst du nicht anzusehen, ich habe Brasidas immer in Ehren gehalten.»

In Brasidas' Miene entdeckte ich das schmale Lächeln eines Mannes, der sich unerwartet von einem Freund verletzt fühlt.

Und ich dachte: Verflucht, wieso habe ich das jetzt vermasselt?

Aber dann tauschten die drei Friedensküsse und gaben sich die Hand, obwohl ich glaubte, dass Bulis und Brasidas beide ein wenig zögerten.

Als die Lakedaimonier fort waren, näherte sich Hektor mir vorsichtig. Sein Blick haftete noch auf Brasidas, der soeben die vorderen Stufen hinunterging und von Kyros begrüßt wurde. Offenbar tauschten die beiden sich über die Packtiere aus.

«Ihr sagt immer, dass man nichts auf das Geschwätz von Sklaven geben soll», begann Hektor.

Ich zog eine Augenbraue hoch. «Ich gebe zu, dass dieser Rat manchmal schwer zu befolgen ist.»

«Sparthius' Helot hat mir einige Griffe beim Ringen beigebracht», fuhr er fort, womit er implizit andeutete, dass ich das versäumt hatte. Die jungen Leute können einem oft sehr gut kleine Stiche versetzen. «Und er sagt – er meinte, dass Brasidas aus eigenen Stücken ins Exil ging. Er sagt, Brasidas hat sich geweigert, Geld für die Männermahle zu zahlen, und ist dann gegangen. Aber er weiß nicht, warum, abgesehen von ...» Hektor bewies Anstand, da er errötete, denn er wiederholte das, was er nur vom Hörensagen kannte. «... abgesehen davon, dass er hörte, dass Brasidas als einziger Mann bezeichnet wird, der Leonidas hasst.»

Ich nahm das zur Kenntnis. Ehrlich gesagt, ich war kaum imstande, klar zu denken – ich litt noch unter den Auswirkungen des Fiebers.

«Und ich wollte Euch danken, dass Ihr mir das Leben gerettet habt», fuhr er fort, als wäre das weniger von Bedeutung. «Verzeiht, wenn ich gestern Abend so von meinen Tränen überwältigt war. Sappho meint ...»

Ich sah ihn fragend und neugierig an.

Er lief rot an.

«Oh», meinte ich. «Ist es also schon so weit?» Ich schüttelte den Kopf. «Ich schicke sie nach Hause, nach Chios, mein Junge. Und dich schicke ich zum Schiff, damit du ihr Lebewohl sagen kannst.»

Er stammelte noch etwas Unverständliches, lief dann aber bereitwillig zum Kai.

Die Jugend. Die jungen Leute verschwenden sie. Oder vielleicht auch nicht.

Wie gesagt, das Reiten wurde mir zur Qual – erstens wegen des Oberschenkels, zweitens weil mir dauernd schwindelig war, aber ich konnte die Truppe nicht allein losschicken, da Kyros meine Eskorte war und nicht die meiner Begleiter. Die ersten drei Tage ging es nur bergan – immer weiter hinauf ins Hochland. Während dieser Zeit kamen wir an einigen alten Monumenten vorbei – an einer Statue eines assyrischen Königs, der über einen Sklaven gebietet, dann an einer kleinen Pyramide, auf der irgendein Waffengang eines ägyptischen Königs verewigt war – für mich war dieser Weg wie eine Strecke voller Wunderbauten. Wirklich, im nördlichen Syrien kommt die Welt zusammen – Persien und Babylon, Urartu und Phrygien, Palästina und Ägypten – und natürlich Griechenland.

Lysistrata hatte meinem Hektor noch Anweisungen gegeben, wie die Wunde zu versorgen sei, und wir legten Breiumschläge an. Ich trank jede Menge Tee – aus Kräutern, die Salbei ähnelten, doch den bitteren Geschmack bekam ich nur mit Honig in den Griff. Jedenfalls sind mir die ersten beiden Wochen der Reise entfallen, und selbst die Spartaner hatten Mitleid mit mir, was mir im Nachhinein zeigt, dass ich mich im ewigen Kampf um Männlichkeit bewährte.

Meine Genesung setzte ziemlich genau an jenem Tag ein, als wir eine Station der Meldereiter auf der königlichen Straße erreichten. Die persische Königsstraße verlief von Sardis bis nach Susa, bezog das südlicher gelegene Tarsos aber nicht mit ein. Deswegen brauchten wir zwei Wochen in nördlicher Richtung, um im zentralen Lydien auf die Straße zu stoßen.

Das Fieber fiel von mir ab – völlig – und zwar in einem kleinen, aus Stein erbauten Haus für die berittenen Boten, in einer Höhenlage, die man für das Dach der Welt hätte halten können. Ich hatte wieder mehr Appetit und aß, und Hektor drückte meine Hand. Kyros gestand mir, er habe um mein Leben gebangt. Es war alles sehr günstig für mich verlaufen.

Bald erkannte ich, dass alle meinetwegen langsamer vorangekommen waren. Nach zwei Tagen auf der persischen Königsstraße, nachdem ich ein ordentliches Mahl aus Hammelfleisch genossen hatte und einen kleinen Galopp wagte, um mein rastloses Pferd zu erfreuen, ließ Kyros die anderen wie beiläufig wissen, von nun an würden wir schneller vorankommen. Und tatsächlich, trotz der großen Schar aus vierzig Männern und der Packtiere legten wir an die zweihundert Stadien am Tag zurück.

Am zweiten oder dritten Abend auf der Straße schlug Aristeides sein Nachtlager neben meinem auf. Bulis verschob Nikeas' Decke zwei Plätze und gesellte sich mit Sparthius in meine Ecke. Dazu muss man wissen, dass nur bedeutende königliche Gäste das Recht hatten, in einem der Häuser der Meldereiter zu nächtigen. Man muss sich diese Häuser wie kleine Tavernen vorstellen. Die meisten Leute schliefen davor im Freien oder in den eigens für Reisende errichteten Unterständen unterschiedlicher Bauart. In manchen Häusern traf man gar keine Gäste, andere waren geradezu belagert.

Ich muss betonen, dass das Straßensystem der Perser und die Häuser für die Boten zu den größten Errungenschaften des Großreichs gehörten.

Jedenfalls nachdem sich die Leibwachen des Satrapen für die Nacht zurückgezogen hatten, kam mir Aristeides so nah wie ein Geliebter. «Gut, dass du wieder gesund bist», sagte er. «Hast du schon einen Blick in die Vorratskammern geworfen?»

Mir war bislang keine aufgefallen.

«Sie sind bis oben voll mit Getreide», raunte er mir zu. «Ich habe einen Blick in die Scheune geworfen, auch dort Korn bis unter die Dachsparren. Das ist genug Getreide, um zehntausend Krieger zu ernähren.» Er drückte meine Schulter. «Ich weiß, wovon ich spreche, ich bin selbst Landbesitzer.»

Bulis' Stimme erklang aus dem Dunkel hinter mir. «Er bereitet die Straße für sein Heer vor.»

Ich musste leise lachen. «Vielleicht könnten wir ein Heer aus Ratten auf die Beine stellen», schlug ich leise vor.

Bulis ließ nur ein Zischen vernehmen. «Das würde uns aber um den Wettstreit bringen, den wir wollen.»

Als wir die Berge hinter uns ließen und in die Ebene des Tigris und des Euphrats kamen, wurden die Kriegsvorbereitungen der Meder und Perser offensichtlicher. In jeder größeren Siedlung wurden Überprüfungen durchgeführt, wurden Material und Menschen aufgelistet. Jede Schmiede fertigte Speere und Rüstungen. Ganze Pferdeherden grasten auf den herbstlichen Weiden, die Ernte wurde eingefahren, und überall sah man Abgesandte des Königs, die Steuern eintrieben oder Anweisungen gaben – die Macht der persischen Bürokratie war atemberaubend, verglichen mit den Bestandslisten oder Steuerverzeichnissen, die ich aus meiner Heimat kannte. Man bekam schnell mit, dass insbesondere die Babylonier extrem unter der Steuerlast zu leiden hatten.

Es war heiß und stickig, und meine Hüfte schmerzte. Der Rücken tat mir weh, vermutlich rührte der Schmerz von den Problemen mit meinem Becken, und selbst Massagen verschafften mir immer nur kurzzeitig Linderung. Muskelfasern waren in Mitleidenschaft gezogen worden. Wie sich herausstellte, war mein Körper sehr viel stärker verletzt, als ich zunächst annahm.

Das Gebiet zwischen den beiden großen Strömen wurde landwirtschaftlich genutzt, und zwar in einem Maße, das sich bislang meiner Vorstellungskraft entzogen hatte. Verglichen damit waren Böotien und das grüne Platäa nicht viel mehr als eine Wildnis. Durchzogen von Kanälen und Bewässerungsgräben, erstreckten sich die Felder bis weit in die Ferne, wie eine von Menschenhand gewebte Landschaft auf dem Antlitz der Erde, und die Bewässerungssysteme waren bereits sehr alt. Wir kamen vorbei an Ruinen von Städten, die laut unserer Führer älter als zweitausend Jahre waren – eine Siedlung sollte angeblich älter als viertausend Jahre gewesen sein.

Kyros ritt eine Weile an meiner Seite. So viel Zeit hatten wir zuletzt miteinander verbracht, als ich noch ein Jüngling war, und mein persischer Freund freute sich schon, sein Zuhause und seinen Vater wiederzusehen. Und wir waren beide angetan von der Gewissheit, dass die Freundschaft aus Jugendtagen auf Stein gebaut war, nicht auf Sand. Wann immer sich die Gelegenheit ergab, fochten wir mit Stöcken, übten uns im Ringkampf, jagten auf unseren Pferden dahin und schossen Pfeile auf weit entfernte Ziele ab. Ich konnte in allen Disziplinen mithalten, nur nicht im Bogenschießen, denn da war Kyros mein Lehrmeister.

Und inzwischen war es mir mit Hektors Ausbildung ernst. Da ich drei Spartiaten als Begleiter hatte, stellten wir zusammen eine reisende Kampfschule dar, und weil die drei erprobten Spartiaten nichts dagegen einzuwenden hatten, ihr Wissen mit Hektor zu teilen, kam mein Hypaspist zwei Monate lang in den Genuss einer exzellenten Ausbildung, die ein Mann sich nur wünschen konnte: Ringen, Faustkampf, Pankration, die richtige Führung von Schwert und Messer, von Speer und Bogen. Kyros gesellte sich jeden Tag zu uns, obwohl es bei Persern unüblich ist, die Kampfübungen in aller Öffentlichkeit durchzuführen. Männer, auch Frauen, verließen ihre Reiseunterkünfte oder kamen in den Siedlungen aus ihren Häusern, um uns bei den Übungen zuzusehen.

In einer Stadt in Mesopotamien hielt es Brasidas in den Abendstunden an einem Ort aus, an dem unglaublich viele Mücken herumschwirrten, und brachte den babylonischen Jünglingen den Speerkampf bei. Er veranstaltete auch einige Ringkämpfe, und als er sich später wieder zu uns gesellte, sah er ernst und nachdenklich aus.

«Diese Männer sind sehr gut ausgebildet», sagte er. «Keine Spartiaten, aber auch nicht verweichlicht.» Er warf einen Blick auf Bulis. «Wer sagt denn immer, die Meder seien Weichlinge?»

Bulis gab sich unbeeindruckt. «Nur Narren», kam es ihm knapp über die Lippen.

Eine Stunde verstrich, ehe mir aufging, dass Brasidas und Bulis soeben miteinander gesprochen hatten.

Doch Kyros, der sich einen Raum mit mir teilte, lachte nur. «Das sind doch keine Perser oder Meder», meinte er. «Das sind Babylonier. Gemessen an unseren Anforderungen, sind sie verweichlicht.»

Da ich Sallis' Briefe im Gepäck hatte, wichen wir von der persischen Königsstraße ab, um einen Abstecher nach Babylon zu machen. Griechen haben diese Metropole bereits in den Tagen der Dichterin Sappho oder sogar schon davor besucht – ihr Bruder Charaxos diente dort. Wir haben alle schon von den Hängenden Gärten gehört und dem Tempel des Marduk, und wir wissen, dass Griechen lügen.

Doch die Leute, die Babylon mit eigenen Augen gesehen hatten, haben nicht gelogen, sondern noch untertrieben.

16. KAPITEL

Babylon war die bevölkerungsreichste Stadt, die ich bis dahin gesehen hatte – dort lebten mehr Menschen als etwa im ägyptischen Theben. Ich vermag nicht zu sagen, wie viele Männer und Frauen in Babylon leben – Sklaven und Freie, man kann sie nicht zählen. Aber alles wird überragt vom Tempel des Marduk, und die berühmten Gärten kann man sich wie einen Berghang vorstellen, der von Pflanzen überwuchert wird – so hat es der Erbauer sicher gedacht. Einer Geschichte zufolge ließ ein großer babylonischer König diese Gärten für seine Gemahlin anlegen, die ihr Zuhause in den Bergen vermisste.

Und der Tempel des Marduk? Oder genauer gesagt, der Zikkurat? Es handelt sich um einen «Himmelshügel» von Menschenhand, den Göttern zugedacht. Mag sein, dass er so hoch aufragt wie die Akropolis in Athen. Vielleicht auch nicht.

Aber weder die Gärten noch der Tempel waren das eigentliche Wunder der Stadt.

Auf der Ebene außerhalb der Stadttore lagerte ein Heer – ein prachtvolles Heer mit Reitern und Streitwagen und Fußtruppen in leuchtenden Rüstungen. Kyros ließ mich wissen, Babylon stehe kurz vor einem Aufstand – und obwohl die Stadt zu den Kernregionen des persischen Großreichs zählte, sehnte sich Babylon nach Unabhängigkeit.

Wir nahmen unsere Frühmahlzeit auf der Stadtmauer ein, tranken den sehr süßen Dattelwein und aßen kleine gerollte Brote aus Weizenmehl, versüßt mit Honig und Butter. Falls man die Babylonier für zu weich hält, so sollte man ihnen diese Schwäche nachsehen. Wirklich, es ist ein üppiges Land.

Kyros verfolgte die einzelnen Abteilungen des Heeres, die zu Übungen antraten, sehr genau. «Es war ein Fehler des Großkönigs, diesen Kriegern zu gestatten, sich vor den Toren zu versammeln», stieß er grollend hervor.

Dazu muss ich sagen, dass ich bis dahin noch nie mitbekommen hatte, dass Kyros seinen Gebieter Xerxes in irgendeiner Form kritisierte. Mit Kritik hinterm Berg zu halten ist ja auch durchaus klug. Mag sein, dass ich im Beisein eines Platäers über die schlechte Regierung in Platäa herziehe, aber das würde ich wahrscheinlich nicht vor einem Spartaner oder einem Perser tun.

Wie dem auch sei, ich hatte schon vorher gespürt, dass Kyros und seine Leute mit dem gegenwärtigen Herrscher nicht rundum zufrieden waren. Vergessen wir nicht, dass Kyros schon Hydarnes nicht ausstehen konnte – das sah man ihm an der Nasenspitze an, und Kyros hatte wahrlich eine ausgeprägte Nase. So hatte Kyros also nicht die Worte des spartanischen Herolds missbilligt – Bulis' Ansprache meine ich jetzt –, sondern hatte sich insgeheim über Hydarnes' Demütigung gefreut.

Ich erinnere mich auch gut an den Tag im Palast des Hydarnes, als es zunächst ganz danach aussah, als würde der Satrap uns auf der Königsstraße begleiten. Kyros hatte vor Wut gekocht.

Doch hier, auf der Stadtmauer, übte er offen Kritik.

Ich beugte mich vor und schaute hinab über die Brüstung. Wir waren Gäste in einem der zahlreichen Paläste des Großkönigs. Sklaven umschwirrten uns, lasen uns unsere Wünsche von den Augen ab, allerdings mit einer unterwürfigen Angst, die ich als unangenehm empfand.

«Warum?», wollte ich wissen. «Sie scheinen ein schlagkräftiges Heer zu sein.»

Kyros machte weiterhin keinen Hehl aus seinem Verdruss. «Xerxes strebt immer danach, alle zufriedenzustellen. Er ist nicht so selbstbewusst, wie ein Großkönig zu sein hat. Die Babylonier stehen nur loyal zu uns, solange sie uns fürchten. Babylon und Persien sind keine Freunde. Wenn diese Krieger gemeinsam üben, werden sie sich gegenseitig einzureden versuchen, dass sie gegen uns aufbegehren müssen.» Er begegnete meinem Blick.

Ich lächelte. «Was sicher das Beste für Griechenland wäre, oder nicht?» Hier sieht man, dass ich ab und zu auch die persische Ehrlichkeit praktizierte.

Kyros war kein Narr. «Oh, ein Aufstand von Babylon würde die Invasion beeinträchtigen, sicher, zumindest für eine Weile.»

Tatsächlich sah ich dort auf der Ebene von Mesopotamien ein Heer von annähernd fünfzigtausend Mann, die meisten in Rüstung. Fast ein Viertel waren berittene Krieger. Ich sah so viele Streitwagen, dass ich noch heute glaube, dass sie zahlenmäßig der Phalanx aus Platäa überlegen waren.

Während ich aufmerksam die Übungen verfolgte, kam Bulis zu mir. Gemeinsam schauten wir den Kriegern lange zu.

Gegen Abend strömten die Männer zurück in die Stadt, und als sie durch das große Tor kamen, jubelte ihnen eine Menschenmenge zu, die so groß war, dass ich rasch den Überblick verlor.

«Hast du Lust, gegen die zu kämpfen?», fragte ich Bulis.

Er lächelte – der Mann, dessen Miene fast immer unbewegt blieb. «Ja», lautete seine Antwort.

Wie gesagt, das Heer aus Babylonien war unbeschreiblich. Groß, gut ausgerüstet, bejubelt vom Volk. Aber das war nicht das großartigste Spektakel, das Babylon zu bieten hatte.

Ich lag erneut darnieder in Babylon, weil die Hitze und die Insekten wieder das Fieber aufflammen ließen. Ich war mehrere Tage krank, und sobald ich genug bei Kräften war, schaute ich den Truppen weiterhin zu. Aber am vierten Tag stand ich auf, nahm Hektor und zwei örtliche Sklaven mit und machte mich auf den Weg zu Sallis' Schwester, denn ich hatte ja noch die Briefe für sie.

Ich habe keine Ahnung, was Sallis seiner Schwester in diesen Schreiben anvertraute. Aber in der Rückschau erlebte ich einen entscheidenden Moment des Langen Krieges, in etwa vergleichbar mit jenem Morgen, als ich Polypeithes' Wagen auf der Ebene am Alpheios bändigte und dem jungen Mann das Leben rettete. Die Welt, in der wir leben, nimmt ihren Lauf gemäß den Launen der Götter, aber beeinflusst wird das irdische Geschehen auch von Menschen, von denen man mitunter nie etwas erfährt.

Sallis hatte einen bleibenden Eindruck bei mir hinterlassen, in meinen Augen war er ein Edelmann, doch er hatte weder von Reichtum noch Macht gesprochen. Ich hielt ihn für einen höhergestellten Diener des Satrapen, daher war ich vorschnell davon ausgegangen, seine Schwester wäre eine untersetzte Matrone um die vierzig, die mit ihrem Ehemann, dem Händler mit Färbemitteln, in irgendeiner schmalen, aber angesehenen Straße lebte. Als ich meine Begleiter auswählte, machte ich mir tatsächlich Sorgen, Hektor und die beiden Sklaven könnten den Eindruck erwecken, ich sei ein hochnäsiger Herr, der sich nur mit Gefolge in den Straßen blicken ließ.

Wie sich dann herausstellte, war Sallis' Schwester inzwischen die Witwe eines Mannes, der gut und gern der König von Babylon hätte sein können. Denn sie lebte in einem Palast, der sogar noch größer war als der, in dem wir untergebracht waren, ganz in der Nähe des großen Tempels. Dieses Palastgebäude vereinnahmte eine kleinere Anhöhe und hatte einen eigenen Garten – und das innerhalb der Mauern einer der bevölkerungsreichsten Städte des Erdkreises! Palastgebäude trifft es eigentlich nicht, denn es handelte sich nicht um ein einziges Gebäude oder um drei, vier Flügel, die einen zentralen Innenhof einschlossen. Nein, der Wohnsitz bestand aus einem Dutzend Gebäuden – aus einer Halle, einem kleinen Tempel, Stallungen, Unterkünften für die Sklaven, Baracken für die Krieger.

Ich stand da und glotzte wie ein Bauernlümmel. Ich muss gestehen, dass ich mich in Babylon jeden Tag wie ein Hinterwäldler vorkam.

Aus meiner Starre erlösten mich meine ausgeliehenen Sklaven, die trotz der schrecklichen Hitze sofort zu den Sklavenunterkünften rannten und mit Anweisungen zurückkehrten, wie wir den «Hauptpalast» finden würden. Auf diese Weise erhielten wir eine neue Eskorte. Schließlich mussten wir vor Gefolgsleuten der Hausherrin Rede und Antwort stehen, vor Kriegern in edler Rüstung: Die Panzer bestanden aus bronzenen Schuppen, von denen einige mit einer dünnen Schicht Zinn überzogen waren, damit es wie Silber aussah. Die Männer trugen spitz zulaufende Helme, mit denen sie wie fremdartige Tiere aussahen, doch die Befehlshaber trugen Turbane aus Leinen um die Helmkalotte.

Keiner der Krieger sprach Persisch, nur meine mitgebrachten Sklaven. Daher verlief unser Gespräch über drei Stationen.

Letzten Endes begegnete ich einem hochmütigen Haushofmeister, der die Briefe entgegennahm, mich aber dann wie einen Sklaven fortschickte. Ich ließ es dabei bewenden – zu jenem Zeitpunkt war ich mir nicht sicher, ob Sallis' Schwester nicht doch die Frau eines höhergestellten Dieners war. Ich wusste nichts mit den Erklärungen der Sklaven anzufangen, und Hektor war genauso verwirrt wie ich. Später lachten wir beide, als wir zum Palast des Großkönigs zurückkehrten.

Ah, ich sehe fragende Gesichter! Gut aufgepasst, Thygater. Natürlich kam der Großkönig so gut wie nie nach Babylon, und zu jenem Zeitpunkt jagte Xerxes, der König aller Könige, Löwen im Tal unterhalb von Susa, tausend Stadien entfernt. Aber dieser Palast in Babylon stand Gästen des Herrschers offen, auch Meldereitern und Botschaftern.

Wie dem auch sei, Hektor und ich lagen auf Klinen, während sich Brasidas, Kyros und Aristeides unterhalten ließen. Schließlich konnte sich Aristeides nicht zurückhalten, schwang seine Beine über die Kante der Kline und stand auf, während Hektor einem gelangweilten babylonischen Sklaventreiber erklärte, wer der Held von Marathon sei. Aber es mangelte ihm an Redekunst, deshalb hatte sich Aristeides genötigt gesehen einzugreifen.

Was die überbrachten Briefe anbelangt, so geht die Geschichte noch weiter. Ehe der Abend anbrach und die Öllampen entzündet wurden, erschien ebenjener Haushofmeister in Begleitung unseres Palastaufsehers, eines persischen Edelmanns, der uns bei der Ankunft zwar empfangen hatte, seither jedoch nicht wieder in Erscheinung getreten war.

Aristeides war noch zugegen, da er Hektor etwas von der Kunst des Redens beizubringen versuchte.

Der Haushofmeister warf sich mir zu Füßen.

Ich musste lachen. Wir Griechen tun das immer, wenn sich Fremde so vor uns hinwerfen. Das ist einfach komisch. Der Arsch eines Menschen ragt in die Höhe – jedenfalls ist das nicht nach Art und Geschmack der Griechen.

Doch die Perser holten Kyros dazu, damit wir uns alle untereinander verständigen konnten. Schlussendlich entnahm ich den wortreichen Äußerungen, dass der Haushofmeister mich aus Versehen für einen unbedeutenden Sklaven gehalten hatte. Seine Herrin hatte den Unglückseligen nach der Durchsicht der Briefe mit einem Schwert zu mir geschickt und überließ es mir, ob ich den Mann für diese Unverfrorenheit töten wollte.

Der Palastaufseher – wieder ein Mann namens Dareios – beteuerte, dies entspreche den Gepflogenheiten, und versicherte mir, ich könne den Mann auf der Stelle töten.

«Bist du ein Sklave?», fragte ich den Mann am Boden.

Er hob kaum merklich den Kopf. «Nein, Herr.»

«Hört sich für mich nach einem Sklaven an», brummte Aristeides.

Ich zog den Mann wieder auf die Beine und nahm das Schwert an mich. «Übersetze für mich», sagte ich zu einem der babylonischen Sklaven. «In Griechenland, woher ich stamme, ist es eines der größten Vergehen, einen freien Mann wie einen Sklaven zu behandeln. Wir nennen das Hybris.»

Der Mann schloss die Augen, seine Nackenmuskulatur verspannte sich.

«Aber niemand darf einen freien Mann hinrichten, wenn er sich der Hybris schuldig gemacht hat.» Ich sah ihn an. «Ich vergebe dir. Ich bin hier ein Fremder, und du konntest nicht wissen, wer ich bin.»

Übrigens war das ein ausgezeichnetes Schwert, das ich da in Händen hielt. Die Klinge wies die abwechselnden Lagen der Werkstoffe auf, eine Schmiedekunst, die vor allem die Chalkedonier beherrschen. Der Griff sah allerdings seltsam aus. Überhaupt nicht nach meinem Geschmack, da der Handschutz fehlte. Ich reichte dem Mann die Waffe zurück.

«Bitte behaltet das Schwert, Herr», sagte er. «Als Geschenk meiner Herrin. Und ich danke Euch, dass Ihr mir das Leben schenkt. Es wäre mir eine große Freude, Euch zu meiner Herrin geleiten zu dürfen. Tatsächlich ist es so», er klang mit einem Mal recht heiter, «dass sie auf Eurem Besuch besteht, es sei denn, Ihr seid anderweitig beschäftigt.»

Die Veränderung in seinem Verhalten passte ziemlich gut zu allem, was ich bislang in Babylon gesehen und erlebt hatte. Die Leute dort können ziemlich sprunghaft sein.

Ich zerbrach mir den Kopf, welche Kleidung ich wählen sollte, denn ohne die typischen Beinlinge des Kulturkreises hielt mich jeder Mann und jede Frau auf den Straßen für einen grellen Außenseiter – außerdem, wer geht an einem heißen Tag in Babylon schon gern mit einem verzierten wollenen Mantel auf die Straße. Letzten Endes entschied ich, bei meiner griechischen Tracht zu bleiben. Ich würde aber das Schwert zur Schau tragen, das man mir überreicht hatte.

Der Palastaufseher, der in Kyros' Augen ziemlich langsam agierte, stattete mich mit Sklaven aus, und so nahm ich sowohl Hektor als auch seinen jungen Schützling mit, der schon ein Stück gewachsen war, kein Wunder bei den Fleischmengen, die uns die Bogenschützen meiner persischen Eskorte jeden Tag besorgten.

Um etwas mehr Eindruck zu machen – so der Vorschlag des Palastaufsehers –, ritten wir auf Pferden.

Diesmal verlief der Empfang am Tor völlig anders, und so führte man uns auf direktem Weg in den großen Saal, nachdem sich ein sehr kleinlauter Befehlshaber der Wache übertrieben bei mir entschuldigt hatte, in erstaunlich schlechtem Persisch. Ich ließ Brasidas bei den Wachen zurück, auf dass er etwas Konversation betrieb, stellte ihm aber natürlich einen der Sklaven zur Seite, der in vielen Sprachen bewandert war.

Man darf nicht vergessen, dass dies für uns die Gelegenheit war, an Informationen zu kommen. Ich glaubte längst nicht mehr, dass es uns gelingen würde, den Großkönig davon zu überzeugen, sein Heer aus den griechischen Landen herauszuhalten, und was lag dann aus unserer Sicht näher, als möglichst viel über unseren Gegner in Erfahrung zu bringen?

Endlich war ich auf dem Weg, Sallis' Schwester kennenzulernen.

In dem großen Saal, der zwei Reihen schwerer Säulen aus grünweiß gesprenkeltem Marmor aufwies, brannten Fackeln in ehernen Halterungen. Zwei der Säulen waren mit Gold verziert, und zwischen diesen Säulen saß die Herrin des Anwesens in voller Pracht auf einer Empore, umgeben von Frauen in wundervollen Gewändern.

Also doch keine Gemahlin eines Kaufmanns.

Zwischen den einzelnen Säulen standen bewaffnete Männer. In

der warmen Luft hing der Geruch von Weihrauch, und die Frauen auf der Empore boten wahrlich einen schönen Anblick. Die Herrin des Palasts mochte kaum älter als fünfundzwanzig sein, und sie trug so viel Goldschmuck, dass man damit ein Jahr lang eine Taxis aus Söldnern hätte bezahlen können. Ihre dunklen, mandelförmigen Augen standen wie bei vielen Menschen in östlichen Gefilden leicht schräg. Ihre Augenbrauen waren tiefschwarz und hoben sich von ihrer Haut ab, die im Schein der Fackeln golden wirkte.

Vor ihr verbeugte ich mich tiefer als vor Hydarnes und berührte mit dem rechten Knie kurz den Marmorboden.

Sie erhob sich von ihrem Thron – für mich sah es jedenfalls wie ein Thron aus –, trat zu mir, ergriff meine Hand und küsste mich – auf den Mund.

«Ein Gastfreund meines Bruders! Der bei den Persern nächtigt! Ich muss annehmen, dass Ihr mein Haus unangemessen fandet, was mich zutiefst beschämt.»

Eine kluge Person sagt etwas, möchte aber etwas anderes zum Ausdruck bringen. Sie sprach exzellentes Persisch, besser als ich, und für mich war die Bedeutung ihrer Worte klar: *Da gab es ein kleines Missverständnis, und es ist an der Zeit, nach vorn zu schauen.*

Ihr Kuss brannte auf meinen Lippen.

Ich begegnete ihrem Blick, und wie bei Gorgo erwiderte sie den Blick selbstbewusst, ohne die schönen Wimpern zu senken.

«Ich bedaure, wenn es zu Missverständnissen gekommen sein sollte, Herrin. Euer Bruder bat mich, die Briefe zu überbringen, sagte indes nichts weiter.»

Sie bedachte mich mit einem Lächeln. «Natürlich tat er das nicht. Und wie ich höre, seid Ihr Gäste des Großkönigs, daher ist es höflicher, im Palast des Großkönigs zu wohnen, anstatt meine kargen Mahlzeiten und von Flöhen heimgesuchten Bettstätten aufzusuchen.» Sie sank in einen Knicks. «Ich fühle mich dennoch geschmeichelt, dass Ihr überhaupt gekommen seid, und hoffe, dass mein bescheidenes Heim sich würdig erweist, einen Mann wie Euch zu empfangen.»

Ich seufzte. «Herrin, ich bin ein törichter Barbar, und Euer Sarkasmus ist an mir vergeudet.»

Sie beugte sich leicht vor. «Ich habe nie geglaubt, dass Sarkasmus an einen Griechen vergeudet ist», sprach sie. Auf eine knappe Handbewegung hin entfernten sich die Bewaffneten. «Man wird uns eine Mahlzeit in privatem Rahmen auftragen. Ihr werdet sicher Eure Sklaven fortschicken?»

«Gewiss», erwiderte ich. «Aber einige von ihnen sind keine Sklaven. Der junge Mann und der Junge sind Freie – mein Schildträger und mein Helmträger. Jungen edler Abkunft.»

Frauen kamen von der Empore. «Sie werden gebührend unterhalten werden», sagte meine Gastgeberin.

Mit Mahlzeiten im privaten Rahmen ist das so eine Sache. Das Mahl glich eher einer öffentlichen Veranstaltung. Ich glaube, ich zählte an die vierzig Bedienstete. Wir speisten in einem Zelt aus Gaze, durch das das Licht der untergehenden Sonne und die sanfte Brise drangen. Die Insekten wurden zwar abgehalten, auch wenn mit jedem Tablett, das ins Zelt gebracht wurde, vermutlich ein neues Heer Mücken hereinschwirrte. Es gab sechs Gänge und Wein, und als der Abend seinen Lauf nahm, war das Bedürfnis nach Ungestörtheit auf erträgliche Weise zweitrangig.

Ich habe nicht vergessen, wie schön Sallis' Schwester war. Sie hieß Arwia. Es ging über die äußere Schönheit hinaus. Denn ich war schon wie gebannt von ihr gewesen, als ich zum ersten Mal den Klang ihrer Stimme vernahm. Nichts an ihr war weniger als begehrenswert, und als sich das Mahl in die Länge zog, sah ich mich gezwungen, Pferde zu zählen oder Diener anzustarren, bis ich mich entschuldigte und mich ein wenig im Garten erging, um wieder klar denken zu können.

Allerdings tat die Herrin des Hauses nichts, um mich zu ermuntern, abgesehen davon, dass sie hin und wieder meinen Blick einfing und viel lachte. Wenige Dinge ermuntern einen Mann mehr, sich zu einer Frau hingezogen zu fühlen, die bereitwillig über seine Scherze lacht.

Sie war eine aufmerksame Zuhörerin ohne geheucheltes Interesse. Ich habe Frauen kennengelernt, die ohne nachzudenken Fragen stellen, weil sie gelernt haben, dass es ihre Aufgabe ist, Männer zu unterhalten, und Männer reden nun einmal gern über sich selbst. Nein – ihr braucht das nicht zu leugnen. Aber Arwia stellte Fragen und noch mehr Fragen, forschte nach, lotete mein Wissen aus – manchmal herausfordernd-spöttisch, manchmal leicht herablassend oder sogar bissig.

Oft sah sie mir unverwandt in die Augen und stellte eine weitere Frage, und es sah danach aus, als nähere sie sich mir. Was sie nicht tat. Sie saß mir gegenüber an einem niedrigen Tisch, die Beine übereinandergeschlagen, und beide hatten wir eine Art Ellbogentisch, auf den Sklaven den Wein stellten. Der Tisch und die Kissen trennten uns also voneinander, da wir beide halb saßen und uns halb zurücklehnten, und für die Dauer der Mahlzeit saß meine Gastgeberin zum Teil hinter einem feinen, netzartigen Schleier, was irgendeiner religiösen Gepflogenheit geschuldet war.

Das Netz verdeckte weder ihre Augen, noch dämpfte es die Flut ihrer wissbegierigen Fragen.

«Ihr seid ein Jawan?», erkundigte sie sich bereits zu Beginn des Mahls.

Wir mussten uns auf Umwegen darauf verständigen, was «ein Jawan» sein sollte, aber schlussendlich kam heraus, dass die Bedeutung gleichzusetzen war mit «Ionier». Es handelt sich übrigens um das babylonisch-assyrische Wort für «Grieche» – wenn ihr erlaubt, Ionier aus Asia als Griechen zu bezeichnen.

Als ich weiter darüber nachdachte, ist es bei uns nicht groß anders, denn wir gehen wie selbstverständlich davon aus, dass sich Perser in allem so verhalten wie ihre Nachbarn, die Skythen.

Eine gute halbe Stunde beschrieb ich meiner Gastgeberin die griechische Welt, auch die Innere See. Sie lauschte aufmerksam, und einmal rief sie einen Sklaven und wies ihn an, etwas aufzuschreiben.

«Wo ist Sparta?», wollte sie wissen. Wie ich erfuhr, war Sparta die einzige westlich gelegene griechische Stadt, von der sie je gehört hatte, und als ich ihr erklärte, dass es streng genommen keine Stadt war, sondern eine Ansammlung von vier ländlich geprägten Siedlungen und dass die größten Städte in griechischen Landen Athen und Korinth waren, zuckte sie nur mit den Schultern. Dann fiel ihr ein, dass sie doch schon einmal von Korinth gehört hatte, und schickte einen Sklaven los, ein irdenes Gefäß zu holen, was sich als alte korinthische Tonware aus der Zeit meines Großvaters entpuppte.

«Genau so ein Krug stand früher auf dem Tisch meiner Mutter», sagte ich.

«Was wurde daraus?»

«Mein Bruder stieß mit dem Ellbogen daran, sodass der Krug zu Boden fiel.»

«Ah, Ihr habt also einen Bruder. Wie alt ist er?»

Ich gebe zu, dass ich selten an ihn dachte, aber ich antwortete: «Er starb, als ich dreizehn war. Das ist über zwanzig Jahre her.»

«Wie ist er gestorben?», fragte sie als Nächstes und nahm ein Stück ungesäuertes Brot, das sie zum nächsten Gang essen wollte.

«Ein Spartaner tötete ihn», erwiderte ich.

«Dann wurden Eure Leute also von den Spartanern erobert?», schlussfolgerte sie. «Dennoch seid Ihr der Herr der Gesandtschaft, und die Spartaner sind Eure Diener.»

Ich denke, dass ich fast den Wein ausgespien habe, und ich bin heute noch froh, dass keiner meiner spartanischen Freunde zugegen war, als Arwia dies sagte. «Nein, wir sind Verbündete», sagte ich. «Die Spartaner haben uns nie erobert. Wir handelten einen ausgewogenen Frieden aus.»

Sie gab einen unwirschen Laut von sich. «Ein ausgewogener Frieden?», fragte sie. «Was soll das sein?»

Gelegentlich benutzte ich das falsche persische Wort. Es war ja schließlich nicht meine Muttersprache, auch nicht Arwias, daher kam es hin und wieder zu lustigen Verwechslungen.

Und die ganze Zeit genoss sie die Speisen. Diese Frau, die nicht viel größer als fünf Fuß war, aß beinahe so viel wie ich. Sie trank Wein, der eigenartig schmeckte – mit vielen Gewürzen und anderen mir fremden Zusätzen. Je mehr ich davon trank, desto wacher war ich. Ich fühlte mich beschwingt, die Worte kamen mir leichter über die Lippen, allerdings berauschte ich mich immer mehr an meiner Gastgeberin.

Ihre Augen hatten diesen Glanz angenommen, von dem die Dichter bei Frauen oft künden. Ich hatte ihr gerade ein Kompliment gemacht – hatte ihr geschmeichelt, denke ich, und sie fasste sich an den Mund und kicherte wie ein Mädchen.

«Setzt Ihr als Jawan dem Wein Mohn hinzu?», fragte sie.

Ich schüttelte den Kopf. «Nein. Wir fügen unserem Wein Wasser hinzu, manchmal nehmen wir Gewürze oder Honig, um den Geschmack auszugleichen. Mohnsud ist der Heilkunst vorbehalten.»

«Hanfsamen?», fragte sie weiter. «Lotusblüten?»

Ich machte keinen Hehl aus meinem Erstaunen. «Von diesen Zutaten habe ich nur im Zusammenhang mit Verwundeten gehört», sagte ich, «oder von Frauen bei der Niederkunft.»

Wieder kicherte sie.

Wir tranken mehr von dem Wein.

Eine der süßen Speisen bestand aus gemahlenen Pistazien und Mandeln in Honig – das meinte ich jedenfalls herauszuschmecken. Es erfüllte mich mit neuer Kraft, und so fing ich an, schneller zu sprechen. Inzwischen waren wir beim Thema Krieg angekommen, und ich erklärte – vermutlich mit gewissem Pathos –, auf welche Weise wir Griechen Krieg führen.

Sie verstand und erkundigte sich nach unserer Ausrüstung für Belagerungen. «Wie würde es ein griechisches Heer anstellen, Babylon einzunehmen?»

Ich kann mich gut erinnern, dass mich das erheiterte. «Kein griechisches Heer würde es bis hierhin schaffen», meinte ich.

«Wir hatten immer wieder jawanische Söldner. Gute Männer – so tauglich wie Karier. Von Kopf bis Fuß in Bronze.» Sie lehnte sich nun weit zurück, ihre Augen zu Schlitzen verengt.

«Und hier in Babylon habt Ihr ein Heer, das größer ist als jedes griechische Heer, das ich je gesehen habe», sagte ich.

Sie tat das mit einer nachlässigen Handbewegung ab. «Die Perser machen mit uns, was sie wollen. Sie töteten meinen ältesten Bruder und meinen Ehemann. Und anders als Ihr, mein Guter, kann ich nicht vergeben und nicht vergessen.»

Ein Sklave tauchte wie aus dem Nichts auf und entfernte das Netz, das uns trennte, auch den niedrigen Tisch.

Ein anderer Sklave stellte ein eisgekühltes Gericht neben mir ab. Ich kostete davon. Es schmeckte herrlich. Gefrorene Beeren in einer Art gefrorenem Wasser, wie Schnee. Vielleicht war es sogar Schnee. An einem heißen Sommerabend umgeben von Becken, aus denen der Duft von Weihrauch aufstieg, vermittelt einem ein eisgekühltes Getränk das Gefühl, bei den Göttern zu speisen.

«Selbst wenn das Heer geschlagen wäre, wären wir nicht genug Griechen, um diese Stadt zu umzingeln», sagte ich.

Sie wirkte schläfrig. «Die Perser können uns vollkommen einkreisen. Sie bieten hunderttausend Mann auf, zweihunderttausend, wenn sie wollen.»

«Kein Herrscher auf Erden vermag zweihunderttausend Krieger mit Proviant zu versorgen, dazu noch Sklaven und Packtiere.»

Sie richtete sich auf. «Doch, es ist möglich», sagte sie. «Der Großkönig füllt die Ebenen von hier bis Ninive mit Kriegern, wenn ihm der Sinn danach steht. Er kann eine Million Kämpfer ausrüsten – und ernähren.» Sie lehnte sich wieder zurück. «Ich weiß es. Ihr müsst mir glauben.»

Ich zuckte mit den Schultern. Eine Dame sollte man stets bei Laune halten. «Ich bin mir nicht einmal sicher, ob es überhaupt eine Million griechische Hopliten gibt. Oder hunderttausend.»

«Aber Ihr habt eine große Flotte», erwiderte sie darauf.

Ich dachte sofort an Athen und Ägina – zwei Todfeinde. «Aber auch nur, wenn wir uns untereinander einigen.»

Ungefähr da dämmerte es mir, dass ich ziemlich betrunken war. Außerdem nahm ich wahr, dass alle Lichter gelöscht worden waren, abgesehen von den kleinen Öllämpchen auf den Ellbogentischchen. Zuletzt fiel mir auf, dass wir allein waren.

Sie stützte sich auf einem Ellbogen ab und sah mich an. «Ihr habt weniger als hunderttausend Krieger?», fragte sie.

Ich bejahte es.

«Und wie steht es mit Schiffen? Fünfhundert Triremen?»

«In allen griechischen Landen bringen wir es nicht auf vierhundert Triremen», erwiderte ich. «Es sei denn, wir verbünden uns mit Gelon von Syrakus.»

«Ist er ein Jawan?»

Ich weiß noch, dass ich eine abfällige Handbewegung machte. «Nein, eigentlich nicht.»

«Wie viele Krieger befehligt Eure Stadt?» Zum ersten Mal beugte sie sich zu mir herüber. Ihre ungezähmten Brüste drückten gegen das Gewebe ihres Gewands – es bestand aus sehr feinem Leinen.

«Tausendfünfhundert, wenn alle kommen», verkündete ich ziemlich stolz.

Sie lachte – überrascht und gar nicht zufrieden. «Und die Spartaner?»

Ich holte hörbar Luft. «Fünftausend Spartaner, denke ich. Auf der Peloponnes können wir es mit allen Verbündeten auf dreißigtausend Mann bringen.» Auch ich beugte mich vor.

Ich bekam noch mit, dass sie darauf aus war, mir Informationen zu entlocken, aber ich konnte in ihr beim besten Willen keinen Verbündeten des Großkönigs sehen. Und ich begehrte sie. Daher ließ ich mich noch ein Stück weiter zu ihr sinken.

Sie lachte wieder, und ihr Atem fühlte sich warm auf meinen Wangen an, erfüllt vom Aroma des Weins. «Ihr gedenkt, den Großkönig mit vierhundert Schiffen und fünfzigtausend Kriegern zu bekämpfen!», stellte sie fest. «Ihr seid unsagbar dumm oder sehr tapfer.»

Ich hatte mich so weit zu ihr gebeugt, dass meine Lippen die ihren berührten.

Eine ganze Weile – nun gut, ungefähr für die Dauer von vier oder fünf Herzschlägen – ruhten unsere Lippen aufeinander.

Doch dann stieß sie ein leises, wohliges Seufzen aus und rollte sich auf ihren Kissen in meine Arme.

Wir küssten uns lange. Ich hatte ihr gerade meine Hand in den Ausschnitt geschoben, um mit dem Daumen über ihre Brustknospe zu streichen, als Arwia zu mir aufschaute. «Wann wird Eure Flotte angreifen?»

Das war vielleicht die erotischste Frage, die mir je gestellt wurde.

Niemand störte uns. Erlaubt mir anzumerken, dass meiner Gastgeberin als hochgeborene Witwe in Babylon in ihrem Verhalten keine Grenzen gesetzt waren – sie unterhielt mich zwar nicht in aller Öffentlichkeit, aber doch sichtbar für andere, und sie ließ verkünden, sie habe für sich beschlossen, einen fremdländischen Krieger zum Geliebten zu nehmen.

Lasst mich auch betonen, dass sie wunderschön war. Ihre Schultern und Nackenpartie waren straff und fest – sie war eine passionierte Jägerin und Bogenschützin – und ihre großen mandelförmigen Augen und das glänzende schwarze Haar waren betörend.

Und sie hörte so gut wie nie mit ihren Fragen auf. Selbst bei den unanständigsten Intimitäten drehte sie mir noch den Kopf zu und fragte: «Woher haben die Jawaner ihr blondes Haar?» oder «Kann man von eurem Meer in unser Meer segeln?»

Ihre Leidenschaft war – abgesehen vom Offensichtlichen – Rache an Persien für den Tod ihres Ehemanns, den sie offenbar sehr geliebt hatte. Ich erfuhr, dass er ein höherer Befehlshaber war, den Xerxes hatte hinrichten lassen. Sie erzählte mir von ihm, während ich sie liebkoste. Sie plauderte von der Möglichkeit eines babylonischen Aufstands, während wir – belassen wir es dabei.

Ich sehe, dass ich wieder einige von euch zum Erröten bringe.

Die Möglichkeit des babylonischen Aufstands ist der Grund, warum ich all das überhaupt erzähle.

Sie wollte, dass ich unsere Flotte zum Schutz ihrer Stadt auf den Weg brachte.

All das erzählte ich – natürlich nicht die aufreizenden Details – am nächsten Tag meinen athenischen und spartanischen Freunden, während wir uns im Sonnenschein die Zeit mit Spielen vertrieben. Ich hatte überhaupt kein Auge zugetan in der Nacht, und irgendwann gegen Morgen gab Arwia endlich zu, sie habe mir bereits zu Beginn des Abends Wein mit berauschenden Essenzen verabreicht.

Brasidas spie seinen Schluck Wein aus.

Bulis wendete den Blick von mir ab.

So war es wieder einmal Sparthius, der zu lachen anfing. «Natürlich, du suchst dir eine Prinzessin, und wir lassen uns derweil von den Mücken auffressen.»

Aristeides zog eine Braue hoch. «Ich rufe dir in Erinnerung, dass du deine Verantwortung gegenüber deinem Gastfreund missachtest hast, die Ehre seiner Schwester zu bewahren», sagte er kühl.

Das war das erste und vielleicht das letzte Mal, dass ich sah, wie Bulis die Augen verdrehte.

Ich senkte den Blick. «Ich schwöre Euch, dass der Ruf meiner Gastgeberin keinen Schaden nehmen wird. Hier gelten nun mal andere Sitten.»

Aristeides gab ein Schnauben von sich.

Bulis beugte sich zu mir. «Wenn die Babylonier wirklich bereit sind, den Aufstand zu proben.» Er blickte sich um.

Sparthius stimmte ihm zu. «Alles, was ich sehe oder höre, lässt den Schluss zu, dass der Großkönig seine Truppen im Frühjahr in Bewegung setzt. Alles ist vorbereitet. Heere, Proviant, Wegenetze, Schiffe – ganz zu schweigen von dem Kanalbau und den Schiffsbrücken.»

«Nur wir Griechen sind noch nicht bereit», merkte ich eher düster an.

Aristeides rieb sich über den Kopf. «So oder so», sprach er, «wir wären auch dann im Frühjahr nicht bereit, selbst wenn wir auf Hermes' ausgestreckten Armen zurück nach Hause flögen.»

Später am Nachmittag hinderte mich Kyros daran, ein Nickerchen zu machen, das mich hätte retten können, und wies mir einen Platz im Innenhof zu. «Du hast die Nacht mit deiner Gastgeberin Arwia verbracht?», fragte er ohne Umschweife.

Ich lächelte. Vermutlich war das ein ziemlich selbstgefälliges und obendrein unangebrachtes Lächeln.

Ich sah, wie er nickte. «Hör zu, Ari, diese Frau ist bösartig. Sie ist eine Aufständische, und der Großkönig hätte sie einen Kopf kürzer machen sollen, als er ihren Ehemann hinrichten ließ. Was hat sie dir gesagt?»

Ich gab mich unwissend.

«Komm schon, Bruder. Was hat sie von dir verlangt?»

Ich musste leise lachen. «Der Anstand verbietet mir, eine Antwort auf diese Frage zu geben.»

Erst jetzt deutete sich ein kleines Lächeln in Kyros' Gesicht an. «Aha, ihr habt euch also körperliche Freuden bereitet und sonst nichts?»

«Sie stellte mir dauernd Fragen, wollte alles Mögliche über die Jawaner und deren Land wissen, sogar als ich sie nahm.» Ich warf ihm einen unschuldigen Blick zu.

«Aber es ging nicht um – Politik?», forschte er nach.

«Sie hat bestimmt fünfzig Dinge gesagt, die Hochverrat gleichkämen. Aber wer hört schon genau hin, was eine Frau von sich gibt, wenn sie willens ist?»

Er nickte. So war ich: Ein freimütiger, gedankenloser Arimnestos, der die Frauen ausnutzt ...

Das denkt ihr doch von mir, wenn ihr das hört, oder nicht?

«Ich hoffe, dass ich sie heute Abend wieder beehren kann», hörte ich mich sagen.

«In der Tat, die Einladung ist soeben im Palast eingetroffen, auch für deine Spartaner und Athener.» Mit diesen Worten erhob er sich, und wir verbeugten uns voreinander. «Morgen reiten wir weiter nach Susa. Ich muss endlich aus dieser Brutstätte von Plagegeistern heraus. Hinauf in die Berge, wo die Luft rein und kühl ist.»

Es gibt Frauen, die man über alle Maßen begehrt – bis man sie hatte und der Zauber verflogen ist. Im kalten, harten Licht des Tages entdeckt man dann einen Makel nach dem anderen – manchmal bei den Frauen, manchmal bei sich selbst.

Es gibt da ein brillantes persisches Gedicht zu diesem Thema, dessen Verse mir aber entfallen sind.

Doch Arwia gehörte nicht zu diesen Frauen. Allein bei dem Gedanken an sie stand ich in Flammen, und sobald ich in ihrer Nähe war, verhielt ich mich vermutlich wie ein Junge – ich konnte einfach nicht den Blick von ihr wenden, konnte mich nicht benehmen.

Genau das schien ihr zu gefallen, und so tändelten wir ausgiebig miteinander.

Aber sie war eine derart bewanderte Gastgeberin, dass sie sogar bis zum Punkt offensichtlicher Zügellosigkeit mit mir anbandelte, es aber trotzdem erreichte, dass Aristeides ganz angetan von ihr war. Er war nicht liebestrunken, aber von da an sprach er nie wieder abfällig über sie. Und die Spartaner fanden unsere Gastgeberin ganz bezaubernd.

Dann geschah etwas, das bei anderen Leuten sicher zu Blutvergießen geführt hätte. Ich erwähne das nur, damit ihr die Spartaner besser versteht.

Sparthius hatte sich in den Kopf gesetzt, diese Frau zu begehren. Er wusste aber genau, dass ich die Nacht zuvor bei ihr gelegen hatte, dennoch versuchte er, sie zu erobern – mit seinem Humor, mit Schmeicheleien, mit Anekdoten. Er ließ seine Muskeln spielen, brachte Arwia zum Lachen.

Ich muss sagen, all das beherrschte er.

Er verheimlichte seine Begierde aber auch nicht vor mir. Da Arwia mir ja nicht «gehörte», ließ ich keine Bemerkung fallen, aber einmal schlug ich ihm auf den Arm.

Er grinste mich an. «Möge der Beste sie bekommen», meinte er. «Ich habe selten so eine Frau gesehen.»

Arwia ließ sich vollends auf den Geist dieses Abenteuers ein, sobald sie erkannt hatte, dass sie uns beide in ihren Bann gezogen hatte ...

Es gibt Kräfte, die man den Sterblichen nicht gewähren sollte.

Während Aristeides ihre Schönheit bewunderte und Sparthius und ich ganz vernarrt in sie waren, begann sie, ihren Charme in Bulis' Richtung zu versprühen. Er trank immerzu, doch seine Miene blieb starr, als wäre sie in Stein gehauen. Mir war nicht entgangen, dass er ab und an seinen Gefährten ansah, um sich seine Erheiterung nicht anmerken zu lassen, aber unter Arwias Blicken blieb er vorsichtig und behutsam und benahm sich korrekt.

Sie hatte Tänzerinnen kommen lassen, die ihre Tänze vollführten. Ich denke, ich muss nicht extra betonen, dass sie lasziv tanzten.

Zuerst nur Mädchen ...

Dann Jungen ...

Dann Jungen mit Mädchen.

Irgendwann ließ Aristeides sich entschuldigen. Der Tanz an sich war allerdings geschmackvoll – es gab keine anzüglichen Szenen, wie man es gelegentlich bei den «Flötenmädchen» mit gewissen Gemüsesorten sieht –, aber mein athenischer Gefährte drehte eine Runde durch den Garten.

Die Spartaner saßen da und machten große Augen.

Mir wurde klar, dass Arwia ihre erotischen Tänzer einsetzte, um die Männer auf die Probe zu stellen. Ich beobachtete, wie sie meine Gefährten taxierte, und ich weiß noch, dass ich dachte: Das ist wirklich eine sehr gefährliche Frau. Gefährlich, und dennoch ...

Dennoch standen wir auf derselben Seite.

Nachdem die eisgekühlten Getränke ausgegeben worden waren, ging Arwia zu Sparthius und setzte sich zu ihm. Er streckte die Hand nach ihr aus, und sie lachte nur, entzog sich der Annäherung und legte ihm eine Hand auf den Arm. Dann sagte sie irgendetwas zu ihm.

Er lachte laut auf.

Dann sah ich, wie sie sich auch bei Bulis niederließ. Er begegnete ihrem Blick mit derselben Ernsthaftigkeit. Sie flüsterte ihm etwas ins Ohr, worauf er nickte – und lächelte.

Schließlich begab sie sich auch zu Aristeides. Sie nahm die herrliche Kette ab, die sie um den Hals trug, und legte sie dem Athener in die offene Hand. «Das ist für Eure Gemahlin», sprach sie.

Er versuchte, ungezwungen zu lachen. «Woher wisst Ihr, dass ich verheiratet bin?», fragte er.

«Oh, soweit ich weiß, sind all die Herren hier verheiratet», erwiderte sie leichthin. «Aber Ihr liebt Eure Frau.»

Aristeides strahlte über das Gesicht. Ich hatte keine Frau, aber ich wusste, was sie da soeben gesagt hatte, und ich spürte die Berechtigung, die ihre Worte hatten.

Wahrlich eine gefährliche Frau.

Eine Stunde später lag ich in ihren Armen – unter dem Sternenhimmel, über uns die dünne Gaze des Zelts, die sich sanft im Wind bewegte. In meiner Armbeuge stand eine Schale mit gefrorenen Früchten.

Ich prahle wieder einmal wie ein pickliger Jüngling, was? Aber es war – einfach wunderbar.

Sie lehnte sich zurück und schnippte mit den Fingern. Zu meinem Verdruss erschien tatsächlich ein Sklave und fuhr mit einem feuchten Tuch über ihren Leib, ehe er wieder in einer duftenden Dunkelheit verschwand. Ein zweiter Sklave begann, mich zu waschen.

Ich wäre fast aufgesprungen und hätte fluchtartig das Zelt verlassen.

Arwia lachte. Sie lachte im Grunde ständig.

Sie hielt mich am Fußknöchel fest und zog mich wieder in ihre Arme. «Ich weiß, dass du keine Flotte hast», sagte sie. «Und ich weiß, dass man nicht von Sparta nach Babylon segeln kann.» Sie drückte mir ihre Lippen aufs Ohr. «Aber lass mich wenigstens so tun, als könntest du es.»

Ich würde mir gern das, was danach geschah, als mein Verdienst anrechnen. Aber die Wahrheit ist, dass Arwia Griechenland rettete und ich so gut wie keinen Anteil daran hatte. Wir verbrachten die

Nacht miteinander und gaben uns der Vorstellung hin, ich würde mit einem großen Heer Hopliten durch das Perserreich marschieren. Sie deutete an, wo die Schwachstellen der Perser waren, und ich versprach, Babylon aus der Knechtschaft zu befreien.

Oh, Babylon.

Ich habe nie erfahren, was sie Bulis zugeflüstert hat. Gleichwohl weiß ich, dass sie Sparthius sagte, sie sei nicht Frau genug, um mit uns beiden zu schlafen. Darüber lachte er immer wieder zwischendurch, ja, eigentlich bis zu dem Tag, an dem er starb.

Am nächsten Tag ritten wir fort von den Insekten, den Wohlgerüchen des Palasts und der klebrigen Hitze der Liebe und folgten dem Verlauf der Straßen hinauf in die Berge Persiens. Unsere letzte Etappe bis Susa hatte begonnen. Kyros hatte eine Nachricht vom Hof erhalten. Wir wurden erwartet.

Bis zu jenen Tagen war uns Susa immer unendlich weit entfernt vorgekommen. Doch nun lagen nur noch weniger als zwei Reisewochen vor uns. Meine spartanischen Freunde, jeder so tapfer, wie ein Mann nur sein kann, wirkten mit einem Mal in sich gekehrt. Bulis verbrachte mehr Zeit mit Hektor und bildete ihn an den Waffen aus. Das wurde schon fast zur Leidenschaft. Sparthius fing an, Dirnen bei den Stationen der Reiter für «ihre Dienste» zu bezahlen. Das hatte er bis dahin nie getan.

Eines Abends hielt Brasidas ihm vor, er, Sparthius, tröste sich mit dem Feind. Darauf reagierte Sparthius wütend. Die beiden Streithähne trugen das draußen aus, und ich hüllte mich im Haus in meinen Mantel.

Schließlich hörte ich Brasidas lachen. «Jedes Kind, das du mit diesen Frauen zeugst, wird ein halber Spartaner sein!»

Auch Sparthius lachte jetzt – aus vollem Halse.

Irgendwann unterwegs hatten Brasidas, Sparthius und Bulis ihren Frieden untereinander gemacht. Ich sah das Ergebnis, aber der Prozess war so schleichend vonstattengegangen, dass mir die Nuancen entgangen waren, außerdem wusste ich immer noch nicht, was Bulis und Sparthius ursprünglich gegen Brasidas gehabt hatten.

Der Weg von Babylon nach Susa ist nicht sehr weit – etwas weniger als zweitausend Stadien, auf ausgezeichneten Straßen. Susa ist im Winter die Hauptstadt der Perser – im Sommer zieht der Hofstaat hinauf in die Berge nach Persepolis, und ich bedaure immer noch, dass ich diese Stadt nie zu Gesicht bekam.

Als wir noch eine Tagesstrecke von Susa entfernt waren, ritten wir über eine kühlere Hochebene und sahen die Bergketten in der Ferne. In Sichtweite schlängelte sich der Fluss durch die Landschaft, und die Luft war, wie versprochen, frischer und reiner und kühl, obwohl wir das Gefühl hatten, Babylon hinter uns immer noch sehen zu können. Ich übertreibe natürlich, aber dort oben auf der Ebene kann man wirklich sehr weit sehen, ehe die Hitze während der Mittagsstunden ein Flirren in der Ferne erzeugt.

Ungefähr acht Tage lang waren wir durch einen wahren Strom aus Kriegern geritten – Schleuderer, Bogenschützen, Speerkämpfer, zu Fuß und hoch zu Ross.

Ich vermisste Arwia. Ich erwähne das, weil ich immer noch ganz hingerissen war von dieser Frau, obwohl ein Mann bisweilen eine kurze Affäre rasch wieder aus der Erinnerung streicht. An jeder Station, die wir erreichten, überlegte ich, ob ich unter einem Vorwand zurück nach Babylon reiten könnte. Allein Gorgos Worte hielten mich auf Kurs – sie hatte gesagt, wir seien eine Verschwörung, um Griechenland zu retten.

Brasidas ritt neben mir, während wir uns einen Weg durch die Krieger des persischen Reichs bahnten. «Denkst du immer noch, dass Griechenland der Macht des Großkönigs gewachsen ist?», fragte er.

«Nein», lautete meine Antwort.

Er lachte. «Wir färben auf dich ab, Platäer! Das war eine lakonische Antwort aus deinem Mund.»

Meine nächste Antwort war ein Schulterzucken.

«Wirst du versuchen, einen Frieden beim Großkönig auszuhandeln?»

«Nein.» Ich lächelte. Ich wurde immer besser in der Kunst der Lakonik.

«Was hast du also dann vor?»

«Wir werden kämpfen», erwiderte ich.

«Und dann?»

«Dann sterben wir, denke ich.» Ich lenkte mein Pferd durch einen Strom aus potenziellen feindlichen Lanzenträgern. Die Straße nach Susa und Persepolis war nahezu verstopft von Kriegern. Sie waren überall – Assyrer, Elamiter, Mesopotamier, Meder, wiederum zu Fuß oder zu Pferd.

In derselben Nacht träumte ich von Arwia, und ihre herrlichen Schultern glänzten vor Schweiß, während sie rittlings auf mir saß und ihre Hüften vor- und zurückschob. Sie war bei weitem das größte Wunder von Babylon. Nicht nur als Geliebte – sondern auch als Naturgewalt, die Griechenland retten sollte.

Ihr werdet sehen.

17. KAPITEL

Susa war wunderschön. Dieser Stadt fehlte zwar das Majestätische von Babylon, aber auch der Schmutz. Sie war zudem viel kleiner. Tatsächlich war Susa eine hübsche Stadt mit einem prachtvollen Wasserfall und zwei schönen Brücken, aber insgesamt war die Stadt nicht viel größer als Platäa und mit Sicherheit kleiner als Korinth, trotz alledem war die Bevölkerung kosmopolitischer als in jeder anderen griechischen Polis, einmal abgesehen von Athen. Auf der Agora wimmelte es von Leuten – darunter auch viele Frauen –, die aus jedem Teil des Reichs stammten, aber auch aus angrenzenden Ländern. Wir sahen auch Griechen – und Menschen aus aller Herren Länder, um das abzukürzen.

Das ist jetzt nicht wichtig für die Geschichte, aber ich möchte erwähnen, dass ich in Susa erstmals Menschen aus Äthiopien und aus Indien sah. So begegnete ich einem indischen Kaufmann, der mir erzählte, sein Land sei hundertvierundvierzigtausend Stadien entfernt. Er beschrieb mir einen Okeanos, dessen Strömungen und konstante Winde ein Schiff im Sommer von den Gestaden Äthiopiens bis nach Indien brachten, und im Winter könne man mit entgegengesetzten Winden wieder zurücksegeln. Der Name des Kaufmanns lautete Abha, und ich unterhielt mich an mehreren Tagen mit ihm – ich beschrieb ihm, wohin man gelangt, wenn man von Ephesos aus nach Westen segelt, und er erzählte von einer Handelsroute von Bahrain in Richtung Osten. Er verkaufte mir feine Stoffe und eine ansehnliche Menge Pfeffer, im Gegenzug überließ ich ihm meinen letzten athenischen Aryballos, einige hübsche Perlen aus Albion und ein edles Parfüm aus Rhodos. Wir kamen darin überein, dass es im Grunde nicht von Belang war, was wir austauschten – unsere Waren würden sich an ihren jeweiligen Zielorten an den entgegengesetzten Enden der Welt als unschätzbare Raritäten erweisen.

Ihr fragt nach Abhas Rolle in meiner Geschichte? Nun, wenn ihr mich weitererzählen lasst, werdet ihr ihm wieder begegnen.

Verzeiht, wenn ich abschweife. Am Stadttor erwarteten uns Krieger. Sie gehörten zu den «Unsterblichen», wie wir Griechen sie nennen. Im Persischen werden sie als Anûšiya bezeichnet, was wie unser «Hetairoi» Gefährten heißt. Sie marschieren als Gefolgsleute mit dem Großkönig überallhin – in die Schlacht, auf die Jagd, selbst in die königlichen Gemächer. Es gibt zehntausend von diesen Kämpfern, aber sie bilden zwei Abteilungen. Die Äußeren Gefährten sind mit kurzen Speeren bewaffnet, deren Sauroter wie ein silberner Apfel geformt sind – eine tödliche Keule im Kampf. Die Inneren Gefährten, also die wahren Anûšiya, bestehen nur aus tausend Kämpfern, und sie tragen Speere mit goldenen Äpfeln.

Es gibt jedoch keine berittenen Anûšiya oder Hippeis, wie wir die Reiter bezeichnen würden. Jeder persische Adlige befehligt eigene Gefolgsleute, und somit hat auch der Großkönig welche, aber da der Großkönig zumindest bei den Persern als «Erster unter Gleichen» angesehen wird (ungefähr wie bei den Königen von Sparta!), gehören seine Reiter auch zu seinen Freunden und Getreuen. Die Unsterblichen sind wahre Krieger – einige sind von hoher Geburt, die meisten stammen jedoch aus dem Volk oder aus der Fremde, was die persische Kleidung natürlich überdeckt: Zu diesen Kriegern gehören also auch Meder, Babylonier und ein paar Griechen. Wer zu den Unsterblichen gehören will, muss sich die Aufnahme durch militärische Verdienste erarbeiten.

Am Tor nahmen uns sechs Männer der Inneren Wache in Empfang, mit goldenen Äpfeln an den unteren Enden der Speerschäfte.

Sie trugen herrliche Schuppenpanzer, aber ohne unsere Schulterverstärkung, wodurch die Panzer schmaler wirken, darüber wunderbar gewebte Gewänder. Sie bestanden aus Wolle, die mit Seidenstickereien verziert waren.

Seide ist eine bestimmte Art von Gewebe, die aus Kokons von Tieren gewonnen wird, von den Seidenspinnern im fernen Osten. Ich habe sogar einmal gehört, dass Seide in Verbindung mit Leder- und Eisenschuppen eine sehr wertvolle Rüstung hergibt. Ich kaufte Seide auf dem Markt. Manchmal bekommt man sie in Ägypten, aber eigentlich stammt sie aus Indien und aus Ländern, die noch weiter im Osten liegen, wie das legendäre Qin.

Nun! Es war ein Tag voller Wunder. Lasst es mich euch auf meine Weise erzählen.

Die gesamte Betriebsamkeit am Stadttor hielt für uns inne. Sechs herrschaftliche Wachen waren Gewähr genug, sodass wir bei jeder Kontrolle der Passierscheine sofort durchgewinkt wurden. Derweil plauderte der Befehlshaber der Anûšiya mit Kyros.

Plötzlich wandte sich der Mann mir zu und verbeugte sich. «Es tut mir leid», sprach er. «Mein Herr sagt mir, Ihr sprecht Persisch, ich aber habe Euch als unwissende Person behandelt. Wir kennen keine Griechen, die unsere Sprache sprechen.»

Ich nickte zum Gruß. «Möge das Licht der Sonne stets auf Eurem Antlitz leuchten», sagte ich.

Er grinste. «Ihr sprecht mit dem Akzent meiner Heimat!», rief er aus und schlug sich vor Freude auf den Oberschenkel. «Habt Ihr das bei einem Mann aus der Provinz Fars gelernt?»

«Ja, ich habe die Ehre, ein Freund des Artaphernes zu sein, des Bruders von Dareios dem Großen.»

Kyros bestätigte das. «Es ist wahr. Er war ein junger Spitzbube, aber wir mochten ihn von Anfang an. Nur die Götter wissen, wie es dazu kommen konnte. Und er rettete meinem Herrn das Leben.»

Der Anûšiya machte eine tiefe Verbeugung. «Wahrlich», räumte der Befehlshaber ein, «einem würdigen Griechen begegnen wir selten. Die meisten sind Sklaven – was auch wohl besser so ist.»

Einer der Krieger schaute zu mir auf – vergesst nicht, dass wir auf Pferden saßen. «Seid Ihr ein Spartaner?», fragte er. «Wie wir hören, sollen sie sehr gute Kämpfer sein – Männer der Ehre.»

Ich deutete auf Brasidas, der unmittelbar hinter mir ritt. «Der da ist Spartaner.»

Der Befehlshaber nahm es ehrerbietig zur Kenntnis. «Die Spartaner werden an unserer Seite sein, wenn wir kämpfen. Ihr König im Exil steht unserem Herrscher nahe. Sie gehen gemeinsam auf die Jagd.» Er nickte sich offenbar selbst zu, als würde er eine tiefgehende Wahrheit kundtun. «Der König der Spartaner ist ein ehrenwerter Mann – und ein guter Jäger. Sehr tapfer.»

Nun ja, im Krieg erliegen wir der Selbsttäuschung. Warum sollten sich nicht auch die Perser selbst täuschen?

«Was sagen die da?», fragte Brasidas, und die beiden Herolde trieben ihre Pferde nach vorn. Ich übersetzte.

Die Spartaner lächelten, und Sparthius stieg vom Pferd. «Unsterbliche? Die gehören zu den persischen Unsterblichen?» Er begutachtete die Ausrüstung des Befehlshabers wie ein Mann, der einen Ochsen auf dem Markt erstehen will. «Frag ihn, ob ich mal seinen Speer halten kann.»

Höflich überließ der Perser dem Spartaner die Waffe.

Sparthius fing an, den Speer herumzuwirbeln und achtete dabei gar nicht auf die Menschen, die sich nach und nach in Sichtweite der Agora von Susa um uns scharten.

«Perfekt austariert», merkte er an. «Eher kurz, liegt aber gut in der Hand.» Er prüfte den Schaft mit dem Daumen und lächelte. Dann reichte er den Speer an Bulis weiter, der die Spitze genau in

Augenschein nahm und ebenfalls lächelte. «Guter Stahl», meinte er.

Ich muss sagen, abgesehen von den Göttern, die uns Ehrfurcht abverlangen, machten die Unsterblichen Persiens die Spartaner glücklicher, als Arwia es je mit all ihrer Schönheit und ihrem wachen Geist hätte schaffen können. Bulis rief mir auf Griechisch zu: «Das sind würdige Krieger.» Seine Stimme war voller Leben, er wirkte wieder jung wie ein Spartiate, der gerade die Agoge durchläuft.

Falls ihr nicht durchschaut habt, wie der Spartaner dachte, so lasst euch erklären, dass er natürlich meinte: Dies sind Männer, die sich als würdig erweisen, die Speere mit ihnen im Kampf zu kreuzen.

Wahrlich, der Palast des Großkönigs in Susa war prachtvoll, und hätte ich dieses Bauwerk gesehen, ohne Babylon zu kennen, hätte ich vor Staunen den Mund nicht wieder zugemacht. Aber ich war nun mal in Babylon gewesen, und um ehrlich zu sein, Arwias großer Saal mit den geflügelten Löwen und den grün-weiß gesprenkelten Marmorsäulen war noch prächtiger als der Palast des Dareios in Susa. Wenn man dort die tempelartige Halle verlässt und die Unterkünfte für die Gäste betritt, wähnt man sich in aus Stein erbauten Baracken – anders kann man es nicht bezeichnen. Allerdings muss man dazu sagen, dass der Großkönig fast tausend Gäste beherbergte, und so wurden wir untergebracht wie Reisende einer Karawanserei entlang der Persischen Königsstraße, also gemeinsam mit Indern, Juden, Menschen aus Baktrien ...

Dennoch waren die Gästeunterkünfte wunderbar, da wir zu den Mahlzeiten alle zusammenkamen, als gehörten wir einem fremdländischen Heer an, und ich habe die Gespräche bei Tisch in guter Erinnerung behalten. Ich bin keinem einzigen törichten Mann begegnet, und viele Gäste waren viel weiter gereist als ich. Aristeides hielt beinahe Hof – seine Weisheit blieb keinem der Anwesenden verborgen, und so scharte er ziemlich bald hochgeistige Männer um sich und diskutierte mit ihnen über den Wert der Vortrefflichkeit und über den Sinn des Lebens.

Ich möchte damit nicht andeuten, dass mich diese Diskussionen nicht interessierten. Aber ich war in der Metropole des größten Reichs auf dem Aspis der Welt und wollte möglichst viel über den Feind in Erfahrung bringen – philosophische Gespräche über den Menschen und das Leben waren daher für mich zweitrangig.

Jeden Tag, wenn die Sonne auf halbem Weg zum Zenit war und der Schatten der Reiterstatue auf dem Platz der Fremden einen gewissen Punkt erreichte, erschien der Haushofmeister des Palasts und verlas die Namen der Gäste, die an diesem Tag vom Großkönig empfangen wurden.

Unmittelbar nach dieser Zeremonie schnappten Brasidas und ich uns Mantel und Strohhut und begaben uns auf die Agora. Wir statteten Kyros im Haus seines Vaters einen Besuch ab und saßen an der überreichlich gedeckten Tafel eines Mannes, der einst mit Kyros dem Großen geritten und selbst im Grenzland von Indien gewesen war. Kyros' Vater war ein höflicher, würdevoller alter Herr, der sich nicht zu fein dafür war, vor unseren Augen sein Akinakes durch die Luft sausen zu lassen, um uns zu demonstrieren, wie er vor Jahrzehnten einen Prinzen der Skythen tötete.

Später zeigte uns Kyros die Unterkünfte der edlen Reiterei, und wir durften den Männern bei ihren täglichen Übungen zusehen.

«Es mag töricht von uns sein, euch alles zu zeigen», meinte Kyros. «Unsere Ausrüstung, unsere Taktiken. Aber der Großkönig ist der Ansicht, dass wir, sobald andere Völker unsere Macht erkennen, Blutvergießen vermeiden können – wenn die anderen sich uns unterwerfen», fügte er bedeutungsvoll hinzu.

Die Wahrheit lautet: Auf den Ebenen rund um Susa unterhielt der Großkönig mehr und besser ausgestattete Reitereinheiten als in ganz Thessalien. Alle Griechen zusammen wären nicht in der Lage gewesen, so viele Reiter aufzubieten. Die berittenen Krieger der Perser hatten die besseren Pferde, die wertvollere Ausrüstung und natürlich Bogen, die keiner unserer Reiter mit sich führte. An einem anderen Tag nahm uns Kyros mit zu den persischen Bogenschützen.

Ich hatte schon in meiner Jugendzeit den Persern beim Bogenschießen zugesehen, meine spartanischen Freunde nicht.

Brasidas beobachtete schweigend, wie zwanzig Schützen ihre Pfeile so schnell hintereinander abschossen, dass die dritte Salve längst in der Luft war, ehe die erste im Ziel einschlug. Und als die Spitzen einschlugen, steckte eine unglaubliche Wucht dahinter. Persische Bogen sind größer und noch stärker als die Bogen der Skythen. Da wir bereits persische Schützen auf See erlebt hatten, wussten wir um die Durchschlagskraft ihrer Pfeile.

Es war mir ein wenig peinlich, als Kyros den Schützen auf dem Übungsgelände erzählte, dass ich vor vielen Jahren Artaphernes' berittene Garde angegriffen hatte – und noch lebte.

«Erzählt uns davon!», bedrängten die Männer mich, und so erzählte ich ihnen diese Geschichte, wobei ich möglichst viel unterschlug, zum Beispiel den Umstand, dass wir nur zehn Mann waren, die zum Angriff übergingen.

«Und Marathon?», fragte mich ein anderer. «Die Schlacht auf den Ebenen von Athen? Wart Ihr auch dabei?»

Ich gab zu, dass ich dabei war, und dann tauschten wir Lügen aus – oder zumindest Halbwahrheiten.

Schlussendlich kamen wir darin überein, dass jeder Beteiligte eine Schlacht anders sieht. Und ich musste ihm recht geben, dass die Perser vermutlich obsiegt hätten, wenn die letzten Reihen der Griechen nicht so schnell und beharrlich vorwärtsgedrängt hätten. Das schien den Perser zufriedenzustellen, und so hielt er mich für einen verlässlichen Augenzeugen.

Sie reichten uns Wein, und wir plauderten wie Gefährten.

Am nächsten Tag sprach mich auf dem großen Markt unvermittelt ein Straßenkehrer an, ein Meder niederer Herkunft. Er meinte, bald würde ich seine Arbeit verrichten.

«Noch bist du ein Botschafter», sagte er. «Doch schon bald wirst du Sklave sein, niedriger als ich. Das erlebe ich jeden Tag. Neige dein Haupt unter das Joch und bring es hinter dich!» Dann lachte er, dass man seine Zahnlücken sehen konnte. «Ich könnte Hilfe gebrauchen!»

Am selben Tag oder am nächsten waren wir bei Shahvir und Mayu eingeladen – ich hoffe, ich gebe die Namen richtig wieder. Jedenfalls waren sie Befehlshaber der Anûšiya. Wir versammelten uns in den Unterkünften zu einem Mahl der Krieger. Ich durfte meine spartanischen Gefährten mitbringen, was ich natürlich tat.

Shahvir war ein netter Kerl, aber kaum hatten wir einen Becher Wein geleert, zeigte er uns verschiedene griechische Rüstungen. «Ihr habt uns zugesehen, wie wir reiten und schießen», sprach er. «Jetzt möchten wir sehen, wie die Griechen kämpfen.»

Ich betonte, er habe doch gewiss schon einmal Hopliten gesehen – zumindest in babylonischen Diensten.

«Ich habe mehrmals gegen Ionier gekämpft», sagte er. «Zu viel hinderliche Rüstung, zu wenig Ausbildung an den Waffen.»

Ich wandte mich Bulis zu. «Ich denke, er möchte, dass wir ihm demonstrieren, was unsere Phalanx kann.»

Der Spartaner nickte. «Mit drei Mann und einem Fremden?», fragte er.

Dazu möchte ich Folgendes anmerken, meine Freunde – wir waren in Susa, im Zentrum des Perserreichs, und Bulis nannte mich einen Fremden. Es fällt einem wirklich schwer, die Männer aus Lakedaimon zu mögen. Nun ja, jedenfalls sah er mich kopfschüttelnd an.

«Du kennst ja nicht mal unsere Tänze», fügte er hinzu.

«Doch, den Siebten kenne ich», erwiderte ich. «Sparthius hat mir euren Pyrrhiche gezeigt.»

Sparthius nickte. «Und er schlägt sich besser als manch einer der Jungs», meinte er. «Ich sage, wir machen es. Zu viert sieht es schon nach etwas aus.»

Brasidas sah so unwillig aus wie ich. «Ich bin Platäer», sagte er.

In diesem Augenblick liebte ich ihn.

Bulis' Miene indes blieb ausdruckslos. «Gewiss. Deine Ansicht wird vermerkt. Also, wollt ihr dann mit uns den Pyrrhiche vorführen, *Platäer*?»

Es klang nicht einmal sarkastisch.

Mein Blick ging zu Brasidas. Und als ich sah, dass er nickte, sagte ich nur: «Ja.»

Es ist etwas anderes, wenn man den Pyrrhiche auf der Agora der eigenen Stadt tanzt. Bei den Unterkünften der Reiter stand uns eine freie Fläche im Schatten der Mauern zur Verfügung. In Platäa findet unsere Darbietung beim Heiligtum der Hera statt, sozusagen unter den Augen der Gottheit, und ich denke, dass sie uns wohlwollend dabei zuschaut.

Aber selbst wenn wir daheim kurz ins Stolpern geraten oder aus dem Takt kommen, tanzen wir vor dreitausend Männern und Frauen, und die meisten von denen kennen wir beim Namen. Wenn ein junger Krieger besonders geschickt und gewandt ist, dann rufen ihm die Frauen – auch einige Männer – zu: «Kalós! Kalós!»

Ganz anders sieht es hingegen aus, wenn man den Kriegstanz vor dem Feind aufführt. Und glaubt mir, Freunde, an jenem Abend in Susa war uns schmerzlich bewusst, dass wir eine Handvoll Griechen in einem Meer aus Feinden waren. Es waren gute Männer und Frauen – anständig und ehrenhaft –, doch sie waren felsenfest davon überzeugt, dass sie uns erobern und versklaven würden.

Und das dachte nicht nur der Großkönig, nein, so dachten alle, vom besten Krieger bis zur gemeinsten Schlampe.

Die Rüstungen, die sie uns überließen, waren nicht sonderlich gut gearbeitet und saßen schlecht. Schließlich bat ich Mayu, ob ich seinen Schuppenpanzer borgen könne, da wir in etwa gleich gebaut waren.

«Aber das trägt sich anders als eure Rüstungen», gab er zu bedenken.

«Ein solcher Panzer hängt von den Dachsparren meines Hauses herab», erwiderte ich.

«Oh, woher habt Ihr ihn?»

«Von Marathon», antwortete ich nicht ohne Böswilligkeit. Ich gebe zu, dass niemand mich je als Gesandten hätte losschicken sollen ...

Bulis übernahm das Kommando. Er ließ uns antreten, und so standen wir fast reglos da und schlugen eine halbe Ewigkeit mit den Saurotern auf den Boden. Bulis wollte, dass wir den perfekten Rhythmus fanden.

Ich habe ja schon angemerkt, dass der Pyrrhiche aus Sparta anders ist als bei uns. Dazu vielleicht dies: In Sparta führen sie zahllose Pyrrhiche auf, nicht nur einen. Und jeder Tanz erzählt im Grunde eine eigene Geschichte, bei jedem Tanz lernen die Jungen etwas dazu.

Beim siebten Tanz der Lakedaimonier handelte es sich genau genommen um den Tanz, der das Vorwärtsdrängen mit dem Schild demonstriert. Die Tänzer stehen sich in zwei Reihen gegenüber und drängen abwechselnd vorwärts, aber nur, um die Gelegenheit zu nutzen, den Aspis als Angriffswaffe einzusetzen. Genau diesen Tanz wollte ich lernen, weil er die Taktik so gut vermittelt – man lernt, wie man den Aspis zu drehen hat, wie man mit dem verstärkten Rand zuschlägt, wie man die Deckung des Gegners durchbricht, indem man eine Art Zwischenschlag vollführt.

Als wir bereit waren, konnte ich mich einen Augenblick nicht mehr an die Schrittfolge zu Beginn erinnern, daher war ich zu langsam, als die ersten Schritte kamen – furchtbar langsam, ich gebe es zu.

Doch danach fand ich in den speziellen Rhythmus, und ich muss sagen, wir waren wie Götter.

Wie auch bei der Pyrrhiche-Variante in Platäa gibt es im Siebten Tanz der Lakedaimonier den Augenblick, wo alle Beteiligten gleichzeitig nach vorn drängen und fest mit dem rechten Fuß aufstampfen. Unsere vier Füße waren wie ein Fuß – oder wie Hunderte, wenn man es auf viele Teilnehmer überträgt.

Beim letzten Schritt hielten wir alle gleichzeitig inne, keiner wippte nach vorn, keiner kam aus dem Takt.

Die Perser klatschten Beifall. Mayu hob einen Aspis hoch und machte eine eigenartige Bewegung mit dem Kopf. «Aber das könnt ihr natürlich nicht im Kampf machen», meinte er. «Ihr wärt viel zu eng nebeneinander.»

Ich übersetzte für Bulis, der ungerührt blieb. Sein Schulterzucken war eine Geste der Verachtung. Inzwischen kannte ich ihn gut genug, um seine Körpersprache zu verstehen. «Nur Milizen und Sklaven harren eng nebeneinander aus. Unsere Männer aber halten ihre jeweilige Position in der Linie.»

Das war eine recht lange Ansprache aus seinem Mund.

Gern würde ich euch erzählen, dass die Perser so sehr von unserer Darbietung beeindruckt waren, dass sie einfach zu Hause blieben und nicht nach Griechenland marschierten. Aber wir alle wissen, dass dies nicht der Fall war. Wie dem auch sei, Mayu brachte zum Ausdruck, der Tanz habe ihm gefallen, er habe aber nichts mit Krieg zu tun, und später erklärte mir Shahvir bei der Mahlzeit, unser Erfolg bei Marathon sei Zufall gewesen, da einige der griechischen Untertanen des Großkönigs zu unzuverlässig gewesen seien.

Tja, das dazu.

Bulis saß schweigend da, nur Brasidas fragte nach der Übersetzung und lächelte ab und an. Sparthius hingegen sah wütend aus und trank zu viel. Ich glaube, wir schmollten alle ein wenig vor uns hin – und ich war überrascht, wie feindselig die Anûšiya uns gegenüber eingestellt waren. Auf dem Weg zurück zum Palast versuchte Kyros, die Wogen zu glätten, und entschuldigte sich für seine Landsleute.

«Das sind keine echten Herren, musst du wissen», sagte er. «Das sind Krieger. Ich habe verstanden, was es mit eurem Tanz auf sich hat. Ich denke, das wird auch ein Mann wie Mayu beizeiten begreifen.»

Zwei Wochen mussten wir uns gedulden oder, wie man so schön sagt, uns die Beine in den Bauch stehen. Aber es war trotzdem eine großartige Zeit, und wenn ich mich nicht so nach Babylon gesehnt hätte, so denke ich, dass diese beiden Wochen die schönste Zeit meines Lebens hätten sein können. Alles in Susa kam einem Abenteuer gleich, und ich kostete Safran, trank erlesenen Wein, schaute schönen Frauen der Oberschicht hinterher und sah die schönsten Pferde, die mir je unter die Augen gekommen waren.

Doch, wirklich, Persien ist ein herrliches Land.

Keine zwei Wochen nach unserer Ankunft verschwand Brasidas. Er hinterließ eine Nachricht mit dem Wortlaut, er sei auf dem Weg, einen Freund zu besuchen. Bulis und Sparthius sahen – wissend aus.

Und erzählten mir nichts.

Ein paar Stunden nach Brasidas' Verschwinden brachte mir Hektor eine Nachricht, die er von einem Sklaven erhalten hatte. «Von einem griechischen Sklaven», sagte er.

Die Nachricht nannte einen Ort und eine Zeit, eine Unterschrift gab es nicht. Es war eine Einladung für mich.

Da ich früher selbst Sklave war, hatte ich ein Gespür für derlei Dinge und wusste, dass Vorsicht geboten war. Außerdem hatte ich nach unserer Unterredung mit den Anûšiya das Gefühl, dass mir jemand folgte.

Ich sah Hektor an und sagte: «Ich nehme die Einladung nicht an.»

Am nächsten Tag zupfte mich auf dem Platz der Fremden vor dem Palast ein Helot am Ellbogen – ich wusste, dass es ein Helot war, da ich den Menschenschlag aus Messenien kenne.

Ich achtete nicht weiter auf den Mann.

«Kommt mit mir, Herr», sagte er beharrlich zu mir.

«Nein!», beschied ich ihm. Ich hatte Bedenken, dass man mich provozieren oder zu irgendetwas verleiten wollte. Ich glaubte, der Helot würde mir vorgaukeln, ein Sklavenaufstand stehe bevor, vielleicht würde er mich um Geld anbetteln, wer weiß? Wir alle wussten, was uns bevorstand, sobald der Großkönig weiter vorrückte, und uns allen war bewusst, dass Xerxes seine eigenen, undurchschaubaren Spielchen mit Fremden trieb. Ich war davon überzeugt, dass er seine Gäste auf die Probe stellte – und nebenbei ein paar von ihnen einen Kopf kürzer machen würde.

«Mein Herr bittet Euch, zu ihm zu kommen», sagte der Mann.

«Wer ist dein Herr?»

«Seid Ihr schwer von Begriff?», lautete die Gegenfrage, die sich nun wirklich für keinen Sklaven ziemte. «Damaratos!»

Ich traf den früheren König von Sparta in einem Olivenhain, sechs Stadien südlich der Stadt. Sein Helot hatte mich aus dem Palast zu einem Bordell geführt. Dort sollte ich mir ein Mädchen aussuchen – das geht euch jetzt weiter nichts an – und wurde zu einem Raum geführt, doch von dort aus ging es weiter in einen Nebenraum, durch dessen Hintertür ich ins Freie gelangte. Ein Esel stand bereit, und so ritten wir aus einem der kleineren Tore hinaus und kamen an der großen Brücke vorbei. An mehr kann ich mich bei dieser Strecke nicht erinnern.

Damaratos war ein gutaussehender älterer Mann, der weder hinkte noch einen Buckel hatte – ich sage das nur, weil seine Gegner ihm all diese Gebrechen angedichtet hatten. Nein, er sah aus wie der Mann, der er war: einer der bedeutendsten Aristokraten der bekannten Welt. Er war reich gewandet, selbst in einem Olivenhain. Brasidas saß unter einem der Bäume, auf dem Schoß eine Schriftrolle, und erinnerte an einen athenischen Herrn, der eine philosophische Abhandlung studiert.

Ich verbeugte mich nicht. Es war ja nicht mein König. Aber ich überreichte das Wachstäfelchen. «Dies ist von Gorgo», sprach ich. «Von der Gemahlin ...»

Damaratos lachte. «Ich weiß, wessen Gemahlin Gorgo ist», sagte er. «Seid Ihr bereit, den Großkönig zu sehen?»

Ich denke, dass ich das mit einem Schulterzucken quittierte.

«Eine Woche lang habe ich ihn mit Schmeicheleien erfreut, nur damit er die beiden Spartiaten am Leben lässt», sagte er. «Der Mord damals an den Gesandten seines Vaters war eine ungeheure Beleidigung. Selbst heute kennen noch viele Leute dieses Ereignis.»

«Und was ist mit Aristeides?», wollte ich wissen.

«Athen ist dem Untergang geweiht», hörte ich von dem früheren König von Sparta. «Jeder in dieser Stadt verlor jemanden auf jenem Strand. Athen wird zerstört werden. So sagen es sämtliche Vorzeichen. Doch ich würde es gern erwirken, dass Sparta verschont bliebe.»

Ich runzelte die Stirn. «Aristeides soll getötet werden?», fragte ich.

Damaratos sah Brasidas an, der immer noch in die Schriftrolle vertieft war. «Wenn ich beim Großkönig meinen Willen durchsetzen kann, werdet ihr alle mit Geschenken beladen zurück in eure Heimat reisen», sprach er. «Xerxes ist – sprunghaft, er kann launisch sein. Oft hat man den Eindruck, dass er sich selbst nicht im

Griff hat für einen Mann mit seiner Machtfülle. Eigenartig auch, dass er auf die Meinung anderer angewiesen zu sein scheint.» Damaratos wirkte nachdenklich. «Tja, er ist eben nicht Dareios, aber seien wir ehrlich, keiner ist so wie Dareios.»

Offenbar wirkte ich überrascht. Denn mein Gegenüber zog die Brauen hoch.

«Nicht das, was Ihr erwartet habt, Platäer?» Er tat es mit einem Schulterzucken ab. «Ich kann nie wieder zurück nach Sparta. Dort behandelte man mich schlimmer als einen Heloten. Aber ich werde dennoch nicht an der Zerstörung meiner Heimatstadt teilnehmen.» Er hob bedeutungsvoll die kleine Tafel empor. «Mit Eurer Erlaubnis?»

Ich trat einen halben Schritt zurück und sah, wie Damaratos sich abwandte. Er ging zu Brasidas, mit dem er sich kurz austauschte. Plötzlich war ein lautes Knacken zu hören, und dann betrachteten beide Männer etwas. Der frühere König nickte.

«Ich habe Eure Tafel zerbrochen – wie töricht von mir. Ich gebe Euch eine neue mit auf den Weg. Für Gorgo, Ihr versteht.» Er sah mich an.

Ich erwiderte den Blick. Es ist nicht immer ratsam, Leuten alles zu erzählen, was man erraten hat. «Dürfte ich noch eine Frage stellen?», fragte ich.

Er lachte. «Platäer, ich bin im Ruhestand – ein alter Mann. Ich habe daher viel Zeit.»

«Gibt es da irgendetwas, das wir tun können, um den Großkönig dazu zu bewegen, Frieden zu schließen?», fragte ich.

Seine Antwort kam ohne Zögern. «Nein. Die Münze ist geworfen worden. Die Krieger wurden einberufen, die Geschwader sammeln sich. Euer Kommen zu dieser Zeit wird hier als törichte Unverfrorenheit erachtet. Vielleicht wäre es vor einem oder zwei Jahren anders gewesen. Jetzt jedoch – wäre ich nicht gewesen, hätte man Euch gar nicht vorgelassen. Man hätte Euch und Eure Begleiter ergriffen und ans Kreuz geschlagen.» Er zuckte mit den Schultern. «Vielleicht nicht Ihr, denn Artaphernes verlieh Euch mit seinem Namen freies Geleit. Und sein Wort hat hier immer noch Gewicht.»

Wie schon zuvor hatte Artaphernes mir das Leben gerettet.

Ich nickte. «Ich habe nie daran geglaubt, dass es Frieden geben könnte», bekannte ich. «Aber einen Versuch war es wert.»

Damaratos kratzte sich den Bart. «Ich bezweifle, dass Xerxes ein Heer von hier bis nach Korinth schicken kann und dann die Stadt einnimmt – ganz zu schweigen von Lakedaimon. Aber Athen wird fallen. Sparta jedoch wird bestehen.»

«Ich hoffe, Ihr seid kein guter Weissager», sprach ich.

«Es ist alles so gekommen, wie ich es diesem Narren Kleomenes gesagt habe, als er einst anfing, Persien herauszufordern.» Er seufzte. «Einst war ich König von Sparta. Krieg ist mein Geschäft. Ohne das unmittelbare Eingreifen der Götter kann Griechenland nicht gegen Persien bestehen. Aristeides hat sich bei den Magoi sehr beliebt gemacht. Sein Wissen der griechischen und ägyptischen Philosophie hat ihm wahrscheinlich den Kopf gerettet. Ihr müsst wissen, dass die Magoi hier sehr einflussreich sind.»

Brasidas erhob sich. «Ich gehe mit ihm zurück», bot er an.

Der frühere König von Sparta lächelte. «Es war schön, dich wiederzusehen.»

Sie umarmten einander nicht. Ich hatte für mich beschlossen, dass Brasidas sein Sohn war oder vielleicht sein Geliebter – ich überdachte es neu.

Wir kamen durch ein anderes Tor zurück in die Stadt, erneut unter der Führung des Heloten, der mich in die Küche des Bordells brachte. Als ich kurz darauf den Empfangsraum betrat, nahmen mich zwei babylonische Juden in die Zange, da ich ihrer Ansicht nach drei Stunden das beste Mädchen geritten hatte. Ich bestellte ihnen Wein, und wir wurden Freunde.

Brasidas verfolgte all das mit Interesse. Auf dem Rückweg zum

Palast schüttelte er den Kopf. «Jetzt war ich also auch einmal in einem Bordell», hörte ich ihn sagen.

Das von einem Mann, der fünfunddreißig war.

Der Tag kam, an dem uns der Großkönig zu sich rief.

Bei der Wahl der Kleidung waren wir sehr achtsam.

Die Vorladung bezog sich auf mich, den «Botschafter der Griechen». Aristeides wurde als Magos bezeichnet, die Spartaner galten als «Herolde Spartas».

Diese Titel setzte der Kämmerer am Hof fest, und ich entnahm der Bezeichnung «Magos», dass man Aristeides nicht töten würde. Interessant war: Obwohl er der Älteste unserer Gesandtschaft war, wurde er als irgendein Amtsinhaber abgetan.

Wisst ihr eigentlich, wie mein Name lautete, in der avestischen Sprache? Airyaman Navazhar, aus Palatay in Jawan. Ja, das war mein Name, ich war der edelmütige Lichtbringer!

Könnt ihr das glauben?

Letzten Endes war es Mayu, der uns zum Großkönig geleitete. Als er unsere bloßen Beine sah, schüttelte er den Kopf und bot mir seine Beinlinge an.

Der Königssaal entsprach von der Anlage her dem Palast in Babylon. Wir durchmaßen einen prachtvollen Säulengang – eine Arkade nach der anderen, als wandelten wir durch einen alten Wald, dessen Bäume aus Marmor bestanden. Nachdem wir auch die Eingangshalle in Begleitung des Haushofmeisters hinter uns gelassen hatten, stießen wir zu zwanzig anderen fremden Gästen und brachten es auf die viel verheißende Zahl vierundzwanzig. Offenbar waren wir die unbedeutendsten Gäste, da wir zuletzt hereingebeten wurden. Vor uns stand eine Delegation edler Saken, die sich mit kaum verborgener Verachtung umschauten.

Vielleicht waren diese Männer aber auch die nomadische Variante der Spartaner und ließen sich nichts anmerken. Nach und nach rückten wir vor und stiegen sehr breite, ausladende Stufen hinauf. Ich denke, der Architekt hat die Treppe absichtlich so entworfen, damit man sich klein vorkommt, und ich muss zugeben, dass ich mir bei den Ausmaßen des Palasts tatsächlich ziemlich klein vorkam.

So schritten wir von Innenhof zu Innenhof – durch den ersten Hof, an dem Recht gesprochen wurde, weiter durch den zweiten Hof, in dem bisweilen die Mutter des Königs ihren eigenen Diwan abhielt, also ihre eigene Versammlung. Im dritten Hof wurden militärische Angelegenheiten erörtert. Jeder dieser Innenhöfe war so groß wie der Tempel der Artemis in Brauron. Und überall von den Wänden wallten Behänge, purpurrot gefärbt wie in Tyros üblich, und wohin man blickte, war alles mit reinem Gold verziert. Nach einiger Zeit kann das Auge des Betrachters all diesen Prunk nicht mehr aufnehmen, obwohl ich mich erinnere, dass ich die Fresken ausgezeichnet fand, besser als alles, was ich bislang in griechischen Landen gesehen hatte. Bei den Fresken handelte es sich, soweit ich das beurteilen konnte, um gebrannten Ton mit permanenter Farbgebung, in Form von einzelnen Kacheln, die zusammen ein riesiges Mosaik ergaben.

Auf der anderen Seite führte man uns durch den zweiten Saal zurück in den ersten, nur für den Fall, dass man noch nicht ausreichend beeindruckt war.

Ich würde sagen, dass die Fläche, die wir im Palast abschritten, in etwa vergleichbar war mit der Grundfläche der Akropolis in Athen. Aber eben alles verziert mit Gold, Purpurrot und farbigen Kacheln.

Endlich gelangten wir in den Thronsaal.

Eigentlich handelte es sich um keinen Raum im engeren Sinne, sondern um einen Korridor mit anderen, kreuzweise verlaufenden

Korridoren, wie eine Aneinanderreihung unserer Buchstaben Iota und Tau. Vom Eingang aus konnte man nicht sehen, wer in den Seitenflügeln stand – dort warteten für gewöhnlich Amts- und Würdenträger, Krieger, Richter und Schreiber auf Anweisungen. Man sah also nur ihn.

Den Großkönig.

Er trug natürlich goldene und purpurrote Kleider, auf dem Kopf eine Tiara aus purem Gold. Ich muss sagen, er war ein gutaussehender Mann – das konnte ich da noch nicht genau beurteilen, da zunächst der goldene Thron mit den geflügelten Löwenfiguren alles andere übertraf.

In etwa so wie in Babylon. Wie gesagt, hätte ich Babylon vorher nicht gesehen, wäre ich aus dem Staunen nicht mehr herausgekommen. Jetzt indes erschien alles – übertrieben. Gekünstelt. Und ein bisschen hatte ich den Eindruck, als würden die Perser die babylonische Art nachahmen, bis hin zu den geflügelten Löwenwesen. Ich weiß nicht, wer den geflügelten Löwen zuerst hatte. Da ich schon im kniehohen Gras mit der etwas profaneren Variante Bekanntschaft gemacht hatte, verspürte ich jedenfalls kein Verlangen, einem Löwen mit Schwingen zu begegnen.

Xerxes empfing die einzelnen Gruppen der Gäste – er nahm ihre Geschenke entgegen und lauschte den Beteuerungen seiner Untertanen. Sie allen waren bereit, Männer und Ausrüstung für seinen Krieg gegen Jawan zur Verfügung zu stellen. Damit waren wir gemeint. Und so mussten wir bis zuletzt warten.

Das Warten zog sich in die Länge.

Insgesamt dürften wir bis zu vier Stunden gewartet haben. Ich war froh, den Chiton aus Leinen am Leib zu tragen, und ich denke, dass auch Aristeides froh war. Unsere bloßen Beine kamen uns zustatten. Bei all den Amtsträgern und den Fackeln entlang der Säulen war es in den Innenhöfen und Korridoren furchtbar heiß.

Je näher wir dem Thron kamen, desto stärker drängte sich mir der Verdacht auf, dass Damaratos falschlag – und dass wir des Todes waren.

Ich bin immer noch davon überzeugt, dass man uns demütigen wollte. Denn alle anderen Delegationen bekamen Wein und Wasser. Wir indes nicht. Die anderen Gruppen bekamen Datteln und süßes, in Honig getauchtes Backwerk – wir hingegen nicht.

Niemand schaute in unsere Richtung, niemand begegnete meinem Blick.

Quälend langsam, Zoll um Zoll, rückten wir in dem langgezogenen, düster gehaltenen Saal vor, der einer Kaverne glich, immer dem golden strahlenden, edel gewandeten Mann entgegen. Er saß sechs Fuß über dem Boden, und seine Füße ruhten auf einer Art Tischchen.

Schließlich warfen sich die Saken in voller Länger vor dem Herrscher zu Boden und murmelten einige Worte. Dann vollführten auch sie ihr Ritual – Geschenke, die im Zwielicht erst wie geflochtenes Zaumzeug aussahen, sich dann aber bei genauerem Hinsehen als Pferde entpuppten. Die sakische Gesandtschaft stellte dem Herrscher zehntausend Berittene in Aussicht, die gegen Jawan in den Krieg ziehen würden.

Der Großkönig gab Plattitüden von sich, seine Worte hallten von der Decke wider. Seine Stimme klang raunend wie die einer Gottheit.

Inzwischen hielt ich die Kunst des Architekten für plump.

Ich weiß auch, was ich in jenem Moment dachte: Hätte man uns direkt vor den erhöhten Thron des Großkönigs gebracht, hätte all das stärker auf mich eingewirkt, aber nach vier Stunden des Wartens vergeht selbst Furcht. Manchmal, sobald die Schlange weiter vorrückte, spürte ich, dass sich mein Herzschlag beschleunigte. Ich war zum Sterben bereit. Doch irgendwann befiel mich lähmende Langeweile.

So gesehen kann selbst die unverzügliche Hinrichtung uninteressant werden.

Unterdessen vertrieb ich mir die Zeit mit dem Übersetzen, da ich Aristeides und den Spartanern all das, was ich vor uns mitbekam und verstand, ins Griechische übertrug. Ziemlich zu Beginn zischte mir ein Kämmerer zu, ich solle gefälligst leise sein, doch ich beachtete den Mann nicht. Später löste sich Kyros aus der Menge und schärfte mir ein, den Mund zu halten.

«Dann musst du übersetzen», sagte ich zu ihm.

Kyros zuckte sichtlich zusammen. «Die Gepflogenheit verlangt, dass man in Gegenwart des Königs nicht spricht.»

«Du sprichst ja auch», wandte ich spitzfindig ein.

Er setzte ein Lächeln auf. «Ich bin vollblütiger Perser.»

Trotzdem übersetzte ich weiterhin für meine Begleiter, tatsächlich sprach ich zwischendurch absichtlich etwas lauter.

Aristeides meldete sich gleich zweimal zu Wort und unterbrach mich – einmal, um den Spartanern zuzustimmen, dass wir mit Würde in den Tod gehen würden, falls es den Persern in den Sinn kam, uns zu töten. Dann stimmte er uns zu, dass wir uns verbeugen würden, sprach sich aber wie wir gegen den Akt der Proskynese aus – wir würden uns also dem Herrscher nicht zu Füßen werfen.

Endlich bedeutete mir der Große Zeremonienmeister, ich möge vortreten.

Wir selbst hatten keine Geschenke mitgebracht.

Ich hätte welche gehabt, und tatsächlich hatten uns etliche Amtsträger *angeboten*, Geschenke anzunehmen – *aufgedrängt* wäre das treffendere Wort. Die Geschenke sollten nur sicherstellen, dass das Zeremonielle gewahrt blieb.

Doch Bulis bestand darauf, dass wir auf keinerlei Weise Unterwerfung erkennen ließen. Aristeides nickte zustimmend, aber im selben Moment war es für mich an der Zeit, all das dem Großkönig zu verdeutlichen.

Zunächst vollführte ich eine Verbeugung.

Es gibt in Persien viele Formen der Verbeugung. Man kann das

Haupt neigen – als Gleicher vor seinesgleichen. Man kann den Oberkörper nach vorn neigen. Man kann sich aber auch so weit vorbeugen, dass man mit der rechten Hand über den Boden streicht.

Und, wie gesagt, die Proskynese sieht vor, dass man sich der zu verehrenden Person zu Füßen wirft.

Während des langen Wartens – vier Stunden, wie gesagt – war mir nicht entgangen, dass sich die persischen Adligen verbeugten und mit einer Hand den Boden berührten, aber alle Botschafter, die sich unterwarfen oder die Unterwerfung zu erneuern gedachten, vollführten die volle Proskynese und warfen sich lang zu Boden. Einige krochen vorwärts und küssten die Beine des Tischs oder Hockers, auf dem die Füße des Großkönigs ruhten.

Ich fasste meinen eigenen Entschluss und trat mit dem Großen Zeremonienmeister vor, und als er mir eine Hand auf die Schulter legte, entwand ich mich ihm – er war kein Kämpfer, das merkte man gleich –, neigte den Oberkörper nach vorn und legte meine offene Hand auf den Boden.

Wie ein großer Aristokrat.

Oder wie ein Freund des mächtigen Artaphernes.

Das Schweigen umhüllte mich wie ein Gewand.

Was ich nicht wissen konnte, war, dass sich hinter mir weder Aristeides noch die beiden Herolde Spartas rührten. Sie neigten nicht einmal das Haupt.

Nun gut. Ich war einst Sklave bei den Persern gewesen, und daher konnte ich mich nicht so unverschämt geben. In der Rückschau bewundere ich die Spartaner für ihre Eigenwilligkeit, aber damals traf ich meine Entscheidung, und sie trafen die ihre.

Als einer der Kammerherren Bulis packte und versuchte, den Spartaner mit dem Kopf zuerst zu Boden zu drücken, warf Bulis den Mann sauber über die Hüfte und legte ihn dann flach auf den Boden.

Der Großkönig lachte.

«Wie ich sehe, seid Ihr heute meine Spaßmacher», sagte er. «Das war ein vollendeter Wurf, obwohl Nasha kaum zu unseren besten Ringkämpfern zählt.» Er beugte sich vor. Ich stand so nah vor dem Thron, dass ich das goldene Gewand rascheln hörte. «Warum verbeugt Ihr Euch nicht?», fragte er. Er deutete auf die Anûšiya, die mit ihren Speeren bereitstanden, um uns zu töten.

Bulis ergriff das Wort – dabei hatten wir uns eigentlich dahingehend verständigt, dass ich das Reden übernehmen würde.

«Wir verbeugen uns nur vor Göttern», sprach er. «Ihr, Großkönig, seid auch nur ein Mensch.»

Bulis sagte die Worte auf Griechisch. Ich machte mich daran, sie zu übersetzen.

Xerxes schaute weg. Tatsächlich glitt sein Blick aber zu einer Person, die ich nicht sehen konnte und die in einem Alkoven nah beim Thron stand. Ich gehe jede Wette ein, dass es Damaratos war.

Dann zeigte sich ein Lächeln im Gesicht des Herrschers. «Was für sonderbare Männer ihr doch seid», sprach er. «Ihr seid also Spartaner?»

«Wir sind Herolde der Könige», antwortete Bulis durch mich.

«Und obwohl Ihr sogar Könige habt, verbeugt Ihr Euch nicht?», fragte er weiter.

Wir alle nickten.

Der Großkönig schüttelte den Kopf und verzog das Gesicht wie jemand, dem ein bitterer Geschmack auf der Zunge liegt.

«Nun also», hob er wieder an. «Sagt, was Ihr zu sagen habt, Männer aus Lakedaimon.» Er sprach den letzten Namen sehr gut aus – gewiss hatte er das vorher geübt.

Bulis gab mir mit einem Kopfnicken zu verstehen, dass ich an der Reihe sei.

«O König der Meder!», begann ich. «Die Lakedaimonier haben diese Männer an Euren Hof entsandt, anstelle jener Herolde aus

Eurem Reich, die einst in Sparta erschlagen wurden, auf dass sie Abbitte leisten für das Schicksal Eurer Herolde.»

Ich sah, dass Xerxes nickte. Er zupfte sich den feinen Bart und schaute erst nach rechts, dann nach links. Ich konnte nicht sehen, wer dort linker Hand stand.

Schließlich straffte er die Schultern und beugte sich ein wenig vor. «Ich gebe mich nicht ab mit der Pietätlosigkeit der Fremden», sagte er. «Es liegt mir fern – mir, dem Großkönig und König aller Könige –, so zu handeln, wie einst die Lakedaimonier handelten, die unsere Herolde erschlugen und dadurch das einzige Gesetz brachen, das alle Menschen gemeinsam achten. Ich bringe Euch für diese barbarische Tat Verachtung entgegen, doch ich selbst werde mich einer solch abscheulichen Tat nicht schuldig machen.» Er beugte sich weiter vor. «Ich werde Euch mit Krieg überziehen und Euch vom Antlitz der Erde hinwegfegen, doch ich werde nicht, indem ich Euch töte, den Göttern gestatten, Euch von den Konsequenzen zu entbinden, die allein Ihr für Eure unerhörte Ruchlosigkeit zu tragen habt.»

Ich bekenne, dass ich diese Worte immer noch für eine noble Antwort halte – auch wenn mir schon damals bewusst war, dass kein anderer als Damaratos dem Großkönig die Worte in den Mund gelegt hatte, als Seitenhieb auf Kleomenes und dessen Auffassung von Politik. So war es, Freunde – wir waren sechstausend Stadien von Athen entfernt und erlebten, wie sich die spartanische Diplomatie in den heiligen Hallen des großen Dareios bewährte.

Xerxes machte eine Handbewegung in Richtung der Spartaner – er entließ sie. Er war nicht zornig. Doch er schenkte ihnen keinerlei Beachtung, und als zwei Wachen meinen Gefährten bedeuteten, sie mögen sich zurückziehen, machten die beiden auf dem Absatz kehrt und gingen. Ich glaube, dass sie erschrocken waren, entsetzt sogar. Denn sie hatten sich darauf eingestellt, mit Würde in den Tod zu gehen. Sie hatten aber wohl nicht damit gerechnet – und sich auch nicht darauf vorbereitet –, als verachtenswerte Missetäter hingestellt zu werden.

Sie wurden des Palasts verwiesen, hinausgeworfen.

Dann richtete der Großkönig erstmals seine lebhaften, braunen Augen auf mich. «Und Ihr», sprach er mich direkt an, «Ihr wart Sklave?»

Ich lächelte. «Das war ich.»

«Und Ihr habt meinen Freund Artaphernes vor dem Tode bewahrt – mehr noch, Ihr habt seine ganze Delegation aus noblen Persern gerettet, die von Tyros aus nach Libya unterwegs waren.» Wieder eine unbestimmte, fast ungeduldige Handbewegung. «Warum habt Ihr mir kein Geschenk mitgebracht?» Damit wollte er sagen, dass ich in seinen Augen mehr Verstand hätte beweisen sollen.

Ich verbeugte mich erneut. «Herr, ich bin nicht wohlhabend genug, um Euch ein anderes Geschenk zu überreichen als jenes, das ich Euch machte, als ich Eure Gesandtschaft vor dem Tod bewahrte.»

Wieder schaute er zur Seite, lächelte und fing erneut meinen Blick ein. «Ihr klingt eher wie die anderen Griechen, die ich kenne – immer eine Antwort parat. Werdet Ihr mir dienen?»

Ich verneinte entschieden. «Als Mensch werde ich Euch jeden Gefallen tun, Herr. Als Grieche? Niemals.»

Kyros, den ich gerade noch aus den Augenwinkeln sehen konnte, nickte, und da wusste ich, dass ich eine gute Antwort gegeben hatte.

Xerxes hatte wieder sein Lächeln aufgesetzt und nickte. Ich muss sagen, dass ich ihn sogar recht charmant fand für einen Tyrannen. «Starke Worte – umso besser für Verhandlungen. Ist das nicht nach Art der Griechen?»

Er blickte nach links, und nun sah ich einen Mann im Halbschatten eines Alkoven. Auf dem Platz der Fremden hatte ich ihn einmal kurz zu Gesicht bekommen, als er von Kriegern umgeben war. Es war Mardonios, der Berater, dem der König das meiste Vertrauen entgegenbrachte. Mardonios war darüber hinaus der energischste Befürworter eines Krieges gegen Griechenland.

Jetzt, auf einen Wink des Herrschers hin, trat er vor den Thron. Er verbeugte sich tief, warf sich Xerxes aber nicht zu Füßen. Er trug ein langes weiß-rotes Gewand, dazu rote Beinkleider. Mit seinem kraftvollen Körper ähnelte er einem Athleten, trotzdem kam er mir in diesen Beinlingen lächerlich vor – ich gebe zu, dass ich mich immerzu über die Tracht der Perser amüsierte. Einige Vorstellungen kann man einfach nicht überwinden.

«Mit welcher Machtposition oder mit welchen Reichtümern kann man Euch kaufen, Grieche?», fragte er mich. Sein Persisch klang anders als das des Königs. Mardonios sprach einen nördlichen Dialekt. Er gehörte zu den wenigen Männern am Hofe, die sichtbar ein Schwert trugen.

Die Wachen hielten immer noch ihre Speere gesenkt, die Spitzen waren auf mich gerichtet, als würden sie den wilden Eber an den Flanken des Kithairon jagen. Doch ich bezweifelte längst, dass Xerxes einen offiziellen Botschafter töten lassen würde, zumal Artaphernes mir freies Geleit zugesichert hatte.

Ich verbeugte mich erneut. «Herr, weder bin ich ein wohlhabender Mann, noch besitze ich Macht – es hat daher keinen Zweck, mir derlei Dinge in Aussicht zu stellen.»

Ich hörte, wie Aristeides hinter mir ein Schnauben unterdrückte.

Xerxes dürfte gewusst haben, dass Aristeides der wahre Botschafter war – er war der wohlhabende und einflussreiche Mann. Doch der König ignorierte ihn. Ich vermute, dass Xerxes sich von seinem Hass auf Athen blenden ließ, in etwa so wie ich, da ich mich insgeheim weigerte, Männer in Beinkleidern für voll zu nehmen.

Aristeides beugte sich ein wenig vor und wisperte auf Griechisch: «Mardonios hat die Absicht, uns zu irgendetwas zu verleiten – er will, dass wir eine Ruchlosigkeit oder Schandtat begehen.»

Das war auch mein Eindruck.

Es war eine Ironie ganz nach dem Geschmack der Götter, dass Mardonios in genau der Position war, in der Kleomenes sich einst befunden hatte, als er die persischen Botschafter abfertigte. Mardonios wollte den Krieg, und hätte er es so einfädeln können, mich zu töten, dann hätte er den Großkönig in eine Situation gebracht, aus der er sich nicht hätte zurückziehen können. Ich erkannte das zwar, aber womöglich zu spät. Besser spät als nie, wie es so schön heißt. Aristeides' Worte waren zur rechten Zeit an meine Ohren gedrungen.

Mardonios verbeugte sich wieder vor dem Großkönig. «Darf ich diesem Griechen noch eine Frage stellen, o großer König?», fragte er.

Xerxes bedachte ihn mit einem Lächeln. «Seid mein Gast.» Er lehnte sich zurück, worauf ihm ein Sklave einen Becher in die Hand drückte.

Mardonios nickte mir leutselig zu. «Ist es wahr, dass Ihr als Sklave geboren wurdet?»

«Nein», erwiderte ich ohne Umschweife.

Offenbar hatte ihn jemand falsch unterrichtet.

«Ihr wart aber ein Sklave des Artaphernes», fuhr er fort.

Ich deutete eine Verbeugung an. «Nein, Herr. Mit Verlaub, Ihr seid in diesem Punkt falsch informiert.»

Ich hatte den Eindruck, dass der Mann vor Wut platzen würde. Seine sonnengebräunte Haut rötete sich so schlagartig, dass ich einen Moment befürchtete, das Blut würde ihm aus den Augen schießen.

«Aber Ihr wart Pirat?», lautete seine nächste Frage.

Ich ging darauf nicht ein. «O großer König, König aller Könige», sagte ich, «ich stehe hier als Abgesandter der Menschen aus Platäa und anderer griechischer Städte, um in Angelegenheiten von Krieg und Frieden zu sprechen. Ich bin indes nicht gekommen, mit Eurem Diener Dinge aus meinem Privatleben zu erörtern, so charmant ich Euren Diener auch finde.»

In dem Saal hob ein Gemurmel und Getuschel an, das sich wie raschelnde Blätter im Wind anhörte.

Aber die Perser sind tapfere Menschen und verabscheuen Feigheit, wie jedermann sonst auch. Die Kultur mag von Land zu Land unterschiedlich sein, und ich hatte seit meiner Jugendzeit immer das Gefühl, dass Fremde unsere Vorliebe für Gespräche als eine Ausprägung von Furcht missverstehen – ja, offenbar halten sie unser Verhandeln, unser Geschäftsgebaren und unsere Neigung, zwischen Auseinandersetzung und Kompromiss abzuwägen, für Anzeichen von Schwäche.

Und wir wiederum halten die Perser für ein Volk von Sklaven, die ohne nachzudenken den Launen eines Tyrannen gehorchen.

Ich glaube nicht, dass Griechen und Perser einander so sahen, wie beide wirklich sind, aber eine Sache hatte ich in Artaphernes' Umfeld gelernt und verinnerlicht: Die Perser schätzen es, wenn man ohne Umschweife zur Sache kommt und mutig auftritt.

Wie dem auch sei, als das allgemeine Gemurmel weiter um sich griff, brauchte Xerxes nur drei Finger zu heben, und schon wurde es wieder still im weiten Saal.

«Und dennoch», wandte Xerxes nun selbst ein, und ich denke, er war wirklich wissbegierig, «dennoch wart Ihr ein Sklave. Ihr habt es selbst gesagt.»

Ich nickte. «Großer König, jenseits der Herrschaft der Gesetze, die Euer Reich groß gemacht haben, gibt es eine Welt ohne Gesetze. Wenn ein Mann in See sticht und Handel treiben will, riskiert er es unvermeidlich, in die Sklaverei zu geraten oder den Tod zu finden. Ich war zweimal in meinem Leben Sklave.»

«Niemand, der als Sklave geboren wurde, darf in dieser Versammlung sprechen. Wer das missachtet, wird der Ruchlosigkeit angeklagt und begeht ein Sakrileg in der geheiligten Anwesenheit des Königs.» Mardonios war ein Hitzkopf, so viel stand für mich fest.

Ich musste an Heraklit denken und an seine Ansicht zur Sklaverei. Ich rang mir ein Lächeln ab, obwohl in mir die Furcht aufstieg, Aristeides und ich könnten die Opfergaben dieses Festes werden. «Herr, ich wurde nicht als Sklave geboren, und ich bin auch jetzt keiner, während ich vor Eurem König spreche. Doch in unseren Augen, Herr, seid Ihr nur ein Sklave. Ihr tut das, was Euer König von Euch verlangt – und das gilt für jeden von Euch. Ihr habt keine Ratsversammlung, in der Ihr Eure Stimmen erhebt, und nicht einer von Euch hat Anteil an der Ausarbeitung Eurer Gesetze. Für einen Griechen ...», ich gab mich selbstbewusst, auch wenn die lauter werdenden Stimmen erahnen ließen, dass ich nahezu jeden Anwesenden beleidigt hatte. Aber die Stimme von Heraklit in meinem Kopf drängte mich weiterzusprechen, und daher hielt ich mich nicht zurück. «Und wenn man es von einer anderen Warte aus betrachtet: Wer von uns ist kein Sklave – ein Sklave der Zeit, der Götter, der eigenen Vorlieben und Wünsche?»

Aristeides legte mir eine Hand auf die Schulter.

Ich wappnete mich innerlich gegen den Speerstoß. Aber ich wollte lieber als Löwe sterben, anstatt wie ein Schaf geschlachtet zu werden, und ich hatte das Gefühl, dass Xerxes ein Mann der großen Gesten war.

Der Herrscher lehnte sich gelassen zurück – und lächelte. «Artaphernes sucht sich seine Freunde mit Bedacht aus», sprach er. «Geht zurück nach Griechenland und sagt den Menschen dort, dass sie sich unterwerfen sollen, und Ihr werdet sehen, dass ich Gnade walten lassen werde. Aber meine Heere stehen bereit, mein Entschluss steht fest. Ich werde alle Truppen entsenden.»

Ich verbeugte mich, blieb aber standhaft. «Ihr werdet Gnade walten lassen, großer König? Auch gegenüber Sparta und Athen?»

Er schüttelte den Kopf. «Nein. Für diese Städte nichts als Schutt und Asche. Ich gelobe feierlich – vor den Göttern, und möge man mir die Krone vom Haupt nehmen ...»

Ein älterer Mann löste sich aus einer kleinen Gruppe rechts vom Thron. «Haltet ein, Großer König! Ich ersuche Euch, keinen Schwur zu leisten.»

Der Großkönig funkelte seinen Berater zornig an. Ich wusste nicht, wer dieser Mann war, doch er trug prächtige Gewänder.

Mardonios hingegen warf dem Mann einen Blick zu, als hätte sich vor seinen Augen ein Misthaufen gebildet. «Wie könnt Ihr es wagen, den König zu unterbrechen?» Seine Stimme glich einem Zischen.

«Ein Schwur vor den Göttern ist etwas anderes als eine politische Aussage, Herr», sagte der alte Mann. «Die Auswirkungen des Schwurs beeinträchtigen die Sternenkonstellationen am Himmelszelt. Ich bitte Euch, drängt den König nicht zu einem solchen Schwur.»

Mardonios legte sich eine Hand an die Brust wie ein schlechter Schauspieler. «Der König reagiert nur auf den Hochmut des griechischen Botschafters! Ich habe nichts zu schaffen mit dieser Art der Beeinflussung, wenn es das ist, was Ihr andeuten wollt!»

Für die Dauer eines flüchtigen Herzschlags suchte Xerxes meinen Blick. Ich entdeckte einen Hauch von Belustigung in diesen dunklen Augen – aber auch Furcht. Das Leben eines Großkönigs besteht eben nicht nur aus Granatapfelsaft und Sklavenmädchen.

Ich beobachtete die drei Männer: den König, Mardonios und den Unbekannten. Als ich nach links und rechts schaute, sah ich die Höflinge, die Befehlshaber des Palasts und einige Krieger. Und mit nur einem Blick erkannte ich, dass ein Riss durch diesen Königshof ging. Ich konnte mir nicht erklären, was die Ursache dafür war, wusste nicht, ob es verschiedene Fraktionen gab, aber was ich sah, waren Zustimmung und Missfallen, Zorn und Furcht, Empörung und Hoffnung. Und eines wurde mir schlagartig klar: Es gab eine Partei, die den Krieg befürwortete, und eine Partei, die sich gegen den Krieg aussprach.

Hätte ich fünf Jahre Zeit gehabt oder eine Million Dareikos ausgeben können, dann hätte ich diese Situation ausnutzen und Zwietracht säen können. Mit Bestechungsgeldern erreicht man für gewöhnlich viel. Aber ich hatte weder Zeit noch Gold.

Der Herrscher hatte die Hand erhoben und forderte Ruhe ein. «Also gut, mein alter Freund, ich werde keinen Schwur vor den Göttern leisten. So lasst mich aber benennen, was offenkundig ist – meine Heere sind abmarschbereit, die Befehlshaber meiner Geschwader haben meine Instruktionen erhalten, und überall in meinem Reich wurden Vorräte angelegt. Athen und Sparta sollen vor Furcht zittern, denn meine Hand teilt keine leichten Schläge aus. Mein Speer ist lang, und ich werde zu Pfeil und Bogen greifen, und mit meinem Streitwagen werde ich über ihre Heere hinwegrollen wie ein Bauer, der Weizen drischt.»

Ich fasste dies als Schlussrede auf und dachte, man hätte uns mit diesen Worten entlassen. Ich straffte die Schultern, stand kerzengerade vor dem Thron – wartete auf den Todesstoß oder auf ein Handzeichen des Königs, auf was auch immer.

Aber als sich die Stille in die Länge zog, wurde mir bewusst, dass alle auf eine Antwort von mir warteten.

Meine rechte Hand schloss sich um den bronzenen Stab, der einen Herold auszeichnet.

Diesmal verbeugte ich mich nicht.

«Großer König!», begann ich. «Ich bin gekommen, um Frieden zu erbitten, doch man stellt mir Krieg in Aussicht. So sei es. Mein Land ist arm, Euer Land ist reich, Euer Arm reicht weit. Ihr gebietet über abertausend Sklaven und fruchtbares Land, das sich schier endlos erstreckt, angefüllt mit unzähligen Reichtümern. Mein Land dagegen ist vom Meer eingeschlossen und hat wenig mehr zu bieten als Stein und Fels.»

Ich hielt den Stab hoch über meinen Kopf. «Aber ich sage es vor den unsterblichen Göttern, großer König. Griechenland ist weit entfernt, der Erdkreis ist gewaltig, und auch wir haben Speere.»

Ich warf meinen Stab auf den Marmorboden. Der Aufprall klang wie Hephaistos' Hammerschlag auf dem Amboss der Götter.

Dann machte ich auf dem Absatz kehrt und schritt aus dem Saal. Aristeides hatte sich mir angeschlossen. Bei jedem Schritt rechneten wir damit, von hinten niedergeschlagen zu werden. Niemand begegnete unseren Blicken, doch hinter uns schwieg der Großkönig.

18. KAPITEL

Wir schafften es nur bis in den zweiten Saal, weiter nicht. Wir gingen schnellen Schrittes, als uns ein Dutzend Wachen mit Speeren umzingelte. Sie trugen Mäntel über ihren Rüstungen, und ihre Gesichter lagen halb hinter dem Stoff ihrer Halstücher verborgen. Keiner von ihnen sagte ein Wort.

Ich bekam weiche Knie. Wer kann es mir verdenken? Ich war unbewaffnet, diese Männer trugen Rüstungen, und ich ahnte, dass man mich in einem der zahllosen Seitengänge hinrichten würde.

Entsetzen packte mich, aber ich wusste trotzdem, dass ich irgendetwas tun musste, sonst bliebe mir nur der Tod. Während die Wachen uns umzingelten und zu einem der Seitengänge drängten, suchte ich verzweifelt nach einem Schwachpunkt in ihren Reihen. Mit dem Blick eines Kriegers hielt ich Ausschau nach einem Schwert, das nicht ganz in der Scheide saß, nach einem Speer, den ich einem der Männer hätte entreißen können – alles, nur nicht den schmählichen Tod in einem finsteren Gang.

Ich stieß Aristeides mit der Hüfte an, und unsere Blicke trafen sich.

Die Wachen brachten uns in einen anderen, schmaleren Korridor, und inzwischen hatte ich die Orientierung verloren. Ich dachte, wir wären in den Räumlichkeiten der Bediensteten, denn ich entdeckte keine Fresken mehr.

Als hinter uns eilige Schritte erklangen, drehte sich der Wächter unmittelbar neben mir um. Offenbar gehörte er nicht zur Leibgarde, es sei denn, er hatte sich verkleidet.

Ich schlug ihm mit der flachen Hand gegen das Ohr, so fest ich konnte, rempelte ihn mit der Schulter an und packte mir seinen

Speer. Mit derselben Bewegung wollte ich den nächsten Mann töten, aber der Wächter hatte sich ebenfalls umgedreht, weil er wissen wollte, wer hinter uns herlief. Daher erwischte ich ihn mit dem metallenen Sauroter am Kopf und schlug ihn zu Boden.

Zwei überwunden – nur noch zehn.

Aristeides hatte dem zweiten Gegner den Speer entrissen, ehe der Mann ganz auf dem Boden aufgeschlagen war.

Der Wächter, der nun auf meiner Höhe war, reagierte sofort, denn er ließ seinen Speer fallen und zog ein kurzes Akinakes aus dem Gürtel. Er schlug nach meinem Kopf, doch Aristeides rettete mir das Leben, indem er den Schlag mit dem Speerschaft abfing.

Aber mit dieser Gegenwehr erlahmte unsere Hoffnung auf Flucht auch schon, und wir sahen uns von zehn Männern umzingelt.

«Halt!», hörte ich eine Stimme. «Aufhören!»

Ich brauchte eine Weile, bis ich begriff, dass der Mann Griechisch sprach. Es war Kyros.

Er eilte um die letzte Biegung des Korridors und hatte die Lage mit einem Blick erfasst.

«Halt!», rief er mit donnernder Stimme auf Persisch. «Die Waffen nieder!» Die letzten Worte waren wieder auf Griechisch. Dann ging er neben den beiden Männern, die ich niedergeschlagen hatte, auf die Knie und tastete nach der Halsschlagader.

«Niemand wurde getötet», sagte er. «Und niemand braucht zu sterben.» Er schaute sich in der Runde um. «Dies sind die Männer der Königinmutter. Sie haben den Befehl, euch zu beschützen.» Kyros wandte sich an den Mann, der das kurze Schwert gezogen hatte. «Er spricht doch Persisch, wieso hast du ihn dann nicht angesprochen?»

Der Mann bedachte mich mit einem Blick, der voller Hass war. «Ich hätte nie gedacht, dass er und sein Gefährte so unzivilisiert sind, Gewalt im Königspalast anzuwenden.»

Kyros sah mich streng an.

«Ich dachte, die Männer würden uns ermorden!», versuchte ich mich zu rechtfertigen.

Aristeides lachte. «Das dachte ich auch, Kyros. Kommt, wenn wir alle Freunde sind, so nehmt meinen Speer.»

Er reichte die Waffe dem Befehlshaber der Wache, der ihn finster anstierte – doch er nahm den Speer entgegen.

«Die Königin wird es Euch nicht danken, wenn ihr sie misshandelt», meinte Kyros, dennoch trieben die Wachen uns vor sich her – schlugen uns beinahe. Ich konnte nachvollziehen, dass die Palastwachen wütend waren und Angst hatten. Einige blieben zurück, um sich um die beiden bewusstlosen Gefährten zu kümmern. Ich musste in einem dunklen Durchgang ein paar Fausthiebe und Tritte einstecken, doch dann traten wir hinaus ins Licht. Ich war wie geblendet. Kyros ging zwischen mir und Aristeides, eine Hand am Schwertgriff.

«Sonst gibt es noch Blutvergießen», räumte er ein.

Die Wachen führten uns über einen Innenhof, der mir unbekannt vorkam, und in ein anderes Palastgebäude. Dort schlossen sich uns zwölf weitere Wachen an, ehe man uns ziemlich schroff in einen fensterlosen Raum scheuchte. Meine Schulter pochte – zwei Mann packten mich an den Armen. Ich versuchte, mich zu befreien, schaffte es aber nicht.

Dann waren wir allein, umgeben von Dunkelheit. Aber Kyros war immer noch bei uns.

«So hätte es eigentlich nicht laufen sollen», hörte ich meinen persischen Freund sagen. «Die Königinmutter möchte, dass ihr lebend nach Hause kommt. Denn sie will verhindern, dass Xerxes sich weiterer Frevel schuldig macht. Außerdem ist sie eine alte Vertraute und Verbündete meines Herrn.» Allmählich gewöhnten sich meine Augen an das Zwielicht. Ich sah, dass Kyros an einer Wand saß und sich den Bart strich. Ein Lichtstreif stahl sich unter der Tür hindurch in den Raum, sodass es nicht stockdunkel war.

«Und das sollen die Wachen der Königinmutter gewesen sein?», fragte ich.

«Das weiß ich nicht. Ich war lange nicht mehr hier, mein Freund. Als der Große Dareios noch herrschte, liefen die Dinge hier anders. Er war der Herr in seinem eigenen Haus.»

So harrten wir eine ganze Weile im Halbdunkel aus.

Irgendwann legte mir Aristeides eine Hand auf die Schulter. «Du hast gut gesprochen», sagte er. «Deine Ausführungen zur Sklaverei haben mir besonders gut gefallen.»

«Mardonios war sicher nicht angetan davon», erwiderte ich.

Später, als es draußen dunkel wurde, erzählte Kyros uns eine Menge über die Vorgänge am Hof.

«Als Xerxes die Macht übernahm», sagte er, «musste er sich auf Zugeständnisse einlassen, um einige der persischen und medischen Vasallen für sich zu gewinnen. Er beleidigte ein paar von Dareios' besten Befehlshabern, indem er jüngere Männer bevorzugte. So läuft es fast immer, wie mein Vater mir sagte. Aber Xerxes – es ist nicht so, dass er schwach wäre, aber er unterliegt Stimmungsschwankungen. Das Bündnis, das er heute schließt, könnte schon morgen in Feindschaft umschlagen. Manchmal schenkt er seinen Beratern Gehör, dann wieder nicht. Diese Pflichtvergessenheit steht einem Großkönig nicht gut an. Mardonios, die Königinmutter und sein Bruder Achaimenes, sie alle versuchen, Xerxes zu beeinflussen oder zu beherrschen.»

«Und was ist mit Artaphernes?», wollte ich wissen.

«Mein Gebieter ist zu weise, sich auf diese Spielchen einzulassen. Er ist ein loyaler Mann und herrscht in seiner Provinz, erhebt Steuern, hebt Truppen aus – hält sich aber von den Ränken hier fern. Wir dachten, dass du uns womöglich helfen könntest, diesen Krieg zu verhindern.» Ich vermute, dass er mich im Halbdunkel ansah, die Stirn zerfurcht. «Warum also dann diese Antworten, die einen in Galle bringen?»

Doch Aristeides sprang mir bei. «Was hätte er sonst sagen sollen? Wir hatten gehofft, den König oder dessen Vertraute in kleinerem Kreis sprechen zu können, vielleicht gar unter vier Augen. Nichts von dem wurde uns gestattet.»

«Mardonios ließ euch beide Tag und Nacht beschatten, übrigens auch mich und all meine Männer. Einer meiner Getreuen verlor in einem Handgemenge sein Leben. Es gab keinen ersichtlichen Anlass für diesen Streit – doch es geschah, als ich den Mann zur Königinmutter schickte. Mardonios wird vor nichts haltmachen, um diesen Krieg weiter zu schüren. Er soll Satrap von Europa werden. Der Krieg ist sein Lohn für seine treuen Dienste und seine nächste Stufe zur Reichsherrschaft.» Nach einer kurzen Pause fügte Kyros grüblerisch hinzu: «Einige glauben sogar, dass er die Herrschaft über dieses Reich an sich reißen will.»

«Bei Hermes!», rief ich aus. «Wieso erfahre ich erst jetzt davon?»

Aristeides gab mir recht. «Ja, zu spät gewährt man uns Einblick in die Politik an diesem Hof. Noch vor einer Woche hätten wir womöglich etwas erreichen können. Oder andere Reden vorbereitet.»

Kyros wirkte ratlos. «Das Treffen mit der Königinmutter sollte alles regeln. Jetzt sieht es ganz danach aus, als hätte Mardonios uns in der Hand, so leid es mir tut. Ich weiß auch nicht, wie es so weit kommen konnte. Wir sind ihm ausgeliefert. Ich bedaure, dass mein Tod in einen offenen Konflikt innerhalb des Reichs münden wird, aber ich weiß, dass mein Vater meinen Tod nicht ungesühnt lassen wird. Ich habe Söhne.» Ich spürte, dass er lächelte. «Aber ich werde nie bereuen, dein Freund gewesen zu sein, Arimnestos.»

Die Tür ging auf.

Ich bereitete mich auf mein Ende vor.

Doch so einfach läuft es selten im Leben, und statt des Henkers traten drei Sklaven ein. Sie brachten edle Gewänder nach persischer Art. Und Speisen.

Also aßen wir zunächst in Ruhe.

Nach einigem Hin und Her legten wir die persischen Kleider an. Fortan sahen wir aus wie die Wachen, die uns umzingelt hatten, und trugen diese grässlichen Beinlinge und halblange Mäntel. Ich kam mir weibisch vor in diesem Aufzug, und bei Aristeides war es noch schlimmer, da die Beinkleider zu kurz waren.

Einer der Sklaven legte uns aufwendige Kopftücher an, dessen Enden uns halb ins Gesicht hingen, und schon verließen wir den Raum. An der Wand lehnten Speere. Wir nahmen uns jeder einen und folgten den Sklaven quer über den Innenhof, den wir bereits vorher überquert hatten.

Plötzlich drang ein lauter Ruf an unsere Ohren, und die drei Sklaven blieben wie angewurzelt stehen. Zwei Krieger eilten in unsere Richtung, mit gezückten Schwertern. Es waren Unsterbliche.

«Wisst ihr denn nicht, dass keiner mehr hier herumlaufen soll?», fuhr uns einer der beiden an.

Die Sklaven zuckten zusammen. «Meine Gebieterin ...», versuchte es der Sprecher der Sklaven in wimmerndem Ton.

«Hund von einem Meder!», beschimpfe ich den Krieger, der uns aufhielt. Ich bediente mich des nördlichen Dialekts des Persischen. Ich gebe zu, es klang grässlich, aber ich wusste, dass dieser Unsterbliche kein Perser war. «Kümmert euch um eure eigenen Angelegenheiten! Sonst gehen wir zu Mardonios, und dann werden wir ja sehen, wer hier Anweisungen geben darf!»

Die beiden Unsterblichen sahen einander an.

«Bewegt euch!», sagte ich in Richtung der Sklaven und drohte mit meinem Speer.

Man ließ uns gehen. Die beiden Krieger haben mir meinen Auftritt wahrscheinlich nicht ganz abgenommen, aber da wir zügig weitergingen, trauten sie sich nicht, uns festzunehmen.

Endlich gelangten wir in den Palast der Frauen. Ich wusste es, sowie wir die Türen hinter uns ließen – bei Frauen riecht es anders als bei Männern, und ich spreche jetzt nicht von Duftwassern. Es roch einfach anders, nach Wäsche und den Bestandteilen der Kajalfarbe und nicht nach Schweiß und Leder.

Man führte uns einen kurzen Korridor hinunter, dann zwei Treppen hinauf, wo unsere Speere eher hinderlich waren. Schließlich betraten wir einen Raum, in dem bereits ein Dutzend Wachen mit verhängten Gesichtern warteten. Der Raum wurde von zahllosen Öllampen erhellt, die Fresken an den Wänden zeigten Szenen mit Stieren.

Die Wachen machten uns Platz, sodass wir Atossa erblickten, die Mutter des Königs.

Ich verbeugte mich vor ihr und berührte mit der Hand den steinernen Boden.

Die Dame lächelte, was ihr schönes Antlitz noch stärker erstrahlen ließ. Ich denke, dass sie nicht viel älter als vierzig war und sicherlich Zugang zu allen nur erdenklichen Schönheitsmitteln hatte, denn ihre Haut war glatt und rein, überhaupt war Atossa von schlanker Statur. Sie trug lange Seidengewänder, das Gesicht hatte sie indes nicht verhüllt. Auf dem Kopf trug sie eine seidene Tiara mit Goldschmuck, seidene Beinkleider bedeckten ihre Beine, ohne die ansprechende Form ihrer Schenkel zu verbergen. Hinter Atossa saßen zwölf junge Frauen auf weichen Kissen, eine schöner als die andere – mit fein nachgezogenen Brauen, ebenmäßigen Nasen und strahlenden Augen.

Ihr wisst, dass ich viele Jahre auf See war und den Erdkreis erkundete, aber nie sah ich so viele wunderschöne Frauen auf einem Fleck!

Dennoch, ich riss mich zusammen und richtete meinen Blick auf die Königinmutter.

Sie hatte sich erhoben und musterte mich. Dann schenkte sie mir ein kleines Lächeln und neigte kaum merklich das Haupt, ehe sie sich Aristeides zuwandte. «Ihr müsst der große Herr aus Athen sein, den mein Sohn offenbar bewusst missachtet hat?», fragte sie.

Aristeides verbeugte sich. «Herrin, ich bin im Exil.»

Sie quittierte das mit einem wissenden Nicken. «Mir fehlt die Zeit für derlei Spielchen, athenischer Herr. Mein Sohn ist kurz davor, einen großen Fehler zu begehen. Er hat schlechte Berater.»

Aristeides war im Umgang mit Frauen nicht immer geschickt. Ich spürte, dass er nervös war, doch er fing sich wieder. «Herrin, ich kann nicht vorgeben, für Athen zu verhandeln», begann er.

Sie schnippte mit den Fingern. «Was kümmert mich Athen», erwiderte sie. «Mag sein, dass Eure Stadt den Zorn meines Sohnes zu spüren bekommt oder aber zu wahrer Größe gedeihen wird, es ist mir einerlei, solange mein Sohn nicht unklug unser Geburtsrecht veräußert und die Zukunft unseres Reichs aufs Spiel setzt, indem er seine Macht überstrapaziert.» Ihr Blick wanderte wieder zu mir. «Mardonios hegt die Absicht, Euch festzunehmen und zu ermorden – noch heute Nacht. Seine Leute und meine Getreuen spielen zu dieser Stunde Katz und Maus.» Sie setzte ein breites Lächeln auf. «Meine beiden Getreuen haben sich gut erholt. Darf ich anmerken, dass ich Euch den Hunden zum Fraß vorgeworfen hätte, wenn ihr die beiden erschlagen hättet?» Es war natürlich keine Frage.

«Ich denke, für Eure Hunde wäre ich etwas zu zäh und sehnig gewesen», antwortete ich.

«Auch ich bin über die Blüte meiner Jahre hinaus», merkte Aristeides an – hier sieht man, wie unwohl sich mein Gefährte in Gegenwart der Königinmutter tatsächlich fühlte, weil er sich an einer geistreichen Bemerkung versuchte.

Unser Bemühen um einen leichten, unbeschwerten Ton fegte Atossa mit einer Handbewegung fort. «Ich werde nicht zulassen, dass Mardonios Macht über meinen Sohn hat.»

Ich musste den Versuch wagen. «O Königin von Persien, gibt es noch eine Möglichkeit für uns, diesen Krieg zu verhindern? Sind Verhandlungen noch möglich?»

Sie schürzte die Lippen. «Ich möchte nicht, dass mein Sohn sich zu Handlungen hinreißen lässt, die ihn vor unseren Gottheiten in ein schlechtes Licht rücken», sprach sie. «Und ich werde nichts unversucht lassen, um Artaphernes zu unterstützen, der stets treu zu meinem Gemahl stand. Aber gebt Euch bitte nicht der Vorstellung hin, ich würde etwas anderes wünschen als die Zerstörung Athens. Kein Stein soll auf dem anderen bleiben. Die Tempel dort sollen zerstört werden, da unsere Heiligtümer in Sardis geschändet wurden.»

So viel also zu den Aussichten auf Frieden.

Erst in jenem Augenblick, in den Gemächern der Königinmutter in Susa, begriff ich voll und ganz, dass wir nie Aussicht auf Erfolg gehabt hatten. Der Ionische Aufstand, das Niederbrennen des Tempels in Sardis, die Verwüstung von Euböa und die Schlacht von Marathon waren wie die Trittsteine in einem tosenden Strudel – und mit jedem Schritt näherten wir uns dem Moment, in dem der Großkönig seine Heere auf den Marsch schickte.

«Ich werde Euer Leben retten», sagte sie. «Doch ich werde begeistert sein, wenn ich erfahre, dass die Akropolis in Flammen steht.»

Aristeides verbeugte sich. «O Königin», sagte er, «Athen hat sich und die Menschen dort lediglich gegen Euren Gemahl verteidigt und wird sich auch gegen Euren Sohn verteidigen müssen. Ich bedaure die Verwüstungen, die griechische Krieger in Sardis anrichteten. Das war unbedacht und falsch. Ich war selbst dort und hätte es gern verhindert, wenn es in meiner Macht gestanden hätte. Die Ionier, die zwischendurch zu Euren Untertanen gehörten, sind die wahren Schuldigen. Und später stand ich auf der Ebene von Marathon und tat mein Bestes, um Datis und dessen Heer daran zu hindern, Athen zu plündern. Denn zu jenem Zeitpunkt wusste ich bereits, dass Euer Feldherr die Städte von Euböa dem Erdboden gleichgemacht und die Bewohner dieser Landstriche in die Sklaverei gezwungen hatte.»

Sie unterbrach ihn mit einer knappen Handbewegung. «Ich bitte Euch, spart Euch Euren Atem auf. Eure Argumente interessieren mich nicht, ich stehe auch nicht vor Euch, um Verhandlungen zu führen. Ich ließ Euch hierherbringen, da Mardonios es nie wagen würde, meine Gemächer durchsuchen zu lassen. Nun könnt Ihr mich zu meinem Sommerpalast eskortieren, und dann, so hoffe ich, werde ich Euch nie wiedersehen.»

Kyros hatte die ganze Zeit geschwiegen. Jetzt verbeugte er sich. «Herrin, was wird aus meinen Getreuen und den anderen Griechen?»

Als sie ihn mit einem undurchsichtigen Lächeln bedachte, wurde ich das Gefühl nicht los, dass man sich diese Frau besser nicht zum Feind machte. «Sie sind alle in Sicherheit», erwiderte sie. «Die Spartaner wurden noch auf den Stufen zum Thronsaal abgefangen. Und Eure Getreuen mit all den Pferden und der Ausrüstung stehen für Euch in den Bergen bereit.»

Aristeides gab sich damit zufrieden. «Was, große Königin, bleibt uns dann noch anderes übrig, als Euch unseren Dank auszusprechen – von einem Gegner zum anderen?»

Ihre fein gezogenen Augenbrauen schossen in die Höhe. «Ah, wohl gesprochen. Aber nun lasst uns gehen. Ich habe mich schon die ganze Zeit nach den Bergen gesehnt.»

Wir kamen schnell voran, und ich kann euch nicht allzu viel davon erzählen, außer dass wir erschöpft und nahezu desorientiert waren. Wir eilten die Haupttreppe hinunter und bildeten eine Eskorte hinter der Sänfte der Königinmutter, ehe man Atossa feierlich über vier Innenhöfe zu den königlichen Stallungen trug, wo die Dame zu meinem Erstaunen auf den Rücken eines Pferds stieg.

Sie ritt so gut wie Gorgo, vielleicht noch besser. Sie saß wie ein Mann auf dem Pferd und war eins mit dem Tier. Noch erstaunter war ich, als ich sah, dass all ihre edel gewandeten Frauen ebenfalls ritten: ein Reiterzug wunderschöner Kentauren. Stallburschen brachten uns Pferde, und auch Aristeides erwies sich als ausgezeichneter Reiter, was im Grunde keine Überraschung war.

«Die Griechen bleiben in der Mitte», hörte ich die Königinmutter sagen. «Sie reiten nicht so wie wir.»

Nun – ich denke, das stimmt. Wie gesagt, bei den Persern wirkten Ross und Reiter wie eine Einheit, wir hingegen hielten uns steifer. Andererseits wisst ihr ja, dass ich nichts für Pferde übrighabe. Aristeides liebte Pferde, und selbst im Licht der Fackeln sah er persischer aus als ich.

Manche Dinge machen mir mehr Angst als andere. Beim Reden in der Öffentlichkeit habe ich mich nie sonderlich hervorgetan, obwohl mir hin und wieder ein paar ganz gute Ansprachen gelungen sind, aber diese Flucht aus Susa löste Ängste in mir aus, die schlimmer waren als alle Schlachten, an denen ich teilnahm. Viermal wurden wir von Kriegern angehalten, aber jedes Mal genügte ein scharfer Blick von Atossa, um die Wachen gefügig zu machen. So ritt unsere kleine Karawane hügelabwärts, folgte dem Verlauf der Straßen und passierte das nördliche Tor. Im Mondschein ritten wir parallel zum Fluss, und als die Sonne aufging, hatten wir bereits felsigen Untergrund erreicht. Berge ragten zu unserer Linken auf.

Wir ritten den ganzen Tag, bis wir zu einem größeren Pferdehof gelangten. Dort wechselten wir die Pferde in einem Stall, der zu einem hübschen Anwesen gehörte. Es handelte sich um den Ort, an dem Kyros wieder zu seinen berittenen Gefährten stieß und wir die spartanischen Herolde und natürlich Brasidas wiedersahen, auch Nikeas und Hektor.

Wir begrüßten einander erleichtert und klopften einander auf die Schultern. Ich vermute, dass keiner von uns noch damit gerechnet hatte, mit dem Leben davonzukommen. Doch in dem großen Stall nördlich von Susa wagten wir aufzuatmen.

Kyros kam zu mir und meinen Gefährten und nahm mich beiseite.

«Atossa gedenkt, in einer halben Stunde aufzubrechen. Sie wird sich nördlich halten und in die Berge reiten. Ich würde vorschlagen, wir verabschieden uns hier von ihr und reiten erst nach Norden, dann nach Westen über die Ebene von Massabatike – durch das Land der Meder. Wenn wir in den Bergen bleiben, entkommen wir den Spähern, ehe wir dem Euphrat bis nach Dura folgen.» Er deutete auf seine Reiter. «Zwanzig unserer Besten geben uns Sicherheit, zumal Atossa mir sechzig Pferde geschenkt hat. Wahrlich ein großzügiges Geschenk!» Er musterte mich einen Augenblick. «Du zögerst?»

«Ich hatte gehofft, auf dem Rückweg noch einmal nach Babylon zu kommen», gestand ich.

«Arwias Palast wird überwacht, glaube mir. Noch vor eurer Ankunft gab es dort Spitzel. Diese Frau ist eine Natter, und nicht ihr Gemahl, sondern *sie* hätte dem Schwert zum Opfer fallen sollen.» Er hatte die Stimme erhoben, beruhigte sich aber wieder. «Ich rate dir ab, über Babylon zu reisen. Oder sagen wir so: Ich für meinen Teil werde nicht dorthin reiten, und eigentlich wollte ich dich überzeugen, weiterhin an meiner Seite zu bleiben. Ich hatte es Artaphernes versprochen.»

Ich gab ihm darauf keine Antwort.

«Auch Briseis habe ich es versprochen», fügte er bedeutungsvoll hinzu.

«Ich muss erst mit meinen Freunden sprechen», sagte ich.

Ich trat zu Brasidas, Aristeides, Bulis und Sparthius. Die beiden Herolde waren keine guten Reiter, aber sie hatten zwei Monate Zeit gehabt, sich auf Pferde einzulassen, und letzten Endes hatten sie Fortschritte gemacht.

Ich legte meinen Gefährten dar, welche Optionen wir hatten.

Sparthius unterbrach mich, zeigte auf meine Beinkleider und lachte. «In diesem Aufzug kann man dich kaum ernst nehmen.»

Ich sagte dazu nichts und zeigte nur auf seine Beinlinge.

Aristeides gab ein Schnauben von sich. «Meine Herren, wir sind keine Schuljungen. Arimnestos, es ist unsere Pflicht, mit den Erkenntnissen, die wir gewonnen haben, nach Hause zurückzukehren.»

Insgeheim musste ich ihm recht geben, tat seine Bemerkung aber mit einem Schulterzucken ab. «Ich gebe zu, dass sich das jetzt selbstsüchtig anhört, aber ich dachte, dass Griechenland vielleicht in Babylon gerettet werden könnte.»

Brasidas nickte. «Das sehe ich auch so. Babylon schwelt wie ein Stapel Zweige, die man nur noch in Brand zu stecken braucht.» Seine Augen verengten sich. «Und ich denke, ich weiß, wie man den Funken überspringen lässt.»

Ich schätze, dass ich ihn ziemlich eifersüchtig beäugt habe. «Ach ja, du weißt das?»

Er lachte. «Ich habe eine Nachricht für eine gewisse Dame in Babylon, von einem früheren König von Sparta. Nicht alle Ränke betreffen dich, Platäer.»

Keiner der beiden anderen Spartaner sah überrascht aus.

Aristeides nahm mich bei der Schulter. «Brasidas hat den Überblick in dieser Intrige», sagte er eindringlich.

Als ich den Spartaner nur fragend ansah, lächelte er. «Den habe ich», sagte er. «Ich mache mich auf den Weg nach Babylon. Du reitest nach Hause und sorgst dafür, dass die Griechen sich bewegen.»

Ich denke, ich hätte vehementer protestieren können, aber seien wir ehrlich, ich hatte genug von den Ländern des Ostens. Babylon verband ich zwar mit angenehmen Erinnerungen, aber dieser Ort war nicht für mich bestimmt.

Aristeides – der am wenigsten Hinterhältige von uns – war letzten Endes derjenige, der den Denkfehler in unserem Plan benannte. «Es wird Kyros gar nicht gefallen, wenn wir Babylon in irgendeiner Weise Hilfe zukommen lassen. Mag sein, dass er uns bereitwillig hilft und nichts dagegen hat, einem Mann wie Mardonios eins auszuwischen, aber er ist und bleibt ein loyaler persischer Befehlshaber.»

Brasidas fluchte.

So standen wir müde und ernüchtert in einem fremden Land, mit gesenkten Köpfen, auch wenn uns die Flucht gelungen war.

Plötzlich meldete sich Hektor zu Wort, aber zunächst so leise und verhalten, dass ich ihn kaum wahrnahm. «Ihr könntet doch einfach sagen, dass Ihr – nun ja, dass Ihr zu Damaratos nach Susa zurückkehrt.» Hektor errötete. «Tut mir leid, meine Herren, aber Kyros weiß, dass Brasidas – den spartanischen König kennt.»

Brasidas' eben noch düstere Miene hellte sich auf. Er lächelte wieder, und Bulis wuschelte dem jungen Mann durchs Haar. «Schlau wie Odysseus, dein Hektor!», rief er. Dann sah er Brasidas an. «Aber wie willst du es bis Babylon schaffen? Du sprichst doch nur Griechisch.»

«Das wird nichts», warf ich ein. «Das schaffst du nicht von hier aus.» Ich sah die Gefährten einen nach dem anderen an. «Wir müssen in die Nähe von Babylon gelangen. Wisst ihr noch, wie weit man auf der Hochebene sehen konnte? Dort macht Brasidas sich auf den Weg, und wir decken ihn, indem wir Nikeas als Herren ausstatten. Wir brauchen nur dafür zu sorgen, dass Brasidas einen Tag Vorsprung hat.» Im selben Atemzug ging mir auf, dass ich mich genauso gut davonstehlen könnte, auch wenn man mich viel schneller vermissen würde als den schweigsamen Brasidas.

Zum Abschied überbrachte mir die Königinmutter ein Gastgeschenk. Ihr Haushofmeister kam zu mir.

«Meine Herrin schickt Euch dies, ein Kleinod aus unserem Palast, auf dass kein Grieche vom Hofe des Großkönigs mit leeren

Händen zu seinem Volk zurückkehrt. Sie gibt Euch Folgendes mit auf den Weg: Geht und kehrt in Eure Heimat zurück und erzählt allen Menschen dort, was Ihr gesehen und erlebt habt. Beschreibt ihnen die Herrlichkeit des Großkönigs und sagt allen, sie mögen Erde und Wasser als Zeichen ihrer Unterwerfung geben. So werden sie zu loyalen Untertanen.» Mit diesen Worten verbeugte er sich tief, als wäre ich ein großer Aristokrat, und reichte mir eine Schatulle aus Zedernholz, die mit Silber verziert war.

Ich gab das Kästchen an Nikeas weiter, ohne es genauer zu betrachten.

Der Haushofmeister hatte dafür nur Verachtung übrig. «Das dürfte der hübscheste Schatz in Griechenland sein. Und Ihr seid zu fremdländisch, um einen Blick darauf zu werfen? Oder seid Ihr Griechen unempfänglich für das Schöne?»

Aristeides schwang sich behände aufs Pferd und wirkte zwanzig Jahre jünger. «Auch wir haben schöne Dinge in Griechenland», sagte er. «Hügellandschaften, Täler, Wasserfälle, die See und Frauen.» Er lächelte tiefsinnig. «Für Schätze haben wir nicht allzu viel übrig.»

Bulis lachte. «Und wir sind zu arm!», rief er.

So ritten wir davon und ließen den Haushofmeister mit seiner Verachtung allein. Ich dachte schon damals, dass das eine der schönsten Reden von Aristeides gewesen war.

So kam es, dass wir schlussendlich alle gemeinsam losritten, verkleidet als Meder, hinauf in die Hochebene westlich von Susa, ehe wir das Tal des Eulaios erreichten. Wir ritten vorbei an den Mauern der Stadt Hulwan und hinab in die Ebene von Me-Turran – eine Strecke von fünfzehn Tagen. Manche Tage wollten kein Ende nehmen, und wenn wir gegen Abend lagerten, konnten wir bei klarer Sicht noch das Lager vom Vortag in der Ferne ausmachen. Ständig hatten wir zu wenig Wasser. Wir schliefen auf dem harten Boden und gingen jeden Tag auf die Jagd, und ich war aufs Neue erstaunt, mit welcher Leichtigkeit die Perser vom Pferd aus schossen.

Von Me-Turran bis nach Babylon ist es eine Wegstrecke von fünfhundert Stadien, und die Straßen waren alle klar markiert. Als wir auf eine Abteilung Speerträger stießen, sprach ich den Befehlshaber an, worauf er mir von seinen Reisen erzählte und uns genau beschrieb, wie wir zu der großen Stadt auf der Ebene gelangten.

Von da an ritten wir in westlicher Richtung über das flache Land, und der Sommer neigte sich dem Ende zu. In den Bergen war es noch kühl gewesen, doch jetzt war es trotz der Sonne auch hier nicht mehr so heiß, und der Übergang der Jahreszeiten rief mir in Erinnerung, dass ich noch eine Reise von zwei Monaten vor mir hatte, um zur ionischen Küste zu gelangen. Wir hätten natürlich auch die persische Königsstraße nehmen können, aber Kyros war dagegen. Er hatte vor, die Ebene in weitem Bogen zu umgehen, anstatt sie direkt zu überqueren, um immer am Rande des Hochlandes zu bleiben.

Als wir Dura am Tigris erreichten, griffen die Götter in unsere Angelegenheiten ein und sandten uns zwei phrygische Kaufleute, die ihre Waren auf Lastkähnen über den Fluss nach Babylon beförderten. Sie sprachen unsere Sprache. Jetzt brauchten wir Brasidas nicht mehr Nikeas zur Seite zu stellen.

Wir legten unser Geld für die Fahrt zusammen, und schließlich setzte sich Brasidas in einem günstigen Moment unbeobachtet ab und verschwand heimlich unten im Gedränge am Kai. Es blieb keine Zeit, um ausgiebig Lebewohl zu sagen. Ich hatte ein mulmiges Gefühl, ja, ich hatte Angst, meinen Gefährten in den sicheren Tod zu schicken. Ich befürchtete, dass er meinen Platz einnahm und das Schicksal erleiden würde, das die Götter für mich ersonnen hatten – kurzum, ich ertappte mich dabei, dass ich glaubte, ich hätte die Aufgabe besser erledigen können als er. Doch Aristeides beharrte weiterhin darauf, ich sei dazu auserkoren, sie alle sicher zurück nach Griechenland zu bringen. Es seien meine Schiffe, betonte er, und ich sei derjenige, der mit Artaphernes befreundet war.

Ich verfolgte mit gemischten Gefühlen, wie Brasidas von dem früh einsetzenden Herbstregen verschluckt wurde.

Spät in der Nacht weckte Kyros uns und schleifte uns in den Innenhof der Taverne. Er hieß uns aufsitzen, und weiter ging es, obwohl wir noch den Schlaf aus den Augen blinzelten. Er war schon bis auf die Haut durchnässt, und wir ritten nach Norden. Es war kalt, wir waren nass, uns war elend zumute, und wir fragten uns, was der Grund für diesen nächtlichen Aufbruch sein mochte. Als die Sonne schließlich an einem blassgrauen Horizont aufging, kam Kyros entlang der kleinen Kolonne zurück zu mir.

«Entschuldige, mein Freund. Der Großkönig hat euch nicht vergessen. Ich entdeckte Reiter auf den Straßen. Irgendjemand wird geredet haben.» Er presste die Lippen aufeinander. «Es ist eben nicht einfach, ein halbes Dutzend Griechen zu verstecken, ganz gleich, wie man euch kleidet.»

Ich übersetzte das für meine Gefährten.

«Es ist genau richtig so», sagte Aristeides leise zu mir, «abgesehen von dem Schlafmangel. Wir müssen nur so tun, als wüssten wir nicht, wo Brasidas abgeblieben ist.»

Ich hatte zunächst Schwierigkeiten, mich an Aristeides, «den Ränkeschmied», zu gewöhnen, da ich ihn bis dahin nur als «den Gerechten» kannte. Wie gesagt, Aristeides war ein so ehrlicher und aufrechter Mann, dass er zu keiner Lüge fähig war. Wie sich aber herausstellte, bediente er sich der Täuschung in Gegenwart derjenigen, die er für seine Feinde hielt.

Am nächsten Morgen forderte Aristeides mich auf, Kyros schonend beizubringen, dass wir Brasidas verloren hatten. Ich weiß nicht recht, aber aus heutiger Sicht würde ich sagen, dass wir uns wie schlechte Schauspieler aufführten, als wir Kyros glauben machen wollten, wir seien ernsthaft in Sorge, Brasidas könne etwas zugestoßen sein.

Schlussendlich kamen wir überein, dass wir nicht mehr zurückkonnten. Ich vermute, dass Kyros uns für kaltschnäuzig und gefühllos hielt, aber uns allen fällt es schwer, Fremde richtig einzuschätzen, und daher hatte Kyros Schwierigkeiten, unser Verhalten zu deuten.

Mir war klar, dass Brasidas inzwischen entweder längst in Babylon angekommen oder den Häschern in die Hände gefallen war. Wir hingegen hatten sechstausend Stadien zu Ross vor uns und versuchten weiterhin, die Königsstraße zu meiden.

Doch will man das Tauros-Gebirge überwinden und weiter nach Westen, kann man keinen anderen Weg nehmen. Die persische Königsstraße schlängelt sich ein wenig, führt aber dann über die einzigen machbaren Pässe. An manchen Stellen ist der Weg gerade so breit, dass zwei Reiter nebeneinander Platz haben. Ich sage, zehn Mann könnten einige dieser Pässe tagelang gegen eine Übermacht halten.

In manchen Tälern kamen wir quälend langsam voran, trieben die Pferde über steile Wege hinauf und holten auf den besser ausgebauten Strecken alles aus ihnen heraus. Einige Tiere verendeten, was Kyros in Zorn versetzte. Die Königinmutter hatte ihm prächtige Pferde geschenkt – sie gehörten ihm, doch er opferte sie, um uns zu beschützen. Ich bezweifelte aber, dass Kyros' Kopf tatsächlich in Gefahr war.

Nach zehn Tagen in den Bergen fühlte es sich so an, als wäre dies das einzige Leben, das ich kannte. An einigen Tagen kauften wir ein Schaf oder ein paar Ziegen. Manchmal bekamen wir warmes Brot aus dem Ofen oder auch Wein. Meistens aßen wir jedoch Getreide aus der Hand, das wir so lange gegart hatten, bis es weich wurde. Das Wasser hatte einen anderen Siedepunkt, wenn wir hoch oben in den Bergen waren, und an einem Tag fiel stundenlang Schnee. Wir hockten da und zitterten in unserer Sommerkleidung.

Wir erreichten Melitene am Oberlauf des Euphrat, völlig erschöpft und wund vom langen Reiten, dünner als noch unten in der Ebene. Berichte von Händlern, die uns begegneten, erschreckten mich. Wie es aussah, hatten wir uns in den zehn Tagen in den Bergen Griechenland nicht groß genähert. Aber ich kannte die Gegend nicht und vertraute Kyros.

Es war eine Reise voller Verzweiflung und Entbehrungen, aber besonders in Erinnerung geblieben ist mir, dass ich Kyros weiterhin vertraute und gleichzeitig jeden Tag die anderen davon überzeugen musste, dass wir dem Perser wirklich vertrauen konnten. Insbesondere Bulis war ständig kurz davor, sich auf unsere Eskorte zu stürzen. Die Perser wiederum waren unser bald überdrüssig – verständlich, waren wir doch in ihren Augen sechs Fremde, für die sie all diese Entbehrungen auf sich nahmen. Aber es waren ehrenvolle Männer, die loyal zu ihrem Wort standen – auf Persisch heißt es «loyal zu ihrem Salz», da Salz sinnbildlich für die Gastfreundschaft steht. Also, sosehr sie uns auch verabscheuten, sie setzten ihren Weg fort, gemeinsam mit uns.

Wir kamen nach Melitene und rasteten einen Tag. In der Stadt kauften wir schwere Reisemäntel und wollene Kappen, und selbst die abgehärteten Spartaner machten Zugeständnisse an das Wetter.

Kyros setzte sich zu mir, wir teilten uns einen Becher Wein. «Ich werde versuchen, die Straße zu nehmen», sagte er. «Wir müssen verhindern, dass uns der Winter oben in den Pässen überrascht. Der Winter lässt nicht mehr lange auf sich warten.» Er wirkte erschöpft. «Sollte es zum Kampf kommen – nun, es gibt nicht viele Männer, die es mit meinen Dämonen aufnehmen können.»

Ich gab ihm im Stillen recht, denn nach zehn Tagen auf der Jagd und im Sattel mit Kyros und dessen Gefährten bezweifelte ich, dass es auf dem gesamten Erdkreis bessere berittene Kämpfer gab. Besonders in der Berglandschaft stellten diese Männer ihr Können im Sattel unter Beweis. Sie nahmen Böschungen in Angriff, hinauf und hinunter, die meiner Ansicht nach selbst für ein Pferd ohne Reiter zu steil gewesen wären. Ihr könnt mir glauben, wenn ich sage, dass ich mich oft voller Angst in die Mähne meines Pferdes krallte. Einmal lachte Kyros, als er mich so sah, klopfte mir auf die Schulter und meinte, jetzt zahle er mir die Strapazen auf See heim.

Am vierten Tag nach Melitene nahmen wir eine Reihe von Kehren, die hinabführten zur persischen Königsstraße, und einmal dort angekommen, ritten wir wie der Wind. Da uns pro Mann drei Pferde zur Verfügung standen – Atossa sei es gedankt! –, ritten wir schnell – Trab, Galopp, Schritt, dann wieder Trab, jede Stunde eine kurze Pause, dann ein frisches Pferd. Ich schätze, dass wir gleich am ersten Tag auf der Straße fast zweihundert Stadien zurücklegten. Einmal ließen wir sogar eine Station links liegen und nutzten nicht einmal den Brunnen.

Am darauffolgenden Tag schafften wir erneut eine beträchtliche Strecke und ritten an gleich drei Wechselstationen vorbei. Bei der nächsten machten wir halt, tranken aus dem Brunnen, füllten unsere ledernen Flaschen und gönnten unseren geschundenen Pferden Ruhe. Kyros blickte ziemlich ernst drein, als er aus der Station kam.

«Ich konnte dem Aufseher dort nichts vormachen», sagte er leise. «Es sind immer noch Patrouillen unterwegs, die nach euch Ausschau halten.»

Daraufhin schickte er zwei seiner besten Männer als Späher los, und am nächsten Tag gegen Mittag scheuchte er uns alle von der Straße in einen schmalen Pass in Kappadokien. Wir erspähten die Patrouille, ehe wir den Hufschlag hörten, weit entfernt auf der Straße. Wir standen mit angehaltenem Atem neben unseren Pferden und warteten, bis die Reiter vorübergeritten waren. Dann kehrten wir zurück auf die Straße und ritten, als wären die Erinnyen hinter uns her.

Aber wir waren nicht schnell genug, und natürlich hinterließen wir Spuren. Der Feind hatte eine Nachhut. Offenbar hatten sie sich genauso gut versteckt wie wir zuvor, aber sie warnten die größere Abteilung. Spät am Abend stand außer Frage, dass wir verfolgt wurden.

Kyros ließ sich zu einem Fluch hinreißen. «Ich will keinen meiner Männer verlieren», sagte er. «Und ich weigere mich, Männer zu töten, deren einziger Fehler es ist, ihrem König treu zu dienen.»

Wir schafften es zur Wechselstation, wo Bulis den Vorschlag machte, den Brunnen zu vergiften – daraufhin starrte Kyros den spartanischen Gesandten an, als wäre Bulis ein gemeiner Verbrecher. «Nichts auf dieser Welt könnte mich dazu bringen, einen Brunnen zu vergiften!» Er stapfte aufgebracht davon, dass die Sohlen der flachen Lederstiefel ein Klacken hervorriefen.

Noch vor dem Morgengrauen stahlen wir uns davon, sechs Mann ritten über uns auf dem Höhenzug, um uns Deckung zu geben. Die feindliche Patrouille war uns hart auf den Fersen, vermutlich waren die Männer die ganze Nacht hindurch geritten, um zu uns aufzuschließen, aber da sie anhalten mussten, um die Pferde zu tränken, fanden wir Zeit aufzubrechen.

Doch später am selben Tag, während wir durch das Tal von Komana ritten, schlugen sie zu. Sie griffen unsere Nachhut an – für uns nicht ganz überraschend, aber die Hingabe, mit der sie uns angriffen, war furchteinflößend. Gleich beim ersten Zusammenstoß töteten sie zwei von Kyros' Gefährten – dann kam es zum Kampf. Bulis und Aristeides hatten beide bezweifelt, ob Kyros es überhaupt auf einen Kampf würde ankommen lassen. Ich hingegen hatte nie daran gezweifelt. Auch die Perser sind wie andere Völker auf Blutrache aus und scheuen keine Fehden, und nachdem zwei der jüngeren Berittenen tot am Boden lagen – sie hießen Altris und Eza –, stellten sich die anderen dem Kampf mit grimmigem Eifer.

Kyros lachte dunkel, als er das Schwert aus der Scheide zog. «Mardonios muss ein hohes Kopfgeld auf euch ausgesetzt haben», sagte er. «Sonst würden diese Männer nicht ihr Leben riskieren.»

Sie stürmten in unsere Richtung.

Doch Kyros' Getreue warteten ab. Eine Weile sagte niemand ein Wort, und selbst ich fragte mich an einem Punkt, ob wir nicht vielleicht doch verraten wurden – Bulis wurde unruhig, Sparthius hielt bereits das Schwert in der Hand.

Plötzlich stiegen auf beiden Seiten Pfeile empor, und für die Dauer einiger Herzschläge befanden wir uns in einem Hagel aus Pfeilschäften. Ich hatte persische Bogenschützen schon einmal erlebt, aber auf dem Rücken eines Pferdes war es noch viel schlimmer – denn mein Pferd bekam zwei Treffer ab, ehe ich recht begriff, dass die Pfeile uns erreichten. Leider bockte das Tier in seinem Schmerz und warf mich vornüber ab.

Bei Apollon, bei dessen Name ich selten fluche – aber das war wirklich ein schwerer Sturz, da ich auf felsigem Untergrund aufschlug. Ich denke, ich habe zu lange dort gelegen, denn plötzlich tobte über und neben mir ein Nahkampf berittener Krieger. Doch ich, der gerühmte Kämpfer der Griechen, hatte mich gerade einmal auf den Rücken gedreht und konnte nicht aufstehen, da meine Hüfte von dem Aufschlag schmerzte.

Ich war wie betäubt, konnte mich einfach nicht erheben.

Hektor rettete mich. Er lenkte sein Pferd über mich, und als die Feinde nachrückten, setzte er seinen Speer wie ein großer Held ein und wehrte zwei Meder erfolgreich ab. Einer der Gegner hatte zum Schwertstreich ausgeholt, verfehlte Hektor aber und traf mit dem Abwärtsschwung sein eigenes Pferd am Hals – das Tier machte einen jähen Satz nach vorn. Im selben Moment hob Hektor den zweiten Gegner mit einem ausgezeichneten Stoß aus dem Sattel. Und ich? Ich konnte mir das alles nur vom Boden aus anschauen.

Zu meiner Schande muss ich gestehen, dass ich zunächst Freund und Feind nicht auseinanderhalten konnte. Staub wirbelte durch die Luft, alle Männer hatten Tücher vor Mund und Nase, gegen die Kälte und den Gries, den der Wind aufwirbelte. Sparthius hatte einen Pfeil im Bein und war außer Gefecht gesetzt, und Bulis und Aristeides maßen sich mit ein paar Medern im Schwertkampf. Bulis, ein ausgezeichneter Schwertkämpfer, hatte große Mühe, da er kein guter Reiter war, und Aristeides, der ein prächtiges Ross hatte, trieb seinen Gegner immer weiter zurück, bis das Pferd ins Straucheln geriet und mit dem Reiter über den Rand einer Schlucht fiel. Einige der Perser schossen ihre Pfeile aus nächster Nähe ab, anstatt Speer oder Schwert einzusetzen. Aristeides' Diener Nikeas bekam einen Pfeil ins Gesicht und stürzte schwer.

Eine Armeslänge von mir entfernt stand meine Stute stocksteif da, obwohl sie zwei Pfeile im Leib hatte. Verstehe einer die Pferde, was? Ich hatte mich offenbar am Boden bewegt, denn Hektor sprang von seinem Pferd, um mir aufzuhelfen, mit einem Mut, den manch einer nicht aufgebracht hätte. Er griff nach den Zügeln meiner Stute und drückte sie mir in die Hand. Unter stechenden Schmerzen bekam ich mein linkes Bein über den Rücken des Tiers, suchte Halt und lenkte das Pferd sofort so, dass ich den nächsten Feind abwehren konnte, das babylonische Schwert in der Hand. Ich sah, dass Sparthius Hilfe brauchte, und so musste es mir gelingen, seinen unmittelbaren Gegner zurückzuschlagen. Der Spartaner hatte einen schweren Treffer kassiert und konnte sich kaum richtig wehren. Man sah, dass ihn die Kräfte verließen. Verzweiflung lag in seinem Blick.

Ich konnte nicht ganz bis zu seinem Gegner vordringen, doch stattdessen schlug ich mit dem Schwert gnadenlos auf das feindliche Pferd ein. Ein Zucken lief durch den Leib des Tiers, dann stürzte es zu Boden und schlegelte noch mit zwei Beinen durch die Luft. Ich sage es ausdrücklich: Ich hasse es, ein Pferd zu verletzen, aber Sparthius wäre jeden Augenblick zu Boden geschlagen worden, und so schlang ich einen Arm um ihn, um meinen Gefährten zu stützen, und lenkte mein Pferd gleichzeitig in den Reiter, der es mit Bulis aufgenommen hatte. Ich hatte genau den richtigen Zeitpunkt abgepasst – unwissentlich natürlich –, da sich der Meder soeben Aristeides zugewandt hatte. Ich schlug so hart zu, ich hätte dem Gegner fast den Kopf vom Rumpf getrennt. Doch die babylonische Klinge gab für so einen Hieb federnd nach und verbog sich bedenklich – aber sie brach nicht.

Der Meder stürzte tot zu Boden, die Klinge aber behielt ihre ursprüngliche Form bei.

Hektor spießte einen Lyder auf, der im Begriff war, seinen Speer Kyros in den ungeschützten Rücken zu bohren.

Mit einem Mal war der Kampf vorüber, von jetzt auf gleich.

Gefechte zu Pferd mit Pfeil und Bogen sind tödlich. Die meisten der Gegner waren tot – oder starben Augenblicke später, als Kyros' Kämpfer ihnen die Kehlen aufschlitzten. Wir hatten sechs Tote zu beklagen, drei weitere hatten tödliche Verletzungen davongetragen – zumeist von Pfeilen.

Nikeas, von den Göttern begünstigt, hat eine hässliche Narbe von dem Kampf zurückbehalten, die sein Gesicht entstellte, doch er überlebte. Der Pfeil hatte eine Furche auf Nikeas' Stirn gerissen und ein Stück Kopfhaut abgetrennt, so groß wie meine Handfläche. Der junge Mann war bewusstlos. Aber er hatte einen dicken Schädel – und das meine ich jetzt wörtlich –, der die Pfeilspitze abgelenkt hatte. Dennoch, der Anblick der freiliegenden Schädeldecke war nichts für schwache Gemüter!

Aristeides, der athenische Edelmann mit so vielen Talenten, kümmerte sich um seinen Hypaspisten. Derweil tötete Kyros die tödlich Verwundeten, aber da gab es einen jungen Mann, der einen Pfeil tief in der Brust hatte. Er war unglaublich tapfer, lehnte mit dem Rücken an einem Felsen und machte noch Scherze.

Mir entging nicht, dass Kyros kurz zu diesem Mann schaute, dann jedoch den Blick abwendete. «Er weiß, dass er jeden Moment den Gnadenstoß bekommt», sagte er, und seine Stimme klang belegt.

Doch Aristeides, der Nikeas notdürftig versorgte, horchte auf. «Was sagt Ihr da?» Er ließ Nikeas vorerst liegen und ging hinüber zu dem jungen Perser. Dann nahm er Abmessungen mit der Faust an der Brust des Mannes vor und schaute zurück in meine Richtung.

Hinter dem schwerverwundeten Perser stand Amu, der größte Gefährte aus Kyros' Schar. Er hatte einen dichten, mit Henna gefärbten Bart. Ich hatte mich mehrfach mit ihm unterhalten, vor allem, weil ich ihm gern zuhörte, wenn er mir von seinem Leben im Osten erzählte, stammte er doch aus einer Bergregion in der Nähe des legendären Indien. Er stand also hinter dem jungen Mann, in der Hand einen gefährlich aufblitzenden Dolch.

Aristeides sah Amu eindringlich an. «Nein!», sagte er, worauf der große Mann die Stirn runzelte. Denn Amu konnte kein Griechisch, Aristeides sprach kein Wort Persisch.

Doch Kyros war zur Stelle und rief Amu zu, innezuhalten. Schon legte er dem großen Krieger eine Hand auf den Arm. Amu verspannte sich. Jeder der überlebenden Perser sah Aristeides fragend an.

«Ich kann ihn retten», sagte er.

Er legte die Brust des Verwundeten frei, ehe er ohne jegliche Vorwarnung mit der flachen Hand fest gegen das Pfeilende schlug. Die Spitze trat hinten am Rücken heraus, und es floss eine Menge Blut – aber meiner Ansicht nach nicht so viel, dass es das Ende für den jungen Mann bedeutet hätte.

Alle sahen Aristeides zu, der nun hinter dem Mann stand und ihn an der Schulter festhielt. Vorsichtig drückte er den Oberkörper des Verletzten nach vorn, während er in gleichbleibendem Tonfall irgendetwas auf Griechisch erzählte – dazu muss man wissen, dass Aristeides so gut wie nie einfach nur so plauderte, doch jetzt sprach er über das Wetter, beschrieb die Bäume, lobte den jungen Kämpfer für dessen Mut ...

Ich kniete bei den beiden und übersetzte alles. Der junge Mann sah mich aus großen Augen an, als wäre ich ein Priester der Gottheit des Lichts, und plötzlich sagte Aristeides: «Sag ihm: ‹Sei tapfer, das wird jetzt furchtbar weh tun!›»

Ich wiederholte die Worte. Mit Amus Hilfe umfasste Aristeides den Pfeil und schnitt den Schaft an der Eintrittswunde mit einem kleinen Werkzeug ab, das man eigentlich bei Pferdehufen benutzt, ehe er an der Spitze zog – sie wies keine Widerhaken auf, bei den Göttern. Mit einem schmatzenden Geräusch glitt der Rest des Pfeils aus dem Körper des jungen Persers.

Dann schmierte er beide Wunden mit Wein ein, in den er Honig gemischt hatte, und legte als Verband Leinenfasern an, also Flachs, das er im Gepäck bei sich hatte.

Der junge Mann wendete den Blick nicht von mir und gab keinen Laut von sich. Amu ging neben ihm in die Hocke, schob den Dolch zurück in die verzierte Scheide und lobte den jungen Mann für dessen Tapferkeit.

«Er ist sein Sohn», sagte Kyros. «Das sind Paschtunen aus Argosia. Hartgesottene Männer.» Er legte mir eine Hand auf die Schulter. «Sag deinem Athener, dass ich ihm danke. Wir alle schulden ihm Dank.»

Ich beobachtete Aristeides, der inzwischen die Wunde an Nikeas' Kopf vernähte. Zu Kyros gewandt, sagte ich traurig: «Wir haben euch das eingebrockt.»

Mein persischer Freund zuckte mit den Schultern. «Im Norden sagen wir *co istādehi daste oftādeh gir.*»

Diese Redewendung hatte ich schon öfter gehört. «Solange du stehst, leih denen deine Hand, die straucheln.»

«Ja», sprach er. «Aber es ist schwer zu erkennen, wer steht und wer strauchelt. Mardonios ist der Feind meines Herrn – und seine Handlungen sind meiner Meinung nach schädlich für den Großkönig und schlecht für das Reich.» Er fing meinen Blick ein. «Aber ich spüre, dass wir schon bald Feinde sein werden.»

Ich könnte euch von dieser Reise noch ein paar Wundergeschichten erzählen – zum Beispiel von dem Ungeheuer, das wir auf dem Höhenpass im Tauros-Gebirge erschlugen, oder von den Spinnen auf der Hochebene in Kilikien, aber dafür ist der Abend nicht lang genug.

Von Melitene aus ritten wir fünfzig Tage, doch dem Wintereinbruch entkamen wir nicht. Wenn es hier manchmal nachts kalt ist, kommen mir die bitterkalten Nächte wieder in Erinnerung, die wir zitternd am Ufer des Paroreios aushielten. Wir hatten uns in drei Decken gehüllt, und Amu und ich hatten den verwundeten jungen Krieger zwischen uns genommen, um ihm Wärme zu spenden.

Einen Tag lang versteckten wir uns in einem Dorf im Hochland, weil sich Sparthius' Wunde entzündet hatte, und Aristeides fragte dort nach Honig, um die Stelle versorgen zu können. Er war inzwischen so etwas wie unser Arzt. Die Berge waren voller Bewaffneter – die Belohnung für unsere Ergreifung muss so hoch gewesen sein, dass jeder Wegelagerer in den Bergen aufhorchte und unsere Fährte aufnahm.

Ich muss es noch einmal sagen, aber mir war noch nie so kalt gewesen wie in jenem Winter. Schließlich bekam der junge Mann, der übrigens Araxa hieß, Fieber. Bald wütete es schlimmer, aber letzten Endes erholte er sich davon, wenn auch langsam. Und während der Phase der Genesung lernten wir Amu besser kennen. Da wir gemeinsam den Kampf durchgestanden und uns über eine längere Zeit Proviant hatten teilen müssen, war so etwas wie eine Bindung entstanden, und als wir dann eines Tages die grünen Felder am Oberlauf des Kogamos erblickten, waren wir Gefährten – Spartaner, Athener und Perser. Als Sparthius sich allmählich wieder erholte – er hatte stark an Gewicht verloren, wurde aber von Tag zu Tag kräftiger –, freuten sich einige der Perser genauso sehr darüber wie über die Genesung von Araxa.

Die Schicksalsgöttinnen meinten es offenbar gut mit uns, denn wir blieben gesund, abgesehen von heftigem Schnupfen und ziemlich starkem Husten, aber letzten Endes ließen wir den Winter in den Bergen hinter uns und ritten hinab ins grüne Tal von Sardis.

Keine zwei Tage später stand ich vor Artaphernes.

Er sah schrecklich aus.

Unter den Augen hatte er dunkle Schatten, seine Haut wirkte fahl. Sein Gesicht war aufgedunsen, der Bauch wölbte sich über dem Gürtel, und jede Bewegung schien dem Satrapen schwerzufallen. Sein ältester Sohn, der ebenfalls Artaphernes hieß, bediente ihn und warf mir zwischendurch finstere Blicke zu.

Der Satrap von Lydien und Ionien erwiderte meine kleine Verbeugung und schickte seinen Sohn dann fort. «Geh und schließe Kyros in deine Arme!», sagte er. «Ich muss allein mit Arimnestos sprechen.»

Ein Sklave reichte uns Becher mit heißem Apfelwein, verschüttete noch etwas davon, doch dann waren wir allein.

«Ich sollte dich fragen, wie die Reise war, aber du bist hier, und mehr brauche ich nicht zu wissen. Kyros erzählte, ihr musstet euch durchschlagen und kämpfen. Mardonios hat ein Kopfgeld auf euch ausgesetzt. Aus gewissen Quellen weiß ich das bereits, und wenn der Meldereiter eintrifft, was jeden Tag der Fall sein kann, so werde ich nicht so tun können, als wüsste ich nicht, wo du dich aufhältst. Deshalb musst du bald fort.»

«Liegen meine Schiffe vor Ephesos?», fragte ich.

Er sah aus, als litte er Schmerzen. «Das weiß ich nicht. An deiner Stelle würde ich nicht nach Ephesos gehen – Archilogos würde es sicher gefallen, wenn er zu deiner Festnahme beitragen könnte.»

Er hielt inne und zuckte zusammen. Ich weiß noch, dass ich dachte: Bei den Göttern, er ist alt geworden!

«Ich könnte stattdessen nach Phokaia gehen», sagte ich. Athen bezog seit jeher Alaun aus Phokaia für die Gerberviertel. Athenische Schiffe legten dort ständig an.

«Im Winter?», fragte er. Er hob halbherzig eine Hand, sichtlich müde. «Mein Freund, es tut mir leid, dass alles so kommen musste, aber wir befinden uns sozusagen schon im Krieg. Und jede Stunde könnte ich den Befehl erhalten, dich zu verhaften. Wenn es nach meinem Sohn ginge, so würde er dich am liebsten sofort in den Kerker werfen.»

Ich kannte seinen Sohn nicht einmal. «Warum?», wollte ich wissen.

«Es gibt Gerüchte – sie sind unbestätigt ...» Artaphernes sah mich an und kratzte sich den Bart. «Behandele ich dich jetzt wie einen Freund oder wie einen gefährlichen Feind? Wenn ich es dir sage, unterstütze ich dich dann in deiner Sache und wende mich somit gegen meinen eigenen König?»

«Ich weiß nicht, wovon Ihr sprecht», sagte ich und sah ihn ratlos an. Dann nahm ich seine Hand und küsste sie, als wäre es die Hand meines Vaters. «Ich danke Euch für Kyros und die tapferen Gefährten. Ohne diese Männer wäre ich tot.»

Er nickte ernst. «Nun, wärst du nicht gewesen, wären wir alle tot. Dass wir uns gegenseitig einen Gefallen tun, ist inzwischen eine Geschichte, die einige Jahre zurückreicht, junger Freund. Ehe du gehst, möchtest du sicher noch Briseis deine Aufwartung machen. Ich empfehle dir, dich kurz zu fassen und auf der Hut zu sein.» Seine Stimme nahm einen härteren Ton an.

Ich erhob mich aus meiner knienden Position. «Ich werde Euch stets zu Diensten sein.»

Er lachte. «Du bist wahrlich ein edler Mann. Versuche am Leben zu bleiben bei allem, was kommen mag. Und vergiss nicht, falls du es dir doch noch anders überlegst und deinen griechischen Dickschädel vor uns neigst, so habe ich immer noch einen guten Platz für dich an meinem Hof.»

«Gewiss», scherzte ich, «denn den Apfelwein kann ich bestimmt besser servieren als Euer Junge eben. Ich würde nichts verschütten.» Ich lachte, und zum ersten Mal seit meiner Ankunft lächelte Artaphernes.

«Oh, Ari», meinte er. «Wenn dieser Krieg losbricht, wird all das, für das ich gearbeitet habe, zugrunde gehen.»

Er ergriff meine Hand. Mit gedämpfter Stimme sagte er: «Wenn ich sterbe, musst du Briseis zu dir holen. Mein Sohn wird sie sonst töten.» Er sah mir in die Augen, nicht flehentlich, sondern mit der Dringlichkeit eines Kriegers. «Schwöre es.»

«Ich schwöre es bei den Göttern des Olymp», gelobte ich und hatte offensichtlich immer noch nichts dazugelernt, was das Schwören anbelangt.

«Doch bis es so weit ist», sagte er mit einem harten Lächeln, «tu bitte einem alten Mann den Gefallen und lass die Finger von ihr.»

Ich schluckte.

«Geh jetzt», sagte er und nickte mir zum Abschied zu. «Mag sein, dass wir einander nie wiedersehen, und falls doch, so sicher auf griechischem Boden.»

In jenem Jahr müsste Briseis zweiunddreißig gewesen sein, wenn ich mich recht entsinne.

Das Muttersein hatte ihr ein reiferes Aussehen verliehen, sie war ein klein wenig fülliger um die Hüften, und ihre Brüste wirkten voller. Ihre Augen indes hatten sich nicht verändert, auch nicht der Schwung ihres Schwanenhalses und der zarten Schulterpartie. Ihr Lächeln war so vielschichtig wie eh und je – sie beherrschte diese Waffe und bediente sich ihrer, um ihren Willen durchzusetzen – bei mir ist es der Speer, den ich zum Einsatz bringe.

Sie erhob sich mit der ihr eigenen Anmut, als ich eintrat, und gab mir einen Kuss auf die Lippen – sie strich mit ihren Lippen sanft über meine, doch diese Liebkosung traf mich mit der Wucht eines persischen Pfeils.

Manches ändert sich eben nie.

Als sie mich küsste, legte sie mir eine Hand auf die Brust, ganz so, als wolle sie sicherstellen, dass ich sie nicht ungestüm in meine Arme zog. Doch selbst die Wärme ihrer Hand schoss mir wie ein Blitzstrahl ins Herz.

«Ich muss fort», brachte ich törichterweise als Erstes hervor. «Artaphernes bat mich, dich zu holen, sobald ich von seinem Tod erfahre.»

«Sein ältester Sohn will mich haben und hasst mich für meine Verachtung.» Sie zuckte mit den Schultern. «Das ist eine alte Geschichte, denke ich.» Sie nahm meine Hand – oh, wie weich sich ihre Hand anfühlte, wie warm diese Berührung war – und zog mich auf eine Kline. «Kyros wird nicht zulassen, dass ich sterbe oder schlecht behandelt werde. Auch keiner der alten Wächter. Ich habe keine Angst.» Sie lächelte. «Aber es wird mir eine Freude sein, dich als letzten Gemahl zu haben, mein Lieber. Griechischer Botschafter vor dem Großkönig! Freund des Königs von Sparta und Herr über Platäa!»

«Ich bin nicht der Herr über Platäa», wiegelte ich ab. «Platäa hat die Größe eines großen Landsitzes, und in der Ratsversammlung kommen tausend streitsüchtige alte Männer zusammen, die älter sind als ich.» Ich lachte. «Aber ich diente bei den Spielen zu Olympia als Priester.»

«Oh», entfuhr es ihr, und ich denke, sie war tatsächlich erstaunt. «Du bist inzwischen ein bedeutender Mann – nicht nur mit dem Schwert.»

«Wirst du immer noch meine Frau werden, wenn ich ein mittelloser Mann im Exil in Italia bin?», fragte ich. «Denn wenn Xerxes seinen Willen durchsetzt, wird es kein Athen und kein Sparta mehr geben – und wohl auch kein Platäa mehr.»

Ihr Lächeln schwand. «Ja.» Sie begegnete meinem Blick und presste die Lippen aufeinander, und zum ersten Mal seit all den Jahren, in denen wir uns kannten, merkte ich, dass sie zögerte. «Ja,

Ari. Unsere Welt gelangt an ihr Ende. Die Welt von Sappho und Thales und Heraklit – von Milet und Ephesos und Mytilene.» Sie hielt meinen Blick gefangen. «Was wird danach geschehen? Wird Persien über den Erdkreis gebieten, werden die geflügelten Löwen des Großkönigs auf jeder Schwelle stehen?»

«Nein», erwiderte ich entschieden.

Sie lächelte wieder. «Du glaubst, dass die Griechen dem Großkönig Einhalt gebieten können, selbst nach Lade?»

Ich nickte. «Athen und Sparta müssen zusammenstehen. Aber wir sind nicht auf das vorbereitet, was auf uns zukommt. Ich habe die Kriegsvorbereitungen des Großkönigs gesehen. Seine Krieger vermag ich nicht zu zählen, und ich bin sicher, dass seine Flotte mehr als fünfhundert Schiffe umfassen wird.» Große Verbitterung überkam mich. «Ich segelte nach Albion, wusstest du das? Für Zinn. Für Pothos – aus einer Leidenschaft, einer Sehnsucht heraus. Besser wäre es gewesen, ich wäre geblieben, um den Widerstand gegen den Großkönig bei den Griechen zu organisieren. Jetzt ist es zu spät. In drei Monaten wird er seine Truppen entsenden.»

Sie kaute am Winkel der Unterlippe. «Nein», erwiderte sie. Dann schaute sie sich um und ließ zum ersten Mal so etwas wie Furcht erkennen. «Nein, seine Truppen werden nicht im Frühjahr marschieren.»

Ich hatte ein Rauschen in den Ohren, als hätte mir jemand einen Schlag verpasst. «Wie das?» Ich war völlig verdutzt.

Sie beugte sich zu mir – um mich zu küssen, dachte ich erst. «Babylon hat sich gegen die persische Oberherrschaft erhoben», sagte sie.

Mehr wusste sie indes nicht.

So schwer es mir auch fiel, ich verschwand aus Briseis' Blickfeld, scharte meine Spartaner und Athener um mich und floh zur Küste. Sehr viel später in meinem Leben erfuhr ich, dass der Meldereiter des Großkönigs zwei Tage später eintraf. Artaphernes war krank – und daher konnte sein Sohn uns ungehindert die Palasttruppen seines Vaters auf den Hals hetzen.

Doch die Götter hatten andere Pläne mit uns. Ja, man könnte sagen, die Götter hatten ihre eigenen Pläne für Griechenland und Persien. Mir war, als lebte ich in einer Welt der Mythologie, doch es war die Wirklichkeit.

Wir ritten über die Ebenen von Sardis und überquerten die Berge, um zur Küste zu gelangen, und das alles in Windeseile. Inzwischen erwiesen sich selbst die Spartaner als gute Reiter. Hinter uns lagen fünf Monate auf Pferden, mit ausgezeichneten persischen Lehrmeistern.

Und ich möchte euch sagen, meine Freunde: Beim Anblick der See kamen uns die Tränen – auch wenn es Winter war und die blauen Wellen im kalten Wind Woge um Woge gen Westen rollten.

Aristeides zog sich seinen Reitermantel enger um den Kopf, um sein Gesicht zu verbergen. Als er sich wieder gefasst hatte, sagte er: «Nie wieder setze ich einen Fuß auf den Boden Asias, es sei denn, mir bleibt nichts anderes übrig.»

So gelangten wir nach Phokaia, während die Wachen von Artaphernes' Sohn in Ephesos nach uns suchten.

Und dort auf dem Strand vor Phokaia lag meine *Lydia*, und als wir dem Verlauf der Küstenstraße folgten, war Leukas der Erste meiner Männer, der uns über den Weg lief.

Es mag so scheinen, dass ich in einer Geschichte wie dieser der Held war – der große Held. Oder der einzige Held, wenn ich es nicht richtig erzähle. Lasst mich aber betonen, dass ich von Helden umgeben war und dass viele, viele Männer das Richtige sagten und taten.

Megakles und Seckla und Leukas waren drei dieser Helden. Was wäre wohl geschehen, wenn sie nicht Gebrauch von ihrem Verstand gemacht hätten? Zum Wechsel der Jahreszeiten waren sie mit der *Lydia* mit einer Schiffsladung weißer athenischer Häute und Färbemittel aus Phönizien nach Ephesos gesegelt, zwei Tage später legten sie wieder ab und ließen zwei vertrauenswürdige Ruderer und ein kleines Boot zurück für den Fall, dass ich unterdessen nach Ephesos zurückgekehrt wäre. Die offenkundige Feindseligkeit von Archilogos, der inzwischen der reichste Schiffseigner in ganz Ephesos war, schuf eine ungesunde Atmosphäre für meine Gefährten dort. Daher pullten sie entlang der Küste zu dem Hafen, der immer noch freundliche Beziehungen zu Athen unterhielt, und mieteten für den Winter einen Teil des Strands. Danach erstanden sie ein kleines Haus, verkauften ihre Fracht und machten es sich gemütlich. In jedem Hafen zwischen Samos und Lesbos hatten sie Spitzel, und daher waren ihnen früher oder später sämtliche Gerüchte zugetragen worden.

Wie sich zeigen sollte, wusste Seckla besser über die Vorgänge in Babylon Bescheid als Artaphernes, der Satrap. Und da es in Phokaia Alaun gab – die Stadt verfügt über das größte Vorkommen von Alaun in der bekannten Welt –, trafen dort Kaufleute aus Susa, Babylon, Athen und sogar aus Syrakus ein. Seckla erhielt die Nachricht von dem Aufstand in Babylon aus erster Hand, von einem Augenzeugen.

Ich erfuhr davon, während unsere Ruderer uns aus dem Hafen in den kalten Wintertag aufs offene Meer pullten. Am nördlichen Horizont sah es nach Regen aus, über der Ägäis braute sich ein Sturm zusammen.

Ich ging eine Menge Kompromisse ein. Megakles ließ sich darauf ein. Wir segelten nach Norden, blieben in Sichtweite der Küste und umrundeten den großen Bogen, wie wir Griechen die Küste von Asia nennen. Dann hatten wir die Küste Thrakiens an Steuerbord, kamen an der schönen Insel Samothrake vorbei, folgten dem Küstenverlauf von Thessalien bis nach Euböa und schließlich Athen. Es war ein ungemein langer Weg, den wir unter Segeln und mit der Kraft der Riemen zurücklegten, wenn man bedenkt, dass man unter normalen Umständen von Insel zu Insel «springen» kann, von Lesbos nach Skyros und weiter bis zur Küste von Euböa. Aber angesichts der Jahreszeit und der drohenden Unwetter hatten wir auf der längeren Strecke den Vorteil, dass wir uns im Ernstfall zur Küste hin hätten retten können. Nach jedem sturmgepeitschten Tag bestand für uns die Aussicht, an einem der Strände anzulegen.

Bei widrigen Windverhältnissen, Winterstürmen und Nebelbänken waren wir beinahe dreißig Tage auf See, und als wir Athen erreichten, waren unsere Ruderer so abgemagert wie wir, als wir die Hochebene mit den Pferden hinter uns gelassen hatten. Da im Winter keine Fischerboote rausfahren, gab es niemanden, bei dem wir frischen Fisch hätten kaufen können, und solange sich kein Hirte auf den Anhöhen in Küstennähe blickenließ, gab es auch kein Fleisch am Lagerfeuer am Strand.

Aristeides setzten wir an der Küste von Euböa ab. Ich schickte ihn zu meinem Haus, in Begleitung von Hektor, dem jungen Schützling, Alexandros und zwei meiner Epibatai.

Wir legten später im Hafen von Piräus an, und während Seckla unsere Fracht verkaufte, eilte ich zu Themistokles.

Ich kann mich nicht mehr an alle Einzelheiten unseres Treffens erinnern, aber eingebrannt hat sich bei mir, dass er die rechte Faust in die offene linke Hand klatschen ließ, als ich ihm sagte, Babylon habe sich erhoben.

«Jetzt haben wir eine Chance!», rief er.

TEIL 3

KORINTH
481 V. CHR.

O beseligtes Theben, welche Vaterlandsehren
erfreuten dir das Herz in uralter Zeit
Am meisten? Als den üppiggelockten Gott du,
Jakchos, gebarst, der erzumschalleten Dámáter
Gefährten? Oder als in der Mitternacht
Goldregnend einst du empfingst der Götter
Mächtigsten,
Da, Amphitryons Schwell' hinüberschreitend,
Er kam zu des Helden Gattin, zeugend Hérákles'
Kraft?
War's, Göttin, ob Teiresias' weisem Rathschlag?
War's, Rosse dir tummelnd, Iolaos?
War's dein speerunermüdlich Drachenvolk? Und
aus hartem Kriegsgetümmel als du Adrastos
heimgesandt, beraubt
Seiner Tausende all', in Argos Rossgefild?

PINDAR, SIEBTE ISTHMISCHE ODE

19. KAPITEL

Nach dem Besuch in Athen kehrte ich nach Platäa zurück und blieb dort länger als je zuvor nach dem Tod meiner Frau.

In meinem Herzen wollte ich mein Haus wieder auf eine Braut vorbereiten. Und diese Braut sollte Briseis sein.

Inzwischen fragen sich gewiss einige von euch, ob ich nicht ein großer Narr war, da ich so oft versuchte, in der Gunst dieser Frau zu stehen, und doch so oft abgewiesen wurde. Ist es nicht so?

Aber so kurz unsere Begegnung in Artaphernes' Palast in Sardis auch war, ich wusste – wirklich, ich *wusste*, dass der Heiratsvertrag so gut wie unterzeichnet war.

Und mein Haus in Platäa war schön. Die Fresken waren fertig, im Anbau lagerten genug Getreide und Öl, das Hauptgebäude war lichtdurchflutet und voller Leben, weil meine Tochter dort mit ihrer Amme Phoebe spielte. Phoebe war ein charmantes Mädchen aus der Gegend, eine Priesterin im Tempel der Hera. Allerdings war sie einmal unachtsam gewesen, wie es den Mädchen bisweilen passiert, und hatte ein Kind, aber keinen Vater für das Kind – doch mit ihrer Muttermilch hatte sie einst meine kleine Euphoria ernährt, und als meine Tochter heranwuchs, war Phoebe bei uns geblieben und gereift.

Ich bekenne, dass mein Hausstand, abgesehen von meiner Tochter, ihrer Leibsklavin und Phoebe, sehr männlich geprägt war. Inzwischen hatte ich einen Ort gefunden, an dem meine Schiffe an Land gezogen werden konnten, und zwar drüben bei Thisbe, der Hafenstadt am Golf von Korinth. Gemeinsam mit meinem Schwager hatte ich Lagerhäuser erworben, auch Unterkünfte für meine Mannschaft, denn auf diese Weise waren die Ruderer immer in der Nähe. Und da sie allesamt Platäer waren – das hatte mir Myron als Archon ermöglicht –, sorgte ich stets dafür, dass mir mindestens ein Dutzend der Männer für Besorgungen in der Stadt, dessen Bürger sie ja nun auf wundersame Weise waren, zur Verfügung stand.

Seckla, der im Verlauf der Jahre etwas Geld zur Seite gelegt hatte, erwarb in jenem Frühjahr ein eigenes Haus in Platäa.

Ich packte meine paar Wertsachen aus Persien aus – Seide, die ich gut lagerte, meinen Lederbeutel mit Lapis, den Doola einst erstanden hatte, auch das Kästchen aus Zedernholz von der Königinmutter, das indes Schaden genommen hatte, da ich beim Kampf in den Bergen auf mein Gepäck gefallen war. Ich hatte es bis dahin nicht geöffnet, und als ich das nachholte und mein neuer Haussklave mich fragend ansah, erklärte ich ihm, dass ich meine Prinzipien hatte.

Zum Vorschein kam ein Becher mit zwei Henkeln, groß wie die Hand eines Mannes, sodass bei einem Symposion zur Begrüßung zehn Gäste daraus einen Schluck nehmen konnten. Der Wert bestand aber in der Machart, denn der Becher war aus reinem Gold. Auf der einen Seite sah man einen Reiter – einen König, der Krone nach zu urteilen –, der einen Löwen mit Pfeil und Bogen tötete. Auf der gegenüberliegenden Seite flankierten zwei geflügelte Löwen einen riesigen Edelstein, einen so großen Stein hatte ich bis dahin noch nicht gesehen. Knapp unterhalb des Rands funkelten weitere Steine, darunter ein Beryll. Doch trotz der kunstvoll angeordneten Steine konnte man gut aus dem Becher trinken. Allerdings wies er seit dem Kampf in den Bergen eine kleine Delle auf. Ich schockierte meinen neuen Haushofmeister, als ich den Becher gleich mit in die Werkstatt nahm und den Rand mit dem entsprechenden Feinwerkzeug richtete. Ich hatte ja erzählt, dass ich einen Silberschmied hatte, und er war es, der mich davor bewahrte, die Fassungen zu beschädigen, in denen die Edelsteine saßen. So etwas sieht ein Bronzeschmied nicht auf den ersten Blick. Danach standen wir alle um die Werkbank und bewunderten die Qualität der persischen Handwerkskunst. Der Becher war von hohem Wert, ich würde sogar sagen, dass ich damit ganz Platäa hätte kaufen können.

Gut, ich übertreibe wieder einmal. Vielleicht nur die halbe Stadt.

Als ich Aristeides den Becher zeigte, war der Athener beeindruckt, betrachtete ihn lange und führte ihn zögerlich an die Lippen, als wolle er trinken. Er sah mich über den Rand hinweg an. «Und ich bleibe dabei, auch Griechenland hat Schönes zu bieten. Die Hänge des Kithairon bieten mehr Schönheit als dieses Geschenk.»

Aristeides lebte als Dauergast unter meinem Dach. Ich hatte ihn an der Küste Euböas abgesetzt, und als ich von der langen Reise zurückkehrte, saß er in einem meiner Räume und beugte sich über einen Stapel Schriftrollen. Er studierte die Philosophie von Anaximander und gab den perfekten Hausherrn ab, obwohl das Haus natürlich mir gehörte. Aber ich muss sagen, Aristeides war ein angenehmer Gast, und da er über Jahre einen wohlhabenden Hausstand geleitet hatte, konnte ich mir in dieser Hinsicht noch einiges abgucken.

An dieser Stelle möchte ich erwähnen, dass all meine Freunde wieder in meiner Nähe waren. Neben Aristeides waren es Seckla und Megakles, auch Sittonax, der eine Menge Abenteuer in Asia erlebt hatte. Hektor war da, auch Nikeas, der sich etwas erholt hatte, des Weiteren Alexandros, aber natürlich auch Ajax, Gelon und Lysios und die drei Schmiede, die in einem Jahr gemeinsam mehr Geld erwirtschaftet hatten, als sie je für möglich gehalten hätten: Tiraios und Styges und Hermogenes, der wieder ganz der Alte war, da es ihm finanziell besser ging, vermute ich. Wie gesagt, all diese Männer waren mit mir in Platäa. Es stimmt, Wohlstand bedeutet nicht, dass man glücklich ist, aber er hält einem die Armut vom Leib.

Und ich gebe es zu, inzwischen hatte ich mich an den Wohlstand gewöhnt.

Wir sprachen häufig dem Wein zu, während der Winter langsam dem Frühjahr Platz machte und der kalte Regen der wärmenden Sonne wich. Die Sonne hatte Kraft, und mein Gärtner – ein Freigelassener, ausgerechnet aus Sizilien – erfreute mein Auge in jener Saison mit Jasmin und Rosengewächsen und Hunderten anderer Blumen und Sträucher. Er hatte sich auch um den Olivenbaum gekümmert, dessen Blätter je nach Lichteinfall leuchteten, als wäre es ein Geschenk von Athene für mein Haus. Aristeides wartete wie ich voller Ungeduld auf seine Frau und half mir unterdessen bei allen Details rund um das Haus. Und als auch die Gästeunterkunft fertig war, sahen wir dem Künstler zu, der Farbe auf die Fresken brachte – was ihn zu verärgern schien, sodass er ständig vor sich hin murrte. Nicht jeder lässt sich bei der Arbeit gern über die Schulter schauen.

Die Innenwände meines Gästehauses hatte ich mit Szenen aus der *Odyssee* gestalten lassen – zu erkennen waren die Heimkehr von Odysseus, der Webrahmen von Penelope, auch der Moment, als Penelope ihren Gemahl in die Arme schließt. Meine Tochter liebte die Malereien und tat ihr Bestes, um dem Künstler zu «helfen». Und sosehr der Mann mich auch verspottet oder verflucht haben mag, zu Euphoria war er immer freundlich – sogar als die Kleine Penelopes Antlitz mit ihren schmutzigen Händen verunstaltete.

Mit dem Einzug des Frühlings kehrte die *Sturmbezwingerin* mit vollem Laderaum aus Ägypten zurück, die Geschäfte waren gut gelaufen. Paramonos hatte Dareios erklärt, wo wir zu finden seien, und nachdem eine Ladung in Korkyra an Land gebracht worden war, steuerte das Schiff den Hafen von Thisbe an. Mein dunkelhäutiger Navarch und Freund aus Kyrene legte einen eindrucksvollen Auftritt hin, als er auf einem wunderschönen Pferd in meinen Innenhof ritt. Aber er kam nicht allein, denn unmittelbar hinter ihm ritt Ka, gefolgt von Jocasta, Aristeides' Gemahlin.

Als ich meinen früheren Epibates Dareios kennengelernt hatte, war er nicht viel gesprächiger als ein Lakedaimonier gewesen, aber nach sechs Jahren unter Griechen hatte er seinen Wortschatz erweitert und strahlte mehr Selbstbewusstsein aus. Er saß entspannt auf einer Kline, einen Becher Wein in der Hand, und plauderte mit Aristeides über Ägypten, als wäre er immer schon ein alteingesessener athenischer Aristokrat gewesen. Aber daran sieht man noch heute, wie stark der zunehmende Seehandel Athen verändert hat. Navarchen und Steuermänner waren mit einem Mal wohlhabende Männer, und Kaufleute, ob Athener, Metöken oder Freigelassene, waren allmählich so gut betucht wie die alten Aristokraten, bisweilen waren sie sogar reicher als die Männer aus der alten Oberschicht.

In gewisser Hinsicht fühlte sich das nicht richtig an. Denn immerhin war ich mit einer Gesandtschaft nach Susa aufgebrochen und fast mit leeren Händen zurückgekehrt – gut, da gab es den goldenen Becher, die Seide aus Qin und erlesene Gewürze –, aber während ich einen Teil meines Vermögens in eine fehlgeschlagene diplomatische Reise investiert hatte, hatten Harpagos, Dareios, Megakles und Seckla prächtig verdient, indem sie Waren von Athen nach Ägypten und Asia brachten. Zwar stimmt es, dass unsere Triremen aus Piratentagen schlechte Handelsschiffe abgaben, aber der plötzliche Bedarf an Luxusgütern machte sogar die Fahrt mit einer Trireme zu einem profitablen Geschäft. Und da der elende Seekrieg zwischen Athen und Ägina endlich aufgehört hatte, wurden Handelsfahrten sicherer, zumindest sicherer als in den zurückliegenden zwanzig Jahren. Dareios hatte in Athen aufgeschnappt, Sparta habe Ägina dazu aufgefordert, jegliche Angriffe auf See zu unterlassen.

Ich weiß nicht, ob das stimmte, aber ich verbrachte das Frühjahr in meinem neuen Haus, während meine Schiffsführer Geld einstrichen – und ein Teil davon stand mir zu. Dareios kaufte zwei kleine bauchige Schiffe in Korinth, füllte die Laderäume mit Gerste aus

Böotien und trieb Handel entlang der Küste von Illyrien, während die *Sturmbezwingerin* als Wachhund in Sichtweite kreuzte. Zur selben Zeit setzten Harpagos und Seckla mit der *Lydia* und einem größeren Handelsschiff, das zweitausend Medimnoi Getreide fasste, Kurs auf Ägypten.

Später erfuhren wir von Dareios von dem fehlgeschlagenen Aufstand in Ägypten, auch von dem Fortgang des Aufstands in Babylon. Als Seckla in See stach, hatte er Order, so viele Informationen zu bekommen wir möglich.

Von mir werdet ihr keine weiteren Details zu Handelsfahrten hören – nicht von meinen Fahrten, auch nicht von den Fahrten anderer. Warum, fragt ihr? Tja, weil das Leben als Händler und Kaufmann langweilig sein kann, denn die guten Geschichten ergeben sich nur, sobald Piraten und Stürme auf See im Spiel sind, wie?

Lasst mich aber sagen, dass Seckla, der ja aus Numidien stammte, Feuer und Flamme war, als es hieß, er solle in Richtung Ägypten aufbrechen. Er hatte nämlich Griechen und Phönizier getroffen, die Handel entlang des Nils trieben. Und wer es bis zum Nil schaffte, begegnete dort Kaufleuten aus dem Erythräischen Meer und dem unbekannten Meer vor dem legendären Indien. Nicht nur die anderen hatten viel zu erzählen, denn mit meinen Berichten aus Susa und meinen Gesprächen mit Abha hatte ich rasch die Zuhörer auf meiner Seite, während ich so dasaß, in meinem Garten, auf meinem Schoß einen Becher Wein.

Seckla beugte sich vor, seine Augen funkelten vor Begeisterung. «Wenn dieser ganze Krieg vorüber ist, dann fahren wir mit zwei Triremen und einem Handelsschiff los», meinte er. «Wir liefern unsere Waren den Nil hinauf, bauen uns Schiffe im Erythra thalassa und wagen die Überfahrt nach Indien.»

«Das ist ein schöner Traum», erwiderte ich.

Sittonax hatte zugehört und lachte. «Du bist bis nach Albion gesegelt, wieso dann nicht auch bis nach Indien?»

Ja, ihr hört schon, der Kelte mauserte sich zum Geographen.

Ich musste lachen, doch Seckla blickte in die Dunkelheit. «Doola würde nach Indien segeln», hörte ich ihn dann sagen.

Und ich überlegte und kam zu dem Schluss, dass er damit recht haben könnte. Das war der Abend, als der Traum Gestalt annahm. Aber das ist eine andere Geschichte, die ich euch eines Tages erzähle.

Mit Jocastas Ankunft änderte sich fast alles im Haus, denn eine bedeutende athenische Dame reist nicht allein. Sechs Frauen begleiteten sie, aber damit nicht genug, da sich kurz darauf meine Schwester Penelope und ihre Schwägerin Leda dazugesellten, mit Dienerschaft im Gefolge.

Ich weiß noch genau, dass ich im Schatten des Portikus stand, mit Blick auf den Garten, und meine kleine Euphoria nahm meine Hand. «Ich will aber nicht mit den Frauen weben», sagte sie schmollend. Seit zwei Monaten war sie fast jeden Abend zu lange aufgeblieben und hatte all den Seefahrergeschichten gelauscht, im Kreise von Männern, die sie ausnahmslos verhätschelten, doch die Ankunft der Frauen warf Euphoria wieder in die Häuslichkeit der Frauengemächer zurück. «Ich will mit Seckla nach Ägypten segeln. Verflucht sei das Weben!»

Nein, ich will mich nicht über die Frauen lustig machen. Die Atmosphäre im Haus veränderte sich zum Besseren, und Jocasta und Penelope hielten meine Bediensteten energischer zur Arbeit an, als ich es je vermocht hätte. So feuerte Pen zum Beispiel meinen Koch, der ihren Ansprüchen nicht genügte, und stellte einen Thraker ein – stellt euch vor, einen dieser Schlächter mit Hautritzungen, aber so war es, und er erwies sich als guter Koch.

Wir lagerten mehr Wein ein.

Ich freute mich, als Jocasta das Andron betrat und ihren Webrahmen aufstellte, und dort stand der persische Becher. Sie erschrak.

Sie sah mich an wie ein neunjähriges Mädchen, das noch etwas von der Honigwabe haben möchte, sich aber nicht traut, danach zu fragen.

Ich nahm den Becher von seinem Podest und reichte ihn ihr.

Sie hielt ihn nur kurz in Händen und gab ihn mir zurück. «Eine bemerkenswerte Geschmacklosigkeit», sagte sie.

«Es ist ein Geschenk», hob ich hervor.

«Ah, nun.» Sie lächelte geduldig. «Die Leute verschenken die seltsamsten Dinge.»

Die Ruderer sollten sich ihre eigenen Unterkünfte suchen.

Zum ersten Mal wallten Behänge von den Wänden meines Hauses herab. Vermisst hatte ich sie nicht, um ehrlich zu sein. Und eines Tages gingen Jocasta, Leda und Penelope mit einem Dutzend Bediensteten und vier Sklaven auf die Agora und gaben eine unerhörte Summe – den Betrag habe ich vergessen – für Weinkelche aus Silber und etliche aufwendig verzierte irdene Gefäße aus Athen aus. Diese Art von Geschirr hatte ich auf meinen Schiffen, wollte sie aber nicht zu Hause haben – Szenen mit Göttern und aus dem Alltagsleben in Rot und Schwarz. Mir gefiel die schwarz gehaltene Ware immer schon besser, außerdem mag ich die bodenständige Töpferarbeit aus Böotien – dickwandig, schwer und fest wie der alte Draco oder Empedokles.

Am nächsten Morgen war im ganzen Haus nichts mehr von «meiner» böotischen Keramik zu finden.

Seht ihr – wie die meisten Männer mache ich mich über die Frauen lustig, obwohl ich eigentlich hervorheben wollte, dass meine Schwester und Jocasta und all ihre Damen mein Haus herrichteten und schön ausstatteten, um die Königin von Sparta zu empfangen. Und ich musste zugeben, dass die athenischen Tonwaren hübsch anzusehen waren, die Becher lagen gut in der Hand und waren schön gestaltet. Meine Räumlichkeiten waren luftig und hell und ganz nach dem Geschmack reicher athenischer Matronen eingerichtet. Die Frauen stellten also ihre Webrahmen auf und suchten für die Ruhebänke passende Stoffe aus, und zwar mit einer derart zielstrebigen Beharrlichkeit, dass ich mich manchmal an Bord eines streng befehligten Schiffes wähnte. Wirklich, wann immer ich Jocasta dabei zusah, wie sie ein Dutzend Frauen an vier Webrahmen beaufsichtigte, musste ich an Paramanos denken, der ein Schiff sicher durch den Sturm bringt – kein Zaudern, kein Zorn, das Augenmerk auf das Wesentliche gerichtet. Sie webten Wolle, dann webten sie aus unserem Vorrat an Flachs Handtücher, und danach ...

Danach traf Gorgo ein.

Sie brachte ein Dutzend spartanische Frauen mit nach Platäa und zwei Krieger – Sparthius und Bulis. Sie kamen relativ spät am Abend an, da sie noch an einem Fest in Korinth teilgenommen hatten. Die Königin war müde, doch wir standen mit ihr und ihren Leuten in meinem kleinen Innenhof und reichten unseren Gästen den platäischen Kykeon, den Wein, der mit Gerstengraupen und geriebenem Ziegenkäse gemischt wird, und Gorgo lachte ihr befreites Lachen, als wäre sie von allem und jedem begeistert, auch von der plötzlich scheuen Jocasta und meiner Tochter, die die Königin bei der Hand nahm, weil sie ihr die gewöhnlichsten Dinge zeigen wollte – und Gorgo ließ sich auf Euphorias Enthusiasmus und die kleine Hausführung ein.

Als sie schließlich in den Gästeunterkünften verschwunden war, in Begleitung von Pen und Leda, wies ich den beiden Spartanern Klinen zu, und so ruhten wir und leerten fast eine ganze Amphore Wein. Dabei erzählte ich ihnen, was ich vom Aufstand in Babylon wusste.

Irgendwann lehnte ich den nächsten Becher Wein ab, den Hektor bereit war nachzufüllen, und Hektor nickte weise, als wolle er mir mit seinen fünfzehn Jahren sagen, dies sei eine kluge Entscheidung gewesen. Mit hochgezogener Braue fixierte ich Sparthius. «Und?», fragte ich, «was ist mit Brasidas?»

Er wich meinem Blick aus. Bulis schaute auf seine Füße. Dies waren Männer, die dem Großkönig trotzten und es mit jedem im Kampf aufnehmen konnten.

Ich fragte nicht weiter.

Eugenios, mein neuer Aufseher der Haussklaven, kam passend herein und brachte die beiden Spartaner in ihren Raum – Penelope hatte mich in ihrer unnachahmlichen Art gescholten, als ich Eugenios kaufte, da er fast genauso viel gekostet hatte wie all meine anderen Sklaven zusammen. Aber das nur nebenbei. Bulis und Sparthius mussten sich ein Zimmer teilen – mein ganzes Haus, das mir immer riesig vorgekommen war, solange ich nur mit Euphoria und Phoebe dort lebte, glich nun einem Bienenstock.

Es war noch gar nicht so spät, aber vielleicht war es besser so, dass wir nicht bis in die Nacht zechten. Außerdem waren unsere neu eingetroffenen Gäste müde, auch meine beiden spartanischen Gefährten. Ich nahm mir vor, unsere Freundschaft am nächsten Tag zu erneuern. Aber kaum dass Eugenios meine Gäste hinausgeführt hatte, gesellten sich Leda und Pen zu mir und kosteten meinen Wein. Sie hatten es sich auf Klinen bequem gemacht und ließen die Füße baumeln.

«Endlich kann ich mal an einem Symposion teilnehmen», sagte Leda und rekelte sich. «Ich umkränze meine Stirn mit Efeu und gebe anzügliche Lieder zum Besten.» Als sie mich herausfordernd ansah, brachte sie mich zum Lachen.

Pen stupste sie an und wandte sich dann mir zu. «Chic, die Königin von Sparta in unserem Haus zu haben, oder?»

In *unserem Haus*. Nun gut, auch das brachte mich zum Lächeln.

Leda erhob sich und reckte sich wieder. Sie und Pen waren dreißig – Matronen. Beide dienten als Priesterinnen der Hera und waren eigentlich immer in Bewegung. Beide Frauen hatten jeweils ein Kind zur Welt gebracht, zwei Söhne. Pens Junge Euaristos war erst fünf, ich hatte ihn noch nicht oft gesehen. Ledas Sohn war ein Jahr älter, über den Vater hatte sie nie ein Wort verloren. Ich machte mir bewusst, dass diese beiden liebenswerten Frauen körperlich fit waren, aber keine hätte mit den körperbewussten Frauen in Sparta mithalten können.

All das nebenbei. Es mag sein, dass Leda sich so offenkundig reckte, um meine Aufmerksamkeit auf sich zu ziehen. Aber das waren Verwicklungen, die ich jetzt nicht gebrauchen konnte. Dennoch, ich mochte ihr Lächeln und ihren wachen Geist, und vielleicht grinste ich sie an wie ein alter Satyr.

Als sie zu Bett gingen, tuschelten sie wie Mädchen.

Der Morgen kam viel zu früh.

Als ich aus dem Haus trat, sah ich, dass Gorgo mit meiner Tochter im Garten spielte, dabei lag die Dämmerung erst eine Stunde zurück. Euphoria hatte vor Aufregung wenig geschlafen, da sie es immer noch nicht glauben konnte, dass die Königin von Sparta bei uns zu Besuch war. Also hatte ihre gutmütige Amme ihr beim Ankleiden geholfen und meine Tochter auf die Welt losgelassen.

Dass die Königin stets früh auf den Beinen war, wusste ich ja bereits aus Olympia.

«Ich hoffe, Ihr hegt nicht die Absicht auszureiten», sagte ich.

Gorgo lachte herzlich. «Ich war auf der Jagd», sagte sie. «Ich hatte ein Tier erspäht.» Sie zuckte mit den Schultern. «Ihr habt meine beiden Jungs nach Susa begleitet und seid mit ihnen zurückgekehrt. Und habt bei der Sache mit dem Streitwagen geholfen. Ich bin Euch etwas schuldig.» Sie schaute lächelnd auf Euphoria hinab. «Sie ist bezaubernd. Sie hat mir von Brauron erzählt. Habt Ihr schon in Erwägung gezogen, sie über den Sommer nach Sparta zu schicken?» Sie sah mich an. «Athletisch ist sie. Einige Mädchen könnten bei dem Tempo der Wettläufe oder der Tänze nicht mithalten, sie schon, denke ich.»

«Wisst Ihr etwas über den Verbleib von Brasidas, Königin?», fragte ich.

Sie wendete den Blick von mir. «Er ist noch in Babylon», erwiderte sie. «Ich bezweifle, dass Damaratos ihn noch retten kann.»

«Aber was genau hat er gemacht?»

«Es steht mir nicht zu, darüber zu befinden», antwortete sie. «Und das bedaure ich. Wir stehen tief in Eurer Schuld, Arimnestos von Platäa.»

Wir sprachen noch eine Weile über die politischen Entwicklungen, bis Euphoria sich gelangweilt tiefer in den Garten zurückzog und dann in den Stallungen verschwand.

Da Gorgo Damaratos erwähnt hatte, fielen mir die Wachstafeln wieder ein, und deshalb bat ich Eugenios, sie rasch zu holen. Er brachte sie uns, wirkte aber der Eile wegen ein wenig verstimmt. Die Kordel, die die Tafeln einst zusammengehalten hatte, war durchtrennt worden, und daher waren es nunmehr drei einzelne Täfelchen: Eine war auf beiden Seiten beschrieben, eine wies einen Deckel mit Schnitzereien auf. Ich reichte die Wachstafeln der Königin und verbeugte mich.

«Es tut mir leid, meine Königin. Diese Tafeln kommen von Damaratos, dem früheren König von Sparta, und eigentlich sollte ich sie Euch unverzüglich aushändigen. Das habe ich versäumt. Ich habe sie schlichtweg vergessen. Andererseits, ich kann mir nicht vorstellen, dass sie wichtig sind – ich gebe zu, dass ich einen Blick auf seine Notizen im Wachs geworfen habe, obwohl sie einst deutlicher zu lesen waren. Jedenfalls handelt es sich wohl nur um Anweisungen für den Verwalter seiner Anwesen.»

Die Königin nahm die Tafeln mit unbewegter Miene entgegen. Dann setzte sie sich urplötzlich, als wäre sie überwältigt von Gefühlen – sie, eine Spartanerin. Einen Moment lagen die Täfelchen in dem Faltenwurf ihres Chitons. Dann nahm sie den Deckel mit ihren kräftigen Händen, sodass der Rahmen brach.

Aus dem Gürtel zog sie einen scharfen Dolch und setzte die Klinge zwischen Wachsschicht und dem hölzernen Boden an. Geschickt trennte sie das wächserne Rechteck von dem dünnen Holz. Ich traute meinen Augen nicht, denn der Boden war mit dunkler Schrift überzogen.

Gorgo lachte, als sie mein Erstaunen bemerkte. «Das dürftet Ihr eigentlich gar nicht sehen, Arimnestos», meinte sie. Sie hob den Blick. «Schwört, dass Ihr niemandem davon erzählt.»

Nun, ich erzähle es euch heute, aber nur, weil ich denke, dass alle, die damit zu tun hatten, längst tot sind.

Jedenfalls befreite Gorgo alle drei Brettchen von der Wachsschicht, und Eugenios beseitigte den Abfall. Ich weiß nicht, was der einstige König von Sparta Gorgo auf drei Täfelchen mitteilte, aber ich schätze, dass er ihr eine Auflistung der Boten und der Parolen übersandte. Denn von jenem Tag an schien Gorgo immer mehr als jeder andere über die Meder Bescheid zu wissen – insbesondere über die Flotte des Feindes.

Gerade als wir die letzten Splitter und Stücke wegfegten, kam Aristeides zu uns – ich denke, er war ein wenig erschrocken, dass die Königin von Sparta allein mit einem Mann im Garten saß, und dann auch noch mit mir. Seine Gemahlin gesellte sich kurz darauf zu uns.

Sie kam quer durch den Garten zu uns, und mir fiel auf, dass das Alter schwerer auf ihren Schultern drückte als bei Gorgo, obwohl die beiden Frauen in etwa im selben Alter waren – Anfang oder Mitte dreißig. Ihre Ehemänner waren Mitte und Ende fünfzig, wohlgemerkt. Jocastas Haar wies ein paar mehr graue Strähnen auf, und das Kinderkriegen hatte ihre Brüste etwas flacher werden lassen, um die Hüften war sie ein wenig breiter und hatte vielleicht an Gewicht zugelegt. Dennoch war sie eine schöne Frau. Sie hielt sich sehr gerade und mit einer Würde, der der Zahn der Zeit nichts anhaben konnte. Aber Gorgo wirkte zehn, wenn nicht gar fünfzehn Jahre jünger.

Gorgo schenkte ihr ein Lächeln und nahm ihre Hand, und die beiden umarmten einander. Jocasta kicherte – ich hätte es nicht für möglich gehalten – und flüsterte Gorgo etwas ins Ohr, worauf die Königin kreischte, als hätte sie eine Schlange gebissen, und dann so laut lachte, dass ich dachte, sie würde hinfallen. Sie nahm Jocastas Hand und legte sie sich auf die rechte Brust, und die beiden konnten sich vor Lachen nicht mehr halten.

Aristeides war peinlich berührt. Er sah mich an, dann schaute er weg und verließ den Garten und rief nach Nikeas. Ich folgte ihm und kam an einer träge gähnenden Leda unter dem Bogengang vorbei. Sie lächelte mir zu – ein echtes, warmes Lächeln –, und dann erhaschte ich wieder einen Blick auf meinen Dauergast.

Aristeides ging unbeirrt weiter, verließ das Haus, passierte das Tor und stapfte in Richtung Stadtmauer davon. Ich beschleunigte meine Schritte und holte ihn endlich ein.

«Das ziemt sich nicht», murrte er vor sich hin.

«Habt Ihr Eurer Frau die Halskette gegeben?», fragte ich.

Er blieb nachdenklich stehen. «Nein», entfuhr es ihm erstaunt.

«Oder sonst etwas aus der Zeit unserer Abwesenheit?»

Aristeides blickte finster drein. «Sie benahm sich wie – wie – ein Mann.»

Ich zuckte mit den Schultern. «Eure Frau freundet sich mit der Königin von Sparta an. In Sparta gelten andere Regeln für Frauen, das wisst Ihr doch.»

Er stemmte die Hände in die Seiten, wirkte unruhig, ließ die Hände wieder sinken. Schließlich machte er sich auf den Weg zurück zum Haus. «Du hast natürlich recht», murmelte er. «Aber sie ist doch sonst immer so – zurückhaltend.» Er sah mich an. «Ich liebe ihre – Würde.»

«Wie auch ich», erwiderte ich. «Aber ich denke, mit der Würde ist es wie bei einem Umhang, den man hin und wieder auch einmal ablegen darf.»

Aristeides schien über diese Bemerkung nachzusinnen, und nach etwa vierzig Schritten sagte er: «Manchmal fallen dir wirklich kluge Dinge ein. Die Würde ist wie ein Umhang – gar nicht schlecht.»

Die Königin von Sparta blieb fünf Tage bei uns in Platäa.

Was Jocasta anbelangt, so bringe ich meinen Lieblingsmoment mit dem goldenen Becher aus Persien in Verbindung. Spartanische Frauen sitzen oft bei den Männern, wie ich ja schon sagte, und so fanden wir uns mehrmals gemeinsam in der Gästeunterkunft ein, auch im Garten, aber als wir an einem Abend im Garten saßen, wurde es mit den Insekten zu viel, daher begaben wir uns ins Andron. Und dort stand der Becher der Königinmutter in seiner golden leuchtenden Pracht.

Gorgo hielt schnurstracks darauf zu und nahm den Becher von dem Podest. «Hieraus möchte ich trinken», sagte sie. «Stammt dieser Becher vom Großkönig?»

«Von der Mutter des Königs», sagte ich.

Bulis lachte. «Die Perser sind so reich, dass sie nicht mal merken, dass sie uns bestechen.»

Wir mussten alle lachen. Und da saßen wir – die Königin von Sparta, der gerechte Mann aus Athen, die Helden von Marathon, und wir alle tranken auf die Freiheit unseres Landes aus einem Becher, den uns die Königinmutter aus Persien geschenkt hatte.

Dreimal während ihres Besuchs begleitete Gorgo Pen, Leda und Jocasta zum Tempel der Hera, um der Gottheit die gebührende Ehre zu erweisen.

Und jeden Tag wurde sie selbst gefeiert – von Myron, von Antigonos, von den Priesterinnen des Hera-Tempels. Sie machte eine großzügige Spende, und ich denke, dass sie durchaus mit allem zufrieden war, was sie sah. Sie drückte böotischen Kleinkindern einen Kuss auf die Stirn und sah meinen jungen Epilektoi beim Pyrhiche zu.

Bulis gesellte sich zu den jungen Burschen und unterhielt sich mit ihnen. Er legte ein ganz anderes Benehmen an den Tag, gab sich charmant, lobte die Jungen für ihre körperliche Verfassung, für ihre gerade Haltung, ihre Geschicklichkeit. Später ruhte er neben mir auf einer Kline.

«Ich denke, das ist eine gute Stadt», sagte er. «Ähnelt Sparta mehr, als ich für möglich gehalten hätte. Klein und dennoch gut.» Er hob seinen Kantharos-Becher. «Siehst du? Du machst mich betrunken, und ich rede.»

Sparthius bestärkte Ajax und Lysios darin, dass die jungen Epilektoi gut ausgebildet waren. Und dieses Lob, das von einem Spartiaten und professionellen Krieger kam, muss ihnen zu Kopfe gestiegen sein. Sie betranken sich nämlich und machten sich in aller Öffentlichkeit zum Narren, und obwohl die Leute noch tagelang über dieses törichte Benehmen sprachen, hatte das Verhalten der beiden keine weiteren Folgen.

Am letzten Tag von Gorgos Besuch lud ich schon früh morgens alle Frauen zu einem Ausritt ein auf den prächtigen Pferden, die Dareios und Ka erstanden hatten. Wir ritten den ganzen Weg hinauf zum Schrein des Leitos, wo Gorgo ein Trankopfer darbrachte. Dann geschah etwas Seltsames, das ich nicht erklären kann. Als Gorgo einen Teil ihres Trankopfers auf die Umrandung des Grabmals schüttete, erbebte der Schrein leicht – wie ein belebtes Wesen. Ich kannte dieses Grabmal seit meiner Kindheit und hatte nie dergleichen gehört. Einige der Männer zuckten zusammen.

Idomeneus kam von den Hängen des Berges, um die Königin

kennenzulernen. Sie sah ihm unverwandt in die Augen, und auch sie muss diesen unbeschreiblich irren Blick meines alten Gefährten wahrgenommen haben, als sie leise mit ihm sprach. Er stellte ihr eine Frage, die ich nicht verstehen konnte, worauf sie nickte.

Später kam Idomeneus zu mir. «Sie sagt, Ihr habt ihr gut gedient», sagte er. «Der alte Held ist sehr erfreut, dass die Königin hier ist.»

Ich hatte den Eindruck, dass er noch stärker dem Irrsinn verfallen war als sonst, und blieb nicht lange in seiner Nähe. Ein merkwürdiger Geruch haftete ihm an, der indes nicht aus den Bergen zu stammen schien.

Danach nahm ich Gorgo mit hinauf ins Kithairon-Gebirge, bis zum ehrwürdigen Altar der Korvax-Sippe. Insgesamt waren wir zwanzig, neben meinen Gästen waren Gelon, Alexandros, Idomeneus und Styges mitgekommen. Wir brachten ein Reh als Opfer dar, das wir auf dem Weg erlegt hatten – Styges hatte es getötet. Nach dem Ritus ritten wir in der milden Luft eines Frühlingstages langsam hinunter in die zunehmende Dämmerung.

Ich ritt auf gleicher Höhe mit der Königin.

«Ich mache das öfter», sagte sie, als hätte ich ihr eine Frage gestellt. «Leonidas ist ein Held, aber manchmal steht das zwischen ihm und anderen Männern. Ich suche kleine und große Stätten auf, ich statte Frauen Besuche ab, umwerbe Männer – zum Wohle der Sache.» Sie wandte sich mir im Zwielicht zu, und sie sah nicht niedergeschlagen aus. «Aber lasst Euch sagen, Platäer – dies ist ein feiner Ort. Eure Leute sind gute Leute. Der Pyrrhiche, die Tänze der jungen Frauen, der Wein und die Gerste, die Feste und Tempel ...»

Ich war, wie so oft, geneigt zu sagen, dass ich die Ansicht eines Spartaners nicht brauchte, um zu wissen, dass meine Heimat etwas darstellte. Doch stattdessen lächelte ich freundlich. «Es freut mich, dass Ihr all dies hier kennenlernt», sagte ich. «Für mich ist es ein gewohnter Anblick, meine Heimat.»

Ich ahnte, dass sie nickte. «Kommendes Frühjahr wird es eine Versammlung aller freien Griechen geben. In Korinth, denke ich. Ich bitte Euch, ebenfalls zu kommen, gemeinsam mit Myron.» Sie schenkte mir ein Lächeln. «Mein Gemahl würde Euer Erscheinen ebenso begrüßen wie ich. Hört zu – wir haben den Grundstein gelegt. Die meisten Leute akzeptieren, dass wir Widerstand leisten müssen. Eure Berichte und unsere Informationen haben sich weit verbreitet.»

Am letzten Abend führte Gorgo einen feierlichen Umzug mit Fackeln rund um die Schreine der Frauen, ehe sie zu meinem Haus zurückkehrte. Ich hatte Klinen im Garten aufstellen lassen – es waren fast alle meine, aber vier hatte ich von Myron geliehen, der ebenfalls zu Gast war. Die Mahlzeit an jenem Abend war gewagt und hätte für Aufsehen sorgen können, da ich zu einem gemischten Essen eingeladen hatte, mit Frauen und Männern. In Lakedaimon wird es manchmal so praktiziert, in Italia ist es gang und gäbe. Bei den Etruskern dürfen sich ein Mann und seine Frau am Ende der Mahlzeit dem Liebesakt hingeben, und niemand nimmt daran Anstoß.

Antigonos tat so, als wäre meine Einladung skandalös, doch Myron kam bereitwillig und konnte sogar seine schüchterne Frau dazu überreden, neben ihm auf der Kline zu liegen. Nach einem Becher Wein kicherte sie um die Wette mit Gorgo und Jocasta.

Wir speisten und tranken. Wir erörterten keine tiefschürfenden Fragen, sondern plauderten über Kinder und Kindererziehung. Gorgo lächelte, als Jocasta beschrieb, wie schwierig es sei, die richtigen Tutoren für die Kinder zu finden. Jocasta war natürlich weitaus stärker in die Erziehung ihres Sohnes eingebunden als Gorgo, die ihr Kind vermutlich unmittelbar nach der Geburt in die Hände von Sklaven gegeben hatte. So verlangte es die Lebensweise in Lakedaimon.

Doch trotz so vieler Unterschiede freundeten sich Jocasta und Gorgo rasch an. Eigentlich merkwürdig und irgendwie auch wundersam, aber ihre Verbindung war für alle folgenden Ereignisse durchaus hilfreich. Leonidas schmiedete ein Bündnis mit dem Demokraten Themistokles. Derweil hatte Gorgo ihr eigenes Bündnis mit der Gemahlin von Aristeides.

Nachdem Gorgo und ihre Begleiter fortgeritten waren, in Richtung Theben, um einen weiteren Besuch zu machen, sank Pen erschöpft neben meinem Platz auf die Knie. Myron ließ durch einen Sklaven ausrichten, wir alle seien zum Essen eingeladen, da unser Archon glaubte, wir wären allesamt zu erschöpft, um noch eine Mahlzeit zuzubereiten. Mag sein, dass er damit recht hatte, doch ich denke, dass im Grunde mein thrakischer Koch und Eugenios einen freien Abend verdient hatten.

Ja, so war das mit dem Besuch der Königin in Platäa. Von da an, das könnt ihr mir glauben, sprachen die Lakedaimonier stets nur in höchsten Tönen von meiner alten Heimat.

Die Leute aus Theben haben sich offenbar höflich-verhalten benommen, mehr aber auch nicht. Das weiß ich, weil Sparthius noch einmal eine Nacht unter meinem Dach verbrachte, während Gorgo Thisbe einen Besuch abstattete. Von ihm erfuhr ich, die Thebaner hätten sich unfreundlich benommen.

Nichts erfreut einen Platäer mehr als die Nachricht, Theben habe sich wieder einmal danebenbenommen.

«Sie werden den Großkönig akzeptieren», berichtete Sparthius.

Ich schüttelte den Kopf. Für einen Platäer kam solch eine Haltung einer Bedrohung gleich.

Ich stach mit meiner *Lydia* in See, um meine Tochter für die Sommermonate nach Brauron zu bringen, und versprach, sie auch wieder abzuholen. Ich hatte nicht vor, den ganzen Sommer über auf See zu verbringen.

Ihr denkt jetzt bestimmt – nach all unseren Berichten, und nachdem Dareios mit der Sturmbezwingerin zurückkehrte und von der persischen Flotte in Thrakien und der Zahl der Schiffe am Bosporus berichtete – ihr denkt also bestimmt, sage ich, dass alle griechischen Lande von den Klängen der Holzhämmer widerhallten, dass Schiffsbauer die Zapfen in neue Verplankungen trieben, dass Männer sich abmühten, richtig rudern zu lernen, dass Abertausend Frauen wie Jocasta Segeltuch webten …

Das denkt ihr doch, oder?

Ihr denkt, dass es nur an der Nachricht von dem Aufstand in Babylon lag, dass die Perser in jenem Frühjahr noch nicht bei uns auf der Schwelle standen und dass allein das ausreichte, um ganz Griechenland wachzurütteln.

Aber wir Griechen lieben es, die Dinge zu besprechen. Alles musste zunächst in Ruhe durchgesprochen werden, und jeder – jeder von Bedeutung – erhielt die Erlaubnis, seine Ansicht kundzutun, und als ich in jenem Sommer Piräus erreichte, wurde zumindest an vierzig Triremen gebaut – aber auch nur, weil Themistokles die Erträge aus den Silberminen beisteuerte.

«Ich konnte diese Schiffe nur deshalb in Auftrag geben, indem ich gelobte, über Ägina herzufallen, falls die Perser nicht anrücken», erzählte mir Themistokles ernüchtert. «Vor den Göttern sind alle Menschen Narren.»

Ich trank auf diese Ansicht, und später erörterten wir all die Informationen, die Schiffsführer und Händler auf ihren Fahrten von Asia und Ionien mitbrachten. Themistokles zufolge war der Aufstand in Babylon niedergeschlagen worden. Offenbar hatte der Großkönig den Befehl gegeben, alle Adligen, die ihre Hände mit im Spiel hatten, hinrichten zu lassen, aber damit nicht genug, denn auch die Frauen, Kinder und Kindeskinder sollten mit dem Tod bestraft werden. Jeder griechische Söldner sollte als Aufständischer sterben.

«Jetzt wird er kommen», sagte Themistokles, «aber wir sind immer noch nicht bereit.»

«Gorgo sagte, es gäbe noch eine Versammlung in Korinth.»

«Doch nur, weil Adeimantos der rücksichtsloseste Politiker unserer Tage ist», erwiderte Themistokles – und das sagte mir ein Mann, der all seine politischen Gegner ins Exil geschickt hatte. «Er ließ die Spartaner wissen, die Anwesenheit einer ganzen spartanischen Delegation bei den Isthmischen Spielen sei der Preis, den er verlange, um die Versammlung auszurichten.»

Für mich klang das nicht ganz abwegig. «Irgendwo muss die Versammlung doch stattfinden.»

Einen Tag später hielt ich mich noch in Piräus auf, als der Himmel im Osten und Süden schwarz wurde – nicht grau, nicht einmal grauschwarz, sondern schwarz wie die Nacht oder dunkel wie Holzkohle. Selten habe ich einen Himmel gesehen, der so düster war.

Als der Wind gefährlich auffrischte, trommelte ich auf die Schnelle einen Teil meiner Ruderer zusammen und brachte die *Lydia* in einen der neuartigen Bootsschuppen aus Stein, wo mein Schiff trocken und hoch über dem Wasserspiegel lagerte. Da der Rumpf voll Wasser gesogen und wurmstichig war, boten die Bootsschuppen den besten Unterstand.

Was dann folgte, war eines der schlimmsten Unwetter, die ich je erlebt habe. Der Wind kam aus Ost, stark wie ein Nordwind, aber er währte länger und blies heftiger. Am Mittag des darauffolgenden Tages wütete der Sturm immer noch. Der Himmel hatte eine orangerote Färbung angenommen, als hätten die Götter beschlossen, die Erde mit Feuer zu überziehen.

Erfahrene Schiffsführer brachten ihre Schiffe in Sicherheit. Weiter südlich, vor Kreta, suchte Harpagos mit dem Pentekontere-Frachtschiff Schutz in einem kleinen Hafen. Dareios machte kehrt nach Korkyra, obwohl er gerade erst den Hafendamm hinter sich gelassen hatte. Megakles hatte mit der *Schwan* Mytilene angelaufen, und daher war es nur folgerichtig, dass die *Lydia* sicher aufgebockt war.

Weit im Osten zertrümmerte der Sturm die Schiffsbrücken am Hellespont und ließ keine Planke neben der anderen.

Zu jener Zeit stand ich am östlichen Rand des Hafens von Piräus und ließ mich von dem Unwetter bis auf die Haut durchnässen, während ich das Wüten der Götter auf See beobachtete. Ich konnte die todbringende Kraft dieses Unwetters und die entfesselten Kräfte des Windes spüren und betete zu Poseidon, meine Freunde und deren Schiffe zu verschonen. Schließlich erinnerte ich mich noch rechtzeitig daran, für jeden Menschen zu beten, der auf See in diesen Sturm geraten war – ein bisschen mehr Demut hat noch keinem geschadet.

Vier Tage lang donnerten die Brecher gegen die Hafenmauer von Piräus. Und in jenen Tagen zertrümmerte der Sommersturm zahllose Schiffe, brachte Häuser zum Einsturz, überflutete Siedlungen entlang der Küsten, ließ Flussmündungen gefährlich anschwellen – Vögel, Fische und Menschen kamen ums Leben. Und dann nahm der Himmel einen rosafarbenen Ton an, und der Sturm legte sich. Und wir an Land blieben verdutzt zurück und fragten uns, ob all das nur ein Traum gewesen war.

Doch für Xerxes' Vorhaben war es eben kein Traum, und zehn Tage später, als ein athenisches Frachtschiff mit Eisenerz von den Minen auf Samothrake zurückkehrte, berichtete uns der Schiffsführer, Zeus habe die Schiffsbrücke am Hellespont zerschlagen, Schiffe seien zertrümmert worden, Menschen elendig ertrunken.

20. KAPITEL

Während des Sommers lieferte ich Frachtgüter aus. Bedenkt, dass ich eben noch eine Königin in meinem Haus zu Besuch hatte, nun aber einem Dutzend Ruderer dabei half, Säcke mit Gerste aus Böotien in den Laderaum eines bauchigen Frachtschiffs zu hieven, alles in einem Zeitraum von ein paar Wochen. Ich tauge eben nicht als Aristokrat. Ich kann nicht einfach dasitzen, Däumchen drehen und anderen bei der Arbeit zusehen. Ich war dafür geschaffen, entweder Schiffe zu navigieren oder Bronze zu bearbeiten, aber die Hände in den Schoß legen, das konnte ich nicht. Außerdem war ich nicht Manns genug, den Blicken standzuhalten, die ich von meiner Schwester oder von Eugenios erntete.

Genau dieser Eugenios, der eigentlich selbst Sklave war und die Haussklaven beaufsichtigen sollte, führte nun meinen Haushalt und machte es mir fast schon zu leicht, dort zu leben. Die Mahlzeiten tauchten wie von Zauberhand auf, Wein floss in Strömen oder versiegte, mal mit mehr, mal mit weniger Wasser versetzt. Als das Olivenöl zur Neige ging, wurde neues eingekauft. Die Fußböden wurden geschrubbt. Kein Bediensteter oder Sklave sprach mich an, warum auch? Es gab ja keinen Grund, wenn alles reibungslos lief.

Nun gut – ich war einst Sklave, aber einen sehr guten Herrn gab ich offenbar nicht ab. Ich war wohl immer zu dicht am Geschehen dran, ließ mich ständig mit in die Arbeit hineinziehen. Als ich auf dem Weg zum Golf von Korinth kurz bei meiner Schwester einkehrte und einen Schluck Wein nahm, ließ ich mich zu dem Scherz verleiten, mein Haus sei in perfektem Zustand, solange ich nicht selbst da war.

Es war in jenem Sommer, dass ich Ägypten kennenlernte. Seckla befehligte die *Lydia*, daher zahlte ich Aristeides eine Leihgebühr und segelte mit seiner schönen *Athene Nike* von Korinth los, wo er sie an Land gezogen hatte. Ich wollte den Sommer mit Demetrios verbringen, einem meiner frühen Lehrmeister – er gehörte damals zu Aristeides' Steuermännern. Auch er inzwischen ein wohlhabender Mann.

Wir hatten eine ruhige Überfahrt. Auf dem Atlantis thalassa hatte ich eine Menge über Navigation gelernt, und mittlerweile war ich nicht länger befangen, dieses Wissen auch anzuwenden. Demetrios war natürlich immer noch ein besserer Seemann, ganz zu schweigen von Männern wie Vasileos oder Megakles. Wir lagen den ganzen Sommer über in einer Art Wettstreit miteinander. Ich schätze allerdings, dass unsere Rudermannschaften uns hassten, da wir so viel Zeit auf offener See verbrachten, ohne dass ein Küstenstreifen in Sichtweite gewesen wäre. Aber Demetrios und ich, wir hatten unseren Spaß und erlebten ein paar sehr schnelle Fahrten.

In Ägypten stießen wir auf eine korinthische Trireme, die in einem Sturm schwer beschädigt worden war und nun verlassen dalag. Die Einheimischen hatten sogar schon angefangen, das Schiff auszuplündern, um Feuerholz daraus zu machen. Wie gern hätte ich Vasileos an meiner Seite gehabt, da er ein begnadeter Schiffsbauer war! Aber ich ließ die angeschlagene Trireme vom Strand ziehen, ins Flussdelta schleppen und die Lecks zunächst mit Leinentuch abdichten – aufgrund des Aufstands in Ägypten trafen kaum noch Holzlieferungen ein, es sei denn, Griechen brachten welches mit, daher war der Schiffsbau in Ägypten nahezu zum Erliegen gekommen.

Wir ließen die Trireme am Ufer, damit sie neues Rigg bekam, und segelten derweil mit einer kleinen Ladung Duftwässern und Wein und etwas Papyrus an die phönizische Küste – auf dem Rückweg hatten wir den Laderaum bis unter die Decksplanken mit Bauholz beladen. Ich denke, Aristeides hätte die Hände über dem Kopf zusammengeschlagen, da wir sein herrliches Kriegsschiff so überladen hatten, dass es furchtbar tief im Wasser lag. Selbst die Laufplanken mittschiffs waren unbenutzbar, da wir dort an die fünfzig Stämme Kiefernholz lagerten. Wir mussten uns außen am Rumpf an Mannleinen entlanghangeln, und in der Rückschau war das eine verflucht unangenehme Fahrt – immerzu pullen, kein Wind, entsetzliche Hitze.

Als Ausgleich erhielt ich ein Kriegsschiff: Das alte, schwergängige, aber solide Kauffahrteischiff, das wir an Land gezogen hatten, wurde rundum erneuert von Männern, die glücklich waren, wieder Arbeit zu haben. Wir machten ein kleines Vermögen mit unserer Ladung Holz, denn man weiß ja, die beste Fracht ist die Fracht, die dein Kunde verzweifelt benötigt – zumal wir uns keiner Konkurrenz zu stellen brauchten.

Wir tauften das Kriegsschiff *Astarte*, des neuen Holzes wegen, und für die Besatzung suchten wir uns Männer zusammen, die im Laufe des Aufstands mittellos in Ägypten gestrandet waren. Danach beluden wir die *Astarte* mit Papyrus und Leinen, während wir den Erlös der Holzladung nutzten, um den Laderaum der *Athene Nike* mit Glas zu füllen: ägyptisches Glas, zumeist Phiolen für Parfüm.

Der Sommer ging allmählich in den Herbst über. Wir hatten unsere Fracht für die Heimfahrt, außerdem wussten wir inzwischen, dass ein Geschwader Phönizier auf See kreuzte, um griechischen Kaufleuten im Deltabereich des Nils aufzulauern – wir würden also mit unseren eigenen Waffen geschlagen. Daher gelangten wir über die östlichste Mündung des gewaltigen Stroms ins Meer und setzten Kurs auf Kretas Südküste. Das hatte ich schon einmal getan, aus schierer Verzweiflung, und es war wirklich ein gutes Stück Navigation. Später legten wir im Hafen von Gortyn an, als hätte ich die ganze Zeit den Polarstern über mir gehabt. Gesteht mir ein bisschen Prahlerei zu: Das Navigieren war insgesamt eine hervorragende Leistung, auch wenn wir zwei Rückschläge erlitten und einige Tage so grau verhangen waren, dass keine Sonne als Anhaltspunkt diente.

Den Piraten jedenfalls waren wir entkommen, die natürlich keine Piraten im engeren Sinne waren, sondern persische Kriegsschiffe, die eine Seeblockade vor Ägypten bildeten, so erfuhren wir von den Kretern. Vielleicht vergeude ich etwas von eurer Zeit, wenn ich erzähle, dass es in Ägypten, einem der reichsten Länder des Erdkreises, keine «Revolte» gab, zumindest nicht gegen die eigene Regierung. Die Ägypter versuchten lediglich, das Joch der persischen Unterdrücker abzuschütteln. In Xerxes' Augen waren die Aufständischen natürlich verachtenswerte Rebellen.

Der alte Herr Achill, den ich einst auf Kreta kennenlernte, war inzwischen verstorben – sein Sohn Nearchos fiel einst bei Lade. Der neue König von Gortyn hieß Scyllos und war der Bruder des alten Achill. Scyllos' Sohn Brotachos war bereits ein berühmter Kämpfer.

Man richtete ein Festmahl für mich im Hauptgebäude des Herrschers aus, wo ich einige der fein gearbeiteten Phiolen aus Glas verkaufte – wartet, das ist nicht die ganze Wahrheit. Ich überließ den Kretern die Parfümfläschchen aus ägyptischem Glas und erhielt im Gegenzug großzügige Geschenke. Sehr aristokratisch, die Kreter. Zu ehrlich und überschwänglich für den Handel.

Ach, all das tut nichts zur Sache. Wichtig ist, dass ich in Gortyn, genauer gesagt unten am Fischerhafen, der den König und dessen Krieger versorgte, Troas wiedersah, den Vater der Gaiana. Er war wohlauf und kräftig wie eh und je, drückte mich an seine breite Brust und lud mich zum Essen ein.

Also folgte ich der Einladung. Troas lebte nicht mehr in einer einfachen Hütte am Strand, mit nur zwei Fischerbooten, einem netten Schwiegersohn und Kriegsbeute. Nein, inzwischen verfügte er über ein Dutzend Fischerboote, warf seine Netze sozusagen in alle Himmelsrichtungen aus und gebot über ein kleines Heer von Fischern, die für ihn arbeiteten – ich betrat ein schönes Haus aus Stein.

Gaiana erschien nicht zum Abendessen, es wäre sowieso nicht die kretische Art gewesen. Aber ihr ältester Sohn kam zu Tisch. Er hieß Hipponax, und er war – mein Sohn. Da gab es kein Vertun, er hatte meine Nase, meinen Mund, ja, meine Augen und die langen Gliedmaßen.

Mir gegenüber benahm er sich tadellos und unterließ nichts, um mich zufriedenzustellen, seiner Mutter gegenüber war er jedoch frech, auch Troas gegenüber, und spätestens da war mir klar, dass er ein schwieriger Junge war.

Nach dem Essen sollte er eine Besorgung auf der Agora machen, und so saßen wir zu dritt am Tisch, da Gaiana nach der Mahlzeit ins Andron gekommen war. Sie war gealtert. Ihr einst junger, straffer Körper war schlaffer, sie hatte Fältchen um die Augen, wahrscheinlich hatte sie jede Menge anderer Makel, aber auch ich war ja älter geworden, dennoch sah ich in ihr immer noch das junge Mädchen, das ich einst unten am Strand geliebt hatte, nicht weit entfernt von der Schmiede des kretischen Meisters Hephaestion, bei dem ich einst gearbeitet hatte. Das musste mehr als fünfzehn Jahre her gewesen sein. Gaiana lächelte zunächst zwanghaft in meiner Gegenwart, ehe sie loslegte und kein gutes Haar an mir ließ ...

«Ich bin mir sicher, dass unser Benehmen zu grob ist für einen hohen Herrn wie dich», begann sie. «Hörst du auch mal auf zu prahlen, um dir beim Denken zuzuhören?», und «Kennst du auch Geschichten, in denen du nicht vorkommst?»

Es folgte noch ein Dutzend anderer Sticheleien. Aber nach dem ersten Becher Wein wanderte ihr Blick zu ihrem Vater.

Troas beugte sich über die Tischplatte, den bronzenen Becher zwischen den großen Händen. «Würdest du dich deines Jungen annehmen?», fragte er. «Sonst bringt er noch jemanden um. Er ist ganz wild darauf, Krieger zu werden, und auf Kreta werden die Söhne der Fischer keine Krieger. Ständig prügelt er sich irgendwo herum – oft mit den Jungen aus der Schicht der Krieger oben beim König. Und er zieht selten den Kürzeren, das sag ich dir.» Troas hatte ein zufriedenes Grinsen aufgesetzt, dem er ein Kopfschütteln folgen ließ.

«Noch was», legte Gaiana nach, «du hast hier nicht den besten Ruf auf Kreta. Die Hälfte unserer Männer starb bei Lade!»

Ich blieb gelassen. Jahre zuvor hätte ich mein Handeln womöglich noch hitzig verteidigt, auch Miltiades und den ganzen Ionischen Aufstand – ja, ich hätte eine Schmährede gegen die alten Verräter aus Samos gehalten. Doch an jenem Tag in Troas' Haus erwiderte ich Gaianas Vorwürfe mit einem kühlen Lächeln.

Und sie lächelte ebenfalls. «Hör auf, mich so anzuschauen», sagte sie.

Mit zwanzig hätte ich wahrscheinlich gedacht, dass sie es genauso meinte, aber hier ahnte ich, dass sie damit das Gegenteil sagen wollte.

«Sag, wirst du ihn mitnehmen?», fragte Troas.

«Ja», antwortete ich. Und es fühlte sich gut an. «Mögen die Götter dich segnen, dass du meinen Sohn großgezogen hast. Ich werde ihn mit auf See nehmen und versuchen, dass er am Leben bleibt.» Mein Blick ging zu Troas. «Du weißt, dass es dafür keine Garantie gibt?»

Er reckte das Kinn vor. «Ich habe schon den Mann von Gaiana verloren», kam es ihm schroff über die Lippen.

«Pater ...», setzte sie an, unterbrach sich dann aber.

Ich denke, dass wir noch über andere Dinge sprachen, aber schließlich funkelte der alte Troas seine Tochter an. «Soll ich euch zwei Turteltauben lieber allein lassen?», fragte er gereizt.

«Ja», hielt sie trotzig dagegen.

Und somit ließ er uns allein.

Später lag sie neben mir. Die Götter blickten lächelnd auf uns herab – Regen prasselte auf das Dach.

«Ich bin alt und fett», sagte sie im Schmollton.

«Bist du nicht», erwiderte ich und verbrachte einige Zeit darauf, meinen Standpunkt zu unterstreichen.

Sie lachte und lachte und kitzelte mich. «Verflucht seist du, dass du zurückgekommen bist», sagte sie. «Ich liebte meinen Mann, aber ich bin es auch leid, allein im Bett zu liegen.»

Noch eine geraume Zeit später sagte sie: «Mach, dass er am Leben bleibt. Ich habe noch zwei Jungs, sie werden gute Fischer. Aber Hipponax ist – anders als die beiden. Wenn er mal nicht den gewalttätigen Narren spielt, dann ist er – ein Dichter.»

Ein Dichter? Es klang gut in meinen Ohren.

Die Welt ist ein seltsamer und wundervoller Ort, und um zu erklären, warum sie seltsam sein kann – wenige Frauen in meinem Leben haben mich in so kurzer Zeit erregt wie Arwia von Babylon, mit ihren geheimnisvollen Düften, ihrem brillanten Geist und ihrem bemerkenswerten Leib. Aber während die Dame aus Babylon ein Abenteuer war, ein sinnliches Vergnügen, war es mit Gaiana – besser, wahrhaftiger. Sie war besser für meine Seele.

Wir lachten viel. Und sprachen über – alles und nichts eigentlich, aber wir plauderten immer weiter, und dann beklagte sie sich erneut über ihre überzähligen Pfunde, wie sie es nannte.

«Die Antwort auf zu viele Pfunde lautet Übung», sagte ich.

Sie verpasste mir einen ziemlich harten Klaps.

Als Enkel eines erfahrenen Fischers stellte sich Hipponax keineswegs dumm auf See an, doch er erwies sich als erstaunlich mürrischer und schwieriger Jüngling. Ich habe Dutzende, wenn nicht gar Hunderte junger Männer kennengelernt, und sie alle haben vieles gemeinsam – sie benutzen nicht oft genug ihren Kopf, lügen, obwohl die Wahrheit es auch getan hätte, sie erachten Versagen als

Verbrechen, sie denken, dass sie ein Geschenk der Götter sind, für den Krieg, für die See und für die Frauen …

Ich könnte diese Liste noch endlos fortsetzen, und wer von euch gut aufgepasst hat, erkennt, dass ich hier meist aus eigener Erfahrung spreche.

Aber selbst vor dem Hintergrund anderer Jünglinge war Hipponax ein schwieriger Charakter. Es schien, als würde er ständig mit einem inneren Daimon kämpfen und verlieren. Er gab die erstaunlichsten Sachen von sich – lautstark. So ließ er Demetrios wissen, er, Hipponax, sei der beste Steuermann an Bord.

Am zweiten Tag auf See kam er zu mir und meinte, er werde sich «den Scheiß» von dem Befehlshaber meiner Epibatai nicht mehr anhören. Dazu muss ich vielleicht sagen, dass Siberios vermutlich nicht der beste Krieger auf den Wellen war – er war ein korinthischer Söldner, den ich am Strand von Ägypten aufgelesen hatte, aber er war ein verlässlicher Kämpfer. Seine Narben erzählten ihre eigene Geschichte. Und er konnte für Disziplin sorgen.

«Der will mich tyrannisieren», beschwerte sich Hipponax, «weil er weiß, dass ich der Bessere bin. Ich nehme es locker mit ihm auf.»

Ich musterte ihn einen Moment. «Bist du jetzt als mein Sohn oder als Epibates auf meinem Schiff auf der Kommandoplattform?»

Schulterzucken eines Jünglings. «Mir egal», brummte er.

«Da du mein Sohn bist, rate ich dir zu mehr Demut. Als Epibates – scher dich von meinem Deck, verflucht, ehe ich dich an einen Riemen binden lasse! Und komm mir nie wieder mit so einem unbedeutenden Mist! Habe ich mich klar genug ausgedrückt?» Ich hatte mir die Worte kurz überlegt, ehe ich sie scharf von mir gab.

Hipponax' Gesicht rötete sich. «Verflucht seist du!», fuhr er mich an. «Von dir muss ich mir diesen Scheiß schon gar nicht gefallen lassen!»

Demetrios ersparte mir eine Menge Schwierigkeiten, indem er den Jungen hart zu Boden schlug – von der Seite. Ich bin auch heute noch davon überzeugt, dass es besser war, dass Demetrios dem Jungen seine Grenzen aufzeigte.

Doch der Junge kam erstaunlich schnell wieder auf die Beine, zum Kampf bereit. Er war wirklich unglaublich flink – und tapfer, kräftig für sein Alter.

Der untersetzte Demetrios schickte ihn ein zweites Mal zu Boden, dann regte er sich nicht mehr. «Ich müsste mich entschuldigen», sagte mein alter Gefährte.

«Mach dir mal deswegen keine Gedanken», sagte ich zu ihm.

Aber ich sorgte dafür, dass sich fortan Hektor um den Jungen kümmerte. Hektor zog meinen lädierten Sohn unter ein aufgespanntes Segeltuch und fächelte ihm ab und zu Luft zu. Wasser stand bereit.

Ich kann nur raten, was die beiden sich alles so erzählt haben – aber sie wurden Freunde. Hektor war jünger, aber da er sozusagen meine rechte Hand war, kannte er mich natürlich besser. Hipponax sehnte sich im Grunde nach meiner Anerkennung, schien aber anfangs nicht zu wissen, wie er sich diese Anerkennung verdienen könnte.

Sie wurden unzertrennlich. Wir verbrachten einen Tag im Hafen einer kleinen Insel westlich von Lesbos, und dort machten sie offenbar etwas, das unglaublich waghalsig und obendrein dumm gewesen sein muss – bis heute hat es mir keiner erzählt.

Wie dem auch sei, Hipponax wurde umgänglicher, doch wie ihr noch sehen werdet, bezog sich das nicht auf das Kämpfen.

Eine Tagesstrecke auf See, westlich von Thasos, lösten sich zwei Piratenschiffe aus dem Morgendunst und waren so übermütig, uns anzugreifen – zwei Schiffe gegen zwei, auf offener See, und meine Rudermannschaft war ausgeruht, an Deck standen meine Epibatai.

Ich will mich nicht zu lange mit dem Gefecht aufhalten. Nur so viel vorweg: Ich wäre gern auf ihrem vorn liegenden Schiff gewesen, als wir in die Wende gingen und sie angriffen.

Versteht ihr? Um ihre Mienen besser sehen zu können. Ich muss heute noch lachen.

Die Piraten waren wie wilde Tiere. Sie hatten ein Dutzend Frauen mittschiffs angekettet, in der Nähe des Bootssegels verweste die Leiche eines Mannes. Keines der beiden Schiffe war äußerlich irgendeinem Land zuzuordnen – es handelte sich nicht um Aristokraten aus Samos, die ein bisschen Geld machen wollten, es waren auch weder Phönizier noch Karthager. Es war Abschaum der Meere. Ich möchte nur eine Begebenheit erzählen: Während wir uns dem Gegner näherten, stand ich am Bug, um jeden Moment von der Plattform meiner Epibatai aus auf das feindliche Deck zu springen. Meine Epibatai warteten alle diszipliniert hinter mir, die Anspannung war mit Händen zu greifen. Keiner sagte ein Wort. Diese zerfleischende Anspannung erfasst dich vor jedem Kampf, und das wird sich auch nie ändern.

Wie dem auch sei, wir griffen an, und da Demetrios am Ruder stand, machte er wieder diesen raschen Schwenk, den er immer macht, wenn unser Schiff unter fünfzig Fuß von der feindlichen Bordwand entfernt ist. Und was macht mein Narr von einem Sohn? Er zwängte sich an mir vorbei und kletterte auf die Reling.

Beim Aufprall sprang er. Ganze zwanzig Herzschläge bevor ich gesprungen wäre, und niemand war da, um ihm im Ernstfall beizustehen!

Niemand außer Hektor.

Mein Hypaspist balancierte auf der Reling – versucht das einmal in Rüstung – und sprang ebenfalls.

Es war viele, viele Jahre her, dass ich als *dritter* Mann auf dem feindlichen Deck gelandet war.

Wir töteten alle freien Männer an Bord. Die Sklaven erschlugen den letzten der gegnerischen Epibatai – der Kerl hatte noch versucht, sich zwischen den geschundenen Sklaven zu verstecken, doch sie töteten ihn. Ich will nicht näher ausführen, wie, aber ich denke, er hat es auch nicht anders verdient.

Das ganze Ereignis erinnerte mich an Dagon und seine despotische Herrschaft. Wie ich schon sagte, vermutlich denkt ihr, ich wäre die ganze Zeit nur auf See gewesen, um ihn aufzuspüren und Rache zu üben, aber bei Poseidon und Herakles: Ich wusste wahrlich Besseres mit meiner Zeit anzufangen.

Aber als ich die gequälten Frauen sah, die elendig an Deck festgekettet waren, regte sich etwas in meiner Brust. Und in jener Nacht träumte ich wieder von Dagon, auch in der nächsten und übernächsten. Die Götter wollten mir etwas mitteilen, davon bin ich überzeugt.

Wir waren nicht mehr weit von der Insel Delos entfernt, hatten gute Fracht an Bord und Zeit. Ich legte das Ruder in Lee, sodass das Schiff an den Wind drehte, und steuerte den Hafen an. Die Frauen, die wir retteten, brachten wir zum Heiligtum auf Delos – ich hoffe immer noch, dass die Frauen es als Rettung auffassten, denn manch eine wird sich womöglich den Tod gewünscht haben. Ich suchte Dion von Delos auf, der mir bereits Jahre zuvor mit der Deutung meiner Träume und Gesichte geholfen hatte.

Einige Zeit später gelangte ich mit Hilfe des würdigen Priesters Dion zu dem Schluss, dass ich dazu ausersehen war, die Frauen zu rächen – auch diejenigen, die sich in ihrer Verzweiflung in Poseidons Arme geworfen hatten. Zu dieser Erkenntnis brachte mich der Priester des Apollon, und ich denke, dass er damit richtiglag.

Persönlich Rache üben zu wollen ist eine Sache. Es ist aber etwas anderes, vom Gott des Meeres zu erfahren, dass man berufen sei, ein Unrecht wiedergutzumachen.

Das Gefecht auf See schmiedete ein Band zwischen den beiden Jungen, so hart wie Stahl aus Chalkis. Und ich sah mich in meiner Annahme bestätigt, dass meine Schiffe trotz der Ladung Luxusgüter schnell genug waren. Als wir wieder in See stachen, hatten wir günstige Winde und segelten in nördlicher Richtung, um entlang der thrakischen Küste ein wenig zu spionieren. Westlich des Hellesponts ist das Land flach, das Delta des Evros ist reich an Vögeln, Fisch und natürlich auch an Mücken. Wir zogen die Schiffe auf den Strand, bauten auf die Schnelle eine Art Palisaden aus Treib- und Trockenholz, um uns gegen mögliche Übergriffe der Einheimischen besser verteidigen zu können, und hielten die Nacht über abwechselnd Wache. Doch einige Thraker aus der Gegend wollten mit uns handeln, und in dieser Zeit konnten wir uns einen Überblick über die Kriegsvorbereitungen des Großkönigs verschaffen.

Es stimmt, dass Zeus und Poseidon den Sturm schickten, der die Schiffsbrücken zerstörte, aber der Großkönig war der Herausforderung gewachsen. Wir waren nah genug am Geschehen dran, um uns zu vergewissern, dass am Hellespont bereits wieder ein Teil der Schiffsbrücke fertig war. Eine zweite derartige Verbindung entstand entlang der Küste von Asia.

Es gibt Geschichten, die beschreiben, dass Xerxes in seinem Zorn das Meer auspeitscht. Für mich hört sich das unwahrscheinlich an, andererseits war er jemand, der seine Emotionen nicht immer ganz unter Kontrolle hatte, und bestimmt hat er seinem Zorn auf die ein oder andere Weise Luft gemacht.

In jenen Tagen zählte ich ungefähr dreihundertfünfzig Kriegsschiffe.

Später machten wir halt in Athen, um die Waren zu verkaufen und Tierhäute und Salz für Korinth an Bord zu nehmen, aber ich war in Eile, und all meine Freunde waren fort. Wir waren spät dran für die Ratsversammlung, alle schienen bereits vor Ort zu sein.

Korinth ist eine schöne Stadt. Die prächtige Akropolis thront über der eigentlichen Stadt, und der Weg hinauf zu den Tempeln ist lang. Allerdings waren die Töpfereien nicht mehr so angesehen wie noch zu Lebzeiten meines Vaters, aber die Polis bietet wunderschöne Häuser und ausgezeichnete Bronzeschmiede.

Kaum waren wir am Strand, als ein Laufbursche erschien und mir ausrichtete, ich sei auf einen Becher Wein bei Adeimantos eingeladen. Ich wäre nicht argwöhnisch gewesen, obwohl ich Adeimantos nicht ausstehen konnte, aber der Laufbursche mied meinen Blick. Plötzlich hörte sich die Einladung für mich seltsam an. Mehrmals las ich die Nachricht auf der kleinen Wachstafel.

«Richte unserem Gastgeber aus, ich werde ihn aufsuchen, nachdem ich mich bei Themistokles gemeldet habe», sagte ich.

Er verzog das Gesicht, wirkte angespannt. «Nein! Mein Herr möchte Euch sofort sehen, Herr.»

Ich habe genug Sklaven kennengelernt, und dieser suchte händeringend nach einem Grund, mich vom Strand wegzulocken.

«Wieso?», fuhr ich ihn scharf an.

Die Augen des Laufburschen blieben ständig in Bewegung, nur mich sah er nicht an. «Ich – ich weiß es auch nicht, Herr. Vielleicht geht es um Persien?» Nach wie vor mied er meinen Blick, und allmählich roch ich den Braten.

Ich wandte mich an meinen Sohn. «Schick den Kerl fort.»

«Nein!» rief der Bote, verzog sich dann aber freiwillig. Derweil schickte ich einen Boten zu Themistokles und wartete ab.

Ehe die Sonne einen Fingerbreit gesunken war, erschien ein kleines Gefolge aus Amtsträgern und Bewaffneten unten am Strand.

Es ging um unser neues Schiff – um das ehemalige Wrack, das wir in Ägypten aufgetan hatten. Zwei Korinther behaupteten, das Schiff gehöre ihnen, und beschuldigten mich daraufhin, ich hätte das Schiff angegriffen und aufgebracht, da ich ja immer schon ein berüchtigter Pirat gewesen sei.

Und Adeimantos, man soll es kaum glauben, unterstützte diese Fraktion auch noch. Ich denke, er hätte mich festnehmen lassen, wenn ich seiner «Einladung» gefolgt wäre.

Lasst mich euch erklären, dass wir Griechen die Gesetze nicht anerkennen, die in anderen Poleis gelten, und deshalb interessiert es einen Mann aus Platäa nicht, was in Korinth gilt, und mich schon gar nicht. Ich beschied den Amtsträgern, sie sollten sich um ihre eigenen Angelegenheiten kümmern, und drohte ihnen, meine Epibatai auf sie zu hetzen. Daraufhin erfuhr ich, dass ich weder an Land kommen noch Handel treiben dürfe.

So etwas passiert eben. Also schickte ich Hipponax zu Aristeides und Hektor zu Gorgo und befahl meinen Männern, die Schiffe vom Strand zurück ins Wasser zu schieben.

Damit hätte die Sache eigentlich erledigt sein müssen. Adeimantos hätte die Interessen des Bündnisses über seine eigenen Interessen stellen und die Anschuldigungen fallenlassen müssen, aber das tat er nicht. Und spätestens da war mir klar, was es mit diesem Adeimantos auf sich hatte. Ich bin heute noch davon überzeugt, dass er sich vom Großkönig bestechen ließ. Allerdings weiß ich, dass andere Männer das vehement bestreiten.

Doch ich sage, dass der ein Verräter war und dennoch die Ratsversammlung in Korinth abhielt.

Adeimantos' kleinliche Anschuldigungen kosteten mich sechs Tage. Mir ging unter anderem auf, dass er von meinem neuen Schiff bereits wusste, ehe wir in Korinth anlegten. Hatte da jemand von Delos Dinge ausgeplaudert? Aber ein Gefühl verriet mir – ein Gefühl der Selbsterhaltung –, dass hier etwas ganz und gar nicht stimmte und dass Xerxes' langer Arm über die Wellen hinweg nach mir griff.

Weder Aristeides noch Kimon wollten wahrhaben, dass ich mit meinen Vermutungen richtiglag. Sie gaben mir zu verstehen, dass ich mich täuschte, und während sie einerseits unermüdlich daran arbeiteten, mich von den lächerlichen Anschuldigungen freizusprechen, weigerten sie sich andererseits zu akzeptieren, dass Adeimantos ein Feind war.

So kam es, dass ich nichts von den Eröffnungsreden mitbekam. Außerdem verpasste ich den Moment, als sich die gesamte Delegation aus Theben – eine Delegation von Oligarchen, die einige der Aristokraten von Theben gar nicht erst mitgenommen hatten – gegen den Widerstand aussprach. Ich war nicht zugegen, als der König von Sparta – also Leonidas – die beste Rede seines Lebens hielt, wenn man Themistokles glauben darf.

Unterdessen segelte ich mit meinen Schiffen entlang des Isthmus, landete auf der Peloponnes bei Hermione und stieg auf Pferde um. Meine Epibatai folgten mir zwar, fluchten aber unaufhörlich, da kaum einer von ihnen je auf einem Pferd gesessen hatte. Wieder verloren wir zwei Tage während des Ritts über die Peloponnes – die Landschaft ist ja durchaus schön, aber oft ungeeignet für Pferde. Als wir langsam die Berge hinter uns ließen, sah ich Korinth in der Ferne und schickte Hektor los, um auszuspähen, ob der Weg frei war.

Unterdessen hatte Themistokles einen korinthischen Verbündeten gekauft – Diotos, der schon einmal geschäftlich mit mir zu tun gehabt hatte und als Proxenos für das kleine Platäa fungierte. Gemeinsam mit Myron hatte Diotos sämtliche Anschuldigungen «in Wolle gepackt», wie wir in Platäa gern sagen. Als ich also eintraf, musste ich zunächst fast ein Drittel meines Gewinns von der Reise in den Osten als Pfand hinterlegen und durfte erst danach das tun, was ich wollte – in diesem Fall: die Ratsversammlung besuchen.

Vielleicht noch eine Anmerkung, die meine geistige Verfassung erklären kann. Ich begab mich zu dem großen Tempel des Zeus und gelobte feierlich, mich den Anschuldigungen zu stellen, und dort begegnete ich dann Kallisthenes – einem Mitglied der einflussreichen Alkmaioniden Athens. Für mich war das wie ein Schwall kalten Wassers.

Er bedachte mich mit einem Lächeln. Diese Art Lächeln kannte ich gut – ich habe es selbst des Öfteren aufgesetzt. Kallisthenes wollte mir signalisieren, dass ich auf jeden Fall wissen sollte, dass er mit den Anschuldigungen gegen mich zu tun hatte.

Ich war beunruhigt, gelinde gesagt.

Da all das über meinem Haupt schwebte, eignete ich mich kaum noch als Delegierter – ich kam gut eine Woche zu spät und hatte noch kein Opfer dargebracht. Die Ratsversammlung wurde im Tempelbezirk abgehalten, wo sonst die Spiele stattfanden – die Isthmischen Spiele, meine ich. Und obgleich ich schon acht Tage Debatten verpasst hatte, debattierte man immer noch.

Das beherrschende Thema war nicht der Widerstand. Griechenland hatte bereits beschlossen, sich zu widersetzen. Den Göttern sei es gedankt, denn die Versammelten hatten ihren Verstand benutzt und erkannt, dass wir kämpfen mussten.

Das Thema war die Befehlsgewalt. Alle kamen darin überein, Sparta die Führung des vereinigten Heeres zu überlassen. Und wieso auch nicht? Die Spartiaten stellten die besten Krieger, die wir aufzubieten vermochten. Könige Spartas hatten mehr Erfahrung als jeder andere, sobald es darum ging, größere Feldzüge zu planen. Es gab kaum Uneinigkeit – der meiner Ansicht nach einzige Mann, der Leonidas hätte ersetzen können, war Aristeides, und der sprach sich dafür aus, die Befehlsgewalt in die Hände Spartas zu legen.

Also sollte Leonidas das Heer an Land führen.

Aber mit den Geschwadern auf See verhielt es sich anders. Wir wussten alle, dass die Flotte einen wichtigen Beitrag leisten würde. Das größte Geschwader kam aus Athen, da man innerhalb von fünfzehn Jahren aus einer kleinen Anzahl Schiffe das größte Geschwader der Ägäis geschaffen hatte – vermutlich der größte Flottenverband im östlichen Entos thalassa, von Persien einmal abgesehen. In jenem Sommer bot Athen schon mehr als hundert Schiffe auf, und Ägina schaffte es auf knapp siebzig. Korinth würde fünfzig beisteuern. Nur Syrakus auf Sizilien verfügte über mehr Schiffe.

Doch niemand wollte Athen das Kommando auf See überlassen.

Themistokles versuchte alles, ohne Erfolg. Und lasst mich hinzufügen, Gorgo und Leonidas unterstützten ihn ohne Vorbehalte. Ja, Leonidas wollte, dass Themistokles der Navarch würde.

Natürlich gab es andere Kandidaten.

Einer davon war Gelon von Syrakus. Er hatte hundertzwanzig Schiffe zu bieten, unter der Voraussetzung, dass man ihn zum Befehlshaber an Land und auf See ernannte.

Adeimantos von Korinth war der andere Kandidat und machte keinen Hehl aus seiner Verachtung für Athen – in einer Rede sprach er von «der Stadt der Emporkömmlinge». Das war eine unverschämte Übertreibung – man braucht sich nur die Mythen anzuschauen, denn selbst dort ist Athen älter als Korinth. Wer je in Athen war, kann sich anhand der Architektur mit eigenen Augen davon überzeugen, dass Athen schon immer eine mächtige Festung aufwies, aber andere Männer – unsere Gegner, um es so ausdrücklich zu sagen – waren mit Adeimantos einer Meinung. Es war nur wenige Jahrzehnte her, dass Athen eine kleinere Polis gewesen war, mit einem Tyrannen, der käuflich war und nur über ein kleines Heer und wenige Schiffe gebot. Aber mit dem Aufkommen der neuen Demokratie waren mehr Männer in die Phalanx eingerückt, Ruderer waren zu Bürgern ernannt worden, und seither fühlten sich einige der Oligarchen, die über Städte weiter im griechischen Inland herrschten, von Athen bedroht, in erster Linie natürlich von der anwachsenden Flotte, auch wenn Athen immer wieder beteuerte, die Schiffe nur für das Wohl aller einzusetzen.

Nachdem ich einen Tag in der Versammlung überstanden hatte, musste ich unweigerlich an die Besprechung der Befehlshaber vor der Seeschlacht von Lade denken. Damals waren wir uns im Grunde alle einig gewesen und hatten dasselbe Ziel verfolgt, wurden aber dann von den Männern aus Samos verraten. In Korinth war die Versammlung noch gar nicht zu Ende, und dennoch gab es einige Männer – Korinther und Abgesandte aus Argos –, die offen bekannten, ihnen wäre es lieber, wenn Athen zerstört würde, anstatt einen Athener als Kommandanten der Flotte anzuerkennen.

Das große Problem war, dass es nicht viele Kandidaten gab, auf die sich alle Seiten hätten einlassen können, als Kompromiss. Keiner war bereit, einem Mann aus Ägina das Kommando zu übertragen. Sie hatten sich bereits bei Marathon des Medismos schuldig gemacht – man hatte sie verdächtigt, gemeinsame Sache mit dem Großkönig zu machen –, und Ägina hatte nie verheimlicht, wie sehr man Athen hasste. Aber andererseits war Ägina der einzige Stadtstaat, der über genügend Schiffe verfügte und Befehlshaber ausbilden konnte, die in der Lage gewesen wären, ein größeres Gefecht auf See zu koordinieren.

Abgesehen von Korinth. Und Adeimantos strebte um jeden Preis nach dieser Befehlsgewalt auf See. So wehrte er sich mit Händen und Füßen dagegen, dass eine Nachricht zu Gelon von Syrakus geschickt würde.

Was mich betrifft, ich hätte unter Gelon dienen können. Aber Gerüchten zufolge hetzte der Großkönig Karthago auf Syrakus, um die Flotte aus Sizilien zu binden, und viele befürchteten, dass Gelon die Sache der Griechen opfern würde, um Sizilien zu retten, und das war ja auch nachvollziehbar. Ich schloss mich der Ansicht der Redner an, die in Karthago eine Gefahr sahen, wusste ich doch, dass Artaphernes nach Karthago gesegelt war. Andererseits dachte ich, dass wir die See hätten kontrollieren können, hätten wir eine große, schlagkräftige Flotte gehabt.

Wie dem auch sei, auf mich hörte keiner. Gelon erteilte man

eine eisige Absage, worauf er sich wieder daranmachte, Karthago zu bekämpfen.

Doch Themistokles wollte eine athenische Flotte weder unter das Kommando eines Korinthers noch eines Mannes aus Ägina stellen. Daher zogen sich die Streitigkeiten hin, während die Perser ihre zweite Schiffsbrücke bauten und erste Truppen ihren Fuß auf thrakischen Boden setzten.

Ich sah, wie die Einheit Griechenlands in Scherben zerfiel. Das ganze Bündnis, das noch vor einem Monat so vielversprechend ausgesehen hatte, drohte wegen der Flottenfrage auseinanderzubrechen. Die Hälfte der anwesenden Poleis verfügte über gar keine Flotte und konnte sich nicht vorstellen, worum es die ganze Zeit im Detail ging.

Die Ratsversammlung war in die zweite Woche gegangen, und ich saß mit einem Dutzend Männern auf den Stufen des Schreins von Herakles – wir bildeten sozusagen die athenische Fraktion. Wir waren erschöpft und tranken mit Wasser versetzten Wein. Unsere Sklaven und Hypaspisten hatten sich um uns geschart.

Kurz zuvor hatten wir den großen Tempelbezirk verlassen und immer noch debattiert, wer die Befehlsgewalt erhalten sollte. Als zwei Abgesandte aus Megara auftauchten, versuchten wir, ihnen auszureden, weiterhin für Korinth zu stimmen.

«Warum ist Euch das so wichtig?», wollte der Ältere der beiden wissen.

Themistokles erhob sich und deutete auf die blauen Wasser unten in der großen Bucht. «Beim Krieg gegen Persien geht es um die Vorherrschaft auf See», sprach er. «Xerxes kommt gewiss auch über Land, aber dort vermag er sein Heer nicht auf Dauer zu ernähren. Er kann seine Eroberungen nicht ohne die Unterstützung der Flotte durchführen. Daher sage ich, dass man diesen Krieg mit Triremen gewinnen oder verlieren kann, nicht aber mit Speeren und Stoßlanzen.»

Die Männer aus Megara hatten dafür nur Spott übrig. «Das sagt Ihr doch nur, weil Eure politische Machtbasis aus unbedeutenden Männern besteht, die Ihr an die Riemen lasst», sagte der Mann. «Schlachten gewinnen aber nur Männer aus den oberen Ständen.»

Themistokles blieb beharrlich. «Persische Bogenschützen interessiert es wohl kaum, aus welcher Schicht die Männer stammen, die Rüstungen anlegen», sagte er. «Für Pfeile sind alle Gegner gleich.»

Die Männer aus Megara ließ das kalt. «Nur reiche Männer können sich Rüstungen leisten, die Pfeile abhalten.»

«Mit einer Flotte könnte ich verhindern, dass die Perser überhaupt Pfeile haben!», sagte Themistokles. «Dann könnte ich dafür sorgen, dass das Heer kein Brot, keine Bohnen, keinen Knoblauch und auch keine Bogensehnen mehr auf Nachschubwegen erhält.»

Die beiden murrten vor sich hin, wandten sich zum Gehen und blieben offensichtlich stur.

Unser Redner war sichtlich betroffen und rief den Männern hinterher: «Nach dem Krieg wird ein Reich geschaffen! Versteht ihr das denn nicht? Mit einer Flotte könnten wir den Großkönig aufhalten! Wir könnten Ionien zurückerobern ...»

Ich legte ihm eine Hand auf den Arm.

Schnaubend vor Wut setzte sich Themistokles wieder und stierte vor sich hin.

Am Abend desselben Tages trank ich gemeinsam mit Leonidas Wein. Ich war offiziell eingeladen. Der König hatte sich mitsamt Gefolge in einem ansehnlichen Landsitz unweit des Tempelbezirks eingenistet – das Hauptgebäude war edler als Leonidas' Haus in Sparta. Allein die Mosaikböden waren eine Augenweide. Aristeides war ebenfalls zu Gast – er hatte nicht an der Versammlung teilgenommen, da er Themistokles nicht begegnen wollte, aber er hielt sich trotzdem in Korinth auf und nahm an privaten Versammlungen teil. Jeder wusste, dass er am Hofe des Großkönigs gewesen war, und da sich niemand vorstellen konnte, dass der große Aristeides plötzlich für die Perser war, vertrauten sie ihm, sodass er ihnen erzählte, was der Großkönig im Schilde führte. Er berichtete auch bereitwillig von der Reise und von der Flucht vor den Häschern des Mardonios.

Ich teilte mir eine Kline mit ihm und schenkte Leonidas mein Ohr, als er seine Pläne für den Feldzug darlegte. Sein Vorhaben war geradlinig: Die Griechen sollten ihr vereinigtes Heer möglichst weit vorausschicken, damit die Perser keine große Bedrohung auf griechischem Boden darstellen konnten, es sei denn in Thessalien. Und wir brauchten die Reiter aus Thessalien, um den hervorragenden berittenen Einheiten der Perser etwas entgegensetzen zu können.

Leonidas hatte einen klaren Blick, sobald es um das Für und Wider des Feldzugs ging – und stand damit fast allein, wie ich anmerken möchte. Er war der Erste, der eine Reihe von Engpässen und Meerengen ins Spiel brachte, bestimmte Stellen also, an denen sich das vereinigte Heer gegen den Großkönig verteidigen könnte, während die griechische Flotte die persischen Geschwader in Gefechte verwickelte. Unsere Spione und Späher – einige Informationen stammten von meiner Mission – kamen darin überein, dass die Perser ungefähr sechshundert Schiffe aufbieten würden. Selbst wenn Xerxes uns noch ein Jahr Zeit gelassen hätte, wäre ganz Griechenland nicht imstande gewesen, es mit sechshundert Schiffen aufzunehmen. Deshalb konnten wir nur darauf hoffen, den Feind an mehreren Stellen hinzuhalten. An jenem Abend hatte mich Leonidas auf einige Becher Wein eingeladen, damit ich ihm gemeinsam mit Aristeides in Ruhe darlegte, welche taktischen Manöver auf See greifen könnten.

Leonidas war ein ausgezeichneter Befehlshaber über seine Spartiaten und ein wirklich kluger Kopf, aber vor seinem inneren Auge liefen Gefechte auf See genauso ab wie Schlachten an Land.

Doch wie gesagt, mit den Engpässen hatte er sehr gute Vorschläge unterbreitet, außerdem verfügte er über ausgezeichnete geographische Kenntnisse. Er hörte einfach nur zu, wenn andere sprachen, und wählte bereits im Kopf seine Schlachtfelder aus. Entscheidend war, dass Leonidas fast als Einziger begriffen hatte, dass wir Xerxes nicht in einer offenen Feldschlacht gegenüberstehen würden.

Leonidas, der große Strategos und König von Sparta, der Erste unter Gleichen und beste Krieger der griechischen Lande, lag auf seiner Ruhebank in Korinth und legte uns seine Strategie dar.

«Ich werde das vereinigte Heer zu einem Engpass führen», sagte er. «Und dann bekämpfen wir die Meder so, wie sich eine Katze gegen einen Hund wehrt.» Er blickte sich um.

Einige Männer zuckten unter diesem Blick zusammen – oder bei der Vorstellung, wie Katzen ihre Krallen ausfahren, wer weiß?

«Wir bieten alles auf, was wir haben», fuhr er fort. «Und unsere Flanken sind geschützt.» Er wählte gut ein Dutzend Stellen aus, deren landschaftliche Beschaffenheit ihm andere Männer beschrieben hatten, des Weiteren bezog er sich auf seine eigenen Reisen und die Reiseberichte seines Bruders. Einige dieser Orte kamen letzten Endes nicht in Frage, da sie zu weit von Athen und der Peloponnes entfernt lagen. Andere waren so dicht an thrakischem Boden, dass abzusehen war, dass sie schnell von den Persern überrannt werden würden. Dann jedoch sprach er von dem Durchbruchstal von Tempe, denn dort bot die Natur nahezu alles, was wir für seine Strategie benötigten. In diesem Zusammenhang nannte er drei Engstellen, an die man sich zurückziehen könnte.

Die beste Engstelle sollten die «Heißen Pforten» sein, dann die Landzunge der Artemis, wo die nördlichste Ausdehnung von Euböa auf die Küste des südlichen Thessalien stößt. An dieser Stelle war das Meer genauso eingeengt wie das Land.

Doch Euxenis, ein Abgesandter aus Thessalien, schüttelte den Kopf. «Wenn Ihr dort den Kampf sucht, werdet Ihr Thessalien verlieren», meinte er. «Und all unsere Berittenen werden dem Großkönig dienen.»

Leonidas lächelte. «Ja, aber wenn ich Thessalien verliere, so muss ich irgendwo kämpfen.»

Sparthius meldete sich per Handzeichen. «Warum nehmen wir es nicht hier mit denen auf, am Isthmus?»

Leonidas antwortete gelassen. «Wenn wir hier kämpfen, dann sind Athen und Theben verloren, auch Megara und vermutlich Korinth.»

Sparthius fing meinen Blick ein und zwinkerte mir zu. «Aha? Keine dieser Städte hat einen einzigen spartanischen Bürger.»

Nun, meine Freunde, ihr denkt jetzt vielleicht: wie langweilig! Aber mit diesen Dingen mussten wir uns herumschlagen, auf dem Weg zu einem tragfähigen Bündnis. Jede Polis vertrat ihre eigenen Interessen. Und die Männer von der Peloponnes waren am weitesten von einer persischen Invasion entfernt und somit am sichersten.

«Wenn Xerxes' Flotte unsere Flotte besiegt», warf ich ein, «könnte er sein Heer irgendwo an Land bringen. Er könnte Olympia einnehmen.»

«Mögen die Götter das verhindern!», riefen die Spartiaten. Sie funkelten mich böse an.

«Oder Sparta, wo wir schon dabei sind», setzte ich nach und ignorierte die wütenden Blicke.

Jetzt hatte ich die Aufmerksamkeit aller Anwesenden.

«Nicht, solange noch ein Spartiat atmet», hörte ich Bulis sagen.

Aber Gorgo nickte. «Ja», sagte sie leise. Sie ging nur zufällig durch den Raum, um ihre kleine Tasche mit den Webutensilien zu holen, zumindest tat sie so, obwohl ich wusste, dass Gorgo sich nicht scheute, sich längere Zeit auf einer Versammlung von Männern aufzuhalten.

Als ihre Stimme erklang, verstummten alle Spartaner. Und sie lächelte – mit diesem Lächeln zögerte sie ihre weiteren Worte auf dramatische Weise hinaus. «Ja, ihr würdet alle sterben, und dann würde ein Heer von Xerxes' Sklaven Sparta einnehmen.»

Eine Stunde später, als ich bereits zu viel Wein getrunken hatte, kam ich mühsam auf die Beine und verabschiedete mich von Aristeides, ehe ich dem König zunickte. Spartaner legen in privatem Kreis keinen großen Wert auf Förmlichkeiten.

Ich schaffte es durch die Türen des Andron, als Hektor mich unaufgefordert am Arm nahm und mich über den mit Marmor ausgelegten Innenhof führte, vorbei an einem herrlichen alten Olivenbaum, ein paar geschnitzte Stufen hinauf auf die Exedra der Frauengemächer.

Dort saß Gorgo, flankiert von zwei jungen Mädchen, und genoss den Duft der Oliven, der in der vom Mond erleuchteten Luft lag.

«Ein Spartaner wird es», sagte sie unvermittelt, kaum dass ich oben an der Treppe angekommen war.

Ich hatte nicht alle Sinne beisammen. «Was?», murmelte ich.

Sie machte eine abfällige Handbewegung. «Warum trinken Männer so viel? Hört zu, Arimnestos, ich brauche Euren Verstand. Wählen wir einen Navarch aus Sparta. Einen Spartaner adliger Herkunft, der fähig ist und klare Befehle geben kann – und erhalten kann, falls nötig. Von Themistokles. Nein – hört mir zu! Niemand in Korinth oder Megara oder Theben könnte sich vorstellen, dass sich Themistokles, der Demokrat, tatsächlich mit Leonidas, dem großen Aristokraten, verbünden würde. Ernennen wir einen Spartaner zum Befehlshaber auf See, und schon hätten wir keine Schwierigkeiten mehr. Und wir wären Adeimantos los.»

Ich lehnte schwer an der Brüstung. «Ich befürchte, Adeimantos wird vom Großkönig bestochen.»

Gorgo tat das als zweitrangig ab. «Die Hälfte der Versammelten erhielt Geld von Xerxes.» Sie nahm ihren Peplos etwas vom Kopf, sodass ich ihre Augen und etwas von ihrem Mund besser sehen konnte. «Ich übrigens auch.»

Ich war beeindruckt. «Was habt Ihr mit dem Geld gemacht?», wollte ich wissen.

«Die Hälfte schickte ich zum Tempel der Artemis in Brauron, die andere an Themistokles, damit ein neues Schiff in Auftrag gegeben werden kann. Glaubt Ihr, wir können Xerxes besiegen?»

«Ja», beteuerte ich. «Wenn Ihr Navarch wäret.»

Wir lachten beide.

Am nächsten Tag machte ich den Vorschlag, Eurybiades von Lakedaimon zum Navarchen zu ernennen. Ich stand noch etwas unter dem Einfluss des Weins, ging von einem zum anderen und hatte bald Themistokles und Aristeides und ein Dutzend wichtiger Männer eingeweiht. Nachdem ich öffentlich den Vorschlag unterbreitet hatte, erhoben sich in der Versammlung etliche Redner und unterstützten mein Anliegen.

Adeimantos hatte keine Chance, in der kurzen Zeit seine Unterstützer zu mobilisieren. Wir ließen abstimmen, und damit hatte es sich.

Athen war bereit, Sparta die Flotte anzuvertrauen. In vielerlei Hinsicht war das Athens hellste Stunde. Jemand musste einem Fremden vertrauen.

Und mit diesem Vertrauen kam der Duft des Sieges auf. Bis zu dem Tag, als Athen das Zugeständnis machte, Sparta das Kommando zu übertragen, waren wir sechzig Städte, die zwar eine Sprache sprachen, von denen sich aber etliche nicht ausstehen konnten. Aber nachdem die Frage des Befehlshabers über die gemeinsame Flotte geklärt war, ließen die kleineren Städte erkennen, dass ihr Kampfeswille erstarkte. Als die letzte Woche der Ratsversammlung anbrach, formulierte Themistokles eine Erklärung, die eine gleiche

Verteilung der Kriegsbeute regeln sollte – wie in der *Ilias* –, und in dieser Erklärung stand ausdrücklich, dass wir diejenigen hart bestrafen würden, die sich auf die Seite der Perser schlugen.

Am letzten Tag wandelte Leonidas unter den Delegierten und fragte überall, wie viele Hopliten jede Stadt aufbieten könnte. Und als er alle Zahlen zusammengerechnet hatte, nickte er und sagte mit lauter Stimme, sodass man ihn im Tempelbezirk hören konnte: «Sechzigtausend.»

Schweigen senkte sich herab.

«Wenn jede Stadt zu ihrer Aussage steht, werden wir Griechen sechzigtausend Hopliten ins Feld führen.» Er blickte sich langsam um und wirkte herrschaftlich in seiner tiefrot gefärbten Robe, aber er hätte auch unbekleidet gebieterisch gewirkt.

Adeimantos zuckte zwar nicht mit den Schultern, doch er sprach ebenso laut und vernehmlich. «Xerxes wird mit einer Million Kriegern kommen.»

Themistokles lachte. Es war das abschätzige Lachen eines Redners, aber es schnitt in all das Edle, das Leonidas mit seinen Worten zum Ausdruck hatte bringen wollen. «Wir Griechen sind arm. Wir haben nicht genügend Holz, um mehr Schiffe zu bauen, auch nicht genug zu essen, um alle Menschen zu ernähren. Uns mangelt es an Bronze für die Rüstungen, an Eisen für die Waffen.» Er hob die Hände. «Aber danken wir dem Willen der Götter, dass wir genügend Perser haben, die uns alle zu Helden machen werden.»

Zur Ratsversammlung waren wir in einzelnen Fraktionen erschienen – als Männer aus Megara und Platäa, als Lakedaimonier, Athener, Thebaner und Männer aus Thespeia.

Doch als wir alle wieder nach Hause aufbrachen, fühlten sich die meisten von uns als Griechen.

TEIL 4

DAS TAL VON TEMPE
480 V. CHR.

Tempe, altgriechisch Tempē, ist ein Tal in Thessalien, zwischen dem Olymp-Gebirge im Norden und dem Ossa-Gebirge im Süden, durch das der Peneios in die Ägäis fließt. Die Dichter beschreiben dieses Tal als die erquicklichste Stelle auf Erden, sie preisen die allgegenwärtigen kühlenden Schatten, die von üppigem Grün umsäumten Wegstrecken, die bei dem Trällern der Vögel eine noch romantischere Note erhalten, sie künden davon, dass sich hier des Öfteren die Götter auf Erden blicken ließen. Das Tal von Tempe erstreckt sich auf einer Länge von fünf Meilen, weist aber zwischendurch immer wieder eine unterschiedliche Breite auf, an einigen Stellen ist es nicht breiter als etwa achtzig Yards. Alle Täler, die das Auge erfreuen, entweder mit der schönen Lage oder dem milden Klima, werden von den Dichtern Tempe genannt.

JOHN LAMPRIERE, CLASSICAL DICTIONARY, 1788

21. KAPITEL

Der Winter, der folgte, gehörte zu den erfreulichsten in meinem Leben. Vielleicht ist diese Zeit nur in meiner Erinnerung warm und voller Licht – vielleicht verkläre ich diesen Winter, da er in einem so starken Kontrast steht zu den beiden Jahren voller Furcht und Schrecken, die uns bevorstanden.

Aber ich hatte meine Tochter und meinen Sohn um mich. Aristeides lebte weiterhin unter meinem Dach, und so verbrachte ich viel Zeit mit ihm und musste ihn mir nur mit Jocasta teilen, die immer schon zu den Frauen gehörte, die ich am meisten bewunderte. Ja, ich würde sagen, wir lebten glücklich zusammen in meinem Haus. Hipponax – so stand es zu befürchten – hätte mir ordentlich Ärger bereiten können, da er tatsächlich dazu neigte, seine Ziele mit Gewalt durchzusetzen, und immerzu nach meiner Anerkennung lechzte. Aber er machte uns keine Schwierigkeiten, obwohl er mit zwei alten Helden zusammenwohnte, mit einigen Frauen und einem unerschöpflichen Vorrat an Wein. Der Junge hatte eine starke Mutter und einen starken Großvater – er hatte «gute Knochen», wie man in Platäa sagt. Und er hatte Hektor an seiner Seite.

Natürlich war nicht alles eitel Sonnenschein mit diesen beiden Jünglingen. So stahlen sie zum Beispiel einen geheiligten Stier und jagten ihn in ihrem Übermut durch die Stadt. Ständig trieben sie sich mit irgendwelchen unverheirateten Mädchen herum, und das sollte Folgen haben. Aber spätestens an dem Tag, als man sie dabei erwischte, wie sie in angetrunkenem Zustand auf die Statue von Pan urinierten, die von den Siegern von Marathon gestiftet worden war, beschloss ich, dass es an der Zeit war, die Jungs eine Weile fortzuschicken. Was hätte in dieser Phase passender für einen Heranwachsenden sein können als die «Schule» von Idomeneus oben in den Bergen?

Meine Euphoria vergötterte die beiden. Sie folgte ihnen oft und bedachte beide abwechselnd mit bewundernden Blicken – ehe sie in Gegenwart anderer Mädchen mit den Taten der Jungen prahlte.

Was mich betrifft, so verbrachte ich meine Zeit mit Aristeides. Wenn man zwanzig ist, kommen einem Männer, die fünfunddreißig sind, schon ziemlich alt vor – sie kommen einem gesetzt und gereift vor, stehen mit beiden Beinen im Leben, wie man so sagt. Aber ist man dann selbst Mitte dreißig, findet man sich jung, körperlich auf der Höhe und gesund – und man wächst weiter, zwar nicht mehr körperlich, aber man entwickelt weitere Fertigkeiten und reift wie ein guter Wein. Mit fünfunddreißig war Aristeides mein großes, unumstößliches Vorbild – noch vor Leonidas. Gut, er war immer noch dieser selbstgefällige Kerl. Sein Sinn für Aufrichtigkeit war so erhaben, dass er nicht einmal davor zurückschreckte, seiner Frau zu sagen, an welchen Stellen sie zu viel Fett angesetzt hatte, oder ihr zu beschreiben, wie ihre Brüste aussahen, als sie noch ein junges Mädchen war.

Ja, darüber kann man lachen, Thygater. Aber ich möchte den hier anwesenden Männern klarmachen, dass es mehr als töricht ist, wenn man sich im Beisein der eigenen Frau oder Frauen generell so benimmt, es sei denn, man ist Aristeides.

Doch einmal abgesehen von diesem Makel und Aristeides' Starrköpfigkeit, die mal verblendet, mal edelmütig daherkam, war er in jeglicher Hinsicht der Mann, der ich sein wollte. Ich bewunderte ihn insbesondere für seine Gelassenheit. In einer Krisensituation kann ich mich ganz gut bewähren – keiner hat auf den blutgetränkten Decksplanken den besseren Überblick als ich. Aber wenn ich höre, dass es kein Olivenöl mehr im Vorrat gibt, dass die beste Bedienstete schwanger ist oder plötzlich Gäste unangekündigt vor der Tür stehen, kann ich ganz schön unangenehm werden.

Eines Abends, der Winterregen fiel auf die Felder des grünen Platäa und auf die Hänge des Kithairon, die in der Dunkelheit und hinter Wolken verschwunden waren, hatten wir es uns auf unseren Ruhebänken bequem gemacht, Männer wie Frauen, möchte ich hinzufügen. Aristeides, der sonst stets auf die Einhaltung der Sitten pochte, hatte sich auf Veränderungen eingelassen und war fortan einverstanden, wenn die Frauen während privater Mahlzeiten auf Stühlen saßen. Es sollte Lamm in einem Teigmantel aus Safran geben, aber ein Sklave ließ das Tablett fallen – damit nicht genug, denn in einer spektakulären Zurschaustellung des Entsetzens – er war neu im Haus – stürzte er halb über die noch unangerührten Speisen, sprang dann gehetzt auf und verschmierte meinen zweitbesten Chiton mit einer safrangelben Soße.

Glaubt mir, keine athenische Komödie hätte das besser darstellen können.

Aber in diesem Moment schnellte ich von meiner Kline hoch und schlug den Sklaven. Dann eilte ich in die Küche und verlangte lautstark, mein Hausvorsteher solle gefälligst dafür sorgen, dass der ganze Schlamassel beseitigt würde. Doch da zwängte sich Jocasta an mir vorbei, bedachte mich mit einem vernichtenden Blick und schnippte mit den Fingern, damit man ihr Gehör schenkte.

Alle schauten zu ihr, ich war vergessen.

«Das war ein Missgeschick und nichts, wovor man in Panik ausbrechen müsste», sagte sie scharf. «Helft Paolis beim Saubermachen und schaut nach, ob wir noch etwas von den leckeren großen Bohnen von gestern Abend haben, ja?» Sie schenkte dem Koch ein Lächeln, der nicht anders konnte, als das Lächeln zu erwidern.

Dann erst wandte sie sich mir zu – mit einem Blick, den ich sonst einem Steuermann zuwerfen würde, der sich auf meinem Schiff die Befehlsgewalt anmaßt. «Wärt Ihr wohl so nett, mir kurz Gehör zu schenken?», sagte sie zu mir, und es war keine Frage, sondern eine Aufforderung, ihr in den kleinen Arbeitsraum des Kochs zu folgen.

Ich musste den Kopf einziehen, als ich eintrat, und dann stand ich so dicht vor Jocasta, dass ich die Minze auf ihrer Haut riechen konnte.

«Das Problem bei euch Männern ist, dass ihr ständig glaubt, Krisen gewachsen zu sein, dann aber ständig neue Krisen heraufbeschwört!», fuhr sie mich an. «Ein neuer Sklave hat ein Tablett fallen lassen. Die Königin von Sparta war nicht zu Gast an Eurer Tafel, und bei Aphrodite, Herr, selbst wenn Gorgo anwesend gewesen wäre, gibt es keinen Grund, den Jungen zu schlagen, der ja bereits verängstigt genug war. Mit Eurem Zorn habt Ihr sämtliche Bediensteten verschreckt, sodass wir noch länger warten müssen, bis es etwas zu essen gibt.»

Ja, in Ordnung, Ihr habt recht, ich sehe es ein.

So etwas in der Art habe ich wohl von mir gegeben. Wenn man von Jocasta eine Standpauke erhält, meint man, von einem guten Trierarchen zurechtgewiesen zu werden. Ihre Autorität war absolut. Ich war nicht einmal mehr imstande, männliche Entrüstung zu zeigen. Ich stand einfach nur da, der Held zahlloser Schlachten, und hörte mir eine Strafpredigt an: zu Recht könnte man sagen, da ich angesichts eines am Boden zerschellten Tabletts in unangemessene Panik geraten war.

In jenem Winter passierten natürlich noch andere Dinge, aber dieser Abend ist mir besonders in Erinnerung geblieben.

Die drei Schmieden liefen auf Hochtouren. Rüstungen und Helme verließen die Werkstätten, und die kleine Phalanx von Platäa wurde zusehends besser ausgestattet, bis wir uns wirklich sehen lassen konnten. Die Frauen beklagten sich schon, dass keine Töpfe mehr ausgebessert wurden, und Myron bezeichnete unsere Werkstätten nicht ohne Grund als «die Essen des Ares». Heron, der Eisenschmied, hatte zwei Gesellen aus Thrakien eingestellt – es waren aber Griechen aus den griechischen Städten in Thrakien, keine Thraker. Und sie fertigten ausgezeichnete Schwerter, deren Klingen weißglühend bearbeitet wurden, dass es so aussah, als wäre der Atem des Schmiedegottes auf der gemusterten Struktur sichtbar – so beschrieben die beiden es mir zumindest. Ihre Schwerter waren so gut wie die Klinge, die ich aus Babylon mitgebracht hatte: flexibel, scharf und wunderschön gestaltet. Eines der Schwerter ließ ich mit einem Griff aus Elfenbein versehen.

Und wir machten richtig Geld. Aristeides nahm mich auf den Arm und meinte, jetzt sei ich ein wahrer Aristokrat. Denn meine Schmieden, meine Ländereien und meine Schiffe warfen Geld ab, obwohl andere Männer an Deck das Kommando hatten und die Risiken auf sich nahmen. Dareios etwa unternahm im Winter eine Fahrt nach Ägypten und scheffelte noch mehr Geld, während ich einfach nur zu Hause saß und lernte, eine würdevolle Gelassenheit an den Tag zu legen.

Aber ich arbeitete ebenfalls.

Während Hermogenes die Brustpanzer polierte, brachte ich sozusagen die neue Phalanx aus Platäa auf Hochglanz, wenn der Vergleich erlaubt ist. Meine Epilektoi schickte ich hinauf in die Anhöhen auf die Jagd nach Rehwild. Sie jagten dem Wolf auf den Feldern hinterher, stellten den Eber oben in den Bergen, und das jede Woche aufs Neue. Ich teilte die jungen Burschen in einzelne Gruppen ein, ähnlich wie die Männermahle bei den Spartiaten, denn so hatte ich es von Brasidas gelernt. Und in jenem Winter dachte ich mir drei neue Abfolgen für den Pyrrhiche aus. Die neuen Schritte brachte ich zuerst nur meinen besten Leuten bei, dann probten wir es gemeinsam mit der ganzen Phalanx.

Natürlich grummelte es ganz schön in den Reihen. Hilarion warf ein, er wolle gar kein Held aus der *Ilias* sein, da er Felder zu bestellen habe. Dracos Enkel Andromachos hielt sich sowieso schon für einen so guten Kämpfer, dass er gar keine Übung mehr brauchte.

Die Söhne und Vettern des Simonalkes standen während der Übungen in kleinen Grüppchen zusammen und blickten finster drein.

Doch alle ließen sich auf die Kriegstänze ein. Und obwohl ich stets versuchte, gerecht zu sein, ließ ich die eigenmächtige Gruppenbildung nicht zu. Ein Strategos oder Polemarch hat die Pflicht, jedem Mann seinen Platz in der Phalanx zuzuweisen. Unter einem schwachen Anführer, der alles schleifen lässt, kommt es zu Meinungsverschiedenheiten, unter einem starken Anführer höchstens zu Unbehagen, aber die Disziplin stimmt. Nicht jeder Mann, der einen Platz in vorderster Linie erhält, möchte dort auch stehen. Die vorderste Linie kommt einem Ehrenplatz gleich, aber in der Schlacht kann es ein Ort des Schreckens werden, selbst für mich.

Da ich gerade dabei bin: Ich hatte einige wirklich ausgezeichnete Kämpfer, darüber hinaus eine stattliche Anzahl Krieger, die ich als gut bezeichnen würde, auch Veteranen. Zusammen mit meinen Epibatai und Seeleuten – sie alle waren Bürger, einige hatten mit ihrem Sold Besitz erworben – konnte ich tausendsechshundert Mann aufbieten, und in vorderster Linie standen fast nur Veteranen, die manch einen Kampf erlebt hatten.

Ich konzentrierte mich darauf, den Männern einige simple Manöver beizubringen, aber auch anspruchsvollere Taktiken, war ich doch entschlossen, dass meine Einheiten imstande waren, sich im Laufen zu formieren und auf mein Kommando hin eine Phalanx zu bilden. All das in jede Richtung. Die Erfahrung im Krieg hatte mich gelehrt, dass die Fertigkeit des raschen Richtungswechsels besser für die Einheit war als einzelne Männer, die sich überschätzten und meinten, sie wären der wiedergeborene Achill. So forderte ich meine Männer auf, Strecken mit dem Aspis über der Schulter zurückzulegen, aber auch am Arm – und wann immer es sich einrichten ließ, mussten sie diese Strecken im Laufschritt hinter sich bringen.

Dracos Söhne bauten uns Karren, und wir lagerten Säcke mit

Getreide ein, damit wir auf Abruf mit Proviant und Waffen aus Platäa marschieren konnten, im Tempo von Lasttieren. Meinen Berechnungen nach würden wir im Frühjahr den ganzen Weg nach Thessalien zurücklegen, und ich wollte für den Abmarsch bereit sein.

Hört zu – wenn griechische Heere auf dem Marsch sind, haben sie keinen Proviant dabei. Die Männer gehen davon aus, dass sie höchstens eine Tagesstrecke von zu Hause entfernt kämpfen, also erwarten sie, dass die umliegenden Bauern zu ihnen kommen, eine kleine Agora eröffnen und Nahrung an Ständen feilbieten. Der geringe Sold, den ein Hoplit erhält, muss oft für die Nahrung für den Krieger, seinen Sklaven und für den Hypaspisten reichen.

Keiner von uns war je mit einem großen griechischen Heer über die Berge marschiert – ganz gleich, wohin. Aber als wir auf unseren Klinen lagen und uns alles vorstellten oder diskutierten, kamen wir alle darin überein, dass wir Karren und Proviant und Gepäck mitführen müssten, wie ein persisches Heer – mit «wir» meine ich in diesem Zusammenhang Aristeides und mich, Leonidas und Adeimantos und ein Dutzend weitere militärische Anführer. Auch wenn man natürlich mit der Ladung langsamer vorankam und anfälliger war für Angriffe feindlicher Reiterei.

Bulis kam zweimal im Winter zu Besuch, jedes Mal mit anderen Gefährten aus Sparta. Sie informierten uns, an welchen Stellen sich die Krieger des vereinigten Heeres sammeln sollten, und ließen sich berichten, was wir über den Großkönig wussten. Von Bulis erfuhr ich, dass Karthago immer noch Handel mit Athen trieb, später wusste er zu berichten, dass das Heer des Perserkönigs auf dem Marsch war. Und dass Xerxes eine Stelle genannt hatte, an der sich sein Geschwader sammeln sollte.

Mein Herz begann bei derlei Nachrichten zu flattern.

Die Platäer sollten sich Leonidas' Heer anschließen. Bulis verfolgte die Darbietungen meiner Phalanx und lobte uns – mit «Lob» meine ich: Nachdem er zwei Stunden zugeschaut hatte, wie Männer mittleren Alters schwitzend von einer Formation in die andere wechselten, aus der Marschkolonne zurück in die Phalanx und umgekehrt, mit plötzlichen Bewegungen auf der Flanke, in versetzter Marschkolonne, unterbrochen von kurzen Sturmläufen und Rückzügen Schritt um Schritt, zum Abschluss der neue Pyrrhiche im Stile Spartas – als er all das mit wachen Augen verfolgt hatte, wandte er sich mir zu und nickte. «Gut», war alles, was er sagte.

Der Lohn all unserer Bemühungen sollte sein, dass wir uns von unseren Freunden trennen mussten, von den Athenern, die, gemeinsam mit Korinth, Ägina und Korkyra, die Schiffsbesatzungen bilden sollten. Wir hingegen würden mit den Männern von der Peloponnes und aus Böotien marschieren, um das Heer der Perser im Tal von Tempe zu stellen.

Ehrlich gesagt, konnte ich mich in dieser Hinsicht nicht recht entscheiden. Wie die meisten Griechen fühle ich mich an Land und See gleichermaßen zu Hause, aber ich besaß zwei Kriegsschiffe und hatte weitere Schiffe im Kielwasser, wie es so schön heißt, und daher wollte ich die Triremen gern selbst befehligen. Hinzu kam, dass meinem kleinen Geschwader Epibatai und Befehlshaber fehlten, wenn ich meine besten Kämpfer und Seeleute nach Tempe schickte.

Dieses Problem hatte fast jede Einheit. Ich löste dieses Problem, indem ich all meine Epibatai und Seeleute zur Flotte schickte und die Lücken mit athenischen Exilanten füllte, angeführt von Aristeides.

Als gäbe es nicht schon genug Schwierigkeiten, zeichnete sich ab, dass mein Schwager, der zu meinen besten Anführern gehörte, den Männern aus Thespeia zugeteilt war – denn das ist ja seine Heimat, nicht Platäa –, und plötzlich stand er mir nicht mehr zur Verfügung, mit vierzig Männern in Bronze und zwei weiteren erfahrenen Befehlshabern. Die Männer aus Thespeia hatten gut lachen, bekamen sie doch auf diese Weise Verstärkung durch erfahrene Marathonkämpfer, aber ich war im Nachteil, und in jenem Frühjahr fluchte ich oft. Antigonos schien ebenfalls schlechter Laune zu sein, und meine Schwester Penelope weinte, war sie doch in Sorge, dass ihr Mann ohne meinen Schutz verloren wäre – dabei hättet ihr Antigonos sehen sollen, der einen Kopf größer als ich war.

Ich überhäufe euch mit all diesen Kleinigkeiten, nicht weil es euch tatsächlich interessieren dürfte, sondern weil es heute, sobald die Rede davon ist, wie wir einst gegen die Perser ins Feld zogen, diesen Mythos gibt – den Mythos, es habe früher ein gewaltiges, vereinigtes Heer gegeben. Ich sage, ein vereinigtes Heer hat es nie gegeben. In jenem Frühjahr, als wir uns auf den Marsch nach Thessalien vorbereiteten, gab es an die hundert Kontingente, und einmal abgesehen davon, dass wir als Griechen guten Willen an den Tag legten, hatten wir außerhalb unserer eigenen Phalangen keinerlei Erfahrung – ausgenommen einige Veteranen wie ich. Oder Söldner. Und es waren die Söldner, die letzten Endes die einzelnen Heeresaufgebote zusammenhalten sollten.

Ihr dürft euch das nicht so vorstellen, dass wir als ein großes Heer marschierten. Viele Kontingente wurden per Schiff vom Isthmus nach Thessalien transportiert – wir übrigens auch. Andere Einheiten legten größere Strecken zu Fuß zurück. Die Verbündeten hatten es allerdings versäumt, einen Sammelpunkt zu benennen, denn trotz all unserer Bemühungen dachten die meisten Griechen immer noch, es gäbe einen Kampf zwischen zwei Poleis. Fragte man diese Leute, so meinten sie, wir würden unser Heer im Tal von Tempe aufmarschieren lassen, einen Herold zu den Persern schicken und kämpfen.

Und da wir nicht zusammen marschierten, ergab sich auch nie die Gelegenheit, gemeinsam zu üben oder die Phalanx zu bilden.

Daher sammelten wir uns nach und nach, ein Kontingent nach dem anderen, in Thessalien, am Fuße des großen Übergangs nach

Makedonien. Es war kalt, auf den Pässen herrschte noch Winter. Unser Befehlshaber war ein Spartaner, Euanetos, Sohn des Karenos. Das Aufgebot aus Athen, das trotz der großen Anzahl Schiffe, die bemannt werden mussten, erstaunlich groß war, wurde von Themistokles persönlich befehligt. Wir brachten es zusammen auf vierzehntausend Hopliten und auf sechstausend Berittene aus Thessalien, und wir konnten den Pass mit einer Phalanx sperren, acht Glieder tief. Das Aufgebot aus Sparta stand in Reserve bereit, über die Hälfte der Reiter war von persischer Seite aus nicht zu sehen. Leonidas sammelte derweil den Großteil des Heeres in unserem Rücken, aber ich glaube, wir dachten damals, dass wir die vierzigtausend Hopliten nicht benötigen würden.

Meine Platäer gehörten zu den ersten Einheiten, die im Tal von Tempe eintrafen, und wir nutzten die Wartezeit zum Üben. Sogar meine jungen Männer hassten mich, nachdem sie zwei Wochen lang die Bergwelt Makedoniens nur durch die Sehschlitze ihrer Helme erlebt hatten. Mit einem Mal waren die neuartigen athenischen Helme sehr beliebt, bei denen man die Wangenpartien hochklappen kann, denn ganz gleich, wie kalt die Nächte oder der Morgen waren, gegen Mittag fühlte sich ein Mann in voller Rüstung wie ein Hummer, der im Panzer kocht.

Xerxes hätte über uns hinwegschreiten können, wäre er schnell genug gewesen. Die Spartaner trafen spät ein, die Athener noch später – was Aristeides und ich damals nicht wissen konnten, war, dass die Athener außer sich vor Wut waren, da man von ihnen verlangte, sechzig Schiffe zu entsenden und Männer für eine Phalanx zu stellen. Von Themistokles erfuhr ich, dass siebzig Triremen in Piräus lagen und nicht auslaufen konnten, da es keine Epibatai und keine Befehlshaber mehr gab.

Hinzu kam, dass sich Euanetos nicht als Befehlshaber erwies, der seine Männer hätte mitreißen können. Sein Heer hatte mit dem gottgleichen Leonidas gerechnet, und Euanetos war wahrlich kein

Gott. Er war ein launischer Mensch, der aufbrausend sein konnte, er neigte dazu, Gewalt anzuwenden, obwohl bisweilen die Überzeugungskraft der Worte besser gewesen wäre. So fiel er wütend über Themistokles her, der spät eintraf, dabei berichteten die Späher, der Feind sei nicht in Sicht. Natürlich hatte Euanetos überreagiert, aber dann verschlimmerte er alles noch, indem er darauf drängte, die Athener zu bestrafen. Das ist ungefähr so, als wolle man jemanden bestrafen, der zu spät zum Gastmahl erscheint.

Wiederholt änderte er seine Meinung, sobald es darum ging, wie man den Pass am besten halten könnte. Zunächst harrten wir dicht am Pass aus, dann zogen wir uns etliche Stadien zurück, ehe wir doch wieder direkt am Pass Aufstellung bezogen. Während die Hopliten nicht am Pass standen, hatte Euripides aus Thessalien vorübergehend das Kommando mit seinen Reitern übernommen. Seine Männer ritten als Späher weit nach Makedonien und Thrakien, um etwas über die Bewegungen des Feindes herauszufinden. Als Befehlshaber der Reiter hatte Euripides also sämtliche Pflichten eines Strategos eines Heeres erfüllt, doch das Lob und die Anerkennung für alle taktischen Manöver wollte Euanetos einstreichen, obwohl er lange Zeit hindurch gar nicht den Pass sicherte.

Meine Männer hielten sich bereits drei Wochen am Pass auf, als man endlich etwas von den Persern hörte.

Zwei persische Herolde erschienen in unserem Lager und baten um sicheres Geleit. Für manch einen aus unseren Reihen waren dies die ersten Perser, die sie zu Gesicht bekamen, und wir lungerten entlang des Weges herum und glotzten wie Bauern. Euanetos legte großen Wert darauf, alles richtig zu machen, und wollte kein Sakrileg begehen, daher gestattete er den persischen Herolden den Zugang nach Griechenland und sicherte ihnen freies Geleit bis nach Delphi zu, zum Orakel, denn das sei ihr Ziel, wie sie behaupteten.

Einen Tag später machte das Gerücht die Runde, das persische

Heer sei bereits einen Monat zuvor marschiert. Es hieß, wir seien am falschen Pass.

Zwei weitere Tage später, als Demetrios, Themistokles, Aischylos und ich einen Rehbraten genossen, da ich in den Bergen auf der Jagd gewesen war, traf ein weiterer Herold in unserem Lager ein, diesmal von Amyntas, dem König von Makedonien. Makedonien hatte zu den ersten Königreichen gehört, die sich Xerxes mit Erde und Wasser unterwarfen, und dennoch war Amyntas stets darum bemüht, als Freund von Griechenland in Erscheinung zu treten. In diesem Fall schickte er seinen Herold zu uns, um uns wissen zu lassen, dass die Perser über einen anderen Pass marschierten, in der Nähe von Gonnos.

Umsonst beklagte sich Euripides aus Thessalien, seine Späher seien noch nicht zurück – daher meinte er, die Perser könnten noch nicht so nah sein. Nach vier Tagen brach das vereinigte Heer in sich zusammen. Nein – es kam zu keiner großen Schlacht. Wir verließen uns auf Gerüchte, die Perser seien unterwegs, und mit einem Mal löste sich unser Heer auf.

Es war schlimmer als bei Lade. Fast jedes Kontingent machte sich auf den Heimweg – die Spartaner schneller als alle anderen. Kein Aufgebot wollte mit unseren Verbündeten aus Thessalien warten und sich mit den Persern messen.

Wir blieben. Ich kam zu dem Schluss, dass das Heer, falls die Gerüchte stimmten, eine Nachhut benötigte. Ich mochte Euripides aus Thessalien und wollte mich ins rechte Licht rücken, und seien wir ehrlich, ich glaubte nicht, dass ein persisches Heer mit einer Million Kämpfern und zahllosen Sklaven im Begriff war, uns im Tal von Tempe aufzulauern. Vier Tage nachdem die persischen Herolde unser Lager verlassen hatten, war die Sache verloren. Wir standen mit dreihundert Hopliten an der Stelle, an der zwei Tage zuvor unser gesamtes Aufgebot gewartet hatte.

Euripides ritt zu mir. «Ich überlasse Euch die Entscheidung. Wir können uns den Persern nicht mit tausendfünfhundert Hopliten entgegenstellen, ganz gleich, wie kampfeswillig wir sind. Wir werden uns ergeben. Das zaghafte Verhalten dieses Heeres hat uns alle überzeugt, dass wir einen Fehler gemacht haben. Wir werden uns Persien unterwerfen.» Ich spürte, dass er vor Wut kochte. «Wenn Ihr mich fragt, im Augenblick möchte ich keinesfalls als Grieche bezeichnet werden.»

Doch er umschloss meine Hand mit beiden Händen und bot mir an, ein letztes Mal mit ihm zu speisen, was ich annahm.

Dann marschierten wir zurück durch Thessalien, erschreckten die Bauern und die wilden Tiere und stellten zu unserer Erleichterung fest, dass unsere Schiffe auf uns gewartet hatten. Ich brachte meine Männer südlich von Thespeia an Land, auf dem steinigen Strand, wo mich ein Bote erreichte und mir von Themistokles ausrichten ließ, ich solle vor dem Bündnis von Korinth Bericht erstatten.

Wie jeder andere Grieche überlegte auch ich in jenem Frühjahr, einfach nach Hause zurückzukehren. Das Desaster im Tal von Tempe hatte manch einem die Augen geöffnet. Ich hatte zwei Monate meines Lebens unter dem Kommando eines völlig ungeeigneten Befehlshabers vergeudet. Und seien wir ehrlich, zwei persische Späher, die sich als Herolde ausgegeben hatten, hatten genügt, das Bestreben der Griechen nach Unabhängigkeit zu Grabe zu tragen. Ich besann mich darauf, dass ich viele Freunde im Lager des Großkönigs hatte. Hätte ich es gewollt, so hätte ich meine kleine Polis und meine Freunde vor der strafenden Hand des persischen Herrschers bewahren können.

Daher malte ich mir schon aus, Artaphernes aufzusuchen, ihm den Friedenskuss zu geben und mein Haupt vor dem Großkönig zu beugen – bei Zeus, im Grunde hatte ich das ja schon getan! Ich hätte bei den Persern um den Posten eines Befehlshabers bitten können – womöglich an Kyros' Seite. «Ich habe versucht, aufseiten der Griechen zu kämpfen», hätte ich sagen können, «aber dann liefen sie alle nach Hause, weil es Gerüchte gab, Euer Heer sei im Anmarsch, o großer König!»

Daran seht ihr, wie zornig ich war – und wie jung.

Auch Aristeides war wütend, doch er war etliche Jahre älter als ich. Er war keineswegs in der Verfassung, vor dem Großkönig zu kriechen, und ich denke, letzten Endes war es mein Freund Aristeides, der mich von dieser schwerwiegenden Entscheidung abhielt. Ich war in so miserabler Stimmung, dass ich meinen Weg durch Thessalien murrend und fluchend zurückgelegt hätte, aber Aristeides schärfte mir ein, ich solle im Beisein der Krieger den Mund halten. Und er hatte natürlich recht. Hätte ich allen und jedem auf die Nase gebunden, was mir durch den Kopf ging, hätten uns all diese Kämpfer später nicht mehr zur Verfügung gestanden.

Wie dem auch sei, wir erreichten Thespeia, und dort stand ich eine Weile unten am Strand – wütend, verwirrt und mit dem Gefühl, man habe mir übel mitgespielt. Zufällig bekam ich mit, wie ein Sklavenhändler aus Illyrien gerade seine Fracht an Land brachte – offenbar seine Landsleute, denn die Sklaven hatten alle blonde Haare. Vielleicht waren es auch geliebte Verwandte, wer weiß?

Das Wirken der Götter zeigt sich oft auf seltsame Art und Weise.

Aristeides kam zu mir und legte mir eine Hand auf den Arm. «Wirst du nach Korinth gehen?»

In diesem Moment hasste ich ihn für seine Gelassenheit, für seine gediegene Reife, seine Starrköpfigkeit. Ich war im Begriff, Briseis erneut zu verlieren. Ich spürte es, und all der aufgestaute Zorn von zehn Jahren voller Verzweiflung kochte in mir hoch – das Trauma von Lade, die Furcht vor Verrat. Es lag mir auf der Zunge, Aristeides klipp und klar zu sagen, dass ich nicht gehen würde. Ich holte Luft und wollte ihm mit einem Wortschwall mitteilen, was ich von den Griechen, dem Bündnis und den Göttern hielt.

Dann nahm ich aus den Augenwinkeln linker Hand wahr, dass der illyrische Sklaventreiber eine Frau so hart schlug, dass ihr

Kiefergelenk brach. Ich hörte das Knacken. Danach trat er sie – irrsinnig. Brutal.

Sie lag am Boden und erduldete den Schmerz.

Die Götter fluteten mich mit Kraft, und so vergaß ich Aristeides und Xerxes und Korinth und rannte los wie Achill, auch wenn mein Bein nicht so recht mitmachen wollte.

Der Illyrer sah mich kommen und griff nach seinem Schwert.

Ich tötete ihn mit meinem neuen Schwert – erwischte ihn zunächst am Arm, ließ das Handgelenk kreisen und stach ihm die Klinge auf Nasenhöhe in sein hässlich verzerrtes Gesicht. Zur Sicherheit setzte ich einen Fuß auf seinen Schwertarm, damit der Kerl mir nicht noch im Sterben einen tödlichen Stich verpassen konnte, und zog mein Schwert aus seinem Kopf.

Die Frau hatte ich noch nie zuvor gesehen – sie war nur eine von vielen blonden Sklavinnen, und ich hatte schon vier. Aber ich wusste, was Poseidon mir sagen wollte – am Strand, wo alle Königreiche miteinander in Verbindung stehen. Der illyrische Sklavenhändler sah überhaupt nicht wie Dagon aus, aber in jenem Moment hatte er sich mit seiner aufblitzenden Brutalität zum Bruder des verhassten Karthagers gemacht.

Ich bin ein frommer Mensch. Ich bringe den Göttern Verehrung entgegen, habe ich doch selbst erlebt, wie sie auf Erden wirken.

Unter den illyrischen Sklaven befand sich ein blonder Mann, der weder den Kopf einzog noch scheu zusammenzuckte. Er hatte einen kräftigen Leib und mochte nicht älter als zwanzig sein. Er begegnete meinem Blick.

Er stand reglos da, im Licht der Sonne, und seine Haut schien wie Gold zu leuchten. Er bewegte die Lippen.

Ich unterbrach den Blickkontakt, weil ich dem Mann nicht länger in die Augen sehen konnte – das hört sich jetzt vielleicht eigenartig an, aber geht und schaut die schönste Frau an, die ihr kennt, sucht ihren Blick – und haltet diesen Blick.

Als ich wieder hinsah, war er fort.

Ich wusste, dass ich meinen Herrn Apollon in Fleisch und Blut gesehen hatte, auf dem Strand. Und obwohl er nicht vernehmbar zu mir gesprochen hatte, wusste ich, was er sagte. Er sagte: «Das ist ein Omen.»

Ich ging zurück zu Aristeides und umarmte ihn. «Ich begebe mich nach Korinth», sagte ich zu ihm, vielleicht war es auch etwas anderes ähnlich Banales. Dann konnte ich mich nicht länger zurückhalten und schob nach: «Ich habe eben Apollon gesehen! Hier unten am Strand!»

Aristeides sah stark beeindruckt aus, und diesen Gesichtsausdruck sah man nicht oft bei dem «Gerechten». «Ah!», entgegnete er nur. Er sagte wohlweislich nicht mehr und machte mir dadurch das für mich einzigartige Erlebnis nicht zunichte. Stattdessen zog er mich in seine Arme und schickte mich meines Weges.

Ich nahm eine meiner eigenen Triakonteren – ein Langschiff mit dreißig Riemen, geeignet für den Handel oder für Überfälle, aber zu klein für eine Gefechtsordnung auf See. Meine Mannschaft bestand nicht aus meinen besten Leuten. All meine Epibatai waren ja in Piräus. Auf einer Triakontere ist kein Platz für Epibatai, doch für gewöhnlich kann jeder Ruderer kämpfen, so war es zumindest früher. Ich hatte erfahrene Ruderer aus aller Herren Länder, sodass an Deck ein wahres Sprachengewirr herrschte: darunter einen ehemaligen Hirten aus Massalia, zwei Schwarze aus Libya – aber ich kannte sie alle, und so durchschnitten wir die Wellen im Isthmus von Korinth wie eine Klinge durch Öl, und bereits einen Tag später legten wir am nördlichen Strand von Korinth an.

Themistokles schickte nach mir, kaum dass ich angekommen war. Ich muss sagen, er war in meinem Ansehen gesunken – obwohl wir ihn mit guten Argumenten zu überzeugen versucht hatten, hatte das athenische Aufgebot zu den ersten Kontingenten gehört, die das Tal von Tempe hinter sich gelassen hatten. Dadurch war das Auseinanderbrechen des Heeres erst ermöglicht worden.

Es war Themistokles' Entscheidung gewesen, den Rückzug anzutreten.

Jetzt saß er auf einem ehernen Hocker in einem Zelt – es war so geräumig wie die Zelte, die die Etrusker im Krieg aufschlagen. Während seine Sklaven mich mit Wein versorgten, kündigte ein Herold den König von Sparta an.

«Habt Ihr meinen Nemesis Aristeides mitgebracht?», fragte mich Themistokles als Erstes.

Ich verneinte. Ich hatte es mir zum Prinzip gemacht, nie im Beisein des einen über den anderen zu lästern.

«Wenn Ihr ihn seht, so richtet ihm von mir aus, dass ich eine Amnestie erlassen werde, auf dass alle Exilanten zurückkehren dürfen», versprach er.

«Er war im Tal von Tempe», lautete meine Antwort, «mit den Platäern.»

Themistokles besaß den Anstand wegzuschauen. «Ich weiß», sagte er dann. «Lasst mich Euch erklären, wie es um uns steht, Arimnestos. Die Perser sind noch nicht losmarschiert. Nur ihre ersten Truppenkontingente haben den Boden Europas betreten. Der Großkönig ist noch in Asia.» Er blickte zu Boden. «Amyntas von Makedonien meinte offenbar, die Nachrichten seiner Späher seien verlässlich.»

Leonidas betrat das Zelt. Wir erhoben uns sofort, doch er bedeutete uns gelassen, auf unseren Plätzen zu bleiben. «Xerxes und Amyntas haben uns einen Gefallen erwiesen», sagte Leonidas. «Wir schickten ein Heer nach Tempe, um den Wettstreit unter Gleichen zu suchen. Doch Xerxes hat überhaupt kein Interesse an einem solchen Kräftemessen. Er hätte unser Heer in weitem Bogen umgangen – um uns damit einzukreisen und festzusetzen. Aus unserer Sicht ist so etwas unehrenhaft. Es führt zu nichts, führt keine Lösung herbei. Wir alle wissen, dass es in einem Krieg darum geht, dass eine Gruppe starker Männer eine andere Gruppe davon zu überzeugen versucht, dass sie, die anderen, im Unrecht sind. Bei Xerxes verhält es sich anders. Da er ein Tyrann ist, geht er davon aus, er könne uns mit taktischen Manövern und Mord einschüchtern. Und vielleicht liegt er damit auch gar nicht so falsch.» Er strich sich mit zwei Fingern durch den Bart. «Ich werde diese Lektion zumindest nicht vergessen.»

Schweigen. «Und Euanetos war nicht der richtige Mann, ein Heer zu befehligen», sagte ich.

«Er ist ein ausgezeichneter Befehlshaber für ein spartanisches Heer», erwiderte Leonidas in mildem Ton. «Er beklagte sich über Euch, Arimnestos. Er sagte, Ihr hättet Euch geweigert, Euch unterzuordnen.»

Ich zog mehrere Antworten in die engere Wahl und entschied mich dann für ein entwaffnendes Lächeln. «Ich denke, da liegt er richtig.»

Das besaß als Antwort noch nicht die Würde eines Aristeides, aber ich lernte allmählich dazu.

Entweder hatte Leonidas meine Antwort nicht verstanden oder er ging darüber hinweg. «Ich werde das nächste Unternehmen persönlich befehligen.» Sein Blick wanderte zu mir. «Und Gorgo hat eine andere Mission für Euch, falls Ihr annehmt.»

«Ein weiteres Friedensangebot für Persien?», fragte ich.

Themistokles beugte sich wissend vor. «Wir wollen noch einmal versuchen, Gelon für unsere Sache zu gewinnen. Er bot uns zweihundert Schiffe an, wenn wir ihm die Befehlsgewalt übertragen. Doch wir ließen ihn abblitzen. Gorgo hat Beweise, dass Xerxes fast doppelt so viele Schiffe hat wie wir.» Er blickte sich um.

Ich überschlug die Zahlen schnell. «Xerxes soll siebenhundert Schiffe haben?», fragte ich.

Leonidas schaute auf, und Gorgo betrat das Zelt. Sie schenkte mir ein Lächeln, und ich erhob mich und machte eine Verbeugung, doch sie musterte mich nur und zog ihre Braue hoch, wie ich es schon oft bei ihr gesehen hatte.

«Männer verbeugen sich vor meiner Gemahlin tiefer als vor mir», merkte Leonidas an, doch es war nicht zu überhören, dass er sich insgeheim amüsierte. Bei anderen Männern hätte das eine bittere Aussage sein können. Nicht aber beim König von Sparta.

Ich hatte schon eine hübsche Schmeichelei auf der Zunge, aber Gorgo kam mir zuvor und schüttelte den Kopf. «Doch, Männer verbeugen sich vor dir», sprach sie. «Sie verbeugen sich nur vor meiner Schönheit.»

Er schenkte ihr einen liebevollen Blick. «Nein, Frau, die Männer verbeugen sich vor dem König von Sparta, aber sie drehen sich um und verbeugen sich vor Gorgo.»

Sie lächelte, sodass man ihre Grübchen sah, und wandte sich mir etwas zu forsch zu. «Karthago entsendet hundert Schiffe nach Tyros», sagte sie. «Und dreihundert gegen Syrakus.»

Das waren wirklich schlechte Neuigkeiten. Vergesst bitte nicht, dass ich bis zu diesem Zeitpunkt gar nicht wusste, das Karthago vierhundert Schiffe aufbieten konnte.

«Syrakus ist eine mächtige Stadt», sagte Gorgo. «Geht und bittet Gelon im Namen meines Gemahls, seine Flotte zu uns zu schicken, und wir werden ihm die Befehlsgewalt übertragen – und sobald wir Persien Einhalt geboten haben, werden wir ein spartanisches Heer nach Sizilien bringen, um Karthago zu besiegen.»

Leonidas zuckte zusammen. «Ich bitte nicht gern andere um einen Gefallen», räumte er ein. «Aber Ihr kennt diesen Mann.»

Themistokles zwinkerte mir zu. «Er kennt so gut wie jeden.»

«Meine Schiffe liegen in Piräus», sagte ich. Aber ich wusste, dass ich den Auftrag übernehmen würde. Denn dies war die Aufgabe, die Apollon mir gestellt hatte.

Ich brauchte zwei Wochen auf See, um von Korinth bis nach Syrakus zu gelangen, beladen mit Weinamphoren und korinthischen Töpferwaren. Die Spartaner konnten es nicht glauben, als sie hörten, dass ich voll beladen in See stechen wollte, andererseits konnte niemand von mir verlangen, mit Hermes' Schwingen zum Tyrannen von Sizilien zu schweben. Soweit wir unterrichtet waren, hatten wir noch ein Jahr. Über die Kriegsvorbereitungen des Großkönigs in Asia wussten wir recht gut Bescheid, auch über seine Geschwader – ich konnte da noch nicht wissen, dass Seckla ebenfalls von Piräus in See gestochen war, Kurs auf Ägypten nahm und bei den ersten günstigen Winden zurückkehrte, denn trotz des griechischen Versagens im Tal von Tempe zeichnete sich ab, dass Xerxes seine Truppen nicht mehr in diesem Jahr in Bewegung setzen würde. Das Jahr war vorangeschritten, doch Xerxes' Heer lagerte immer noch bei Sardis.

Wir hatten eine angenehme Überfahrt und liefen unter geblähten Segeln in den großen Hafen von Syrakus ein. Tatsächlich hatte meine Rudermannschaft auf der gesamten Strecke kaum die Riemenblätter ins Wasser gesenkt. Weiter südlich sichteten wir ein karthagisches Geschwader, das gewiss versuchte, einen Blockadering aufrechtzuerhalten, aber sie hatten den Wind gegen sich und hätten uns nie eingeholt. Ich ließ mein Frachtgut an Land bringen und trug Hektor und Hipponax auf, die Waren am Kai zu verkaufen – nach der Zeit unter Idomeneus' Aufsicht hatten sie während der Fahrt allerhand Aufgaben an Deck erledigt und zwischenzeitlich gepullt und sahen aus wie Achill und Patroklos. Ich hüllte mich in einen salzverkrusteten Umhang, stellte mich den Leibwachen des Tyrannen vor und wurde zur Festung gebracht.

Mehrfach hatte ich mich während der Überfahrt gefragt, ob ich überhaupt der richtige Mann war, dem Tyrannen zu schmeicheln und ihn um Nachsicht zu bitten, da ich einst dafür sorgte, dass Lydia aus Gelons Fängen befreit wurde. Aber nun stand ich in seinem herrlichen Rosengarten vor ihm, hoch über der Stadt. Er sah hart wie Felsgestein aus – hatte er doch damit gerechnet, den Sommer über in voller Rüstung an Deck seiner Trireme zu stehen. Dementsprechend hart hatte er seine Leibes- und Waffenübungen betrieben.

«Ich dachte, du würdest mir fünf Triremen bringen, aber du erscheinst mit einer Triakontere?», fragte er.

«Zwei meiner Schiffe stehen im Dienste Athens gegen die Meder», erwiderte ich. «Doola müsste mit seinem Schiff hier sein, ebenso Gaius mit seiner Trireme.»

Der Tyrann bohrte nicht weiter nach und umarmte mich zur Begrüßung. «Dionysios von Phokaia ist mit seinem Aufgebot erschienen, wieder verschwunden und erneut aufgetaucht. Massalia erweist sich in diesem Sommer als treuer Verbündeter, und ich erachte deinen Anteil als bezahlt. Du bist gekommen, um mich im Namen der Griechen um einen Gefallen zu bitten?»

In gewisser Hinsicht fiel es mir schwerer, vor Gelon zu sprechen als vor Xerxes. Gelon entsprach von seinem Äußeren her ein wenig meiner Idealvorstellung von einer Gottheit, und es stimmt, dass er vernünftig war und seine Emotionen stets unter Kontrolle hatte. Ihm wäre es nie eingefallen, das Meer auspeitschen zu lassen, falls etwas an diesem Gerücht war. Dennoch, von all den hohen Herren, die in jenem Schicksalsjahr Heere ins Feld schickten, war Gelon derjenige, der sich tatsächlich für einen Gott hielt.

Ich nickte. «Herr, ich bin gekommen, um Euch im Namen Griechenlands um einen Gefallen zu bitten.»

Er legte den Kopf leicht schräg. «Die Antwort lautet Nein. Du brauchst deinen Atem nicht zu vergeuden, mein Freund. Meine Flotte ist auf See – oder hast du im Hafen auch nur eine Trireme entdeckt? Die Würfel sind gefallen. Meine Flotte unternimmt einen Präventivschlag gegen Karthago, ein Unterfangen, das uns alle retten könnte. Mir ist zu Ohren gekommen, dass die Phönizier Xerxes hundert Schiffe zur Verfügung stellen in der Hoffnung, Persien hilft ihnen, gegen Sizilien vorzugehen.»

«Das haben wir auch gehört», pflichtete ich ihm bei.

Er hatte sich auf einer Bank aus Marmor niedergelassen. Auf mich wirkte er immer noch ein wenig verspannt, da er stets die Schultern hochgezogen hatte. «Das ist der Krieg, der unseren ganzen Erdkreis betrifft», sprach er. «Unsere Namen werden ewig leben.»

Ich verdrehte die Augen nicht bei diesen leicht schwülstigen Worten, weil ich mir inzwischen vieles bei Jocasta abgeschaut hatte. «Dann werden wir uns den Medern ohne Eure Schlagkraft entgegenstellen müssen, Herr.»

Seine erste Reaktion war ein Schulterzucken. «Sparta und Athen ersuchten mich um Hilfe, waren indes nicht bereit, den Preis zu zahlen, den ich verlangte.»

«Dann seid Ihr letzten Endes auch ein Krämer», merkte ich trocken an.

Er errötete. «Wo ist meine Lydia?», lenkte er ab.

«Sie ist nicht bei mir, wenn Ihr das meint. Sie ist inzwischen verheiratet, vielleicht schon Mutter. Ich bitte Euch, lasst sie ihres Weges gehen.»

Er trommelte mit den Fingern der linken Hand auf die Marmorbank – nie hatte er sich seine innere Erregung anmerken lassen, und so blieb das Fingertrommeln rein äußerlich der einzige Hinweis auf seine Verfassung. «So gib wenigstens zu, dass du sie geraubt hast», sagte er.

Einige Sünder werden nie ein Einsehen haben.

Ich straffte die Schultern und hielt mich so gerade, wie ich nur konnte. «Ich bekenne, dass ich sie Euch wegnahm, um sie in jenes Leben zurückzubringen, das Lydia immer schon zustand. Ihr hattet kein größeres Anrecht auf Lydia als Anarchos – oder ich, wo wir schon dabei sind. Ich ermöglichte ihr das Leben, für das sie geschaffen ist.»

Als er mich direkt ansah, war seine Miene unbewegt wie die Maske eines Schauspielers. «Ah, also gut. Was ist schon eine Hure mehr oder weniger? Dir sei vergeben.»

In jenem Moment wusste ich, dass ich lieber an der Seite von Leonidas sterben wollte, anstatt Persien mit diesem selbstverliebten Mann zu bezwingen. Ich deutete eine Verbeugung an. «Ich muss Eure Antwort dem Bund überbringen», sagte ich zum Abschluss.

Gelon schien das nicht groß zu interessieren. «Sie kennen meine Antwort bereits, und es ist ein Hinweis, wie verzweifelt sie wirklich sind, wenn sie dich zu mir schicken. Wer hatte diese Idee – etwa Gorgo?» Er setzte einen Schmollmund auf. «Gorgo denkt, man könne mich überreden. Aber dafür ist es zu spät, und du könntest jetzt genauso gut hierbleiben. Sei einer meiner Befehlshaber. Athen und Sparta sind verloren – nein, wirklich, während wir uns hier unterhalten, könnte Athen schon in Flammen stehen.»

Dieser Schlag saß. «Was sagt Ihr da?»

Er wirkte zufrieden wie ein Kater. «Gestern traf hier ein ägyptisches Schiff ein. Der Befehlshaber erzählte beiläufig, Xerxes habe seine Truppen bereits vor einem Monat in Bewegung gesetzt. Ja, die Häfen entlang der Küste von Asia sind leer, mein Freund. Die persische Flotte ist auf See.»

Ich verbeugte mich nicht. Schließlich war das nicht Xerxes. «Ich muss wieder fort», ließ ich ihn knapp wissen.

Er lächelte, fast ein wenig verschlagen, und sein Blick ging zu dem Anführer seiner Leibwachen.

«Und wenn ich anordne, dass du bleibst? Es wäre nur zu deinem Besten.»

Ich verspürte eine gewisse Enge in der Brust. Ich drehte den Kopf so, dass ich den Anführer sehen konnte. Gelon meinte es ernst. Oder sagen wir so: Er zog in Erwägung, mich festzuhalten, nur um mir eins auszuwischen. Weil ich ihm Lydia weggenommen hatte. Er war kein Gott, sondern nur ein engstirniger Mensch mit der Machtfülle und dem Willen einer Gottheit.

Ich aber wusste, dass die Götter wirklich existierten, und ich wusste auch, dass ich gebraucht wurde. Woanders.

Sehr leise, und, wie ich hoffe, ohne zu viel Wut in der Stimme, sagte ich: «Solltet Ihr tatsächlich anordnen, mich festzuhalten, so werden alle in diesem Rosengarten sterben, angefangen bei Euch, Herr.»

Ich wusste, dass der Tyrann diese Sprache verstehen würde. Er versteifte sich nicht, ihm stieg nicht einmal die Zornesröte ins Gesicht. Er saß einfach nur da und hielt meinem Blick stand – Mann gegen Mann.

«Vielleicht, Arimnestos, vielleicht aber auch nicht», antwortete er scheinbar gelassen. «Also gut, du darfst dich entfernen.»

TEIL 5

ARTEMISION
480 V. CHR.

Die Hellenen nun aber, die das Schiffheer ausmachten, waren folgende. Einmal die Athener, die hundert und sieben und zwanzig Schiffe stellten; die Platäer aber hatten, obwohl selbst des Seewesens unkundig, aus biederem Muth und Eifer mit den Athenern die Schiffe bemannt. Dann die Korinther stellten vierzig Schiffe, dann die Megareer zwanzig; die Chalcideer aber bemannten zwanzig, da ihnen die Athener die Schiffe stellten; dann die Aegineten achtzehn, die Sicyonier zwölf, die Lacedämonier zehn, die Epidaurier acht, die Eretrier sieben, die Trözenier fünf, die Styröer zwei, und auch die Ceer zwei Schiffe und zwei Fünzigruder dazu; auch stießen die Opuntischen Lokrer zu ihnen mit sieben Fünfzigrudern. Die also waren zum Krieg gezogen nach Artemisium, und so hätt' ich denn gesagt, wie viel jedwede an Schiffen gestellt haben. Die Zahl aber sämmtlicher Schiffe bei Artemisium war, außer den Fünfzigrudern, zweihundert ein und siebzig. Den Feldherrn aber, der den Oberbefehl hatte, stellten die Spartiaten, nämlich Eurybiades, den Sohn des Euklides. Denn die Eidgenossen erklärten: sie würden, wenn nicht der Lakone Führer sey, unter der Führung der Athener nicht ausziehen, sondern die Heersammlung abstellen.

HERODOT, HISTORIEN, ACHTES BUCH

22. KAPITEL

Allerdings kam ich doch nicht so schnell weg, wie ich wollte, da uns die Behörden aus Syrakus zwei schreckliche Tage mit ihrer kleinlichen Bürokratie aufhielten. Plötzlich wurden uns törichte Steuern oder Gebühren auferlegt, dass ich zwischendurch schon dachte, wir würden nie wieder in See stechen. Doch am Morgen des dritten Tages gestattete man uns, die Riemen durchs Wasser zu ziehen, und so verließen wir den breiten Hafen mit der Dämmerung – eine weise Entscheidung meinerseits, wie sich zeigen sollte. Wir nahmen Kurs auf die Südküste von Italia, machten halt in Barion und ließen dann die Steilklippen am Absatz des «Stiefels» hinter uns. Syrakus lag vier Tage hinter uns, und wir pullten von Barion aus, als Hipponax von seinem Ausguck am Mast des Bootssegels an Deck rutschte und über die Laufplanken, vorbei an den Ruderbänken, an achtern kam. Ich stand zwischendurch am Ruder und musste meinen Zorn unterdrücken, sobald ich mir ausmalte, wie spät wir dran waren. Vor meinem inneren Auge sah ich, dass Platäa und Athen in Flammen standen und Leonidas tot war.

«Südlich tauchen zwei Schiffe am Horizont auf», meldete mein Sohn. Die See war ruhig, das Wasser warm. Über den blauen Himmel zogen sich weiße Schlieren, und die Ruderer pullten nackt unter heißer Sonne.

Ich wollte mich mit eigenen Augen davon überzeugen, was es mit diesen Schiffen auf sich hatte, ging zum Bug und kletterte den Mast hinauf.

Ich musste mich mit beiden Armen auf den schmalen Stegen abstützen, die wir nur nutzen, wenn wir die Rah von Deck hieven und am Mast anbringen. Für die Füße gab es keinen Halt, nur das Großbramstag, das die Rah sonst abstrebt. Ein kleines Schiff braucht keinen schweren Mast und kann daher kein Krähennest halten wie an Bord einer Hemiola oder eben einer Trireme. Aber das Leben eines Piraten lehrt einen manch einen Trick.

Ich kniff die Augen zusammen und spähte über das Wasser in die Richtung, in der laut Hipponax ein Fleck am Horizont zu erkennen sein sollte. Sosehr ich meine Augen auch anstrengte, ich sah beim besten Willen kein Schiff.

Was ich dann allerdings wahrnahm, war ein gleichmäßig pulsierendes Aufleuchten, und da ahnte ich, dass sich das Licht der Sonne auf den tropfnassen Riemenblättern fing, sobald diese aus dem Wasser kamen.

«Sie sind im Auge der Sonne», sagte ich. «Mit Absicht, denke ich. Zwei Piraten, die uns jagen.»

Ich begab mich wieder nach achtern und löste Hektor ab, der inzwischen das Handwerkszeug eines Steuermanns lernte, und nach all den nötigen Ermahnungen, mit denen ein Seemann die unerfahrenen Männer überhäuft, verstellte ich das Ruder und brachte uns auf einen nördlicheren Kurs.

Und so flohen wir den ganzen Tag, aber eigentlich in Schrittgeschwindigkeit, da wir bei der Flaute pullen mussten. Es war einer jener zermürbenden Tage, an denen die Ruderer zu fluchen anfangen.

Den ganzen Tag über fragte ich mich, wer die Verfolger sein mochten und warum sie so träge waren. Vom Bauchgefühl her rechnete ich mit zwei schweren Triremen, die uns hätten einholen müssen. Ich zauderte, änderte meine Meinung fast bei jedem Herzschlag – so dachte ich, dass sie eine ganz andere Beute verfolgten, dass es sich um eine Eskorte aus Syrakus handeln könnte oder dass sie überhaupt nicht wussten, dass wir da waren. Womöglich pullten sie in Unterzahl – all das ging mir durch den Kopf.

Nur, nichts von alledem ergab Sinn. Eine kleine Triakontere mit dreißig Riemen ist einem größeren Schiff auf Gedeih und Verderb ausgeliefert, es sei denn, man findet flache Gewässer in Küstennähe, wo man sich verbergen kann.

Erst gegen Abend holten sie schneller auf. Das war zumindest mein Eindruck – sie schlossen auf, und inzwischen wussten sie bestimmt, dass sie aufgrund des Laufes der Sonne ihr Versteck verloren hatten. Inzwischen waren sie zehn Stadien oder mehr südlich von uns und klar auszumachen.

Ich erhöhte die Schlagzahl der Riemen nicht. Ich musste meine Leute schonen, für den Augenblick, als ...

... als uns Poseidon beistand. Schwer zu erklären, aber als die vordere der beiden Triremen Fahrt aufnahm, konnte ich deutlich erkennen, dass es Dagons Schiff war, die *Geist von Baal*. Und somit hatte sich auch die miserable Darbietung der Rudermannschaft erklärt.

Ich musste befürchten, dass Gelon mich an Dagon verschachert hatte. Deshalb die kleinlichen Steuerauflagen, um uns im Hafen hinzuhalten.

Ich fürchte den Tod wie jeder andere Mensch auch, vielleicht sogar mehr als andere – habe ich dem Tod doch häufiger ins Angesicht geschaut. Aber an jenem Tag, unter der unerbittlichen Sonne, war ich mir sicher, dass Poseidon mich nicht durch Dagons Hand sterben lassen würde.

Ich behielt die See im Auge.

Und mit einem Mal tauchte ein gewaltiger Baumstamm auf, der auf den Wellen trieb. Poseidons Werk.

Es mag sich seltsam anhören, wenn man bedenkt, wie viel ich von dem großen Kriegsgeschehen berichte, aber dieses Kräftemessen auf See wurde letzten Endes von einem riesigen Baumstamm entschieden. Zweifellos war dieser Stamm im Zuge der Frühjahrsstürme weiter nördlich ins Meer gespült worden, was nicht selten vorkam. Ein Stamm, groß wie ein Wal, mit etlichen Ästen, und schwer auszumachen, da er halb verdeckt im Wasser trieb. Er wies fast die Länge meiner Triakontere auf.

Hektor hatte den Stamm als Erster vom Ruder aus entdeckt, kurz darauf bestätige Hipponax, dass es sich tatsächlich um Treibgut handelte – und wie gesagt, Treibgut von beträchtlicher Größe!

Wir hielten unseren Rumpf zwischen den Karthagern und dem treibenden Baumstamm, so lange wie möglich. Dann gingen wir auf Höchstgeschwindigkeit, sodass sich die Wellen an unserem Bug zu teilen schienen ...

... und die Karthager hatten wie erwartet nichts mehr hinzuzusetzen, da ihre Rudermannschaften in einem beklagenswerten Zustand waren – ich wusste ja, dass Dagon jede Mannschaft in den Tod trieb.

Bei voller Fahrt schwenkte ich so hart wie möglich auf Nord – dabei muss ich allerdings betonen, dass meine Triakontere immer noch langsamer war als unsere Verfolger. Durch dieses riskante Manöver verloren wir eine Schiffslänge Vorsprung, darüber hinaus waren meine Ruderer an Backbord völlig durchnässt worden, aber wir hatten sie vorgewarnt, und keiner war aus dem Takt gekommen.

Wie gern hätte ich Ka an Bord gehabt, wie sehr sehnte ich mich nach meinen Bogenschützen!

Der in Führung liegende Karthager folgte meinem Kurswechsel und schloss weiter zu uns auf.

«Fertig machen für die Wende an Steuerbord!», brüllte ich. Bei Poseidon, der Karthager war verflucht dicht an uns dran!

Dennoch spürte ich die Kraft der Gottheit in mir wirken. Ich spürte, dass ich der Herr war, nicht der Sklave.

Hektor gestikulierte am Bug.

Ich verstellte das Ruder, die Männer an Steuerbord senkten die Riemen ins Wasser, während die Ruderer an Backbord die Riemen hochnahmen, und so gingen wir auf den neuen Kurs.

Dagon hatte den riesigen Stamm nicht kommen sehen. Die Trireme folgte unserem Kurswechsel, fast auf Höhe unserer Heckreling, und kollidierte mit Rammgeschwindigkeit mit dem Stamm.

Wie gesagt, an dem Baum standen große Äste ab, aber das Treibgut beschädigte nicht den Bug der Trireme, sondern bremste das Schiff zunächst nur aus – dann jedoch geriet der Baum in den Bugverwirbelungen an die Backbordseite. Die Ruderer reagierten zu spät, Riemen barsten, Männer schrien auf, schließlich drehte das ganze Schiff hilflos nach Steuerbord. Hätten wir so etwas wie einen Rammsporn gehabt, hätten wir wenden und den Feind breitseits rammen können. Die zweite Trireme hatte offenbar keinen erfahrenen Befehlshaber, sonst hätte er ein Manöver einleiten können, doch stattdessen fiel das Schiff zurück und geriet ins Schlingern, ehe sich die Riemenschäfte auf der Steuerbordseite in den Riemen auf Dagons Schiff verfingen. Wieder Bersten von Holz und Schmerzensschreie. Mühelos hatten wir beide Verfolger abgeschüttelt.

Ich warf einen Blick auf meine Ruderer – sie waren erschöpft, kein Mann trug Rüstung. Ich verstellte das Ruder und nahm Kurs auf Ithaka.

Doch unsere Verfolger blieben hinter uns.

Schlussendlich hängten wir Dagon zwischen den Inseln vor der illyrischen Küste ab, wenn es überhaupt Dagon war, aber davon war ich felsenfest überzeugt. Obwohl ich nach wie vor um die Sicherheit Athens und Spartas fürchtete, behielt ich den nördlichen Kurs bei und ging nicht auf Süd – es schien mir der einzig mögliche Weg aus der gefährlichen Situation zu sein, und so hielt ich auf Illyrien zu, wo Neoptolymos herrschte. Einst hatte sich mein alter Gefährte seinen Thron blutig zurückerobert, und nach nur einem Tag in seiner immer noch blutgetränkten Stadt war mir klar, dass ich nie ein Illyrer werden würde. Aber Neoptolymos war so freundlich, mir seine Trireme gegen eine Leihgebühr zu überlassen – das Schiff hatte ich vor Jahren für ihn anfertigen lassen. Er stellte mir eine ganze Rudermannschaft zur Verfügung.

«Ich kann nicht mitkommen, mein Freund», erklärte er. «Wenn ich zurückkäme, hätte ich kein Königreich mehr.»

Ich warf einen Blick auf die abgeschlagenen Köpfe, die an Speeren am Stadttor verfaulten, ehe ich die Sklaven betrachtete, die nach und nach an Bord «meiner» Trireme gingen.

«Du wirst hier so lange als König herrschen», meinte ich, «bis dir jemand ein Messer zwischen die Rippen rammt. Oder du begleitest uns wie früher und wirst wie Achill kämpfen.»

Er fasste meine Worte offenbar als bloße Spöttelei auf. Nichts blitzte in seinen Augen auf, und schließlich schaute er weg, als ich ihn weiter drängte.

Wir legten wieder ab, ließen die Triakontere am Strand zurück, an Bord meine dreißig erfahrenen Ruderer und eine Horde unwilliger Sklaven. Ich hatte sofort beschlossen, einen Teil meiner Ruderer zu Befehlshabern und Epibatai zu ernennen, die anderen stellten fortan meine Deckmannschaft. Drei Tage lang schlingerten wir mehr schlecht als recht auf den Wellen und kamen umständlich an Land: Holz am Kiel wurde abgeschabt, Riemenschäfte brachen an Felsen in Küstennähe, im Wasser «fingen wir einen Krebs» beim Pullen: Soll heißen, dass die Ruderer die Riemen beim Rückholen gar nicht mehr richtig aus dem Wasser bekamen – all das bei ruhiger See, wohlgemerkt. Bei Poseidon, was für eine hundsmiserable Darbietung! Schlimmer war indes, dass der Rumpf wurmstichig war, daher mussten wir zwischendurch eine Woche an einem Strand pausieren, obwohl es eigentlich unerlässlich gewesen wäre, so schnell wie möglich zurückzukehren. Bei barbarischen Illyrern mussten wir um Bauholz feilschen und letzten Endes unser Schiff und unsere Sklaven verteidigen.

Glaubt mir, es gibt kaum etwas Schlimmeres, als auf einer feindseligen Küste festzusitzen, mit nur dreißig fähigen Männern, die

die hastig errichteten Palisaden halten können. Ich verfluchte meine Entscheidungen, jede einzelne – warum hatte ich überhaupt Neoptolymos aufgesucht, warum hatte ich sofort wieder abgelegt, mit einem Schiff, das ich zuvor nicht richtig begutachtet hatte?

Nun ja, Thygater, ich sitze vor euch, also wurden wir nicht gefangen genommen und getötet. Sonst hätten wir die glorreichsten Tage in der Geschichte der Griechen verpasst! Aber auch die schlimmsten, entbehrungsreichsten Stunden.

Macht nichts. Nach mehreren sinnlosen Scharmützeln mit den wilden Illyrern tauchte plötzlich und unerwartet ein Mann auf, der uns gutes Pech fürs Kalfatern und hervorragend getrocknetes Kiefernholz für die weiteren Reparaturen anbot, und all das in recht passablem Griechisch. Bis dahin – damit ihr euch das vorstellen könnt – hatten wir im Angesicht des Feindes hinter den Palisaden ausgeharrt, hatten eine Flut von Beleidigungen über uns ergehen lassen und hin und wieder unsere Feinde abwehren müssen. Nun jedoch kauften wir dem Mann alles ab, was er zu bieten hatte, kehrten zurück an Bord und legten am nächsten Morgen ab – zwanzig Ruderer fehlten, sie waren noch in der Nacht desertiert. Im Grunde keine weise Entscheidung. Man muss schon völlig verzweifelt oder ein kompletter Narr sein, wenn man ausgerechnet in Illyrien davonläuft! Aber so war es nun einmal.

Den Abend darauf legten wir endlich an einem Strand an, den ich von früher kannte. Dort scharte ich alle verbliebenen Sklaven um mich und machte ihnen mein übliches Angebot: die Freiheit und Lohn für ein halbes Jahr Dienst auf meinen Ruderbänken.

Wie erwartet, akzeptierten sie die Bedingungen.

Ich war sehr viel erfahrener als noch vor Jahren. So wies ich Hektor an, die Namen aller Männer in einer Liste festzuhalten, und dann ging ich sozusagen von Mann zu Mann. «Ihr werdet für eure

Freiheit pullen, jeden Tag», sagte ich, «aber ich will kein Murren hören! Keiner ruht sich auf den Riemenschäften aus! Sechs Monate Dienst, dann seid ihr freie Männer. Benehmt ihr euch aber in diesen sechs Monaten schlecht, so werdet ihr Sklaven bleiben!»

Ein gutaussehender Bursche mit kantigem Kinn und dunkelblonden Haaren meldete sich schroff zu Wort. «Woher sollen wir wissen, ob Ihr Euer Wort haltet?», rief er.

Einige Männer begannen zu grummeln, doch ich hob die Hand. «Eine berechtigte Frage. Ich könnte euch jetzt antworten, dass ihr besser hofft, dass ich mein Wort halte, weil ihr keine andere Wahl habt – wie? Ihr seid Sklaven.» Ich ließ sie über meine Worte nachdenken. «Aber wenn wir Piräus und Athen erreichen, bin ich bereit, eure Freiheit für jeden von euch schriftlich festzuhalten.» Ich zuckte mit den Schultern. «Bis dahin müsst ihr mir schon vertrauen oder eben nicht.»

Ich bin nicht Themistokles oder Miltiades, schon gar nicht Aristeides. Ich war nie ein begabter Redner.

Aber von da an pullten die Männer besser.

Drei Wochen huschten wir wie eine Maus unter den Blicken einer Katze über das Wasser. An einem Tag ruhten wir uns auf Korkyra aus und mussten feststellen, dass die Leute dort trotz aller Versprechen Ausflüchte machten – sie boten zwar sechzig Schiffe auf, sandten sie aber nur bis Sphagia an der Westküste der Peloponnes. Ich hörte so manche Ausflüchte dieser Art, aber die Leute von Korkyra behaupteten, Persien könne niemals bis zu ihnen vordringen – dafür sahen sie es als unumgänglich, dass die Perser Athen bezwingen würden.

Wir legten ab und blieben auf südlichem Kurs, und mein Herz war mir schwer wie Eisenerz. Korkyra besaß wie Syrakus eine mächtige Flotte. Doch die Insel war eine frühere Kolonie von Korinth, und daher ahnte ich den langen Arm von Adeimantos, der sich in diesen Gefilden zu schaffen machte. Ob er nun im Recht war oder nicht, ich machte ihn für diese Dinge verantwortlich. Zu oft hatte ich bei einem Glas Wein auf Korkyra den Namen Adeimantos gehört.

Anders als auf Korkyra hielten wir unser Lager jeden Abend vor neugierigen Augen verborgen und blieben tagsüber in Sichtweite der Küste. Ich vermutete, dass Dagon mir immer noch nachjagte – ich wusste, wie besessen dieser Mann war, und aus bitterer Erfahrung wusste ich, wie gut er sich in diesen Gewässern auskannte. Nie ließen wir zu, dass man unsere Lagerfeuer vom Wasser aus sehen konnte, und selbst als wir die Bucht vom Golf von Patras an Backbord liegenließen und unter günstigen Winden entlang der Westküste der Peloponnes segelten, blieb ich stets auf der Hut. An einem Tag machten wir auf See zwei Schiffe aus, holten das Großsegel ein und blieben in Küstennähe – es war der Tag, an dem wir den Olympos in Elis sichteten.

Meine neuen Ruderer wurden jeden Tag ein bisschen besser.

Mit meiner Deckmannschaft hatte ich wahrlich Glück. Aber ich wurde auch auf die Probe gestellt. Nie war ich bis dahin ohne einen herausragenden Seemann an meiner Seite gesegelt – ich spreche von Männern wie Leukas, Vasileos, Seckla, Megakles und Demetrios, von erfahrenen Männern, die den Herausforderungen auf See gewachsen waren. Verglichen mit diesen Leuten, fühlte ich mich stets als zweitklassig – aber Platäa hat ja nun einmal auch keine eigenen Schiffe! Ich war damals siebzehn, als ich zum ersten Mal zur See fuhr.

Aber in jenem Sommer war ich persönlich der beste Seemann auf meinem Schiff. Mein Sohn – ich sage das mit Freuden –, mein Sohn Hipponax erwies sich schon bald als ausgezeichneter Steuermann, und er hatte den richtigen Riecher, sobald es ums Wetter ging. Andererseits konnte er nicht navigieren, vermutlich hätte er es in einem flachen Hafenbecken nicht von einem Ende zum anderen geschafft. Ich übertreibe, aber ich vermutete, dass sein Großvater auf Kreta stets das Navigieren übernommen hatte.

In gewisser Hinsicht war das auch gut so. Ich war immer noch ein wenig unsicher, was meine Kunst des Navigierens anbelangte – trotzdem war ich stolz auf diese neue Fertigkeit, und ich hatte die Angewohnheit, laut auszusprechen, was ich auf See entdeckte. Oder ich murmelte vor mich hin, wenn ich aufs Geratewohl versuchte, unsere Geschwindigkeit abzuschätzen. Seit dem Vorfall, als Demetrios meinen Sohn zu Boden geschlagen hatte, war Hipponax auf Distanz geblieben. In meiner Gegenwart benahm er sich zwar höflich, aber sobald er mir den Rücken zukehrte, tat er vor Hektor so, als würde er mich verachten. Gleichzeitig war er natürlich darum bemüht, mich zu beeindrucken.

Ihr wisst schon, junge Kerle eben.

An dem Tag, als wir den Olympos sichteten – und jene beiden Schiffe, die wir für Dagons hielten –, beschloss ich, auf See zu bleiben, um mir gegenüber den Verfolgern einen Vorteil zu verschaffen. Ja, ich wollte gegen Dagon kämpfen, aber nicht aus einer verzweifelten Unterzahl heraus. Je weiter ich ihn von seinem Hafen weglockte und je besser mein Schiff war, desto besser die Chancen ...

Aber meine Götter rieten mir nicht, dass ich unbedingt kämpfen musste. Das ist schwer zu erklären, daher müsst ihr mir glauben. Ich vertraute darauf, dass ich Dagon stellen und bezwingen konnte. Der im Meer treibende Baum war exakt dort aufgetaucht, wo ich ihn brauchte. Und in gleicher Weise würde sich meine Rache entfalten ...

Wie dem auch sei, meine Ruderer fingen an zu grummeln, als ich ihnen mitteilte, dass wir die Nacht auf offener See verbringen würden, aber damit hatte es sich dann auch schon. Sobald es dunkel wurde, hissten wir das Segel. Meine Veteranen verspannten den

Mast im Mondschein, während die Ruderer unsere Handgriffe verfolgten, als wären wir die Argonauten. Bald war alles nur eine Frage des Navigierens. Ich saß am Heck, Hipponax stand am Ruder, und so glitten wir durch die mondhelle Nacht.

Bisweilen führe ich Selbstgespräche. Nein, wirklich, und dann denken manche Leute, ich hätte den Verstand verloren. Aber sobald es ums Navigieren geht, muss ich einfach mit mir selbst reden. Wann immer das geschieht, unterhalte ich mich mit Pythagoras und Heraklit, bisweilen auch mit meinem Gefährten Harpagos, ganz so, als säße er neben mir. Also stand ich an der Heckreling, stützte einen Speerschaft darauf ab und peilte Sterne an, die ich inzwischen kannte.

«Du findest – deinen Weg anhand der Sterne?», fragte mich Hipponax plötzlich. Seiner Stimme und seinem Tonfall war zu entnehmen, dass er sich förmlich zu dieser Frage durchgerungen hatte.

Bei jungen Leuten macht man so gut wie nie etwas verkehrt, wenn man bei der Wahrheit bleibt.

«Eigentlich nicht», erwiderte ich. «Anhand der Sterne kann ich lediglich feststellen, wo ich mich ganz allgemein befinde. Aber das wissen wir ja ohnehin. Doch dieser Stern dort zeigt mir immer, wo es nach Norden geht – siehst du ihn?»

Hipponax gab ein leises Schnauben von sich, das Heranwachsende gern von sich geben. Er kannte den Nordstern. Natürlich kannte er ihn.

«Nun, es mag dir einfach vorkommen, aber ich finde es immer wieder beruhigend, dass wir auf südöstlichem Kurs sind, weil ich das schon einmal erlebt habe und weil die Küste diesen Verlauf hat. Sobald wir zu weit nach Osten abdriften, laufen wir auf die Felsen der Peloponnes auf.»

Unser Bug durchschnitt weiterhin die Wellen, und das Schweigen an achtern wurde begleitet von dem Klatschen des Wassers am Ruderwerk. Andere Schiffsgeräusche überlagerten sich: das

Knarren und Ächzen in den Schiffsplanken, das sich stets etwas bedrohlich anhört.

«Wie kann man sonst bei Nacht navigieren?», wollte er wissen.

«Man orientiert sich an den Geräuschen», erwiderte ich. «An der Beschaffenheit der Wellen, am Wind. Einige Sterne bewegen sich am Himmelszelt weniger als andere, und das kann man nutzen. Schau nur – im Augenblick halten wir auf den Großen Bären zu.»

«Und die Geräusche?», fragte Hipponax.

Zufällig wusste ich bis auf einige Stadien genau, wo wir uns befanden, daher übernahm ich das Ruder und brachte das Schiff auf einen östlichen Kurs, sodass wir uns dem langgezogenen Strand näherten. Bald tauchte er blass und sichelförmig im Mondschein auf, und die Wellengeräusche am Bug veränderten sich je nach Wassertiefe.

«Hör nur», raunte ich ihm zu, aber mein Sohn sog das neue Wissen bereits in sich auf.

Er lächelte mich an.

«Möchtest du ein eigenes Schiff haben?», fragte ich ihn.

«Ja!», rief er.

Ich lächelte in die Dunkelheit hinein. «Du musst lernen, wie man navigiert. Und wie man Befehle erteilt. Das ist ein langer Weg, man braucht Geduld.» Im Mondlicht, das auf sein Gesicht fiel, sah ich, dass ich genau auf die Art von Vortrag verfiel, die Jungen so hassen. «Denkst du, du könntest ein Schiff für mich befehligen?»

Sein Blick ging hinaus auf die dunkel wogende See. «Eines Tages», brummelte er mit einem Schnauben. «Noch nicht morgen früh.»

Nun denn. Wir alle wissen, wo die Weisheit ihren Lauf nimmt, oder?

Das Mündungsgebiet des Alpheios war erneut überlaufen. Denn wir hatten ja ein olympisches Jahr. Insgeheim hatte ich das gewusst –

vier Jahre waren vergangen, seitdem ich von Barion geradewegs ins Flussdelta gesegelt war. Und es stimmt: Je älter man wird, desto schneller verfliegt die Zeit. Dennoch, mein Abstecher zu Neoptolymos und das Sichten von Dagon hatten meine Welt von vier Jahren zusammenschrumpfen lassen, sodass es möglich schien, dass zwei Punkte im Lauf der Zeit nicht so weit auseinanderliegen, wie es den Anschein hat – wie Wellenkämme, die von einem Wellental getrennt sind. So habe ich es mir jedenfalls einst von Philosophen erklären lassen.

Aber entlang des Ufers sahen wir kein einziges athenisches Schiff, nur Schiffe aus Korkyra und aus nördlicheren Gefilden, auch eine Handvoll Schiffe von der Peloponnes. Kein einziges Schiff aus Ionien.

Zwei aus Syrakus.

Wir gönnten uns ein teures Mahl am Strand und wähnten uns wenigstens für eine Nacht sicher vor einem Schurken wie Dagon. Am nächsten Tag lagen wir mit unserem neuen Proviant so tief im Wasser, dass die Trireme schwer zu pullen war, schlugen einen südlichen Kurs ein und blieben drei Tage und zwei Nächte ununterbrochen auf See. Wir leerten jede Amphore im Laderaum und aßen das ganze getrocknete Fleisch auf, dazu die Feigen, Datteln und das inzwischen ziemlich alte Brot.

Wir umrundeten die Finger der Peloponnes elegant und nutzten den milden Wind aus West, der unsere Segel blähte, während wir die Felsen backbords liegenließen. Die See war wie leergefegt, sodass ich mir kaum noch Gedanken wegen Dagon machte, sondern wegen der Perser.

Das Meer südöstlich von Olympia war *leer.*

Am vorgelagerten Hafen von Sparta luden wir Wasser- und Getreidevorräte an Bord und handelten mit unserem sizilianischen Wein. Mochte die See auch leer sein, Sparta und sein Hafen waren es nicht – von all den Händlern erfuhr ich, dass sich die Bürger von

Lakedaimon auf ihre großen Feste vorbereiteten. Die Hälfte der Bevölkerung hatte sich auf den Weg zu den Spielen gemacht, die Übrigen bereiteten sich auf das große spartanische Fest vor, bei dem alle nackt tanzen.

Nun ja, so erzählt man es sich in Athen. Ich habe es nie mit eigenen Augen gesehen.

Wie dem auch sei, nirgends ein Gespür für Gefahr, keiner sprach von einer Krise. Allerdings erfuhr ich, dass Leonidas bereits in Korinth war, zumindest östlich von Korinth.

Ein Fischer wusste zu berichten, ihm habe ein anderer Fischer aus Megara erzählt, Xerxes habe den Hellespont überquert.

Die Händler entlang des Strands gaben sich verächtlich. «Diesen Sommer kommt es zu keinen Kämpfen», sagte einer von ihnen. «Wenn's so wäre, glaubt Ihr dann, dass die Spartiaten alle splitterfasernackt zu Hause herumstolzieren würden?» Er machte eine obszöne Geste und lachte laut.

Hatte ich schon erwähnt, dass die Heloten und Periöken nicht viel für ihre Herren übrighaben?

Wir segelten weiter – immer noch auf der Hut, möchte ich betonen –, den Westwind im Rücken. Die Fischer hatten mir Angst eingejagt, daher beschloss ich, von Spartas Hafen aus den direkten Weg nach Athen einzuschlagen, ohne den Golf von Korinth zu nutzen oder in Hermione oder anderen beliebten Häfen haltzumachen.

Also nahmen wir erneut genügend Wasser und Proviant an Bord. Ich nutzte den Gewinn, den wir mit dem sizilianischen Wein erzielt hatten, und kaufte ein kleines Fischerboot. Die Besatzung bildeten Hektor, Hipponax und Nikolas, einer meiner erfahrensten Ruderer, den ich hoffentlich schon einmal erwähnt habe, und zwei der Sklaven. Auch diesen kleinen Laderaum füllten wir mit Proviant und Wein, und schon stachen wir in See.

Ich hatte überhaupt keine Angst, irgendwo auf offener See auf

Dagon zu stoßen. Dafür hatte ich zu viel Erfahrung am Ruder sammeln können, und wie sich herausstellte, brauchte ich Hipponax nicht mehr viel beizubringen. Alles in allem waren wir zwei Tage in Folge unbehelligt unterwegs, und mir behagte alles, was ich sah …

… abgesehen von zwei großen Segeln von Triremen, die plötzlich am Horizont auszumachen waren.

Bei einer Verfolgung auf See spielen so viele Faktoren eine Rolle. Im Extremfall kann ein Schiffsführer stets den Kurs abbrechen und mit dem Wind fliehen oder am erstbesten Strand an Land gehen, das Schiff in Brand setzen und weiter ins Inland flüchten. Das habe ich alles schon erlebt.

Aber meine geborgte Trireme war in passablem Zustand, meine Ruderer waren ausgeruht und gesund und hatten bei einigen Landgängen erlebt, dass man sie wie Männer behandelte – Wein und ein paar Münzen machten das möglich. Kurzum, die Männer waren vertrauenswürdig, und im Gegenzug spürte ich, dass die neue Mannschaft zusammenwuchs und aus Sicht eines alten Kämpfers an Land eine Phalanx wurde. Ich hatte während des Sommers so oft die Männer in Platäa ausgebildet, inzwischen konnte ich eine Mannschaft fast blind zusammenstellen. Fehlte nur noch ein Unwetter oder ein Gefecht auf See, dann hätte ich die Männer ganz auf mich eingeschworen. Sie waren bereit.

Die Trireme, die Neoptolymos *Andromeda* getauft hatte, war zwar keine *Lydia*, aber es war dennoch ein gutes Schiff, zumal wir einige Reparaturen vorgenommen hatten. Allerdings driftete die Trireme stets ein wenig nach Steuerbord, wie ein Pferd mit schlechtem Zaumzeug, außerdem kam sie nur langsam auf Höchstgeschwindigkeit, da wir sie zu lange im Wasser gelassen hatten. Das Holz war schwer und vollgesogen. Der Rumpf brauchte Zeit zum Trocknen.

Aber ich spürte es in den Knochen, dass die *Andromeda* immer noch schneller und besser bemannt war als alles, was Dagon aufzubieten hatte.

Und ich wusste genau, wo wir uns befanden – etwa fünfhundert Stadien südwestlich von Athen. Selbst einer wie Dagon würde es sich zweimal überlegen, in diesen Gewässern gegen uns zu kämpfen, da die Seewege von Athen stets befahren waren. Nur ein neuer Trierarch hätte Dagon auf Kurs halten können, aber davon ging ich nicht aus.

Ich beobachtete die beiden Segel lange genug, dass die Sonne weiter über den Himmel fuhr, und schließlich gab ich den Befehl zum Einholen der Segel. Der Hauptmast wurde an Deck gelegt – was für eine Freude es doch ist, eine gute Mannschaft zu haben! Viele Schiffe müssen erst an einem Strand anlegen, um den Hauptmast zu legen.

Tja, letztes Endes war es nicht Dagon.

Überrascht euch das? Ich gebe zu, ich war verblüfft. Selbst auf eine Entfernung von zwei Stadien war ich davon überzeugt, zwei karthagische Triremen zu sichten. Und als ich bereits überlegte, wie wir am besten den Rammsporn einsetzen könnten, waren wir den beiden Schiffen recht nah gekommen, und erst da sah ich am Heck der einen Trireme den Rand eines Schildes aufblitzen. Es war ein griechischer Aspis, und da kamen mir die ersten Zweifel. Ich verwarf die Idee, die Ruderreihen des Gegners mit einem geschickten Manöver zu zerstören, fuhr gegen den Wind und ging längsseits.

Wie sich herausstellte, war eine der Triremen stark beschädigt. Die andere hatte auf der Steuerbordseite einen tiefen Kratzer in der Bemalung. Die Bauart kam mir vertraut vor, ich hielt es immer noch für ein phönizisches Schiff.

Inzwischen hatten wir gewendet, und die beiden Triremen standen kurz darauf mit dem Bug zu uns – aber das beschädigte Schiff hatte so lange für dieses verhältnismäßig leichte Manöver gebraucht, dass ich wusste, dass keine Bedrohung davon ausging. Aber der griechische Aspis bereitete mir Unbehagen.

Ich gönnte den Ruderern ein wenig Ruhe und nahm einen Schluck Wasser. Wir hatten nicht mehr viel Verpflegung an Bord, und daher wollte ich mich auf keinen Kampf einlassen, es sei denn, es handelte sich doch um Dagon. Wir hatten den Vorteil des Windes, daher hätte ich nach Belieben manövrieren oder fliehen können.

Irgendetwas verriet mir, dass wir es mit Griechen zu tun hatten. Als wir schon so lange die Riemen ruhen ließen, wie ein Redner vor einer Versammlung spricht, war ich fest davon überzeugt, dass es Griechen waren. Schließlich eilte Giorgios, einer meiner alten Seeleute, über die Laufplanke zu mir und bestätigte meine Vermutung. Er meinte, die Rufe an Bord der Schiffe seien in griechischer Sprache.

Wir hatten gegen den Wind beigedreht. Ich ließ Hipponax mit dem kleinen Schiff an meine Heckreling kommen. «Taste dich noch etwas weiter vor», rief ich ihm zu, «und sieh nach, ob es wirklich Griechen sind! Wenn es stimmt, dann hebst du deinen Aspis über deinen Kopf. Falls nicht, weichst du backbords aus und fliehst. Ich komme nach. Wir lassen sie, wo sie sind.»

Hektor hatte mitgehört und hob die Hand zu einem lässigen Gruß. Inzwischen waren die beiden sonnengebräunt und sahen mit ihrem aufgehellten blonden Haar wahrlich wie Götter aus. Das kleine Fischerboot wendete und fuhr mit dem Wind – allerdings schlingerte es. Ich sah Hipponax am Bug stehen, dann beugte sich jemand auf einer der Triremen über die Heckreling und rief etwas.

Hipponax hielt den Schild in die Höhe, dann ging das Fischerboot in den Windschatten der schweren Trireme. Wir nahmen langsam wieder Fahrt auf, fuhren mit dem Wind, immer noch vorsichtig – und wieder wünschte ich, ich hätte meine Bogenschützen an Bord gehabt.

Letzten Endes erwies sich meine Vermutung als richtig. Es waren Griechen: Ithaker auf dem Weg zur Flotte der Bündnispartner.

Sie hatten tatsächlich Dagons Schwesterschiff gekapert. Sie wussten, wer Dagon war, und erzählten, der Karthager sei geflohen, als sich abzeichnete, dass das Gefecht schlecht für ihn lief. Er sei nach Osten entkommen.

Es tut doch immer gut, wenn sich herausstellt, dass man recht hatte. Denn bei dem Schiff, auf dem die Männer aus Ithaka waren, handelte es sich um eine alte Prise, genauer gesagt um ein schweres phönizisches Kriegsschiff, das sie bereits vor zehn Jahren erobert hatten. Vermutlich während eines Raubzugs von Piraten – dafür hat man einen Blick, wenn man selbst Pirat war. Das andere Schiff hatten sie in dem Gefecht erobert, in dessen Verlauf ihr zweites Schiff gekentert war. Sie hatten es also zwei Schiffe gegen zwei Schiffe mit Dagon aufgenommen. Jetzt indes hatten sie kaum noch Trinkwasser, kein Tauwerk mehr und waren verzweifelt. Die Zustände an Bord waren tatsächlich so dramatisch, dass die Ruderer auf dem eroberten Karthager bereits einmal den Aufstand geprobt hatten.

Am schlimmsten war, dass die Männer aus Ithaka keinen Schimmer hatten, wo sie waren. Gekämpft hatten sie vor den Gestaden ihrer Heimatinsel, und die Ironie an der Sache war, dass wir tagelang auf See gekrochen waren, während Dagon an den falschen Orten nach uns Ausschau gehalten hatte, dann an die Ithaker geraten war und verloren hatte.

All das erfuhr ich im Verlauf der nächsten Tage in mehreren längeren Gesprächen. Wie sich herausstellte, waren die beiden Karthager nicht auf einem privaten Rachefeldzug gewesen. Über mich, den berüchtigten Piraten, hatten sie zwar Informationen erhalten, aber sie waren mit Nachrichten aus Karthago unterwegs zu Xerxes' Geschwader gewesen.

Ich erklärte mich bereit, den Männern aus Ithaka zu helfen. Wir überließen ihnen fast unser gesamtes Trinkwasser, darüber hinaus die Hälfte unserer ausgeruhten Mannschaft und nahmen dafür eine Hälfte der karthagischen Ruderer an Bord. Später fuhren sie in meinem Kielwasser, als ich sie in nordöstlicher Richtung nach Piräus brachte. Im ersten Licht des neuen Tages erblickten wir die Akropolis in Athen in der Ferne – dazu möchte ich nicht ohne Stolz sagen, dass diese Fahrt zu meinen besten Navigationsleistungen zählte, meine Freunde. Während die jungen Mädchen ihre Tänze in Brauron vollführten, gingen wir an Land.

Im Schlepptau hatten wir die erste Prise jenes Krieges. Die erste Frucht von Nike, der Siegesgöttin.

Wir hätten als Helden bewirtet werden können, aber dafür waren die Nachrichten zu schlecht. Am schlimmsten war, dass sich meine Befürchtung bewahrheitet hatte: Xerxes' Heer war auf dem Marsch, seine Truppen hatten den Hellespont überquert und rückten schnell vorwärts.

Derweil formierte sich die verbündete Flotte vor der Ostküste von Attika. Wir hatten im Dunkeln angelegt und daher nichts davon mitbekommen, aber als die Sonne aufging, sahen wir die athenischen Schiffe an den Stränden von Piräus bis zum Kap Sounion. Der Navarch der Spartaner hatte das Kap bereits umrundet und lagerte bei Marathon, und zum Flottenverband gehörten bereits kleinere, wendige Schiffe, die weiter nördlich entlang der Küste von Euböa spionierten und Ausschau nach Anlegeplätzen hielten.

Themistokles kehrte vom Kap Sounion zurück, nickte anerkennend, als er unsere Prise sah, und umarmte mich und meine Deckmannschaft. Ich befand mich in einer eigenartigen Position: Ich hatte weder das Gefecht auf See gewonnen noch die Prise gekapert, doch alle behandelten mich so, als hätte ich das bewerkstelligt. Als es mir dann doch zu bunt wurde, bat ich den Trierarchen aus Ithaka zu mir, einen Piraten mittleren Alters namens Helios, und stellte ihn den anderen vor.

«Dies ist der Mann, der die Karthager schlug», sagte ich.

Helios wiegelte kopfschüttelnd ab. «Wir wären alle verdurstet, wäret Ihr nicht gewesen», sagte er zu mir.

Am Abend desselben Tages saßen wir bei Wein in Paramanos' Haus in Piräus, wo Themistokles uns seine Pläne darlegte. «Es wäre gut, wenn du all deine Schiffe bemannen könntest und fünf weitere aus Athen befehligen würdest», sprach er mich an. «Denkst du, Platäa schafft das?»

Ich überschlug die Zahlen in meinem Kopf. «Nicht, wenn wir auch noch Hopliten zu Leonidas schicken sollen.»

Themistokles machte eine wegwerfende Handbewegung. «Leonidas hält mit achttausend Mann einen Pass, der weniger als ein halbes Stadion breit ist. Ihm zur Seite stehen Krieger aus Theben und Thespeia, auch an die tausend Männer aus der Gegend, seine Spartiaten noch nicht mit einberechnet. Wir brauchen Männer auf See, Arimnestos.»

Ich lehnte mich auf meiner Kline zurück und nippte an meinem Wein. «Wo sind denn meine Schiffe im Augenblick?», wollte ich wissen.

Themistokles lächelte. «Am Kap Sounion, an den Stränden dort, auch vor Brauron. Also, fortan sollen deine Schiffe, deine Platäer und Aristeides' Schiff unter deinem Kommando stehen.»

Ich strich mir den Bart und verdrückte eine Dattel. Drei Tage hatten wir ohne feste Nahrung aushalten müssen, und daher hatte ich ständig Hunger. Jede alte Verletzung und so gut wie jede Bewegung schmerzte oder brannte. Mangel an Proviant kann richtig weh tun.

«Ich schicke Boten über die Berge», stellte ich in Aussicht. «Aber keiner meiner Platäer wird wissen, wie man pullt.»

Themistokles bedachte mich mit einem nachsichtigen Blick. «Die Hälfte unserer Ruderer weiß nicht, wie man pullt!»

Die folgende Woche habe ich nur undeutlich in Erinnerung behalten, ich weiß aber noch genau, dass ich unendlich erschöpft war, mich aber der hektischen Betriebsamkeit stellen musste.

Ich schickte einen erfahrenen Läufer nach Platäa, um die Phalanx zu informieren, und ließ meinen Leuten dort ausrichten, sie würden fortan auf Schiffen dienen – die Epilektoi sollten die neuen Epibatai werden, der Rest musste auf die Ruderbänke. Ich bat Myron, dies der Versammlung zu unterbreiten. Danach segelte ich mit der *Andromeda* in Küstennähe um die lange Spitze von Attika und versammelte «meine» Schiffe vor Marathon. Wieso auch nicht? Marathon stand sinnbildlich für die Stätte meines größten Erfolges! Fast alle meine erfahrenen Kämpfer waren dort gewesen.

Die Platäer kannten jedenfalls den Weg nach Marathon.

Unterdessen hatten wir fünf Schiffe im Schlepptau, die zunächst nichts an Bord hatten außer Tauwerk und Riemen. Diese Schiffe setzten wir instand, bis sie seetauglich waren.

Dann holte ich all die Männer aus der Flotte zurück, die ich sozusagen ausgeliehen hatte. Kimon verfluchte mich, als ich ihm Giannis wegnahm, aber ich brauchte ihn für meine Deckmannschaft, und er sollte nicht länger irgendwo als Epibates dienen.

Ich hatte die *Lydia*. Sie war inzwischen in die Jahre gekommen, aber das Holz war trocken und fest wie eine Nuss. Und meine Mannschaft war besser als die Besatzungen, die ich bislang gehabt hatte. Nachdem ich Männer auf andere Schiffe verteilt hatte, hatte ich wieder nahezu die alte Besatzung, daher befanden sich bald unter den hundertachtzig Ruderern nur vierzig neue Männer aus Platäa.

Die *Andromeda* überließ ich Megakles.

Demetrios übernahm Aristeides' elegante *Athene Nike*. Der große Mann durfte immer noch nicht aus seinem Exil zurückkehren und weigerte sich, starrköpfig, wie er nun einmal war, als Epibates an Bord eines athenischen Schiffes zu gehen. Aber wie ihr noch hören werdet, kam er an Bord eines Schiffes aus Platäa.

Der stets wortkarge Harpagos befehligte die *Sturmbezwingerin.*

Mein alter Gefährte Dareios – Dareios von Platäa, wie er sich von nun an nannte – übernahm mein «Sorgenkind», die *Amastis* aus Korinth.

Paramanos, der eigentlich bei Kimon hätte sein sollen, beschloss, an meiner Seite zu bleiben. Er übernahm die *Rabenschwinge* – inzwischen das dritte Schiff dieses Namens. Sie gehörte ihm, er war der rechtmäßige Besitzer.

Einige meiner Gefährten entband ich von ihren bisherigen Aufgaben und ernannte sie zu Befehlshabern neuer Schiffe. Wer aufgepasst hat, dem wird nicht entgangen sein, dass die ersten Schiffe, die ich erwähnt habe, in Privatbesitz waren. Streng genommen gehörte mir die *Sturmbezwingerin*, obwohl Harpagos sie in all den Jahren instand gehalten hatte, und das kostet einiges an Silber. Daher gehörte sie eigentlich ihm, und tatsächlich sahen das auch alle anderen Gefährten so. Die *Lydia* gehörte aber nun wirklich mir, das korinthische Schiff stand mir vom Gesetz her zu – zumindest aus Sicht platäischer und athenischer Rechtsauffassungen. Paramanos befehligte sein eigenes Schiff, Aristeides war, wie erwähnt, der Besitzer einer sehr seetüchtigen Trireme. Früher hatte er mehrere Schiffe, aber man hatte sie ihm aberkannt.

Jene fünf Schiffe, die wir herrichten ließen, gehören der Öffentlichkeit, erworben und ausgestattet hatte sie sozusagen Athen als einflussreiche Polis. Das war eine neuartige Vereinbarung. Demetrios erzählte mir, er habe während des Seekriegs mit Ägina eine Trireme befehligt, die Athen gehörte, und vertraute mir an, dass man oft minderwertige Schiffe bekam – weil es keine wohlhabenden Männer gab, die den Schiffsbauern auf die Finger schauten. Aber von den fünf Schiffen, die Athen uns sandte, waren drei in ausgezeichnetem Zustand, die beiden anderen allerdings nur Durchschnitt – alle leichter, als es mir lieb gewesen wäre.

Dann wiederum hatte ich die Behauptung gehört, dass Athen leichte Triremen baut, da die Mannschaften gut ausgebildet seien. Das bringt mich zum Schmunzeln. Denn in jenem Sommer bestand die Hälfte der Ruderer aus Männern, die bis dahin noch nie einen Ruderriemen aus der Nähe gesehen hatten – wie zum Beispiel die Bauern aus Böotien! Nein, Athen baute leichtere Schiffe, weil ungeübte Männer sie besser handhaben konnten und weil Athen bei den Epibatai knausern musste: Wie sonst sollte die Polis zweihundert Schiffe bemannen und zusätzlich Hopliten in die Phalanx schicken? Und letzten Endes braucht man bei Schiffen leichterer Bauart weniger Holz, und Holz ist teuer.

Ich erkläre das alles nur, damit ihr eine Vorstellung von jenen Tagen und Wochen habt, meine Freunde.

Wir würden also gegen eine Flotte kämpfen müssen, die uns zwei- oder dreifach überlegen sein würde. Die Perser und ihre Verbündeten hatten erfahrene Besatzungen, schwerere Schiffe und sehr viel mehr Seekrieger. Diese Männer waren seit fast einem Jahr zusammen unterwegs, wohingegen unsere Rudermannschaften so gut wie nie außer Sichtweite der Küste gewesen waren.

Gern würde ich euch erzählen, dass wir den Vorteil hatten, für unsere Freiheit zu kämpfen, aber ich bin ein alter Pirat und kann euch daher bestätigen, dass Männer ganz ausgezeichnet kämpfen, wenn es um Beute geht. Xerxes hatte seinen Kriegern nichts Geringeres in Aussicht gestellt als die Plünderung und Zerstörung ganz Griechenlands.

Ich muss es leider so sagen, aber die Moral war nicht gut, als ich zur Flotte stieß. Die Nachricht, dass Schiffe aus Korkyra vor Ithaka zauderten, war niederschmetternd, da wir die Anzahl Schiffe gut hätten gebrauchen können.

Derweil verkündete Adeimantos von Korinth vollmundig, der

Peloponnesische Bund solle in den Isthmus zurückkehren und die Stadt Athen ihrem Schicksal überlassen. Daraufhin brachte Themistokles seine üblichen Argumente vor.

Doch schließlich trafen die Platäer ein.

Sie kamen von den Bergen, aus Richtung Athen, und sangen den Paian. Obwohl meine Landsleute noch zehn Stadien entfernt waren, hielten die Männer unten am Strand von Marathon in der Arbeit inne und lauschten, denn der Wind trug den Gesang bis an die Gestade.

Sagte ich euch schon, dass die Zeit nicht geradlinig verläuft?

Der Paian der Platäer brach sich an den Berghängen, aber die Klänge durchdrangen auch die Zeit, und jeder von uns, der damals vor zehn Jahren in Marathon in der Phalanx ausgeharrt hatte, spitzte nun die Ohren wie ein alter Jagdhund, der seinen geliebten Herrn wittert.

Und so kamen die Platäer in ihrer Marschformation aus den Bergen, stimmten ein Lied nach dem anderen an, als wäre ein Fußmarsch von dreihundert Stadien nichts – und vielleicht war das auch wirklich keine große Herausforderung.

Kurz darauf machten sich die Männer am Strand wieder an die Arbeit, aber in manchen Gesichtern entdeckte ich ein Lächeln. Ich sag's euch, meine Freunde, an jenem Tag nannte uns niemand Bauerntölpel oder Schafliebhaber, und als die bronzenen Helme in der Sonne aufblitzten, versammelten sich die Athener am Strand und jubelten in einem fort – so lange, bis mir der Hals weh tat, doch mein Herz quoll über vor Freude und Stolz.

Niemand anders als Idomeneus brachte die Platäer bis hinunter zum Strand, wo einst die persischen Schiffe gelegen hatten. Mein alter Gefährte blieb stehen, und obwohl die Männer im Grunde wirklich nur ein kleines Aufgebot von Bauern waren, machten sie halt wie Spartiaten und rammten die Speerschäfte in den weichen Boden – alle gemeinsam.

Gewiss, es ähnelte einer Theateraufführung. Wer aufgepasst hat, der weiß natürlich, dass griechische Heere selten in Rüstung marschieren, schon gar nicht mit Aspis über der Schulter. Aber Idomeneus wusste eben, wie man Eindruck macht und sich in Szene setzt – er war immer auf der Höhe, auch wenn ich oft betone, dass sich in seinem Charakter Gewaltbereitschaft und Irrsinn paarten.

Jedenfalls machte seine ganze Abteilung halt, und die Männer präsentierten die Speere in einer fließenden Bewegung. Die eben noch jubelnden Athener verstummten, die Korinther schwiegen aus Neugier, ebenso die Männer aus Megara. Die Leute aus Ägina kamen verdutzt näher und glotzten.

Idomeneus grüßte mich, als wäre ich ein bedeutender Polemarch. «Nun denn!», rief er so laut, dass es auch der letzte Mann unten am Strand hören konnte. «Da wären wir. Sind die Perser schon da?»

Einige Männer lachten.

«Nein», entgegnete ich. «Die sind noch drüben in Thrakien.»

Seine Miene hellte sich auf. «Oh, wirklich? Dann nichts wie los!»

Noch Tage danach wurde diese Episode mindestens zehnmal pro Tag wiedergegeben.

Jeder Grieche liebt es, die eigene Stadt in den Himmel zu loben. Wir alle sind hoffnungslos parteiisch und voreingenommen. Das gebe ich gern zu. Ich würde Platäa immer über Athen, Korinth oder Syrakus stellen, auch wenn ich weiß, dass unser Tempel der Hera wirklich sehr klein und provinziell ist. Aber das würde ich eben nie offen zugeben. Da seht ihr, wie voreingenommen auch ich bin.

Aber ich denke, dass wir eine Veränderung herbeiführten, was die Moral der Männer der Flotte betraf.

Unsere Männer trafen singend ein! Tausend Mann, von denen

es viele einst mit den Persern aufgenommen hatten – und sie besiegten. Nicht einer aus Platäa beschwerte sich, auf der Ruderbank Platz nehmen zu müssen. Männer, die schon fünfzig Winter gesehen hatten, stiegen hinab in die schweißtreibende Enge der Ruderbänke, griffen wie selbstverständlich nach den Riemen, wie sie es daheim mit dem Speer, dem Pflug oder der Töpferscheibe taten, und waren bereit, das Pullen zu lernen.

Am zweiten Abend, als die ersten Muskelschmerzen nachließen, gönnten wir uns am Strand von Marathon athenisches Hammelfleisch. Einige der älteren Hopliten hatten erkannt, dass ich nur meine jüngsten, athletischsten Platäer in Rüstungen steckte und zu Epibatai ernannte, und das bedeutete, dass die älteren Männer pullen mussten, aber selbst das nahmen die Leute aus meiner Heimat ziemlich gelassen hin. Während wir also das Fleisch verzehrten, beklagte sich ein junger Athener von Kimons Flaggschiff über die anfallenden Arbeiten – und über die Schmach, die diese Arbeiten mit sich brachten.

Myron, der den ganzen Weg mit den anderen zurückgelegt hatte, erhob sich und legte dem jungen Mann eine Hand auf die Schulter, wie es nur die Alten tun, wenn sie Lebensweisheiten von sich geben. «Schmach, sagst du?», fragte er. «Eine Schmach wäre es gewesen, zu Hause zurückgelassen zu werden. In hundert Jahren werden die Leute nicht länger behaupten, göttliche Vorfahren zu haben, nein, denn dann werden sie nur noch verkünden: Mein Urenkel war dabei, als wir den Großkönig in die Knie zwangen.»

Alle Gespräche ebbten ab.

«Aber!», setzte ein junger Mann an, vielleicht sogar mit einer gewissen Selbstironie. «Aber unter Deck ist es stickig und riecht nach Pisse unter den Bänken! Meine Schultern tun mir weh, und an den Händen platzen die Blasen auf!»

Empedokles, der Sohn vom alten Empedokles, lachte. «Ich stimme dir zu, Junge», sagte er. «Lasst uns daher alle einen Eid leisten.

Sobald wir die Meder besiegt haben, werden wir nie wieder pullen!»

Die anderen lachten, und dieses Lachen ging durch die Reihen der Versammelten.

Jeder Befehlshaber weiß, wie kostbar das Lachen in Zeiten der Anspannung ist.

Die meiste Zeit verbrachten wir damit, in Sichtweite der Küste zu rudern.

Ich bekenne, dass es mir bisweilen etwas seltsam vorkam, dass ich meine Phalanx nach dem Vorbild Spartas gedrillt hatte, nun aber mit ansehen musste, wie ebendiese Männer die Ruderbänke drückten. Aber der Vorteil war, dass sich alle Ruderer aufs Kämpfen verstanden und fortan zumindest die Grundzüge des Pullens verinnerlichten.

Und da die Männer keine Sklaven waren, sondern immer noch «meine» Phalanx, scharte ich sie jeden Morgen um mich und ließ sie wissen, was ich an Bord von jedem Einzelnen erwartete – gemeinsam mit der Deckmannschaft brachten wir den Männern alle Zeichen bei, erklärten alle wichtigen Segelmanöver. Klar, die meisten hatten keinen Schimmer, was wir da erzählten, zumindest anfangs nicht, doch gegen Ende der ersten Woche, als uns die ersten Gerüchte erreichten, der Feind komme näher, wussten die meisten Ruderer, was wir von ihnen auf den Bänken verlangten und wie die Riemen zu handhaben waren. Wirklich, Bürger einer Polis können bessere Ruderer sein als echte Ruderer, denn Letztere sind oft ehemalige geschundene und gebrochene Sklaven.

Und Bauern sind kräftig, keine Frage.

Jeden Abend trichterte Themistokles uns ein, dass unsere Taktik einfach und geradlinig sein müsse. Die athenischen Steuermänner hatten fast ausnahmslos die Komplexität des Diekplous verinnerlicht – erinnert ihr euch? Es handelt sich um jene Taktik, bei der man die feindliche Formation durchbricht und die Ruderreihen zerstört, dann auf Höhe des Hecks wendet, um einen zweiten Anlauf zu nehmen. Aber Themistokles begriff besser als die meisten von uns, dass nur wenige unserer Ruderer ein komplexes Rammmanöver durchführen könnten.

Zur Erklärung möchte ich noch hinzufügen, dass ich von jedem meiner Schiffe – auch von Demetrios' *Athene Nike* – achtzig Veteranen holte, um die «öffentlichen» Schiffe der Polis Athen zu bemannen. Die Lücken füllte ich mit Platäern auf. Auf diese Weise hockten zwar auf zehn meiner elf Schiffe auf den unteren Ruderbänken nur blutige Anfänger, aber dafür waren die Männer auf den höheren Ruderbänken und die Deckmannschaften fast ausnahmslos Veteranen. Das hatte den Vorteil, dass die Rivalitäten der Männer untereinander auf ein Minimum reduziert wurden, und sofort am ersten Abend ließ ich meine Besatzungen wissen, dass wir die Beute gleichmäßig aufteilen würden. Es sollte also keinen zusätzlichen Anteil für die Befehlshaber und die Deckmannschaft geben. Eine sehr beliebte Ankündigung meinerseits, wie ich betonen möchte. Menschen lieben die Freiheit, aber die Aussicht auf Beute ist ein nicht zu unterschätzender Ansporn. Zehn Epilektoi aus Platäa setzte ich pro Deck als Epibatai ein, nur nicht an Bord der *Athene Nike* und der *Lydia*, denn dorthin kehrten die eigenen Seekrieger zurück.

Mein Gefährte Gelon – nicht der Tyrann von Syrakus! – bekam ein eigenes Schiff. Da es eins der fünf aus Athen war und nur unter einer Zahl zwischen Eins und Fünf geführt wurde, nannte er es *Nemesis*.

Auch Idomeneus überließ ich ein Schiff. Er hatte früher schon eines befehligt. Er taufte es *Hera*.

Leukas übernahm ein Kommando. Nach einigem Hin und Her taufte er sein Schiff *Parthenos* – er behauptete, dies wäre der griechische Name für eine Gottheit im fernen Albion.

Das schnellste der athenischen Stadtschiffe überließ ich Giannis. Er nannte es *Hippokampos.* Giannis war bereits auf dem Atlantis thalassa gekreuzt und wohlbehalten zurückgekehrt, ihm konnte keiner was vormachen, er kannte sich mit allem aus. Alexandros ernannte ich zum Befehlshaber von Giannis' Epibatai.

Das beste der öffentlichen Schiffe erhielt Seckla. Nachdem er sich von einem Priester des Poseidon hatte beraten lassen, nannte er es *Machaira*: Schlacht. Gibt es einen passenderen Namen?

Sobald wir den Eindruck hatten, dass unsere Ruderer auf Befehl die Kiellinienformation einnehmen konnten, verlangte Themistokles von uns, dass wir auch die enge Verteidigungsformation beherrschen mussten, ging er doch davon aus, dass wir uns ständig würden verteidigen müssen. Die Strategie, die er und Leonidas ersonnen hatten, war auf brutale Weise einfach – wir würden den Sommer überstehen und Xerxes vor Einbruch des Winters zum Rückzug zwingen. Keiner von uns konnte sich vorstellen, dass Xerxes reich genug war, sein Heer während des Winters mit allem versorgen zu können.

Nachdem wir einige Tage die Grundlagen der Manöver eines Seegefechts erarbeitet hatten – dazu gehört vor allem das gleichmäßige Pullen achteraus, falls ihr euch fragt –, forderte Themistokles uns auf, das «Speichenrad» in Angriff zu nehmen.

Diese Radformation nimmt man ein, wenn die eigentliche Flotte arg in Bedrängnis ist.

Das ist ein recht komplexes Manöver, bei dem es auf Genauigkeit und die perfekte zeitliche Abstimmung ankommt.

Ist das Speichenrad komplett, so stoßen die Schiffe alle mit den Achtersteven zusammen, die Riemen werden eingeholt – man kann bis zu fünfzehn Schiffe sternförmig in dieser Art von Verteidigungsring anordnen. Der Gegner ist dann gezwungen, gegen den Bug des Verteidigers anzulaufen, wobei der Verteidiger entscheidet, ob geentert wird. Die Schiffe, die sich im Speichenrad formiert haben, können ihre Epibatai mühelos von einem Schiff aufs andere schicken, während der Angreifer individuell mit seiner Besatzung kämpfen muss. Hinzu kommt, dass die Gegner nur außen herum um das Rad manövrieren können, sie können also nicht viel ausrichten, es sei denn, die Gegner greifen gleichzeitig von allen Seiten an. Doch selbst dann haben die Verteidiger des Rads die Möglichkeit, ihre Kräfte je nach Bedarf zu verteilen.

Das sind die Vorteile.

Jetzt kommen die Nachteile.

Will man aus einer Gefechtsformation heraus ein Speichenrad bilden, muss man achteraus pullen und genügend Fahrt aufnehmen, um an einer vorher anvisierten Stelle anzukommen. Dort harrt man aus, holt die Riemen ein und verlässt sich nur aufs Ruder. Nimmt man jedoch achteraus zu viel Fahrt auf, kollidiert man schlimmstenfalls mit einem Partnerschiff und fügt sich gegenseitig Beschädigungen zu. Wenn sich die Männer aber nicht ausreichend in die Riemen legen, dümpelt man irgendwo auf dem Wasser herum und ist dem Feind ausgeliefert, und wenn es ganz schlecht läuft, gerät man zwischen zwei gegnerische Schiffe und kann die eigenen Ruderreihen gar nicht mehr einsetzen.

Und jetzt stellt euch Folgendes vor: Ungeübte Rudermannschaften auf zahllosen Schiffen versuchen in kleineren Gruppen, diese sternförmige Verteidigungsformation einzunehmen!

Als wir den ersten Versuch unternahmen, hatten wir vor dem Strand von Marathon einen Halbmond eingenommen, und mein kleines Geschwader befand sich linker Hand – so war es bereits an Land bei der Schlacht von Marathon gewesen. Griechen sind Gewohnheitstiere, könnte man sagen.

Zunächst befolgten wir den Befehl «Riemen streichen!» und pullten achteraus – wie ich schon sagte, das gehört zu den grundlegenden Taktiken während eines Gefechts auf See, um beweglich zu bleiben. Und wir schlugen uns tapfer.

Auf das Signal von Themistokles hin – er blies in ein Horn, ein *persisches* Horn, wohlgemerkt – fingen wir an, das Speichenrad zu formen.

Mein kleines Geschwader befand sich in einer schwierigen Lage, weil wir die weiteste Strecke vor uns hatten, sodass sich der Halbmond zur anderen Seite hin verschob. Wir sollten also die von der Küste abgewandte Seite des Rads einnehmen – und da werden einem die Arme schwer, wenn man achteraus pullen muss. Aber an jenem Tag hatten wir noch Glück im Unglück, da die Schiffe in der Mitte des Halbmonds unbarmherzig von den unerfahrenen Mannschaften aus Athen und Ägina zermahlen wurden. Dazu muss man wissen, dass die Korinther lautstark die mittlere Position eingefordert hatten, weil es dort angeblich am ehrenvollsten ist! Während wir mit unserem kleinen Geschwader achteraus über die Wellen glitten, drangen die ersten Schreie an unsere Ohren. Riemenschäfte barsten, Ruderer verloren ihr Leben.

Eine Trireme aus Korinth geriet zunächst ins Schlingern und kenterte schließlich, da das Heck brach.

Und das alles, während die Perser auf eine Entfernung von tausend Stadien herangekommen waren.

Es war wieder wie bei Lade.

Die Korinther und Männer aus Megara erwiesen sich als die schlechtesten Seeleute – nein, das ist nicht ganz fair. Sie hatten die schlechtesten Befehlshaber an Deck. Aber da sie nicht kurzfristig hundert neue Kriegsschiffe in Auftrag gegeben hatten wie Athen und Ägina – die ja die eigentlichen Seemächte waren –, meinten sie, sie könnten auf all die anderen Mannschaften herabblicken. Wie schon die Männer aus Lesbos damals vor Lade verkündeten die Korinther nun in ihrer Selbstüberschätzung, sie bräuchten keine weiteren Übungseinheiten, ihre Mannschaften seien ausreichend erprobt.

Schließlich drohte Korinth damit, den Heimweg anzutreten.

Dann traf unser Navarch aus Sparta ein. Eurybiades brachte zehn Schiffe von der Peloponnes mit und kam, wie wir erfuhren, auf direktem Weg von den Olympischen Spielen. Mir war zu Ohren gekommen, dass man ihn verunglimpfte, manch einer verspottete ihn und seine Führungsposition.

Die Menschen sind seltsame Geschöpfe. Dabei wollte Eurybiades genau wie Leonidas, Aristeides oder Themistokles nichts anderes als den Sieg des Bundes. Und nur weil der spartanische Navarch gewillt war, Themistokles zuzuhören und etwas von uns erfahreneren Männern zu lernen, begannen die Leute ihn zu verspotten. Ich hingegen war der Überzeugung, dass wir keinen besseren Navarchen hätten haben können. Denn Eurybiades war ein umsichtiger, reifer Mann, der nichts übereilt entscheiden würde.

Als Spartaner konnte er überhaupt nicht verstehen, dass es Mannschaften gab, die sich gegen die täglichen Übungen sperrten. Und er war ein ranghoher Befehlshaber des Peloponnesischen Bundes. Ich war dabei, als er an jenem Morgen an Land ging. Themistokles empfing ihn am Strand, ehe Adeimantos außer Atem durch den Sand stapfte, da er sich bei den Spartanern beschweren wollte, dass die Mannschaften unter seinem Kommando schlecht behandelt würden.

Eurybiades sprang von Bord und watete im flachen Wasser an Land. Zwei Heloten eilten herbei, nahmen ihm die nasse Rüstung ab und trockneten sie. Der Navarch umarmte zuerst Themistokles und ergriff dann meine Hand. «Ihr habt Euch offenbar tapfer geschlagen», sagte er nüchtern wie erwartet.

Themistokles nickte.

Das war der Moment, als Adeimantos heranrauschte. «Das hat er eben nicht!», ereiferte er sich. «Er und seine athenischen Verschwörer werden noch alles zugrunde richten. Hört mich an, Eurybiades, denn Athen hat nur den Abschaum seiner Ruderer geschickt und die besten Leute zu Hause behalten. Seht Euch die Platäer an! Sollen sie doch üben. Wir schauen ihnen dabei zu und lachen.»

Der Navarch bedachte ihn mit einem Blick, der einem das Blut in den Adern gefrieren lässt. Ich hoffe, dass mich ein Spartaner nie in dieser Weise ansieht. «Heißt das, Ihr weigert Euch, an den Übungen teilzunehmen?»

Adeimantos von Korinth schien zu überlegen. «Ob wir uns weigern? Nein, aber ...»

«Gut», unterbrach Eurybiades ihn. «Dann setzen wir die Übungen fort. Der Großkönig ist auf dem Marsch. Er verlässt sich auf seine Flotte, die ihn auf der Flanke schützen soll.»

«Wir sind doch längst bereit!», warf Adeimantos empört ein.

Spartaner lächeln nicht spöttisch. Jedenfalls habe ich nie gesehen, dass ein Krieger aus Sparta höhnisch gegrinst hätte, denn wer andere verhöhnt, macht sich gleichzeitig über sie lustig, und das kommt aus spartanischer Sicht Schwäche gleich. Die Spartaner sind einfach zu stolz, um sich über andere lustig zu machen.

Eurybiades' Miene blieb vollkommen unbewegt, er lächelte nicht, zog die Stirn nicht kraus, keine Regung lief durch sein Gesicht. Er erwiderte lediglich: «Wir stechen in See, wenn ich es sage. Und wann Ihr bereit seid, entscheide ich.» Er machte eine gewichtige Pause. «Gibt es noch Fragen?»

Mag sein, dass auch Spartaner ihre Fehler haben, aber sie sind gute, verlässliche Befehlshaber. Im Tal von Tempe war uns kein Glück beschieden gewesen, jetzt indes hatten wir einen geradlinigen, aufrechten Mann, der bereits jenseits des Meeres im Einsatz gewesen war, in Ägypten und Ionien. Er war zwar kein meisterhafter Seemann, aber er kannte das Meer und hatte in zehn Gefechten gekämpft. Er wusste, wovon er sprach, und was er sagte, hatte Hand und Fuß.

Wir verbrachten eine dritte Woche mit harten Übungen. Jeden Tag aufs Neue. Eurybiades besuchte jedes Flaggschiff der Geschwader und verfolgte aufmerksam unsere Manöver, für gewöhnlich gemeinsam mit Themistokles. Anstatt den athenischen Demokraten zu ignorieren, wie es viele taten, machte Eurybiades ihn – es ist schwer, das in Worte zu fassen. Vielleicht sollte ich sagen, dass er Themistokles zu seiner rechten Hand machte. Viele der Erneuerungen, deren Einführung Themistokles immer schon für sich in Anspruch genommen hat – er tut es selbst jetzt noch, der elende Verräter –, stammen eigentlich von dem spartanischen Navarchen, den es gar nicht interessierte, wer für was die Lorbeeren erntete, solange man Schlachten gewann und die Flotte zusammenhielt.

Wir veranstalteten auch Spiele. Immerhin boten wir zehnmal so viele Männer auf wie Leonidas mit der Vorhut des Heeres. In der Flotte dienten mindestens vierzigtausend Mann. Daher eröffneten wir unsere eigenen Spiele, wie wir es bereits vor Lade und im Grunde vor jedem größeren militärischen Ereignis gehandhabt hatten.

Zum ersten Mal nahm ich nicht an den Wettkämpfen teil.

Ich war inzwischen fünfunddreißig. Männer im reiferen Alter sitzen für gewöhnlich gemütlich im Schatten und schauen den hübschen jungen Burschen zu. In meinem Alter wetteifert man nicht mehr untereinander, und man redet sich gegenseitig ein, dass man es nicht mehr tut, weil es ungerecht wäre. Ich denke, die Wahrheit lautet, dass die Männer im fortgeschrittenen Alter fürchten, dass man trotz großer Erfahrung und spezieller Fertigkeiten nicht mehr imstande ist, mit der kraftstrotzenden Jugend mitzuhalten.

Peisander aus dem alten Geschlecht der Philaidai gewann unsere Spiele, ein junger Athener aus Kimons Familie. Er rannte wie ein Hirsch, sprang, als hätte er Schwingen, und sein Wurfspeer flog wie ein Blitz aus Zeus' Hand. So formulierte es jedenfalls Phrynichos.

Ein junger Athener – Perikles, ein hässlicher Bursche mit großem Schädel, der immerzu redete – gewann den Lauf über die Distanz von zwei Stadien. Er diente als Kimons Hypaspist, und der arme Nikeas musste fortan die ganze Arbeit tun und war neidisch.

Viel weiter im Westen veranstalteten unterdessen andere die Olympischen Spiele, als wäre nichts geschehen. Als stünde keine Invasion bevor, als gäbe es keinen Großkönig.

Wie dem auch sei, am Abend nach den Wettkämpfen lagen wir alle in Zelten unten am Strand. Mit «wir» meine ich die Befehlshaber der einzelnen Schiffe und alle Sieger bei unseren Spielen, die Olivenzweige im Haar trugen. Es war der Abend, an dem Eurybiades seine Strategie darlegte.

«Wir haben das kleinere Aufgebot und sind schlechter ausgebildet», sprach er. «Aber wir brauchen bloß darauf zu achten, dass wir weiterhin auf Erden wandeln, dass wir existieren! Rückzug, wenn ein Rückzug geboten ist, aber nie dürfen wir uns aufreiben oder umzingeln lassen. Wenn wir das beachten, werden wir nicht verlieren.»

Für einen Spartaner war das eine ziemlich lange Ansprache.

Themistokles sprach als Nächster. «Ganz gleich, was das Kräfteverhältnis anbelangt, Xerxes kann es sich nicht leisten, sein Geschwader zu teilen. Solange wir uns zurückziehen können und genügend Seeraum haben, können wir kleinere Gefechte für uns entscheiden und im selben Zug unsere Ruderer weiter ausbilden. Lassen wir uns keine große Seeschlacht aufzwingen! Und deshalb ist es unerlässlich, dass wir die Rad-Formation verinnerlichen.»

Niemand mochte das Speichenrad.

Wir versenkten zwar keine eigenen Schiffe mehr, hatten dafür aber einige deprimierende Tage durchzustehen – irgendwann im Verlauf der dritten Woche büßte ich ein Viertel meiner Riemen ein. Mein Gefährte Nikolas brach sich das Schlüsselbein, als ein Schiff aus dem Geschwader aus der Polis Sikyon plötzlich aus der Sternformation hervorschnellte und unser Heck rammte – wie ein Kern eines Granatapfels, den ein Junge mit beiden Händen quetscht.

Zum Glück waren unsere Deckmannschaften besser als unsere Ruderer und stießen uns mit langen Enterdreggen vom anderen Schiff ab, bevor noch andere ihr Leben verloren. Aber wenn die Perser bereits zu diesem Zeitpunkt in Sichtweite gekommen wären, wären wir alle gestorben oder versklavt worden.

Gegen Ende der dritten Woche räumte Eurybiades ein, dass er noch auf andere Geschwader wartete. Wir boten zweihundertneunundsechzig Triremen auf, des Weiteren ein Dutzend Pentekonteren als Späher und Botenschiffe, auch an die hundert kleine Handelsschiffe, die uns unermüdlich mit Proviant versorgten.

Athen steuerte hundertfünfundzwanzig Schiffe bei, elf davon bildeten mein kleines Geschwader: Von der Besatzung her waren es Platäer. Ich ziehe es immer vor, zu sagen, dass Athen hundertsechzehn Schiffe stellte, dann kam Paramanos mit seinen Schiffen und schließlich Platäa mit neun Schiffen, aber das kann man zählen, wie man möchte.

Korinth hatte sechzig Schiffe in Aussicht gestellt, steuerte aber nur vierzig bei. Zwei davon stahlen sich eines Tages davon, ehe die Flotte in See stach, und kehrten nie zurück.

Chalkis in Thrakien bot überhaupt keine Schiffe auf, dafür aber genügend Männer, um zwanzig Schiffe athenischer Bauart zu bemannen.

Megara war mit zwanzig Triremen eingetroffen.

Ägina stellte achtzehn Schiffe, allerdings mit schlechten Rudermannschaften, dabei besaß Ägina sechzig Schiffe.

Ein Dutzend gute Schiffe kam aus Sikyon, zehn kamen aus Sparta oder wurden zumindest von spartanischen Befehlshabern geführt, weitere acht Schiffe bot die Polis Epidavros im Osten der Peloponnes auf.

Wer mitgezählt hat, kommt zu dem Schluss, dass es sich im Grunde um eine athenische Flotte handelte, der sich eine Handvoll Verbündete angeschlossen hatte, befehligt von einem Spartaner – und überall nur Zwietracht und Meinungsverschiedenheiten. Als Harpagos und ich die Situation mit der griechischen Flotte bei Lade verglichen, hätten wir weinen mögen. Denn damals bei Lade führten uns Miltiades und etliche andere erstklassige Piraten, damals hatte sich uns die Elite der griechischen Seestädte Ioniens angeschlossen.

Aber natürlich brachen wir nicht in Tränen aus.

Dafür besprachen wir im Detail, was wir tun würden, falls wir zerrieben würden. Wir legten fest, wohin wir fliehen und wo wir uns an Land retten könnten. Wir sandten Giorgos zurück nach Piräus, um eines unserer Handelsschiffe mit Trinkwasser und Proviant auszustatten und zurückzukommen. Diese Vorräte sollten vorerst nicht verteilt werden, sie waren für den Ernstfall gedacht: Wenn unsere Flotte aufgerieben würde, brauchten wir genügend Proviant und Wasser, um unseren Verfolgern auf langen Strecken entkommen zu können.

Wir waren bei weitem nicht die einzigen Schwarzseher. Wir waren bloß praktisch veranlagte Schwarzseher.

Abgesehen von den Korinthern, von denen sich einige absetzten, und den Männern aus Korkyra, die sich gar nicht erst blickenließen.

Praktisches Denken hat allerdings noch keinem die Freiheit gebracht. Und Umsicht ist selten die Tugend, die man braucht, wenn es hart auf hart kommt.

Nach drei Wochen an den Stränden südlich von Euböa gab Eurybiades den Befehl, in See zu stechen.

Bei Poseidon, was war das für ein Durcheinander!

23. KAPITEL

Ich hatte gute Befehlshaber und Männer, die willens waren. Daher kamen wir zügig und geordnet vom Strand, ehe sich mein kleines Geschwader unter Riemenschlägen formierte. Eine Stunde nach dem Befehl, in See zu stechen, erreichten wir unsere Position auf dem linken Flügel.

Östlich von Marathon, vor Schinias, gibt es Strömungen, und etwa zwei Stunden lang hatten unsere Ruderer ihre liebe Mühe, uns bei der Dünung auf der Position zu halten. Die Jungs taten mir fast schon leid, andererseits war es eine hervorragende Übung, und deshalb mischte ich mich gar nicht erst groß ein. Davon einmal abgesehen, bot sich uns rechter Hand eine Darbietung epischen Ausmaßes – man hätte auch sagen können: eine Komödie bei den Dionysien. Die große Flotte der Verbündeten hatte seewärts die Strände verlassen, aber nicht wohlgeordnet, sondern chaotisch, mit dem Ergebnis, dass etliche Schiffe sich gegenseitig rammten. Letzten Endes nahmen die Schiffe träge und im Schneckentempo ihre Positionen ein. Vorteilhaft war, dass wir alle Griechisch sprachen, und so waren all die Flüche und Verwünschungen, die die zornigen Steuermänner ausstießen, überall zu verstehen.

Sittonax stand neben mir, strich sich den Bart und lachte. «Stell dir vor, mein Bruder, wie es erst in der anderen Flotte sein muss, wenn Griechen und Perser, Ägypter und Phönizier durcheinanderrufen!»

Harpagos, der vom Heckspiegel seiner Trireme aus auf mein Schiff gesprungen war, schüttelte grimmig den Kopf. Ich fing seinen Blick ein. «Wir sind verloren», grummelte er lakonisch.

Wir hatten günstige Winde entlang der Küste von Euböa, aber Eurybiades gestattete uns nicht, die Segel zu setzen. Das war eine klare Ansage unseres Oberbefehlshabers, machte ihn aber bei den Männern nicht gerade beliebter. Denn wir mussten pullen. Das praktizierten wir in unterschiedlichen Formationen, von denen keine wirklich gut aussah, andererseits war es unser erster Tag als Flotte auf See.

Unsere Späher – zumeist Männer aus Lokris, aber auch einige Ionier, die von Lesbos und Chios aus mit ihren Pentekonteren gekommen waren – hatten einige Strandabschnitte an der Westküste Euböas für uns ausgeguckt. Euböa ist eine vom Meer umgebene Fortsetzung meiner Heimat Böotien, mit fruchtbaren Böden und sandigen Stränden – fast elysische Gefilde für Griechenland südlich von Thessalien. An der Westküste locken breite Strände, die Ostküste ist dagegen zerklüfteter, und dort sind Schiffe den Ostwinden und Unwettern im Sommer ausgesetzt. Der Kanal zwischen Euböa und Böotien ist so schmal, dass es an der engsten Stelle eine Brücke gibt – ihr erinnert euch vielleicht: Dort verlor einst mein Pater sein Leben.

Wir schlugen unser Lager auf, und am nächsten Tag ließen wir die Meerenge hinter uns, jeweils zwei Schiffe gleichzeitig, und lagerten wieder.

Die Menschen aus Euböa hatten im Jahr von Marathon arg unter den Persern gelitten. Die beiden größten Städte waren erobert, die meisten Männer erschlagen oder in die Sklaverei verkauft worden. Es hatte zwar Überlegungen gegeben, dort Menschen aus Theben und Athen anzusiedeln, aber seither war nur wenig unternommen worden. Euböa ist eine Insel, halb so groß wie Attika, auf der nur Hirten leben, die sich nicht gegen die Perser gewappnet hatten. Ich bin sogar davon überzeugt, dass sie sich der drohenden Gefahr erst bewusst wurden, als wir ganze Schafherden bei ihnen kauften.

Unmittelbar danach rief Euböa seine Versammlung ein und begann, Forderungen an die vereinigte Flotte zu stellen – zu der Euböa allerdings kein einziges Schiff beigesteuert hatte.

Wir aßen das Fleisch und machten alles klar zum Ablegen. Eurybiades schickte Kimons athenisches Geschwader voraus, den ganzen Weg bis Chalkis, um die Position des Feindes zu ermitteln. Er hatte bewusst nicht Themistokles geschickt. Eurybiades und der Demokrat blieben mit ihren Schiffen immer auf einer Höhe und schlugen auch ein gemeinsames Lager auf – als Symbol der Freundschaft zwischen Athen und Sparta.

Wir trafen uns von Zeit zu Zeit, formell und informell, und besonders eines dieser informellen Treffen ist mir in Erinnerung geblieben. Ich trank gerade Wein mit Themistokles, als sich der Navarch aus Sparta ankündigen ließ. Er trug einen verblichenen roten Chiton und keine Sandalen. Sowie er eintrat, rückte ein Sklave ihm einen Hocker zurecht, den Eurybiades zunächst zögerlich beäugte, dann aber Platz nahm.

«Noch immer nichts von den Medern», sprach er.

«Wo ist Leonidas jetzt?», erkundigte sich Themistokles. Er gab dem Sklaven zu verstehen, den Spartaner mit Wein zu versorgen.

Eurybiades nahm den Becher, brachte ein Trankopfer dar und leerte den Becher dann. «Delphi ist nicht weit entfernt. Die Thebaner sind spät dran.» Er sah mich an. «Ich vermute, das überrascht Euch.» Dann lächelte er.

Der Sklave schenkte ihm von dem mit Wasser versetzten Wein nach. Eurybiades erhob sich, brachte noch ein Trankopfer dar und leerte den Becher. «Guter Wein», sagte er zu Themistokles.

«Ich hätte da eine Idee», sagte der Athener, und Eurybiades lächelte wieder.

«Noch eine Kriegslist?», fragte er mit der Herzlichkeit, die ein Vater seinem Sohn entgegenbringt.

«Hätten wir ohne List überhaupt eine Chance gegen den Großkönig?» Themistokles beugte sich vor, die Finger beider Hände zu einem Dach geformt.

Eurybiades nickte. «Ich bin bereit, jeden Trick und jede Täuschung in die Tat umzusetzen, mit der dein reger Geist aufwartet», sagte der Navarch. «Aber letzten Endes werden wir kämpfen müssen, Schiff gegen Schiff, Mann gegen Mann, ganz gleich, wie unsere Pläne aussehen. Es gibt keinen Trick, der uns dann noch helfen könnte.»

«Wie wollen wir sie dann besiegen?», fragte Themistokles. Er vergrub sein Gesicht in beiden Händen. «Ihr habt ja die Formation heute gesehen!»

«Beten wir zu den unsterblichen Göttern», sagte Eurybiades. «Mit jedem Becher Wein bete ich vor Poseidon für einen Sturm auf See.»

Ich erhob meinen Becher. Als der Sklave nachschenkte, stand ich auf und brachte Poseidon ein Trankopfer dar, der Gottheit, die den Erdboden erzittern lässt und Herr aller Pferde ist. Dann leerte ich den Becher.

Eurybiades nickte gewichtig. «Der Großkönig kann nicht von Menschenhand allein bezwungen werden.»

Themistokles verzog das Gesicht. Doch dann stand auch er auf, brachte ein Trankopfer dar und leerte den Becher. «Ich flehe die Götter nicht gern an.»

«Anflehen?», fragte der Spartaner. «Ich werde bis zum letzten Atemzug kämpfen, ganz gleich, was die Götter zu tun gedenken. Ich ersuche sie lediglich um Beistand.»

Themistokles wirkte nachdenklich, dann setzte er an, etwas zu sagen, überlegte es sich aber anders. Zum Vorschein kam sein verschlagenes Lächeln. «Und wie Ihr schon bemerktet», sagte er, «der Wein ist wirklich gut.»

Als Flotte waren wir noch schlecht, weil uns Kimon fehlte, dessen Schiffe zur Elite unserer Schlagkraft gehörten. Aber am vierten Tag, als die nördliche Spitze von Euböa in Sichtweite kam – dort liegt das Kap Artemision mit dem Tempel der Artemis, der als Wahrzeichen für Seefahrer gut zu sehen ist –, konnte unsere Flotte ganz passabel pullen, und zwar einheitlich und in Formation. Inzwischen waren wir imstande, das Speichenrad zu bilden, zwar nicht sonderlich gut, aber immerhin so, dass niemand mehr zu Schaden kam. Und zweihundertfünfzig Triremen bieten schon einen großartigen Anblick. Ich hatte mich auf die Bank am Ruder gestellt und zählte die Schiffe und nannte Hektor die Triremen mit Namen, die ich kannte, wie ein Rhapsode, der die Schiffsliste in der *Ilias* verkündet, und ich kam immer nur noch auf zweihundertfünfzig.

«Bei Lade hatten wir mehr», meinte ich.

Nikolas war inzwischen mein Rudermeister, sein Liebhaber Giorgos war mein Steuermann. Beide bildeten sie nach und nach Hektor und Hipponax zu Unterbefehlshabern aus. Allmählich wuchsen die Jungen zu Männern heran. Ich dachte in jenen Tagen viel über meinen Sohn nach, da wir irgendwo vor der Küste Thrakiens auf die feindliche Flotte stoßen würden. Dort vermutete ich auch Dagon, meinen Erzfeind. Dort hielt sich wahrscheinlich Archilogos von Ephesos auf, und auf seinem Schiff diente womöglich Briseis' Sohn, der ebenfalls mein Sohn war. Heraklit schätzte ich auf siebzehn Jahre, wenn meine Berechnungen stimmten.

Wirklich, ich liebe die Götter, aber manchmal denke ich, dass sie in der Tragödie des Menschen zu viel Unterhaltung finden – ja, die Mahle der Götter werden gewürzt mit den Ungerechtigkeiten und der Widersinnigkeit des Lebens, für die wir Menschen allein verantwortlich sind. Aus der Tiefe meines Herzens betete ich zu Poseidon und bat ihn um einen Sturm, aber im nächsten Gebet an Zeus, den Vater aller Götter, bat ich ihn, meine Söhne zu verschonen – mein sehnlichster Wunsch war indes, Zeus möge es ihnen ersparen, Helm gegen Helm und Schild gegen Schild kämpfen zu müssen. Und trotz all dieser Tagträumereien war ich stolz auf meinen Sohn, auch auf Hektor, der seinem Namen in voller Rüstung alle Ehre machte, war der Bursche doch bereits zwei Finger größer und breiter in den Schultern als ich.

Wir drei, Hipponax, Hektor und ich, übten immerzu an Deck des Schiffes. Vier Jahre hatte ich darauf verwendet, aus Hektor einen Krieger zu machen, Hipponax' Ausbildung hatte zwei Jahre gedauert, und die beiden waren wirklich schnell, kräftig und wendig. Von uns dreien war Hipponax gewiss der Kräftigste – wenn er den rechten Augenblick abpasste und mich mit dem Schild zurückstieß, verlor ich den Halt und ging zu Boden. Wie eine Schlange züngelte Hektors schwerer Speer hinter dem schützenden Rund des Aspis hervor. Er war unberechenbar in all seinen Bewegungen, beherrschte unterschiedliche Täuschungsmanöver: Mühelos konnte er eine Richtung vorgeben, dann jedoch urplötzlich auf der anderen Seite angreifen.

Ihr könnt mir glauben, dass ich die beiden in die besten Rüstungen steckte, die für Geld zu haben waren. Wieso auch nicht? Ich selbst trug die beste Schmiedearbeit – überall Bronze, und das für Gefechte auf See. Gut, schwimmend hätte ich mich bestimmt nicht retten können. Ich hatte einen bronzenen Helm mit beweglichen Wangenklappen und einem herrlichen Busch aus rot, schwarz und weiß gefärbtem Rosshaar – einen Helm nach athenischer Machart. Dazu trug ich einen edlen Thorax mit einer bronzenen Brustplatte und einer zweiten, die den Rücken schützte. Das Gewicht ruhte auf Schultern und Hüfte und war gut verteilt. Auch an den Oberschenkeln war ich bronzebewehrt, dazu hatte ich Beinschienen aus polierter Bronze und eigens auf mich abgestimmte Rüstungsteile für den rechten, schwertführenden Arm: Schienen für den Unter- und den Oberarm, alles verziert mit dem Symbol des Raben. Inzwischen hatte ich mir auch einen bronzenen Handschutz zugelegt, wie ihn die Etrusker tragen. Den hatte ich eigenhändig angefertigt.

Ich hatte noch nie so viel Rüstung getragen, aber ich war ja auch älter geworden, und im Alter wird man langsamer, die Muskeln schwinden allmählich, aber stetig. Und ich hatte einen Eid abgelegt. Ich will das nicht zu lange auswalzen, aber ich hatte für mich beschlossen, dass ich eine Niederlage nicht erleben würde – so beschließen es manche Krieger. Für den Ernstfall, also für den Fall eines Desasters, hatte ich meinen Platäern genau erklärt, an welchen Stränden sie auf der Flucht anlegen könnten und an welchen Stellen wir Proviant hinterlegt hatten. Ich aber würde nicht mehr da sein, um sie zu führen.

Versteht ihr, meine Freunde, ein Jahr hatte ich von Jocasta und Aristeides gelernt, was das Leben ausmacht, und fortan versuchte ich, meinen beiden jungen Gefährten möglichst viel beizubringen. Gelernt hatte ich vor allem, dass das Leben ohne einen Menschen an der Seite, ohne ein Zuhause und ohne Kinder bedeutungslos und leer ist. Ich wollte ein Leben wie Jocasta und Aristeides führen, ich wollte dieses Leben gemeinsam mit Briseis verbringen oder sterben. Das hört sich vielleicht töricht an – denn Briseis war an die tausend Stadien von der Schlacht entfernt, die uns bevorstand.

Aber in meinem Herzen wusste ich, dass dies der letzte Atemzug Griechenlands sein würde, und sollten wir verlieren, wäre alles verloren. Und falls tatsächlich alles verloren war, so hatte ich vor, eine Darbietung abzuliefern, die kein Perser so schnell vergessen würde. Auf dass die Perser wussten, wie sich die griechischen Krieger einst aufbäumten.

Deshalb die aufwendige Rüstung.

Jeden Tag übte ich mit dem ganzen Gewicht am Leib. An manchen Tagen trug ich die Rüstung von morgens bis abends, um meinen Körper auf die Herausforderungen und die eingeschränkte Bewegungsfreiheit einzustimmen. Jeden Abend vollführte ich den

Pyrrhiche in voller Montur, gemeinsam mit den Epibatai meines Geschwaders und vielen Ruderern.

Einen Tag nachdem wir die Meerenge passiert hatten, tanzten wir beim Schein des Feuers auf dem festen, feuchten Strandabschnitt, der dicht am Wasser lag. Hermogenes führte die «Roten» an, ich die «Weißen», auf meiner linken Seite waren Idomeneus und Styges, auf der rechten Ajax und Peneleos, Sohn des Empedokles, und Antimenides, Sohn des Alkaios von Milet. Auf Hermogenes' Seite standen Hipponax und Hektor, auch Teukros, Sohn des Teukros von Milet, des Weiteren Hilarion und Diocles. Wir hatten uns alle bestens ausstaffiert – alle in Rüstung, mit prächtiger Helmzier, dazu unsere besten Wurfspeere.

Myron leitete die Ruderer aus Platäa, und der alte Draco – er war damals über siebzig und pullte immer noch für sein Land – griff sich einen Speer und fing an, mit dem Schaft auf einen Stein zu schlagen.

Es hatte sich ein Dutzend Musiker eingefunden – Ka, der Anführer meiner Bogenschützen, spielte recht passabel die Diaulos, und daher hatten wir auch eine Melodie und nicht nur den stampfenden Rhythmus.

Als die Musik einsetzte, strömten die Männer hinunter zum Strand. Die Flammen der Lagerfeuer fingen sich auf unserer Bronze, und das zog die Leute an. Am Strand nehmen zweihundert Triremen etwa eine Strecke von fast sechs Stadien ein.

Wir hatten den Pyrrhiche schon an anderen Abenden getanzt und Zuschauer gehabt. Aber an jenem Abend funkelten über uns die Sterne, nur das leise Rauschen des Meeres im Hintergrund, ansonsten lag in der Luft eine magische Stille. In dieser Stille entlockte Ka der Diaulos die erste zarte Melodie.

Wir hatten zwar meinen Pyrrhiche nach spartanischem Vorbild eingeübt, mit all den neuen Bewegungsabläufen und Taktiken, aber an jenem Abend führten wir den alten Tanz aus Platäa auf. Der ist nämlich nicht so kompliziert. Bei der Eröffnung bilden alle Tänzer eine kleine Phalanx – oder eine große, je nach Teilnehmerzahl – acht Glieder tief und so breit, wie der Platz es zulässt. An jenem Abend hatten wir zwei Gruppen von je vierundsechzig Mann: acht Glieder tief, acht Mann pro Reihe. Zusammengefunden hatten sich die Epibatai von meinen elf Schiffen und die meisten der Befehlshaber, daher befanden sich auch Kämpfer wie Dareios, Paramanos und Gelon in den Formationen.

Die beiden Gruppen begannen an den gegenüberliegenden Seiten der Tanzfläche. Wir marschierten zum Rhythmus, den Draco mit seinem Speer vorgab, bis die vorderste Linie meiner «Weißen» fast mit der vordersten Linie von Hermogenes' «Roten» kollidierte, und dann machten wir kehrt – alle zugleich – und wandten uns der Zuschauermenge zu, und all unsere Speere schossen in die Höhe wie eine Schar eherne Vögel, die beim Mondschein aufsteigen. Unseren Kehlen entrang sich ein Kriegsruf.

Viele in der Menge wichen einen Schritt zurück.

In diesem Moment sah ich, wie Alexandros unter seinem korinthischen Helm lächelte, und erkannte erst mit Verzögerung, dass es sich bei dem Platäer an seiner Schulter um niemanden anders als Aristeides den Gerechten handelte. Fast wäre ich vor Freude aus dem Takt gekommen.

Dann wandten wir uns gemeinsam nach rechts, dann nach links. Wir knieten hinter den Schilden, sprangen wieder auf, stießen mit den Speeren erst tief, dann hoch zu.

Die Klänge der Diaulos setzten wieder ein, vier weitere Instrumente erklangen – sie spielten eine stürmische Melodie, bei der einem das Blut in den Adern gefror oder zum Kochen gebracht wurde, je nach Einstellung, denke ich. Wir hatten uns wieder der Menge zugewandt, standen uns dann erneut in zwei Phalangen gegenüber, Rot gegen Weiß, ehe jede kleine Taxis zurückwich.

Danach begann der eigentliche Tanz. Zunächst stürmten die

Roten vor und stießen auf die Weißen, Speerspitzen zuckten vor, zielten hoch und wurden auf den Schilden abgelenkt, ehe wir Roten zurückgedrängt wurden – gleichzeitig wechselten die Kämpfer aus der vordersten Linie in die zweite und wurden sofort durch frische Männer ersetzt, die sich dem nächsten Angriff stellten. Diesen Ablauf muss man lange üben: Jeder Mann in vorderster Linie dreht sich sozusagen auf dem Absatz und schlüpft zwischen zwei Hintermännern hindurch. Danach waren die Weißen am Zuge, kamen tänzelnd vorwärts, die Speere über den Schilden, und schließlich wehrten wir sie ab und drängten sie zurück.

Wir griffen abermals an, diesmal ließen wir die Speere niedrig vorzucken und stießen schräg nach oben zu. Jetzt wechselten die Weißen die Männer vorn aus.

Noch einmal wurde unser Vorstoß abgewehrt, noch einmal gingen die Weißen zum Gegenangriff über.

Unterdessen hatten die Zuschauer am Strand begonnen, den Paian des Apollon anzustimmen. An jenem Abend standen an die vierzigtausend Griechen am Strand.

Schließlich trennten sich beide Gruppen voneinander und fanden auf einer Höhe zusammen, um erneut eine breite Phalanx zu bilden. Inzwischen hatten die älteren Platäer weiter nördlich den Strand für uns freigemacht, damit wir die Darbietung nach alter Sitte beenden konnten. Die Weißen schnellten alle zugleich zwei Schritte vor und schleuderten ihre Speere, machten kehrt, rannten nach hinten und zogen die Schwerter. Nun warfen alle Reihen in rascher Folge ihre Speere, und zwar die schweren Speere, sodass auf dem Strand ein Wald aus Speerschäften entstand.

Und während sich die letzten Männer hinten formierten, rückte die gesamte Phalanx acht Schritte vorwärts.

Hermogenes brüllte: «Die Raben von Platäa!»

Jeder Krieger schnellte einen weiteren Schritt vor.

Und der Tanz war zu Ende.

Ich habe diesen Tanz seit meinem dreizehnten Lebensjahr vollführt, über mehr als zwanzig Jahre also, aber an jenem Abend in Euböa führten wir den Pyrrhiche für Menschen und Götter gleichermaßen auf.

Sehr viel später, als andere schon schliefen, schlenderte ich über den Strand. Bald stieß ich auf Eurybiades, der bei seinen Wachtposten vorbeischaute, und bot ihm Wein aus meinem Ziegenbalg an.

Er brachte ein Trankopfer dar. «Meine größte Angst ist», sprach er und deutete auf zwei junge Kämpfer auf der Landzunge, «dass wir ganz Griechenland in einem Augenblick der Unachtsamkeit verlieren. Und dass die Phönizier über uns herfallen wie Wölfe bei Anbruch der Dämmerung.»

Er nahm einen langen Schluck und reichte mir den Schlauch zurück. «Poseidon hat bei dem Pyrrhiche zugesehen», sagte er anerkennend und nickte mir knapp zu. «Wünsche eine gute Nacht.»

Am nächsten Tag legten wir in besserer Ordnung vom Strand ab und hielten uns weiter nördlich. Da wir uns eine ganze Reihe Strände vor Kap Artemision als Stützpunkte gesichert hatten, brachte Themistokles die Flotte in jene Gewässer, wo Leonidas uns kämpfen sehen wollte. Einfache Konzepte wie dieses bilden das Rückgrat der Strategie. Es war wirklich ein gutes Vorhaben – denn als Flotte übten wir sozusagen genau dort, wo wir zu kämpfen beabsichtigten. Zwei Tage lang hatten wir Zeit, uns die Untiefen einzuprägen und mögliche Anlegeplätze nördlich und südlich der Meerenge auszukundschaften. Von da an kannten unsere Steuermänner die Strömungsverhältnisse.

Das Wetter war großartig, zumindest aus persischer Sicht. Entweder strafte Poseidon unsere Gebete mit Missachtung, oder er war anderweitig beschäftigt. Aber die Angewohnheit, Poseidon mit jedem Becher Wein zu huldigen, hatte sich in der ganzen Flotte durchgesetzt, sodass jeden Abend, wenn die Wachtposten Stellung bezogen hatten und die Lagerfeuer entzündet waren, vierzigtausend Mann jeweils die ersten Tropfen ihres Weins auf den Sand träufelten und Poseidons Namen riefen.

Unterdessen traf die Nachricht ein, dass König Leonidas den Engpass erreicht hatte, die Thermopylen, worauf Eurybiades einen Athener mit einem Spähschiff an den Strand unweit der Thermopylen beorderte, damit die Flotte und das Heer an Land stets untereinander in Kontakt blieben. Der Athener, der für diese Aufgabe vorgesehen war, hieß Abronichos, Sohn des Lysikles, der wiederum ein Gönner des Stückeschreibers Phrynichos und ein Freund von Miltiades war. Vor Artemision harrte derweil Polyas, einer unserer freiwilligen Ionier, auf einer Pentekontere aus, jederzeit bereit, bis zu den Thermopylen zu pullen, um vom Sieg oder von der Niederlage zu künden. Polyas lagerte sogar auf einer anderen Landzunge abseits von uns, um nicht im Falle eines Überraschungsangriffs in die Hände des Feindes zu geraten. Auf diese Weise konnten Heer und Flotte gemeinsam agieren, auch wenn beide Streitkräfte weit voneinander entfernt waren.

Die Nachrichtenschiffe pendelten jeden Tag hin und her, sodass wir über Leonidas' Truppenstärke informiert waren: Obwohl er nur dreihundert Spartiaten an seiner Seite hatte – ob es nun an den Festlichkeiten lag, wie Sparta es darstellte, weiß ich nicht –, unterstützten ihn weitere vierhundert Hopliten aus Theben. Hinzu kam die gesamte Phalanx aus Thespeia mit fast zweitausend Mann, darunter an die hundert Veteranen von Marathon unter der Führung meines Schwagers Antigonos. Nicht zu vergessen die zweitausend Krieger aus Phokaia und weitere zweitausend Mann aus Lokris.

Leonidas verfügte daher über weniger als sechstausend Hopliten, wohingegen wir beinahe fünfzigtausend Mann in der Flotte hatten. Doch diese Kräfteverteilung erschien den Männern, die den Schlachtplan der Verbündeten entworfen hatten, vernünftig. Denn wir alle fürchteten einen plötzlichen Vorstoß der Phönizier innerhalb des persischen Flottenaufgebots: Truppenlandungen auf der Peloponnes oder in Attika. Das hätte all unsere Pläne über den Haufen geworfen. Andererseits fürchteten wir uns vor Xerxes' Heer, das aufgrund von Gerüchten bis zu eine Million Krieger umfasste. Trotz all der Befürchtungen ahnten wir, dass ein solches Heer nur langsam vorankommen würde. Zumindest wussten wir, wie langsam ein griechisches Heer war, und wie schlecht organisiert. Wir gingen davon aus, dass wir Xerxes nur noch ein paar Monate hinzuhalten brauchten, da er spät im Jahr losmarschiert war, kurz vor der Erntezeit. Unserer Einschätzung gemäß würde er uns erst in einem Monat oder in zwei Monaten erreichen. Da man also nicht sofort mit dem Heer rechnete, veranstalteten die Griechen die Olympischen Spiele, und selbst Athen entsandte eine größere Abteilung. Und Sparta richtete das Augenmerk nicht auf den Krieg, sondern auf seine Festlichkeiten, auf die großen Karneien zu Ehren Apollons.

Also wartete die Flotte auf das Erscheinen der persischen Geschwader.

Gleichzeitig bereitete sich Leonidas darauf vor, den hundertfünfzig Fuß breiten Engpass an den Thermopylen zu halten, bis das Hauptheer käme und Leonidas die Art von Schlacht führen könnte, die alle Spartiaten herbeisehnten, um zu zeigen, wer des Kämpfens würdig war.

Schließlich kehrte Kimon mit seinem Geschwader von der Spähfahrt entlang der Küste Thrakiens zurück. Niemand hatte die persische Flotte gesichtet, aber man hatte Kontakt zu Flüchtlingen aufgenommen, die vor dem Heer des Großkönigs geflohen waren. Diese Männer wiederum hatten mit Fischern gesprochen, die behaupteten, die Flotte des Feindes gesehen zu haben. Kimon behagte es nicht, zu lange fort zu sein – wie wir anderen so fürchtete auch er die ausgezeichneten Fertigkeiten der Phönizier auf See. So argwöhnte er, die Phönizier würden, während er vor Thrakiens Küste kreuzte, in See stechen, an ihm vorbeischlüpfen und uns angreifen. In diesem Fall, so befürchtete Kimon weiter, fehlte uns das Dutzend seiner hervorragenden Triremen, deren Mannschaften auf eine Erfahrung von über zehn Jahren zurückblickten.

Kimons engster Vertrauter jener Tage war Lykomedes, Sohn des Aischreas, der einst einer der Befehlshaber seines Vaters Miltiades gewesen war. Lykomedes stattete uns am fünften Tag des Ausharrens vor Artemision einen Besuch ab.

Als ich ihn kommen sah, packte ich einen Speer und eilte zu dem aufgespannten Segeltuch, unter dem Eurybiades saß. All die Navarchen versammelten sich, wir alle warteten voller Ungeduld auf Nachrichten.

Der junge Athener – er war jedenfalls jünger als ich – verneinte eine Frage, die ich nicht gehört hatte, mit einem Kopfschütteln. «Da können wir nicht sicher sein. Wir haben sie nicht zu Gesicht bekommen. Aber wenn wir den Fischern glauben können, stachen sie erst gestern von Therma aus in See.»

Themistokles kaute am Fingernagel. «Wo sind unsere Späher? Wir haben drei Schiffe vor Skiathos.»

Lykomedes zuckte mit den Schultern. «Die Fischer sagen, dass vor Skiathos Perser und Phönizier zu sehen sind.»

Themistokles' Miene verdüsterte sich.

Doch Eurybiades geriet nicht in Panik. Trotzdem wandte er sich an einen seiner spartanischen Befehlshaber und flüsterte ihm etwas zu, worauf der Mann in der zunehmenden Dunkelheit verschwand.

«Und wie sieht es mit dem Heer an Land aus?», wollte Eurybiades wissen.

«Die Krieger brachen vor vierzehn Tagen von Therma in Thrakien auf», antwortete Lykomedes. «Ein Flüchtling aus Thessalien, ein angesehener Herr, sagte, die Perser legen hundert Stadien am Tag zurück.»

«Unmöglich!», entfuhr es Adeimantos.

Eurybiades fuhr sich mit den Fingern durch den Bart. «Das bedeutet, dass Xerxes höchstens eine Woche entfernt ist.»

Das rief einen Sturm der Entrüstung hervor.

Eurybiades achtete indes nicht auf das Murren und blickte sich in der Versammlung suchend um – ich weiß nicht, nach wem er tatsächlich gesucht hatte, aber sein Blick fiel auf mich. «Ihr Platäer seid stets bereit, in See zu stechen», sagte er.

Nun – wir versuchten es zumindest. Er brauchte ja nicht zu wissen, wie lange es an diesem Morgen gedauert hatte, bis Gelons Schiff vom Strand ablegen konnte, oder dass zwei Schiffe der Ithaker beschlossen hatten, sich meinem Geschwader anzuschließen und immer zu spät dran waren. Zuvor hatten sie bereits den Befehl des Navarchen ignoriert, die Formation für das Gefecht einzunehmen.

«Zu Diensten, Herr», sagte ich.

«Ich habe heute bereits eine Nachricht an Leonidas geschickt. Aber dies muss er sofort erfahren.»

Ich schnippte mit den Fingern, worauf Hektor an meiner Seite auftauchte. Auf mein Flüstern hin holte er zwei Wachstafeln hervor.

Eurybiades nickte mit lakonischer Zufriedenheit und diktierte rasch eine Nachricht. Nach den ersten Sätzen wandte er sich an Lykomedes: «Wäre das dann alles?»

Der junge Athener zog die Brauen hoch.

«Kimon lagert heute Abend vor Aphetai», sagte er. «Er glaubt, dass das Wetter umschlagen wird.»

«Wieso vor Aphetai?», wollte ich wissen. «Wieso nicht hier?»

Lykomedes lachte. «Ich habe ihm versprochen, es niemandem zu sagen», antwortete er und grinste durchtrieben. «Wenn man

Kurs Ost setzt, sehen die Landzungen wie ein einziger Abschnitt aus.» Er zeichnete den Küstenverlauf grob in den Sand, und ich sah, dass Artemision und Aphetai wie eine Halbinsel aussahen, wenn man zu weit nach Süd abdriftete.

Er zeigte mit dem Stock auf den Sand. «Wir haben Artemision verpasst und landeten bei Aphetai. Kimon traf als einer der Letzten ein – dann erkannte er den Irrtum und schickte mich hierher. Wir ziehen immer noch über Kallisthenes her, der voraus zu den falschen Stränden segelte.»

Das war, wie ihr noch sehen werdet, ein Fehler, der einem leicht unterlaufen konnte.

Ich glaube, ich habe schon gesagt, dass wir keine Trireme aus Euböa hatten, dafür wurden wir aber seit nunmehr fünf Tagen von den örtlichen Fischern mit ausreichend Fisch versorgt, und Eurybiades rief schließlich alle im Lager zu unserer rasch einberufenen Versammlung zusammen.

Ich ging bei Sonnenuntergang am Strand entlang. Der Himmel hatte das warme Rosa eines schönen Abends angenommen. Es gab keinerlei Anzeichen, die mein Wettergespür hätten wecken können, abgesehen vielleicht von einem schwachen Aufleuchten weitab am östlichen Horizont und einer kühlen Brise aus Ost. An der Landzunge von Artemision zogen sich Olivenhaine bis hinunter zum Strand, und plötzlich begannen alle Blätter zu rascheln, bis ein Rauschen anhob, das wie die Stimme einer Gottheit klang.

Ich begab mich wieder zur Versammlung.

Einer der älteren Fischer berichtete ziemlich stockend, da er befangen war, vor so vielen großen Herren zu sprechen. Schließlich stieß ihn ein großer, grober Kerl mit phrygischer Mütze zur Seite. «Das Wetter könnte die nächsten vier Tage ungemütlich werden, meine Herren.» Er zuckte mit den Schultern. «Oder eben auch nicht. Sturm zieht von Libya auf – und manchmal bis in die Meerenge.» Aus einem unerfindlichen Grund sah er mich an. «Falls ihr euch Sorgen macht wegen des Ankerplatzes – und das solltet ihr –, dann legt lieber bei Troizen an.»

Themistokles ließ die rechte Hand in die offene Linke klatschen. «Wir können nicht mit beiden Flanken vor Troizen ankern. Von Troizen aus können wir Leonidas nicht decken. Wir müssen hier warten!»

Adeimantos bahnte sich einen Weg durch die Menge. «Leonidas kann die Heißen Pforten nicht gegen eine Million Kämpfer halten! Wir sollten uns bis zum Isthmus von Korinth zurückziehen – jetzt, solange wir noch eine Flotte haben.»

Isokles von Ägina, der Navarch der Insel, hatte dafür nur Kopfschütteln übrig. «Wir sollten das tun, was wir immer schon getan haben – vorrücken und zuschlagen, wenn sie nicht damit rechnen, und zwar an der Küste von Thrakien.»

«Seid Ihr von Sinnen?», rief einer der Befehlshaber von der Peloponnes. «Dann umgehen sie uns und brennen unsere Höfe nieder!»

«Vierhundert Triremen können niemanden unbemerkt umgehen, Ihr Narr!»

«Zurück zum Isthmus, wo wir das Schicksal selbst in der Hand haben!»

Eurybiades schien nicht die Schultern zu straffen oder Luft zum Sprechen zu holen. Dennoch donnerte seine Stimme mit der Macht des Ares. «Zuhören!»

Die Männer standen stumm und wie betäubt da.

«Meine Herren», sprach er in die Stille, mit einer Stimme, die alle Anwesenden in ihren Bann schlug. «Die Flotte der Verbündeten benötigt Poseidons Beistand. Falls sich diese Hilfe in Gestalt eines Sturms aus Nordost zeigt, sollten wir besser nicht auf einem Strand erwischt werden, der nach Nordost weist.» Er nickte höflich in Adeimantos' Richtung. «Unsere Strategie steht fest und wird nicht länger diskutiert. Am Morgen ziehen wir uns bis Troizen zurück. Wir können in sechs Stunden wieder hier sein. Niemand darf Nachrichten nach Hause schicken oder die Flotte unter irgendwelchen Vorwänden verlassen. Arimnestos von Platäa wird meine Nachrichten König Leonidas überbringen und uns dann in Troizen treffen.»

Niemand erhob Einspruch. In jenem Moment war Griechenland weder verloren noch gerettet, aber es ist der Moment, an den ich immer denken muss, wenn die Leute sich erzählen, dass Themistokles die Meder besiegte.

Seine Nachricht, die Hektor schriftlich festhielt und die ich zehnmal durchlas, lautete wie folgt: *Xerxes hat Therma vor vierzehn Tagen verlassen und kommt schnell voran. Ich werde mich bis Troizen zurückziehen, auf dass die Götter uns erretten mögen, wenn ihnen der Sinn danach steht.*

Eine Meerenge bei Nacht zu durchqueren ist nie einfach. Der Wind frischte leicht auf, aber ich verzichtete auf Segel, sodass meine Ruderer noch mehr Praxis bekamen. Ich überließ Paramanos das Kommando über mein kleines Geschwader, da er die meiste Erfahrung hatte, mehr noch als Demetrios, Aristeides' Steuermann.

Wie dem auch sei, wir pullten durch die Meerenge, die wir «Hundebein» nennen. Von der offenen See und der Küste von Thessalien aus verläuft sie westlich, ehe sie nach Süden abknickt und dem Küstenverlauf von Euböa folgt, bis man schließlich zur Küste Attikas gelangt.

Am westlichen Ende dieses «Hundebeins» gibt es eine weite Bucht, an der die Thermopylen liegen – die sogenannten Heißen Pforten, wo das heiße Wasser aus dem Erdboden sprudelt und sich in flachen Becken sammelt – diese Pforten wurden von den Bergen geformt und reichen fast bis zum Meer. Schon oft war dieser Engpass mit Mauern versehen worden, um Eindringlinge von Thessalien und Thrakien aufzuhalten, mit mehr oder weniger Erfolg.

Wir erreichten jene Bucht im frühen Licht des Morgens, und ich will nicht so tun, als wäre ich nicht äußerst erleichtert gewesen, die Strecke ohne Kollisionen mit Felsen zurückgelegt zu haben. Eine leichte Brandung spülte über den Strand, als wir mit der *Lydia* Heck voraus anlegten – das mochte der Vorgeschmack auf den Ostwind sein, der vom Hellespont und entlang der Küste Thrakiens wehte. Es ist mir ein wenig unangenehm, wenn ich bekenne, dass ich nicht am Ruder stand, wo eigentlich mein Platz gewesen wäre. Ich war mittschiffs und schiss vor Erleichterung angesichts der erfolgreichen nächtlichen Navigation, als wir auf einen Fels liefen.

Wir hatten nicht viel Fahrt, aber das Wasser drang unerbittlich ein. Das Leck war hässlich, ich sah sofort, wo die Planken geborsten waren.

Natürlich bestand keine Gefahr, dass wir kentern würden, da wir uns in vier Fuß tiefem Wasser befanden, nur ein halbes Stadion entfernt von einem wundervollen Strand. Es war ein Unfall, ein Missgeschick, aber ich ärgerte mich trotzdem.

Wir brachten das Schiff an Land und pullten wie Helden, um das Gewicht des eindringenden Wassers zu überwinden und die Planken am Kiel zu schonen. Dann sprangen meine Ruderer über die Bordwände und zogen die *Lydia* auf den Strand. Es sah nicht so schlimm aus wie befürchtet, aber am Kielgang waren zwei Planken geborsten, eine dritte war angebrochen. Den Göttern sei Dank, aber aus irgendeinem Grund hatte ich noch nicht das illyrische Holz und das Pech verkauft. Ich hatte es für den Notfall aufbewahrt und die Fracht auf die Schiffe meines Geschwaders verteilt. Ehe ich also den Strand hinauf ins Lager der Griechen ging, hielten Hermogenes und Styges bereits Äxte in Händen und ließen sich von zwei Dutzend willigen Bauern aus Platäa beraten.

Ich hatte Hektor und Hipponax an meiner Seite, als ich den Strand verließ und bald auf die Überreste der uralten Verteidigungsmauer stieß. Dort gebot uns ein wachsamer Korinther in voller Rüstung Einhalt und fragte nach unserem Begehr. Das gefiel mir im gleichen Maße, wie der Fels mich erzürnt hatte, und so nannte ich lautstark meinen Namen und den Grund meines Kommens.

Ich sah, wie der Korinther einen Jungen zu einem höheren Befehlshaber losschickte. Dann beugte er sich oben ein wenig über die Mauerreste. «Tut mir leid, Platäer. Aber der König hat den Befehl gegeben, niemanden hereinzulassen, bis zum Tagesanbruch.»

Ich deutete auf den Himmel.

Der Korinther sah mich aus verengten Augen an. «Seid Ihr nicht der berüchtigte Pirat?», fragte er.

Sicher, in Korinth galt ich wohl als berüchtigter Pirat.

«Ja, früher war ich Pirat», erwiderte ich. «Ihr spielt auf das korinthische Schiff an, nicht wahr? Ich habe es am Flussufer in Ägypten entdeckt, wo die Einheimischen bereits die Planken plünderten, um daraus Feuerholz zu machen.»

«Ach, wirklich?» Er beugte sich wieder drohend vor. «Mir ist zu Ohren gekommen, Ihr hättet alle Ruderer und Befehlshaber erschlagen und das Schiff nach Zypern gebracht.»

Was sollte ich zu solchen Anschuldigungen sagen? «Glaubt, was Ihr wollt. All meine Männer werden meine Version bestätigen, und ich könnte Priester aus Ägypten bemühen, die schwören würden, dass ich recht habe.»

Der Krieger gab sich offenbar damit zufrieden. «Gewiss, es könnten auch Lügen und üble Nachrede sein», brummte er in seinen Bart.

«Genau. Womit könnte ich Euch überzeugen?», fragte ich.

Hinter ihm tauchte jemand auf und sprach im Flüsterton. Eine Leiter wurde heruntergelassen.

Ich klettere Sprosse für Sprosse hinauf und musste mich oben von dem Korinther mustern lassen. «Nun, Ihr seht nicht aus wie jemand, der eine ganze Mannschaft für ein Schiff niedermetzelt.»

Der Mann hinter ihm auf der Mauer war niemand Geringeres als der König von Sparta. Trotz des Schlafmangels sah er gut aus, trug sein Haar lang, hatte den Bart geölt. Er nickte dem Korinther zu. «Worüber streitet ihr beiden euch so hitzig?», erkundigte er sich.

«Es geht um eine Rechtsangelegenheit in Korinth», antwortete ich.

Der König von Sparta lachte. «Ja, ihr könnt nur Griechen sein!», rief er. «Xerxes ist auf dem Marsch, und wir erörtern noch irgendwelche Fälle vor Gericht!»

«Xerxes ist nicht mehr weit entfernt», sagte ich und reichte dem König die Wachstafeln.

Er nahm sie mit ernster Miene entgegen. «Das war meine Vermutung, als meine Wachen Euer Schiff ankündigten», sprach er. «Niemand sendet eine Trireme bei Nacht, wenn er gute Nachrichten zu überbringen hat.»

An jenem Tag, während sich die Flotte der Verbündeten auf Verdacht hin zurückzog, falls ein Unwetter aufzog, reparierten wir die *Lydia*. Wir trockneten den Rumpf im Sonnenlicht, was dem Schiff zugutekam, und Hermogenes beaufsichtigte die selbsternannten Zimmerleute meiner Heimat. Wir hatten zwar gutes Werkzeug dabei, aber kein Querbeil, doch dann brachten uns die Männer aus Lokris eines, gepriesen seien sie.

Während meine Gefährten mit den Ausbesserungen beschäftigt waren, machte ich einen Rundgang im Lager der Griechen. In vielen Abteilungen kannte ich Männer, und auf diese Weise hörte ich Neuigkeiten von den Olympischen Spielen. Später saß ich mit Antigonos bei einem Becher Wein zusammen.

Wir tranken, redeten über die Arbeit auf den Höfen und Feldern und über Rechtsangelegenheiten.

Als wir seine Nachbarn so stark langweilten, dass sie uns freiwillig allein ließen, beugte er sich zu mir vor – wir lagen im trockenen Gras hinter seinem Zelt. «Kann die Flotte dem Ansturm standhalten?», fragte er.

Ich nickte. «Wir werden jeden Tag ein wenig besser. Wir haben gute Befehlshaber und tüchtige Ruderer. Wenn die Spiele enden, bekommen wir Verstärkung in Form von fünfzig weiteren Schiffen.» Ich stützte mich auf dem Ellbogen ab. «Wir können die Meder ein paar Tage aufhalten. Mehr brauchen wir nicht.»

«Und was hat es mit dem Unwetter auf sich?», fragte Antigonos. «Jeder erbittet einen Sturm von Poseidon.»

Ich kann mich noch gut erinnern, dass ich gleichgültig mit den Schultern zuckte. Recht pietätlos deutete ich mit ausgestrecktem Arm auf die blaue See und den wolkenlosen östlichen Horizont. «Die Flotte sucht einen Ankerplatz, auf der Flucht vor Poseidons Zorn», sagte ich nicht ohne Spott in der Stimme. «Schon morgen werden wir sicher wieder zu unserem Posten bei Artemision zurückkehren.»

«Ein Zeichen der Götter würde uns alle ermuntern», sagte er. Er trank recht passablen Wein aus einer Feldflasche und reichte sie mir. «Abgesehen von der direkten Teilnahme der Olympioniken, werden wir einfach dagegenhalten müssen und kämpfen. Bist du gut in Mathematik?»

Ich musste lachen. «Einigermaßen. In Geometrie bin ich ganz gut.»

«Gut», meinte Antigonos. «Dann zu dieser Berechnung. Wir haben hier sechstausend Hopliten, und Xerxes bietet eine Million auf. Wie viele müsste ich töten?»

«Ungefähr zweihundert, oder?», antwortete ich.

Er pfiff leise durch die Zähne und suchte meinen Blick. «Wenn ich hier falle, dann sag Penelope, dass sie – alles für mich war, was ich mir von einer Ehefrau erhoffen durfte.»

Es war mir unangenehm, als Antigonos von der Liebe zu meiner Schwester sprach, auch wenn ich ihn stets in Ehren hielt. Daher schlug ich ihm nur kameradschaftlich auf die Schulter. «Sag ihr das selbst», meinte ich. «Ich könnte es nicht über die Lippen bringen, ohne spöttisch zu klingen.»

«Also gut. Dann werde ich am Leben bleiben, um dich zu ärgern.» Wir lachten beide.

Als wir uns den dritten Becher Wein teilten – mit Wasser versetzt, so ist der Krieg –, kam Unruhe in die Wachen auf der alten Mauer. Einige Männer aus Theben hatten weitere Palisaden errichtet, hielten aber nun in der Arbeit inne. Am Eingang zum Engpass waren Heloten damit beschäftigt, Gras für die Nachtlager ihrer Herren zu schneiden, am Hang einer kleineren Anhöhe, an die zwei Felder grenzten. Jetzt lugten die Köpfe der Heloten aus dem hohen Gras, wie aufgeschreckte Tiere, die Gefahr wittern.

Antigonos und ich machten uns auf den Weg zur Mauer.

Weiter östlich war eine Staubwolke zu erkennen.

Ich weiß noch, dass ich meine Augen mit einer Hand gegen die Sonne abschirmte – der Hekatombaion kann ein harter Monat für das Augenlicht sein. Mir entging nicht, dass Hermogenes unten am Strand ebenfalls in Richtung der Staubwolke spähte.

Alle Griechen hielten nun inne und schauten nach Osten.

Die Staubwolke war wie ein Vorbote einer ungeheuren Gewitterfront. Sie verschwamm in meinem Blickfeld, flimmerte in der Hitze. Mein erster Gedanke war, dass uns Poseidon tatsächlich einen Sturm gesandt hatte.

Plötzlich kam ein Windstoß von Ost, der Kühle mitbrachte, und all die Zelte und aufgespannten Segeltücher flatterten.

Inzwischen hatten sich meine Augen auf die Ausmaße dieser Staubwolke eingestellt.

Die Männer aus Tegea standen auf der Ebene, die Waffen zur Hand, und mit einem Mal rannten die Heloten los – mit dem geschnittenen Gras, das sie holen sollten.

Als der Wind erneut auffrischte, verschwanden die ersten Ausläufer der Staubwolke einen kurzen Moment, und ich sah, wie sich das Sonnenlicht auf Stahl und Bronze brach.

Demnach sah ich nicht den aufziehenden Sturm des Poseidon, sondern die vorrückende Streitmacht des Großkönigs. Und all seine Krieger wirbelten eine Wolke gewaltigen Ausmaßes auf, sodass es so aussah, als wäre der Horizont eine einzige Gewitterfront.

Unterhalb von meiner Position, auf der Ebene, preschten etwa hundert persische Reiter verächtlich an den Männern aus Tegea vorbei und schossen mit Pfeilen auf die fliehenden Heloten. Ich konnte nicht sagen, ob es Perser, Meder oder die gefürchteten sakischen Bogenschützen waren, aber sie donnerten wie Kentauren heran und schossen wie Apollon. Zwei Heloten fielen zu Boden, ehe sie wie zappelnde Fische mit Speeren durchbohrt wurden.

Die Kämpfer aus Tegea rückten zusammen – bildeten ein kleines rundes Bollwerk gegen diesen Ansturm.

Derweil rauschten die persischen Reiter in gestrecktem Galopp heran, doch die Heloten hatten sich ins Gebüsch gerettet oder waren hinter Staubschlieren verschwunden.

Ich sah, wie Ka und sechs Numider unten ihre Bogen spannten.

Sie schossen.

Es ist sehr schwer, jemanden auf große Distanz zu treffen. Pfeile, insbesondere die leichten Pfeile, die viele Meisterschützen bei sich tragen, können eine Strecke von zweihundert Schritten überwinden, einige fliegen dreihundert Schritte weit, aber diese leichten Pfeile sind anfällig für Wind. Gerade bewegliche Ziele sind kaum zu treffen, da ein galoppierendes Pferd zehn Längen hinter sich gelassen hat, wenn der Pfeil zweihundert Schritte weit geflogen ist.

Daher erreichten uns die vorderen Reiter ungehindert.

Doch irgendwo in der Mitte der Reitereinheit wurden plötzlich zwei Reiter von ihren Pferden gerissen, ein weiteres Pferd stieß einen Schmerzensschrei aus und warf seinen Reiter ab. Daraufhin stoben die persischen Reiter auseinander wie ein Schwarm Hornissen, die von Jungen mit Steinen beworfen werden.

Die Heloten sprangen aus ihrem Versteck und rannten zur antiken Mauer, und die Wachen – allesamt Männer aus Mantineia – erwiesen sich als Helden, formierten sich unterhalb der Mauer und gaben den Heloten Schutz.

Meine Seeleute und Epibatai hatten sich ebenfalls formiert und waren bereit vorzurücken, an ihrer Spitze Hermogenes, der das Querbeil wie eine mächtige Waffe emporgereckt hatte.

Kas Bogenschützen brachten eine weitere Salve auf den Weg.

Alle bewaffneten Griechen auf der Ebene vor der Mauer stürmten nun den persischen Reitern im Laufschritt entgegen, so, wie sie es bei Marathon getan hatten. Noch ein Perser stürzte vom Pferd, und als jemand auf unserer Seite ein Schwert über dem Haupt schwang, machten die Reiter kehrt.

Berittene Schützen sind ständig in Bewegung, da sie immer versuchen, den Gegner aus einer passenden Position heraus mit Pfeilen zu spicken. Aber an jenem Tag, als die Reiter flohen, hatten die Griechen den Sieg davongetragen. Zwei Heloten lagen in ihrem Blut, drei Perser waren in den Hades hinabgefahren.

Die Ironie an diesem kleinen Sieg war, dass ein paar numidische Bogenschützen den Ausschlag gaben, aber wir wollen das nicht zerreden. Die Männer aus Tegea und Mantineia und die Ruderer aus Platäa trafen auf der Ebene aufeinander, klopften sich gegenseitig auf die Schultern und marschierten dann in Richtung Engpass wie Helden aus der *Ilias*. Die persischen Reiter eilten geradewegs zurück bis zu Xerxes.

Der Großkönig lagerte jenseits der Ebene bei Trachis, denn dort gab es genug Platz, um ein Lager für das Heer aufzuschlagen.

Antigonos und ich hatten uns heiser geschrien, wie Zuschauer bei den Olympischen Spielen. Wir jubelten unseren Hopliten zu, mehr konnten wir auch nicht tun, da wir auf dem Mauerabschnitt zu weit vom Geschehen entfernt waren. Es hätte nichts genutzt, wenn wir zu unseren Rüstungen geeilt wären. Doch als die Perser flohen, jubelten wir wie alle anderen auch.

Als die Männer aus Mantineia zurückkehrten, sahen wir, dass sie einen Gefangenen in ihrer Mitte hatten. Es handelte sich um den Reiter, dessen Pferd sich im Pfeilhagel aufgebäumt hatte – der Mann hatte das Bewusstsein verloren, als er mit dem Helm auf dem Boden aufgeschlagen war.

Ich stieg über die Leiter wieder hinunter, um beim Übersetzen zu helfen. König Leonidas war zu edelmütig, um einen Gefangenen ins Verhör zu nehmen, aber die anderen Griechen scharten sich natürlich um die Männer aus Mantineia. Der Perser war noch ganz benommen von dem Sturz, und als wir ihm die tiefe Delle auf seinem spitz zulaufenden Bronzehelm zeigten, erschauerte er.

«Bist du ein Perser?», fragte ich ihn.

Er schaute erschrocken zu mir auf. «Ich bin Hyperanthes, Sohn des Hydarnes, des Freundes des Königs!», antwortete er unumwunden. «Ihr sprecht hervorragend Persisch!»

«Ich bin Arimnestos von Platäa.»

«Oh, der Botschafter! Mardonios sagte, Ihr wärt tot!» Der junge Mann schüttelte den Kopf, stützte ihn dann jedoch auf die Hände.

Ich gab ihm einen Schluck Wasser. «Du brauchst keine Angst zu haben. Wenn du dich besser fühlst, werden wir dich zu deinen Leuten zurückschicken, denn so hat es der König befohlen. König Leonidas möchte dem Großkönig zeigen, dass wir Griechen uns gemäß den Gesetzen der Götter verhalten.»

Die Miene des jungen Mannes hellte sich deutlich auf. Womöglich hatte er befürchtet, wir würden ihn foltern oder erschlagen oder aufessen – wer vermochte schon zu sagen, welche Lügen die Perser über uns verbreiteten? Gewiss, auch wir streuten Lügen über die Perser.

Wir standen auf der kleinen Anhöhe hinter der alten Mauer,

denn von dort hatte man den besten Blick auf den Feind. Der Perser wollte sich erheben.

«Hinsetzen!», sagte ich. «Wenn du dich besser fühlst – wenn dein Heer nicht mehr marschiert ...» Ich deutete auf die Staubwolke in der Ferne.

Er lachte. «Ihr denkt, das ist das Heer?», rief er aus. «Das ist die Abteilung meines Vaters – das sind die Unsterblichen. Sie marschieren an der Spitze, um das Lager zu schützen, das die Sklaven errichten. Das Heer kommt erst dahinter.»

Leonidas stieß einen kleinen Freudenruf aus, wie ein Mann, der einen Schatz entdeckt. «Das sind die Unsterblichen?»

Die Spartaner scharten sich um ihn, um einen Blick auf die Wolke zu erhaschen. Man hätte glatt meinen können, eine schöne Frau schreite über den Strand, um ein Bad zu nehmen.

Die Männer aus Tegea, Mantineia, Thespeia und Platäa sahen einander an. Dann schauten sie in Richtung der Staubwolke, die bis zu den Küsten von Asia zu schweben schien.

Bisweilen liegt eine gewisse Arroganz in der Demut einiger Menschen, insbesondere bei jenen, die für sich den Willen der Götter in Anspruch nehmen. Doch ich behaupte trotzdem, dass Poseidon mir an jenem Tag gewogen war – er sandte mir den Fels, der die Planken der *Lydia* beschädigte. Denn dank des Lecks wurde mein Schiff auf den Strand bei den Thermopylen gezogen, fünfzig Fuß oberhalb des Wasserspiegels, als das Unwetter losbrach.

Wären wir auf See gewesen, hätten wir diesen Sturm womöglich nicht überstanden. Doch er blies aus Ost über das erste «Bein» der Meerenge und traf auf den Strand bei den Thermopylen mit so starken Böen, dass die Wellen mannshoch schäumten. Der Engpass, der ohnehin nirgends besonders breit ist, wurde aufgrund des eindringenden Wassers stellenweise so schmal, dass höchstens noch ein Fuhrwerk hindurchgepasst hätte.

Am ersten Abend, als der Sturm losbrach, ging ich zum Bug meines Schiffes und schaute zu, wie die Wellen an Land rollten. Der Sturm hatte uns ohne große Vorboten überrascht, abgesehen von den eigenartigen, kühlen Windstößen, und so stand ich in der Dunkelheit und pries die Fischer von Artemision, auch Kimon, der diese Gewässer besser kannte als jeder andere.

Hermogenes gesellte sich zu mir und stand neben mir in der Dunkelheit.

Der Wind zerrte zunächst an meinem Chlamys, aber dann riss er mir das Kleidungsstück von den Schultern, als die Fibel nachgab. Hermogenes musste sich strecken, um den Mantel aufzufangen, sonst wäre er fortgeweht worden.

Eine Welle brach sich zu unseren Füßen, und das Wasser stieg bis auf sechs Fuß vom Rammsporn entfernt.

Hermogenes machte kehrt und lief weiter den Strand hinauf. Ich fragte mich, was ihn gepackt haben mochte, aber dann kehrte er mit einem Schlauch mit Wein aus Platäa und meinem schönen persischen Becher zurück, den mir die Königinmutter vermacht hatte. Hinter meinem Gefährten folgten meine Ruderer, stemmten sich gegen die Windböen und brachten mit Harz getränkte Fackeln und die vier großen Öllampen der *Lydia* mit, alle entzündet.

So harrten wir im Sturm auf dem Strand aus und stimmten eine Hymne auf Poseidon an. Wir waren Bauern, keine Seeleute – die meisten von uns jedenfalls –, daher priesen wir die Gottheit als Schöpfer und Zerstörer der Pferde und als die Macht, die den Erdboden zum Zittern bringt. Das heranrauschende Ungeheuer des Sturms verschluckte die meisten Worte unseres Lobgesangs, aber ich stand dort und füllte meinen goldenen Becher – Achat und Lapis und der größte Edelstein in ganz Griechenland zierten ihn – bis zum Rand mit Wein, dessen Trauben an den Hängen des Grünen Platäa gereift waren. Danach schleuderte ich diesen Kelch so weit wie irgend möglich in die tosende See. Und das alles unter einem finsteren Himmel, während am Horizont Blitze zuckten. Mein Chiton war durch und durch nass von der salzigen Gischt der Wogen und dem nun einsetzenden Regen.

Lasst mich euch etwas anvertrauen, meine Freunde.

Die Wasser bei den Thermopylen sind so flach und klar wie alle Gewässer vor den breiten Stränden in Griechenland.

Aber niemand hat je meinen goldenen Becher gefunden, und niemand hat je den Felsen erblickt, der das Leck in den Rumpf meiner Lydia *schlug.*

Nur Narren bezweifeln, dass die Götter unter uns Menschen wandeln.

Drei Tage lang wütete der Sturm vom Hellespont ganz nach Poseidons Willen – und während dieser Zeitspanne harrte das persische Heer in Sichtweite von uns aus und tat nichts. Die Spartaner hingegen waren voller Ungeduld, wie Rennpferde, die vor den Rennen bei Olympia auf ihr Geschirr beißen. Sie waren bereit zum Kämpfen, hatten mehr als genug Leibesübungen betrieben. Ich sah, wie die Spartiaten oben auf den Resten der alten Mauer saßen und ihr langes Haar bürsteten. Etliche von ihnen tanzten ihre Tänze, andere wetteiferten im Laufen – so wartete jeder auf seine Weise auf den Beginn der Schlacht.

Die Männer aus Tegea und Mantineia und die Übrigen waren sicher nicht ganz so übereifrig, aber der Umstand, dass Xerxes nichts anderes blieb, als auszuharren, erfüllte alle mit neuem Mut.

Da ich Wein mit den anderen Befehlshabern getrunken hatte, wusste ich, dass das Zaudern des Großkönigs allein auf die Unbilden des Wetters zurückzuführen war. Die Perser mussten notgedrungen darauf warten, dass die unnatürlich hohen Wellen nachließen, es sei denn, der Feind hatte im Sinn, eine Abteilung nach der anderen durch die schmalste Stelle des Passes zu schicken.

Keiner von uns wusste zu diesem Zeitpunkt, in welchem Maße die Phönizier auf See von Poseidons Macht betroffen waren, aber klar war, dass der Großkönig abwarten musste, wo seine Flotte verblieben war. Natürlich beteten wir alle, dass die feindlichen Schiffe in den Sturm geraten waren, doch ich stellte meine eigenen Vermutungen an. Uns hatte das Unwetter bei Einbruch der Dunkelheit erreicht. Weiter östlich waren die Schiffsführer der Phönizier gewiss so klug gewesen, ihre Schiffe rechtzeitig auf die Strände zu ziehen.

Uns blieb nichts anderes übrig, als zu warten. Dieselbe See, die den Engpass nahezu flutete, hinderte uns am Ablegen. Darüber hinaus mussten wir Tag und Nacht unser Schiff bewachen, da wir die *Lydia* weitab auf den Strand gezogen hatten. Als wir dort eintrafen, war es griechischer Boden gewesen, aber inzwischen handelte es sich um das Niemandsland zwischen den Feinden.

Ich blieb unermüdlich in Bewegung, schritt über den weichen Sand zum Schiff, kehrte zurück zur Mauer und zu den Kriegern und machte mich wieder auf den Weg zur *Lydia*.

Dreimal kamen die persischen Reiter in kleinen Gruppen über den Strand oder über den befestigten Weg weiter landeinwärts, um die Bodenbeschaffenheit für die Pferde zu überprüfen. Manche Reiter wagten sich gefährlich nah an die uralte Mauer, doch die Spartiaten oben winkten den Persern bloß zu.

Am dritten Tag spannte Ka die Sehne an seinem Bogen. Der Regen ließ allmählich nach, aber ich legte dem Nubier eine Hand auf die Armbeuge. «Die haben nicht einmal Bogen dabei», sagte ich.

«Es sind immer noch Späher», erwiderte Ka in scharfem Ton.

«Es ist später noch genug Zeit fürs Töten», lautete meine Antwort.

Später an jenem dritten Tag, als sich die See zurückzog, führte ich eine Abteilung von Griechen mit einem Herold und dem Gefangenen. Wir ritten bis zum äußersten Zipfel des persischen Lagers, und niemand hielt uns auf, bis wir die Straße verließen und das offene Gelände weiter nördlich erreichten. Erst da tauchten einige Reiter wie von Zauberhand auf. Sie waren in einer Senke und hinter einem Felsvorsprung verborgen gewesen. Ich wusste ja, dass die Perser ausgezeichnete Reiter waren, aber die Beschaffenheit des Geländes rief mir dies aufs Neue in Erinnerung.

Den Anführer der Abteilung erkannte ich sofort, und daher ritt ich auf den Hünen zu, der kein anderer war als Amu. Ich grüßte ihn, wir stiegen ab und umarmten einander. Eine Geste, bei der meine Gefährten erschraken.

«Wie geht es deinem Sohn?», fragte ich. «Araxa?»

«Er steht im Rang bereits höher als ich!», rief er mit der Freude eines stolzen Vaters. «Er ist bei den Leibwachen, während ich Wachdienst hier auf dem Außenposten habe. Und wer ist der junge Herr dort?»

Ich winkte den Gefangenen heran. «Er fiel uns gleich am ersten Tag in die Hände. Er scheint sich erholt zu haben, daher schicken wir ihn zurück. König Leonidas von Sparta wünscht, dass der Großkönig weiß, dass wir uns an die Gesetze des Krieges halten.»

Amu runzelte die Stirn. Dann schaute er sich um, sah die Reiter, die aus dem Lager kamen, und schüttelte den Kopf. «Es heißt, dass ihr alle als Aufständische behandelt werden sollt, nicht als Gefangene.» Er spie aus. «Denn Mardonios ist ein Narr. Das dort sind seine Männer. Am besten reitet ihr gleich wieder fort.» Er lächelte. «Ich werde sie aufhalten. Hör zu, mein Freund. Die ganze Sache hier wird hässlich ausgehen. Nimm deine Frauen und zieh woandershin – verstanden?»

Das beunruhigte mich. Ich hatte den Großkönig anders eingeschätzt und nicht damit gerechnet, dass er Griechen als Verbrecher behandeln würde – Sieg hin oder her, wir waren schließlich keine Aufständischen.

Also ritten wir schleunigst davon.

Am Abend desselben Tages verließ ich Leonidas, da ich glaubte, wieder in See stechen zu können, und da die persischen Außenposten vorrückten, je weiter sich das Wasser zurückzog. Ich wollte mein Schiff nicht an Reiterscharen verlieren.

Leonidas erwies mir die Ehre, meine Hand zu umschließen.

«Irgendwelche Nachrichten für Eurybiades?», fragte ich.

Der König zuckte mit den Schultern. «Nein – wir werden erst wissen, was zu tun ist, wenn wir ihre Bronze geschmeckt haben.»

Ich nickte in Richtung See. «Ich habe ein schnelles Schiff und eine gute Mannschaft. Ich werde ostwärts segeln, um herauszufinden, ob ich die feindliche Flotte erblicke, ehe ich südlich zu Eurybiades zurückkehre.» Ich schenkte ihm ein Lächeln. «Nur für den Fall, dass ich nicht zurückkomme.»

Er klopfte mir mit spartanischem Wohlwollen auf die Schulter, dann eilte ich zu meinem Schiff. Selbst als ich über den Heckspiegel an Bord kletterte, wagten sich persische Reiter und einige seltsam anmutende Psiloi in unsere Nähe und pirschten über den Strand.

Das Lager der Perser erstreckte sich über eine Länge von vierzig Stadien.

Das griechische Lager nahm etwas weniger als zwei Stadien in Anspruch.

24. KAPITEL

Das abgedichtete Leck hielt. Wir hatten nur noch einige Vorräte, dafür aber einen abgetrockneten Rumpf und günstige Winde. Da die *Lydia* eine Triemiola war, ließ ich die Spiere anbringen und das Hauptsegel setzen, und fort waren wir. Das griechische Heer jubelte zum Abschied.

Vom Strand bei den Thermopylen bis zum Kap Artemision ist es eine Strecke von ungefähr dreihundert Stadien – vermutlich fliegt der Rabe oder ein anderer Seevogel eine kürzere, direkte Strecke, aber Ruderer müssen über dreihundert Stadien pullen. Wir setzten über zur Küste von Euböa, ehe sich die Dunkelheit herabsenkte, um auf keine Meder zu stoßen, schlugen dort auf die Schnelle ein Lager auf und verspeisten Hammelfleisch, für das wir nicht zu zahlen brauchten. Noch vor Anbruch der Dämmerung waren wir auf den Beinen und hatten das Heck im Wasser, bevor die Rosenfinger der schönsten jungen Gottheit über den Weltenrand tänzelten. Der Westwind blieb, und so fuhren wir vor dem Wind, sobald wir die offenen Gewässer der Meerenge erreicht hatten.

Wir hatten keine zwei Parasanges zurückgelegt, bevor wir auf das erste Wrack stießen: einen Phönizier, der kieloben trieb. Die Ruderriemen hingen immer noch in den ledernen Schlingen. Das Schiff war auf See von den Wellen überrascht worden, und wir sahen die ersten Toten – aufgedunsene, schreckliche Gestalten –, die sich in den Leinen verfangen hatten oder unter Deck feststeckten.

Eine Stunde später hatten wir so viele treibende Wracks gesehen, dass es die ganze persische Flotte hätte sein können.

Meine Rudermannschaft stimmte einen Lobgesang auf Poseidon an.

Wir kamen an sechs weiteren Wracks vorbei, von denen nur die beiden letzten keine Riemen hatten – offenbar hatten sie an einem Strand gelegen und waren ins Meer gespült worden.

Das verriet mir einiges.

Wir blieben an der Südküste Thessaliens. Nördlich vom Kap Artemision stießen wir auf Kimon, beide waren wir in entgegengesetzten Richtungen unterwegs.

«Bleib am Strand von Artemision und halte Wache!», rief er mir zu.

Also steuerten wir den Strand von Artemision an und errichteten einen unserer Wachtürme auf dem Kap.

Wir waren allein, obwohl noch vor wenigen Tagen an die zweihundert Triremen hier gelegen hatten. Auf dem nördlichen Strandabschnitt lagen Treibholz und weitere Tote. Hermogenes erstellte eine Liste für den Wachdienst, und Hektor schrieb alles sauber auf Wachstafeln. Derweil hatten meine Ruderer die *Lydia* so weit aus dem Wasser gezogen, dass sie trocken lag.

Hermogenes deutete auf den Wachturm, der mich an meine Zeit mit Miltiades erinnerte. «Wie früher», meinte er.

Am nächsten Morgen legte ich mit der *Lydia* ab, sowie es hell genug war. Wir schlugen einen nördlichen Kurs ein, schwenkten unter dem Bootssegel nach Ost und blieben in der Mitte des Fahrwassers. Über unseren Häuptern harrten zwei Mann in einem kleinen Boot aus, das wir am Hauptmast befestigt hatten. Ein Trick, den ich auf Sizilien gelernt hatte.

Die See weiter nördlich war leer. Wir stießen auf eine weitere Trireme, die gekentert war. Die Riemen hingen immer noch aufgereiht nebeneinander, einige waren zertrümmert. Ich ließ beidrehen, strich mir den Bart und beschloss, das Schiff zu bergen.

Stellt euch vor, wie überrascht wir waren, als wir zwei Phönizier lebend unter dem kieloben treibenden Rumpf entdeckten. Sie hatten seit drei Tagen im Wasser ausgehalten, waren schwach wie Katzenjunge und kurz davor, für immer den Verstand zu verlieren. Für uns Griechen sind die Menschen, die Poseidon verschont hat, heilig. Daher hievten wir sie an Bord, wo sie Wasser tranken, bis ich befürchtete, ihre Bäuche würden platzen – Hermogenes war es, der ihnen das Wasser letzten Endes wegnahm, weil er dachte, die beiden würden sterben. Es vergingen Stunden, ehe die Geretteten in der Lage waren zu sprechen.

In der Zwischenzeit brachten meine Männer Taue am Schanzkleid des Phöniziers an und drehten ihn um, ehe wir an Bord der Prise mit halber Rudermannschaft das Wasser aus der Bilge schöpften. Schließlich blieb ein Dutzend Männer an Bord, um dafür zu sorgen, dass sie nicht wieder zu stark krängte. Wir hatten zwar nur dreißig Stadien vor uns, aber wir brauchten bis zum Einbruch der Dunkelheit, da wir pullen mussten, denn unser Mast lag wieder an Bord. Im Licht der untergehenden Sonne sahen wir, dass die Flotte der Verbündeten langsam die Meerenge durchquerte. Eurybiades ließ die Rudermannschaften die Formation eines gegenläufigen Halbmonds üben. Unsere Schiffe erstreckten sich über eine Distanz von fünfzehn Stadien, und trotzdem blieben noch einige Triremen in Reserve. Und sie sahen großartig aus. Ich spürte, dass ich einen Kloß im Hals hatte.

Ich wandte mich Hermogenes zu. «Es könnte uns immer noch gelingen, Bruder», sagte ich.

Er grinste. «Dort sind die Platäer!», rief er, und tatsächlich, auf der linken Flanke sahen wir zehn Schiffe in Kielformation, so sauber hintereinander, als hätte einer unserer Bauern eine Furche gezogen.

Wir dümpelten in der leichten Dünung, erreichten den Strand und waren an Land, bevor die ersten Schiffe rechts außen – es waren Athener unter Kimon – anlegten. Ich hatte die Stelle unmittelbar bei den Olivenhainen für uns auserkoren – dort gab es ausreichend

Schatten, der Strand war breiter. Kimon fluchte, doch er sprang vom Heck ins seichte Wasser, watete zu uns und umarmte mich.

«Du hast eine Prise!», rief er, und ich denke, er war neidisch, doch er gönnte es mir.

Ich verneinte mit einem Kopfschütteln. «Poseidons Prise. Der Sturm brachte sie zum Kentern. Zwei Männer haben das Unglück im Wrack überlebt.»

Allmählich scharten sich immer mehr Leute um uns. Kimon berührte mich an der Schulter, und so schritten wir über den Strand zu meinem Zelt, das gerade unter den Olivenbäumen aufgespannt wurde. Hektor reichte Kimon Wein. Wir hatten Hipponax zu Eurybiades geschickt, während sich Sittonax dazu herabließ, sich auf die Suche nach Themistokles zu begeben – er ging betont langsam, um allen zu zeigen, dass er über solchen Dingen wie Krisen oder Arbeit stand.

Letzten Endes kam Themistokles als Erster in unser kleines Lager und schloss mich in seine Arme. «Ihr beide!», rief er und meinte damit Kimon und mich. «Ich dachte schon, wir würden die Flotte nie wieder bis hierher ordern. Adeimantos droht immer noch damit, zurück zum Isthmus von Korinth zu segeln. Aber dann taucht Kimon in Sichtweite des Strands auf und berichtet, dass die Perser im Sturm gekentert sind und Griechenland gerettet ist. Und all unsere feigen Verbündeten – damit will ich sagen ...» Er nickte in Richtung von Eurybiades.

Der Spartaner, der inzwischen ebenfalls im Schatten der Bäume stand, sah mich an. «Gefangene?», wollte er wissen.

Ich entbot meinen Gruß. «Navarch, sie sind zwar Gefangene, aber wir retteten sie nach drei Tagen auf See. Für uns sind sie dadurch heilig.»

Kimon nickte ernst. Selbst Piraten haben Regeln.

Themistokles zog die Stirn kraus. «Bitte jetzt keine dieser Narreteien. Wir brauchen Informationen.»

Aller Augen wanderten zu mir. Das ist wohl der Preis, den man zahlt, wenn man einen Ruf genießt. Manchmal erwarten die Leute, dass man das Wort ergreift, Entscheidungen trifft und den großen Mann mimt.

Ich verbeugte mich vor Themistokles. «Es gibt Augenblicke, da definieren wir uns durch das, was wir tun. Wir erbaten von Poseidon, er möge uns einen Gefallen erweisen. Er antwortete uns mit der Gewalt eines schweren Sturms auf See. Soll das nun unser Dank sein, dass wir diese Männer einem scharfen Verhör unterziehen?»

Themistokles warf mir einen Blick zu, in dem nicht nur Verachtung, sondern auch Mitleid lag – offenbar gehörte ich aus seiner Sicht zu jenen Männern, die sich leicht verführen oder übertölpeln lassen. Ich weiß nicht mehr, wie ich reagiert habe, hoffentlich habe ich mich gelassen genug gezeigt.

Kimon aber nickte. «Aber Fragen dürfen wir ihnen noch stellen, oder?»

Damit schienen alle zufrieden zu sein, sogar Eurybiades, der meine Antwort anerkannt hatte. Als man die Gefangenen brachte, wies man ihnen Plätze an und reichte ihnen Wein. Sie hockten kraftlos im Schatten der Bäume.

«Könnt ihr mir sagen, was eurer Flotte widerfuhr?», fragte Kimon in ganz passablem Phönizisch.

«Sie ist zertrümmert worden», sprach der Jüngere. «Diesen Sturm konnte niemand überstehen.»

Der Ältere starrte seinen Gefährten finster an.

Doch sein Kamerad ließ sich davon nicht beeindrucken. «Was geht's mich an? Hört mich an. Die Strände waren zu schmal für die ganze Flotte, und unser Navarch ordnete an, dass die Versorgungsschiffe besonders geschützt liegen sollten. Das Heer hat in solchen Fällen den Vorrang gegenüber der Flotte. Die Schiffe von Halikarnassos und Ephesos bekamen also die landzugewandten Anlegeplätze, sodass der Rest der Flotte vor Anker liegen musste, in Reihen von etwa vierzig Schiffen, acht Reihen in jener Bucht, die wir uns ausguckten. Acht Reihen.» Seufzend schüttelte er den Kopf.

Der ältere Gefangene mied meinen Blick und schaute über meine Schulter hinweg. «Wir ankerten Bug gegen Heck. Wir sind ja schließlich keine Narren. Ich hatte sechs Ankersteine unter dem Bug, vier unter dem Heck – das waren alle Anker an Bord. Unser Schiff geriet bei den ersten Böen in Bewegung.»

Um unser Zelt herum redeten die Männer erleichtert durcheinander – oft nicht ohne hämische Freude.

Poseidon hatte die persische Flotte zerstört! Danach sah es zumindest aus.

«Wie viele Schiffe bot der Großkönig auf, als er diesen Sommer in See stach?», wollte ich wissen.

Der ältere Gefangene wiegte den Kopf hin und her, wie es die Phönizier oft tun. «Tausend? Tausendfünfhundert? Ich hatte nie Zeit, sie zu zählen.»

Ich musste schlucken.

Tausend Schiffe?

Doch die anderen Schiffsführer waren erfreut bei dieser Nachricht. Als sich abzeichnete, dass die beiden Phönizier nicht mehr sagen würden – zumindest nicht aus freien Stücken –, schickte Eurybiades seinen Boten zu Leonidas, um auch ihn in den Genuss der Nachricht kommen zu lassen. Er blieb zurückhaltend und ließ nur verlauten, Poseidon habe Xerxes' Flotte eine Niederlage beigebracht.

Doch die griechische Flotte jubelte.

Es sollte eine lange Nacht werden. Ich hörte, wie Männer damit prahlten, was sie alles den Persern angetan hätten, wenn wir auf Xerxes' Flotte gestoßen wären – es waren Männer, denen ich nur wenig Respekt entgegenbringen konnte. Ich bin ein alter Krieger. Daher weiß ich, dass niemand den Zeitpunkt liebt, wenn man dem Tod ins Auge blicken muss, und wirklich, so gut wie niemand liebt den Krieg auf Dauer. Gerade die älteren Kämpfer müssen das Spiel wohl oder übel mitspielen, um nicht als Feiglinge zu gelten, obwohl sie eigentlich lieber zu Hause bei ihren Frauen wären. All das weiß ich, aber an jenem Abend waren das Gehabe und die Prahlerei innerhalb der griechischen Flotte einfach unerträglich.

Schlimmer war noch, dass ich der Held der Stunde war. Aus irgendeinem Grund war aus meiner geborgenen Trireme eine Prise geworden, eine Eroberung, und den ganzen Abend über stolperten Männer in betrunkenem Zustand zu mir, um mir die Hand zu schütteln.

Oh, diese Narren!

Wie dem auch sei, Hermogenes war kein Narr, auch Seckla nicht oder sonst einer unserer Befehlshaber. Demetrios – er sicherte die linke Flanke unseres Geschwaders – traf als Letzter an unserem Strandabschnitt ein und behauptete, er habe Segel am östlichen Horizont gesehen.

Nach meinen Berechnungen deuteten die Wracks oder Teile von geborstenen Schiffen, die wir gesehen hatten, auf ungefähr vierzig Schiffe hin. Falls Xerxes also tatsächlich tausend Schiffe aufbot ...

Als ich mich schlafen legte, machten sich immer noch einige Männer an den Planken des geborgenen Phöniziers zu schaffen. Die Hammerschläge drangen dumpf und hohl aus dem Schiffsbauch.

Schreie und verzweifeltes Rufen rissen mich aus dem Schlaf. Ich rieb mir die Augen und befürchtete schon, die Meder wären in der Dämmerung über uns hergefallen.

Und meine Befürchtung war nicht unbegründet.

Die Sonne hatte kaum den Horizont erobert, ein roter Feuerball, der weiterhin schlechtes Wetter verhieß, doch in nördlicher und östlicher Richtung glich die See einem wogenden Wald. So weit das Auge reichte, war die Meerenge mit Masten der Feinde gespickt – bis zur Öffnung in das weite Meer.

Zusammen mit Hermogenes stieg ich hinauf zum Aussichtspunkt auf der Landzunge und sah, dass sich dort bereits Seckla und Sittonax eingefunden hatten. Giannis und Alexandros stießen von der anderen Seite zu uns, Themistokles und Eurybiades standen etwas abseits und blickten in die Ferne.

Wenige Schritte hinter Alexandros erschien Aristeides.

Viele meiner Gefährten erklommen nun den Aussichtspunkt, unter ihnen Aischylos, Phrynichos' Freund Lykomedes, des Weiteren Kimon, Gelon und Hilarion.

Einen Moment war mir, als hätten sich alle Freunde meines Lebens – alle Männer, die ich seit Lade kannte – auf der Spitze der Landzunge eingefunden. Bei Lade war eine ganze Generation ausgedünnt worden – schlimmer noch, damals war eine ganze Kultur zugrunde gegangen, eine schöne, liebgewonnene Kultur.

All meine Gefährten starrten voller Entsetzen auf die Flotte des Großkönigs.

Niemand vermochte genau zu sagen, wie viele feindliche Schiffe Poseidon vernichtet hatte, aber die Flotte, die nun von offener See in die Meerenge strömte, war drei- oder viermal so stark wie die Flotte der Verbündeten. Ich weiß nicht, wie ich es euch begreiflich machen soll, aber Xerxes' Schiffe bedeckten das Meer. Ich war bei Lade dabei gewesen. Schon damals hatte ich von den Phöniziern gehört, dass die Perser bei Lade den bis dahin größten Flottenverband aus Triremen zusammengezogen hatten.

Das mag stimmen. Fest stand aber zudem, dass in der Flotte des Großkönigs auch kleinere Schiffe Geschwader bildeten: Pentekonteren, Triakonteren, auch kleinere Schiffe vom Typ Lembos. Aber natürlich erblickten wir Triremen in so großer Zahl, dass einem schwindelte. Ich weiß noch, dass etliche meiner Gefährten kurz wegschauten und wieder hinsahen, als trauten sie ihren Augen nicht.

Eurybiades indes konnte sich von diesem Anblick nicht losreißen. Tausend Schiffe bedeuteten den Untergang Griechenlands.

Ich hörte, wie Aristeides sagte: «Jetzt wird Troja gerächt.»

Dareios, der unmittelbar neben mir stand, gluckste plötzlich. «Er hat alle Schiffe der phönizischen Küsten zusammengezogen.» Er sah mich an. «Nie war es günstiger, eine Fracht nach Ägypten zu liefern.»

Ich musste unwillkürlich lachen.

Wie schon am Abend zuvor schauten plötzlich alle mich an. Adeimantos von Korinth war soeben von der Anhöhe des Tempels zu uns gestoßen und wirkte wie benommen – um es klar zu sagen: Wir waren alle wie betäubt. Aber gerade Adeimantos zuckte zusammen, als hätte man ihm einen Schlag verpasst.

Und erneut spürte ich die Nähe der Götter. Plötzlich hatte ich die Aufmerksamkeit der hohen Befehlshaber.

Ich war nie ein großer Redner.

Aber vielleicht wisperte mir Athene ins Ohr, vielleicht auch mein Ahnherr Herakles. Daher hörte ich rasch auf zu lachen und wandte mich den Herren zu.

«Bei Poseidon», begann ich, «hat etwa einer von Euch geglaubt, es wäre ein Leichtes, den Großkönig zu bezwingen? Habt Ihr gedacht, wir könnten die größte Seemacht vor den Augen der Götter besiegen, indem wir uns nur ein paar Stadien von unseren Küsten fortbewegen, dazu größtenteils unwillig?»

Ich deutete mit meinem Speer auf die Flotte der Perser. «Dort kommen sie, meine Freunde. Poseidon hat ihnen einen heftigen Schlag versetzt. Wollen wir da zurückstehen und weniger ausrichten?»

Ich würde gern erzählen, dass alle Anwesenden in dreifaches Jubelgeschrei ausbrachen und dass wir dann gemeinsam zu den Schiffen geeilt wären, aber so war es leider nicht.

An Adeimantos von Korinth schien meine Rhetorik abzuprallen. Er straffte die Schultern und hob die Hand. «Wir müssen diesen Posten unverzüglich aufgeben, bevor wir hier alle vernichtet werden», sprach er. Als er mich ansah, entdeckte ich Verachtung in seinem Blick. «Wenn das dort draußen das Aufgebot sein soll, das vom Sturm verschont wurde, dann hat Poseidon dem Feind keinen Schaden zugefügt. Vielleicht ist es der Wille der Götter. Aber ich sage euch, selbst wenn Glück, List, Tapferkeit und taktische Manöver ein günstiges Zusammenspiel fänden, so wären wir doch nie imstande, diese Flotte zu besiegen.»

«Ich erinnere mich noch gut, dass einige Männer beim letzten Kriegsrat vor Marathon dieselben Worte fanden», sagte ich. «Und damit möchte ich nicht sagen, dass es Narren oder Feiglinge waren, Adeimantos. Sie haben sich lediglich geirrt. Wir können die Flotte immer noch besiegen.»

«Schweigt!», herrschte er mich an. «Ihr seid nichts weiter als ein Sprachrohr der Athener. Ihr seid ein Pirat, ein Schurke und ein Verbrecher und habt kein Recht, hier das Wort zu ergreifen.» Adeimantos wandte sich den anderen zu. «Er hat mehr Freunde bei den Medern als jeder von uns zusammen – er wird den Schwanz einziehen, ganz gleich, wie die Dinge laufen. Hört mich an! Wir haben verloren. Der Großkönig wird uns unter seiner Stiefelsohle zertreten wie lästige Insekten.»

Adeimantos hatte eine Grenze überschritten. Ich war kurz davor, diesem Mistkerl mit der Faust die Nase zu zertrümmern, als Eurybiades die Stimme erhob. «Ruhe jetzt!», donnerte er. «Weder Arimnestos noch Adeimantos sind von dem Bündnis zum Navarchen dieser Flotte ernannt worden», fuhr er in ruhigem Ton fort. «Sondern ich.»

Er vermochte immer noch nicht den Blick von der persischen Flotte zu wenden. Im Grunde ging es mir nicht anders, denn das Entsetzen, das einen bei dieser Zurschaustellung von Stärke packte, wollte nicht nachlassen.

«Wir werden Opfergaben darbringen. Danach werde ich eine Versammlung in meinem Zelt abhalten», sagte Eurybiades und setzte mit strengem Blick in Adeimantos' Richtung hinzu: «Höflichkeit und würdevolles Benehmen sind die wichtigsten Werkzeuge eines guten Redners.»

Die Spartaner wissen eben, wie man einem anderen einen Stich versetzt – und dann die Klinge in der Wunde dreht, um im Bild zu bleiben.

Unsere Besprechung am Kap Artemision sollte auf jener Landzunge stattfinden. Wir hatten unsere Opferhandlungen im Freien auf dem Altar vor dem Tempel der Artemis vollzogen – in Platäa hadert keiner mit der jungfräulichen Göttin, und Hermogenes hatte unser neues Schiff in weiser Voraussicht nach Artemis benannt: Seither hieß die Trireme *Jägerin*.

Wir blieben also auf der Landzunge.

Habt ihr schon einmal die Folgen eines Aufstands in den Straßen einer Stadt gesehen? Oder ein Erdbeben erlebt? Könnt ihr euch vorstellen, dass man vor Entsetzen wie gelähmt ist und den Blick nicht von all den Toten wenden kann, die nach so einer Katastrophe herumliegen?

Tausend Schiffe! Könnt ihr euch das überhaupt vorstellen?

Ich brachte ein ansehnliches Opfer dar, wie auch Aristeides. Ich musste an meine Tochter denken, die zu jener Stunde zweifellos weiter südlich bei Brauron für die Jägerin getanzt haben dürfte. Danach schaute ich Seckla bei seiner Opferhandlung zu – mein numidischer Freund war zu einem wahren Verehrer der jungfräulichen Gottheit geworden.

Jede Opferung verlief so, wie man es sich nur wünschen konnte. Die Lämmer, die wir bei den Ortsansässigen erstanden hatten, gingen willentlich und ohne ängstliches Blöken in den Tod.

Als schließlich Ajax, jener Krieger, der einst in Persien als Söldner diente, den Schnitt an der Kehle vornahm, stand Aristeides kopfschüttelnd da. «Nie sah ich so vielversprechende Vorzeichen», sagte er staunend.

Auf seinen Stock gestützt, schleppte sich Draco zu uns. Er war bei weitem der Älteste der anwesenden Platäer. «Ich habe soeben ein Lamm mit nur einem Hieb getötet», verkündete er mit seiner brüchigen Stimme und wischte sich das Blut von den Händen. «Leber und Nieren makellos.» Er zwinkerte mir zu. «So was hört man sonst nur aus dem Mund eines alten Priesters, was, Junge? Und dann denkt man, der Kerl hat sie doch nicht alle!» Er zuckte mit den Schultern.

Dann blickten wir alle wieder auf die See.

Derweil legten die Perser bei Aphetai an, auch wenn man das bei dem Dunst über dem Wasser nicht deutlich sehen konnte. Es hatte vielmehr den Anschein, als würde jener auf See wogende Wald aus Masten einfach über den Rand der Welt gleiten und entschwinden.

Aus einem anderen Winkel hielt jedoch ein starkes Geschwader auf unsere Landzunge zu. Ich kniff die Augen zusammen und zählte sechzehn Triremen in zwei Kielformationen. Die Feinde behielten ihre disziplinierte Formation bei und pullten, die Großsegel hatten sie eingeholt.

Hermogenes verdrückte ein paar Oliven. «Sind das Späher?», nuschelte er mit vollem Mund.

Paramanos stand nicht weit von uns entfernt. «Die haben den Anlegeplatz verfehlt. Schaut nur – sie waren bis eben auf der äußersten Flanke des Hauptgeschwaders, weitab auf See, und jetzt sind sie zu weit südlich abgedriftet.»

Sie mochten noch etwa dreißig Stadien entfernt sein. Meiner Einschätzung nach handelte es sich bei dem führenden Schiff um eine Trireme aus Karien. Vielleicht waren es auch Äoler oder Männer von Lesbos. Aber das war nur mein Bauchgefühl von all den Jahren auf See.

«Ob die die Seiten wechseln wollen?», fragte ich.

«Würdest du das tun?», meinte Paramanos.

Humor ist ein nützliches Gegengift bei Furcht.

Ich brauchte mich nicht groß umzuschauen, um zu wissen, dass all meine Befehlshaber in der Nähe waren. Und meine Schiffe standen bereit.

«Schnappen wir sie uns», sagte ich.

Während die Ruderer zum Strand eilten und die Schiffe ins Wasser schoben, kniete ich im Sand und entwarf meinen Plan.

Hört zu, Freunde – wenn es zum Kampf kommt, sind manche der Ansicht, ein gutes Schwert sei das Beste, andere sagen, ein guter Speer, ich aber sage, dass Freunde, Kameraden und verlässliche Befehlshaber das darstellen, was ich am meisten liebe – um es einmal mit Sapphos Versen zu sagen, leicht abgewandelt natürlich ...

«Ich habe die Absicht, die Spitze und das Ende ihrer Kielformation von beiden Seiten anzugreifen, um zu verhindern, dass es zu einem klassischen Liniengefecht kommt», sagte ich. «Paramanos wird das westliche Geschwader gegen ihre linke Flanke führen, ich komme von Osten und greife die rechte Flanke an.» Folglich teilte ich meine Schiffe in zwei Gruppen auf. Unter meiner Führung standen neben meiner *Lydia* die *Jägerin*, *Hera*, *Nemesis*, *Parthenos*, die *Hippokampos* und die *Machaira*.

Paramanos würde auf der linken Flanke das Kommando auf seiner *Rabenschwinge* übernehmen, gefolgt von der *Athene Nike*, *Andromeda*, der *Sturmbezwingerin* und der *Amastis*.

Seckla, der in meinem Geschwader ganz außen sein würde, strich sich den kurzen, krausen Bart. «Du willst also, dass wir den Kampf suchen», sinnierte er.

«Genau. Wir umschließen sie, aber in weitem Bogen.» Ich verfolgte, wie die Schiffe den Strand verließen. Für mich hatte der Kampf längst begonnen. Die Perser waren mit ihren Schiffsrümpfen klar über der Kimm, das sah man trotz der Dunstschwaden. Man konnte sogar erkennen, dass das Schiff ganz vorn in der westlichen Formation hellblau bemalt war.

Ein Laufbursche eilte zu uns über den Strand – ich erkannte auf die Entfernung, dass es nur Kimons Vetter Perikles sein konnte, unverkennbar, mit dem großen Schädel. Er rannte, als gelte es, den Lorbeerkranz bei Olympia zu gewinnen. Aus einer anderen Richtung verließ Eurybiades soeben die leichte Anhöhe, die uns von den Olivenhainen trennte.

«Sie werden mit einem Kampf Schiff gegen Schiff rechnen, und wir haben die leichteren Schiffe. Unsere Rümpfe sind trocken, unsere Mannschaften voller Tatendrang. Ich will versuchen, die Perser zu einem Rückzugsgefecht herauszufordern.»

Allerdings behielt ich für mich, was mir sonst noch im Kopf herumging, und zwar das: In einem Rückzugsgefecht würden wir schlimmstenfalls bis zu zwei Schiffe einbüßen, wir würden aber keins aufgrund von Anfängerfehlern verlieren, die unseren Ruderern in ihrem ersten Kampf unterlaufen könnten. Meine größte Befürchtung war nämlich, dass ein Freund dem anderen in die Quere kam.

Mein nächster Gedanke, den ich für mich behielt, war, dass die Götter mit uns waren, und so wollte ich ihnen die Gelegenheit geben, uns ein Omen zu liefern. Warum den Versuch starten, nur einen *kleinen* Sieg zu erringen?

Seckla nickte eifrig.

Ich sah, wie Paramanos grinste. «Du bist immer noch ein irrsinniger Bastard», meinte er. «Du hast also vor, dass von all unseren feinen Schiffen nur du und ich mit dem Bug voran angreifen.»

Ich lächelte. Eurybiades war noch zehn Schritte entfernt, während der junge Perikles auf dem Strand sozusagen die Zielgerade erreicht hatte. Meine Männer waren inzwischen alle an Bord. Die Epibatai legten ihre Brustpanzer an.

«Genau das meine ich», sagte ich leise und umschloss seine Hand mit meinen Händen.

«Weil wir es nicht verpfuschen werden.»

«Ganz recht», pflichtete ich ihm bei.

Eurybiades trat mit zwölf Befehlshabern zu uns. «Ihr habt die Absicht, sie in ein Gefecht zu verwickeln?», fragte er.

Unmittelbar darauf kam Perikles keuchend zum Stehen.

«Noch ehe Ihr die Hymne auf Athene zu Ende gesungen habt», antwortete ich auf Eurybiades' Frage.

«Mögen die Götter Euch beistehen, Platäer.» Sehr viel leiser setzte er hinzu: *«Ihr dürft nicht verlieren.»*

Mein Blick haftete auf Perikles, der mit ungewöhnlicher Ehrerbietung nickte. «Vetter Kimon lässt ausrichten, dass fünf Schiffe den Strand verlassen, bevor die Sonne einen Fingerbreit am Horizont sinkt. Außerdem soll ich Euch ausrichten», fuhr er fort, hatte aber den Anstand, verlegen den Blick zu senken, «dass Athen nicht darauf vertrauen kann, dass ein paar Bauern aus Böotien die Sache in die Hand nehmen.»

Ich musste lachen. «Komm nur und sieh zu, wie wir das machen, Junge.» Ich entbot meinen Gruß vor dem Navarchen, der in seinem scharlachroten Chiton am Rande des Strands stand und uns beobachtete.

Inzwischen waren all meine Schiffe im Wasser. Der Gezeitenwechsel stand unmittelbar bevor, bei leichtem Wind, und meine Ruderer hielten die *Lydia* genau vor der Brandung, sodass ich zum Schiff waten und an Bord steigen konnte. Der junge Perikles bekam einen nassen Chiton.

Ich eilte zum Bug. Das feindliche Geschwader hielt nach wie vor auf uns zu, keine vier Stadien entfernt. Deutlich waren bereits die Bugwellen zu erkennen. Mir kam der Gedanke, dass die

Schiffsführer womöglich doch keine Navigationsfehler gemacht hatten, sondern zu jenen tapferen Männern gehörten, die für die vereinigte Flotte der Griechen ohnehin nur Verachtung übrighatten. Womöglich wollten sie uns diese Verachtung auch spüren lassen.

Ich hatte meine eigenen Schiffe im Blick. Auf mein Zeichen hin stemmte Hektor meinen bronzebeschlagenen Schild empor, worauf die Riemenblätter meines Geschwaders ins Wasser tauchten – und zwar alle gemeinsam, sodass die untergehende Sonne die abertausend Tropfen auf den Riemenblättern aufblitzen ließ.

Von rechts aus waren wir das siebte Schiff, in der Mitte der Linie, die sich vom Strand aus abzeichnete. Paramanos war drei Pferdelängen entfernt, doch wir waren längst im Begriff, nach Ost und West auszuscheren.

Der Feind fuhr, wie gesagt, mit jeweils acht Schiffen in Kiellinie, und gerade als wir den Strand hinter uns ließen, lösten die Perser die Kielformation auf und bildeten nach und nach unter Riemenschlägen eine Gefechtslinie. Bisher vermochte ich nicht zu sagen, ob die Gegner unsere Absicht erkannt hatten oder ob sie sich nur anschickten, am Strand anzulegen.

Seckla fuhr rasch in nordöstlicher Richtung davon, und der Rest meines halben Geschwaders blieb hinter ihm und nutzte den leichten Westwind, um weiter nach Osten zu gelangen. Ich spürte, dass wir schneller auf unsere Flankenposition gelangten als Paramanos, der ebenfalls gegen die Strömungsverhältnisse ankämpfen musste.

Noch drei Stadien. In einem Gefecht auf See sieht es zunächst immer danach aus, als würde sich alles ewig hinziehen, doch dann geschieht plötzlich alles auf einmal.

Ka und seine Schützen drängten sich am Bug an mir vorbei. Jeder hatte zwei Köcher, die nun an Zapfen gehängt wurden, die vorher noch nicht zur Bootsausstattung gehört hatten.

Hipponax und die Epibatai harrten derweil auf den mittleren

Laufplanken aus. Hektor war aschfahl im Gesicht. Trotzdem grinste er mit Hipponax um die Wette. Ich sah ihre Zähne aufleuchten. Keiner der beiden wollte sich seine Furcht anmerken lassen, wie es schon bei all den jungen Männern bei der Belagerung von Troja der Fall war. Hinter den beiden jungen Kämpfern stand der korinthische Söldner Siberios, der Hektor und meinen Sohn aufmerksam betrachtete und sich offenbar amüsierte.

Ich konnte nicht weiter auf die Jungen achten. «Sobald wir zuschlagen, werden wir zum Entern übergehen», sagte ich zu Siberios. «Wir entern und halten das Schiff. Übernehmen das Kommando und zwingen die Ruderer, zum Strand zu pullen.»

Er schaute über meine Schulter hinweg zum Feind. «Ihr werdet keine Epibatai haben», meinte er.

«Lass das nur meine Sorge sein. Du wirst auf dich gestellt sein.» Mit diesen Worten schlug ich ihm auf die Schulter, und er lachte.

«Oh, was das anbelangt, ich habe ja Hektor und Achill an meiner Seite.» Er deutete mit einem Kopfnicken auf die beiden jungen Männer und hatte sichtlich seinen Spaß.

Ich begab mich mittschiffs auf die Kommandoplattform, wo das Hauptdeck beginnt und für gewöhnlich die Männer der Deckmannschaft stehen. In meiner Deckmannschaft waren alle bewaffnet. Unser Schiff war reich ausgestattet – jeder aus der Deckmannschaft trug einen Brustpanzer, Helm und Beinschienen, zu den Waffen zählten Schwert und Speer.

Der Feind war kaum mehr als ein Stadion von uns entfernt und hielt mehr oder weniger die Linienformation. Inzwischen hatten sie erkannt, dass wir nicht in friedlicher Absicht kamen. Ich sah drei Schiffe, die ich für Phönizier hielt, bei den anderen handelte es sich um ionische und äolische Schiffe – also um Griechen. Das blau bemalte Schiff wies am Bug Verzierungen auf, die mich an die Kunst aus Asia erinnerten. Ich vermutete, dass es Karier waren.

Dann fiel mein Blick auf das letzte Schiff auf der linken Flanke des Geschwaders. Rote Bemalungen über einem schmutzigen Weiß.

Dagon.

Ich war kurz davor, den eigenen Kurs zu ändern. Aber ein Navarch, der seinem eigenen Plan nicht treu bleibt, ist nur zu bedauern – selbst wenn es um Vergeltung geht, selbst wenn ein Eid unter den Augen von Apollon abgelegt wurde. Dennoch beobachtete ich jenes Schiff für die Dauer einiger Herzschläge und dachte nicht an meinen Sohn, meine Tochter, nicht an Archilogos, die eigene Sterblichkeit, ja nicht einmal an Briseis. Mein Blick galt einzig und allein dem abgrundtief bösen Karthager.

Das Geschwader voraus begann, die Formation aufzulösen.

Um all das zu verstehen, was sich von da an ereignen sollte, muss man sich vergegenwärtigen, dass man sich nur auf die Taktik und auf die Zeichen verlassen konnte, die man zuvor eingeübt hatte. Ist man einmal auf See, kann man einen Plan nicht mehr ändern. Man kann den anderen Trierarchen nicht mitteilen, dass man plötzlich eine bessere Idee hat. Wenn etwas Unvorhergesehenes geschieht, muss jeder Schiffsführer für sich überlegen, was geboten ist. In Linienformation braucht indes niemand groß nachzudenken.

Während den Persern also aufging, dass wir Feinde waren, zwangen wir sie, eine Entscheidung zu treffen. Wir hatten nicht die Absicht, uns in einer Linie Rammsporn gegen Rammsporn mit ihnen zu messen.

An einem anderen Ort und zu einer anderen Zeit hätten die Feinde womöglich einfach in unserer Mitte durchbrechen können – aber fünf Stadien hinter uns war ein Strand voller Griechen, mit Schiffen, die im Begriff waren abzulegen. Tatsächlich waren die meisten unserer Verbündeten noch nicht bereit für einen Kampf, abgesehen von Kimon und dessen Piraten, doch ihre Schiffe befanden sich zwanzig Stadien entfernt am südlichen Abschnitt des Strands.

Die meisten Schiffe, die auf uns zukamen, scherten aus und setzten auf Kampf. Zwei der acht wendeten indes und suchten ihr Heil in der Flucht.

Jetzt waren es also nicht mehr sieben auf unserer Seite gegen acht von ihnen, sondern sieben gegen sechs. Und dabei hatte das eigentliche Gefecht noch gar nicht begonnen.

An Bord der *Lydia* waren wir im Begriff, es Rammsporn gegen Rammsporn mit dem Schiff aufzunehmen, das blau bemalt war. Goldene Verzierungen stachen oberhalb der Bemalung ins Auge. Ich sah gleich, dass es sich um ein ziemlich schweres Schiff handelte – eine schöne Trireme mit dicken Kranbalken, die es darauf anlegte, meine Ruderreihen zu zerstören und meine Ruderer in den Tod zu schicken.

Ich eilte zurück zu Hermogenes. «Siehst du diese Balken dort?», rief ich.

Er sah mich finster wie Medusa an, als wolle er mich mit seinem Blick strafen – ich hatte es wohl nicht anders verdient.

Da wir eine ausgezeichnete Mannschaft hatten, waren wir erst sehr spät auf Rammgeschwindigkeit gegangen. Unser Gegner war hingegen höchstens zweitklassig – gewiss hatte die Mannschaft so nachlässig geübt wie einst die Ionier vor Lade. In der eigenen Vorstellung ragt ein Gegner zehn Fuß vor einem auf, die Wirklichkeit sieht dann aber oft ganz anders aus ...

Ka und seine Männer schossen ihre Pfeile in so rascher Folge über unserem Bug ab, dass es fast so aussah, als würden wir ein dunkles Tau von Bug zu Bug werfen.

Ich sah, wie der Steuermann des Gegners auf Steuerbord ging. Das tun Steuermänner für gewöhnlich, ehe man Bug gegen Bug fährt.

«Jetzt!», rief ich, worauf unser Rudermeister Nikolas mit seinem Stab auf die Planken hämmerte. Auf das Zeichen hin machte unser Schiff einen Satz nach vorn.

Ich gebe gern zu, dass dieses Manöver äußerst riskant war. Für gewöhnlich versuchen die Steuermänner vor dem eigentlichen Zusammenprall einen Strich vom Kurs abzuweichen, Hermogenes indes hatte die Geschwindigkeit erhöht.

Der feindliche Steuermann war noch in dem Glauben, den Kurs leicht geändert zu haben, um dann im letzten Moment wieder auf den angepeilten Kollisionskurs zu gehen, aber in diesem Fall hatte er unsere Geschwindigkeit unterschätzt. Daher prallte unser Rammsporn genau hinter dem Kranbalken gegen das Schanzkleid aus Zedernholz – ein Angriff aus sehr spitzem Winkel, der den Feind nicht sofort zum Kentern bringt, aber dafür fegte unser scharfer Bug die Ruderriemen hinweg, während meine Ruderer ihre Riemen rechtzeitig einzogen. Als die ersten Schreie von den gegnerischen Ruderbänken zu uns herüberhallten, stand Ka schon am Bug und suchte sich seine Ziele auf den Ruderdecks. Im selben Moment sprangen Hipponax und Hektor auf das gegnerische Deck ...

Ka verließ seinen Posten, eilte über die Laufplanken und schoss weiter.

Inzwischen hatte meine gepanzerte Deckmannschaft beim Gegner mittschiffs Enterdreggen an der Bordwand verankert, ehe Siberios mit den Epibatai über den Bug enterte.

Ich sah, wie mein Sohn und sein Freund Rücken an Rücken auf der Laufplanke des Feindes standen und die ersten Gegner töteten. Ein großer Mann in einer goldüberzogenen Rüstung – für wen hielt er sich, für den Großkönig persönlich? – schleuderte einen Speer, der meinen Sohn am Oberschenkel traf. Hipponax ging zu Boden, doch Hektor stand schützend über ihm.

Hermogenes packte mich am Oberarm. «Du trägst keine Rüstung. Du bist der Navarch.»

Was er sagte, stimmte beides. Aber mein Sohn lag in einer Blutlache auf dem feindlichen Deck!

All meine Epibatai waren fort. Weiter nordöstlich glitt Seckla am östlichsten Phönizier vorbei, und all meine anderen Schiffe waren schon in Gefechte verwickelt. Ich schaute nach West: Dort hatte Paramanos ein äolisches Schiff in der Mitte zertrümmert und in zwei Hälften zerschlagen. Er galt nicht umsonst als bester Steuermann des bekannten Erdkreises. Noch war keins von Kimons Schiffen in ein Gefecht verwickelt.

«Enterdreggen kappen!», brüllte ich und überließ meinen Sohn seinem Schicksal, wie es auch immer aussehen mochte.

Männer der Deckmannschaft kappten die Taue der Dreggen, die sie eben erst geworfen hatten. Andere stießen uns mit langen Stangen von der gegnerischen Bordwand ab.

Siberios tötete den Mann in der golden schimmernden Rüstung. Er hämmerte ihm mit dem Griff des Schwerts die Zahnreihen in den Schlund.

Hipponax lag zwar auf den Planken, dennoch behinderte er einen Krieger der Karier, ehe Hektor dem Feind den Speer in den offenen Helm stieß – Hektor glich einem Kater, der seine Krallen ausfährt. Immerzu ließ er die Spitze seines Speers nach vorn zucken.

Ich wollte die Wunde am Bein meines Sohnes verbinden, wollte in das Kampfgeschehen eingreifen ...

«Riemen raus!», brüllte Hermogenes und funkelte mich an.

Gut, soll er mich nur anfunkeln, dachte ich. «Rüstung!», fuhr ich den jungen Perikles an.

Er wagte nicht zu widersprechen, sondern schälte sich aus seinem bronzenen Thorax und reichte ihn mir.

Unterdessen änderte Seckla scharf den Kurs, und seine *Machaira* war tatsächlich im Begriff, wie ein Messer in die Formation der Gegner zu schneiden.

Die beiden Schiffe, die geflohen waren, hatten Segel gesetzt.

Paramanos ging mit der *Rabenschwinge* auf West, wo Harpagos Ruderreihe gegen Ruderreihe vor einem größeren Phönizier lag. Ich sah, wie die Epibatai alle Hände voll zu tun hatten.

In diesem Augenblick scherte das rote Schiff mit dem schmutzigen Weiß plötzlich vor der *Athene Nike* aus – es konnte nur Dagon sein! Jedenfalls war es ein Schiff phönizischer Bauart. Ich erinnere mich, dass ich glaubte, Dagon habe letzten Endes doch noch einen brauchbaren Steuermann gefunden. Gleichzeitig machte ich mir bewusst, dass es sich vielleicht doch nicht um meinen Erzfeind handelte ...

Aber das rot-weiße Schiff änderte so abrupt den Kurs, dass die Riemenblätter an Steuerbord tief im Wasser vergraben waren, während die *Athene Nike* vorbeirauschte und Harpagos' Gegner mittschiffs rammte. Man konnte zusehen, wie das Schiff voll Wasser lief und kenterte.

Ich weiß noch, dass ich in diesem Moment bedauerte, dass wir als Griechen andere Griechen versenkten.

Die *Lydia* ging auf West und nahm es mit einem Schiff der Karier auf, das im Augenblick keinen direkten Gegner hatte. Die feindliche Mannschaft pullte verzweifelt und kam auf Rammgeschwindigkeit, versuchte sich aber weiter abzusetzen. Sie hatten keine Chance. Den Wettstreit bei der Einleitung der Wende verloren sie klar gegen uns. Meine Ruderer an Steuerbord hatten genau zum passenden Zeitpunkt die Richtung beim Pullen gewechselt, sodass wir unmittelbar nach der Wende wieder auf Rammgeschwindigkeit gingen und den Gegner auf Höhe des Steuermanns erwischten. Wir hatten nicht genug Fahrt drauf, um den Rumpf zum Bersten zu bringen, doch unser Rammsporn hämmerte gegen das Dollbord, sodass das feindliche Schiff gefährlich krängte. Inzwischen hatten Kas Bogenschützen das Kommandodeck leergefegt. Wir kamen zum Stehen – ich hatte den Befehl zum Einholen der Riemen gegeben, um keinen zu verlieren –, und nun hob sich unser Rumpf leicht in der Dünung.

Ich eilte über die Laufplanken und sprang über die Fläche, auf der sich für gewöhnlich unsere Epibatai sammeln. Der Schirm dort aus Weidengeflecht war noch von dem Angriff nach vorn geklappt – anstatt waghalsig zu springen, stieg ich eher vorsichtig auf unseren Rammsporn.

Kas Pfeile pfiffen an meinem Kopf vorbei.

Da ich keine feindlichen Epibatai mehr sehen konnte, kletterte ich auf das Heck des Gegners und sah, dass dort niemand mehr lebte.

Die Ruderer saßen wie gelähmt auf ihren Bänken und starrten zu mir herauf.

Nikolas tauchte mit einem Dutzend Seeleuten hinter mir auf, aber die gegnerischen Ruderer leisteten keinerlei Widerstand.

«Ihr Griechen!», brüllte ich. «Wir sind eure Befreier, nicht eure Feinde!»

Niemand sah erleichtert aus, aber andererseits griff mich auch keiner an.

«Bringt sie an Land», sagte ich zu Nikolas gewandt. Dann stieg ich mittschiffs auf das Dollbord und sprang wieder auf mein Schiff – und hätte es fast verfehlt! Jedenfalls zog ich mich wie eine verschreckte Katze an der Bordwand hinauf.

Sofort schaute ich nach West. Das rot-weiße Schiff floh. Derweil pullte der blau bemalte Karier mit den Goldverzierungen gemächlich in Richtung Strand.

Unterdessen kamen Kimons Schiffe heran und hielten auf das Gefecht zu, das Paramanos auf der Flanke eröffnet hatte.

Ich sah auf einen Blick, dass die Sache entschieden war.

Gelon und dessen Mannschaft waren die Einzigen, die noch in einen harten Enterkampf verwickelt waren. Hermogenes legte wie selbstverständlich das Ruder um, während ich für kurze Zeit die Rolle meines Rudermeisters übernahm. Und so gingen wir auf den neuen Kurs, nahmen wieder Fahrt auf. Der trockene, leichtere Rumpf der *Lydia* schien von den Göttern gehärtet zu sein.

Offenbar hatte Gelon es mit dem schwierigsten Gegner aufgenommen. Er hatte sich mit einem großen Phönizier im Rammen gemessen, worauf die feindlichen Seekrieger in ihrer Verzweiflung zum Entern übergegangen waren und nun auf Gelons Deck wüteten. Giannis, der das leichteste und schnellste öffentliche Schiff der Athener befehligte, hatte sich ebenfalls Bug an Bug mit einem Phönizier verhakt und konnte Gelon nicht zu Hilfe eilen. Seckla war unterdessen mit seiner *Machaira* der *Hippokampos* beigesprungen und hatte den Gegner unschädlich gemacht.

Daher hielt ich auf Gelons *Nemesis* zu. Ich sah, wie mein Gefährte am Ruder stand und sich tapfer gegen einen Gegner behauptete. Er hatte im Augenblick nicht die Zeit, sein Ruder zu verstellen.

Ich sicherte mir Hermogenes' Aufmerksamkeit. «Unser Bug gegen sein Heck!», rief ich. Schon lief ich zum Bug und scharte meine bewaffneten Seeleute um mich. Da sie wie Hopliten ausgestattet waren, führten sie eine beachtliche Auswahl an Waffen mit sich, darunter auch Ketten, Äxte und einen Dreizack – was man an Bord eben zur Hand hat. Allerdings konnte ich mir zu diesem Zeitpunkt noch nicht recht vorstellen, wie wir es mit den gestandenen Epibatai der Phönizier aufnehmen wollten.

Hermogenes brachte den Bug der *Lydia* so geschmeidig an das Heck der *Nemesis*, als wäre er schon sein ganzes Leben Steuermann und kein Bauer gewesen. Ich wartete voller Anspannung oberhalb des Rammsporns. Dann bewegte ich mich so weit seitwärts, bis ich von der Umrandung der Epibatai-Fläche hinauf zur Bank des Steuermanns steigen konnte.

Die Feinde hatten die *Nemesis* so gut wie erobert.

Ein Gegner aus Tyros hatte offenbar geglaubt, er könne Gelon erledigen, ehe ich zur Stelle war – ein fataler Irrtum, wie sich herausstellte. Gelon gelang es, den speerführenden Arm des Mannes mit dem Fuß abzuwehren, und als der Mann aus Tyros dann den Kopf zu mir drehte, hatte er gerade noch Zeit zu erleben, wie sich mein Speer in seine offene Flanke bohrte. Im nächsten Moment stand ich neben meinem ehemaligen Sklaven, und mit einem Mal fühlte sich alles richtig an – meine Rüstung, die Sonne im Rücken, die Planken unter meinen Füßen.

Als hätte mein Körper zufrieden aufgeseufzt: *Ah, endlich wieder!*

Ein Ansturm, ein Gedränge. Ich stieß wiederholt mit dem Rand meines Aspis zu, drückte meine Feinde gegen die Bordwand. Einen Gegner erwischte ich so hart, dass er strauchelte, ehe Giorgos ihm eins mit der Kette überzog und ihm einen Dolch seitlich in den Hals stieß. Und dann nahmen wir uns die anderen vor. Ich tötete einen der Befehlshaber mit meinem Speer, bis ich mein geliebtes Schwert in der Hand hielt – ich stieß zu, verlagerte mein Gewicht auf das andere Bein, rutschte dennoch beinahe auf dem blutgetränkten Deck aus, führte aber einen Schlag aus, um das Gleichgewicht wiederzugewinnen.

Noch eine Täuschung meinerseits, bis ich sah, dass all meine Bemühungen umsonst waren, da mein Gegner von einem langen schwarzen Pfeil durchbohrt wurde.

Wieder setzte ich meinen Aspis als Waffe ein. Meinem nächsten Gegner gelang es zwar, seinen Speer hinter das Rund meines Schilds zu bringen, doch die Spitze glitt nur über meinen bronzenen Thorax. Die Flanke des Gegners war nicht mehr gedeckt, und so führte ich meinen Stoß aus und hatte sogar noch Zeit zu sehen, wie der Mann bei seinem letzten Atemzug die Augen aufriss.

Der Strom der Feinde wollte indes nicht abreißen. Abermals schlug ich mit dem Schild nach vorn und teilte weiter mit dem Schwert aus. Meine Klinge durchtrennte sauber einen Speerschaft, doch dann schnellte ein anderer Speer seitlich an mir vorbei und tötete meinen unmittelbaren Gegner. Der junge Perikles, der ja keine Rüstung mehr am Leib trug, kämpfte als Hypaspist an meiner Seite.

Was für eine Freude für einen alten Krieger wie mich!

Plötzlich bekam ich es Klinge gegen Klinge mit einem Phönizier zu tun. Ein großer Kerl mit rotem Umhang, die Rüstung goldverziert, und erst da wurde mir klar, dass ich gar nicht mehr auf der *Nemesis* kämpfte, sondern in dem Gedränge bereits an Bord des Phöniziers angekommen war. Der Kerl schlug mit dem Aspis nach mir und stemmte sich noch mit der Schulter in den Schild – unsere Schilde prallten gegeneinander, aber er war zu langsam und sah zu spät, dass meine lange Klinge nach oben zuckte. Nur knapp verfehlte ich seine Augen, doch der Schlag, den er gegen den Helm kassierte, war so heftig, dass ihm der Kopf nach hinten flog. Er geriet ins Stolpern, machte einen halben Schritt zurück, während ich meinen rechten Fuß quer vor meinen linken setzte, um seinen Schwertarm zu behindern, der vorerst hinter dem Schild verharrte. Ich schlug aus dem Handgelenk heraus zu und sah, wie der Phönizier meine Klinge im letzten Moment abwehren konnte …

Zunächst ließ ich ihn mit seiner Parade gewähren und wiegte ihn in Sicherheit, ehe ich erneut aus dem Handgelenk zuschlug, eine Täuschung, die mir einst Polymarchos in Sizilien beigebracht hatte. Mein Gegner konnte nicht mehr ausweichen, meine Klinge schnitt genau unterhalb des Rippenbogens bis auf den Hüftknochen in seinen Unterleib. Selbst die vergoldeten Schuppen aus Bronze, die seinen Panzer unten schützen sollten, hielten diesem Hieb nicht stand. In der Rückschau war dies wohl der beste Schwertstreich meines Lebens.

Leider musste ich mein geliebtes Schwert loslassen, da ich es nicht mehr so schnell aus dem Leib des Phöniziers ziehen konnte.

Ja, Freunde, ganz recht, manchmal durchlebe ich diese Momente, als wäre alles erst gestern geschehen! Ist es nicht furchtbar, dass es im Eifer des Gefechts so viel Freude macht, einem Menschen das Leben zu nehmen? Man schickt ihn durch die ehernen Pforten des Hades in den Tod und jubelt innerlich. Das Kriegshandwerk ist eine seltsame Kunst.

Wie dem auch sei, ich stand keuchend auf den Planken und merkte erst mit Verzögerung, dass mein linkes Bein blutverschmiert war.

Verdutzt drehte ich mich um, Blut spritzte. Verzweifelt schaute ich an mir hinab, auf meinen Bauch, auf meinen Thorax. Auch dort Blut, aber noch konnte ich keine feucht schimmernde Wunde entdecken. Wenn man mir nun den Todeshieb versetzt hatte, wo war dann die tödliche Verletzung?

Mein Schwert glitt mir aus der Hand, mein Blickfeld verengte sich. Ich fasste mir an den Hals, und erst bei dieser Bewegung sah ich, was geschehen war ...

An meiner linken Hand hatte mir eine Klinge bis auf den Knochen geschnitten, zwei Finger waren abgetrennt.

Ich sackte auf die Knie. Meine Gefährten eilten zu mir ...

Was dann folgte, weiß ich nicht mehr genau. Jedenfalls hatte ich nie ganz das Bewusstsein verloren, auch dann nicht, als wir wieder am Strand anlegten. Dort verband Hermogenes meine Hand, während Perikles mir den Brustpanzer abnahm.

Der alte Chiton darunter färbte sich rot.

Trotzdem hielt ich mich tapfer auf den Beinen und hörte, wie die Männer unserer verbündeten Flotte jubelten. Später erfuhr ich, dass die Meder diese Jubelrufe über die Meerenge bis nach Aphetai hörten.

Wir hatten unter den Blicken unseres Navarchen angelegt, und ich sah, dass Siberios das blau bemalte Schiff als Prise höher auf den Strand bringen ließ. Hektor hatte zuvor das Ruder übernommen. Er winkte mir zu, und seiner Miene entnahm ich, dass mein Sohn am Leben war.

Ich dankte den Göttern.

Wir kamen alle gemeinsam den Strand hinauf. Hätten die Perser jenen Moment zum Angriff genutzt, hätten sie uns gewiss alle überrumpelt, aber sie hatten andere Pläne, wie ihr noch hören werdet, und so begaben wir uns zunächst zu den Altären oberhalb des Strands und brachten Opfer dar. Dort kam Aristeides auf mich zu und umarmte mich. Seine rechte Hand war genauso verbunden wie meine linke.

«Was ist geschehen?», erkundigte er sich.

Aber am besten ist mir in Erinnerung geblieben, dass Nikolas sein erstes Kommando erfolgreich bestritten hatte. Er kam mit seinem typischen Fischergang auf mich zu, hatte ein schiefes Grinsen im Gesicht und deutete mit dem Daumen über die Schulter. «Du errätst nie, was ich in diesem Schiff gefunden habe», sagte er und zeigte auf unsere letzte Prise.

«Gold?», fragte ich.

Er stieß sein eigenartiges Lachen aus. Der Mann hinter ihm war Brasidas, der Spartaner.

Wir hatten etliche hochrangige Gefangene gemacht, aber den besten Bericht lieferte Brasidas ab. Aus Gründen, die erst später Sinn ergeben, deckten wir ihn vorerst und ließen verkünden, ein Taucher mit Namen Skyllias, ein Bewohner Sikyons, sei die ganze Strecke von Aphetai bis zu uns geschwommen. Tatsächlich stahl der berühmte Schwimmer ein kleines Boot und segelte zum Kap Artemision, und sein Bericht über den Feind war nicht annähernd so erkenntnisreich wie Brasidas' Bericht.

So erfuhren wir, dass die Perser in jenem Sturm an die zweihundert Kriegsschiffe verloren hatten, die meisten nördlich vom Kap Artemision. Offenbar hatten persische Späher berichtet, wir hätten die Strände unterhalb des Tempels der Artemis verlassen, und daher hatte der Feind ein großes Geschwader – wiederum zweihundert Schiffe – entsandt, das einmal um ganz Euböa segeln sollte, um uns von der anderen Seite aus anzugreifen.

Dieser Bericht hätte große Ratlosigkeit in unseren Reihen auslösen können. Man wollte uns also von hinten angreifen.

Doch von Ratlosigkeit keine Spur, hatten wir es doch mit sechzehn persischen Schiffen aufgenommen, von denen wir drei versenkt und sechs als Prisen mitgebracht hatten. Und wir selbst hatten nicht ein Schiff verloren!

Selbst einem Nörgler wie Adeimantos von Korinth hatte es die Sprache verschlagen.

Themistokles hatte eine lange Diskussion mit Eurybiades. Dieses Bild, also die beiden Männer, die sich angeregt unterhielten, hat sich bei mir eingebrannt: Themistokles gestikulierte wie ein Schuljunge, während der Navarch aus Sparta einfach ruhig dasaß, die Hände auf den Knien.

Dann kam Themistokles zu mir, nahm mich bei der Hand und führte mich in die Schatten unter den Olivenbäumen – als wären wir zwei Liebhaber, die sich von einer Feier davonstehlen.

«Ich bin ein bisschen zu alt, um einen fremden Mann im Dunkeln zu küssen», sagte ich im Scherzton.

Der Athener lachte. «Nicht älter als ich. Hört mich an, Platäer. Der alte Spartaner wird Euch fragen, wie wir von jetzt an weiter vorgehen sollen. Denn Ihr seid schließlich der Held des Tages.»

Ich nickte. Mein Sohn hatte überlebt, und plötzlich erschien alles möglich. Ich bedauerte es, dass uns Dagon entwischt war, aber mit seiner Flucht hatte er sich als der feige Hund erwiesen, der er in meinen Augen war. Was soll ich dazu anderes sagen? Ich hatte geglaubt, ihn letzten Endes stellen zu können.

«Also, was werdet Ihr Eurybiades antworten?», wollte Themistokles wissen.

«Was soll ich ihm Eurer Ansicht nach denn sagen?» Es sollte ironisch klingen, aber Themistokles war Politiker, und daher nahm er mich beim Wort und beugte sich vertraulich vor.

«Ihr müsst ihm deutlich machen, dass wir angreifen müssen», sagte er.

«Angreifen?», wiederholte ich. Mir schwebten eher andere Taktiken vor: ein paar Überfälle, einige in Brand gesetzte Schiffe, vielleicht ein nächtlicher Angriff auf ein äußeres Lager ...

«Wenn wir angreifen», sagte er, «dann müssen auch die Korinther und Männer aus Ägina auf jeden Fall kämpfen.»

Ich strich mir den Bart. «Sind wir nicht vier zu eins unterlegen?»

«Schlimmer noch, wenn sie uns in den Rücken fallen. Und wie Ihr heute bewiesen habt – wenn eine Seite etwas Unerwartetes im Sinn hat, können der anderen Seite Fehler unterlaufen. Bei Poseidon, Ihr habt heute wahrlich Risiken auf Euch genommen. Hättet Ihr verloren ...»

«Habe ich aber nicht», erwiderte ich.

Aber wie es so oft zwischen mir und Themistokles war – letzten Endes pflichtete ich ihm bei. Er hatte recht. Mit einem Angriff unserer gesamten Flotte würden wir ein Zeichen setzen und handeln, und wenn Leonidas dann noch an Land ein Sieg beschieden wäre ...

Die Moral gibt oft den Ausschlag. Um unsere Moral war es bestens bestellt. Mein kleiner Sieg war im Grunde unbedeutend. Denkt an die tausend Schiffe. Zweihundert waren im Sturm gekentert. Zweihundert andere waren in See gestochen, um uns in der Meerenge von Euböa in den Rücken zu fallen.

Wir hatten gerade einmal acht Schiffe erbeutet beziehungsweise versenkt.

Gemeinsam gingen wir durch den Olivenhain zurück zu den anderen.

«Ihr habt Euch wirklich tapfer bewährt», kam es plötzlich von Themistokles. Und in diesem Moment vermochte ich einen kurzen Blick hinter seine Maske zu werfen. Unter dem Redner, dem Politiker und Demokraten verbarg sich nämlich ein Mann, der selbst gern ein Held sein wollte.

Diese Dinge und Eitelkeiten überraschen mich immer wieder. Anstatt eine kluge Antwort zu geben, zuckte ich wie ein hübsches Mädchen, das ungefragt ein Kompliment bekommt, mit den Schultern und ging zurück zu den versammelten Befehlshabern.

Letzten Endes fragte Eurybiades nicht nur mich um Rat, sondern auch etliche andere Anführer. Insgesamt verfügten wir über zweihunderteinundsiebzig Schiffe und die Prisen.

Paramanos und Harpagos schritten derweil die Reihen der Gefangenen ab und suchten all die Äolier und Ionier heraus, auch andere Männer, denen wir vertrauen konnten. Mit diesen Leuten wollten wir eine der Prisen bemannen. Kimon stellte uns einen Steuermann und vier Epibatai zur Verfügung, von Demetrios' Schiff kamen ebenfalls vier Seekrieger und ein Mann, der in einen Mantel gehüllt war und fortan Trierarch der Prise sein sollte. Es war niemand anders als Aristeides, der somit ein Schiff kommandierte, obwohl er immer noch so tat, als wäre er offiziell im Exil.

Wie dem auch sei, irgendwann kam Eurybiades zu mir und überreichte mir einen Lorbeerkranz, den er eigenhändig gewunden hatte. Feierlich setzte er ihn mir aufs Haupt. Er hängt übrigens dort drüben bei dem vierten Aspis an der Wand, meine Freunde.

«Nun, Platäer?», fragte er mich vor allen anderen Schiffsführern.

«Gestattet mir zunächst die Frage, ob wir schon Nachrichten vom Heer haben?»

Eurybiades lächelte zufrieden. «Perser und Meder haben das Heer heute den ganzen Tag angegriffen», antwortete er. «Als unser Versorgungsboot ablegte, war Leonidas bereits zweimal in Gefechte verwickelt gewesen, und jeder Grieche kämpfte ehrenvoll. Bei den Heißen Pforten liegen die gefallenen Perser bereits auf einem Haufen, und es heißt, der Großkönig sei von großem Zorn erfüllt.»

Wir alle jubelten.

Wir würden es schaffen, wir würden Griechenland retten!

Eurybiades nickte erfreut und wandte sich dann wieder mir zu. «Also?»

«Ich denke, wir sollten angreifen», schlug ich vor.

Am zweiten Tag einer Schlacht ist es weitaus mühsamer, in den Kampf zu finden.

Wann immer man die Rüstung anlegt, meldet sich überall der Schmerz. Die Schultern sind wund gerieben, und ganz gleich, wie gut die Rüstung gearbeitet ist, die Brustmuskeln schmerzen dennoch. Denn bei jedem Schlag mit der Rückhand, bei jedem «Harmodios-Schlag» – benannt nach dem Tyrannenmörder aus Athen – und bei jeder Verteidigung mit dem Speer reiben die Brustmuskeln über die Kanten von Thorax und Armschienen. Je nach Bewegungsablauf schaben die Beinschienen über die Sandalen und den Fußrücken. Doch all dies verdrängt man im Eifer des Gefechts, all dies wird überdeckt von der Hochstimmung des Augenblicks, aber auch von der eigenartigen Mischung aus Furcht und Erschöpfung.

Aber wenn man am zweiten Tag kämpft, sind die wunden Stellen besonders frisch, die Prellungen fast unerträglich. Und wer, wie ich damals, eine Wunde hat, muss sich damit abfinden, dass sie immer noch pocht und nässt. Ganz zu schweigen von der Angst, Apollon könne aus einer Laune heraus einen Pfeil abschießen, der Krankheit, Fieber und Tod bringt.

Die Ruderer hatten bis auf den letzten Mann die Furcht vor dem bevorstehenden Tod ertragen und eine schier übermenschliche Anstrengung an den Tag gelegt.

Jeder Seekrieger aus Platäa und alle Kämpfer von Kimon hatten sich einem feindlichen Schwert oder Speer entgegengestellt und immer in der Angst ausgehalten, jeden Moment in voller Rüstung in die Fluten zu stürzen und elendig zu ersaufen.

Einige aus unseren Reihen hatten die Nacht durchgezecht und waren entsprechend angeschlagen. Erste Flüche waren zu hören.

Wir hatten die weiteste Strecke vor uns, um unsere Position in der Linie einzunehmen, aber mir war bewusst, wie viel auf dem Spiel stand: nämlich *alles*. Obwohl ich selten Reden halte, ließ ich mir von meiner Deckmannschaft eine kleine Plattform zimmern, die vage an die Tribüne auf der Pnyx, dem Hügel in Athen, erinnerte. Schließlich betrat ich dieses Podest und sprach vor meinen Leuten – vor tausendfünfhundert Platäern und fünfhundert ehemaligen Sklaven, Gefangenen und Exilanten aus Athen.

Ich erwähnte die Götter und sprach über unsere Heimat – von der hehren Vorstellung, Grieche zu sein!

Vielleicht war es keine gute Rede, aber an ein paar Dinge erinnere ich mich. «Viele von euch haben mit Schmerzen zu kämpfen», sprach ich, «gestern sind viele verwundet worden, und seien wir ehrlich, wir werden auf See drei zu eins unterlegen sein.» Ich deutete in Richtung Westen – zu den Thermopylen. «Aber dort drüben hält der König von Sparta bereits den dritten Tag aus und kämpft gegen eine Übermacht, zehn zu eins sind sie unterlegen, wie es heißt, doch sie kämpfen tapfer!»

Spätestens mit diesen Worten hatte ich die Aufmerksamkeit meiner Zuhörer.

«Wenn wir heute unterliegen, werden wir verloren sein. Denn dann überrollen uns die Perser und setzen unsere Städte in Brand. Leonidas wird gezwungen sein, den Rückzug anzutreten.» Ich sah in die Menge meiner Zuhörer, und alle schwiegen beklommen. Trotz der Jahreszeit war die Luft angenehm kühl, und die Sonne leuchtete rot herüber, wie eine riesige Traube am Horizont.

«Tragen wir aber heute den Sieg davon, erstreiten wir uns das Recht, morgen wieder kämpfen zu dürfen!», fuhr ich fort. «Das ist es, was wir heute erringen können. Und wenn wir dann morgen erneut siegen ...», ich gestattete mir ein Lächeln, «... dann erstreiten wir uns das Recht, erneut am nächsten Tag kämpfen zu dürfen – und so geht es von einem Tag zum anderen, bis der Großkönig dieses Wettstreits überdrüssig ist oder über keine Sklaven mehr gebietet. Oder wir haben nicht mehr genügend freie Männer, um uns seinem Zorn entgegenzustellen. Und falls wir gewinnen? Falls es uns gelingt, den Großkönig zu besiegen?» Ich reckte meine verwundete Hand empor.

Einige Männer jubelten.

«Dann erstreiten wir uns das Recht, wieder gegen ihn anzutreten, wenn er das nächste Mal über uns herfällt. Das ist es, was Freiheit ausmacht. Der Großkönig hat keine Vorstellung davon, wie mittellos wir im Grunde sind, er kann nur vermuten, wie unser Proviant in Gestalt von Herden oder Olivenhainen aussieht. Ihm steht der Sinn nur danach, uns zu besitzen und über uns zu herrschen.» Ich musste wieder lächeln, da ich mir Xerxes in seinem Prachtsaal in Susa vorstellte und mir ziemlich sicher war, dass er uns Griechen nur deshalb angriff, um einen unbequemen Mann wie Mardonios zufriedenzustellen.

Natürlich war dieser gewaltige Feldzug auch eine Frage des Stolzes.

«Daher müssen wir an diesem und an jedem anderen Tag siegen, Freunde, und danach begeben wir uns nach Hause und bringen unseren Söhnen bei, erneut den Sieg zu erringen.»

Jetzt hatte ich sie bei der Ehre gepackt, ich spürte es bei all den Jubelrufen.

Etwas umständlich stieg ich von der kleinen Tribüne, als Themistokles zu mir trat und meine Hand ergriff – und mir Schmerzen zufügte, da er ausgerechnet meine linke Hand drückte!

«Das war bemerkenswert», sagte er. «Ihr stellt Euer Licht zu sehr unter den Scheffel.»

Ich musste lachen, aber vielleicht lachte ich auch aus Unsicherheit. Seien wir ehrlich, natürlich freute ich mich über ein Lob eines großen Redners. Dann sah ich, wie sich sein Blick verhärtete.

Denn Aristeides trat zu uns.

Themistokles ließ meine Hand los. Er schaute nicht weg, sondern sagte ruhig: «Das Exil müsste inzwischen für beendet erklärt worden sein.»

«Erst wenn die Versammlung mich davon unterrichtet», sagte Aristeides. «Bis dahin diene ich als Platäer.»

Themistokles schien sich damit abzufinden. Er wandte sich wieder mir zu und sagte dann etwas, das ich so nicht aus seinem Mund erwartet hätte. Ohne das übliche Gehabe schien er plötzlich aus dem Herzen zu sprechen: «Wenn Athen mich ins Exil schicken sollte, wäre dann auch ich in Platäa willkommen?»

«Wie steht es um Eure Fähigkeit als Bauer?», fragte ich in heiterem Ton.

Aristeides lachte und schlug mir auf die Schulter. «Ich hoffe doch sehr, dass du ihm Schutz gewährst, sobald ich ihn ins Exil schicke. Er ist ein gefährlicher Zeitgenosse, aber wer weiß, vielleicht hat er Griechenland gerettet.»

Meine Freunde, wann immer ihr an uns denkt – an diese ungewöhnliche Mischung aus Athenern, Korinthern, Spartanern und Leuten aus Ägina –, so vergesst nie dies: Wir hatten uns im Grunde auf nichts einigen können, vereint waren wir nur in dem Wunsch, den Großkönig in die Knie zu zwingen.

Letzten Endes formierten wir uns gut. Die Ruderer waren zwar müde, aber bis zu unserer Position ließ ich alle Schiffe unter meinem Kommando für die Dauer von sechzig Herzschlägen auf Rammgeschwindigkeit gehen: Danach war allen warm, die Muskeln waren gelockert. Vor den Olympischen Spielen dehnen sich die Athleten ja auch, oder nicht?

Als Eurybiades daraufhin von der Mitte der Formation aus seinen Schild hochhielt, verließen die Perser auf der gegenüberliegenden Seite die Strände. Später erfuhr ich, dass sie erstaunt waren, dass wir mit einem derart kleinen Geschwader zum Angriff übergingen. Daher lösten sich ihre Schiffe ohne erkennbare Ordnung von den Strandabschnitten, denn jeder Schiffsführer war darauf erpicht, Beute zu machen oder eines unserer Schiffe auf den Meeresgrund zu schicken.

So stellte es sich aus unserer Sicht dar. Die Feinde hatten so viele Schiffe, dass ich die genaue Anzahl auf die Schnelle nicht ermitteln konnte, aber heute glauben wir – jetzt, da die Jahre ins Land gegangen sind und alle Ionier wieder Freunde sind –, dass an jenem Tag sechshundert Schiffe die Küste verließen, um es mit unseren zweihunderteinundsiebzig aufzunehmen. Doch anstatt in Linienformation zu gehen, hielten sie in einem Pulk auf uns zu, der grob an ein Ei erinnerte. In Führung lagen ein paar Triremen, die am schnellsten abgelegt hatten. Doch dann teilte sich der Pulk, da die Perser uns in weitem Bogen in die Zange nehmen wollten. Die Befehlshaber der in Führung liegenden Schiffe gaben die Stoßrichtung vor.

Als uns klar war, dass die Perser kommen würden, gab Eurybiades das Zeichen, die Formation des Speichenrads einzunehmen. Aber lasst mich noch einmal betonen, dass uns beim Anblick all dieser Schiffe schwer ums Herz wurde, bei den Göttern! Ich kann mich nicht erinnern, ob ich jemals größere Furcht verspürt habe als an jenem Morgen. Mir war, als streckte ein riesiges Ungeheuer am anderen Ufer seine gewaltigen Tentakel nach uns aus, um uns zu vernichten.

Ich hatte Brasidas mit an Bord der *Lydia*. Er strahlte in seiner Rüstung. Gepriesen seien die wohlhabenden Männer! Denn Kimon hatte eine ganze Rüstung übrig, die unserem spartanischen Flüchtling passte. Es war Brasidas, der das Zeichen des Navarchen weitergab, und daher lautete mein Befehl, die Riemen zu streichen.

Auf gegnerischer Seite gingen die in Führung liegenden ionischen Schiffe auf Rammgeschwindigkeit, obwohl sie noch bis zu zwanzig Stadien entfernt waren. Daran sieht man, wie heiß sie auf den Kampf waren. Kein Zweifel, meine Freunde, sie wollten uns besiegen. Seit der Schlacht von Artemision habe ich immer wieder gehört, wir hätten das Ganze nur überstanden, weil die Ionier so schlecht kämpften. Das ist dummes Zeug! Niemand kämpft «schlecht» in einem Gefecht auf See, wo alle Verlierer untergehen.

Wir pullten also in entgegengesetzter Richtung, und daher konnte ich mit eigenen Augen verfolgen, wie sich unser «Rad» allmählich herausbildete. Es waren die Korinther, die den ersten Ansturm des Gegners abfangen sollten. Und bei Poseidon, auch wenn ich viel Unsinn über Adeimantos gesagt habe, an jenem Tag war er Grieche durch und durch. Vielleicht lag ich auch falsch, vielleicht war er nie ein Verräter gewesen. Aber womöglich kämpfte er auch nur deshalb so ausgezeichnet, weil er den Tod vor Augen hatte, wer weiß?

Wie dem auch sei, wir brauchten länger als sonst für die Formation des Speichenrads, da die übereifrigen Ionier, diese Narren, weiterhin auf unser ehemaliges Zentrum zuhielten, anstatt an den Rändern anzugreifen, wo etliche Schiffe noch nicht in die endgültige Formation gefunden hatten. Und dann schwenkten die Ionier im letzten Moment vom Kurs ab und mieden die gestaffelte Phalanx der Korinther. Ja, erst jetzt begannen sie, uns wie Haie zu umkreisen, aber da lag die *Lydia* bereits mit dem Heck an der *Rabenschwinge* und an der *Nemesis*, in Sichtweite von Idomeneus' *Hera*. Ich sah, wie Aristeides zu Kimons prächtiger *Ajax* aufschloss, während wir immer enger Heck an Heck gingen – als äußerster Ausleger der Flotte.

Wir hatten uns formiert.

Ich weiß nicht, ob eine griechische Flotte – oder überhaupt eine Flotte – jemals zuvor ein derart großes Rad gebildet hat. Ich denke, wir boten einen denkwürdigen Anblick, so haben es mir zumindest später Ionier und Phönizier erzählt, die dabei waren. Doch aus unserer damaligen Sicht kam uns der Verteidigungsring eher klein vor, zumal uns die herannahende feindliche Flotte nach und nach umschloss, und spätestens da begann ich an der Strategie zu zweifeln, auf die wir uns geeinigt hatten. Denn da wir die persische Flotte angriffen, befanden wir uns in der Mitte der Meerenge, weitab von unserem Lager. Keiner von uns hätte bis zum Ufer schwimmen können.

Erst da, gefangen in unserem «Rad», ging mir auf, dass meine Prisen, mein Lager, sämtliche Ersatzmasten und unser Proviant immer noch am Strand waren. Um diese Schlacht zu entscheiden, hätten die Perser nur zwanzig Schiffe zu entsenden brauchen, um unser Lager niederzubrennen.

Von all den Bestrebungen, die uns Menschen auszeichnen, zählt der Krieg sicherlich zu den merkwürdigsten. Und ich denke, bei der Kriegsführung gibt oft nicht die Strategie oder die Klugheit den Ausschlag, sondern die Launenhaftigkeit der Götter oder die Dummheit der Menschen. Wie soll man sich sonst erklären, warum die Perser kein einziges Schiff losschickten, um unser Lager zu zerstören? Nein, sie wollten uns auf See bekämpfen, Schiff gegen Schiff.

Zweimal hielten ganze Geschwader auf unsere Rad-Formation zu.

Allein und auf sich gestellt, liegt eine Trireme nicht stabil im Wasser. Ständig muss die Balance gehalten werden. Schon wenn zehn Epibatai das Deck überqueren, fangen die Ruderer an zu fluchen. Versteht ihr? Und wenn der Rammsporn Schaden anrichten soll, muss Wucht dahinterliegen, und das gelingt nur, wenn das Schiff die Geschwindigkeit eines galoppierenden Pferds erreicht …

Liegen aber an die zweihundert Schiffe in einem Kreis, bleiben die Decks stabil und bewegen sich in der Dünung nur leicht auf und ab, und die Rammsporne ragen wie eine Reihe Speere nach vorn. Keiner driftet zurück oder reißt ungestüm aus der Formation aus. Die Ruderer, alles Freie auf unserer Seite, brauchen nicht zu pullen. Wenn jeder Ruderer dann einen Speer zur Hand hat, kommt man pro Schiff auf eine Zahl von zweihundert Seekriegern.

Hatte ich nicht gerade die Dünung erwähnt? Der Wind kam mäßig aus Ost, aber die See stieg höher und höher, und bei der Dünung fiel es immer schwerer, Formationen zu halten.

Wie gesagt, die Feinde fielen überhastet über uns her – einmal waren es die Karier, beim anderen Mal die Leute aus Samos.

Doch sie mussten sich wieder zurückziehen, und wir harrten aus, nahmen keine Verfolgung auf. Die Feinde hatten rein gar nichts bewirkt.

Die Sonne erklomm ihre höchste Position am Himmel. Ich ließ Wasser ausgeben und starrte zu den Ägyptern hinüber, die uns lauernd beobachteten.

Wir würden es schaffen, wir boten der Schlagkraft Persiens die Stirn.

Wann immer es die Zeit zuließ, berichtete Brasidas uns vom Aufstand in Babylon – auch wenn es nicht ganz zutrifft, dass ein für gewöhnlich schweigsamer Mensch, der etwa fünfzehn Wörter am Tag sagt, einen Bericht abliefert. Einmal wandte er sich um und reichte dem jungen Perikles, der inzwischen Teil meiner Mannschaft war, sein Wasser. «Eurybiades signalisiert ‹Achtung!›», sagte er.

«Ruderer, auf die Bänke!», rief ich. «Epibatai, nach vorn! Ka!»

Er gab mir ein Handzeichen und deutete mit einem Pfeil voraus.

Hermogenes holte tief Luft.

Ich konnte seine Furcht spüren, und zweifellos merkte er mir meine Angst an. «Alle bereithalten!», rief ich erneut.

Ich kannte den Plan. Denn trotz aller Unzulänglichkeiten war Themistokles ein Genie. Und Eurybiades war ungeachtet seiner umsichtigen Zurückhaltung ein Spartaner.

Dreimal blitzte der bronzene Aspis im Zentrum der Flotte auf.

Ich donnerte den Sauroter meines Speers so hart auf die Planke, dass ich ein kleines Loch schlug. «Pullt!»

Und während ich noch die Wangenklappen meines Helms richtete, ging unsere verbündete Flotte zum Angriff über.

Ehrlich betrachtet, befanden sich in der persischen Flotte so gut wie keine Perser. Ich bezweifle, dass man an Bord der sechshundert Schiffe fünfzig echter Perser hätte finden können. Die Mannschaften bildeten Karier, Ionier, Äolier, Syrer, Phönizier, Karthager, Ägypter, Männer aus Phrygien, aus Paphlagonien oder Samos, aber es waren insgesamt so viele Schiffe, dass man eigentlich nicht von einer Flotte sprechen kann: Im Grunde hatten wir es mit sechs Flottenverbänden zu tun, die jeweils von einem mächtigen persischen Befehlshaber angeführt wurden, aber keiner dieser Perser sprach die Sprache des Trierarchs, der unter ihm diente.

Und keiner auf gegnerischer Seite rechnete damit, dass wir zum Angriff übergehen würden.

Plötzlich – allerdings in völlig anderem Maßstab – fand ein Seegefecht wie am Tag zuvor statt. Keine erkennbaren Linienformationen, und jeder Trierarch sah sich gezwungen, eigene Entscheidungen zu treffen.

Lykomedes brachte das erste feindliche Schiff auf. Sein Schiff löste sich als Erstes aus dem Kreis, die Ruderer begierig wie Jagdhunde, und prallte gegen ein Schiff aus Zypern – wie sich später herausstellte, gehörte es dem König von Salamis auf Zypern. Unser von Lykomedes befehligtes Schiff zertrümmerte die Ruderreihen des Gegners, ehe die Epibatai enterten.

In den Reihen der Gegner, die in meinem Blickfeld lagen, brach Chaos aus. Wir eroberten vierzig Schiffe, und zwar in einer Zeitspanne, die eine Ratsversammlung benötigt, um sich auf einen gewöhnlichen Tagesordnungspunkt zu einigen – Hermogenes hatte sich bei unserer Kriegslist ein wenig verschätzt und versenkte eine Trireme aus Syrien. Unser Bug stieg so weit aus den schäumenden Wellen, dass ich schon befürchtete, wir würden kentern. Wir verloren einen Seekrieger, der über Bord fiel und in den Tiefen verschwand – ich vergesse bis heute nicht, wie seine Rüstung unheimlich unter Wasser funkelte. Das war schrecklich, aber der Feind nahm Reißaus wie Weißfische vor einem Thunfisch.

Es war mehr als ein flüchtiger Rückzug. Schiffe aus Lemnos und

Lesbos desertierten, kaum dass wir zugeschlagen hatten. Die Männer aus Lesbos stammten aus den Städten Eresos und Methymna – es waren also Erzfeinde von Mytilene, und daher waren sie gewillt, auf unsere Seite zu wechseln. Die Männer aus Lemnos attackierten umgehend einen Phönizier, um ihre Absicht klar kundzutun.

Ich schlug meinen Sohn zu Boden und hinderte ihn dadurch daran, bei unserem zweiten Gefecht zu entern. Zuvor hatte ich ihm eingeschärft, an Bord der *Lydia* zu bleiben, doch dann hatte er gemeinsam mit unseren Ruderern geentert mit der Folge, dass seine Wunde wieder aufriss. Das Blut aus seinem Oberschenkel besudelte meine Deckplanken.

«Du Narr!», fuhr ich ihn an, doch dann sah ich, wie das Blut aus meiner Handverletzung auf Hipponax' Blutlache tropfte. Dafür erntete ich den spöttisch-anklagenden Blick eines jungen Mannes, der die Scheinheiligkeit der Älteren aufdeckt.

Also gut, mein Sohn, wenn du meinst.

Das war ein ruhmreicher Tag für Griechenland. Meine *Lydia* war in gleich vier Gefechte verwickelt, wir eroberten ein Schiff, versenkten ein anderes und schlugen die beiden anderen in die Flucht. Wir hätten ihnen ohnehin nicht nachsetzen können, denn dafür waren meine Ruderer inzwischen zu erschöpft. Als die Sonne allmählich gen Horizont wanderte, suchten weitere Gegner ihr Heil in der Flucht.

Während sie vor uns flohen, waren sie uns zahlenmäßig trotzdem noch vier zu eins überlegen.

Aber sie waren keine Feiglinge. Viele von ihnen waren geschickte Seeleute oder tapfere Krieger, und wir hatten sie gedemütigt, ohne ihre Schiffe zu versenken. Wir waren also noch nicht erledigt, auch wenn das sicher viele befürchtet hatten.

Im Gegenteil, vorerst hatten wir gewonnen. Und ein Sieg ist im Krieg wie ein Tonikum, das neue Kraft verleiht. Wir hatten sie taxiert. Unsere Taktik war richtig gewesen und aufgegangen, und obwohl all unsere Schiffsführer ahnten, dass das unerwartete Hervorschnellen aus dem «Speichenrad» nicht noch einmal funktionieren würde, so wussten wir dennoch, dass wir mit dem Gegner fertig werden konnten. Immerhin hatten wir bewiesen, dass wir weder die schlechteren Seeleute noch die schlechteren Ruderer waren. Der Sieg stellte unter Beweis, dass wir besser waren, zumindest an jenem Tag.

Ich hatte nie an unserer Stärke gezweifelt. Oh, ich gebe gern zu, dass auch ich zwischendurch Furcht verspürte, von Entsetzen gepackt wurde und große Bedenken hegte, aber in all den Jahren hatte ich auf meinen Fahrten so viele Phönizier, Ägypter oder Karier aufgebracht, dass ich wusste, dass wir Griechen an den Ruderriemen genauso gut sind wie andere Landsleute.

So kehrten wir zu den Stränden zurück, und Eurybiades erwies sich als besserer Mann als Miltiades. Denn er versammelte alle Trierarchen – es waren immer noch zweihunderteinundsiebzig, da wir kein einziges Schiff verloren hatten – und bat um Ruhe, auch wenn wir vor Freude kaum wussten, wohin mit unseren Gefühlen. Wir setzten Lykomedes den Lorbeerkranz auf, da er das erste feindliche Schiff erobert hatte, doch dann bestieg Eurybiades das Podest, das meine Männer für mich gezimmert hatten.

«Zuhören, ihr Narren!», rief er und hatte unsere Aufmerksamkeit. «Morgen werden sie wiederkommen, fest entschlossen, die heutige Demütigung zu rächen. Vergesst nicht, dass sie uns mit einem Geschwader in den Rücken fallen wollen, das so stark ist wie das unsrige. Wir, und damit meine ich ganz Griechenland, können es uns nicht leisten, zu voreilig einen Sieg zu feiern. Morgen um diese Zeit könnten bereits viele von euch tot sein.» Er sah sich um, ließ den Blick über die versammelten Schiffsführer schweifen. Das Licht der Fackeln beleuchtete unsere Gesichter, und wir wussten, dass unser Navarch die Wahrheit aussprach.

«Ich gestehe jedem von uns einen Becher Wein zu», fuhr er fort. «Auch werden wir Trankopfer auf Poseidon und alle Götter ausbringen, die uns beistanden, aber danach heißt es: Jeder hüllt sich in seinen Mantel und versucht zu schlafen. So lautet mein Befehl.»

Wir gehorchten wie Schuljungen, die auf ihren Lehrer hören. Sogar Themistokles.

Ich bekenne, dass ich es nicht bei einem Becher Wein beließ. Jedes Mal, wenn ich Brasidas aus den Augenwinkeln sah, musste ich ihm auf die Schulter klopfen. Ich weiß noch, dass ich in meiner Ausgelassenheit Seckla an mich drückte und dem armen Kerl dadurch die Röte in die Wangen trieb.

Da Giannis' elegante, leichte Trireme Risse am Rumpf aufwies, musterten wir sie aus und gaben ihm das Kommando über eine der schweren Prisen – ausgerechnet über den Karier mit dem blau bemalten Bug. Meine Männer machten sich daran, die Prise zu kalfatern und seetauglich zu machen.

Als die Sonne über die ersten Höhenzüge am Horizont stieg, legte ich mich schlafen. Aber während ich mir meinen Platz zwischen Hipponax und Hektor suchte, vergewisserte ich mich, dass mein Sohn kein Fieber hatte. Sein Bein fühlte sich nicht heiß an, und die ganze Zeit strich ein kühler Ostwind über den Strand.

Der Morgen zeigte sich grau wie Blei, doch der Ostwind wehte zwischenzeitlich mit Böen über unsere Köpfe hinweg, sodass die aufgespannten Segeltücher knallten und Schaumkronen auf dem Wasser trieben.

Alle Platäer stöhnten. Unsere Wunden schmerzten, auch die allgegenwärtigen Schürfwunden, die bei vielen nässten. Einige von uns hatten die Schrecken der zurückliegenden Tage noch nicht verdaut.

Während der morgendlichen Opferriten, die Priester und Priesterinnen für uns durchführten, stand ich auf der Landzunge und ließ mir den Wind um die Ohren pfeifen. Mit der Hilfe der Gottheit, die wir «die Jägerin» nennen, traf ich meine Entscheidung und schleppte mich stöhnend wieder über den steinigen Weg bis hinunter zum Strand, wo ich meine Mannschaft um mich scharte, um die *Lydia* ins Wasser zu schieben.

Meine Ruderer stöhnten nicht einmal mehr, da schon das zu viel Anstrengung bedeutet hätte.

Vierzig Stadien waren es über die Meerenge bis nach Aphetai. Wir hievten ein kleines Boot, besetzt mit zwei Spähern, bis zur Spitze des Hauptmasts, aber als sich abzeichnete, dass das Boot im Wind zu sehr schaukelte und meine Männer herauszufallen drohten, ließen wir das Boot wieder nach unten. Alle Segel lagen an Deck unter Abdeckungen bereit, um sie jederzeit schnell hissen zu können.

Wir versuchten es mit dem Bootssegel, um den Ruderern das Pullen ein wenig zu erleichtern. Die Böen fuhren zwar ins Segel, aber der Wind kam größtenteils von der Seite. Triremen fahren auch unter günstigen Bedingungen nicht allzu verlässlich unter Segeln, und die Abdrift war so stark, dass wir bei den Thermopylen gestrandet wären, aber zwischendurch holten wir das Bootssegel ein und pullten weiter.

Bald gewahrten wir, dass die Flotte des Großkönigs am Strand lag. Ich sah auf eine Entfernung von sechs Stadien, dass sich nicht ein Schiff rührte.

Schließlich legten wir parallel zum Strand von Aphetai eine Strecke zurück und konnten es kaum fassen, dass die feindlichen Schiffe an Land zusammen etwa dreißig Stadien einnahmen, aber keiner stellte sich uns zum Kampf.

Ich weiß noch, dass Brasidas leise durch die Zähne pfiff, als wir am Kap von Aphetai vorbeiglitten. Dann sah ich, wie er lächelte.

Und auch ich lächelte.

Wir drifteten ein wenig zu weit nach West ab, da der Wind uns beharrlich in diese Richtung drückte, daher mussten meine Ruderer, die inzwischen wach genug zum Grummeln waren, uns zurück bis nach Artemision pullen. Ich leugne nicht, dass es mich in den Fingern juckte, am Strand bei den Thermopylen anzulegen, um zu schauen, wie es um den König von Sparta und seine Getreuen stand, aber das persische Heerlager lag leewärts, und der Wind blies zu stark. Ich lief Gefahr, zu weit von unserem Geschwader abgeschnitten zu werden. Im Grunde war ich wie Kimon, der die Woche zuvor ebenfalls geglaubt hatte, unersetzlich für die Flotte zu sein, und außerdem wollte ich den größten Sieg seit Troja nicht verpassen.

Während wir kehrtmachten, das Segel einholten und zu pullen begannen, konnte ich vom Heck aus am Land die Feuer im Lager des Großkönigs sehen. Der kleine Schüler des Heraklit in meinem Kopf versuchte zu überschlagen, wie viel Feuerholz dort in der Ferne verbrannt werden mochte, da die einzelnen Lagerfeuer so dicht nebeneinander brannten wie Kohlköpfe auf einem Feld. Und ich spreche hier von einem riesigen Feld, das sich so weit erstreckte, wie das Auge reichte.

Ich beschattete die Augen mit einer Hand, um besser sehen zu können, als ich einen Blick auf Segel erhaschte, die weiter südlich in der Meerenge auszumachen waren, genau zwischen Euböa und dem Festland. Wir pullten ostwärts in den Wind, und die unbekannten Segel in der Ferne beschrieben auf nördlichem Kurs einen großen Bogen beim Drehen durch den Wind. Mir war schnell klar, dass diese Schiffe beim nächsten Schlag beim Kreuzen rasch aufholen würden – wie ein großer Junge, der einen kleineren einholt.

Das ist das persische Geschwader, das uns in den Rücken fallen will, schoss es mir durch den Kopf.

Dann wiederum sprachen einige Faktoren dagegen, dass es sich tatsächlich um den Feind handelte. Erstens waren das bestimmt keine zweihundert Schiffe, und insbesondere Brasidas war niemand, der übertreibt. Zweitens bezweifelte ich, dass der Feind die Insel Euböa in dieser Zeitspanne umrundet hatte. Ich konnte mir einfach nicht vorstellen, dass zweihundert Schiffe die Landspitze hinter sich gelassen hatten, ohne dass unsere Späher etwas bemerkten – denn vergesst nicht, wir hatten das ionische Versorgungsboot bei den Thermopylen, das uns rechtzeitig warnen würde.

Letzten Endes war es der junge Perikles, der sich an Bord lautstark zu Wort meldete. «Das sind athenische Schiffe!», rief er.

Also, ich hatte ja bereits erwähnt, dass sowohl Ägina als auch Athen Schiffe in heimischen Gewässern gelassen hatten. Aus gutem Grund, denn Attika sollte geschützt werden, falls die Perser ein phönizisches Geschwader direkt an die attische Küste schickten – ich hingegen befürchtete, der Feind könne bei Marathon oder Brauron landen. Die traurige Wahrheit lautet, dass der eine Stadtstaat dem anderen nicht über den Weg traute, und daher hatten Ägina und Athen größere Geschwader zurückgehalten, um sich gegenseitig argwöhnisch zu beäugen.

Doch irgendetwas hatte sich offenbar geändert. Wir waren keine zwölf Stadien mehr von den Schiffen entfernt, als Perikles beteuerte, das in Führung liegende Schiff gehöre seiner Familie. Und ich glaubte, zwei der öffentlichen Schiffe zu erkennen, die Themistokles für Athen in Auftrag gegeben hatte: Es waren kleinere und leichtere Schiffe als alle Schiffstypen in der persischen Flotte.

Zurück am Strand, war ich der Erste, der von Bord der *Lydia* ging. Und noch immer hatte sich vom gegenüberliegenden Ufer kein Schiff fortbewegt.

Kimons Lagerplatz am Strand war verwaist, auch ein halbes Dutzend andere Schiffsführer hatten abgelegt, und als ich über den Strand eilte, begrüßte mich Eurybiades.

«Wenn Ihr das nächste Mal auf Spähfahrt geht, dann fragt vorher um Erlaubnis», beschied er mir.

Bei vielen anderen Männern hätte ich gewiss wütend reagiert, womöglich wäre es zu Handgreiflichkeiten gekommen, wer weiß? Aber Eurybiades war ein besonderer Anführer, und ich gab mich zerknirscht.

Dann lächelte er hintersinnig. «Natürlich möchte ich hören, was Ihr in Erfahrung gebracht habt.»

Plötzlich hörte man Rufe von der Mitte des Strandes.

Ich bedeutete dem Spartaner, dass ich mit keiner Gefahr rechnete. «Nicht weiter drauf achten», meinte ich. «Die Männer sichten das Ersatzgeschwader aus Athen – da bin ich mir ziemlich sicher.»

Eurybiades lauschte meinen Worten und wiegte den Kopf kritisch hin und her. «Also, ich werde Griechenland nicht in Gefahr bringen, nur weil ich mich auf die Aussage eines fünfzehnjährigen Jungen aus Athen verlassen habe», sagte er. Daraufhin musste unsere gesamte erschöpfte Flotte ablegen – geradewegs in den auffrischenden Wind.

Wir hatten uns in jeder Hinsicht verbessert, im Vergleich zu jenen Tagen, als wir noch am Strand von Marathon lagerten. Und ich muss sagen, dass Eurybiades recht hatte. Falls es sich doch um jene zweihundert persischen Schiffe handelte, die aus dem Hinterhalt kamen, so konnten wir nur hoffen, sie auf einen Streich zu vernichten, ehe sie in unserem Rücken Lager aufschlugen oder sich mit den anderen Flottenverbänden entlang der Küste von Aphetai vereinigten.

Um es kurz zu machen, es waren dann doch Athener und Männer aus Ägina. Am Abend desselben Tages erzählten sie uns, wie der Sturm, von dem wir nur die Ausläufer zu spüren bekommen hatten, den persischen Hinterhalt zunichtegemacht hatte. Die Geschwader aus Ägina und Athen hatte es auch erwischt, aber sie waren nur bis zu den Stränden von Marathon abgedriftet und hatten dem Sturm getrotzt. Als später die ersten Wrackteile der persischen Schiffe bei Marathon an Land gespült wurden, hatte der Befehlshaber aus Ägina beschlossen, gemeinsam mit den Athenern die Meerenge von Euböa zu passieren.

«In Sichtweite von den Thermopylen jubelten sie uns zu!», berichtete einer der Männer.

Ehe wir Zeit fanden, uns all ihre Neuigkeiten und Erkenntnisse anzuhören, war uns erneut ein unfassbares Glück beschieden. Es kann eigentlich nur der Wille der Götter gewesen sein. Denn plötzlich tauchten ein Dutzend kilikische Triremen und etliche andere, kleinere Schiffe auf, ließen die Küste von Euböa hinter sich und hielten nichtsahnend auf Artemision zu. Offenbar waren das die Schiffe, die zuvor die Nachhut der zweihundert Perser gebildet hatten. Jedenfalls hatten die Schiffsführer denselben Fehler gemacht und Aphetai mit Artemision verwechselt. Sowie sie den Irrtum erkannten, war es zu spät, da die Ruderer völlig ausgelaugt waren.

Diese Schiffe leisteten kaum Widerstand.

Wir Platäer überließen den Korinthern die Arbeit. Wir schauten nur zu und hingen fast schlafend über den Ruderriemen. Ja, auch ich pullte, da ich zu spüren bekommen hatte, dass ich mich ziemlich unbeliebt gemacht hatte, weil die *Lydia* den ganzen Tag über auf See dümpelte – *für nichts und wieder nichts*, wie ein wütender Ruderer zwei Bänke hinter mir murrte.

Aber als wir am Abend wieder anlegten und die nächste Versammlung der Trierarchen stattfand, waren wir mehr als dreihundert Schiffsführer.

Themistokles war hocherfreut. «Wir haben ein Fünftel unserer vorigen Stärke hinzugewonnen», sprach er, «während der Feind ein gutes Fünftel eingebüßt hat.»

Eigentlich war das eine ziemlich alberne Haarspalterei, und wir alle lachten.

Als ich an der Reihe war, etwas zu sagen, lautete meine Wortmeldung: «Ich bin mehr als zufrieden, dass der Feind heute offenbar nicht imstande war, die Strände zu verlassen.»

Viele der alten Seeleute nickten grimmig.

In einem Kampf gilt man als schonungslos, solange man die Oberhand hat, aber wehe, die anderen kriegen heraus, dass man doch nicht so zäh ist, wie es zunächst den Anschein hatte!

«Ich denke, wir sollten gleich morgen erneut angreifen», sagte ich und sah, dass Themistokles nickte.

Eurybiades strich sich nachdenklich den Bart.

«Wie steht es um das Heer?», fragte Kimon unvermittelt.

«Wir hörten, dass es mehr als zwanzig Sturmläufe auf den Engpass gab. Die einzelnen Abteilungen auf unserer Seite wechseln sich ab, sodass die Verteidiger nicht ermüden. Und bislang konnten die Feinde nicht bis zur alten Mauer vordringen.» Bei diesen Worten von Eurybiades jubelten die Männer. Doch er hielt warnend eine Hand hoch. «Aber Leonidas verliert immer mehr Männer. Er teilt uns mit ...», ich sah, wie er von einer Wachstafel aufschaute, «... dass er den Rückzug befehlen wird, wenn das große Heer nicht binnen zehn Tagen eintrifft.»

Als Themistokles vortrat, um das Wort zu ergreifen, bedeutete Eurybiades ihm, dass er noch nicht fertig war. «Der König schreibt, Xerxes sei außer sich vor Zorn, da seine Flotte bislang nichts habe ausrichten können. Daher warnt Leonidas uns, dass wir uns auf die Rache der Perser gefasst machen sollen. Es heißt, Xerxes lässt bereits Anführer hinrichten, die in seinen Augen versagt haben.»

Dann nickte er dem Athener zu, der daraufhin das Podest betrat. «Brüder!», rief er, ein wenig zu übertrieben und auch ein wenig zu eifrig für meinen Geschmack. Immerhin waren wir kein Haufen Tagelöhner, die Arbeit suchten, wir waren einfach nur müde und erschöpft.

«Brüder!», rief er erneut und hoffte offenbar, er könne mit dieser Ansprache mehr bewirken. «Wenn wir morgen wieder siegen, wie wir es heute bewiesen haben ...», er setzte ein Grinsen auf, «... dann werden die Ionier die Seiten wechseln. Das verspreche ich euch. Und dann ...», inzwischen grinste er wie ein Schuljunge, der einen Streich ausheckt, «... können wir den Großkönig womöglich zum Rückzug bewegen, ohne dass das Hauptheer überhaupt bis zu Leonidas vordringt!»

Gut, ein paar Männer jubelten, aber wir waren, wie ich schon sagte, erschöpfte Trierarchen. Und ich denke, uns allen war bewusst, was es bedeutete, erneut den Kampf aufzunehmen – für die Rudermannschaften hieß das, dass sie einen vierten strammen Tag in Folge auf den Bänken vor sich hatten.

Ich ging eine Weile über den Strand, um im Stillen zu Herakles und zu Poseidon zu beten, ehe ich Wein und einen edlen Becher in die Fluten schleuderte. Plötzlich kam mir mein Sohn Heraklit in den Sinn, der irgendwo dort draußen unter Archilogos diente – ob er in dem Sturm sein Leben verloren hatte? War er bei einem Gefecht ums Leben gekommen? Oder lebte er noch und erwartete einen neuen Morgen?

Wie hatte es nur zu all diesen Verwicklungen kommen können, die nun mein Denken beeinträchtigten?

Aristeides stieß zu mir, und so schlenderten wir beide schweigend weiter, jeder in seinen Gedanken gefangen.

Ich musste an Briseis denken. Wieder betete ich, diesmal zu Aphrodite.

«Morgen also», sagte Aristeides in die Stille hinein.

Ich pflichtete ihm bei.

25. KAPITEL

Die Dünung hatte nachgelassen, als ich aufwachte. Viel zu früh für meinen Geschmack. Mein Körper schmerzte, meine Schulter brannte, und die Wunde an der Hand hatte sich entzündet. Die Hand pochte, mein Arm fühlte sich heiß an, und daher fand ich nicht wieder in den Schlaf.

Ich machte den Verband ab, entdeckte die entzündete Stelle und biss die Zähne zusammen, als ich mit meinem Messer darin herumstocherte, um den Eiter abfließen zu lassen. Dann goss ich Wein darüber, bis ich den Schmerz nicht mehr aushielt. Trotzdem schüttete ich weiter Wein über die Wunde. Schließlich hielt ich die Hand so lange ins Salzwasser, bis ich es erneut nicht vor Schmerzen aushielt.

Es half alles nicht viel, obwohl der Tag schön zu werden schien.

Wir brachten Opfer dar, aber sie ergaben keinen Sinn. Manche sahen in der Beschaffenheit der Eingeweide ein gutes Omen, dann wiederum hieß es, es seien schlechte Omen oder nur mittelmäßige Vorzeichen. Bei einem schwarzen Widder – aus Sicht der Spartaner ein königliches Tier – zuckte Eurybiades sichtlich zusammen. Als das Sonnenrund ein Drittel seines Weges am Himmel zurückgelegt hatte, wurden die Opfer allmählich besser, und schließlich befahl uns der Navarch, in See zu stechen. Eurybiades' Befehle waren einfach, aber klar. Diesmal nahmen wir Ausrüstung und Tauwerk mit an Bord, um nicht unser Lager verteidigen zu müssen, setzten die Segel und stellten uns dem Kampf.

Nicht ein Ruderriemen berührte das Wasser. Wir nutzten die Segel, um in Richtung Aphetai zu gelangen.

Und an diesem Tag legten die persischen Schiffe vom Strand ab.

Es war anders als am ersten Tag. Die Triremen glitten ins Wasser, und die Geschwader formierten sich sauber, während wir unter Segeln ein ziemlich uneinheitliches Bild abgaben. Aber das war genau das, was sich Themistokles ausgedacht und Eurybiades als Befehl ausgegeben hatte.

Wir hatten die Segel nur gesetzt, um unsere Rudermannschaften möglichst lange zu schonen. Und um ostwärts zu segeln, tiefer in die Meerenge von Euböa.

Tatsächlich folgten uns die Perser.

An der Stelle, an der die Meerenge nicht breiter als fünfundzwanzig Stadien ist, machten wir kehrt und bildeten eine Gefechtslinie. Genauer gesagt bildeten wir einen Halbmond – die Korinther und anderen Schiffe der Peloponnes waren in der Mitte, die anderen hingen auf den Flanken zurück.

Langsam schloss die Flotte des Großkönigs zu uns auf und hielt ebenfalls in einer Halbmond-Formation auf uns zu. Es war eine erdrückende Übermacht, um es klar zu sagen. Sie brachten es auf zwei Gefechtslinien und hatten trotzdem noch Schiffe in Reserve oder Reihen, die leicht zurückhingen.

Sie waren uns immer noch weit überlegen, ungefähr zwei zu eins.

Einen wichtigen Unterschied gab es dennoch: Während wir immer noch von Furcht erfüllt waren – so ergeht es jedem, der dem Tod ins Auge sehen muss –, überwog bei uns die Zuversicht. Schließlich gab Eurybiades das Signal, die Riemen zu streichen. Unser Zentrum löste sich mehr und mehr auf, erste Lücken klafften, aber die glichen wir an vielen Stellen aus. Langsam, aber stetig bewegte sich unsere gesamte Flotte rückwärts, tiefer in die Meerenge von Euböa hinein. Daraufhin sah sich der Feind gezwungen, die beiden Flügel des Halbmondes aufzugeben, sodass es im Zentrum immer dichter wurde.

Ich sah, dass uns Phönizier gegenüberlagen – von den Persern aus gesehen auf der rechten Flanke. Platäa ist wohl immer das

«Glück» beschieden, auf die besten Kräfte des Gegners zu stoßen, das war schon bei Marathon nicht anders.

Das Geschwader, das die Phönizier unmittelbar begleitete, bestand aus zweitrangigen Schiffen – ich entdeckte einige Schiffe aus Lydien und Karien. Bald zeichnete sich ab, dass sie die besser ausgebildeten Phönizier eher behinderten als unterstützten – es war keine Absicht, sondern Unvermögen. Die Küste von Thessalien kam immer näher. Nirgends Strände, sondern ein felsiger Küstenverlauf voller Gefahren. Die Riffe in der Brandung glichen Zähnen eines wilden Tiers.

Die Karier waren tüchtige Seeleute, die Lyder hingegen nicht, daher schreckten sie vor der Brandung in Küstennähe zurück und kamen damit ihren Verbündeten in die Quere.

Dunstschleier hingen über dem Wasser, daher konnte ich das Ende unserer Linienformation nicht mehr genau erkennen. Die Sonne stand fast über uns, mir war heiß, ich war müde und ein wenig fiebrig.

Doch ich wusste, was als Nächstes kommen würde, und mit der Gefasstheit eines Fatalisten – eigentlich nicht meine Rolle, wie ihr wisst – entdeckte ich ein bestimmtes Schiff.

Sofort wandte ich mich an Brasidas und Hermogenes. «Seht ihr das schmutzige rot-weiße Schiff dort drüben?»

Perikles, mein neuer Hypaspist, hatte damit begonnen, meine Rüstung an Deck auszulegen. Ich hatte einen frischen Verband an der Hand, aber mir war ein bisschen schwindelig. Außerdem war ich gereizt, aber das waren eigentlich alle an Bord.

Man kann sich nicht jeden Tag aufs Neue Gefahren aussetzen, meine Freunde.

Perikles legte mir den Brustpanzer an, Brasidas überprüfte, ob auch alles richtig saß.

«Wenn ich den Befehl dazu gebe, dann haltet ihr auf dieses Schiff zu», sagte ich.

«Wir greifen also an?», fragte Hermogenes.

Ich nickte.

Mein Steuermann seufzte. «Ich möchte gern alt werden», sagte er. «Ich habe bisher ein gutes Leben gehabt, neuerdings ein schönes Haus. Aber ...», er schenkte mir ein süßliches Lächeln, «... das habe ich alles dir zu verdanken. Wenn das also nun der Preis ist, dann soll es das rot-weiße Schiff sein.» Er ließ ein schicksalsergebenes Schulterzucken folgen.

Ich schritt unruhig an Deck auf und ab, gab Anweisungen, schüttelte hier und da Hände.

Da fuhr Brasidas herum und riss die Hand hoch. «Das Zeichen!»

Ich würde wirklich gern an dieser Stelle mit der Geschichte aufhören. Aber die Götter lieben die Tragödie, und daher wollen wir diese Tragödie bis zum Ende verfolgen.

Ich sah die drei aufblitzenden Signale.

Das sah natürlich auch der Feind.

Es war unsere letzte Kriegslist. Damit versenkten wir zwar keine Schiffe, aber wir konnten Zeit schinden, da wir tiefer in die Meerenge zurückfielen. Die Flotte des Großkönigs hatte unterdessen mit einem Angriff unsererseits gerechnet und formierte sich massiv im Zentrum, um den Angriff abzuwehren. Der Befehl lautete indes weiterhin an alle: «Riemen streichen!» Unser Plan ging auf. Im Zentrum des Feindes wurde es so eng, dass die ersten Schiffe kollidierten – sechshundert Schiffsrümpfe tummelten sich auf einer Breite von etwa vierzig Stadien. Etliche Triremen büßten Ruderreihen ein, fielen zurück.

Wir gaben unseren Ruderern Wasser und mit Honig gesüßte Sesamsamen, dazu eine Soße mit Knoblauch.

Erneut blitzte es von Eurybiades' Schiff herüber.

«Das Zeichen!», gab Brasidas durch.

Inzwischen zog ich die Wangenklappen an meinem Helm fest herunter.

Meine Männer überprüften, ob die Schwerter locker in den Scheiden saßen und die Spitzen der Speere fest waren. Die Ruderer spuckten in die Hände.

Achteraus von mir zwinkerte ein alter Seebär einem Kameraden zu, der auf der anderen Seite saß.

Die beiden grinsten sich an.

Etliche Männer schüttelten einander die Hände.

«Bereitmachen!», rief ich. Mein Blick ging zu Hermogenes.

«Den Rot-Weißen», sagte er. «Hab ihn im Blick.»

Dreimal blitzte es an Bord von Eurybiades' Schiff auf.

Erst jetzt gingen wir zum Angriff über. Die Welt sollte wissen, dass wir angriffen, auch wenn wir zwei zu eins unterlegen waren. Wir hatten so lange gewartet, bis die Sonne tief im Westen stand – und unsere Feinde blendete. Und den ganzen Tag über hatten wir ihre Ruderer ausgelaugt.

Doch dann waren wir wie eine Meute verzweifelter Hunde, die einem an die Kehle springen.

Wer vermag schon genau zu sagen, ob Dagon überhaupt wusste, wer ich war? Eigentlich hätte ihm die *Lydia* bekannt vorkommen müssen, es ist aber möglich, dass ich stark auf meinen Erzfeind fixiert war, er hingegen nichts von meinen Rachegedanken ahnen konnte.

Aber wenn ich ehrlich bin: Das bezweifle ich.

Die *Lydia* hatte die besten Ruderer, die man sich wünschen kann, und so schnellten wir aus unserer Linie vor und schossen wie ein Pfeil auf den Feind zu. Es stimmt auch nicht, dass uns das rot-weiße Schiff genau gegenüberlag. Es hielt sich nämlich in der

Nähe des feindlichen Zentrums auf, sodass wir bei unserem Angriff einen südöstlichen Kurs einschlugen und auf Rammgeschwindigkeit gingen.

Bestimmt denkt ihr, dass wir die Perser nicht noch einmal überrascht haben können. Aber vergesst nicht, dass wir uns über drei Stunden zurückgezogen hatten und dem direkten Gefecht stets ausgewichen waren, doch dann griffen wir plötzlich an …

Die Phönizier waren uns durchaus ebenbürtig. Sie brachten ihre Schiffe perfekt auf Rammgeschwindigkeit, sodass die Riemenblätter das Wasser zum Schäumen brachten. Es sah aus, als würde das Meer brodelnd kochen. Ihre großen Schiffe waren wirklich schnell.

«Rammsporn voraus», sagte ich leiser zu Hermogenes. «Aber wir versuchen, ihre Riemen zu brechen, nicht den Sporn. Wir entern nicht, sondern scheren aus und gleiten vorbei.»

Ich denke, Dagon musste damit rechnen, dass ich ihn ausguckte: für den epischen Kampf, für das Taktieren Sporn gegen Sporn, für das Entern.

Doch er hatte ja noch nie gute Ruderer, weil er seine Sklaven misshandelte und zugrunde richtete. Und ich wollte, dass all das irgendwie auf ihn zurückfiel. Das war nicht meine Rache, sondern die Rache der Götter.

Wir waren vielleicht hundert Schritte von dem rot-weißen Schiff entfernt, als ich ihn entdeckte. Sofort meldete sich mein Körper, als würde eine Saite in mir angeschlagen. Ja, diesen Schinder kannte ich, und in gewisser Hinsicht fürchtete sich mein Körper vor ihm. Kein Mensch hatte mir je solche Qualen zugefügt. Kein Mensch hatte mir je das Gefühl gegeben, so schwach und hilflos zu sein.

Diesen Moment hatte ich lange in meinem Kopf geplant, und auch die dumpfe Angst in meinem Körper würde mich nicht von meinem Vorhaben abbringen.

Die Entfernung schrumpfte auf fünfzig Schritte. Plötzlich scherte Hermogenes hart nach Steuerbord aus, und sofort reagierten meine Ruderer entsprechend und brachten uns auf den neuen Kurs – es war wie bei einem Schwertkampf, bei dem man links antäuscht, dann rechts vorschnellt. Es war abzusehen, dass der Rammsporn des Phöniziers ins Leere lief. Natürlich hatten wir stark an Geschwindigkeit eingebüßt, aber wir wollten das feindliche Schiff ja auch nicht rammen.

Stattdessen hatten wir es auf die Riemenblätter abgesehen, und wie nicht anders zu erwarten, waren die armen, geschundenen Sklaven und hartgesottenen Schläger nicht in der Lage, die Riemen rechtzeitig durch die Öffnungen einzuholen. Während wir vorüberglitten, schickten wir einen Hagel Pfeile aufs gegnerische Deck.

Ich stand neben Ka und deutete auf Dagon. «Ihn nicht töten!», rief ich ihm zu.

Als seine Seekrieger Enterdreggen schleuderten, kappte meine Deckmannschaft sie mühelos, und schon waren wir am Phönizier vorbei und hinterließen zertrümmerte Riemen und blutiges Chaos. Sofort erhöhten wir das Tempo wieder, meine Rudermannschaft legte sich vorbildlich in die Riemen. Nikolas trieb sie lautstark an, lobte sie, versuchte, sie bei der Ehre zu packen, um noch mehr Geschwindigkeit zu erreichen.

Achteraus an Dagons Heck tauchte eine phrygische Pentekontere auf, die im letzten Moment auszuweichen versuchte, doch wir walzten regelrecht über sie hinweg – in den Strudeln geriet das kleinere Schiff unter die Wellen, lief voll Wasser und sank. Das ist der Grund, warum kleine Schiffe keinen Platz in der Gefechtsformation haben. In unmittelbarer Nähe des phrygischen Schiffes kam eine schwere Trireme aus Lydien in mein Blickfeld, die offenbar zur Reserve des Geschwaders gehörte. Sie bewegte sich so langsam und träge wie ein gemächlich gehender Mann, wir hingegen hätten an Land ein galoppierendes Pferd abgehängt. Unser Rammsporn traf den bronzeverzierten Sporn genau im richtigen Winkel.

Der Bug der Lyder knickte nach innen wie die gebrochene Nase eines Faustkämpfers, und mit einem Mal fanden wir uns tief im feindlichen Geschwader wieder. Nur dass unser Sporn jetzt im geborstenen Rumpf des Lyders feststeckte.

«Sitzpositionen tauschen!», brüllte Nikolas.

Unser Heck begann bereits zu steigen. Das Holz ächzte unter dem Gewicht des Schiffes, das wir zum Kentern gebracht hatten – wenn wir nicht freikamen, drohte uns das sinkende Schiff mit in die Tiefe zu reißen.

Ich musste an Vasileos denken, der Tausende von Stadien entfernt war. Er hatte unglaublich viel Arbeit in mein Schiff gesteckt und sich voller Hingabe der *Lydia* gewidmet.

Die Männer saßen andersherum, die ersten Riemenblätter tauchten ins Wasser.

Ich sah, dass Dagons Schiff wendete. Er stand am Heck, deutete in unsere Richtung.

Ich spürte, wie sich mein Schiff in sich verdrehte. Die ersten Deckplanken sprangen heraus, als die gewaltige Kraft des sinkenden Lyders weiterhin auf unseren Sporn und Bug wirkte. Unser Heck stieg eine weitere Handspanne aus dem Wasser. Derweil war das Schicksal der Männer aus Lydien besiegelt, sie sanken mit Mann und Maus.

Ich wusste mir keinen Rat mehr, breitete flehentlich die Hände aus und betete lautstark zu Poseidon.

Fast gleichzeitig kam unser Sporn unter gewaltigem Splitterflug aus dem Rumpf des Lyders frei. Das Holz der Kranbalken barst, die kleine Fläche für die Epibatai bestand nur noch aus Trümmern, und endlich richtete sich meine schöne *Lydia* wieder auf. Die Wellen klatschten um unseren Rumpf, ehe mein Schiff im Wasser dümpelte wie Spielzeug, das Kinder in einen Badezuber werfen.

In einem großen Gefecht auf See muss ein Trierarch zehn Entscheidungen pro Herzschlag treffen. Ich schaute achteraus zu Dagon, dessen Schiff behäbig wendete – meine Beute, die inzwischen zu weit entfernt war. Steuerbord voraus, weiter in Richtung Zentrum, wandten sich uns ein Dutzend Triremen zu. An Backbord brachen Secklas *Machaira* und das Prisenschiff *Jägerin* im phrygischen Geschwader durch. Ich wurde Zeuge, wie ein Lyder die *Jägerin* mittschiffs rammte und Riemenschäfte barsten, während Seckla mit dem Sporn der *Machaira* den Rumpf desselben Lyders aufriss – all dies geschah in einer Spanne von gerade einmal zehn Herzschlägen.

Ich deutete mit meinem Speer auf das Zentrum der Feinde. «Hart Steuerbord!», rief ich Hermogenes zu.

Nikolas war bei den Ruderern an Backbord, die uns passend auf den neuen Kurs brachten, und während wir langsam drehten, warteten die Ruderer an Steuerbord, ehe auch sie entgegengesetzt pullten, bis wir südlich ins feindliche Zentrum ausgerichtet waren. All unsere Ruderer schauten achteraus und pullten vorwärts – ein Riemenschlag kam wie der andere, wir hatten wahrlich die beste Rudermannschaft!

Ich könnte euch noch manch eine Geschichte erzählen, die die folgenden Stunden betreffen, aber es wären alles Lügen.

Zweimal bot sich mir die Gelegenheit, den Ruderern eine kleine Ruhepause zu gönnen. Einmal wurden wir von gleich drei Gegnern in die Zange genommen, von Ägyptern und ihren tapferen Kriegern, und gerettet wurden wir nur, als Harpagos das größte der drei Schiffe versenkte und seine Seekrieger auf mein Deck schickte.

Als diese Gefahr gebannt war, hingen meine Männer schlaff über den Riemen, die Kämpfer der Deckmannschaft knieten auf den Planken, die sich vom Blut rot gefärbt hatten, und rangen nach Luft.

Später, beim zweiten Mal, sahen wir, dass sich Eurybiades' Riemenschäfte längsseits mit den Ruderreihen des Gegners verhakt hatten, mit einem Schiff, das strahlend leuchtete, als wäre es ganz mit Gold überzogen. Es handelte sich um eins der Schiffe eines Tyrannen aus Ionien. Offenbar hatte Eurybiades geglaubt, den Navarchen aller Navarchen gestellt zu haben, und war zum Angriff übergegangen. Wir kamen ebenfalls längsseits, ehe ich zusammen mit Hipponax unser Enterkommando anführte. Wir sprangen auf der ungeschützten Seite an Deck und fielen den gegnerischen Epibatai in den Rücken.

Während wir also an Deck kämpften, bekam ich aus den Augenwinkeln mit, wie die Beute, die ich mir ausgeguckt hatte, wendete.

Doch im selben Moment rutschte ich auf den Gedärmen eines Toten aus, und ehe ich mein Gleichgewicht wiederfand, verwechselte mich ein Spartaner im Todeskampf mit einem Feind, packte mich am Fußgelenk und riss mich auf die Planken.

Doch Hipponax stand schützend über mir. Er stieß nach den Feinden, schlug zu und tänzelte trotz des lädierten Beins so leichtfüßig, als wäre das die einfachste Sache von der Welt – Männer starben unter seinem Schwert.

Ein Speer verfing sich in meinem Helmbusch, ich verrenkte mir den Hals, doch ich kam mühsam wieder auf die Beine und sah zu, wie mein Sohn das Töten übernahm.

Als ihm dann ein Fehler unterlief, war ich zur Stelle, stieß mit meinem Speer über Hipponax' Schulter und bohrte dem Gegner die Spitze in die Augenhöhle. Irgendwann hatte sich Eurybiades von der anderen Seite bis zu uns durchgekämpft und setzte ein schiefes Grinsen auf, als er uns sah.

Wir befanden uns ziemlich genau im Zentrum der Linienformation.

Diesmal gönnten wir uns etwas Ruhe und verfolgten das Kampfgeschehen, kamen aber keinem zu Hilfe – unsere Pause währte in etwa so lange, wie ein langweiliger Redner für seinen Vortrag braucht.

In dieser Ruhephase entdeckte ich erneut Dagons Schiff.

Er scheuchte Ruderer von den Bänken auf andere Plätze, schob Riemen durch verwaiste Löcher in der Bordwand und setzte alles daran, das Weite zu suchen. Damit war er nicht allein, denn immer mehr angeschlagene Schiffe auf beiden Seiten zogen sich aus dem unmittelbaren Kampfgeschehen zurück.

Ich hatte genügend Zeit, das Treiben zu beobachten. Die Formation der verbündeten Flotte wies erhebliche Lücken auf.

Doch die Flotte des Großkönigs hatte es wie zuvor härter getroffen. Der Feind zog sich allmählich zurück, aber Eurybiades und Themistokles ließen nicht locker und setzten nach – die Verbündeten von der Peloponnes, die Athener und die Männer aus Ägina hatten neuen Auftrieb, während ich der Länge nach über mein Schiff humpelte und auf Hermogenes stieß, der zwar noch am Ruder stand, aber einen Pfeil im Oberarm hatte.

«Du musst das Ruder übernehmen», sagte er mit matter Stimme.

Brasidas war zur Stelle und half ihm aus dem ledernen Thorax.

So nahm ich wieder die Position eines Steuermanns ein. Der Rand meiner Helmkalotte brannte auf meiner Stirn, der Busch aus Rosshaar wurde immer wieder von Böen erfasst, sodass die Nackenmuskeln schmerzten. Meine Rüstung drückte auf meinen Schultern, als wäre ich Atlas mit der Last des Himmelsgewölbes. An meinen Hüften meldete sich ein neuer Schmerz, und irgendwo unter der rechten Beinschiene pochte eine Wunde, ganz zu schweigen davon, dass sich die Ränder der Beinschienen in meine Fußrücken bohrten.

Aber ich war noch besser dran als manch anderer.

«Freunde!», brüllte ich. Vielleicht war es kein Brüllen mehr, vielleicht kam ich über ein Quieken nicht hinaus. «Der Tag ist unser! Jetzt können wir uns auf unseren Schiffen ausruhen, oder wir machen uns auf den Weg und helfen den Athenern dabei, die Flotte des Großkönigs endgültig zu vernichten.»

Einer der alten Seebären lachte auf. «Immer mit der Ruhe, Junge – ich für meinen Teil ruhe mich aus.»

Andere Männer lachten auch.

«Bei Poseidon!», brüllte ich und verspürte, wie die alte Kampfeslust in mir aufstieg. «Dann helft mir wenigstens dabei, Rache zu nehmen!»

Der alte Mann kicherte und dehnte seine Muskeln, und in diesem Augenblick kam er mir wie der leibhaftige Poseidon vor: alt und hart. «Ah, es geht also um Rache?», hakte er nach. Er ließ die Fingerknöchel knacken, spuckte in die Hände und umgriff den Riemenschaft.

Die anderen in seiner Nähe reckten oder schüttelten sich, als würden sie gerade erst erwachen.

Die meisten wissen, was Rache bedeutet. Dieses Gefühl überkommt einen leichter als Vaterlandsliebe oder die Liebe selbst. Rache ist greifbarer als Strategien oder Taktiken, Rachegedanken steigen unmittelbar in einem auf, und die wenigsten, die Rache verspüren, denken groß über die Konsequenzen des Handelns nach.

Und vergesst eins nicht: Rache spricht eine eigene Sprache, die überall verstanden wird.

Ich verließ die Ruderbank und schritt über Deck. «Die meisten von euch wissen, dass ich einst Sklave war», sagte ich. «Der Mann, der mich versklavte und versuchte, mich an Leib und Seele zu brechen, ist dort drüben auf dem Schiff. Zwischen ihm und mir liegen gerade einmal fünf Stadien.»

Vielleicht sollte ich öfter Reden halten.

Inzwischen stand ich am Ruder und brachte uns hinter Dagons Heck.

Und mit einem Mal biss ich wie ein Schlachtross auf die Trense.

Wir kamen an einem anderen Phönizier vorbei, der führerlos im Wellengang dümpelte. Die Ruderer hingen leblos über den Riemen. Das wäre eine leichte Beute gewesen, doch wir ließen das Schiff links liegen. Dann glitten wir an Kariern vorbei, an Männern, die vielleicht einmal zu meinen Verbündeten gehört hatten – kaum einer konnte noch richtig pullen, und auch diese mögliche Prise beachteten wir nicht weiter, weil es um Rache ging. Sagte ich schon, dass meine Ruderer Helden waren? Sie waren wie die Argonauten, und so pflügten wir gen Ost durch die Wellen, hatten die sinkende Sonne achteraus. Ich hatte Zeit, einen Schluck Wasser zu trinken und meine wunden Fußrücken mit Wasser zu übergießen, hatte Zeit, die Lederbänder von den Schienen meines Sohns zu nehmen – Hipponax' Wunde hatte sich wieder geöffnet, er konnte nicht mehr kämpfen.

Ich begab mich zum Bug, fühlte mich schon besser als zuvor. Die Erschöpfung war zweitranging, plötzlich war ich der Mann, der seit vier Tagen unermüdlich kämpfte. Meine Gedanken wanderten auch zu den Kriegern des vereinigten Heeres, die sich vermutlich immer noch am Engpass abwechselnd und in kleinen Kontingenten gegen die Flut der Perser stemmten.

Wieder einmal hatten wir nicht verloren. Als ich versuchte, mir einen Überblick zu verschaffen, sah ich, dass die Ionier im Zentrum des Feindes kehrtmachten und flohen. Und mit einem Mal strebte die Flotte des Großkönigs zurück zu den Stränden von Aphetai.

Aber dass wir tatsächlich gewonnen hatten, wurde mir erst richtig klar, als wir weiter zu Dagon aufschlossen.

Sieg hin oder her, ich hatte noch etwas zu erledigen.

Dagons Schiff nahm Reißaus.

Doch wir holten auf, verkürzten den Vorsprung. Drei Stadien, zwei, dann ein Stadion. Ka und seine Getreuen schickten ihre Pfeile in den Wind, Dagon dagegen hatte nicht einmal Bogenschützen.

Wir waren nur noch etwa hundert Schritte von Dagons Heck entfernt, als ich den Befehl gab, nicht mehr zu schießen. Ich sah Brasidas an. «Das ist meine Angelegenheit», sagte ich ernst, vielleicht sogar etwas zu unfreundlich. «Rühr ihn nicht an.»

Der Spartaner ließ sich weiter nichts anmerken, doch ich fand, dass er irgendwie gequält aussah. Tatsächlich dachte er stets ehrenvoll und konnte offenbar nicht nachvollziehen, warum ich einen Gegner unbedingt töten musste, zumal dieser Gegner bereits geschlagen war. Doch dann nickte er. «Und wenn du stirbst?», fragte er nur.

«Dann kümmere dich um meinen Sohn», sagte ich. «Oh, und töte den Bastard. Er hat es nicht anders verdient.»

«Warum kann ich ihn dann nicht gleich von hier aus töten?», fragte Ka.

Hektor stand neben mir und lächelte in sich hinein.

Als Hipponax Anstalten machte, sich mir anzuschließen, fuhren wir ihm alle über den Mund und verboten ihm strengstens, uns zu folgen. Das war der Moment, als meine Epibatai längsseits an Dagons Ruder waren.

Ka beugte sich leicht vor, stand auf den Fußballen und tötete den Steuermann mit einem einzigen Schuss.

Dagons Schiff gierte, im nächsten Augenblick donnerte unsere Bordwand gegen den Rumpf. Ich verlor den Halt und fiel der Länge nach hin, Brasidas auch – wir hatten offenbar die Wucht des Aufpralls unterschätzt.

«Keine Ruderer mehr töten!», rief ich. Ich war wieder auf den Beinen, setzte den rechten Fuß auf die Reling und durchlebte einen Moment schierer Angst.

Angst vor Dagon.

Angst vor dem Sprung.

Angst vor dem Alter, Angst zu unterliegen.

Doch dann sprang ich.

Einmal hatte ich mich Dagon nackt entgegengestellt, ein anderes Mal hatte ich mich in meiner Verzweiflung mit einem Eimer gegen ihn zur Wehr gesetzt.

Jetzt stand ich ihm auf dem Deck gegenüber, mit Speer und Aspis.

Ich hörte, wie Brasidas hinter mir auf den Planken landete, dann folgten Hektor und der unermüdliche Siberios.

«Bist du bereit, Dagon?», rief ich.

Er war immer schon ein großer, bulliger Kerl mit kraftstrotzenden Beinen gewesen, seine Oberarme waren so dick wie meine Oberschenkel. Die Spitze seines Speers war rot verfärbt, und als er die Waffe in meine Richtung schleuderte, stieß er nicht einmal ein Keuchen aus. Aber er verfehlte mich, weil mir die Götter beistanden.

Sofort setzte er nach, riss sein Schwert aus der Scheide.

Ich warf meinen Speer nur einen Herzschlag später, und vielleicht hatte Dagon nicht damit gerechnet. Jedenfalls traf mein Speer die Stelle am Helm, wo das Rosshaar sitzt. Dagons Kopf flog zurück.

Ich hatte mein Schwert gezogen und führte den Schlag aus, den mir die Spartiaten beigebracht hatten – der Schlag, der von unten nach schräg oben geführt wird. Meine Klinge kam hinter Dagons Schild und verletzte ihn am Arm, doch mein Bewegungsablauf war noch nicht zu Ende, denn ich verlagerte kurz mein Gewicht auf mein linkes Bein, vollführte eine halbe Drehung und stieß mit dem Aspis zu.

Ganz gleich, wie kräftig man ist, die Wucht eines Aspis kann man nicht mit einem Schwert abfangen.

Dagon zog den Kopf ein, daher konnte ich ihn mit meinem nächsten Schwerthieb nicht töten – ich hatte erneut angetäuscht, das Gewicht verlagert und verdeckt zugeschlagen, wie ich es bei Polymarchos gelernt hatte. Meine Klinge schnitt in Dagons Helmzier, zerfetzte den halben Busch, doch Dagon bäumte sich mit einem wütenden Schnauben auf, stieß zu und erwischte mich leicht am linken Oberschenkel.

Bei Herakles, der Kerl war wirklich stark wie ein Ochse! Aber ich stand sicher und ausbalanciert, als ich den Schwertarm erneut vorschnellen ließ und Dagon wieder am Helm traf. Ich setzte nach, mit vollem Körpergewicht.

Dagon hatte das Gleichgewicht verloren, ging zu Boden, traf mich aber an den Füßen. Noch eine Wunde, die brannte!

Gleichzeitig stieß ich sein Schwert mit dem Aspis zurück, aber da war Dagon wieder auf den Beinen und duckte sich unter dem nächsten Schlag weg.

Ich ließ den Aspis sinken, sah, dass Dagon blutete. Ich warf den Schild fort und konzentrierte mich auf mein Schwert.

«Du!», spie er mir entgegen. «Komm doch und sieh, was ich für dich habe!»

Das irre Flackern in seinen Augen verriet mir, dass er sich nicht geschlagen geben würde.

Die Klinge seines Schwerts hatte meinem Aspis nicht standgehalten. Dagon ließ das zerbrochene Schwert fallen, aber das hinderte ihn nicht daran, mich wie von Sinnen mit bloßen Händen anzugreifen, obwohl ich noch mein Schwert in Händen hielt.

Ich ließ es drauf ankommen und warf das Schwert fort, als Dagon mich mit seinen dicken Armen packen wollte. Vielleicht hätte mich jeder für verrückt erklärt, dass ich mich mit so einem bulligen Schläger auf einen Ringkampf einließ, aber ich tat das, was ich von Beginn an hatte tun wollen. Ich drehte mich blitzschnell seitwärts in Dagons Angriff, schlang meinen linken Arm um seinen rechten Arm – meine Variante der Armklammer beim Pankration – und setzte die gefürchtete Hebeltechnik ein. Dagon brüllte, als ich ihm den rechten Arm brach, doch ich zögerte keinen Moment, weil ich diesen Ablauf schon hundertmal im Schlaf durchlebt hatte. Sofort stellte ich mein linkes Bein hinter seins und warf ihn wie ein Ringer – ja, ich hebelte ihn über das Standbein und warf ihn über die Reling, aber nicht hinab in die schäumenden Wellen, sondern hinab in die Decks, auf denen die elenden Sklaven beengt neben- und übereinander ausharren mussten.

Er lebte noch, als ich ihn losließ.

Die Sklaven dort unten fielen über ihren Peiniger her und zerfleischten ihn wie wilde Tiere. Einst, als ich unter ihm litt, hätte ich das liebend gern getan, wenn sich mir eine vergleichbare Gelegenheit geboten hätte.

Dann sackte ich auf die Knie.

Hinter mir gab Brasidas Anweisungen. «Junge, nimm ihm den Helm ab!»

Für die Dauer einiger Herzschläge hatte ich das Gefühl, meinen Körper verlassen zu haben – so muss es einst Miltiades nach der Schlacht von Marathon ergangen sein, als er in meinem Beisein sagte, er sei «bei den Göttern». Aber es war Brasidas, der mich in die Gegenwart zurückholte.

Später haben mich immer wieder viele meiner Schiffskameraden gefragt, ob ich Dagon getötet hatte, und ich bin stolz, sagen zu können: Nein. Ich habe ihn lediglich dorthin befördert, wo er den Tod finden konnte, den er verdient hatte.

Wir verloren vierzig Schiffe am vierten Tag von Artemision. Gelon war von uns gegangen. Paramanos lebte nicht mehr – sein Schiff war von Ägyptern umzingelt worden, als ich weitab kämpfte. Kimon verlor einen Sohn und zwei Vettern, und jeder Platäer vermisste fortan mindestens einen Gefährten aus der Heimat.

Athen büßte vierzig Schiffe ein.

Ägina verlor zwanzig.

Später standen wir am Strand, hinter uns die Prisen und die Verwundeten – Hermogenes war weiß im Gesicht, weil er so viel Blut verloren hatte, Seckla hatte einen Pfeil im Fuß und eine schlimme Verletzung am Kopf. Giannis hatte die linke Hand verloren, als ihm ein Phrygier mit einer Axt den Aspis zertrümmert hatte. Einzig Idomeneus war bis auf Schrammen unversehrt geblieben, der irre Hund!

Es war kein Sieg, den man hätte feiern mögen.

Dennoch scharte Eurybiades die Trierarchen um sich, die noch lebten oder aus eigener Kraft stehen konnten. Es waren noch etwa hundert Schiffsführer übrig, darunter etliche, die blutgetränkte Verbände trugen. Wie ich.

Themistokles sah aus wie ein Mann, der zu einer Bestattung geht.

Ich legte ihm eine Hand auf die Schulter. «Wir haben nicht verloren.»

Als er sich mir ganz zuwandte, sah ich, dass der begnadete Redner weinte.

Eurybiades stand für sich, doch er weinte nicht. Seine Miene war jedoch undurchdringlich und starr. Er war mit seinen Gedanken woanders.

Ich dachte, dass die beiden großen Männer noch unter den Schrecken der zurückliegenden Stunden litten. Vermutlich dachte Kimon dasselbe. Auch er legte Themistokles eine Hand auf die Schulter. «Wir sind angeschlagen, kein Zweifel», sprach er, «aber morgen werden die Schiffe des Großkönigs bestimmt nicht vom Strand ablegen. Hört mich an – Arimnestos und ich, wir könnten in See stechen ...»

Ich wollte Kimon einen finsteren Blick zuwerfen, aber dann sah ich, dass Abronichos und Phrynichos nur wenige Schritte entfernt standen und weinten.

Ich ging davon aus, dass Aischylos gefallen war, oder ein anderer bedeutender Mann. Dann sah ich, dass sich der Athener Lykomedes halb abwandte und versuchte, seine Tränen vor uns zu verbergen.

Erschöpfte Menschen lassen den Tränen schneller ihren Lauf.

Eurybiades erwachte aus seiner Starre. «Wir müssen uns zurückziehen.»

Kimon sah genauso verwundert aus wie ich.

«Zurückziehen?», rief er. «Wir haben gewonnen! Sicher, wir haben gute Männer verloren – große Männer –, aber wir wollten den Feind brechen, und genau das haben wir erreicht! Jetzt müssen wir zu Ende bringen, was wir begonnen haben ...»

«Ruhe!», verschaffte sich Themistokles Gehör. «Seid ruhig, Kimon. Wir haben keine andere Wahl.»

«Keine andere Wahl?» Kimon sah den Athener mit großen Augen an.

Eurybiades seufzte. «Heute Morgen bei Tagesanbruch eroberten die Perser einen Pass oberhalb der Thermopylen», sagte er nüchtern, im Tonfall eines Mannes, der einen Wettlauf bei Olympia beschreibt. «König Leonidas schickte das vereinigte Heer fort. Dann formierte er die Phalanx, zusammen mit allen Hopliten aus Thespeia.»

Niemand rührte sich, niemand sagte ein Wort. Selbst der Wind schien innezuhalten.

«Der König schied heute früh aus dem Leben. Zweimal verloren die Spartiaten seinen Leichnam, bis sie ihn endlich bergen konnten.» Ein Schaudern ließ seinen Körper erzittern. «Als wir heute den Feind angriffen, starb der letzte Krieger bei den Heißen Pforten. Die Schlacht an den Thermopylen ist verloren.»

Ich kann mich an nichts anderes erinnern, nur an die furchtbare Verzweiflung, die uns damals überkam.

Leonidas von Sparta war tot. Das Heer war vernichtet.

Wir hatten vier Tage lang gekämpft, für nichts.

Wir hatten verloren.

EPILOG

Nein – weiter erzähle ich heute Abend nicht. Ihr wisst, was als Nächstes geschieht. Aber vor der Dämmerung ist es stets am dunkelsten, und in jener Nacht, als König Leonidas tot jenseits der Meerenge lag – sein Leichnam geschändet von Xerxes, im Zorn und aus wenig mannhafter Engstirnigkeit –, dachten alle Griechen das Gleiche.

Aber wenn wir uns wiedersehen, werde ich euch mehr erzählen – von Salamis und Platäa. Dann erfahrt ihr, wie ich dem Großkönig ein zweites Mal begegnete.

Und ihr werdet hören, was wir vollbrachten, wir Männer Griechenlands.

Aber heute Abend trinken wir auf Leonidas von Sparta, der sein Leben für Griechenland gab – ja, und wir trinken auf Antigonos von Thespeia und all seine Männer, die neben den Spartiaten starben. Wir trinken auf all jene, die bei Artemision in Poseidons Wogen stürzten, im Kampf um Griechenland: Trinkt mit mir auf die Korinther, Platäer, Athener und auf die Männer aus Ägina und Sparta, aus Hermione und Tegea.

Erheben wir unsere Becher und trinken wir auf die Schatten der Gefallenen!

HISTORISCHES NACHWORT

Dieser Roman folgt den historischen Vorgaben so genau wie möglich. Aber die Geschichte – insbesondere die klassische griechische Geschichte – kann mitunter eher wie ein Pfad im Wald verlaufen und nicht wie eine Straße mit Rinnstein. Ich habe den Versuch unternommen, die Schriften von Herodot zu verstehen, darüber hinaus sein seltsam modernes Verständnis von Stadtstaaten, Verrat, Terrorismus und Heldentum. Ich habe die einschlägigen Titel der Sekundärliteratur gelesen und festgestellt, dass die meisten Studien unzureichend sind.

Aber als ich mich daranmachte, von Artemision und den Thermopylen zu erzählen – das eine Ereignis ist vielen heutigen Lesern vielleicht eher unbekannt, während die Schlacht an den Thermopylen zu den berühmtesten Ereignissen der klassischen Antike gehört –, stellte ich fest, dass ich mich mit einer eigenartigen Mischung aus Vermutungen, Mythen und populärwissenschaftlichen Ansätzen beschäftigen würde. Im vorliegenden Buch geht es, so hoffe ich, um die verschiedenen Kulturen. Einerseits habe ich versucht, der Frage nachzugehen, was es bedeutete, Grieche zu sein, andererseits wollte ich herausfinden, was die Griechen untereinander trennte. Ich liefere meine eigene Interpretation von Sparta und werde mich nicht dafür entschuldigen, wenn ich den Stadtstaat nicht so idealisiere, wie man es oft antrifft. Lässt man die ganze Propaganda beiseite, ist Sparta nicht der Inbegriff militärischer Perfektion, wie es moderne Faschisten gern darstellen oder wie es sich der arme Thukydides ausmalte. Ebenso wenig war Athen verweichlicht oder nur auf Philosophisches ausgerichtet, schon gar nicht während der Perserkriege. Ich hoffe aber, dass ich Sparta und seiner Bedeutung insgesamt gerecht geworden bin und auch Leonidas und Gorgo in ein rechtes Licht gerückt habe.

Als besonders schwierig habe ich es empfunden, dem Leser einen Eindruck zu vermitteln, wie Persien in jener Zeit beschaffen war und was dieses Reich an Positivem zu bieten hatte. Es ist mir zu wenig, eine Ethnie oder eine Nation zu dämonisieren, um Orkähnliche Gegner für den Helden zu erschaffen, denn die Welt war nun einmal nie nur schwarz und weiß. Keine Nation ist tatsächlich mutiger oder besser als eine andere, es sei denn, eine Nation müht sich ständig ab, diese Ziele zu erreichen, und wenn es eine Nation in jener Epoche gab, von der man sagen könnte, sie habe eine ausgezeichnete, professionelle Armee gehabt, so war das nicht Sparta, sondern Persien.

Die meisten Aspekte meines Romans stammen, wie üblich, aus Herodots Schriften, und ihm habe ich es zu verdanken, überzeugende und ineinander verwobene Handlungsstränge entworfen zu haben – so hoffe ich jedenfalls. Ich gebe gern zu, dass ich nicht weiß, ob die Griechen die panhellenischen Feierlichkeiten wie die Olympischen Spiele als Versammlungsorte nutzten, um über den bevorstehenden Krieg zu debattieren, aber ich habe die Olympischen Spiele immer schon geliebt, die antiken wie die modernen, und während ich die Spiele in London verfolgte, beschloss ich, dass mein neues Buch mit den Spielen bei Olympia beginnen sollte. Ich habe versucht, auf historische Genauigkeit zu achten, musste aber recht bald feststellen, dass es über die antiken Spiele genauso viel Wissenswertes gibt wie über die Taktiken der Triremen – und genauso viele Kontroversen! –, und daher bezweifle ich, dass ich jeden Kritiker zufriedenstellen kann.

Ich wollte auch gern etwas zur Rolle der Frauen bei den Olympischen Spielen sagen, aber nicht nur dort, sondern praktisch in allen Lebensbereichen der antiken Welt. Anhand von Jocasta und

Gorgo wollte ich aufzeigen, wie unterschiedlich die Einstellungen zu Frauen in Sparta und Athen waren. Frauen waren in keiner antiken Gesellschaft den Männern gegenüber gleichberechtigt, und wer das so darstellt, der betreibt Anachronismus. Dennoch, einige Frauen wurden tatsächlich sehr mächtig, und die gegenwärtige Forschung zeigt (in diesem Zusammenhang möchte ich *Portrait of a Priestess* von Joan Breton Connelly erwähnen), dass Frauen doch nicht so stark vom öffentlichen Leben und von Feiern im privaten Bereich ferngehalten wurden, wie es oft suggeriert wird – insbesondere von prüden und misogynen Historikern der viktorianischen Epoche. Hier möchte ich als Historiker gleich eine kurze Schimpftirade zu einem meiner Lieblingsthemen abgeben – es gibt nämlich keine «Periode», die gemeinhin als «Antikes Griechenland» bezeichnet wird. Die antike griechische Kultur war mindestens genauso dehnbar und schnelllebig wie die moderne Kultur. Auch die griechische Welt unterlag in ihren kulturellen Bereichen einem ständigen Wandel: angefangen bei technischen Errungenschaften des Militärs über Modefragen, Frauenrechte bis hin zur Homosexualität. Ich erwähne das nicht ohne Grund. Denn selbst wenn wir den Beschreibungen aus römischer Zeit glauben, dass Frauen von den Olympischen Spielen ausgeschlossen waren, so stammen diese Aussagen aus dem 4. Jahrhundert n. Chr. – und das ist wieder eine völlig andere Epoche als die, die ich beschreibe.

Ich bin stolz darauf, wie viel ich für diese Reihe recherchiert habe, um die Handlung so «real und wirklichkeitsgetreu» wie möglich zu gestalten. Ich habe viel Zeit investiert und bei allen Wetterlagen die unterschiedlichsten historischen Rüstungen angelegt – ich war nicht nur gerüstet wie ein Hoplit in der Phalanx, sondern manchmal gekleidet wie ein Sklave. Wenn es ein Thema gibt, das so komplex ist wie die Olympischen Spiele in der antiken Welt, dann ist es das der Seefahrer der Antike. Daher möchte ich noch rasch erwähnen, dass ich bei Sonne und Regen auf einem schweren

Boot mit sechzehn Riemen gepullt habe. Ich bin auch gesegelt, aber nicht so lange und nicht so weit, wie ich gern gesegelt wäre – wirklich, ich war in allen Gewässern unterwegs, die ich dem Leser in diesem Roman vorstelle, aber oft an Deck eines Kriegsschiffes der US Navy und leider nicht auf einer Pentekontere oder Trireme. Weil mir diese Erfahrung fehlt, habe ich mich auf den Wortlaut der antiken Seeleute verlassen, und natürlich auf die Bücher eines Mannes wie Captain Severin, der sozusagen als moderner Reenactor auf den Spuren der antiken Seefahrer unterwegs war. Ich habe ihm viel zu verdanken, auch einem Dutzend Autoren der letzten beiden Jahrhunderte. Ich möchte mich darüber hinaus bei der Hakluyt Society bedanken, bei der ich inzwischen Mitglied bin. Alle Fehler, die mir womöglich dennoch unterlaufen sind, nehme ich auf meine Kappe, aber wenn man beim Lesen das Gefühl hat, dass die nautischen Passagen realistisch und authentisch wirken, dann habe ich das jenen erfahrenen Seeleuten zu verdanken, die mir mit Rat und Tat zur Seite standen. Gelegentlich habe ich bewusst auf anachronistische Wörter aus Falconers *Maritime Dictionary* (um 1800) zurückgegriffen, da der ständige Gebrauch der griechischen nautischen Terminologie das Lesevergnügen vermutlich getrübt hätte.

Ich möchte auch anmerken, dass ich mich schon während der Arbeit an *Bezwinger der Meere* mit Freunden aus Griechenland dafür starkgemacht habe, das Reenactment der Schlacht von Marathon zur 2505-Jahr-Feier zu wiederholen. Wir hoffen, dass wir sehr viel mehr Menschen auf dieses Event aufmerksam machen können als beim letzten Mal, der 2500-Jahr-Feier. Für mich waren diese Tage eine unvergessliche Erfahrung, und was ich dort lernte – denn jeder Reenactment-Darsteller bringt sich mit seinen Erfahrungen und seiner Ausrüstung ein –, ist in diesen Roman eingeflossen und wird sich auch positiv auf die restlichen Bände der Reihe auswirken. Ich habe drei Tage lang eine griechische Rüstung getragen, habe in einer Phalanx gekämpft, die wirklich wie eine Phalanx aussah. Vielleicht spüren Sie das, wenn Sie diesen Roman lesen. Ich möchte mich ausdrücklich bei jedem Reenactment-Darsteller bedanken, der an diesem Projekt teilgenommen hat, und bei allen Gruppen in der Amphiktyonie. Ohne diese Leute hätte ich Bücher wie dieses nicht schreiben können.

Und natürlich, wenn Sie nach dem Lesevergnügen zum Xiphos und Aspis greifen möchten – oder sich einen Bogen schnappen wollen –, dann nur zu, besuchen Sie die Website, über die Sie Ihre Reenactment-Gruppe in Ihrer Nähe finden können. Werden auch Sie Mitglied. Oder besuchen Sie mich auf meiner Website oder auf Facebook. Wir sind immer auf der Suche nach neuen Rekruten!

Zuletzt noch ein Blick auf die Politik jener Zeiten und das Schreiben von fiktionalen Texten. Weder die Phönizier noch die Perser waren schlecht oder «böse». Und die Griechen waren nicht durchweg «gut». Arimnestos ist vielmehr ein Produkt seiner Zeit, und es würde sich seltsam anhören, wenn er nicht an einigen der Vorurteile und neidischen Gedanken leiden würde, die wir mit seinen Zeitgenossen in Verbindung bringen.

Auch auf die Gefahr hin, dass ich wiederhole, was ich bereits im Nachwort zu *Schlacht von Marathon* und *Bezwinger der Meere* geschrieben habe: Die komplexen Verbindungen der politischen Entscheidungen, die mit dem Zinnhandel der Antike zu tun haben, auch Karthagos Versuch, das Monopol zu behaupten, die ersten, zögerlichen Versuche des persischen Großreichs, Verbündete im fernen Westen zu finden, um die Griechen an verschiedenen Fronten zu bezwingen – all das sind moderne Vorstellungen. Und dennoch, für die Steuermänner und Schiffseigner aus Athen, Tyros, Karthago und Syrakus lagen derartige Strategien genauso auf der Hand wie für die Lehnstuhl-Strategen der heutigen Tage. Sparta und Athen haben mit Sicherheit versucht, eine friedliche Lösung zu finden – das deutet Herodot an. Und in gewisser Hinsicht wird es in diesem Krieg auch um Handelsfragen gegangen sein – auch das deutet Herodot an. Wenn meine Romane eine bestimmte Aussage treffen, dann die, dass die Vergangenheit vielschichtig war und nicht auf simple Sichtweisen reduziert werden kann. Zumindest in Tyros und Athen waren die führenden Piraten auch die tonangebenden politischen Führer, die weitreichende Entscheidungen trafen.

In den anderen Bänden der Reihe habe ich schon gesagt, dass im Grunde alles in der *Ilias* steht. Ich habe enormen Respekt vor den Werken vieler Historiker, der klassischen wie der modernen Historiker. Aber diese Forscher waren nicht dabei.

Ich habe den Krieg erlebt – zwar nie den Krieg mit Ruderriemen und Rammsporn, aber Krieg. Und wenn ich die *Ilias* und die *Odyssee* lese, habe ich den Eindruck, dass diese Schriften über die Jahrtausende hinweg zu uns dringen und die *Wahrheit* wiedergeben. Vielleicht nicht die Wahrheit über Troja. Oder über Harpyien. Aber die Wahrheit über *Krieg*. Homer liebte den Krieg nicht. Achill ist vom Charakter her gewiss nicht der beste Mensch in der *Ilias*. Krieg ist hässlich.

Arimnestos von Platäa hat wirklich gelebt. Ich hoffe, dass ich ihm und seiner Epoche mit meiner Darstellung gerecht geworden bin.

ANMERKUNGEN DES AUTORS

Am 1. April 1990 saß ich auf dem rechten hinteren Sitz einer Lockheed S-3 *Viking*, eines U-Jagdflugzeugs der US Navy. Wir waren vom Flugzeugträger USS *Dwight D. Eisenhower* zu einem Routineflug zur Aufklärung feindlicher U-Boote gestartet. Aber wir waren nicht irgendwo. Wir flogen entlang der türkischen Küste, und auf dem Flug kamen wir an Troja vorbei, genauer gesagt an Hisarlik Tepe in Anatolien. Später am selben Nachmittag folgten wir dem Küstenverlauf von Lesbos und entlang der Küste, die Herodot einst als Asia bezeichnete. Auf der oberen Pritsche unserer Kabine auf dem Flugzeugträger (als rangniedrigster Offizier schlief ich ganz oben) lag eine aufgeschlagene Ausgabe der *Ilias*.

Jenen Tag werde ich so schnell nicht vergessen, denn bei mir an der Wand hängt ein Foto, auf dem der russische Lenkwaffenzerstörer *Okryljonny* der Sowremenny-Klasse in voller Breite zu sehen ist. Auf dieses Schiff hatte ich während einer Simulation einen Harpoon-Seezielflugkörper weit über dem Horizont abgefeuert, wobei wir unser ausgezeichnetes ISAR Überhorizontradar benutzten. Natürlich gab es keine homerische Waffentat – der Kalte Krieg war so gut wie zu Ende –, aber in jener Stunde verspürte ich einen professionellen Triumph. Und das Foto von dem Schiff, hinter dem in dunstiger, verhangener Ferne jene Küste zu erahnen ist, an der einst die Schlachten von Mykale und Troja stattfanden, wird für immer meine Wand zieren – bis auch mein Schatten eingeht in die Unterwelt.

Ungefähr zur selben Zeit – vielleicht war es auch ein paar Monate zuvor oder etwas später – las ich Steven Pressfields ausgezeichnetes Buch *Gates of Fire*, das aus meiner Sicht zu den besten englischsprachigen Militär-Romanen über die Antike zählt. Und mit ungewohnter Demut vor diesem Werk (einige lachen jetzt sicher leise in sich hinein) wage ich mich auf dasselbe Terrain. Aber schon als ich damit anfing, die Serie «Der Lange Krieg» zu entwerfen, war mir bewusst, dass die Platäer nicht bei den Thermopylen oder den «Heißen Pforten» gekämpft, sondern die Mannschaften der athenischen Schiffe gestellt hatten. Und deshalb konzentrierte ich mich eher darauf, möglichst viel über die Schlacht bei Artemision (480 v. Chr.) zu lesen. Und je mehr ich las, desto mehr war ich davon überzeugt, dass die entscheidende Schlacht nicht an den Thermopylen stattfand, sondern vor Artemision.

König Xerxes ist anders geworden als *Sohn des Achill*, und vielleicht bin ich auch ein bescheidenerer Mensch geworden als zu der Zeit, in der ich den ersten Band der Reihe schrieb. Zunächst schulde ich anderen großen Dank, dass der vorliegende Roman entstehen konnte – zum Beispiel den iranischen Männern und Frauen, die ein Café betreiben und unermüdlich bereit waren, mir Fotos von Monumenten zu besorgen, Textpassagen zu übersetzen und mir geistreiche Bemerkungen und Zitate aus dem Persischen (Fārsi) zu nennen. Ohne die Leute vom R Squared Café in Toronto wären meine Perser sehr viel hölzerner geraten!

An erster Stelle möchte ich mich bei Nicolas Cioran für all das bedanken, was er gedanklich zur Entstehung des Romans beigetragen hat – eine Weile trafen wir uns zum Work-out in einer Sporthalle, in der wir uns zwischendurch auch im Schwertkampf maßen, und unterhielten uns angeregt über den etwas eigenartigen Status von Platäa. Bedanken möchte ich mich auch bei meinem Trainer und Sparringspartner John Beck, einmal dafür, dass ich mich körperlich viel fitter fühle, zum anderen dafür, dass ich unter seiner Anleitung ein Gefühl dafür bekommen habe, wie hart in der Antike das Training gewesen sein muss, um ein Leben führen zu können, das von Kriegen bestimmt war. In gleichem Maße gebührt mein Dank Aurora Simmons, die gemeinsam mit mir den Kampf mit dem Xiphos – dem antiken griechischen Schwert – neu aufleben ließ. In gleichem Maße möchte ich mich bei Chris Duffy bedanken, dem vielleicht besten Martial-Arts-Künstler, den ich kenne.

Aus dem Kreis der professionellen Historiker unterstützten mich Paul McDonnell-Staff und Paul Bardunias, ebenso sämtliche Betreiber von RomanArmyTalk.com und die dazugehörige Netzgemeinschaft. Mein Dank gilt auch den Angestellten des Royal Ontario Museum, die mir bereitwillig den offenbar einzigen antiken Helm zeigten, der auf die Zeit der Schlacht von Marathon zurückgeht. In diesem Zusammenhang möchte ich mich auch beim Antikenmuseum Basel und der dortigen Antikensammlung Ludwig bedanken, die die besterhaltenen antiken Aspides besitzen und mir großartige Aufnahmen zur Verfügung stellten, damit ich einen solchen Schild nachbauen konnte. Hilfe erhielt ich auch von den Bibliotheksangestellten der University of Toronto und von der großartigen Metro Reference Library. Erwähnen möchte ich unbedingt die Bibliothek der University of Rochester (meine Alma Mater) und die Art Gallery von Ontario. Jeder Autor ist auf eine Stadt angewiesen, in der er mit Hilfe des Ausweises einer Stadt- oder Landesbibliothek kostenlosen Zugang zu JSTOR (Journal STORage) hat. Die Mitarbeiter der Walters Art Gallery in Baltimore, Maryland – passenderweise genau gegenüber von der Wohnung meiner Mutter – waren so freundlich, mir auszuhelfen, auch wenn ich mir denselben Helm zum sechsten Mal anschauen wollte.

So ausgezeichnet die professionellen Historiker sein mögen – und meine Darstellung der Perserkriege stützt sich im Wesentlichen auf die Forschungsergebnisse ausgewiesener Historiker der Antike, darunter Hans Van Wees und Victor Davis Hanson –, mein Dank geht vor allem an all die Hobbyhistoriker bzw. Reenactment-Darsteller, die jene historische Epoche wiederaufleben lassen. Giannis Kadoglou aus Thessaloniki z. B. fuhr zwei Tage lang bereitwillig mit mir durch die griechische Landschaft, von Athen bis nach Platäa und zurück, was meiner fünfjährigen Tochter und meiner Frau sehr gut gefiel. Auf dieser Tour erklärte Giannis uns alles in unserer Sprache und war von der antiken Stadt Platäa genauso begeistert wie ich. Kennengelernt habe ich ihn über RomanArmyTalk, und ohne Giannis' Leidenschaft für dieses Thema und seinen unablässigen Eifer, meine Fehler zu korrigieren, wäre dieses Buch vermutlich ganz anders ausgefallen. Wir sind heute dicke Freunde, und ich denke, meine Sichtweise auf viele Aspekte der griechischen Welt gibt weitestgehend seine Ansichten wieder. Wenn ich Giannis erwähne, möchte ich im selben Atemzug meine anderen griechischen Freunde nennen, insbesondere George Kafetsis und seine Partnerin Xsenia, die Schlachtfelder abgeschritten sind, mit Pfeil und Bogen geschossen und sich bei Wein, Bier und Ouzo viele Gedanken gemacht haben.

Aber Giannis war bei weitem nicht der Einzige, der mir bei meiner Arbeit geholfen hat. Erwähnen möchte ich in diesem Zusammenhang all die griechischen Reenactment-Darsteller, die – so kann man es ohne Übertreibung sagen – eine ganze Phalanx hätten bilden können. Hier in meiner Region von Nordamerika haben wir eine Gruppe, die sich die *Platäer* nennt – glauben Sie mir, das ist kein Zufall –, und gemeinsam arbeiten wir hart daran, jene Epoche der antiken Stadtstaaten, die in meinen Romanen vorkommen, wiederauferstehen zu lassen: angefangen bei Waffen, Rüstungen und Kampftechniken über Kochkünste und Handwerk bis hin zum klassischen Kriegstanz, dem Pyrrhiche. Wenn man also als Leser den Eindruck gewinnt, dass es mir als Autor historischer Romane gelungen ist, den starren Fakten der Geschichte neues Leben einzuhauchen – und natürlich hoffe ich, dass mir das gelungen ist! –, dann liegt das nicht zuletzt an den Bemühungen jener Frauen und Männer, die meiner Reenactment-Truppe angehören und die mir immer wieder Dinge zeigen, an die ich bislang nicht gedacht hatte. Denn sie alle betreiben historische Forschungen, stellen ihre eigenen antiken Rüstungen her und trainieren immer wieder mit neuem Elan. Ich danke euch allen, ihr Platäer. Natürlich auch all den anderen Reenactment-Darstellern der griechischen Antike, die mir dabei geholfen haben, bestimmte Dinge zu finden oder herzustellen. Besonders möchte ich in diesem Zusammenhang Craig und seine Partnerin Cherilyn in Manning Imperial, Australien, erwähnen.

Bedanken möchte ich mich darüber hinaus bei den Menschen von Lesbos, Athen und Platäa – ich kann sie nicht alle aufzählen, aber auf drei Touren durch Griechenland haben mich immer wieder Leute bei meinem Vorhaben unterstützt. Stellvertretend für all diese hilfsbereiten Menschen möchte ich Aliki Hamosfakidou von Dolphin Hellas Travel namentlich erwähnen, mit der ich in regem E-Mail-Kontakt stand und die sich auch ein paarmal Zeit für persönliche Gespräche genommen hat.

Bill Massey, mein Lektor bei Orion, hat wie immer ganz exzellente Arbeit geleistet, und dank seines scharfen Blicks ist dieses Buch sehr viel besser geworden. Bill fand naturgemäß viele Fehler, aber genug davon. Ich habe schon mit einigen Lektoren gearbeitet, aber die Zusammenarbeit mit Bill ist phantastisch. Kommt schon, ihr lieben Autoren – wie viele von euch können das von ihren Lektoren sagen?

Meine Agentin Shelley Power trug direkter zur Entstehung dieses Romans bei als zu meinen anderen Büchern – zunächst in ihrer Funktion als Agentin, doch später flog sie nach Griechenland, wo sie von Lesbos und Athen ebenso begeistert war wie ich. Shelley lud uns ins Archaeon Gefsis ein, in ein Restaurant, das seine Gäste auf eine kulinarische Tour in die Antike mitnimmt. Dann half sie dabei, die Feierlichkeiten rund um «2500 Jahre Schlacht von Marathon» zu planen und durchzuführen. Sie engagierte sich darüber hinaus als Reenactment-Darstellerin des antiken Griechenlands. Ich danke dir für alles, Shelley, nicht zuletzt für deine unermüdliche Arbeit als Agentin!

Christine Szego und die Angestellten meiner Buchhandlung vor Ort, Bakka-Phoenix in Toronto, haben ebenfalls meinen Dank verdient, da ich oft unangekündigt dort auftauche und eine Viertelstunde von meiner Story und den Figuren erzähle oder einfach nur plaudern möchte – das Schreiben ist manchmal eine sehr einsame Arbeit, und dann tut es gut, wenn man jemanden hat, mit dem man reden kann. Außerdem veranstaltet «meine» Buchhandlung stets eine großartige Buchpräsentation.

Autoren heben sich den Dank für die eigene Familie immer bis zuletzt auf, eigenartig, nicht wahr? Aber da man das eben so macht, werde auch ich mich an diese Gepflogenheit halten, auch wenn ich mich für jede Arbeitsphase bei meiner Frau bedanken müsste. Zumal auch sie eine Reenactment-Darstellerin ist und einen guten Überblick über all die Dinge hat, die wir gemeinsam gelesen haben (sie kennt sich, würde ich sagen, bestens mit Stoffen aus dem antiken Athen aus). Darüber hinaus muss sich Sarah, mehr noch als Miss Szego, stets meine Geschichtsbegeisterung anhören, die sich beim Schreiben zwangsläufig einstellt (wobei ihr die Worte «wusstest du eigentlich schon?» mehr Schrecken bereiten als alles andere). Meine Tochter Beatrice gehört inzwischen auch zu unserer Reenactment-Truppe, und es ist ganz erstaunlich, mit wie viel Phantasie und Hingabe sie in die Rolle eines Kindes in jener Epoche schlüpft. Mein Vater Kenneth Cameron hat mir sehr viel über das Schreiben bzw. den kreativen Schreibprozess beigebracht und steht mir immer noch gern mit Rat und Tat zur Seite – außerdem hat er immer ein offenes Ohr für mich, wenn ich mich mal wieder über die Tücken des Schreibens beschwere, und damit erweist er mir fast noch den größeren Dienst.

Nachdem ich all das gesagt habe, fällt es mir beinahe schwer einzuschätzen, was ich für mich verbuchen kann, wenn euch, liebe Leser, dieser historische Roman gefällt. Ich hatte eine Menge Hilfe, und dafür bin ich sehr dankbar. Sollten Sie Fehler finden, auch historische Fehler, oder plötzlich feststellen, dass mein Kurs auf hoher See nicht stimmen kann – nun, dann wissen Sie, dass auch ich meinen Beitrag geleistet habe, denn alle Fehler gehen selbstverständlich auf meine Kappe.

Toronto, März 2013

GLOSSAR

Ich bin, was das Griechische betrifft, kein Fachmann. Sämtliche Definitionen stammen von mir, beziehen sich aber auf *Liddell Scott Jones* (LSJ), das Standardlexikon für Altgriechisch-Englisch, ferner auf Routledges *Handbook of Greek Mythology* sowie auf Smiths *Classical Dictionary*. Bei einigen militärischen Aspekten besitze ich die Kühnheit, der einschlägigen Ansicht der Gelehrten zu widersprechen. Besuchen Sie meine Website www.hippeis.com, dort finden Sie weitere Informationen und einige hilfreiche bildliche Darstellungen.

Afrika – in der Antike bezeichnete «Africa» streng genommen nur das Gebiet um Karthago (heute Tunesien); Nordafrika hieß in der Antike Libya (s. dort).

Agiaden – eines der beiden Königshäuser von Sparta.

Ägina – eine griechische Insel im Saronischen Golf im Westen der Ägäis, der auch Golf von Ägina genannt wird. Die Insel liegt ca. 25 km südwestlich von Athen.

Agoge – das strenge Erziehungssystem Spartas.

Agora – zentraler Versammlungs- und Marktplatz einer Stadt.

Akinakes – eine Mischung aus Kurzschwert und Dolch.

Akropolis – ursprünglich der Burgberg bzw. die Wehranlage einer Stadt; am bekanntesten ist die Akropolis in Athen.

Alaun – Bezeichnung von Salzen der Schwefelsäure; Verwendung bei der Holzbearbeitung, bei der Färberei und der Gerberei. Auch von Ärzten angewendet.

Albion – auch **Alba** (ein Begriff, der schottisch-gälischen Ursprungs zu sein scheint und sich in der Antike auf Schottland / Irland oder Großbritannien allgemein bezog); zur Zeit der

Perserkriege hieß England noch nicht Britannia. Spätestens seit Plinius d. Ä. und Ptolemäus hatte sich der Name **Albion** für England etabliert.

Alpheios – heute Alfios; Hauptfluss der griechischen Halbinsel Peloponnes.

Andron – das Männergemach; klassischer Bestandteil des antiken griechischen Hauses – bildet den öffentlichen, repräsentativen Teil des Hauses; Ort festlicher Mahlzeiten und Trinkgelage (Symposia).

Anûšiya – «die Unsterblichen»; Elitekämpfer im antiken Perserreich (Infanterie und Leibgarde). Der Begriff «Unsterbliche» geht auf Herodot zurück; Anûšiya bedeutet Gefährte bzw. Gefolgsmann (wie die «Hetairoi» bei den Griechen, die Gefolgsleute des Monarchen).

Aphetai – auch Aphetae; Küstenort in Thessalien; die Bucht war ca. 80 Stadien von Artemision entfernt.

Archon – Pl. Archonten; hoher Beamter im antiken Athen; auch für andere griechische Städte belegt; es gab bis zu vier Archonten.

Arete – die Vortrefflichkeit einer Person; auch Tüchtigkeit im militärischen Sinn. Zunächst Idealbild des Adels.

Argonauten – griechisch Argonautai; die Helden, die mit Iason auf dem Schiff «Argo» nach Kolchis fuhren, auf der Suche nach dem legendären Goldenen Vlies.

Artemision – nördlichste Küstenstrecke Euböas (mit Kap); dort war Artemis ein Tempel geweiht.

Aryballos – kleines Gefäß mit kugeligem Bauch; ideal zum Aufbewahren von Flüssigkeiten.

Aspis – Schild des griechischen Hopliten (der nicht als Hoplon bezeichnet werden darf!; Hoplon bezeichnet eine Waffe allgemein). Der kreisrunde Aspis hatte einen Durchmesser von etwa 80 bis 100 cm, war nach außen gewölbt (bis zu sechs Zoll tief) und dürfte bis zu 8 kg gewogen haben.

Athos (Halbinsel) – auf Chalkidiki; vgl. Xerxes-Kanal.

Atlantis thalassa – der Atlantik; das «Atlantische Meer» oder «Meer des Atlas» jenseits der «Säulen des Herakles».

Avestische Sprache – zusammen mit dem Altpersischen die frühesten belegten iranischen Sprachen; das Avestische leitet sich her von Avesta, dem heiligen Buch des Zoroastrismus.

Baktrien – eine historische Landschaft; heute in etwa Afghanistan, Tadschikistan und Usbekistan. Baktrien gehörte zum persischen Achämenidenreich.

Barion – Bari.

Bireme – ein Kriegsschiff mit zwei Reihen von Riemen übereinander, im Gegensatz zur Trireme, die drei Reihen hatte.

Brauron – antike Kultstätte an der Ostküste Attikas (Artemis geweiht).

Bule – Ratsversammlung in den Städten (Poleis) des antiken Griechenlands.

Chalkedon – in der Antike eine Stadt am Südausgang des Bosporus (heute ein Stadtteil Istanbuls).

Chiton – Pl. Chitone; die allgemeine Tracht der Männer (das am Körper getragene Unterkleid), bestehend aus einem Wolltuch; der Chiton wurde an der linken Körperseite gefaltet und dort geschlossen, während er an der rechten Seite offen blieb und auf Schulterhöhe von einer Fibel zusammengehalten wurde.

Chlamys – in der Antike ein kurzer Reit- und Reisemantel; bestand aus einem rechteckigen Stück Tuch, das über die linke Schulter geworfen und rechts auf Schulterhöhe mit einer Spange gehalten wurde.

Daimon – Pl. Daimones; in der griechischen Mythologie ein Geistwesen; der Daimon des Kampfes könnte aus heutiger Sicht mit Adrenalin gleichgesetzt werden, aus philosophischer Sicht mit angeborener Intelligenz.

Dareikos – Pl. Dareikoi; Goldmünze des Achämenidenreichs; Zahlungsmittel im Mittelmeerraum.

Delos – Insel der Kykladen in der Ägäis; mit Apollonheiligtum und Orakel.

Demos – das «(Staats)volk»; Pl. Demen; Siedlungsgemeinschaft einer griechischen Polis. Demen bildeten darüber hinaus die Grundlage der attischen Phylen.

Despoina – Dame, Herrin oder Gebieterin; förmliche Anrede.

Diaulos – die Doppelpfeife (Instrument); aber auch der Lauf über die doppelte Stadionlänge; die Länge der Bahn variierte: 192,27 m in Olympia und 177,5 m in Delphi.

Diekplous – eine komplexe nautische Taktik von Ruderschiffen im Seekrieg, bei der jedoch vieles im Unklaren ist. Ein Diekplous bezeichnet das seitliche Ansteuern des gegnerischen Schiffes (eigentlich das Durchfahren des gegnerischen Verbandes), um dessen Riemenreihen zu rammen und dadurch zu zerstören.

Drachme – Gewichts- und Münzeinheit aus Silber; neben 1-Drachmen-Prägungen gab es Tetradrachmen (4 Drachmen) und weitere Unterteilungen. Viele Prägungen zeigen Tierbilder, am bekanntesten ist vielleicht das Eulenmotiv. Der Obolus (s. unten) ist die kleinste Einheit. Aus 1 Mine Silber (s. unten Talent) konnten 100 Drachmen geprägt werden.

Dura – antike Stadt Assyriens am Tigris.

Elaious – ein Ort an der Südspitze des Hellesponts.

Elis – Landschaft im Nordwesten der Peloponnes; hier trainierten die Athleten, ehe sie in Olympia zu den Wettkämpfen antraten.

Entos thalassa – das Innere Meer; eine antike Bezeichnung für das Mittelmeer.

Ephebe – ein junger Mann unmittelbar nach der Pubertät.

Ephoren – von der Volksversammlung der Polis gewählte Staatsdiener mit weitreichenden Kompetenzen, vor allem in Sparta (zumeist 5 an der Zahl).

Epibatai – Sg. Epibatēs; Krieger einer Trireme; ausgerüstet wie Hopliten.

Epidauros – antike Kultstätte mit Heiligtum des Asklepios.

Epilektoi – junge Platäer, die im Ernstfall ausrücken.

Erastes – der Liebhaber in einer gleichgeschlechtlichen Beziehung – für gewöhnlich der ältere Partner, möglicherweise ein gestandener Krieger zwischen 25 und 30 Jahren.

Erinnyen – drei Rachegöttinnen in der griechischen Mythologie; auch bekannt als Eumeniden (Furien bei den Römern).

Eromenos – bezeichnete im antiken Griechenland den jugendlichen Geliebten in einer gleichgeschlechtlichen Beziehung; der Eromenos war für gewöhnlich 17 Jahre alt, der erwachsene Partner wurde als Erastes bezeichnet.

Erythräisches Meer – in der Antike das Rote Meer; auch Erythrà thalassa.

Eulaios – Fluss in Vorderasien, Medien; auch Choaspes; heute Karche im Iran.

Eupatridai – Eupatriden; attischer Geburtsadel.

Eurypontiden – eines der beiden Königshäuser von Sparta.

Evros – auch Hébros; Fluss in Thrakien (heute der Fluss Mariza).

Exedra – Pl. Exedren; offene Plattform als Anbau eines Versammlungsraumes; im Privathaus ein Raum, der an drei Seiten von Wänden umschlossen ist, während die vierte Seite sich auf einen Säulengang öffnet. Auch der Vorraum der Frauengemächer.

Gymnasion – Ort der körperlichen, charakterlichen und intellektuellen Erziehung junger Männer.

Gytheion – heute Gythio; Haupthafen Spartas.

Hades – Herrscher über die Unterwelt (der Name ging dann auf die Unterwelt an sich über); Herr des Totenreichs, verantwortlich für die Entführung der Persephone (s. unten).

Hekatombaion – Monatsname der griechisch-ionischen Monatsgruppe; 1. Monat nach dem Sommersolstitium und erster Monat des attischen Jahres (entspricht Juli / August im julianischen Kalender).

Hellespont – Meerenge zwischen der thrakischen Halbinsel Chersones und dem asiatischen Festland (heute Dardanellen).

Heloten – die «öffentlichen Sklaven» im antiken Sparta – ursprünglich Angehörige einer sozialen Schicht von Sesshaften in Lakedaimon (= Sparta), die keine Bürger waren; vermutlich gehörten die Heloten zu einer Bevölkerung, die von den Spartanern unterworfen wurde und danach für diese arbeitete. Demzufolge konnten sich die Spartaner ganz dem Krieg widmen. Die Heloten bewirtschafteten ihnen zugewiesene Parzellen und waren zu Abgaben verpflichtet. Offenbar erklärten die Ephoren (vgl. dort) bei ihrem Amtsantritt den Heloten förmlich den Krieg, sodass man sie wie Feinde behandeln konnte. Heloten, die dem Staat verdächtig vorkamen, wurden ohne weiteres getötet (vgl. Krypteia).

Hemiola – ein schnelles, wendiges Schiff, das sich aus der Bireme entwickelte; äußerst begehrt bei Piraten.

Hephaistos – Gott des Feuers und der (Kunst)Schmiede.

Hermione – heute Ermioni; Stadt an der Ostseite der Peloponnes in der Landschaft Argolis.

Hetären – gr. Hetairai; Prostituierte, die im Gegensatz zu den Huren (Pornai) sozial anerkannt waren. Hetären waren gebildet und beherrschten die Kunst des Tanzes und des Gesangs.

Himation – ein großes, rechteckiges Manteltuch aus Wolle oder Leinen, oft buntfarben oder mit Streifen verziert, das von Männern und Frauen gleichermaßen über dem Chiton getragen wurde («Umwurf», häufig Tracht wohlhabenderer Frauen oder älterer, einflussreicher Männer); wird ohne Fibel getragen.

Hippeis – reicher Landbesitzer, Aristokraten, Eupatridai.

Hippokampos – Fabelwesen; halb Pferd, halb Fisch.

Hoplit – Pl. Hoplitēs, Hopliten; ein griechischer Krieger der gehobenen Schicht; Kämpfer in der Phalanx; da die Ausrüstung (schwerer Speer, Helm und Aspis) teuer war, musste man über die erforderlichen Mittel verfügen, wenn man in den Rang eines Hopliten aufsteigen wollte. Hopliten waren in Listen eingetragen.

Hoplitodromos – Hoplitenlauf, ein Wettlauf der schwerbewaffneten Fußsoldaten; man lief barfuß und musste Helm, Schild und Beinschienen über eine Strecke von zwei Stadien tragen (1 Stadion war in etwa eine Strecke von 180 m).

Hoplomachia – Hoplomachie; Wettkampf der Hopliten. Auch hier ist es unklar, wann diese Art des sportlichen Wettkampfes aufkam und wie viel Ausbildung die griechischen Hopliten erhielten. Offenbar sind diese antiken Krieger nicht gedrillt worden wie Soldaten der Neuzeit – in der griechischen Literatur findet sich diesbezüglich jedenfalls keine Anmerkung.

Hulwan – antike Ortschaft; heute Sarpol-e Sahab im Grenzgebiet zum Irak.

Hypaspist – Pl. Hypaspistes; «Schildträger». Ursprünglich eine Art Knappe oder Bediensteter, der mit militärischen Aufgaben betraut war – zur Zeit von Arimnestos war ein Hypaspist normalerweise ein jüngerer Mann, der aus derselben Schicht wie ein Hoplit stammte.

Illyrer – Stämme der westlichen und nordwestlichen Balkanhalbinsel. Ihr Siedlungsgebiet wurde in der Antike als Illyrien bezeichnet.

Isthmische Spiele – vgl. Panhellenische Spiele.

Ithaka – Insel vor der Westküste Griechenlands; bei Homer die Heimat des Odysseus.

Kantharos – becherartiges Trinkgefäß, oft mit zwei Schlaufenhenkeln.

Kappadokien – Landschaft in Zentralanatolien; in der Antike berühmt für seine Pferdezucht.

Karneios – Fruchtbarkeitsgott auf der Peloponnes; später waren die Karneien ein bedeutendes Fest in Sparta. Während des Festes durften die Spartiaten nicht in den Krieg ziehen.

Kentaur – Kentauren, griechisch Kentauroi; Mischwesen aus Pferd und Mensch.

Kilikien – antike Landschaft Kleinasiens; südöstlich schließt sich Syrien an.

Kithara – Saiteninstrument, das zu feierlichen Anlässen erklang.

Kline – für gewöhnlich eine Ruheliege mit aufgebogenem Kopfende.

Komana – antike Stadt in Kappadokien.

Kopis – schweres Sichelschwert der Antike mit breiter werdender, asymmetrischer Klinge.

Kore – ein junges Mädchen; auch übliche Bezeichnung für Tochter. Übertragen auf Skulpturen, die ein bekleidetes Mädchen darstellen. Auch im Zusammenhang mit Persephone und Athene.

Kroton – das heutige Crotone am Golf von Tarent; eine reiche Polis der sog. Magna Graecia.

Krypteia – einerseits soll die Krypteia eine harte militärische Ausbildungsform gewesen sein; dann wiederum sieht die Forschung in dieser Institution ein Instrument der brutalen Unterdrückung gegen die Heloten (vgl. dort).

Kykeon – in der Antike ein Mischgetränk aus Getreide und Wasser, dem pramnischer Wein hinzugefügt wurde.

Kythera – Insel vor der Südostspitze der Peloponnes.

Lakedaimonier – die Spartaner; abgeleitet von dem mythischen Stammvater Lakedaimon.

Lembos – kleinere Ruderschiffe für Kriegs- und Handelszwecke.

Libya – griechisch Libye; eine antike Bezeichnung für Nordafrika (ohne Ägypten und Äthiopien; Libya bezog sich also auf die heutige Region Marokko, Algerien, Tunesien und Libyen). Vgl. auch den Eintrag unter Afrika.

Longche – ein bis zu sieben Fuß langer Wurfspeer, besonders geeignet für die Jagd. Ein Hoplit führte vermutlich bis zu zwei Longchai mit sich.

Magoi – Sg. Mágos, «Magier»; bezieht sich auf Priester im Zoroastrismus (bei Herodot taucht die Bezeichnung auch mit medischen Volksstämmen auf). Im Achämenidenreich nahm der Einfluss der Magoi zu.

Marduk – ein Stadtgott in Babylon.

Massabatike – Landschaft zwischen Medien und Elymais.

Massalia – auch Massilia; Gegend rund um das heutige Marseille; begehrte Handels- und Umschlagplätze befanden sich auch an der Mündung der Rhône.

Meder – Volksgruppen in Medien; ungenaue Volksbezeichnung, denn auch die Skythen wurden mitunter so genannt. Häufig synonym für die Perser verwendet.

Medimnos – Pl. Medimnoi; attisches Getreidemaß; grob geschätzt zwischen 35 und 100 Pfund.

Medismos – im antiken Griechenland ein Vorwurf gegenüber denjenigen, die eine persische Gesinnung an den Tag legten. Dies wurde als Verrat angesehen und oftmals mit der Atimie bestraft (eine Bezeichnung für den Verlust der politischen Bürgerrechte).

Melitene – heute Malatya in Ostanatolien.

Metöke – ein Fremder, der dauerhaft in der Stadt lebt und kein Bürgerrecht besitzt. Vor Gericht etwa mussten sich die Metöken von einem Bürger vertreten lassen.

Me-Turran – auch Me-Turnat; Stadt am Euphrat.

Migonion – Ort an der lakonischen Küste, südlich von Gytheion (Heiligtum der Aphrodite).

Moiren – griechische Göttinnen, die das Schicksal der Menschen bestimmen.

Navarch – Navarchos; Kommandant eines Schiffes, im Range eines Admirals.

Nemeische Spiele – vgl. Panhellenische Spiele.

Nubien – eine Landschaft am Nil in Ägypten.

Numidien – eine Landschaft im Norden Afrikas (heute Teile Algeriens und Tunesiens).

Obolus – Pl. Oboloi; eine Silbermünze mit dem Wert einer sechstel Drachme.

Oikia – Sammelbegriff für den Haushalt bzw. die Familie; Haus, Wohnung; umfasst die gesamte Familie und alle Sklaven, bisweilen auch die Nutztiere und die Äcker und Felder.

Okeanos – der Ozean; vgl. Atlantis thalassa.

Olympische Spiele – die bedeutendsten panhellenischen Spiele (vgl. dort); fanden alle vier Jahre zu Ehren des Zeus in Olympia in Elis statt.

Olympos – Berg in der Landschaft Elis (bei Olympia); nicht zu verwechseln mit dem **Olymp**, dem Sitz der Götter, in Thessalien.

Opson – jede gekochte oder gebratene Speise, die ein Grieche in der Antike zum Brot genoss; schließlich Sammelbegriff für jedes gut zubereitete Gericht, auch übertragen auf «das Schlemmen».

Ostrakismos – das «Scherbengericht»; ein Verfahren, um unliebsame Bürger aus der Polis ins Exil zu verbannen. Bruchstücke von Tonscherben, von Ostraka (Sg. **Ostrakon**), wurden als «Stimmzettel» verwendet.

Paian – auch Paion; ein feierlicher Gesang, oft zu Ehren des Gottes Apollon.

Pais – allgemein ein Kind.

Palästra – Pl. Palästren; eine mit Sand bedeckte Fläche für Ring- oder andere Wettkämpfe. Der Dromos (Wettlauf) bildete zusammen mit der Palästra das griechische Gymnasion (vgl. dort).

Panhellenische Spiele – griechische Wettkämpfe an religiösen Kultstätten: Olympia, Delphi, Korinth und Nemea; die **Nemeischen Spiele** fanden alle zwei Jahre zu Ehren des Zeus statt; zu Ehren des Poseidon in Korinth fanden alle zwei Jahre die **Isthmischen Spiele** statt.

Pankration – die militärisch ausgerichtete Kampfform bei altgriechischen Festspielen – ein Kampf ohne Waffen; eine Mischung aus Ringen und Boxen (ohne Faustriemen bzw. Bandagen) mit komplizierten Schlagabfolgen; Pankration bildete die Grundlage der griechischen Kampftechnik mit Schwert und Speer. Tritte, Schläge, Hebe- und Würgegriffe, sowohl im Stand als auch beim Bodenkampf: Alles war erlaubt.

Parasanges – persisches Längenmaß = 30 bzw. 40 bis 60 Stadien. Die persische Königsstraße war nach Parasanges vermessen.

Paroreios – ein Fluss in Phrygien.

Pater – griechisch für Vater.

Pelops – aus der griechischen Mythologie; Sohn des Tantalos, der ihn den Göttern zum Mahl vorsetzte. Pelops siegte bei einem Wagenrennen mit dem goldenen Rossegespann, das Poseidon ihm schenkte. Pelops gilt als der sagenhafte Erneuerer der Olympischen Spiele.

Pentekontere – «Fünfzigruderer»; Langschiff mit 25 Ruderern auf jeder Seite.

Peplos – Frauenbekleidung; oft über dem Chiton getragen; ein ärmelloses, auf den Schultern gestecktes langes Gewand mit Überfall.

Periöken – auch Perioikoi; wörtlich die «Umwohner» antiker Stadtstaaten; besonders Bewohner in den Berg- und Küstengebieten, die verglichen mit den Spartanern politisch minderberechtigt waren.

Persephone – oft auch Kore; Tochter des Zeus und der Demeter; Fruchtbarkeitsgöttin. Wurde von Hades ins Reich der Unterwelt entführt.

Persische Königsstraße – angelegt unter Dareios I; die persischen Meldereiter waren berühmt für ihre Schnelligkeit: Sie konnten mehr als 2500 km in sieben Tagen zurücklegen.

Phalanx – Pl. Phalangen; breite Schlachtformation der schwerbewaffneten Fußtruppen in offener oder geschlossener Stellung bzw. acht Glieder oder vier Glieder tief; als Hauptwaffe diente die Stoßlanze; die Phalanx spiegelt das volle Potenzial der jeweiligen Polis / Bürgerschaft wider.

Phönizier – das Stammland dieses Volkes lag an der östlichen Mittelmeerküste (entspricht heute den Staatsgebieten von Syrien, Israel und dem Libanon).

Phokaia – antike ionische Hafenstadt; heute Foça (Türkei).

Pnyx – ein Hügel in Athen; Ort der Volksversammlung.

Polemarch – Anführer im Krieg, Heerführer.

Polis – Pl. Poleis; ursprünglich «Burg», dann «Stadt» oder besser das Gemeinwesen (Bürgergemeinde bzw. Personenverband); allgemein Siedlungsgemeinschaft, die sich nach einer Örtlichkeit benennt. Entscheidend für die Herausbildung der «Stadtstaaten»; die Polis bildet die Grundlage des politischen Denkens und Handelns in der Antike.

Pontos Euxeinos – «gastliches Meer»; eine antike Bezeichnung für das Schwarze Meer.

Porne – Pl. Pornai; griechischer Begriff für die Dirne, Hure.

Pothos – in der Mythologie die Personifikation der Sehnsucht.

Proskynese – Proskynesis; antiker Gestus der Verehrung.

Proxenos – ein Bürger, der die Interessen einer anderen Stadt vertrat.

Psiloi – leichtbewaffnete Einheiten im griechischen Heer.

Pyrrhiche – der Kriegstanz der Griechen. Die Krieger vollführten diesen recht komplizierten Tanz in voller Rüstung.

Qin – Königreich in China (ca. 780 bis 200 v. Chr.); die Qin-Dynastie begründete das chinesische Kaiserreich.

Saken – nomadisch geprägte Stammesverbände in den Steppen des östlichen Mittelasiens.

Sandon – kilikische Gottheit, besonders in Tarsos verehrt.

Satrap – Titel eines Statthalters einer Provinz (Satrapie) im alten

Perserreich, eigentlich «Landesbeschützer»; vergleichbar mit dem Gouverneur der Neuzeit.

Säulen des Herakles – zwei Felsen an der Straße von Gibraltar; die «Säulen» kennzeichneten das Ende der damals bekannten Welt.

Sauroter – der Speerschuh; eine kurze, spitz zulaufende Metallröhre am rückseitigen Ende des Speerschafts. Diente zum Aufstellen der Waffe oder aber als Notbehelf, wenn die Spitze abbrach.

Sikeler – griechisch Sikeloi; Bewohner Ost- und Nordsiziliens.

Sikyon – antike Polis zwischen Korinth und Achaia.

Spartiaten – die Spartiatai; die Vollbürger des lakedaimonischen Staates, die eine herrschende Minderheit darstellten; die Spartiaten durchliefen eine spezielle strenge Erziehung (Agoge), die Männer galten mit 20 Jahren als volljährig und befanden sich in einem ständigen militärischen Training. Mit 30 Jahren hatten die Männer erst das Stimmrecht und gehörten dem Kriegerstand an.

Stadion – ein Längenmaß bzw. Wegemaß, ursprünglich der Weg, der in zwei Minuten zurückgelegt werden konnte. Das athenische Stadion maß ca. 185 m, das olympische ca. 192 m.

Stoa – der Begriff Stoa für eine philosophische Denkrichtung geht auf die Säulen- bzw. Wandelhalle auf der Agora zurück, die «Stoa» genannt wurde.

Strategos – Pl. Stratēgoi; in Athen der Kommandant (Heerführer), der eine von den zehn Phylen (Verwaltungsbezirken) befehligte. Allgemein höhere Offiziere, vergleichbar mit dem Titel General.

Strigil – ein kleines, gebogenes Werkzeug, das verwendet wurde, um die Haut nach dem Baden zu reinigen. Zunächst wurde parfümiertes Öl in die Haut einmassiert. Anschließend schabte man den Schweiß, Schmutz und das Öl von der Hautoberfläche.

Susa – antike Stadt im Südwesten des heutigen Iran; Metropole des Achämenidenreichs.

Symposion – der fröhliche Umtrunk unter Männern; geselliges Trinken (für gewöhnlich unter Ausschluss der Ehefrauen und Kinder); Symposien begannen oft mit einer Trankspende an einen Gott; die Teilnehmer lagen auf Klinen, beliebt waren Spiele, Rätsel, musikalische Darbietungen usw.

Sybaris – antike Stadt am Golf von Tarent. Reichtum und Lebensstil der Sybariten wurden in der Antike sprichwörtlich.

Syrakus – in der Antike die mächtigste Polis Siziliens.

Syssitia – auch Syssitien; die täglich abgehaltenen Männermahle, besonders in Sparta, wo sie zum bürgerlichen Leben dazugehörten. Die Mahlgemeinschaften bestanden aus Gruppen von etwa 15 Spartiaten, die auch im Kriegsfall Zeltgemeinschaften bildeten. Die Teilnahme an diesen Gemeinschaften war an bestimmte Beiträge gebunden.

Talent – antike Maßeinheit; durch Aufwiegen von Silber als Währung benutzt: 1 Talent = 60 Minen = 6000 Drachmen = 36 000 Oboloi.

Tarsos – Stadt in Kilikien, am Unterlauf des Kydnos (heute Türkei).

Taxis – Pl. Taxeis; allgemein die militärische Ordnung, insbesondere beim Marsch und in der Schlacht; schließlich übertragen auf die Truppenabteilung; entspricht in etwa einer Einheit von 60 bis 300 Mann.

Tempe – Durchbruchstal zwischen dem Olymp- und dem Ossagebirge in Thessalien.

Tethrippon – ein mit vier Pferden bespannter Streitwagen im Wagenrennen; römisch Quadriga.

Thasos – Insel in der nördlichen Ägäis im Thrakischen Meer.

Thermopylen – Küstenpass am Kallidromos-Gebirge; in der Antike der einzige Durchgang für Truppenbewegungen von Nord- nach Mittelgriechenland; mit heißen Quellen (daher auch die Bezeichnung «Heiße Pforten»).

Theten – «Lohnarbeiter», «Tagelöhner»; die sozial niedrigsten, aber freien Bürger in Athen; sie waren grundbesitzlos und vermieteten ihre Arbeitskraft gegen Lohn. Dienten im Krieg als Leichtbewaffnete oder Ruderer.

Thorax – Brustpanzer; um 500 v. Chr. bestanden die besten Brustpanzer aus Messing, verbreitet war der sog. Glockenpanzer, ein bronzener Brustharnisch, der den Oberkörper umschließt. Am Ende dieser Periode tauchen einige Muskelpanzer auf, die bis etwa 450 v. Chr. Verwendung fanden. Eine weitere Stilrichtung bringt den «weißen» Brustpanzer hervor, der sich zu Beginn der Perserkriege durchsetzt.

Thygater – Tochter; das engl. Wort «daughter» lässt sich etymologisch auf das griechische *thygatēr* zurückführen.

Trachis – Ort im Gebiet der Malier, am Südufer des Spercheios (unweit der Thermopylen).

Triakontere – ein kleineres Langschiff mit bis zu dreißig Riemen.

Trierarch – Kapitän eines Schiffes – bisweilen nur der Besitzer oder Schiffsbauer, dann wiederum der Befehlshaber in der Seeschlacht.

Triemiola – dieses Schiff hat wie die Trireme bzw. Triere (vgl. unten) drei Reihen Riemen auf jeder Seite, auf dem Oberdeck jedoch nur mittschiffs die halbe Anzahl.

Trireme – auch Triere; ein «Dreiruderer», angetrieben von ca. 170 in drei Lagen übereinander versetzt angeordneten Ruderern. Länge: ca. 35 m; Breite: 3 bis 4 m.

Troizen – Stadt in der Landschaft Argolis im Osten der Peloponnes.

Tyche – die Göttin des Schicksals und des Zufalls.

Tyrann – die Tyrannis war eine Herrschaftsform der griechischen Antike (ab dem 7. Jahrhundert v. Chr.); ein Machthaber (Tyrann) übt die Alleinherrschaft über einen Stadtstaat oder eine größere Region aus.

Unsterblichen, die – vgl. Anûšiya.

Westgriechen – das antike Süditalien, auch Sizilien, wurde aufgrund der griechischen Siedlungen dort als Magna Graecia bezeichnet.

Xenos – ein Fremder; aber auch in der Bedeutung «Feind».

Xerxes-Kanal – ein unter Xerxes I. angelegter Kanal auf der Halbinsel Chalkidiki; heute verlandet.

Xiphos – Schwert mit einer Klingenlänge von ca. 60 cm, mit zweischneidiger, blattförmiger Klinge.

Zakynthos – eine der Ionischen Inseln im Nordwesten der Peloponnes.

Zephyr – Zephyros; seit Homer eine Bezeichnung des Windes aus dem Westen; auch «Frühlingsbote».

Zikkurat – gestufter Tempelturm in Mesopotamien.